岡林孝作 著

古墳時代棺槨の構造と系譜

同成社

図版1　舟形木棺（2類）（山形県衛守塚2号墳）

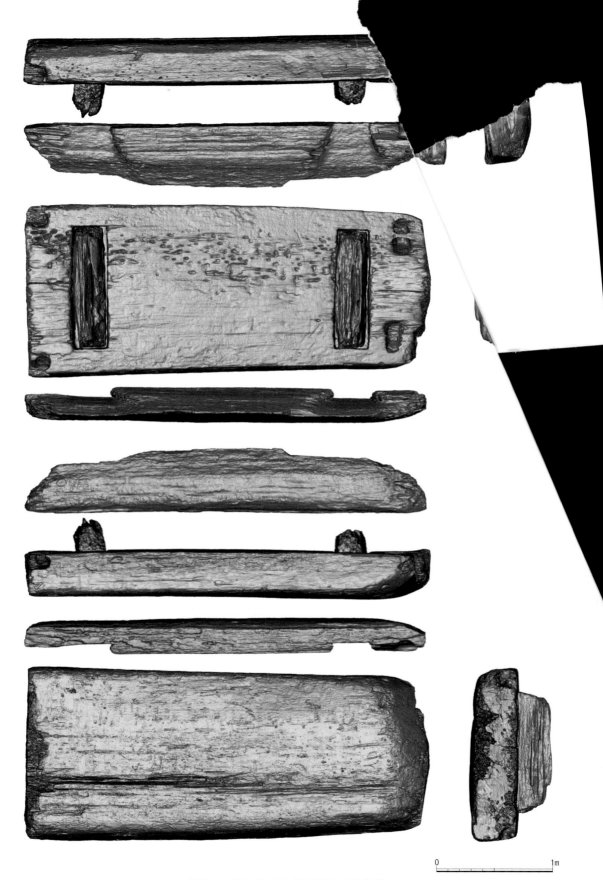

図版2　組合式木棺（静岡県杉ノ畷古墳）

目　次

序　章　本書のねらいと立場 …………………………………………………………… 1

第 1 章　古墳時代木棺の構造と形態 …………………………………………………… 11
　　第 1 節　古墳時代木棺研究の現状と課題　11
　　第 2 節　遺存木棺資料の検討　27
　　第 3 節　古墳時代木棺の分類　54
　　第 4 節　古墳時代木棺の系譜と展開　70

第 2 章　古墳時代木棺の用材選択 ……………………………………………………… 83
　　第 1 節　木棺研究における用材選択の意義　83
　　第 2 節　用材選択の地域的・時期的特徴　86
　　第 3 節　用材選択の地域性・階層性と時期的変化　105

第 3 章　長大な木棺の機能 ……………………………………………………………… 113
　　第 1 節　古墳時代木棺の長大さをめぐる議論　113
　　第 2 節　割竹形木棺における小口部の重視　116
　　第 3 節　長大な木棺における仕切り構造　124
　　第 4 節　長大な木棺の機能　140

第 4 章　鎹の使用と中・後期古墳の木棺形態 ………………………………………… 145
　　第 1 節　古墳出土鎹をめぐる議論　145
　　第 2 節　古墳出土鎹の観察　150
　　第 3 節　資料の検討　162
　　第 4 節　鎹の使用と中・後期古墳の木棺形態　187

第 5 章　釘付式木棺の系譜と機能 ……………………………………………………… 193
　　第 1 節　釘を使用した木棺の認識と復元的検討　193
　　第 2 節　釘付式木棺の復元　196

第3節　釘付式木棺の系譜　205
　　第4節　釘付式木棺出現の意義　210

第6章　日本における棺槨の出現……………………………………………………215
　　第1節　日本における木槨の認識と基礎的研究　215
　　第2節　日本における木槨の類型化　217
　　第3節　庄内式期の大型木槨　233
　　第4節　日本における木槨の変遷　241

第7章　古墳時代棺槨の展開…………………………………………………………247
　　第1節　竪穴式石室の設計思想と祖形をめぐる議論　247
　　第2節　竪穴式石室の成立過程　253
　　第3節　出現期の竪穴式石室　267
　　第4節　初期の粘土槨　281

第8章　東アジア世界における棺槨…………………………………………………287
　　第1節　中国的な墓制としての棺槨　287
　　第2節　漢代木槨の2系統と周辺地域への波及　288
　　第3節　中国における木棺の変遷　330
　　第4節　棺槨に反映した古代中国人の死生観　362

終　章　古墳時代棺槨の系譜と展開…………………………………………………369

図出典・文献一覧　383
あとがき　425

表目次

表1	古墳時代木棺の主な遺存例	28-29
表2	古墳時代木棺の樹種同定結果	87-92
表3	出土木棺材の樹種同定結果集計	107
表4	長大な木棺の棺内利用法と分割構造	134-136
表5	前期の中央型における主室の副葬品	138
表6	鋸計測表	159-160
表7	中期古墳出土の鋸	188
表8	釘付式木棺の規模・棺材の厚さ・釘使用本数・釘の大きさ	199
表9	日本列島における木槨の分類	218
表10	弥生時代〜古墳時代初頭の主要な木槨・木槨状施設	231
表11	奈良盆地東南部における前期前半期の竪穴式石室の比較	255
表12	竪穴式石室の各部構造の組み合わせ	257
表13	漢代木槨の底板方向と枚数	311-313
表14	西安龍首原漢墓における前漢前期木棺の計測値と幅指数	339
表15	洛陽焼溝漢墓および李屯1号墓における前漢末〜後漢木棺の計測値と幅指数	339
表16	早期鮮卑墓および十六国・北朝墓木棺の計測値と幅指数	355
表17	安陽隋墓・偃師唐墓における隋唐代木棺の計測値と幅指数	362

挿図目次

図1	1901年に紹介された衛守塚2号墳出土木棺の見取り図	12
図2	高橋健自による御船代模造品図	13
図3	現代中国の木棺（福建省南靖県）	13
図4	長谷部言人が紹介したマルケサス諸島の木棺	14
図5	小林行雄による安土瓢箪山古墳中央石室木棺の断面復元	15
図6	吉留秀敏による刳抜式木棺分類概念図	18
図7	雪野山古墳竪穴式石室木棺（左）と熊本山古墳の舟形石棺	20

図 8	権現山 51 号墳における木棺の断面復元	20
図 9	若王子 12 号墳の木棺痕跡	21
図 10	保内三王山 11 号墳組合式木棺模式図	23
図 11	奥才型木棺とそれに準ずる木棺の分布	24
図 12	福島雅儀による釘に付着した材の木目パターンと木棺の復元	24
図 13	木棺各部名称図	27
図 14	舟形木棺 2 類の諸例（1）	30
図 15	舟形木棺 2 類の諸例（2）	32
図 16	割竹形木棺の諸例（1）	36
図 17	割竹形木棺の諸例（2）	38
図 18	割竹形木棺の諸例（3）	39
図 19	割竹形木棺の諸例（4）	42
図 20	割竹形木棺の諸例（5）	44
図 21	長持形木棺の諸例（1）	45
図 22	長持形木棺の諸例（2）	48
図 23	組合式箱形木棺の諸例	50
図 24	その他の組合式木棺の諸例	53
図 25	古墳時代木棺分類模式図	59
図 26	舟形木棺の諸例	60
図 27	割竹形木棺の諸例（6）	62
図 28	割竹形木棺の諸例（7）	64
図 29	組合式木棺の諸例	66
図 30	木棺構造と素材加工法・外形の関係	69
図 31	素材となる樹幹の径と製作可能な木棺のイメージ	69
図 32	福永伸哉による弥生時代木棺墓の構造分類	72
図 33	舟形木棺と割竹形木棺の分布の拡大	74
図 34	古墳時代木棺材樹種同定結果の分布	108
図 35	コウヤマキ製木棺の同定例の分布	109
図 36	コウヤマキの現生樹（群馬県沼田市）（左）・六日市の板木（島根県鹿足郡吉賀町）	110
図 37	割竹形木棺の小口部構造（1）	119
図 38	割竹形木棺の小口部構造（2）	120
図 39	雪野山古墳・雨の宮 1 号墳木棺の仕切り構造および下池山古墳木棺の復元イメージ	126
図 40	底板をもたない組合式木棺の仕切り構造	127
図 41	久宝寺 1 号墳・瓦谷遺跡・七廻り鏡塚古墳舟形木棺の小口板・妻板	129

図42	長大な木棺の棺内利用（前期）	132
図43	長大な木棺の棺内利用（中・後期）	133
図44	前期～中期初葉の中央型の長大な木棺における全長と主室長	137
図45	随庵古墳出土鎹	146
図46	切戸1号墳鉄釘・鎹出土位置と木棺の配置	147
図47	福泉洞73号墓主槨をモデルとした礫床と刳抜式木棺模式図	148
図48	鎹の部分名称	151
図49	鎹の出土状態	152
図50	木材の三断面に対する釘または鎹の爪の打ち込み方向と釘の木材付着パターン	154
図51	奈良県当麻寺奥院本堂（慶長年間）所用鎹にみる変形	157
図52	鎹の変形パターン	157
図53	材の接線方向と爪の関係模式図	161
図54	鶴山古墳出土鎹	163
図55	御獅子塚古墳出土鎹	164
図56	宮山古墳第3主体出土鎹	166
図57	カンス塚古墳出土鎹	167
図58	勝負砂古墳出土鎹	168
図59	天狗山古墳出土鎹	170
図60	中山6号墳第1主体出土鎹	172
図61	正崎2号墳出土鎹	173
図62	池の内1号墳・空長1号墳出土鎹	176
図63	寺山3号墳出土鎹	177
図64	和田5号墳出土鎹	179
図65	和田5号墳木棺底板模式図	180
図66	和田8号墳出土鎹	181
図67	池尻2号墳出土鎹	182
図68	岩田14号墳出土鎹	183
図69	番塚古墳出土鎹	185
図70	立石103号地点C群第18主体出土鎹3	186
図71	鎹の使用イメージ	189
図72	石榴垣内1号墳木棺の復元	198
図73	釘付式木棺の諸例	200
図74	木槨状施設A類・木槨B類（1）	220
図75	木槨B類（2）	222

図 76	木槨Ｃ類（１）	225
図 77	木槨Ｃ類（２）	226
図 78	弥生時代～古墳時代初頭の木槨の分類と変遷	232
図 79	ホケノ山古墳中心埋葬施設・黒田古墳第１主体部木棺・木槨復元模式図	235
図 80	黒田古墳第１主体部	236
図 81	萩原１号墳	237
図 82	中山大塚古墳・黒塚古墳・下池山古墳石室の比較	254
図 83	Ⅰ～Ⅲ群断面模式図	258
図 84	ホケノ山古墳中心埋葬施設（１）・黒田古墳第１主体部（２）の礫床	264
図 85	基底部構造の流れ	266
図 86	竪穴式石室の上部構造	269
図 87	竪穴式石室の壁体構造	271
図 88	竪穴式石室の粘土棺床と基底部構造	273
図 89	竪穴式石室の休止面の変化	275
図 90	木槨～竪穴式石室における構築材の変化（模式図）	280
図 91	初期の粘土槨	282
図 92	漢代木槨の基本的構造	292
図 93	漢代木槨の長幅比較	293
図 94	天板式の木槨（「基本型」）	295
図 95	側板式の木槨（単棺）（西方系）	297
図 96	側板式の木槨（合葬）・木室（西方系）（１）	299
図 97	側板式の木槨（合葬）・木室（西方系）（２）	300
図 98	西方系の木槨の長幅比較	301
図 99	天板式の木槨（単棺）（華中系）（１）	303
図 100	天板式の木槨（単棺）（華中系）（２）	304
図 101	天板式の木槨（合葬）（華中系）	306
図 102	木室（華中系）	307
図 103	華中系の木槨の長幅比較	308
図 104	西方系の木槨の柱配置	314
図 105	華中系の木槨の柱配置	315
図 106	漢代木槨の展開	324-325
図 107	紀元前後頃の周辺民族の木槨	327
図 108	西安龍首原漢墓の木棺	333
図 109	西安龍首原漢墓出土棺金具類	334

図 110	洛陽焼溝漢墓の木棺	335
図 111	洛陽焼溝漢墓・李屯Ｍ１の木棺	337
図 112	ノヨン・オール 24 号墓および上孫家寨 53 号墓木棺	341
図 113	満城１号漢墓木槨・木棺および鋪首・鐶金具	344
図 114	遼西地方三燕墓の木棺	346
図 115	北朝期の棺榔と石棺	352
図 116	十六国・北朝木棺の棺金具	357
図 117	早期鮮卑墓の木棺	360

古墳時代棺槨の構造と系譜

序　章　本書のねらいと立場

1　本書の目的

　古墳は、古墳時代の支配者層を埋葬する場として特殊に発達を遂げた墓といえる。古墳を構成する諸要素は総じて大型化、多量化を遂げており、当時の社会関係における古墳被葬者の優位性を明確に示している。

　そうした諸要素は古墳時代を通じてそれぞれに一定の変遷を遂げたが、時期ごとにみれば各要素の内容や組み合わせには個別の古墳を超えた一定の共通性があって、基本的な部分で定型的といえる。かつ、古墳どうしの間にはそれぞれの構成要素の大小多寡に示される歴然とした階層性が存在する。定型的な要素が一つ、二つと欠落することで階層性が示される場合も多い。

　同時に、古墳はそのような階層性を内包しつつ東北地方南部から九州地方にいたる日本列島の広い範囲に分布しており、全体としては奈良盆地・大阪平野を中心とした畿内地域の大古墳群内に造営された、各時期における最大級の前方後円墳を頂点とした重層的な階層構造を形成している。

　こうした古墳のあり方にみられる特殊性・定型性・階層性と、畿内地域を中心に展開する中心－周辺関係は、古墳時代を通じて基本的に変化することはない。このことから古墳時代には、畿内地域に存在した政治的中枢を核として、列島各地の支配者層が参画した政治的統合が存在し、それが古墳のありように視覚化されていたと理解される。また、それゆえに、古墳時代における社会的秩序や政治的連帯の維持、発展には、古墳が大きな役割を果たしていたと考えられるのである。

　冒頭に述べたとおり古墳は支配者層を埋葬する場として特殊に発達を遂げているが、本質的には墓であり、当時の死生観や宗教的観念に根ざして築造されたものである。したがって、古墳が果たしたであろう社会的、政治的機能は、墓としての古墳の儀礼的、宗教的側面に多分に依存したものであったはずである。そのことから、古墳時代社会が、記念物としての古墳の築造や、その築造行為自体を含む古墳被葬者の大がかりな葬送儀礼の挙行を通じて、さまざまなレベルでの集団内部および集団相互間の秩序や連帯を確認する社会システムを有していたことが想定できる（福永1999・2001）。

　墳丘の大型化や外表施設の整備による荘厳化といった方向性は、それらが大きな労働力を動員するものであり、かつ埋葬の終了後も長期にわたって視覚に訴えるものであることも含めて、古墳築造の示威的効果を高めることが期待される点で合理性がある。これに対し、墳丘内部に埋蔵される棺槨は、埋葬の終了後は原則として人目に触れることがない。にもかかわらず、きわめて長大な木棺や、複雑かつ大がかりな構造の竪穴式石室が特筆すべき発達を遂げた事実は、上述のような古墳の社会的役割における、墓としての儀礼的、宗教的側面の重要性を端的に示すものである。

古墳被葬者の葬送儀礼の内容を明らかにすることは、古墳時代社会において古墳が果たした機能をより具体的に検証するための大きな糸口となる。この課題に対して、これまでも遺構・遺物としてのこされた儀礼の道具立てや行為の手順を示す痕跡などに注目した多方面からの検討がおこなわれてきた。主なものとして、埴輪の系譜や埴輪配列（近藤・春成1967、水野1974、辰巳1990、穂積2012ほか）、副葬品配列（今尾1984、福永1995・2000ほか）、土器や食物の供献（小林行1949、白石1975ほか）、墳丘や埋葬施設構築の過程（都出2005、和田晴2014ほか）などが挙げられよう。

　本書では、古墳における儀礼的、宗教的側面の内容をさらに明確化するために、多様な古墳の構成要素の中でも、墓としての古墳の核心部分である棺槨を取り上げる。ここでいう棺槨とは、被葬者の遺体を直接収容する棺と、その棺を埋置するために墳丘内に構築される竪穴系埋葬施設を一体的に呼称するものである。

　長大な刳抜式木棺を複雑かつ大がかりな構造をもつ竪穴式石室に内蔵する埋葬方法は、畿内地域を中心に中部地方以西の各地の有力な前期古墳で定式的に採用され、前期前方後円墳の定型性を示す一要素として重要視されてきた（近藤1977aほか）。本書では、この長大な刳抜式木棺と竪穴式石室の組み合わせを、いわば「古墳的」に発達した古墳時代棺槨のもっとも完成された姿として位置づけたい。

　墓としての古墳の核心部分であり、古墳における葬送儀礼においてもっとも重要な役割を果たしたと考えられる古墳時代棺槨の構造を明らかにし、その系譜と展開の過程を東アジア世界における墓制の動向にも目配りしながら整理することで、棺槨を通して古墳の成立および展開の歴史的な流れをあとづけ、古墳時代社会において棺槨ひいては古墳が果たした役割をさらに明確化することが本書の目的である。

2　本書の構成

　本書では①古墳時代木棺の体系的整理、②木棺・竪穴式石室の系譜・成立過程と変遷過程の整理、③東アジア世界における棺槨の動向と中国的な棺槨の思想的背景、の大きく三つのテーマに沿って多角的な視点から古墳時代棺槨の検討をおこなう。本書は序章、第1〜8章、終章で構成され、第1〜5章は①、第6・7章は②、第8章は③のテーマに関する部分である。

①古墳時代木棺の体系的整理

　古墳時代において木棺はもっとも基本的かつ普遍的な葬具であり、竪穴式石室に代表される竪穴系埋葬施設のあり方はそこにおさめられた木棺の形状や大きさに相当程度規定されている。したがって、古墳時代棺槨の系譜や展開過程を検討するためには、まず木棺の実態を体系的に整理することが不可欠である。とくに長大な木棺の存在は、古墳時代の棺槨のもっとも大きな特徴であり、古墳の儀礼的、宗教的機能を考察するうえでも、その系譜や機能、時期的変遷の解明が課題となる。

　古墳時代木棺の諸形態と系譜および変遷　古墳時代の木棺は腐りやすいという木材の特性から実物資料がきわめて少ない。そうした資料的制約のなかで、遺構に残された棺底のスタンプから棺形態を

復元する方法論（小林行 1941）が提唱されて以降は、古墳時代木棺の研究は主に遺構を材料としておこなわれてきた。1980年代後半から90年代にかけて活発化した前期古墳の木棺形態をめぐる議論も、発掘調査技術の向上にともなう良好な遺構資料の蓄積を契機としたものである。

反面、これまでの木棺研究では、木棺が大型の木製品であるという遺物論的視点が忘れられがちであったことも否定できない。研究をさらに前進させるためには、木棺の「もの」としての本質を見失うことなく、できうる限り遺物的に取り扱う視点が必要と考える。すなわち、樹種や素材の需給関係を含む用材（利用）、木製品の形態的特徴を決定づける木取りや割り物・箱物といった製作技術のあり方など、それぞれ不可分に関わりながら木棺という木製品を規定する属性への注意が求められる。

そこで第1章では、古墳時代木棺の製作技術と形態的特徴を検討するにあたり、棺の構造や形態の全体像がほぼ判明する程度に材が遺存する出土木棺資料に着目する。こうした資料は例外的なほど稀少で、古い出土例の資料化が不十分であったこともあり、これまで積極的に活用されることが少なかった。これらを活用して木製品としての属性に注目した検討をおこない、その成果を遺構にフィードバックすることで、古墳時代木棺の実態をより具体的に解明し、遺物論的な視点を重視した体系的な整理をおこなうことが可能となる。そのうえで、第2章で整理する樹種選択の実態も踏まえつつ、古墳時代木棺各類型の系譜や長大な木棺の成立、棺形態の多様化といった動向をあとづけたい。

古墳時代木棺の用材選択　用材の樹種選択は木製品としての木棺の重要な属性の一つである。古墳時代木棺に日本特産の常緑喬木であるコウヤマキの材が多用されたことは、1930年代からおこなわれ始めた出土材の解剖学的観察による樹種同定の成果を踏まえて比較的早くから注意されていた（尾中 1936、小林行 1941）。木棺材におけるコウヤマキの選択的使用には一定の時期的変化（勝部 1967）や地域的な偏り（山内 1973）も注意されていたが、他樹種も含む同定結果の集成にもとづく包括的、体系的な整理が課題であった。

そこで第2章では、木棺材の樹種同定結果を集成し、樹種選択の時期的変化や地域性、階層性などを包括的、体系的に検証する。とくにコウヤマキは、畿内を中心として中部瀬戸内から伊勢湾岸までの一定の地域的枠組みの中で、木棺材としての利用のほか、笠形木製品などの木製樹物にも大量に使用されたことが知られ、古墳における選択的利用が際立っていることから、古墳時代の葬送儀礼との関係において特別な意味づけがなされていたと考えられる。

いっぽう、コウヤマキは生長速度がおそく天然更新が緩慢であり、また山地性のため利用可能な資源に一定の制限がある。長期にわたる選択的利用の結果、需給状況が変化し、古墳の継続的な造営にも一定の影響を与えたことが想定される。また、古墳時代後期には限定的ながら朝鮮半島でも木棺用材としてのコウヤマキの使用が確認されており、日本列島から海を越えてコウヤマキ材が運ばれたことが知られる。そうした木材の移送や管理の問題も含めて、多角的に考察を加えたい。

古墳時代木棺の棺内利用と長大であることの意味　古墳時代木棺の長大さはしばしば「長さ5〜6mに達する」などと表現される。もちろん、古墳時代の木棺のすべてが長大であるわけではないが、とくに前半期の有力古墳に採用された木棺にはきわめて長大なものが存在する。

長大な木棺は、前方後円墳の成立とともに出現し、中期半ば以降は漸移的に消滅する。このようなあり方から、長大な木棺がとくに出現期の前方後円墳の構成要素として重要な機能を果たしてい

たことが予想される。同時に、中期にかけてはその機能を変化させ、やがてその意味を失っていったことが想定できる。長大な木棺の機能を考察することは、古墳の儀礼的、宗教的機能の中身にかかわる重要な課題といってよい。

　この課題をめぐっては諸先学による研究の蓄積があるが（春成 1976、用田 1980 ほか）、第 3 章では従来とは異なる視点から検討を加えてみたい。すなわち、古墳時代木棺の長大さが前後方向に長さを増すことで実現されていることを踏まえ、長大さが要求される木棺の機能と前後方向への棺内の仕切り構造や空間利用方法が直接的に関係する可能性を考慮した検討視点である。

　ただ、とくに棺内の仕切り構造は、木棺の内部構造にかかわる問題であり、外形復元を中心としたこれまでの遺構論的な木棺研究では復元がむずかしかった。そこで、遺存木棺資料の検討結果を援用しつつ、棺内における遺体と棺内遺物の配列にもとづいて棺内の分割構造と空間利用法を復元的に検討する方法を試みたい。

　これらの検討結果を踏まえて、古墳時代の木棺が長大であることが求められた機能が、前期末葉を境として、前期的なあり方から中期的なあり方へと変化する様相をあとづける。また、とくに木棺の長大さの前期的な意味を、「北頭位と密封の思想」（都出 1989：p25）に代表される中国的な思想との関連性から説明し、その変化の意味についても考察する。

古墳時代木棺の変容と釘・鎹の使用　古墳時代中期半ば以降には、釘・鎹といった接合用金具を使用した木棺がみられるようになる。こうした接合用金具の使用は朝鮮半島系の外来的要素と評価され（高田 1999、亀田 2004）、古墳時代後半期における木棺の変容を示す代表的な事象である。ただ、釘と鎹は木棺に使用される接合用金具として同一視されがちであるが、用途や系譜に根本的ともいえる違いがあり、その歴史的な意味もおのずから異なる。

　第 4 章では、中・後期古墳の木棺で使用される鉄鎹を取り上げる。木棺における鎹の使用は、中期後葉に出現する四壁を垂直に構築した比較的短小な竪穴式石室など、前期以来の竪穴式石室からの単線的な系譜をひくものというよりは、朝鮮半島南部からの影響を受けて新たに成立したと考えられる埋葬施設（白石 1985、山本三 1992、田中晋 2013）との関連が深い。しかし、この種の埋葬施設はその床面構造の特性から木棺痕跡を残すことがほとんどなく、鎹が使用された木棺の構造や形態はほとんど明らかではない。またそのことにも起因して、鎹自体の機能や用途についてもさまざまな見解がある。

　そこで、実体顕微鏡を用いて鉄鎹に付着した木棺材の組織を低倍率で観察し、鎹と材との関係や材の木取りのパターンを検討することで帰納的に棺構造や形態、鎹の使用部位を復元する新たな方法を実践する。この作業を通じて、鎹を使用した木棺の様相に外来的な要素が認められるかどうか、鎹の具体的な用途や機能がどのように類型化できるか、その時期的な変化はどうかといった点を実証的に解明したい。

　第 5 章では、主として横穴式石室墳に採用された釘付式木棺を取り上げる。これまでも横穴式石室から出土する釘は木棺に使用されたものとして注意されてきた。ただ、従来は、木製品製作技術としての釘付け技術が木棺とは別に朝鮮半島から伝来し、在来の組合式木棺に応用されたという理解が一般的であった（藤原 1963、福岡 1969、田中彩 1978、白石 1985 ほか）。しかし筆者は、竪穴系埋葬施設と横穴系埋葬施設が別系統の埋葬施設構造である以上、それぞれで用いられる木棺にも系統差が存在する可能性について検討の必要があると考える。

そこで、釘付式木棺の復元的検討を通じ、釘付け技術が木棺構造自体と深く関係するものであることを明確化する。この点は、鎹の使用が特定の木棺構造に限定されないこととの大きな違いでもある。また、釘付式木棺の出現が、新たな木工技術の単なる伝播ではなく、横穴式石室という新たな墓室構造に付帯して伝えられた、新たな系統の木棺の出現という、古墳時代棺槨の歴史的展開のなかで大きな画期として評価しうることを論じたい。

②木槨・竪穴式石室の系譜・成立過程と変遷過程の整理

古墳的に特殊化した棺槨のもっとも完成された姿として位置づけられる長大な刳抜式木棺と竪穴式石室の組み合わせは、前方後円墳の成立とともに、当初からいわば完成形として出現したと考えられてきた。また、竪穴式石室の祖形は、弥生時代後期後半の中国地方で顕著な発達をみた弥生墳丘墓に採用された短小な石槨に求められてきた。そのうえで、両者間には大きな懸隔があることから、そこに弥生墳丘墓と古墳とを分ける飛躍とも表現すべき顕著な変化があったと理解されてきた（近藤 1983）。

ところが近年の研究の進展は、弥生墳丘墓における棺槨として石槨以上に木槨の重要性を明らかにしつつある。また、長大な割竹形木棺や竪穴式石室の出現に先だって、庄内式期には奈良県ホケノ山古墳に代表されるような、長大な舟形木棺と大型の木槨の組み合わせからなる棺槨を備えた前方後円墳が存在したことも判明している。

長大な舟形木棺、長大な割竹形木棺、木槨、竪穴式石室といったキーワードの指す実態を詳細に検討し、相互の関係を丹念に整理することが求められる。その体系的な検討をとおして、古墳が古墳時代の支配者層の墳墓として特殊に発達を遂げるなかで、棺槨もまた古墳的に発展し、さらには変容を遂げていったメカニズムを明らかにできると考える。そうした棺槨の動態をどのように理解するかは、なにをもって古墳と呼び、いつからを古墳時代と規定するかという根本的な立ち位置にも影響を与えるものといえるであろう。

古墳的な棺槨が成立し、発展し、変容を遂げていくメカニズムは、古墳時代社会において古墳が果たした儀礼的、宗教的機能と不可分の関係を有すると考えられる。したがって、その背景にある思想的、宗教的理念を追究し、その理念の実体化としての棺槨を規定する設計思想を明確化することが重要である。前期古墳のさまざまな要素には中国的な思想の影響が認められることが指摘されており、近年はこうした中国思想の正体を礼制的な秩序といった政治性のつよい思想的側面のみならず、魂魄観念にもとづく古代中国人の死生観や、昇仙のための道教的理論といった、より宗教性のつよい思想的側面からも評価する立場が多い（今尾 1989、福永 2000、和田晴 2009、穂積 2012ほか）。このことも念頭に置きながら、第5章までの古墳時代木棺の体系的整理の成果を踏まえつつ、第6・7章では、木棺を収容するための埋葬施設である木槨と竪穴式石室の系譜や成立、変遷の過程を整理、検討したい。

古墳時代の棺槨の系譜　第6章では、古墳時代棺槨の系譜を明確化するために、弥生時代から古墳時代初頭までの木槨を取り上げる。

日本における木槨の認識は、1979年におこなわれた岡山県楯築弥生墳丘墓の発掘調査に始まり（近藤ほか 1992）、1990年代から2000年代にかけて深められ、一定の分類や時期的変遷も示されている（田中清 1997、有馬 2003ほか）。ただ、木槨もまた木製構築物であり、木棺と同様に材が

ほとんど遺存しないという資料的制約から、一つの資料について複数の復元案が存在する場合もあって、木槨の概念規定にも一定の混乱が生じている。

そこで、弥生時代から古墳時代初頭までの木槨および木槨状施設について、木棺と槨に相当する部分をそれぞれ別個に検討するのではなく、棺槨として一体的に評価する視点から、棺構造に対応した床構造の変化、槨構築と棺搬入のタイミングの関係などに着目した分類および変遷過程を示す。この作業により、木槨と木槨ならざるものの仕分けをおこない、弥生時代後期後半の中国地方の弥生墳丘墓における木槨の出現を日本における本格的な棺槨の出現として位置づける。また、その発展の結果として、奈良盆地東南部を中心とした畿内地域の勢力が重要な役割を果たすなかで、長大な舟形木棺や竪穴式石室が成立していく流れを見とおす。

古墳時代棺槨の成立と展開　第7章では、古墳時代棺槨の成立と展開をあとづけるために、竪穴式石室を中心に据えてその構造的変遷を整理する。

1990年代から2000年代にかけておこなわれた奈良盆地東南部における一連の前期古墳の発掘調査は、初期の竪穴式石室のなかに構造的な完成段階の異なるものが存在することを明確にした。これは、複雑な構造をもつ竪穴式石室の諸要素が、当初からすべて出そろったものとして出現したわけではないことを示唆するものである。

そこで、従来の竪穴式石室研究が防湿、排水機能に注目した基底部構造の変化を重視してきた（堅田 1964、北野 1964a、田中勝 1973、新納 1991 ほか）ことをヒントに、上部構造・壁体構造・基底部構造を一体的な防水・排水システムとして有機的にとらえることで、竪穴式石室の成立後にもそうしたシステムの完成に向けた諸段階があることをトレースする。

また、そのような動向の背景に、中国的な遺体保護の思想からの影響を多分に受けた古墳時代棺槨における埋葬の基本理念に根ざし、防水性・密閉性・堅牢性を追求した埋葬施設の設計思想が通底していることを見とおしたい。粘土槨の出現や、石棺の採用といった古墳時代棺槨のその後の展開も、この基本理念を背景として説明しうるものである。

③東アジア世界における棺槨の動向と中国的な棺槨の思想的背景

漢代木槨墓の展開と周辺地域への波及　秦漢帝国の成立を大きな契機とした中国から周辺地域へのさまざまなインパクトは、東アジア世界の歴史展開に多大な影響をおよぼした。墓制の面では、漢代を通じて、木槨墓あるいはそれに類似した墓制が、漢王朝の周辺にいた諸民族に点々と受容される動きがみられる。弥生時代後期後半の上位階層の墓制である弥生墳丘墓における木槨の出現も、そうした中国の周縁世界における墓制の動態の中に位置づけて考えることが可能である。

そこで第8章の前半では、まず漢代木槨墓の展開を、周辺諸地域への木槨墓の波及という現象を見据えながら、漢の領域内部での大まかな地域性の観点からあとづける。巨視的には漢代は中国における木槨墓の終焉時期であるが、漢中枢部での磚室墓などへの転換による木槨分布の空洞化が進む反面、辺疆地域では地域性のつよい木槨文化が根強く残存した。中国側の門戸として朝鮮半島や日本列島に大きな影響を与えた楽浪地域もそうした地域の一つである。

中国における木棺の展開　また木槨墓を受容することは、間接的にせよ中国的な死生観やそれを反映した葬送儀礼のあり方に触れることを意味する。古代中国の葬送儀礼においては、納棺の儀礼である「殮（大殮）」、繰り返しおこなわれる煩雑な儀礼をともなう棺の仮安置期間である「殯」、柩

車を整え威儀を正した葬送の儀礼である「葬」など、葬送儀礼の諸場面における殮具（葬具）としての木棺の重要度がきわめて高い。また、『史記』『漢書』『後漢書』などには「棺槨葬具」「東園梓棺」といった語が散見し、君主から臣下への木棺の下賜もさかんにおこなわれている。第8章の後半では、漢・魏晋から南北朝期にかけての主に中国華北地域における木棺の展開過程を概観し、最後に棺槨のありように凝縮された中国的な死生観について考察する。

漢代以降の中国における木棺・木槨の様相をトレースし、弥生墳丘墓から前期古墳へと展開する棺槨を、中国の周辺地域を含めた東アジア世界における墓制の動態の中に位置づけて考えることは、日本の初期国家形成期であった弥生時代から古墳時代にかけての弥生墳丘墓の発達、古墳の成立といった考古学的現象のなかで、棺槨が果たした役割を明らかにすることにつながるであろう。

最後に終章では、各章での論点となった古墳時代棺槨の系譜と完成にいたる過程、展開と変容の過程をあらためて歴史的な時間の流れに沿って再構成し、その歴史的な意義づけを展望し、今後の課題についても提起したい。

3　用語の整理

ここでは、用語の概念規定についてとくに注意を要すると考えられる事項をあらかじめ整理する。なお、ここで触れない用語については、適宜各章節のなかで整理する。

筆者は、古墳の埋葬施設を大きく竪穴系埋葬施設と横穴系埋葬施設の2系統に区分する立場（白石 1985）をとる。竪穴系埋葬施設は、墳丘上に掘り込んだ竪穴墓壙内に埋葬施設を構築し、あるいは直接埋葬をおこなうものであり、必要以上の空間も出入口ももたない。木槨・竪穴式石室・粘土槨のほか、木棺や石棺の直葬などが代表例である。これに対し、横穴系埋葬施設は、一定の広さの墓室空間を有し、埋葬時の出入りに使用される横方向の出入口を付設するもので、横穴式石室・横口式石槨・横穴などが代表的なものである。

竪穴系は古墳時代の前半期に主流を占めた埋葬施設であり、横穴系は古墳時代中期に朝鮮半島から伝えられ、後半期に普及した埋葬施設である。もちろん、相互に影響をおよぼしあうなどの関係性は存在したが、両者は基本的に系譜や埋葬の原理を異にする別系統の埋葬施設と評価しうる。竪穴系・横穴系の大区分は、古墳の埋葬施設における大きな二つの系統によく適合していると考える。

つぎに、埋葬施設の分類名称としては、木槨・竪穴式石室・粘土槨などのすでに定着している語を用いる。このうち竪穴式石室については、近年「竪穴式石槨」とする用例も多いため（藤井・梅本 2001、鐘方 2003a ほか）、若干の整理を加えておきたい。

「竪穴式石槨」の語は、埋葬施設における槨を「棺を収納し、それを保護する施設」、室を「独自の内部空間と、そこにいたる通路をもつ」（和田晴 1989：p113）施設とし、両者を異質のものとして並列的にとらえた和田晴吾の定義や、黄暁芬が漢墓の分類において提唱した「密閉型原理」と「開通型原理」という新たな概念による「槨墓」と「室墓」の対置的定義（黄 2000）などに準拠したものである。

しかしながら、古墳の埋葬施設構造は多様な発達を遂げており、様相は単純ではない。その点を踏まえ、和田による整理の基本的な部分については評価しつつも、依然として未解決の問題も多い

現段階での用語変更は混乱を招くおそれがあるとして従来どおり「竪穴式石室」の語を使用する立場がある（安村 2003）。また、石室内空間の存在を積極的に評価し、とくに粘土槨との対比において「竪穴式石室」の語に意義を認めようとする見解がある（髙橋克 2010a）。

　筆者も、すでに定着している「竪穴式石室」の語をあえて変更する必要はないと考える。第6・7章で明らかにするように、竪穴式石室は弥生墳丘墓の木槨の系譜をひくものであるが、古墳的に特殊化した構造の独自性は、その祖形となる埋葬施設とは一線を画するものである。また、系統上は竪穴式石室から派生した粘土槨や木炭槨・礫槨などが内部空間をまったくもたないこととの比較においても、竪穴式石室の内部に空間が存在することの意味は過小評価されるべきではない。

　それとともに、「竪穴式石室」にせよ「竪穴式石槨」にせよ、石材を積み上げて四壁をつくり、最終的に上部を天井石などで閉塞する埋葬施設構造を、時期や地域の特性を無視して同一の術語で括ってしまうことの弊害があることも事実である。この点は単に「室」を「槨」と呼び変えても解決するわけではない。近年は、弥生墳丘墓の石槨や朝鮮半島南部の石槨まで「竪穴式石槨」の語で括ってしまう用法も散見される。これでは古墳の埋葬施設として特殊な発達を遂げた竪穴式石室の歴史性が同じ用語の中に埋没してしまうのではないか。

　そこで筆者はかねてから、竪穴式石室の語を変更するのではなく、その定義を厳密化することを提案している（岡林 2002）。すなわち、竪穴式石室の語を、小林行雄の分類によるB群（小林行 1941）、都出比呂志の設定した長大型（都出 1986a）を基本形として念頭に置き、そこから派生したと考えられる幅広あるいは短小な竪穴式石室などを含む、日本の古墳時代に特有の概念を指すものとしてあくまで限定的に用いることにしたい。したがって、弥生墳丘墓の短小な石槨については、竪穴式石室の概念に含めず、単に「石槨」と呼び、蓋構造の違いによって適宜「木蓋石槨」「石蓋石槨」と呼び分けることが適当と考える。

　古墳の埋葬施設は、竪穴系・横穴系にかかわらず、埋葬のための内部施設として墳丘に固着しており、構築物としての古墳を構成する一部分と理解するのが一般的である。「内部構造」「主体部」といった呼称がおこなわれているのも同様の理解にもとづくものであろう。いっぽう、古墳時代の棺には箱式石棺のように運搬できない構造のものも存在するが、一般論として棺は可搬性のものである。したがって、棺は、総体としての古墳を構成する要素ではあっても、構築物としての古墳を構成する一部分とはいいがたい。この点は副葬品や埴輪などと同じであり、考古学的な取り扱いとしては遺構ではなく遺物ということになろう。その意味で、棺と埋葬施設とをあわせて総称的に埋葬施設と呼ぶことは適切とはいえない。

　いっぽう、埋葬にあたって棺を使用し、かつ木槨や竪穴式石室のような棺を収容するための竪穴系埋葬施設を構築する場合には、棺と埋葬施設の間には不可分ともいうべき密接な関係性が存在する。その場合の棺と竪穴系埋葬施設の関係性は一対一の関係であって、原則的に棺の大きさや外形が埋葬施設の内法規模や平面・立面形状を規定している。これに対し、横穴系埋葬施設の場合には、追葬によって複数の、場合によっては種類の異なる棺が内部に安置される場合も多く、棺と埋葬施設は必ずしも一対一の関係にはない。棺と埋葬施設の関係性の点でも、竪穴系埋葬施設と横穴系埋葬施設は本質的に異なるのである。

　本書の表題にある古墳時代の「棺槨」とは、被葬者の遺体を直接収容する容器である棺と、竪穴式石室に代表される棺を収容するための竪穴系埋葬施設の組み合わせの総称として用いている。こ

の棺槨の語には、棺と竪穴式石室などの埋葬施設が組み合わさった多重の埋葬構造という意味での多重性と、竪穴系埋葬施設に特有の、棺と埋葬施設との一対一の関係性という、二つの含意がある。また、中国の古典にあらわれる「棺槨」の語は本来古代中国における木棺と木槨からなる多重の埋葬制度を指すのであるが、古墳時代の棺槨もまた、淵源をたどればそこに行き着くであろうという暗示も含んでいる。そのように考える理由やそのことのもつ歴史的意義については、本書のなかで明らかにしていきたい。

最後に、時期区分の呼称について整理する。筆者は、奈良盆地東南部に政治的中枢としての纒向遺跡が成立し、最初期の前方後円墳群である纒向諸古墳の造営が進められた、近畿地方の土師器編年による庄内式期を古墳時代のはじまりととらえる立場をとる。なお、庄内式期の実年代については、福永伸哉（福永 2001）、寺沢薫（寺沢薫 2005）らの年代観を参考に、3世紀前半期を中心とした60〜70年間程度と考えておきたい。[3]

本書では、古墳時代前期を初葉、前葉、中葉、後葉、末葉の5小期に、中期を同じく5小期に区分する。前期初葉は庄内式期、前期前葉〜中期末葉は和田晴吾による編年案の1〜9期にほぼ相当する（和田晴 1987）。必要に応じ、庄内式期、あるいは陶邑編年（中村浩 1978）による各型式・段階併行期により表記する場合がある。

註
（1）「竪穴式石槨」の語は古く高橋健自が使用しているが、高橋の用語法では横穴式石室も「横穴式石槨」となる（高橋健 1924）。これは、古代中国においては墓室に類するものは原則的にすべて「槨」と呼ばれており、「室」が墓室ではなく、墓前に設けられる祀堂のような施設を指すという文献史料上の用法を重視したものである（高橋健 1916）。
（2）筆者は、和田晴吾の定義においてもっとも重要な点は、槨と室という区分と、前述の竪穴系と横穴系という区分とが一定の整理のもとに関連づけられたことにあると考える。ところが正確にいうと、この定義では槨には横口式石槨が含まれており、両区分の対応関係は完全ではない。和田は、横口式石槨を「横口系槨」とし、「竪穴系槨」、横穴系の「室」とはさらに別の「持ちはこぶ棺」に特化した埋葬施設構造として位置づけている。しかし、横口式石槨がその成り立ちからいって横穴系埋葬施設の系統に属することは明らかであり、これのみを古墳の埋葬施設における大きな二つの系統から分離するべきではない。なお、和田のいう「持ちはこぶ棺」の概念は、7世紀の漆塗木棺や夾紵棺を念頭に置いており、この点も中期後半以降の釘付式木棺を運搬に適した棺と評価する筆者の立場とは異なる。
（3）庄内式期の開始年代については近年大幅に引き上げようとする意見が出されている（上野 2014、岸本直 2014・2015 ほか）。しかしながら、それにともなって実年代の見直しが提起されている纒向石塚古墳・勝山古墳については、西暦190〜210年前後という年輪年代法による所与の実年代（光谷 1995・2001）があり、それを大きく遡りえないと考える。

第1章　古墳時代木棺の構造と形態

第1節　古墳時代木棺研究の現状と課題

　木材はもっとも身近で利用範囲の広い素材であり、棺材としても洋の東西を問わず古くからさかんに利用されてきた。古墳時代においても、もっとも普遍的に数多く用いられたのは木棺であり、大きさや構造・形態の点で特殊に発達した各種の木棺の存在が知られている。

　しかし、木材で製作された木棺は、無機物を素材とする石棺や陶棺などとは異なり、よほど幸運な条件がない限り時間の経過とともに腐朽消滅し、実体を残すことはきわめて少ない。これまで、そのような資料的制約を克服し、遺構のなかで現に実体のない木棺を取り扱うための方法論を確立すべく、諸先学による努力が積み重ねられてきた。

　本節では、まず古墳時代木棺の構造や形態、分類に関する既往の研究をふりかえり、その議論と課題について整理したい。

1　基礎的分類と遺構論的研究

（1）古墳時代木棺の認識と基礎的分類

　1886年の坪井正五郎らによる栃木県足利公園古墳群の発掘調査は、日本人学者による最初の本格的な古墳の学術発掘と評価されている。発掘された2基の横穴式石室内には棺に相当するものは遺存していなかったが、坪井はその報告のなかで、本来木棺が使用されたか否かを検討している（坪井 1888）。古墳における木棺の使用に考古学的な関心が払われたもっとも早い事例といえるであろう。

　結論的には、2基の横穴式石室では木棺はもともと使用されなかったと判断された。刀装具などの破片と考えられる小さな材片が遺存していたにもかかわらず、木棺に由来すると考えられるような大きな材は認められなかったことが理由とされている。土中の木材がどの程度腐りやすいかは諸条件に左右されるが、同じ横穴式石室内では木材の腐朽が進行する条件も同じであろう、との見とおしに立った考察である。

　古墳における木棺の使用が実物資料の出土によって認知されるようになったのは1900年代前後以降のことで、山形県衛守塚2号墳の舟形木棺はそのもっとも早い例であろう。この木棺は犬塚又兵らによる速報につづき、羽柴雄輔による1901年の続報の中で、両端を切りそろえた丸太を半割りして内部を刳り抜き、蓋と身にした形状の見取り図が紹介されている（図1）。ただし、この木

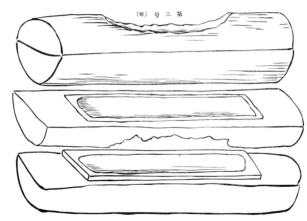

図1　1901年に紹介された衛守塚2号墳出土木棺の見取り図

棺は出土後いったん埋め戻されており、羽柴らの報告はあくまで発掘当初の記録や伝聞に依拠したものである。(1)

つづく1910年代には、大型の木棺残材の出土が相次いで報じられた。まず1912年に坪井正五郎の立ち会いのもとにおこなわれた大阪府塚廻古墳の発掘で割竹形木棺の残材が出土し、大道弘雄は丸木舟との形態的類似を主張した。同年、岡山県榊山古墳が地元民によって発掘され、各種の遺物とともに割竹形木棺の残材が出土した。また、1918年に報告された京都府浄法寺1号墳出土木棺は、梅原末治によって湾曲した側板に平らな蓋板がのる特異な組合式構造が推定された。

こうした資料にもとづき、高橋健自は古墳時代木棺の構造と形態の整理および基礎的分類をおこなった（高橋健1915・1924）。『古墳と上代文化』「石棺陶棺及甕棺」（高橋健1924：pp.77-117）の記述は、石棺および木棺の構造・形態にもとづく分類案を提示したもので、大正期までの古墳時代木棺に対する理解の到達点を示すものである。

高橋は、古墳時代の石棺を基本構造の違いから刳抜式と組合式に2大別し、さらに形態によって、刳抜式を割竹形・舟形・長持形・家形の4種類、組合式を箱形・長持形・家形の3種類に細分した。このうち長持形石棺は、刳抜式の事例が例外的に少ないことから、組合式に特有の形態とされた。

そのうえで、それらの祖形として同様の構造、形態をもつ木棺を想定し、具体的な遺存例として衛守塚2号墳出土木棺・塚廻古墳出土木棺・榊山古墳出土木棺材・浄法寺1号墳出土木棺の4例を紹介した。これらの木棺遺存例は、割竹形石棺に対して衛守塚2号墳出土木棺、舟形石棺に対して塚廻古墳出土木棺、榊山古墳出土木棺材、組合式石棺に対して浄法寺1号墳出土木棺というように、それぞれ石棺との構造的、形態的な対応関係が指摘された。

現時点では、衛守塚2号墳出土木棺は舟形木棺、他の3例は割竹形木棺と考えられ、木棺自体に対する検討は不十分といわざるをえないが、これは当時の資料的制約を考えればやむをえないであろう。しかし、刳抜式石棺に対応する刳抜式木棺の形態として割竹形と舟形の2種類があり、組合式石棺に対応して組合式木棺が存在する、との認識は、石棺の形態が原則的に木棺のそれを模倣したものであるという「石棺の木棺模倣説」というべき基本的な考え方とともに現在まで継承されている。(2)

いっぽう、石棺における割竹形と舟形の形態的分離は必ずしも截然としたものではなく、高橋自身が広義には両者を包括して舟形石棺と称することも諒とし、木棺についても同様としたことから、将来に形態分類上の問題点を残すこととなった。また、高橋は割竹形石棺に対し舟形石棺をより発達した形態と考え、両者間の系譜関係も展望していたが、この点と石棺の形態が木棺のそれを模倣したとする主張との整合が十分に示されなかったことは、その後の議論に少なからず影響を与

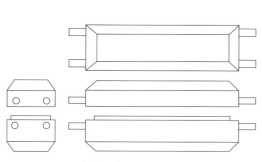
図2　高橋健自による御船代模造品図

図3　現代中国の木棺（福建省南靖県）

えた。

　棺槨の素材を木から石に置き換えるといった変化のメカニズムを重視する視点は、同書「石槨及横穴」（高橋健 1924：pp.35-77）の記述にも表れている。高橋は大正初年に宮崎県西都原72号墳の発掘調査で粘土槨の内部から木棺の痕跡が発見されたことを踏まえ、粘土槨を「木棺などの周囲を粘土で張つて之を保護したのであるらしい」（同：p70）と正しく評価したうえで、木棺と粘土槨、長持形石棺と竪穴式石室の組み合わせの間に素材を超えた対応関係を見出し、発展段階の違いとする仮説を提示した。木棺と竪穴式石室の組み合わせを想定外としたために結果的にこの仮説は正しかったとはいえないが、棺と槨の関係性を重視し、木材・石材・粘土といった素材の差を超えた対応関係を見とおす柔軟な視点に立ったものとして学ぶべき点が多い。

　高橋は木棺と石棺の対応関係を論じるにあたって、上記の木棺遺存例4例を提示するとともに、石上神宮所蔵の御船代模造品（図2）や中国における民族例（図3）を援用している。しかし、遺構に残された痕跡から木棺を復元する試みはみられず、資料としての事例が示されることはなかった。

　当時は、遺構に残された痕跡から木棺を復元的に想定する方法が確立していなかった。いわゆる棺槨論争において喜田貞吉と高橋健自との間で石棺の内部に木棺が存在したかどうかが議論されたなかでは、木片の遺存や釘の出土などを根拠として木棺の存在を証明する方法が漠然と提起されたにすぎない（高橋健 1915、喜田 1915・1916）。

（2）舟形木棺と舟葬説

　棺槨論争後の1910年代後半以降は、古墳の発掘調査がそれ以前に比べて格段に活発化した。1925年、梅原末治は豊富な調査資料をもとに前方後円墳の内部構造を12種類に整理し（梅原 1925）、粘土槨と竪穴式石室（石棺を内蔵するものを除く）では木棺の存在を想定することがむずかしいとして、内部に直接遺骸を埋葬したと推測した。その主な理由は、それらの発掘時の所見として、木棺に由来すると考えられる材の遺存がほとんど認められないというものであった。

　いっぽうで、木棺自体が良好に遺存する資料の集積も進み、1924年には栃木県藤岡町太田出土木棺、静岡県杉ノ畷古墳木棺が新たに出土した。後藤守一は『日本考古学』（後藤 1927）のなかでこれら当時最新の出土資料を取り上げ、古墳時代木棺の実例として写真等を紹介している。しか

図4　長谷部言人が紹介したマルケサス諸島の木棺

し、同書の竪穴式石室の解説では、梅原と同じくそれが木棺を内蔵したものとの認識は示されなかった。粘土槨は「粘土棺又粘土槨」の小見出しでそれ自体が棺の一種として解説されている。その後も、1928〜1929年の奈良県三倉堂遺跡（割竹形木棺1個・組合式木棺5個）など良好に遺存する木棺の発見があり、古墳時代における各種の木棺を使用した葬法の存在はいっそう明確化されたが、竪穴式石室や粘土槨の内部に木棺の存在が想定されることはなかった。

　1940年、梅原末治は1930年代を中心とした調査資料を用い、「本邦上代高塚の内部構造に就いて」を発表した（梅原1940）。このなかで梅原は、「木舟」状の木棺、粘土槨の下部構造、狭長な竪穴式石室の内部に設けられた粘土棺床を比較検討し、三者が細長い点、両端の幅に広狭の差がある点、内側の中央を丸く刳ったように作られる点などで酷似していると指摘したうえで、これらを細長い「船の形」の模倣とし、「船形木棺」を祖形として「粘土船形」さらには「石室被覆粘土舟形」へと発展を遂げたと論じた。

　粘土棺床を棺そのものとみなす後藤や梅原の考え方は、いわゆる舟葬説と不可分の関係にある。塚廻古墳出土木棺を「木船」として報告した大道弘雄は、いち早く舟葬を思わせる記紀などの記述やエジプト・北ヨーロッパの舟葬事例なども援用して、独自の舟葬説を展開した（大道1912）。(3)これに対し、高橋健自は塚廻古墳木棺を舟形木棺の実例として提示しつつ、舟形石棺との形態的な関わりが深いとする御船代を航行用のフネではなく、容器としてのフネと解釈するなど、舟葬説自体に対しては慎重な立場をとった（高橋健1915）。

　1924年には長谷部言人が石棺の縄掛突起を題材に、同様の突起で蓋と身を固定し、木棺を封鎖する民族例を紹介してその機能を検証し、舟形木棺は丸木舟に起源するものではなく、したがって舟形木棺を起源とする舟形石棺にも舟の模倣としての意義はないと主張した（長谷部1924、図4）。しかし、舟をかたどった棺が普遍的に存在するという当時主流をなした考古学的認識と、舟葬の民族例が世界各地にひろく存在し、日本の神話にも舟葬を示唆する内容が存在するという民族学的、神話学的知見（米田庄1917ほか）が結びつき、舟葬説は日本文化の起源を考えるための有力な学説に発展していった。

　考古学の立場から体系的に舟葬説を主唱したのは後藤守一である。後藤は、丸木舟の模倣から出発した舟形木棺が、舟葬観念の希薄化とともに次第に舟としての特徴を失い、純粋に容器的なもの（すなわち割竹形木棺的なもの）へ変化したという変遷観を示した（後藤1932・1935）。また後年は割竹形の呼称を避け、術語を舟（船）形に統一した（後藤1958）。その背景には、舟葬から家葬、舟形棺から家形棺への変遷を展望した独自の構想がある。一部の反論（伊東信1935）もあったが、前述のように1930年代までは木棺といえば舟形のものが想定され、舟形の「粘土棺」「礫棺」「木炭棺」といった概念までもが生み出されるにいたった。

しかし実際には、論拠とされた丸木舟を模倣した舟形木棺や、丸木舟の転用とされた出土資料が、具体的に舟としてのいかなる特徴を備えたものであるかは、樹幹を割り抜いて製作する点が丸木舟と共通することを除けば、やはり資料的制約からほとんど不明の状態であった。

たとえば、後藤が資料として引用した塚廻古墳の「木船」が必ずしも丸木舟としての明確な特徴をもつものではなかったことは、大道が「木船は半以上は腐蝕して居るので船の両端即ち舳と艫とに当る処は何んな形状であったかは丸で判らぬ」（大道 1912：（下）p18）と述べていることからもわかる。大阪府万年山古墳出土の「木船」についても報文に舳先と艫に関する記述はなく、岐阜県長塚古墳出土の「舟形木棺」に関しても「腐蝕して唯表面平坦なる一材木たるに過ぎず」（藤井治 1929a：p370）、舳艫の構造は確認されていない。

むしろ、後藤が提示しえた資料のなかで舟形木棺の概念にもっとも近いと考えられるのは、高橋が割竹形木棺の典型例とした衛守塚2号墳出土木棺1例にほぼとどまっていたと考えられる。木棺そのものが比較的良好に遺存する資料については、岸熊吉による三倉堂遺跡出土木棺群の詳細な観察やそれにもとづく復元製作実験のような優れた基礎的研究（岸 1934）がすでにおこなわれていたが、そうした研究姿勢がひろがりをみせることはなかった。

舟形の「粘土棺」「礫棺」「木炭棺」といった概念にしても、木棺の存在を考慮せず、遺骸をじかに埋葬したとの推測が出発点となっている。当時、古墳の埋葬施設に関する資料の蓄積が相当進んだにもかかわらず、遺構の状況から木棺の存否を具体的に検討する方法が依然として確立していなかったことが、木棺の存在への考慮を失念させる大きな原因であったことは否定できない。

（3）割竹形木棺の構造解明と舟葬説の否定

小林行雄は1941年の「竪穴式石室構造考」（小林行 1941）において、狭長な竪穴式石室の床面に設えられた粘土棺床や粘土槨が、舟をかたどった「舟形」や「粘土棺」ではなく、割竹形木棺を安置したものであることを初めて主張した。

滋賀県安土瓢箪山古墳中央石室を例にとり、棺床の平面形から木棺の平面規模を復元し、U字形をなす棺床横断面のカーブから割竹形木棺の横断面形を復元する方法も実践されている（図5）。また、しばしば竪穴式石室や粘土槨に副葬された銅鏡などに接して遺存する材片が木棺に由来することを傍証するにあたり、その樹種同定結果がほぼ例外なくコウヤマキであるという当時最新の研究成果（尾中 1936・1939）を援用していることも注意される。

割竹形木棺の構造、形態については、1937年に小林自身が発掘調査した大阪府南天平塚古墳第1主体部の遺存状態のよい資料なども参考に、遺構の状況を総合的に検討して具体的に復元された。それによれば、割竹形木棺は、縦割りにした丸木の内部を刳り抜いて蓋と身としたもので、両小口は垂直に切り落とし、別材の小口板をはめ込

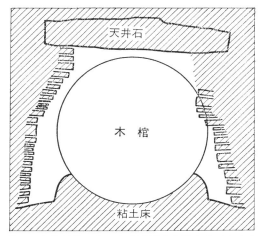

図5　小林行雄による安土瓢箪山古墳中央石室木棺の断面復元

む構造をもつ。蓋と身を合わせた横断面形が円形を呈し、全体としては一方の端の幅が広く、他方の幅が狭い円筒形をなす長大な木棺である。これは現在にいたるまで割竹形木棺の典型的な姿と考えられている。

また、竪穴式石室や粘土槨の内部に木棺の存在を想定することで棺内遺物と棺外遺物の概念が提起され、さらに当時通説であった構造的に簡単な粘土槨よりも複雑な構造をもつ竪穴式石室の方が新しいという変化の方向性を否定し、粘土槨が竪穴式石室の簡略形態であることも論破している。

1930年代後半、小林は梅原末治とともに近畿地方を中心に多数の古墳の調査に従事した。実際の遺構に触れ、その的確な観察を通じて、現に消滅して実体のみえない木棺の姿を構想することに成功したといえよう。それまで材が遺存する場合にのみ認識が可能であった木棺を、遺構から想定、復元する方法を初めて確立した画期的な業績である。これにより、高橋健自が割竹形石棺の祖形と考えた割竹形木棺の姿がより具体化されるとともに、かつて丸木舟に類似していると考えられた出土木棺残材の多くも、実際には割竹形木棺であったと考えられるようになった。

同時に小林の議論は、古墳の埋葬施設研究に大きな影響をおよぼしていた舟葬説そのものをつよく否定するものであった。つづいて発表された「日本古墳の舟葬説について」(小林行 1944)[4]では、舟葬説に対する徹底した批判があらためて展開されている。小林はその後、舟形石棺の名称については「身の形が和船に似ているとみてつけられたものであるが、誤解をまねく点がないではない」(水野・小林編 1959：p868) としつつも消極的に容認したが、木棺や石棺の形状が舟を意識したものとする舟葬説的な主張に対しては全否定の立場をとった。その影響力は大きく、舟形木棺の存在はしばらくの間ほとんど閑却される結果となった。日本における舟葬的観念の存在を主張する民族学者の間でも、その後は考古資料として舟形の棺が正面から取り上げられることはほとんどなくなり、古墳壁画が主たる材料となっている (大林 1961 ほか)。

(4) 遺構における割竹形木棺と組合式木棺の認識

戦後、新たな発掘調査を通じて小林の方法が実践、検証され、割竹形木棺の検出例は格段に増加した。竪穴式石室の事例としては大阪府紫金山古墳 (1947年調査)、岡山県金蔵山古墳南石室 (1953年調査)、大阪府将軍山古墳 (1956年調査)、粘土槨の事例としては三重県石山古墳中央槨 (1950年調査)・東槨 (1951年調査)、大阪府和泉黄金塚古墳中央槨 (1951年調査)、岡山県月の輪古墳中央主体・南主体 (1953年調査) などが挙げられる。

同時に、棺床の横断面形が角張った凹字形をなす木棺痕跡の検出例も蓄積された。石山古墳西槨 (1950年調査)、和泉黄金塚古墳東槨・西槨 (1951年調査) などが代表例である。これらは割竹形木棺のような刳抜式構造ではなく、箱のように板材を組み合わせて製作した組合式木棺の痕跡と判断された[5]。

さらに、発掘調査技術の向上によって直葬された木棺痕跡の検出が可能になり、兵庫県焼山古墳群 (1958年調査)、大阪府富木車塚古墳 (1959年調査) など中・後期の組合式木棺の検出例が増加した。1959年には大阪府土保山古墳で2個の遺存状態のよい組合式木棺 (長持形木棺) が発見され、三倉堂遺跡出土木棺のように棺身をすべて板材で組み合わせた純然たる組合式ではなく、刳り抜き技術を応用した横断面L字形の底側板を突き合わせにした組合式木棺の構造も知られることになった。

1959 年の小林行雄・近藤義郎「古墳の変遷」（小林・近藤 1959）は、1950 年代までの古墳に関する知見を概説したものである。「木棺と夾紵棺」の項では、割竹形木棺が組合式木棺と対置的に記述され、刳抜式木棺とほぼ同義の概念として取り扱われた。割竹形木棺の構造については、両端が開放されていて、棺端の板材を棺外にあてる形式と、棺内に入れる形式があったとされている。前者は和泉黄金塚古墳中央槨、後者は南天平塚古墳第 1 主体部を念頭に置いたものである。これに加え、棺端を刳り残す形式の存在も指摘され、衛守塚 2 号墳木棺が例示された。組合式木棺としては石山古墳西槨、和泉黄金塚古墳東槨・西槨が例示されたほか、三倉堂遺跡 1～5 号棺が取り上げられ、構造が解説されている。割竹形木棺、組合式木棺ともに、時期が下がるにつれて短小化する傾向があることも指摘された。

　同年に刊行された『図解考古学辞典』の「木棺」の項でも、「古墳時代の木棺には、まず丸太をくりぬいて作った割竹形木棺と、木板を組みあわせて作った組合式木棺との二系統がみられる」（水野・小林編 1959：p965）と、割竹形木棺と組合式木棺を対置する解説がおこなわれている。

　1963 年の藤原光輝「組合式木棺について」（藤原 1963）は、組合式木棺そのものの良好な遺存資料である三倉堂遺跡、土保山古墳出土例の詳細な検討を踏まえ、木棺痕跡の検出事例や石棺の事例も援用して、組合式木棺の構造、形態を本格的に検討した初めての試みといえる。その結果、蒲鉾形の蓋を有する、頭側と足側で幅の広狭がある、釘などの接合用金具を使用しない、といった点が特徴として挙げられている。

　こうした状況のなかで、断面 U 字形の棺床をもつ木棺は割竹形木棺であり、断面凹字形の棺床をもつ木棺は組合式木棺である、という判断基準が通用していった。高度経済成長期に入った 1960 年代以降おびただしい数の古墳が記録保存調査されたが、その大半は小規模な木棺直葬墳や横穴式石室墳であった。木棺直葬墳の発掘現場では、遺構として残された棺底のスタンプの横断面形が U 字形であるか凹字形であるかの差を手がかりに、割竹形木棺か組合式木棺かを二者択一的に判断することがおこなわれた。いっぽう、横穴式石室墳の発掘現場では、石室内において木棺痕跡の検出が試みられることすらほとんどなかった。

2　木棺形態認識の多様化

（1）前期古墳の木棺形態の再検討

　1980 年代になると、発掘現場での木棺痕跡に関する所見に、割竹形か組合式かの二者択一的な判断基準に合わないケースが顕在化し始めた。西日本の前期古墳で認識され始めた非割竹形の特徴をもつ刳抜式木棺の評価と、東日本における丸木舟を模倣したかのような形状の木棺をめぐる問題が主なものである。

　西日本を中心として、断面 U 字形の棺床をもつ木棺の中に、割竹形木棺とは異なる特徴をもつ一群が存在することを最初に指摘したのは都出比呂志である（都出 1986a）。両小口幅に差があるという割竹形木棺の形態的特性は、通常、竪穴式石室の形状にも反映しているのであるが、いっぽうで、竪穴式石室のなかには両短辺の幅が等しいものが見受けられ、その種の石室では床面のレベルにも差がない。都出は、こうした特徴をもつ石室におさめられた木棺は、断面が U 字形のカーブを描く粘土棺床を設置していても、割竹形木棺ではない可能性を指摘した。その具体的な形態と

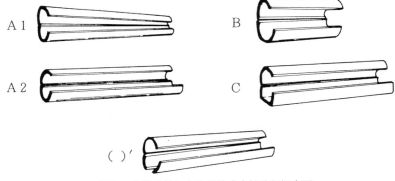

図6　吉留秀敏による刳抜式木棺分類概念図

して、森毅が大阪府加美遺跡の庄内〜布留式期の木棺を分類したうちの、丸太の1／3以下の材を蓋と身とする加美C類木棺（森毅 1985）を援用し、それを長くしたような木棺を想定した。断面U字形の棺床をもつ木棺は割竹形木棺であるという、ながらく常識となっていた判断基準に再考を促すものであった。

　つづいて吉留秀敏は、割竹形木棺の概念の幅のなかで形態的な多様性を認める立場から、九州地方の事例について形態分類案を示した（吉留 1989）。それによれば、丸木を縦割りにした長大なもの（A型式）、全長およそ3m以下と短く、径1m前後のもので、棺身の底面に平坦部のあるものを含む（B型式）、棺身が箱形になるもの（C型式）に大きく分かれる。これらは、両小口の幅に差があるもの（A〜C1型式）、等しいもの（A〜C2型式）にさらに細分される。また、棺身が半裁した樹幹の刳り抜きではなく、それをさらに縦に分割したものを組み合わせる場合も考慮されている（図6）。

　以上の分類について吉留は、A1型式、すなわち丸木を縦割りにした長大な木棺で、両小口の幅に差があるものを「典型的な割竹形木棺」とし、B型式を「舟形木棺と呼ばれる形態」と定義した。また、C型式については箱形木棺と呼ばれる形態に含まれるものがある、としている。そのうえで、広義の割竹形木棺として扱うべきものの概念を、刳抜式という製作技法、蓋・身の二分割、棺痕跡にU字床を有するもの、の三条件を満たすものとした。ここでも刳抜式木棺のなかに割竹形以外の棺形態が含まれることが注意され、B型式に対しては「舟形木棺」の呼称が用いられたのである。

　なお、吉留案では棺身が箱形になるもの（C型式）が考慮されている。刳抜式で棺身が箱形となる木棺は、たとえば中国南部の懸棺葬群に実例が数多くみられ（陳明芳 1992）、技術的にはありうるものである。しかし、日本の古墳時代に想定しうるかどうかは、古墳時代における用材利用の側面からの検討を踏まえ、整合的な判断が必要と思われる。

　翌年、北條芳隆は北部九州の竪穴式石室を最大幅90cm前後の幅狭型と幅140cm前後の幅広型とに分類し、粘土槨にも同様の二者がみられることから、それを木棺の型式差によるものとして、幅狭型を吉留分類のAないしC型式、幅広型をB型式にほぼ対応させた（北條 1990）。

　1990年を前後しておこなわれた滋賀県雪野山古墳竪穴式石室（1989年調査）、兵庫県権現山51号墳（同）、奈良県中山大塚古墳（1993年調査）の発掘調査は、従来大半が割竹形木棺と判断され

ていた横断面U字形の棺底痕跡をもつ木棺のなかに、割竹形木棺のバリエーションではとらえきれない形態の刳抜式木棺が存在することを具体的に明らかにした点で、前期古墳の木棺形態の再検討をつよく迫るものであった。

雪野山古墳石室の木棺について福永伸哉は、（１）横断面Ｕ字形の粘土床のカーブがゆるやかで、正しい円弧を描かない、（２）両小口に半環状の突起がつく、（３）棺内に２枚の仕切板がある、の３点を特徴として指摘した。粘土床にスタンプされた棺底の横断面形が正円でないことから、この木棺の棺底はいわゆる舟底状に加工されていたと解釈できる。また半環状突起は強度の点から小口部分と一体のものとして成形されたと考えるのが自然であり、小口部分が棺本体と別材である形跡はないことから、少なくとも棺身は突起を含めて一木から製作された可能性が高い。さらに、舟底状の底面、仕切板、両小口の半環状突起といった諸特徴が、佐賀県熊本山古墳の舟形石棺に酷似することから、雪野山古墳木棺を「舟形木棺」（雪野山古墳発掘調査団 1990：p13）と呼ぶべきとし、ある種の舟形石棺の直接的な祖形になった可能性を指摘した（図７）。

権現山 51 号墳の木棺も、棺床の横断面が浅いU字形で、両端部の縦断面形もゆるく反り上がることから、大谷晃二はその棺底形状がある種の舟形石棺に近いものと推定した。また、被葬者の頭部下に遺存した木製枕の底面形状から、内底面もごく浅いU字形をなすと考えられた（図８）。さらに、副葬品の配列から雪野山古墳木棺と同様の仕切板の存在が想定されている。

中山大塚古墳木棺は、身の横断面形が「底面中央に幅 0.63 m の平坦面をもち、両側でゆるくカーブして立ちあがる」もので、「小口面は斜めに立ち上がり緩く湾曲するように小口切りされていた」（豊岡・卜部ほか 1996：p50）と想定された。また、南小口の中央部南側では棺床粘土が十分に置かれずくぼみとなっていることから、この部分に縄掛突起が存在した可能性も指摘されている。

こうした状況を踏まえて、1995 年には三木弘、今尾文昭、筆者らが相次いで前期古墳の棺形態について整理をおこなっている。

三木は、竪穴式石室の棺床の横断面形をＡ〜Ｅ類に分類した。Ａ類は浅くＵ字形にくぼんだもの、Ｂ類はＡ類に近いが底面が平らで側部の立ち上がりにわずかな内彎がみられるもの、Ｃ類は半円形をしてくぼむもの、Ｄ類はＣ類に近いが底面が平坦で側部の立ち上がりも比較的直線的なもの、Ｅ類は棺底面が平坦なもの、である。このうちＡ類については刳抜式のものが含まれる可能性を残すとしながらも、Ａ・Ｂ類を組合式木棺、Ｃ・Ｄ類を刳抜式木棺に対応させた（三木 1995）。

今尾は、近畿地方では前方後円墳の成立当初から木棺の断面形態として３種類の形態が存在したことを指摘した。すなわち、正円形をなすもの、棺底部分の曲率がゆるやかなもの、箱形のものであり、それぞれ吉留分類の刳抜式Ａ〜Ｃ型式に相当し、また組合式のものも考慮される。同時に、竪穴式石室と木棺の間隙に広狭があることに注目し、それが縄掛突起の有無や形状、棺の断面形態と関連することを指摘した。また、中山大塚古墳の舟形木棺について、「丸太材の１／３程度を利用して身・蓋とした刳抜式木棺で、棺底が舟底状に加工された可能性が高い」（今尾 1995：p44）とした。

筆者は、横断面Ｕ字形の棺床であっても、その曲率がゆるやかで、正円を復元すると石室内におさまりきらない場合や、曲率が変化して正円の一部をなさない場合、小口部の縦断面がカーブを

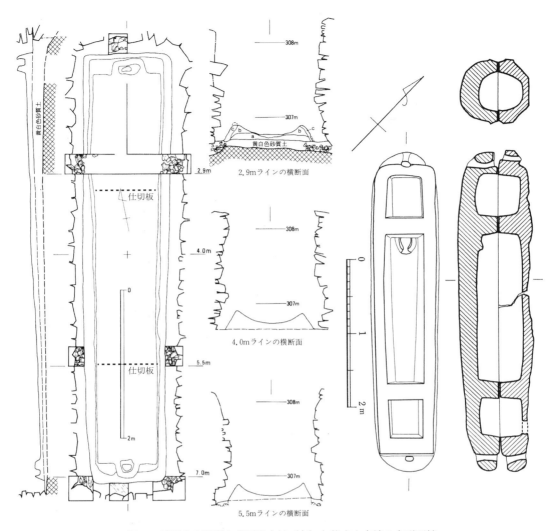

図7　雪野山古墳竪穴式石室木棺（左）と熊本山古墳の舟形石棺

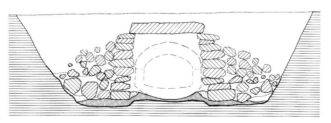

図8　権現山51号墳における木棺の断面復元

描く場合には、そのような「ゆるやかなU字形」の棺床をのこした木棺は舟形木棺であり、割竹形木棺とは峻別されるべきと考えた。また、その外観は、棺底の形状が舟底形をなし、全体に扁平で、船縁状の側面を有する、ある種の舟形石棺に近いものである可能性が高いと推測した。近畿地方における具体例としては、滋賀県雪野山古墳、兵庫県権現山51号墳、同吉島古墳、京都府元稲荷古墳、同長法寺南原古墳、同黒田古墳、奈良県小泉大塚古墳、同中山大塚古墳などを挙げた。

いっぽう、都出比呂志が援用した加美C類木棺については、棺材に孔や等間隔の抉りをもつものがみられることから、準構造船などの転用材を利用した木棺であり、規模の点からも古墳におさめられた長大な木棺との間に大きな懸隔があることを注意した（岡林 1995）。

現時点では、雪野山古墳木棺などに代表される棺底が舟底状に加工された刳抜式木棺を、割竹形木棺に対して舟形木棺と呼んで整理し、ある種の舟形石棺の祖形と考えるのが一般的である。さらに筆者は、畿内とその周辺を中心とした地域では、古墳時代初頭から舟形木棺と割竹形木棺が存在するものの、大型古墳では当初は舟形木棺の比率が高く、必ずしも割竹形木棺が主体的とはいえないことも明らかにした（岡林 2005）。

（2）新たな舟葬説の展開

小林行雄が考古学上の舟葬説を明確に否定して以降、舟葬的意味合いでの舟形木棺が正面から取り上げられることはほとんどなかった。

しかし、明らかに丸木舟に類似した形態的特徴を有し、「舟形」と評価せざるをえない木棺痕跡の存在はその後も東日本を中心にしばしば問題となった。1960年に下津谷達男が舟形棺の存在をあらためて指摘し、東日本における地方的様相としての再評価を提言したのはその一例である（下津谷 1960）。1969年には栃木県七廻り鏡塚古墳できわめて遺存状態のよい舟形木棺が発見され、舳先と艫の区別を明確にした身の底面加工のようすが明らかにされた。大和久震平は、その形態が北関東地方のある種の舟形石棺に似ていることから舟形木棺と称し、刳り舟との類似から「刳舟形木棺」と呼んでもよい、としたうえで、身の底面加工が舳艫の区別を明確にしており、舳先側を地形の低い側に向けて安置されていたことにも注目し、その舟葬的意義をつよく示唆した（大和久編 1974）。

1983年、磯部武男は「古代日本の舟葬について（上）」において、自身が発掘調査した静岡県若王子12号（図9）および19号墳の木棺痕跡が舳先と艫が明確に区別される棺底形状をもっていたことを踏まえ、新たな舟葬説を提起した。磯部は、静岡県内における同様の調査事例や1968年に埼玉県埼玉稲荷山古墳で発掘された長大な礫槨などを列挙し、古墳時代には舟葬的意味合いをもつ舟形棺が確実に存在したと指摘する（磯部 1983）。続編である1989年の「舟葬考」では、舟形棺を使用した埋葬を、古墳時代の北九州と東海・関東地方にみられる特殊葬法と結論づけている（磯部 1989）。

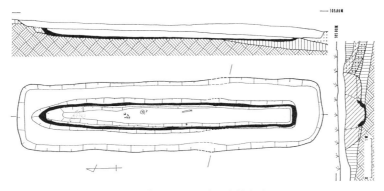

図9　若王子12号墳の木棺痕跡

じつは、古墳以外では、舟葬的色彩の濃厚な舟形の棺や丸木舟あるいは準構造船の一部を利用した埋葬が相次いでみつかっていた。1948年には島根県猪目洞穴で準構造船の舷側板を3枚に切断した材で遺骸を覆った古墳時代中期の埋葬遺構が発見されている。1956年には千葉県大寺山洞穴（第1洞）から甲冑などの副葬品とともに古墳時代中・後期の丸木舟転用棺が出土した（白井1992）。1967〜1968年の神奈川県雨崎洞穴の発掘調査では、舟形と推定される刳抜式木棺や焼けた組合式木棺が出土し、舟形に石を配置した石槨状の遺構から多数の人骨が出土した（赤星1970）。

これらはいずれも海蝕洞穴を利用した埋葬遺跡であり、舟形を意識した形態の配石を使用したり、丸木舟あるいは準構造船の一部を棺に転用したりする点で共通する。1992年、辰巳和弘はこうした洞穴葬や古墳壁画などの舟をモチーフとした造形を再評価し、磯部の所論も援用してあらためて考古学の立場から舟葬説を展開した（辰巳1992）。

1993年から7次にわたる大寺山洞穴の再発掘調査では、丸木舟を転用した多数の木棺が確認され、沿海部における舟葬の存在がひろく再認識されるようになった。その成果にもとづき、岡本東三はこのような舟葬を海洋と密接に結びついた生業に従事した集団による独自性のつよい墓制と理解したが（岡本ほか1997）、その後はさらに普遍的な舟葬論へと発展させている（岡本2000）。

ところで、近年の舟葬論では「舟棺」「舟形木棺」の語の用法に論者による微妙な差がある。磯部は舟葬的意義を有するものを「舟棺」と定義し、若王子12・19号墳例をはじめとする静岡県内の諸例や埼玉稲荷山古墳礫槨例を挙げる。いっぽう、猪目洞穴などの準構造船転用棺については「意図的に舟の中に埋葬するという厳密な意味での舟棺、舟葬とは断定しかねる」とし、七廻り鏡塚古墳舟形木棺についても「いわゆる舟形石棺タイプに属するもの」（磯部1983：p41）として「舟棺」の概念からは除外する。これに対し、岡本は舟形をした木棺を「舟形木棺」、舟を転用した棺を「舟棺」と呼び分ける。構造や形態上の特徴から両者を区別する具体的な基準は示されていないが、「舟形木棺」は舳先と艫を形状的に区別するなど丸木舟の特徴をつよく備えた木棺を指すようであり、資料的には磯部が「舟棺」として整理したものとほぼ共通すると思われる。この定義によると、丸木舟を切断するなどして木棺材に転用した兵庫県明石城武家屋敷跡東仲ノ町地区第4次調査出土の方墳における周溝内埋葬や、猪目洞穴における埋葬例は「舟棺」に該当する。

磯部の舟葬説の出発点となった古墳における丸木舟状の木棺については、1990年代以降新たな資料が蓄積された。とくに京都府北部の丹後半島を中心とした日本海側の地域では、丸木舟を転用もしくは模倣して製作されたと考えられる刳抜式木棺が多数確認されている。時期的には弥生時代後期から古墳時代後期におよび、石崎善久によって「舟底状木棺」として整理された。弥生時代には舳先と艫を区別した形態のものが多く、古墳時代に入るとそうした区別が曖昧になる傾向が指摘されている（石崎2000・2001）。

北條芳隆は、舟底状木棺が弥生時代後期後葉〜末に一定の長大化を達成している点を重視し、奈良県ホケノ山古墳など初期の長大な木棺が舟形木棺であって、典型的な割竹形木棺の形態をとらないことも考慮して、そうした畿内地域の舟形木棺の祖形を北近畿の舟底状木棺に求める考えを示した（北條2004）。北條は舟底状木棺の舟葬的意義を重要視しており、古墳時代木棺の長大さの正体について、「なぜ長い棺が誕生したのかという問いかけにたいし、祖形は舟であったからだという説明づけは資料的な根拠をもつとみてよい」（同：p135）と述べる。

その後辰巳和弘は、関東地方を中心として愛知県以東・宮城県におよぶ太平洋側の地域と、「舟

底状木棺」が濃厚に分布する京都府北部から兵庫県北部を中心として島根県以東・福井県以西の日本海側の地域を、舟葬的意味での舟形木棺の主たる分布圏として位置づけている（辰巳 2011）。

　現時点ではもはや、その普遍性はべつとして、舟葬的意味合いでの舟形木棺が存在する事実を否定することはできないであろう。実物資料として筆者が実測図等を報告した山形県衛守塚 2 号墳木棺、栃木県藤岡町太田出土木棺、茨城県結城市結城作出土木棺などの舳艫の区別がある丸木舟を意識した形態の「舟形木棺」がその典型的なものである。これに対し、都出比呂志の指摘に始まる西日本の前期古墳を中心とした「舟形木棺」の概念は、あくまで舟形石棺との類似性による命名であって、基本的に舟葬説的な含意はない。岡本東三はこのような舟形木棺、さらには割竹形木棺も含めて、長大な刳抜式木棺はすべて舟葬と関連づけられると主張し、北條の考えもこれに近いが、大方の賛同は得られていない。両者の系譜や関係性をどのように整理していくかが課題である。

（3）組合式木棺をめぐる議論

　組合式木棺に関する研究としては前述の藤原光輝による構造、埋葬法などの包括的な検討のほか、岩崎卓也による地域性の検討（岩崎 1989）などがあるが、形態分類をめぐる議論は刳抜式木棺に比べて活発ではない。そのため、横断面凹字形の棺底形状を残す木棺は組合式木棺として一括され、それ以上の分類はほとんどなされてこなかった。

　組合式木棺には、三倉堂遺跡出土例（図 22 - 21〜25）や土保山古墳例（図 21 - 16）のように比較的早くから知られた良好な遺存例があり、蒲鉾形の蓋を有する点や、とくに土保山例では蓋・身に縄掛突起を有するなど、外観上は長持形石棺との類似性を指摘できる。藤原光輝はそうした長持形石棺との類似性を認めつつも、系譜的な関係の有無については保留した。そのいっぽうで、系譜的な関係はともかく、蒲鉾形の蓋を有する土保山古墳木棺のような組合式木棺についてはその形態的類似性から長持形木棺と呼んでよいとの提言もあり（大和久編 1974：p81）、筆者もその立場をとる。

　いっぽう、藤原や勝部明生らは、奈良県桜井茶臼山古墳木棺について、外面に原材の曲面を残す 4 枚の長い板をそれぞれ底・両側・蓋とした組合式構造を想定し（藤原 1963、勝部 1967）、石野博信はそうした木棺を長持形石棺の祖形と考え、「長持型木棺」の呼称を提唱した（石野 1983・1995）。あるいは、1984 年に新潟県保内三王山 11 号墳の良好な木棺痕跡から形態が復元された木棺（図 10）は、側板の両端に 1 個ずつ縄掛突起を有することをはじめ、大阪府松岳山古墳石棺に代表される原初的な長持形石棺との類似から、原初的な長持形というべき組合式木棺と評価された（小林隆 1989）。

　いま一つ組合式木棺をめぐる議論で問題点となるのは「底板をもたない組合式木棺」すなわちシスト的な木棺構造の取り扱いである。高橋健自の整理方針にしたがえば、底板を欠く、あるいは土壙内で側板・小口板を組み立てた後に底板を単に落とし込んだだけのような木棺は、箱式石棺との対応から

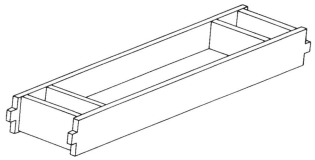

図 10　保内三王山 11 号墳組合式木棺模式図

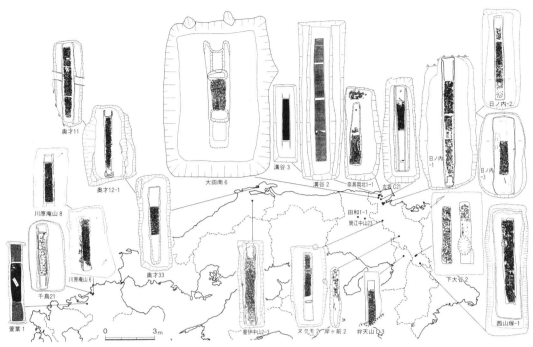

図11　奥才型木棺とそれに準ずる木棺の分布

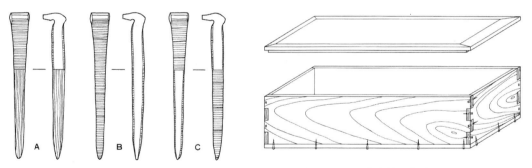

図12　福島雅儀による釘に付着した材の木目パターンと木棺の復元

本来は「箱式木棺」と呼ぶべきものである。ただ、従来この問題についての整理は十分ではなく、ほかの組合式木棺とともに一括で取り扱われることが多いのが現状である。

　底板をもたない組合式木棺のなかでも比較的大型のものについては、赤澤秀則が「奥才型木棺」の概念を提唱している。（1）内法長が3mを超える箱式木棺である、（2）棺底面に礫を敷く、（3）棺内を2区画以上に区切る、の3点を満たすもので、前・中期に島根半島部、丹後を中心に近畿中央部にかけて、北部九州の3地域に限定的に分布する状況が明らかにされている（図11、赤澤 2002）。

　赤澤は島根県奥才古墳群における奥才型木棺の出現を、古墳時代前期前葉から後葉にかけて採用された精美な組合式石棺（箱式石棺）につづくものとし、前期後葉から中期初頭としている。この種のものの系譜を朝鮮半島南部の木槨墓に求める意見もあるが（岩本 2010）、在来的な箱式石棺と

の共通性は無視しがたい。やはり箱式石棺との関係のなかで成立し、畿内を中心とした地域から伝播した長大な木棺の影響を受けて、長大化の方向に発達した地方的な木棺の様相ととらえておくべきである。

（4）釘付式木棺の提唱

　釘を使用した木棺については福岡澄男、千賀久、田中彩太、福島雅儀らによる復元的検討作業がある（福岡 1969、千賀 1976、田中彩 1978、福島雅 1981）。木棺の製作に用いられた鉄釘（まれに銅釘）に付着した木棺材の木目方向の組み合わせを類型化することで使用部位を特定し、出土状況と合わせて検討をする方法がとられる（図12）。

　1994年、筆者はこれらを踏まえ、あらためて事例を集成し、その諸特徴から新たに釘付式木棺の概念を提唱した。釘付式木棺は、一貫して人体を基準とした大きさにつくられ、棺身は簡素な箱形をなすこと、機能的には持ち運びに適し、横穴式石室とのつよい結びつきをもつ、などの特徴を有する。こうした点から、釘付式木棺は古墳時代中期後葉〜末葉に畿内地域への横穴式石室の導入とともに伝えられた外来の木棺形式と考えられ、在来の刳抜式木棺・組合式木棺とは別系統の木棺と評価できる。

　すなわち、古墳時代木棺の基本的な構造にもとづく分類については、高橋健自以来の刳抜式木棺、組合式木棺の2大別がながらく踏襲されてきたが、在来の組合式木棺に釘付け技術が応用されたものといった評価にとどまっていた釘付式木棺を、それらとは別系統のものとして独立させる理解である。

　釘付式木棺については、その後も金田善敬（金田 1996・1999）、瀬川貴文（瀬川 2005）らが使用された釘を中心に検討を加えているが、現時点までその全体像を知りうる良好な材の遺存例がないこともあり、構造、形態に関する新たな知見は少ない。

3　遺物論的視点による木棺研究の必要性

　以上に述べてきたとおり、古墳時代木棺の構造と形態、分類をめぐっては長い研究史がある。そのなかでも、高橋健自による刳抜式・組合式の構造分類と、刳抜式木棺の中に割竹形と舟形の2形態があるという分類上の枠組みは、現在なお有効性を保つものとして重要である。また、石棺の木棺模倣説は、木棺の構造、形態を復元的に検討する際に、石棺のそれを援用する理論的基礎となっている。

　構造分類については、筆者が高橋の分類を発展させ、組合式から釘付式を分離し、刳抜式、組合式とあわせて3分類とする案を示した。現時点では、これ以外の新たな分類案は示されていないようである。

　形態分類については、小林行雄によってその構造、形態が解明された割竹形木棺と、1980年代以降の割竹形以外の刳抜式木棺をめぐる議論が大きな比重を占めている。小林による割竹形木棺の概念規定の正しさは、現在までの調査例をみても揺らぐことはないと思われる。いっぽう、割竹形以外の形態の刳抜式木棺は各種想定されているが、代表的なものは舟形木棺であり、一部の舟形石棺との類似性から舟形木棺と呼ばれる一群と、舟葬説との関連から舟形木棺と呼ばれる一群が認識

される。

　舟形木棺のうち、一部の舟形石棺との類似性から舟形木棺と呼ばれる一群をめぐっては、舳艫の形状差はほぼ問題とされないが、舟葬説との関連から舟形木棺と呼ばれる一群に関する議論では、舳先と艫を形状的に区別したある種の丸木舟との類似性が注意される。また、とくに前者は全体に扁平で、棺床の横断面が「ゆるやかなU字形」のカーブを描くことが重視される。両者は形態的にも異なっており、それぞれ別の系譜を有すると考えられるが、さらに舟材の転用棺を舟形木棺と呼ぶ立場もあって、舟形木棺の用語の指す概念について一定の整理が必要であろう。

　長持形木棺の概念をめぐる議論は、原初的な長持形石棺とされる石棺との類似性に関心が注がれる反面、現実に長持形石棺と類似した形態をもつ木棺の存在が看過されているのではないかと思われる。その意味からも長持形木棺の概念は、必ずしも長持形石棺の祖形としての意義に拘ったものである必要性はないであろう。また、石野博信らが想定したような木棺構造の当否についても再検討が必要と思われる。

　既往の研究をふりかえって痛感することは、時間の経過とともに腐朽消滅する木材の特性に起因して、検討の基礎となるべき木棺そのものの遺存資料がきわめて少ないという資料的制約である。そのため、遺構のなかで現に実体のない木棺を取り扱うための方法論が確立するまでには、さまざまな紆余曲折があったことがうかがわれた。またある時期には、遺構に残されたスタンプとしての認識が先行し、失われてしまった実体に寄り添う想像力が不足しがちであったことも否定できない。

　この資料的制約を克服することは容易ではないが、遺存状態の良好な実物資料を可能な限り集成するとともに、古い時期の出土資料についてはあらためて観察をおこなって図化等の資料化を進める必要がある。それらの実態を踏まえることが、古墳時代木棺の構造と形態を明らかにするための議論の出発点となろう。また、その検討結果を遺構から復元される木棺資料にフィードバックし、認識の普遍化をはからなければならない。

　いま一つ、これもある意味では遺存資料の少なさに起因することと思われるが、原材や木取りへの着目など、木棺を大型の木製品としてとらえる視点がほとんど欠如していることは克服すべき課題である。考古資料としての木棺を検討する場合には、それが本来は大型の木製品であるという「もの」としての本質を失念することなく、思考のうえでは可能な限り遺物として取り扱う必要がある。木棺を木製品としてとらえた場合、その主たる属性として製作技術を含むその「構造」、外観を中心とする「形態」、樹種選択や素材の需給関係の問題を含む「用材（利用）」が挙げられる。これらの属性はそれぞれ不可分に関係しつつ、木棺という「もの」を規定しており、それらの実態を整理することが古墳時代木棺の研究を進めるうえで必須の作業となる。

　そこで本章では、古墳時代木棺の遺存資料の集成、資料化を前提に、その構造と形態に関する実態を明らかにするとともに、木棺を大型木製品としてとらえる視点を踏まえた体系的な分類をおこなう。そのうえで、古墳時代木棺の各類型、それらの特徴、時期的変化などを総合的に整理し、各類型の系譜や長大な木棺の成立、棺形態の多様化といった、主として古墳時代前半期における木棺の動向をあとづけたい。

第2節　遺存木棺資料の検討

　遺跡において木材が遺存する条件には、腐朽菌・腐朽バクテリアといった微生物の発育を阻害する「水浸し」「炭化」「銅器その他の存在」の三つが挙げられる（亘理 1951）。また、酸欠・低温の状態が維持される密閉された石室内空間では、そうした微生物の活動が一定程度抑制される可能性が指摘されている（酒井 2008）。

　古墳における木棺の圧倒的多数は腐朽消滅しているが、上記のような諸条件が複合し、好適に作用した結果、ごくまれに木棺の全形を知りうる程度まで材が保存されている場合がある。良好な状態で材が保存されてきた遺存木棺資料はきわめて希少であるとともに、遺構として認識される木棺痕跡からは一般的に知りえない、たとえば棺蓋の形状、棺の内部構造、仕口など細部の構造、木取りといった豊富な情報を提供する点できわめて高い資料的価値を有するといえる。

　そこで以下では、古墳時代木棺の構造、形態を総合的に考察するための基盤となる遺存木棺資料の事例を検討する（表1）。

　以下、記述にあたっては、本章第3節で整理する分類名称および図13に示した部分名称を統一的に使用する。また、被葬者の頭位が判明するものについては、その頭位側を頭側、反対側を足側とし、被葬者の右手側を右、左手側を左として記述する。被葬者の頭位方向が不明な場合や、まれ

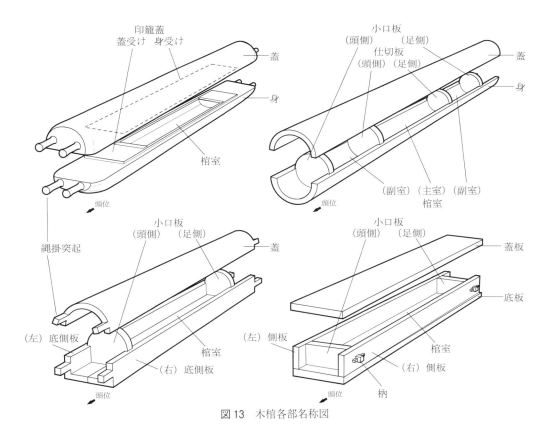

図13　木棺各部名称図

表1 古墳時代木棺の主な遺存例

古墳名	所在地	棺形式	時期	材の状況（単位：cm）	樹種
衛守塚2号墳	山形県山形市千手堂	舟形	中期	蓋（全長381、幅69／67、高31／27） 身（全長378、幅72.5／67、高34／28）	ケヤキ
七廻り鏡塚古墳 （主棺）	栃木県栃木市大平町 西山田	舟形	後期	蓋（全長551、幅101、高42.4） 　舳側妻板（60.2、幅19.4、厚8） 　艫側妻板（65.5、幅18.7、厚7.9） 身（全長549、幅108、高48） 　舳側妻板（幅67.8、高27、厚8） 　艫側妻板（幅62、高23.6、厚8）	ヒノキ
七廻り鏡塚古墳 （副棺）	栃木県栃木市大平町 西山田	組合式箱形	後期	蓋板（全長232、幅28.4、厚4.5） 身　底板長215.5、最大幅55） 　図右側板（長215.6、幅17、厚2.7-4） 　図左側板（長218.5、幅15、厚5.7） 　図上小口板（長55、幅5.3、厚7.8） 　図下小口板（長53、幅4.8、厚9.6） 　底板（長215.5、幅34、厚4.8） 　図上安定板（長62.8、幅15.5、厚4） 　図下安定板（長62.7、幅12、厚5.4）	ヒノキ
藤岡町太田出土木棺	栃木県栃木市藤岡町 太田	舟形	後期	身（全長387.5、幅52／50、高24）	コナラ節
結城市結城作出土木棺	茨城県結城市結城作	舟形	後期	身（全長447、幅56／53、高20／18）	コナラ節
杉ノ畷古墳	静岡県静岡市駿河区 登呂1丁目	組合式	中期	身 　底板（長347、幅149／152／124、厚41～42） 　右側板（長344、高57、厚30～31） 　頭側小口板（長106、高38、厚24～27） 　足側小口板（長102、高30、厚24～28）	スギ
伊庄谷横穴群南谷支 群17号墓	静岡県静岡市駿河区 伊庄谷	組合式箱形	後期	身（長274、幅66、高52、材厚7）	スギ
長塚古墳 （副棺）	岐阜県大垣市矢道町 1丁目	割竹形B	前期	身（長176、内法幅30、内法深25、厚10前後）	コウヤマキ
曽根八千町遺跡 （SX02）	岐阜県大垣市曽根町	組合式箱形	前期	蓋板（長195.2、幅34.0、厚3.8） 身 　底板（長223、幅50.5、厚9.2） 　右側板（長125.8、幅21.4、厚2.4）	ヒノキ
瓦谷遺跡（W-15）	京都府木津川市市坂	長持形	前期	小口板（幅75.2、高51.6、厚4.4）	コウヤマキ
瓦谷遺跡（W-16）	京都府木津川市市坂	長持形	前期	小口板（幅53.4、高41.0、厚3.4）	コウヤマキ
浄法寺1号墳	京都府亀岡市篠町浄法寺	割竹形B	中期？	蓋・身（現長362、径70）	コウヤマキ
黒田古墳 （第1主体部）	京都府南丹市園部町 黒田	舟形	前期	身（長約300、幅54、厚18）	コウヤマキ
土保山古墳（1号棺）	大阪府高槻市土室町	長持形A	中期	蓋・身（長285、幅70／60、復元高45～50）	（コウヤマキ）
土保山古墳（2号棺）	大阪府高槻市土室町	長持形A	中期	蓋・身完存	（コウヤマキ）
新池遺跡	大阪府高槻市上土室	長持形A	中期？	身（長71.8、幅52.1、高25.2、厚6.3／6.6） 蓋（長130、幅19.8、厚4.2）	コウヤマキ
南天平塚古墳 （第1主体部）	大阪府豊中市中桜塚 3丁目	割竹形B	中期	身（長290、幅85／70）	コウヤマキ
美園遺跡D地区 （D183）	大阪府八尾市美園町	長持形	前期	蓋（長320、幅44／33、高17）	コウヤマキ
久宝寺1号墳 （1号主体部）	大阪府八尾市竜華町	割竹形B	前期	蓋（長328、外径47～38、内径38～31 　　天井厚5～7、側厚4～6） 身（長328、外径49～37、内径40～29 　　底厚7～10、側厚4～6） 　頭側小口板（最大径28.7、厚5.5～8.0） 　足側小口板（最大径24.9、厚5.3～8.0）	コウヤマキ
久宝寺402号墳	大阪府八尾市北亀井町	組合式B	前期	ほぼ完存（蓋・両側板・両小口板）	スギ
久宝寺404号墳	大阪府八尾市竜華町	組合式	前期	身ほぼ完存（長285、幅71／45、高42）	コウヤマキ
亀井古墳 （2号主体部）	大阪府八尾市南亀井町	長持形B	中期	蓋（長250、幅50、厚2） 身 　底板（長265、幅60、厚5） 　右側板（長220、幅35、厚2） 　左側板（長210、幅60、厚2） 　南西側小口板（長20、幅32、厚2） 　北東側小口板（長17、幅42、厚1）	－

古墳名	所在地	棺形式	時期	材の状況（単位：cm）	樹種
経塚古墳 （北棺または南棺）	大阪府堺市浜寺	不明	中期	大型木片	コウヤマキ
池田古墳	兵庫県朝来市和田山町	組合式木棺？	中期	身 　側板（長166.4、幅22.3） 　側板（長146.2、幅22.9） 　小口板（幅67.2、高41.6、厚2.1）	コウヤマキ
下池山古墳	奈良県天理市成願寺町	割竹形A	前期	蓋（長154、幅44.2、高27.4、厚10.4） 身（長524、幅71.5／57.5、 　　　　高39.3／35.8、厚22）	コウヤマキ
柳本大塚古墳	奈良県天理市柳本町	割竹形	前期	身（長281、幅87、高36、厚11〜13）	コウヤマキ
大和天神山古墳	奈良県天理市柳本町	割竹形B	前期	身（長268、幅55、高32、厚13〜14） 頭側仕切板（長40、幅12、厚5） 足側仕切板（長40、幅17、厚8）	コウヤマキ
桜井茶臼山古墳	奈良県桜井市外山	割竹形	前期	身（長519、中央幅74、厚22）	コウヤマキ
下田東古墳 （周溝内）	奈良県香芝市下田東3丁目	組合式	中期	底板（長290、幅65.2／49.0、厚10.0／7.5）	コウヤマキ
室宮山古墳（前方部）	奈良県御所市室	割竹形	中期	大型木片（身）	コウヤマキ
鴨都波1号墳	奈良県御所市御所	割竹形B	前期	蓋（厚4） 身（厚2） 足側外小口板（厚6.5）	コウヤマキ
三倉堂遺跡 （1号木棺）	奈良県大和高田市西三倉堂	長持形B	後期	身 　底板（長312、幅97／83、厚11） 　桟（長176、9角） 　桟（長155、径16） 　側板（長318、幅45／39、厚9） 　側板（長318、幅50／39、厚9）	コウヤマキ
三倉堂遺跡 （2号木棺）	奈良県大和高田市西三倉堂	長持形B	後期	蓋（長317、幅70／61、厚6前後） 身 　底板（長348、幅82／72、厚14） 　側板（長330余、厚9） 　側板（長330余、厚6）	コウヤマキ
三倉堂遺跡 （3号木棺）	奈良県大和高田市西三倉堂	長持形B	後期	蓋 身 　底板（長348、幅89／76、厚15） 　側板（長348、幅48／45、厚13） 　側板（長348、幅49／46、厚12） 　頭側小口板（幅45、高39＋26、厚11） 　足側小口板（幅39、高53、厚11） 　頭側外小口板（長89、幅23、厚8） 　足側外小口板（長126、幅30、厚8）	コウヤマキ
三倉堂遺跡 （4号木棺）	奈良県大和高田市西三倉堂	長持形B	後期	身 　底板（長236、幅64／55、厚8） 　側板（長239、幅39／36、厚6） 　側板（長236、幅42／39、厚7） 　頭側小口板（幅36、高51、厚6） 　足側小口板（幅42、高45、厚7）	コウヤマキ
三倉堂遺跡 （5号木棺）	奈良県大和高田市西三倉堂	長持形B	後期	蓋（長233、幅50／幅47、厚5） 身 　底板（長203、幅48／44、厚4） 　側板（長155、幅26、厚2） 　側板（長197、幅33／30、厚2）	コウヤマキ
三倉堂遺跡 （6号木棺）	奈良県大和高田市西三倉堂	割竹形B	後期	蓋（長221、幅58／55、棺室深9、厚5） 身（長244、幅58／55、棺室深27、厚5）	コウヤマキ
随庵古墳	岡山県総社市西阿曽	割竹形B	中期	身（長290、径60強、厚5.5〜6）	－
葉佐池古墳 （1号石室A木棺）	愛媛県松山市北梅本町	組合式箱形	後期	蓋（厚3.5） 身 　右側板（厚3.0） 　左側板 　頭側小口板（幅37、高20、厚3） 　足側小口板（幅30.5、高15、厚2.8）	ヒノキ
妙法寺古墳群木棺	福岡県筑紫郡那珂川町後野	割竹形A	前期	身（長342、幅43／37.5、中央深20）	クリ
亀塚古墳	宮崎県児湯郡高鍋町持田	長持形		蓋・身（長390、幅115、高160）	

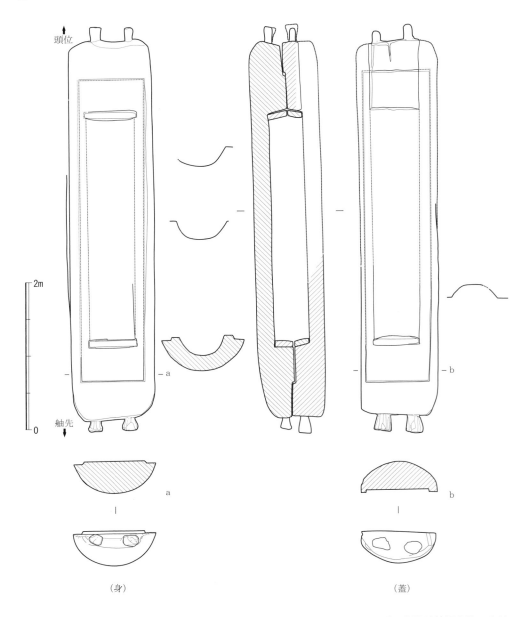

1 七廻り鏡塚古墳（主棺）

図14 舟形木棺2類の諸例（1）

なケースであるが被葬者が2体であって頭位を互いに逆にしている場合は、幅の広い側を頭側としている。

七廻り鏡塚古墳主棺（栃木県栃木市大平町西山田、図14-1）　後期前半に築造された直径30mの円墳である。1969年、工事中に木棺がみつかり、緊急に発掘調査された。埋葬施設は木炭槨で、人体埋葬用の舟形木棺（主棺）のほか、副葬品用の組合式箱形木棺（副棺）を添えていた。

主棺は切りそろえたヒノキの樹幹を半裁し、外側を削り、内側を割り抜いて蓋・身とした舟形木棺2類である。材の遺存状態はすこぶる良好で、発掘直後にはヒノキの芳香があったとされる。蓋

は工事中に重機が落ち込んだ際に破損したが、復元すると縄掛突起を含む全長5.51 m、幅1.01 m、厚さ42.4 cmを測る。身は全長5.49 m、突起を除く長さ5.13 m、幅1.085 m、厚さ48 cmを測り、復元的に検討すると前後の幅に差はない。蓋・身ともに両小口に無花果形の縄掛突起を各2個つくり出す。

　蓋・身を合わせた横断面形はやや扁平な円形である。全体の外形は蓋と身でやや異なり、身は外面全体を削り込んで足側を舟の舳先に似た形状に、頭側を艫の形に仕上げている。蓋にはこうした加工は顕著ではなく、小口部は垂直に立ち上がる。

　身の上面には長さ4.12 m、幅84〜88 cm、高さ5 cmの長方形の凸部があり、蓋の下面にはそれと合うように長方形の凹部があって、それぞれ蓋受け・身受けとなる印籠蓋合わせになっている。身上面の蓋受けのための平らな凸部の中央に、長さ3.21 m、深さ23〜25 cmの棺室を刳り込む。棺室の前後両端には半月形の妻板をはめ込み、両妻板間の内法の長さは3.01 mとなる。蓋下面の身受けの中央にも深さ21 cmの棺室が刳り込まれ、身と同様に前後両端に妻板をはめ込む。

　山内文は年輪の計数結果から用材のヒノキを樹齢約400年と推算している。また、本来の樹幹の本側（根元側）を頭側、末側（梢側）を足側としていることが観察されている（山内 1974：pp. 124-125）。身の棺室の内面には工具痕が明瞭に残り、底面では中軸方向に、側面では斜め方向に削られている。斜め方向の刃痕は浅く細い溝で、丸ノミのようなもので一気に長く押した痕ではないかと考えられている。

　保存修理時の推定重量は身約400 kg、蓋約200 kgであった。1986年、副棺およびその他の出土遺物とともに重要文化財に指定され、現在は栃木市おおひら歴史民俗資料館に保管、展示されている。

　衛守塚2号墳木棺（山形県山形市千手堂、図15‐2）　直径約36 mの円墳と考えられ、1879年の採土工事中に偶然木棺が掘り出された（羽柴 1901）。古墳の所在地は山形盆地の中央付近にあたり、周囲は一面の水田地帯である。木棺の発見された位置が当時の水田面より低かったことも考え合わせると、水気の多いシルトや粘土でパックされた状態であった可能性が高い。木棺内部には泥が充満し、曲物・弓・櫛などの植物質遺物の保存状態も良好であり、周囲には一定間隔で打ち込まれた丸太杭も遺存していた。

　木棺はいったん埋め戻されたが、その後再発掘され、1922年に他の出土品とともに当時の東京帝室博物館に寄贈された。現在も東京国立博物館に所蔵されている。再発掘の経緯について、後藤守一の報告によれば、後藤自身が立ち会うつもりであったが、行き違いがあって立ち会えなかったという（後藤 1924：p10）。また、高橋健自が1915年に示したこの木棺の図は羽柴雄輔の筆写に依拠しているが（高橋健 1915：p28）、1923年に示した図は再発掘後の後藤の図をもとにしており（高橋健 1924：p85）、再発掘は後藤とともに高橋の要望もあったと想像される。古墳はその後山形県文化財保護協会の整理で衛守塚2号墳と名付けられた（柏倉 1953）。2006年、筆者らは東京国立博物館において木棺の三次元形状計測を実施した（岡林・日高ほか 2008b）。以下の記述は2006年の所見にもとづくものである。

　木棺は自然乾燥状態で、1924年の後藤守一の報文に示された計測値と比較しても、収縮もなく状態は良好である。出土当時、棺の内部には朱に染まった泥が充満し、藁で編んだ菰のようなものの痕跡がみられたということであるが、肉眼で観察する限り現状では朱の付着やそうしたものの痕

32

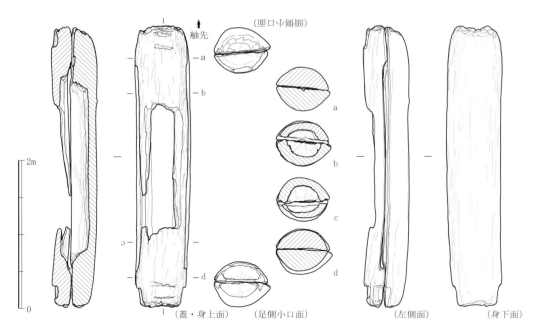

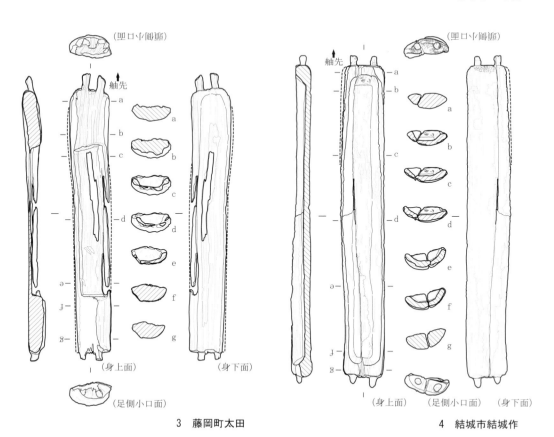

図15　舟形木棺2類の諸例（2）

跡は認められない。

　ケヤキの樹幹を切りそろえて半裁し、外側を削り、内側を刳り抜いて蓋・身とした舟形木棺2類である。蓋の中央が破損している以外は完存する。蓋は全長381 cm、頭側幅69 cm、足側幅67 cm、頭側高さ31 cm、足側高さ27 cm、重量111.5 kgを測る。身は全長378 cm、頭側幅72.5 cm、足側幅67 cm、頭側高さ34 cm、足側高さ28 cm、重量219.2 kgを測る。蓋上面の両小口近くに、主軸に直交する方向の幅広の浅い溝状の刳り込みをそれぞれ設けるが、身にはない。いっぽう、蓋・身ともに、足側小口には左右に切り込みを入れ、やや不格好ではあるが、一つの大きな縄掛突起をつくり出す。ただし、頭側小口には蓋・身ともそのような縄掛突起はない。

　蓋・身を合わせた横断面形はやや扁平な円形である。蓋・身ともに外面両小口付近が丸みを帯びるように切削加工を加え、外形全体をずんぐりした舟底状に整形している。ただし、この加工は身の方が顕著で、明確に頭側を舟の舳先、足側を艫の形状に似せているのに対し、蓋は大きな垂直面を有し、両端を垂直に切った形状を色濃く残している。

　身上面には蓋受けのための長さ274 cm、幅56～62 cm、高さ3～4 cmの長方形の凸部、蓋下面にはそれに対応する身受けのための凹部がつくり出され、印籠蓋合わせになっている。身上面の蓋受けのための平らな凸部の中央に長さ243 cm、幅40～52 cm、深さ20 cm前後の棺室を刳り込む。平面形でみると棺室の頭側端は丸くおさめ、足側端は隅丸方形とする。蓋下面の身受けの中央にも、長さ243 cm、幅42～44 cm、深さ14～16 cmの棺室が刳り込まれる。

　身について、上記の切削加工の影響がおよばない範囲内で計測すると、頭側から足側に向かって、長さにして約2.8 mの間に8％ほど幅を減じており、頭側が原材の樹幹の根本側に相当すると判断して誤りないであろう。棺蓋についても同様の傾向にある。端面の木口で観察される年輪から、蓋・身ともに想定される樹芯の位置が中心よりもやや左へずれており、このずれは頭側では幅全体の8％ほどに達する。また、棺全体は頭側を上にして俯瞰すると、ごくわずかではあるが逆「く」の字の向きに折れ曲がっており、原木は棺の右側を山側に、左側を谷側にして生育していた可能性があること、棺として利用された樹幹は根元に近いもっとも太い部分であること、などが推測できる。

　蓋は頭側での幅に対する高さの比率が約45％、足側では約40％であるのに対し、身は蓋受けのための凸部の高さ分を考慮すると頭側で約50％、足側で約46％である。蓋・身合わせると、頭側では幅に対して約95％、足側では約86％の割合で扁平ということになり、髄を避けた木取りとなっている。年輪は117年分を数える。身の方が蓋よりも約4～10％高く、半裁した樹幹のうち、より厚みのある方を身に、他方を蓋に選択的に使用したことが推定される。

　従来は後期古墳とする見解が主流であったが、副葬品の詳細な検討から中期中葉の所産と考えられる。

　藤岡町太田出土木棺（栃木県栃木市藤岡町太田、図15-3）　1924年、干ばつで干上がったため池の浚渫中に出土した。同年、地元から当時の旧制栃木中学校に寄贈され、現在は後身である栃木市入舟町の県立栃木高等学校に保管されている。この木棺については、発見後まもなく後藤守一が縄掛突起を有する舟形木棺として写真を紹介しているほか（後藤 1927）、七廻り鏡塚古墳の報告書で舟形木棺の類例として紹介されている（大和久編 1974）が、実測図等は示されていない。2006年、筆者らが樹種同定をおこない、さらに2008年に三次元形状計測を実施した（岡林 2009c）。以下の記

述は筆者らの所見にもとづくものである。

　木棺は自然乾燥し、表面の随所に収縮による劣化、ひび割れが発生しているほか、とくに棺底には痩せによる幾条もの縦方向の筋が生じている。また、頭側を上にして上面からみると全体がごくわずかにS字状のカーブを描くような歪みが生じている。

　ブナ科のコナラ属コナラ節の樹幹を切りそろえて半裁し、外側を削り、内側を割り抜いて製作した舟形木棺2類の身である。中央部に縦方向の欠損があり、左縁部が割れて遊離している以外はほぼ完形である。全長約387.5 cm、頭側幅52 cm、足側復元幅50 cm、頭側高24 cm、足側高さ24 cmを測る。両端に無花果状の縄掛突起各2個を有する。

　横断面形はほぼ半円形を呈する。縄掛突起が取り付く小口面は両側とも垂直面を形成するが、垂直面の大きさ、形状は頭側と足側とで差があり、そのことが垂直面から底面、側面にかけてを丸く加工して舳艫を明確に区別した舟底状の底面形状を決定づけている。平面でみると、舳先側に相当する頭側は小口から両側にかけて丸みをつよく帯びるのに対し、足側はほぼ直角である。この底面形状は七廻り鏡塚古墳舟形木棺身と同じつくりであり、本例を身と判断した。

　突起を除く両小口端からそれぞれ約78 cmの位置より内側に、長さ201 cm、幅34〜39 cm、深さ15〜18 cmの棺室を割り抜く。棺室の底面はおおむね平らに近く、両側がやや内湾気味に立ち上がり、底面と側面の境界にはゆるやかな谷線が形成されている。棺室の両端には別材の妻板をはめ込んだとみられる割り込み加工がわずかにみられる。

　底面の横断面形から復元される円弧の直径は頭側端付近で約57 cm、足側端付近で約50 cmとなり、平均すると1 mにつき約2.0 cmの逓減率である。木裏側に相当する上面には、頭側の右縄掛突起に1個、頭側端から約18 cm付近と約20 cm付近の右側に各1個の死節がみられる。節の形状から想定される枝の張り方向からも本末の関係が裏付けられ、本来の樹幹の本側を頭側、末側を足側として利用したことが明らかである。棺室部分の身の厚さは2 cm程度のきわめて薄い部分があり、復元径50〜57 cm前後の比較的細い樹幹を使用しながら、遺体の収容に耐える棺室空間を確保するため、原材の樹幹を最大限に活用したものと考えられる。横断面形はほぼ半円形であるが、頭側ほど薄く、足側ほど厚く切り取っている。足側ではほぼ半裁（約48％程度）、頭側では約42％程度である。頭側では髄は完全に避けられているが、足側には髄が残ったようで、放射方向に沿った大きな剝離とともに溝状に脱落している。

　栃木県南部から茨城県西部にかけての渡良瀬川、思川、鬼怒川流域では、本資料のほか七廻り鏡塚古墳出土舟形木棺・組合式木棺、茨城県結城市結城作出土舟形木棺など、完形に近い良好な状態を保った木棺資料が集中的に出土している。本資料は、舳先と艫を区別した舟底状の棺底形状、全長に対する棺室長の比率、両小口各2個の無花果形の縄掛突起、棺室両端の妻板痕跡などの点で、七廻り鏡塚古墳舟形木棺にきわめてよく似ている。七廻り鏡塚古墳例との類似性を重視すれば、本資料もおそらく古墳時代後期の所産と推定される。

結城市結城作出土木棺（茨城県結城市結城作、図15-4）　1957年、水田の暗渠工事中に出土し、現在は結城市公民館郷土資料室に保管されている。この木棺については、1979年に小室勉が略測図とともに簡単な紹介をおこなっている（小室 1979）ほかは、まとまった報告はなく、市史等にも紹介されていない。2005年に筆者らが樹種同定をおこない、さらに2008年に三次元形状計測を実施した（岡林 2009d）。以下の記述は筆者らの所見にもとづくものである。

ブナ科のコナラ属コナラ節の樹幹を切りそろえて半裁し、外側を削り、内側を刳り抜いて製作した舟形木棺2類の身である。大きく3片に割れている以外は完存する。材は自然乾燥し、表面の随所に収縮による劣化、破損が発生している。全体は灰黄褐色を呈し、表面付近の一部は黒褐色を呈する。全長約447 cm、頭側復元幅56 cm、足側幅53 cm、頭側高さ20 cm、足側高さ18 cmを測る。両端に無花果形の縄掛突起各2個を有する。

　横断面形は半円形にやや足りず、円の約1／3を切り取ったような形状をなす。縄掛突起が取り付く小口面は頭側、足側とも比較的シャープな垂直面を形成するが、垂直面の下端から底面にかけてゆるやかに面取り加工がおこなわれ、垂直面の左右から両側にかけても丸みを帯びながら移行する。これら一連の加工により、両小口は垂直に切り落としながら、底面全体は舟底状を呈するように仕上げる。垂直面の大きさや舟底状の加工度合いは両小口で差があり、頭側を舳先に、足側を艫に似せている。このような舟底状の加工は七廻り鏡塚古墳舟形木棺身と共通し、本例を身と判断した。

　縄掛突起を除く頭側端から約13 cm、足側端から約16 cmの位置より内側に、長さ390 cm、幅40 cm前後、深さ8～13 cmの棺室を刳り抜く。棺室の平面形は隅丸の細長い長方形をなし、底面はほぼ平らで、側面との境に比較的明瞭な谷線をなす。両端面はわずかに内湾気味の斜面をなす。

　復元される樹幹径は59～65 cm前後であり、本来の樹幹の本側を頭側、末側を足側として利用している。木表側に相当する底面をみると、縄掛突起を除く頭側端から約110 cm付近と約315 cm付近の右側に、大きな節が各1個みられる。棺自体の大きさからいっても、原材の樹幹を最大限に活用したものと考えられる。傾向としては頭側ほど薄く、足側ほど厚く切り取り、髄は完全に避けられている。頭側小口の縄掛突起の表面、垂直面、面取り加工面、棺室端面には部分的に手斧痕が顕著に残る。

　本資料は、両小口に2個一対の縄掛突起が付く点、舳先と艫を区別した舟底状の棺底形状などの点で、七廻り鏡塚古墳舟形木棺、藤岡町太田出土舟形木棺と共通する。ただ、棺室は長さいっぱいに設けられており、棺室両端も斜めに立ち上がるなどの違いがある。出土時の状況も明確ではなく、時期を特定することはむずかしいが、いちおう古墳時代後期と推定しておきたい。

下池山古墳木棺（奈良県天理市成願寺町、図16-5）　前期中葉に築造された全長120 mの前方後方墳である。1995～1996年に発掘調査され、竪穴式石室内に割竹形木棺A類の身材が長さ524 cm、蓋材が長さ154 cmにわたって遺存していた。身材は両端から腐食が進んでいたが、材自体の遺存状態はきわめてよく、白木の芳香すらあった。現在は保存処理され、奈良県立橿原考古学研究所附属博物館に展示されている。2008年に筆者らが三次元形状計測を実施した（岡林 2008b）。

　粘土棺床に残された圧痕および遺存材の検討から、木棺の外形は両小口を垂直に切り落とした円筒形と推定され、長さ629 cm、頭側幅は最大で104 cm、足側幅74 cmに復元される。身は原材となるコウヤマキの樹幹をほぼ半裁して使用し、足側の外底面をやや平らに削り込んでいる。蓋は遺存状態が良好ではないが、おそらく身と同形同大であったと推測される。

　身材の残存する頭側端から、本来の頭側小口から足側へ210 cm付近までの間では、上面中央が不規則に大きく盛り上がり、もっとも高い部分では想定しうる上面ラインから約1 cmの差しかない。左側足位付近にも長さ91.4 cm、最大幅15.2 cmにわたってほぼ蓋との接合部の高さに張り出した庇状の突起がある。この頭側と足側に不自然に残る部位の状況から、本来これらの部分には棺

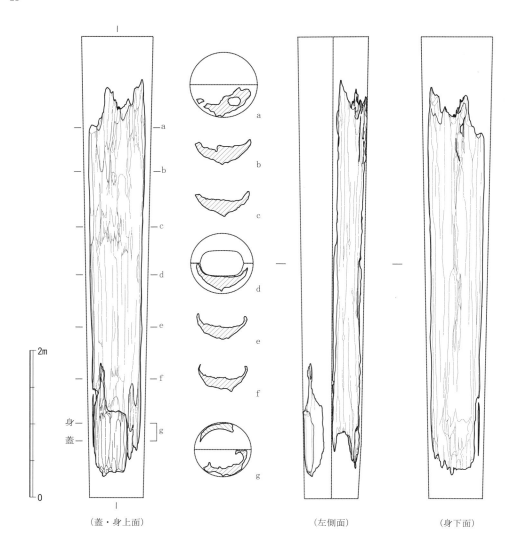

図 16　割竹形木棺の諸例（1）

5　下池山古墳
（割竹形A類）

室がおよんでいなかったと考えられる。棺室の長さは最大 270 cm、幅 60 cm 前後、深さ 17 cm 前後と推定され、棺室部分での身材の厚さは現状最大で 22 cm を測る。

　身の遺存状態のよい部分で計測すると、棺幅は頭側から足側に向かって 1 m あたり 4.4 cm 前後ずつ減じる。年輪年代測定のために採取されたコアサンプルの最大年輪数は 322 年分である（光谷 2008）。樹幹径 1 m をゆうに超えるコウヤマキの大径材を贅沢に使用した割竹形木棺であり、畿内地域の前期大型古墳における木棺形態を示す好資料である。

　雨の宮 1 号墳粘土槨木棺（石川県鹿島郡中能登町能登部上、図 17-6）　前期後葉の全長 64 m の前方後方墳で、後方部の粘土槨内部にきわめて良好な割竹形木棺のスタンプが残されていた。木棺自体の遺存例ではないが、割竹形木棺 A 類の全体像が復元された貴重な事例であることから提示してお

きたい。

　復元された木棺は、長さ6.2m、幅80〜74cm、高さ87〜74cmで、蓋・身の両小口に各2個の縄掛突起をつくり出す。縄掛突起が切削加工によってつくり出されたとみられることが、割竹形木棺A類として復元された根拠となっている。横断面形はほぼ円形に近いが、上・下・側面は若干削り込まれている。蓋の高さ約30cm、身の高さ約60cmと推定され、蓋に比べて身が深い。副葬品の配列などから、内部は3区画に仕切られていたとみられる。

　妙法寺古墳群出土木棺（福岡県筑紫郡那珂川町後野、図18-7）　1981年の発掘調査で単独出土した。丘陵上に存在した古墳が山崩れで谷に崩落し、水気の多い粘土層中にパックされて良好な保存状態を保ったものと考えられている。周辺に存在する妙法寺古墳群の年代から前期の所産と推定される。

　クリ材で、全長3.42m、頭側幅43cm、足側幅37.5cm、中央での深さ20cmを測る割竹形木棺A類のほぼ完全な遺存例である。縄掛突起はない。棺室底部の頭側寄りに丸く彫りくぼめた枕的部分があり、身と判断する根拠とされる。縁の上面は幅3〜4cmの平坦面をなし、右側の縁に鉄片が突き刺さっている。観察によればこれは釘や鎹のようなものではなく、鋭利な利器の折れたものとされている（沢田 1983）。

　小口部分は両端からやや内側に入った位置を隔壁状に削り残してH字形につくられ、さらにその外側に別材の円形板をはめ込む。足側には半分に割れた円形板が残り、頭側にも板をはめ込むための不明瞭な小溝がある。構造上は割竹形木棺A類であるが、外観上は割竹形木棺B類に似せて製作されたことが明らかで、その影響がつよくうかがわれる。

　木取りは樹幹の完全な半裁ではなく、頭側では約3／5、足側では約1／2を使用する。手斧のような工具を使用して全体に平滑に調整するが、中央部付近では表皮にかなり近い部分を残している。本資料はPEG含浸中の事故により大きく変形し、現在は保存処理前の実測図と未変形部分のシリコン型から製作されたレプリカが那珂川町中央公民館に保管、展示されている。

　久宝寺1号墳1号主体部木棺（大阪府八尾市竜華町、図18-8）　久宝寺遺跡・竜華地区の発掘調査で検出された多数の小古墳のうちの1基である。前期前葉に築造された小方墳（10.5×12.5m）で、墳丘中央に直葬された割竹形木棺がほぼ完全な形で出土した。発掘調査時、棺内はなお空洞をとどめ、棺底を中心に人体に由来する黒褐色のペースト状物質が帯状に分布していた。頭蓋骨と歯列から被葬者は2体で、相互に頭位を逆にしておさめられたものと考えられている。

　コウヤマキの樹幹を半裁し、内部を刳り抜いて蓋と身としたもので、円形の小口板で前後方向を閉塞する。割竹形木棺B類の典型例である。蓋・身ともに長さ328cm、蓋の外径47〜38cm（内径38〜31cm）、身の外径49〜37cm（内径40〜29cm）、2枚の小口板によって仕切られた棺内空間の長さは182cmである。蓋の内面はU字状に割り抜かれているが、身の内面はややコの字状を呈する。また、身の外面底部にあたる部位は帯状に削り込まれ、設置の際の安定に配慮したものと推定されている。小口板は小溝を設けてはめ込むが、この小溝は身側のみにみられる。

　大和天神山古墳木棺（奈良県天理市柳本町、図18-9）　前期後葉の前方後円墳（全長約103m）で、1960年に道路改良工事にともなって発掘調査された。埋葬施設は内法長約6.1m、北短側壁幅1.4m、南短側壁推定幅1.2mの竪穴式石室である。石室床面に横断面U字形の粘土棺床がしつらえられ、その上に「木櫃」が安置されていた。「木櫃」は3本の細長い材を横断面がゆるやかなU字形のカーブを描くように並べて底板とし、両端付近に別材の小口板を立てた構造が想定された。ま

38

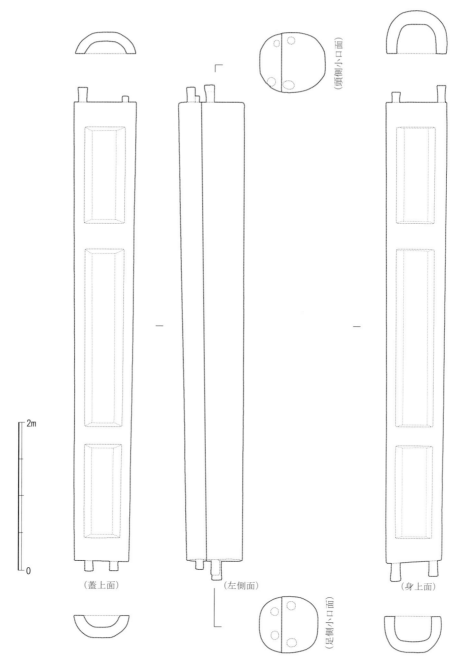

6 雨の宮1号墳
（割竹形A類）

図17 割竹形木棺の諸例（2）

第1章 古墳時代木棺の構造と形態　39

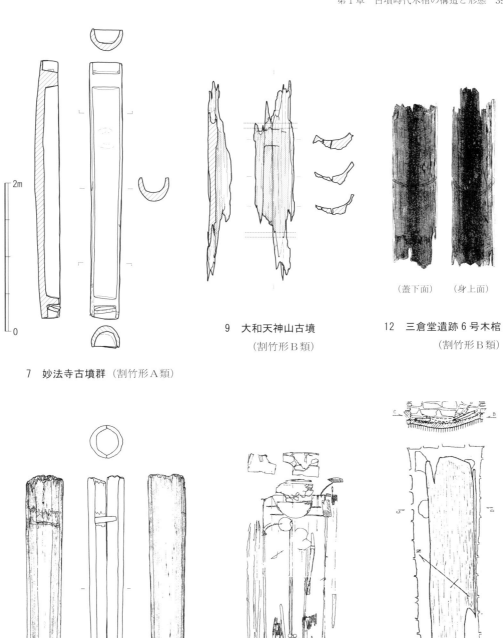

図18　割竹形木棺の諸例（3）

た、材の樹種がヒノキと判定されたこともあり、遺骸を埋葬するための「棺」ではなく、朱を埋納するための特殊な容器と判断された（伊達・小島ほか 1963）。

1999 年、筆者が再実測をおこない、3 本の材ではなく一材を割り抜いたもので、割竹形木棺 B 類として復元しうることを明らかにした（岡林 1999）。樹種は福田さよ子による樹種同定の結果コウヤマキであることが判明した（福田 1999a）。大和天神山古墳における人体埋葬の有無については陪塚説とも関連して議論があるが、主室が小さい点を除けば木棺自体の構造に副葬品専用の容器と判断すべき顕著な特徴はない。木棺は奈良県立橿原考古学研究所附属博物館に保管されている。

身の一部と 2 枚の仕切板の残材がある。身材は両端部から紡錘形にえぐり取るようなかたちで腐朽が進行しているが、中央部は比較的良好に遺存している。内面の保存状態はひじょうに良好であるが、外面は発達した異常組織を脈状に残すかたちで痩せ、著しい凹凸がある。出土時に大きく三つに割れていたのは、痩せて溝状の凹部となった部分に沿って縦割れが生じたためである。外面に比べて内面の保存が格段によいことは本資料の特徴であるが、41 kg におよぶ水銀朱や 23 面の銅鏡による防腐効果が一因であったことは容易に想像される。

身残材は長さ 268 cm、幅 55 cm、高さ 32 cm を測る。内面の横断面がほぼ正円に近い円弧を描くように割り抜かれ、中央部付近での内径 60 cm 前後を測る。内面の朱の付着範囲は長さ 1.4 m の間で、両端は明瞭な一線をなし、それに沿って別材の仕切板をはめ込むための小溝の痕跡がある。とくに朱の付着範囲の北端は高さ 1 cm 強の段差を明瞭に残し、加工時の工具痕も観察できる。遺存状態がよい右側縁には上面が平坦な部分があり、この面が原状をとどめているとすれば内面の刳りの深さは 20〜22 cm ほどになる。厚さは棺底付近のもっとも厚い部分で 13〜14 cm である。

竪穴式石室の規模も合わせて復元的に検討すると、直径約 70 cm 前後、大きく見積もった場合には約 90 cm に達するコウヤマキの樹幹を半裁し、内部を割り抜いて製作した長さ 5 m 前後の割竹形木棺 B 類となる。棺室なかほどには 2 枚の仕切板を約 1.4 m 間隔で立て、棺内の空間を中央部の主室と前後の副室とに三分割したものとみられる。

南天平塚古墳第 1 主体部木棺（大阪府豊中市中桜塚 3 丁目、図 18-10）　中期後半の円墳（径 20 m）で、1937 年の発掘調査で特殊な粘土に包んで封土中に直接 2 棺を並列埋葬した埋葬施設が発見された。このうち材の遺存状況がよい第 1 主体部の木棺はコウヤマキ製の割竹形木棺 B 類で、蓋と身の合わせ目を鉄鋲で接合していた。身は長さ 2.9 m で、両端からそれぞれ 19 cm と 21 cm 内側に幅 9 cm の小溝があり、円形の小口板をはめ込む。小口板間の距離は 2.2 m 弱であった。身の幅は 85〜70 cm の数値が示されている（藤沢 1961）が、身材の出土状況や小口板の大きさからみて、これは土圧によって潰れ、大きく開いた状況での数値と考えられる。

随庵古墳木棺（岡山県総社市阿曽、図 18-11）　1958 年に工事中不時発見され、発掘調査された。中期後半に築造された全長 40 m の帆立貝式古墳で、中心的な埋葬施設は内法の長さ 3.5 m の短小な竪穴式石室である。床面には上面を中凹みにした礫床があり、側壁沿いに平らな石をかませて木棺を安置する。木棺は割竹形木棺 B 類で、身の大半が遺存していたが、蓋は断片化していた。身は復元長約 2.9 m、復元径約 60 cm、現状のもっとも厚い部分で厚さ 5.5〜6 cm で、両端部の傷みがはげしいために小口板の状況、縄掛突起の有無は不明である。蓋と身は 6 本以上の鉄鋲で固定されていた。木棺は現在倉敷考古館に保管されている。

三倉堂遺跡 6 号木棺（奈良県大和高田市西三倉堂、図 18-12）　1928〜1929 年にため池底から土砂を採

取中に、埋没した後期古墳にともなう木棺 6 個が相次いで発見、調査された（三倉堂遺跡）。岸熊吉による報告（岸 1934）以後、2～6 号木棺はながらく行方不明となっていたが、1988 年に市内の石園坐多久蟲玉神社に保管されていることが判明した。現在は同じく市内の奈良文化女子短期大学に保管されてきた 1 号木棺も合わせて、割竹形木棺 1 個、長持形木棺 5 個すべてが大和高田市教育委員会の所蔵となっている（福田・前沢 1998）。

　6 号木棺はコウヤマキの樹幹を 4：6 程度の割合で半裁し、内側を刳り抜いてそれぞれ蓋・身とした割竹形木棺 B 類である。蓋は長さ 221 cm、棺室の深さ 9 cm、厚さ 5 cm、身は長さ 244 cm、棺室の深さ 27 cm、厚さ 5 cm で、蓋・身ともに頭側幅 58 cm、足側幅 55 cm を測る。蓋・身を合わせた高さは頭側 48 cm、足側 45 cm となり、横断面形は若干扁平な円形となる。蓋・身とも内面には小口板をはめ込むための小溝が刻まれている。

鴨都波 1 号墳木棺（奈良県御所市御所）　前期後葉に築造された 20 × 16 m の方墳で、2000 年の発掘調査で新たに発見された。墳丘の中央部に設けられたやや簡素な粘土槨におさめられた木棺が遺存していた。

　コウヤマキの樹幹を半裁して内部を刳り抜き、蓋と身にした割竹形木棺 B 類である。身は長さ 4.3 m、幅 43 cm であるが、ひじょうに扁平で、高さは 8 cm にすぎない。蓋は潰れて身の上に被さっていたが、やはり身と同様の扁平な形状が想定されている。両端には棺端木板があり、足側のものは材が一部遺存していた。本例の扁平な形状は本来の姿ではなく、浄法寺 1 号墳や南天平塚古墳第 1 主体部の例のように土圧で扁平化した可能性が高い。

桜井茶臼山古墳木棺（奈良県桜井市外山、図 19 - 13）　前期中葉に築造された全長 200 m の前方後円墳である。1949 年に後円部墳頂の竪穴式石室が盗掘を受けたことから、緊急の発掘調査がおこなわれた（中村・小島ほか 1961）。石室内に遺存していた木棺は一部の破片が取り出されたほかは、そのまま埋め戻された。その後、2009 年に再調査が実施され、木棺は保存処理のために石室から取り出された。現在は奈良県立橿原考古学研究所に保管されている（豊岡・岡林ほか 2011）。

　竪穴式石室は内法の長さ 6.75 m、幅 1.05～1.27 m、最大高さ 1.71 m のきわめて大規模なものである。1949 年の調査では、中央に残存長約 5 m の大型材が遺存していたほか、両側に石室側壁に接するように細長い材があり、ほぼ原位置を保つと考えられた。調査者は外径 1.1 m の刳抜式木棺を想定し、樹幹を四つ割りにして上下左右に配した構造の可能性に言及している。これを受け、石野博信は外面に原材の曲面を残す 4 枚の長い板を底・両側・蓋とした組合式木棺を想定し、長持形石棺の祖形と位置づけて「長持型木棺」の概念を提唱した（石野 1983・1995）。これに対し、今尾文昭は復元される外形の横断面が径 1.1 m の正円になるとし、割竹形木棺を推定している（今尾 1995）。筆者も 1949 年調査の情報にもとづく限り、各残材が内外面ともに円弧を描いており、割竹形木棺の棺体と共通することから、A 類であるか B 類であるかの判断は保留しつつ、割竹形木棺の可能性が高いと考えた（岡林 2009a）。

　2009 年の再調査では、1949 年に確認された中央の大型材のみが遺存し、当時取り出されたとする両側の細長い材は確認できなかった。材の樹種はコウヤマキである。大型材は残存長約 4.89 m、幅約 0.75 m、最大厚約 27 cm を測る割竹形木棺 A 類の身残材で、重量は約 264 kg であった。両端から紡錘状に痩せる腐食が進行し、各所に鋸による切断の痕がある。中央の棺室の長さは最大で約 2.8 m で、棺室部分の材の厚さは 16 cm 前後である。上面中央の中軸線上にある長方形の穴は、

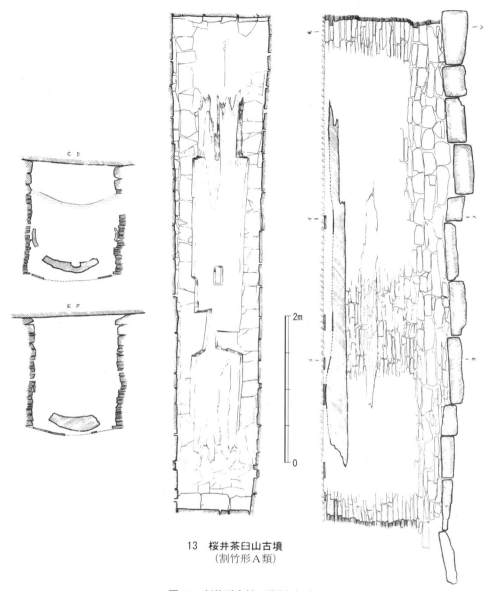

13　桜井茶臼山古墳
（割竹形A類）

図19　割竹形木棺の諸例（4）

1949年調査の報告書で指摘されたとおり当初のものと考えられる。

　柳本大塚古墳木棺（奈良県天理市柳本町、図20-14）　前期中葉に築造された前方後円墳（全長約94 m）で、1890～1891年頃の盗掘で後円部中央の竪穴式石室から銅鏃、鉄片等とともに6～7尺の刳り抜いた古木が持ち出された。また1918年には、後円部の耕作中に竪穴式石室の北東部で偶然小石室が発見され、内部から大型内行花文鏡1面が出土した。

　竪穴式石室から持ち出された古木は個人の所有を経て、1902～1903年頃に大神神社が購入した。その後、佐藤小吉が当時の三輪町大神教会内の額面として玄関に掲げられた状況を実見している（佐藤 1919）。森本六爾らも大神教会を訪れ、関係者からの聞き取りを照合してこれを柳本大塚古

墳から出土した木棺と断定している。森本は略測図を紹介するとともに、「長さ8尺9寸、幅約3尺あり、内部を刳れること第4図の如く、一種刳り舟状の形をなす。材は檜に似た堅緻なる質なり」（梅原・森本 1923：p487）との観察所見を述べている。

2006年、筆者らはこの木棺が桜井市三輪の宗教法人大神教本院に現存することを知り、現地で梅原・森本の報告にある柳本大塚古墳出土の木棺であることを確認するとともに、2009年に三次元形状計測を実施した（岡林・福田 2009）。以下の記述は筆者らの所見にもとづくものである。

両端から腐朽が進んでいるが、中央部付近が遺存する割竹形木棺B類の身である。木棺材の保存状態は一般に蓋よりも身の方が格段によいことから本例を身と推定した。長さ281cm、幅87cm、高さ33cmを測る。自然乾燥し、とくに棺底には痩せによる幾条もの縦方向の筋が生じている。粘土や朱などの付着物は観察されない。内面の保存状態は比較的良好で、横断面がほぼ正円に近い円弧を描くように刳り抜かれ、頭側での内径82cm前後を測る。痩せによる凹凸はあるものの、同じ位置での外面の円弧を求めると、直径約120cm前後となる。厚さは棺底付近のもっとも厚い部分で14cmである。

柳本大塚古墳木棺は直径約120cmの大径材を使用しており、コウヤマキ使用の割竹形木棺としては径の点で最大クラスのものである。聞き取り調査による竪穴式石室の長さは約3.6mあまり、幅約1.5～1.8mとされているが、この木棺の本来の長さがそれを下回るものであったとは考えにくく、奈良盆地東南部における他の前期古墳の竪穴式石室の規模から考えても、石室の規模については再検討の必要があろう。

浄法寺1号墳木棺（京都府亀岡市篠町浄法寺、図20-15）　直径30m程度と推定される円墳である。大正年間、土砂採取中に墳頂部下約1mの深さから厚さ約60cmの粘土で覆われた状態で木棺が発見された。木棺は現在は京都大学文学部博物館に保管されている。コウヤマキ製で、四つに分かれており、梅原末治はそれぞれを蓋板、側板2枚、底板として、湾曲した側板に平らな蓋板がのる特異な組合式構造を復元した（梅原 1918）。いっぽう『京都大学文学部博物館考古学資料目録』では、小野山節・都出比呂志の観察によって割竹形木棺とされ、「現在は4枚からなり、2枚は土圧によって平らとなる」として、梅原が両側板とした2材が接合する状況を写真に示している（京都大学文学部 1968：p83）。割竹形木棺B類と判断される。

土保山古墳1・2号棺（大阪府高槻市土室町、図21-16）　中期後半の径約30mの円墳（または前方後円墳）で、1957年に名神高速道路建設に先立って発掘調査された。墳丘中央に人体埋葬用の主槨である竪穴式石室があり、東に並列して副葬品用の副槨である粘土槨が設けられ、それぞれにおさめられた長持形木棺2個が遺存していた。

両棺とも同様の構造で、竪穴式石室におさめられていた1号棺は両端から腐食が進んでいたが、粘土槨におさめられていた2号棺はよく原形を保っていた。1号棺は長さ2.85m、頭側幅70cm、足側幅60cm、復元総高45～50cmを測り、2号棺はそれよりも一回り小さい。蓋は蒲鉾形をなし、身は断面L字形の二つの底側板を向かい合わせにして底、側とし、両端付近を2枚の小口板で塞ぐ構造で、典型的な長持形木棺A類である。蓋板の両端に各1個、側板の両端に各1個の断面長方形の縄掛突起がある。

小口板は下辺と側辺のなす角度がやや鈍角で、上に向かってわずかに幅が広がる。底側板と小口板の結合は、底側板の内面両端付近に小口板の厚みに合わせた幅の小溝を設けてはめ込む。なお、

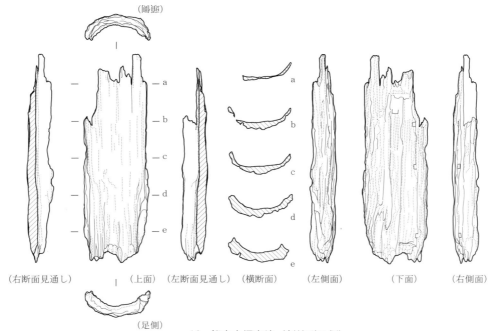

14 柳本大塚古墳 （割竹形B類）

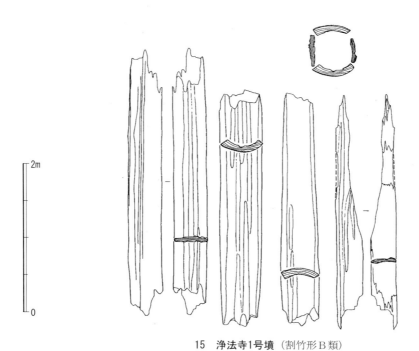

15 浄法寺1号墳 （割竹形B類）

図20 割竹形木棺の諸例（5）

第1章 古墳時代木棺の構造と形態 45

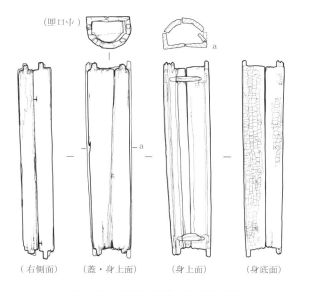

16 土保山古墳2号棺（長持形A類）

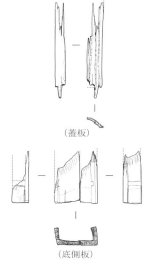

17 新池遺跡（長持形A類）

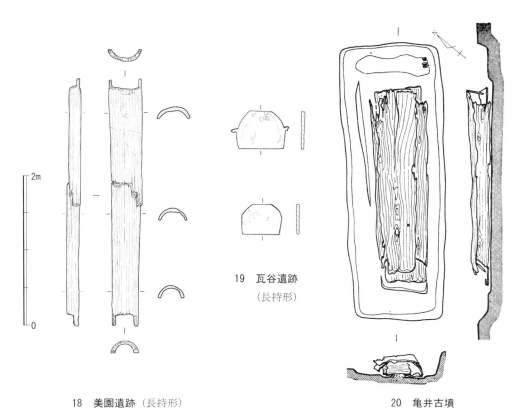

18 美園遺跡（長持形）　　19 瓦谷遺跡（長持形）　　20 亀井古墳

図21 長持形木棺の諸例（1）

この小溝の断面形が奥にひろがる台形をなし、蟻仕掛の原理が用いられているとの観察所見があるが（陳 1960）、この所見はその後の観察で否定されており、小口板を湿らせて叩き込んだと推定されている（原口ほか 1973）。2号棺では外底面には刃幅5.5cmの手斧の痕跡が残るが、側上端面はヤリガンナで仕上げた可能性がある。蓋と身は合わせ口になり、2号棺は両端付近に各2個の鎹を打ち込んで留める。1号棺では鎹は確認されていない。材は1・2号棺ともにコウヤマキと推定され、底側板の木取りはそれぞれL字形の内側に髄がくるように留意している。

　新池遺跡出土木棺（大阪府高槻市上土室1丁目、図21-17）　1988〜1989年に宅地造成に先立って発掘調査された。埴輪製作工房などが展開する段丘部の北側に小規模な谷地形があり、その堆積土から木棺片8点が出土した。木棺片は1個体分と考えられ、一部に焼け焦げがある。7世紀後半の開発にともなって破壊された古墳から取り出され、一括して処分されたものと考えられている。

　縄掛突起の付く蓋の断片、対をなすと考えられる底側板片があり、復元される構造、形状は土保山古墳例に酷似した長持形木棺A類である。復元全長約2.8m、身幅52.1cmを測る。小口板は発見されていないが、底側板の側板部内面の端から24cmの位置に小口板をはめ込むための幅4.8〜6cmの小溝が設けられている。材はすべてコウヤマキで、蓋の木取りは板目、底側板の木取りはL字形の内側に髄がくるように留意している。

　美園遺跡出土蓋（大阪府八尾市美園町、図21-18）　1980〜1984年に実施された高速道路建設にともなう発掘調査で、美園遺跡D地区庄内式期の遺構面（第Ⅲ面）から木棺状木製品（D183）が出土した。木棺墓のような遺構ではなく、単体で存在したと考えられている。コウヤマキ製で、全長3.2m、幅0.33〜0.44m、高さ0.17mを測る。断面は逆U字形で、丸木材の表面に近い部分を使用し、内外面を丸く丁寧に削る。小口部両端に2個ずつの縄掛突起がある。突起は長さ10〜14.5cm、幅3.5〜7cmで、下端面を2cmほど弧状に刳り込む。土保山古墳例との形態的類似性から長持形木棺の蓋と考えられるが、割竹形木棺B類である可能性も残る。

　瓦谷遺跡出土小口板（京都府木津川市市坂、図21-19）　関西文化学術研究都市関連の試掘調査で瓦谷遺跡48btトレンチ溝SD4807から多量の布留式土器、有頭棒状木製品、農具未製品などとともに2枚の木棺小口板（W-15・16）が出土した。

　小口板2枚はともにコウヤマキの板目材である。大きい方のW-15は幅75.2cm、高さ51.6cm、厚さ4.4cmで、下辺と側辺下半部は直線をなし、側辺上半部が円弧を描きつつ斜めに切り落とされることから、箱形の身と蒲鉾形の蓋に対応する長持形木棺の小口板と考えられる。側辺中位の両端に小さな突起がつくり出されており、身側板の上部に対応する切り欠きなどがあって、組み合わさるようになっていたと考えられる。小さい方のW-16は幅53.4cm、高さ41.0cm、厚さ3.4cmで、やはり下辺と側辺下半部は直線をなし、側辺上半部が円弧を描きつつ斜めに切り落とされており、同様の長持形木棺の小口板と判断される。

　両者は下辺と側辺のなす角度がやや鈍角で、上に向かってわずかに幅が広がる傾向があるが、これは長持形木棺A類の典型例である土保山古墳例と共通する特徴である。

　亀井古墳2号主体部木棺（大阪府八尾市南亀井町、図21-20）　中期後半に築造された一辺の長さ7mの方墳と考えられ、墳丘中央に木棺直葬2基が並列して設けられていた。2号主体部木棺は蓋1、底板1、側板2、小口板2が腐食しながらも残存する。蓋は蒲鉾形で、長さ2.5m、最大幅0.5m、厚さ0.02mを測る。右側板は長さ2.2m、最大幅0.35m、厚さ0.02m、左側板は長さ2.1m、最大

幅 0.6 m、厚さ 0.02 m を測る。底板も蒲鉾形を呈するが、小口・側板に対応する部位がくぼんでおり、仕口の痕跡の可能性もあるとされている。長さ 2.65 m、幅 0.6 m、厚さ 0.05 m である。長持形木棺 B 類と判断される。

三倉堂遺跡 1～5 号木棺（図 22 - 21～25） 三倉堂遺跡から 1928～1929 年に相次いで発見、調査された木棺群のうち（岸 1934）、1～5 号木棺は組合式木棺で、用材はすべてコウヤマキである（福田・前沢 1998）。

1 号木棺は底板 1、側板 2 が遺存する。底板は細長い板 2 枚を接ぎ合わせたもので、長さ 312 cm、頭側幅 97 cm、足側幅 83 cm、厚さ 11 cm を測る。接ぎ合わせには長さ 176 cm、9 cm 角の角材、長さ 155 cm、径 16 cm の丸材の上面を底板の幅に合わせて削り取って蟻桟とし、接ぎ合わせようとする板の側面につくり出した蟻柄を掴ませて蟻仕掛で固定したと考えられている。底板上面の両側縁に側板を受ける段を設けるほか、約 258 cm 間隔で小口板をはめ込むための小溝を設ける。この段と小溝の関係から、小口板は側板内面に設けられた小溝にもはめ込まれる構造であったことがわかる。側板 2 枚はともに長さ 318 cm、幅 45 および 50 cm、厚さ 9 cm を測る。

2 号木棺は蓋 1、底板 1、側板 2 が遺存する。蓋は樹幹を縦割りにして内側を刳り抜き、外面の円弧を利用して蒲鉾形に製作したもので、長さ 317 cm、頭側幅 70 cm、足側幅 61 cm、厚さ 6 cm 前後を測る。底板は長さ 348 cm、頭側幅 82 cm、足側幅 72 cm、厚さ 14 cm の一枚板で、側板・小口板と結合するための仕口は 1 号木棺と同じである。側板はともに長さ 330 cm あまり、厚さそれぞれ 9 cm、6 cm を測る。

3 号木棺は蓋 1、底板 1、側板 2、仕切板 2、小口板 2 が遺存する。蓋は蒲鉾形をなすものであるが、断片化している。底板は長さ 348 cm、頭側幅 89 cm、足側幅 76 cm、厚さ 15 cm の一枚板で、仕口は 1 号木棺と同じである。側板は長さ 348 cm、頭側幅 48 cm、足側幅 45 cm、厚さ 13 cm および長さ 348 cm、頭側幅 49 cm、足側幅 46 cm、厚さ 12 cm を測る。仕切板は痩せて縮小している。小口板は棺両端にあてがわれたもので、頭側のものは長さ 89 cm、幅 23 cm、厚さ 8 cm、足側のものは長さ 126 cm、幅 30 cm、厚さ 8 cm を測る。それぞれ内面におそらく棺小口の形状に合わせた刳り込みがあり、被せるようにあてがわれたものと推定されている。

4 号木棺は底板 1、側板 2、小口板 2 が遺存する。底板は長さ 236 cm、頭側幅 64 cm、足側幅 55 cm、厚さ 8 cm の一枚板で、仕口は 1 号木棺と同じである。側板は長さ 239 cm、頭側幅 39 cm、足側幅 36 cm、厚さ 6 cm と長さ 236 cm、頭側幅 42 cm、足側幅 39 cm、厚さ 7 cm を測る。頭側小口板は幅 36 cm、高さ 51 cm、厚さ 6 cm、足側小口板は幅 42 cm、高さ 45 cm、厚さ 7 cm をそれぞれ測る。小口板の形状や高さから、蓋は蒲鉾形のものであった可能性が高い。

5 号木棺は蓋 1、底板 1、側板 2 が遺存する。蓋は蒲鉾形で、長さ 233 cm、頭側幅 50 cm、足側幅 47 cm、厚さ 5 cm を測る。底板は長さ 203 cm、頭側幅 48 cm、足側幅 44 cm、厚さ 4 cm で、仕口は 1 号木棺と同じである。側板は長さ 155 cm、幅 26 cm、厚さ 2 cm と長さ 197 cm、頭側幅 33 cm、足側幅 30 cm、厚さ 2 cm を測る。

2～5 号木棺はいずれも蒲鉾形の蓋を有する長持形木棺 B 類であり、蓋の形態が不明な 1 号木棺についても身幅と高さの比率などからその可能性がきわめて高い。1 号木棺底板の蟻桟は逸失しているが、底板の側面には蟻柄と考えられた突起が実際に観察される。ただし、底板側面の桟に接していた部位の劣化が周囲よりも緩慢であったために突起状に痩せ残った可能性も否定はできず、蟻

48

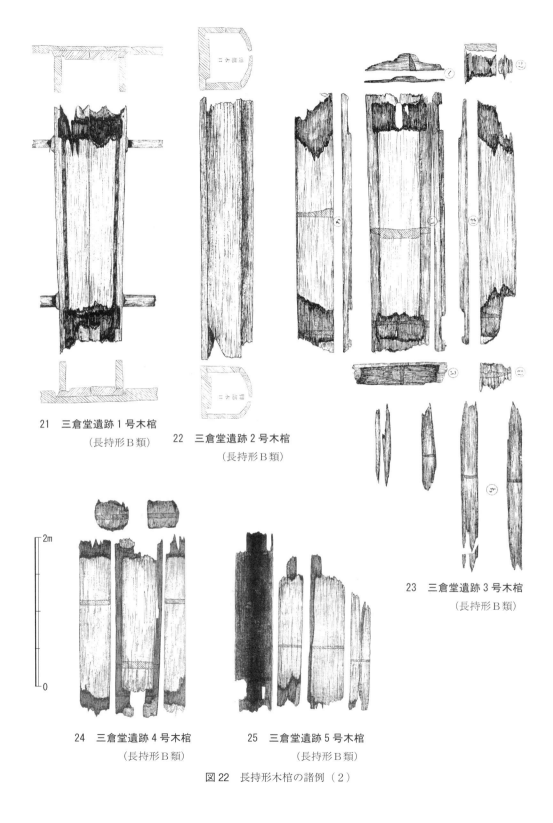

21 三倉堂遺跡1号木棺
（長持形B類）

22 三倉堂遺跡2号木棺
（長持形B類）

23 三倉堂遺跡3号木棺
（長持形B類）

24 三倉堂遺跡4号木棺
（長持形B類）

25 三倉堂遺跡5号木棺
（長持形B類）

図22　長持形木棺の諸例（2）

仕掛の有無については注意を要すると思われる。

　曽根八千町遺跡木棺墓 SX02（岐阜県大垣市曽根町、図 23 - 26）　曽根八千町遺跡木棺墓 SX02 は 1993〜1994 年の発掘調査で検出された古墳時代前期前葉の木棺墓である。長さ約 2.5 m、幅約 0.5 m の隅丸長方形墓壙内に組合式箱形木棺をおさめ、棺内には東枕の小児人骨が残存していた。蓋は平らな一枚板で、身は底板 1、側板 2、小口板 2 からなり、南側板以外の部材が遺存する。底板は前後方向からの腐朽が進んでいたが、長さ 2.23 m、幅 0.505 m、最大厚 9.2 cm を測る。底板と小口板の結合は、残存する底板の両端部からそれぞれ 35 cm、28 cm の位置に、小口板の厚みに合わせた幅の小溝を設け、小口板の下端を叩き込んだと考えられる。材の樹種はすべてヒノキであった。

　七廻り鏡塚古墳副棺（図 23 - 27）　七廻り鏡塚古墳の舟形木棺に添えられていた副葬品用の木棺で、ヒノキ材の蓋板 1、底板 1、側板 2、小口板 2、安定板 2 を組み合わせて製作した組合式箱形木棺である。蓋は全長 232 cm、幅 28.4 cm、厚さ 4.5 cm の一枚板である。身は底板の上に合欠きに組んだ側板と小口板をのせて製作する。底板は全長 215.5 cm、最大幅 55 cm の一枚板である。側板 2 枚はそれぞれ長さ 215.6 cm、幅 17 cm と長さ 218.5 cm、幅 15 cm を測り、両端の上側を L 字形に切り欠いている。この切り欠きに、両端の下側を L 字形に切り欠いた長さ 53 cm、幅 4.8 cm の小口板と、長さ 55 cm、幅 5.3 cm、厚さ 7.8 cm の角材状の小口板を組み合わせる。側板の下面は内側に段が設けられ、底板両側縁に被さるようになっている。木棺本体は両端に置かれたそれぞれ長さ 62.8 cm、62.7 cm の角材（安定板）の上にのせられている。

　底板は板目材で、木表を内側にしていた。表面の仕上げはあまり丁寧ではないが、底板の内面のみは刃物を細かく用いて丁寧に仕上げた痕が残されていたが、同時に年輪に沿った円弧がそのままのようなゆるやかな曲面を有していた。また、部材の放射方向の切断面は斜めになっている場合があり、斧などによる切断の困難さが感じられるという。

　池田古墳出土材（兵庫県朝来市和田山町平野、図 23 - 28）　中期後半に築造された全長 136 m の前方後円墳で、但馬最大の古墳である。1971 年国道バイパス工事にともなって周濠部分のトレンチ調査がおこなわれた。北側くびれ部の周濠底に接して板状木製品 3 点が出土した。これらは木棺以外の製品である可能性もあるが、コウヤマキ材であること、後述の葉佐池古墳 A 木棺の部材に類似していることから、組合式箱形木棺として復元した場合の所見を述べる。

　側板と考えられる 1 点（2）は全長 166.4 cm、幅 22.3 cm の柾目材で、両端上部に幅 5.2 cm 程度の縄掛突起がある。内面の両端からやや内側に入った位置に幅 2.5 cm、深さ 5 mm の小溝が設けられ、その上寄りに長方形の枘穴がある。いま 1 点（3）は長さ 146.2 cm、幅 22.9 cm の柾目材で、上述のものと同形であるが、上端部が折損した状態と考えられる。小口板と考えられるもの（4）は幅 67.2 cm、高さ 41.6 cm、厚さ 2.1 cm の柾目材で、両端上部に 6.2 × 5.9 cm の方形の枘をつくり出し、そこに 2.1 cm 大の方形の穴を穿つ。側板の内側に設けた小溝に小口板をはめ込み、さらに枘差しを併用して結合し、そこに別材の棒を差し込んで枘が抜けないように工夫したものと考えられる。側板と小口板の高さが一致しないが、これは側板が折損しているためであろう。このようにして復元される身は、長さ 166 cm、幅 67 cm 強、高さ 42 cm 強で、両端に縄掛突起を 2 個ずつ有するものである。小口板上端が直線をなすことから、蓋は平らな一枚板が想定できる。

　葉佐池古墳 1 号石室 A 木棺（愛媛県松山市北梅本町、図 23 - 29）　後期前半に築造された全長 56 m の

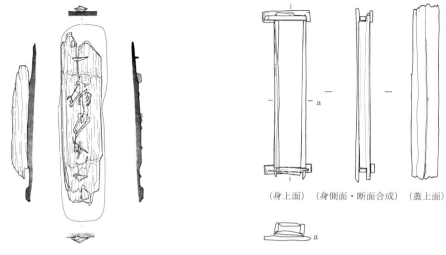

26 曽根八千町遺跡SX02（組合式箱形）　　27 七廻り鏡塚古墳副棺（組合式箱形）

（身上面）　（身側面・断面合成）　（蓋上面）

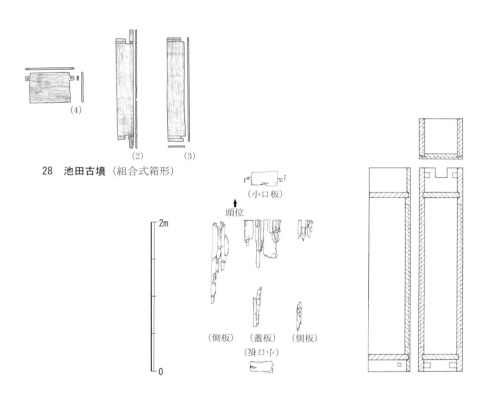

28 池田古墳（組合式箱形）

29 葉佐池古墳A木棺
（組合式箱形）

30 伊庄谷南谷17号墓
（組合式箱形）

図23 組合式箱形木棺の諸例

前方後円墳である。1992年にくびれ部に設けられた未盗掘の横穴式石室（1号石室）が偶然発見され、1993〜1995年に発掘調査が実施された。石室内には3体の被葬者が埋葬されており、中央のA人骨は組合式箱形木棺（A木棺）におさめられ、左側のB人骨は一枚板の上にのせられていた。木材は傷みながらも相当程度遺存しており、密閉された石室内で長期間をかけて自然乾燥したものと考えられている。

A木棺はヒノキ材の蓋板1、底板1、側板2、小口板2を組み合わせて製作したものである。その場で潰れた状態で、底板の残存状態は不良であるが、その他の部材は断片化しながらもその原形を類推でき、長さ約185 cm、幅43 cmあまり、高さ約30 cmと復元されている。棺内の被葬者は東頭位であった。蓋板は厚さ3.5 cmの一枚板である。頭側小口板は幅37 cm、高さ20 cm以上、厚さ3 cmの板目材である。両端に長さ6.2 cm、最大幅4 cmの長い柄がつくり出され、中央付近に1 cm四方の方形の穴を穿つ。足側小口板は幅30.5 cm、高さ15.0 cm以上、厚さ2.8 cmで、柄は折損している。両側板は傷みが激しいが、頭側の短辺が遺存し、小口板の柄に対応する柄穴が確認される。この柄穴に小口板につくり出された柄を差し込み、さらに柄に設けられた方形の穴に別材の棒を差し込んで、柄が抜けないように工夫している。

なお、B木棺は長さ193 cm、幅45 cm、厚さ3.5 cmのヒノキの一枚板である。

伊庄谷横穴群南谷支群17号墓木棺（静岡県静岡市駿河区伊庄谷、図23-30）　1979〜1980年、宅地造成工事にともない伊庄谷横穴群南谷支群の計14基が発掘調査され、17号墓から保存良好な木棺が出土した（静岡市立登呂博物館 1990）。木棺はそのまま取り上げられ、元興寺文化財研究所に運ばれて棺内部の調査と保存処理がおこなわれた。保存処理を終えた木棺および周辺から多数出土した材片、須恵器等の遺物は、現在静岡市立登呂博物館に所蔵されている。2006年に観察と樹種同定を実施した（岡林・福田 2006a）。

蓋板1、底板1、側板2、小口板2の6枚のスギ板からなる組合式箱形木棺である。長さ2.74 m、幅0.66 m、高さ0.52 mで、板の厚さは約7 cmを測る。底板の上に両側板・小口板をのせ、両側板によって両小口板をはさみ込む構造をとる。底板は棺室に相当する部分を周囲よりも一段高くつくり出し、両側縁ではその段に沿ってほぼ棺室の長さに相当する小溝を穿ち、そこに側板下端の対応する位置につくり出した実を打ち込む。底板と小口板の結合は、底板に設けた小溝に小口板下端をはめ込む。底板の両端には方形の穴が各2個あり、南端中央にはコの字形の切り欠きがある。

木棺は扁平な礫を棺台とし、底板の方形穴に杭を打ち込んで固定していた。出土時には蓋板、両側板、両小口板は潰れて底板の上に折り重なっており、周辺にも多数の材片が散乱していた。

下田東2号墳出土木棺底板（奈良県香芝市下田東3丁目、図24-31）　2008年に区画整理事業にともなう発掘調査で確認された一辺約8.0 mの方墳である。削平のため埋葬施設は遺存していなかったが、周溝内から組合式木棺の底板が単独で出土した。周辺からは須恵器杯蓋4点、杯身2点が出土し、中期末葉の所産と考えられる。底板はコウヤマキ材の板目板で、全長290.0 cm、頭側幅65.2 cm、足側幅49.0 cm、厚さ7.5〜10.0 cmを測り、木表側を下面とする。上面に側板を受ける段、小口板をはめ込むための小溝を設ける。この段と小溝の関係から、小口板は側板内面に設けられた小溝にもはめ込まれる構造であったことがわかる。両端面に各2個の縄掛突起をつくり出す。

久宝寺404号墳木棺（大阪府八尾市亀井・渋川、図24-32）　久宝寺遺跡で多数検出された小古墳のうちの1基である。1997〜1998年に道路建設にともなって発掘調査された（久宝寺遺跡第23次調

査)。約 6.0 × 13.5 m の長方形墳と推測されている。組合式木棺は直葬されたもので、削平により蓋を失っていたが、両側板、両小口板、底板は良好に遺存していた。周溝内から庄内式の土師器が出土している。組合式木棺は長さ 2.85 m、頭側幅 0.71 m、足側幅 0.5 m、高さ 0.42 m で、材はすべてコウヤマキである。底板は板目板で、木表側を外面、木裏側を内面としている。上面に小口板をはめ込むための小溝を設ける。両側板も木表側を外面、木裏側を内面とした板目板で、内面に木口板をはめ込むための小溝を穿つ。小口板はやや痩せており、上端部の形状は不明である。

杉ノ畷古墳木棺（静岡県静岡市駿河区登呂 1 丁目、図 24-33）　径 20 m あまりの円墳である。1924 年、粘土採掘中に偶然木棺が発見された。木棺はいったん地元の製材所の所有に帰したが、1927 年に当時の東京帝室博物館に買い上げられ、現在も東京国立博物館に収蔵されている。後藤守一が『日本考古学』(後藤 1927) のなかで箱形木棺の一例としてこの木棺の写真を紹介し、1931 年には『静岡市史』第 1 巻に見取り図などが示されている。2006 年に筆者らが三次元形状計測を実施した（岡林・日高ほか 2008a）。

厚い木板を組み合わせて製作したきわめて大型の組合式木棺で、底板 1、側板 1、小口板 2 が現存する。蓋板については出土時の記録がなく、左側の側板は発見後まもなく製材されて失われている。材の樹種は山内文によりスギと同定され、2006 年の奥山誠義による再同定でも遺存するすべての部材がスギであることが確認された。

蓋板が残存せず、側板・小口板の上部が痩せて原形をとどめないため、長持形木棺であるか箱形木棺であるかの区別はできない。底板は長さ 347 cm、最大幅 152 cm の大きな一枚板である。厚さは平均的に 41～42 cm であるが、足側端の中央部はわずかながらキール状に高まり、その部分を含めた厚さは最大 45 cm となる。両小口板も含めた重量は 466.5 kg であった。上面の頭側端から 41 cm の位置と、足側端から 52 cm の位置に、それぞれ小口板を嵌入するための小溝を設け、それぞれ小口板が遺存する。頭側小口板は長さ 106 cm、幅 24～27 cm、現状の高さ 38 cm を測る。足側小口板は長さ 102 cm、幅 24～28 cm、現状の高さ 30 cm を測る。側板を底板上に設置するための特別な仕口はないが、底板の両側縁に沿って側板の「当たり」痕がみられ、棺室の長さ 195 cm、頭側幅 95 cm、足側幅 92 cm であったことが知られる。上面の四隅にはフック状の穿孔を設けている。側板は右側板のみが遺存し、重量は 77.6 kg である。現状の頭側端から足側へ 48 cm の位置と、足側端から頭側へ 41 cm の位置にそれぞれ小口板を受けるための小溝を穿っている。

年輪を計数した結果、底板では最大 270 年分の年輪が、側板では 152 年分の年輪が計数でき、底板の状況から原材は樹齢およそ 550 年に達することがわかった。

その他　このほか、古く出土した事例として、1929 年に発掘された岐阜県大垣市長塚古墳の「木箱」とされるものは、長さ 176 cm、内法幅 30 cm、厚さ 10 cm 前後の「舟形」をなす身で、両端に別材の小口板をはめ込むことから、割竹形木棺 B 類に属すると考えられる。また、宮崎県児湯郡高鍋町亀塚古墳（持田 61 号墳）で昭和初期の乱掘により出土した木棺は、報告書に掲載された高橋正之の見取り図や一好事家の撮影とされる小口板の写真などから、長持形木棺の可能性がある。木棺は針葉樹材で、掘り出された長さは約 13 尺（約 3.9 m）、幅 3 尺 8 寸（約 1.15 m）、深さ約 5 尺 2 寸（約 1.6 m）であった。小口面は大きな一枚板で、写真でみる限りひじょうに遺存状態のよいものである。木棺はもとの位置に埋め戻されたとされる。

第1章 古墳時代木棺の構造と形態 53

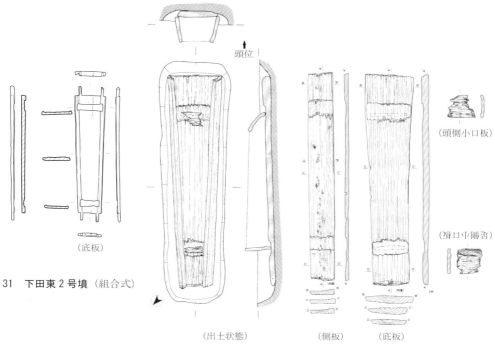

31 下田東2号墳（組合式）

32 久宝寺404号墳（組合式）

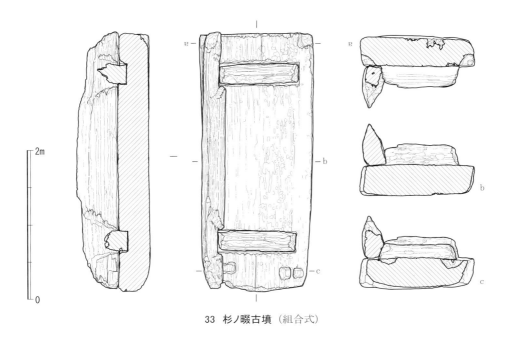

33 杉ノ畷古墳（組合式）

図24 その他の組合式木棺の諸例

第3節　古墳時代木棺の分類

1　構造による分類

　高橋健自が提唱した刳抜式と組合式の概念は、本来は石棺の構造分類から敷衍されたものであるが、古墳時代の在来的な木棺の分類ともよく対応している。
　すなわち、樹幹を半截して刳り抜き、全体を削り整えて蓋・身としたものを「刳抜式木棺」、板などに加工した部材を、柄や小溝で組み合わせて棺身を製作したものを「組合式木棺」として分類することが有効である。
　こうした木棺製作における「刳り抜く・削る」技術を「刳り抜き（技術）」、柄や小溝で「組み合わせる・はめ込む」技術を「組み合わせ（技術）」と包括的に呼ぶならば、刳抜式木棺とは棺体の主要部分の製作に刳り抜き技術を用いたものであり、組合式木棺とは組み合わせ技術を用いたものである、と整理できる。
　ここでいう刳り抜き技術、組み合わせ技術は、弥生・古墳時代の在来的な木製品製作技術の大分類とも対応している。すなわち、山田昌久によれば、弥生・古墳時代の木製品製作技術は「削る（除去加工）技術」と、「木材を組む（集成加工）技術」に集約される（山田編 2003）。「刳り抜き（技術）」は山田のいう「除去加工技術」、「組み合わせ（技術）」は「集成加工技術」にそれぞれ対応する。
　刳抜式木棺と組合式木棺はともに古墳時代の当初から存在し、在来の刳り抜き・組み合わせ技術を用いた、在来的な木棺構造といえるのに対し、古墳時代中期には「釘付け技術」を応用した「釘付式木棺」が出現する。
　釘付け技術は、金属製の釘を重ねた2材に打ち込み、釘との摩擦によって木材どうしを緊結する技術である。原理的に鋲留め技術とは別の技術であり、また、ごく小さな釘を使用して薄い金属板を木胎に釘付けする技法は馬具や武具の製作にも応用されてはいるが、釘付け技術によって木板を緊結することで製作された箱物としては釘付式木棺がその導入期のものである。
　こうしたことから、釘付け技術を用いて木棺を製作する技術体系自体が、横穴式石室や釘付式木棺そのものとともにセットで大陸から導入された可能性が高く、釘付け技術を応用した釘付式木棺は、在来の刳抜式・組合式とは別系統の、新来の木棺構造といえる。
　したがって、古墳時代の木棺を、技術の系統差も考慮しながら、その主たる製作方法の違いによって分類するならば、刳抜式木棺、組合式木棺、釘付式木棺の3種類に大別できる。

（1）刳抜式木棺

　樹幹を半截し、外側を削り、内側を刳り抜く技術によって棺体の主要部分を製作した木棺で、その主たる加工技術である「刳り抜き」から刳抜式木棺と呼ぶ。
　実際の刳抜式木棺の製作方法には、切りそろえた樹幹を半截し、外側を削り、内側を刳り抜く技術のみによって製作されるもの、つまり純粋に刳り抜き技術のみによって製作されるものと、棺体

の主要部分の製作は刳り抜き技術のみによるが、小口部の閉塞に組み合わせ技術を応用したものの2種類がある。そこでこの違いに注目して、刳抜式をさらに細分し、前者を刳抜式A類、後者を刳抜式B類と呼び分けることにする。

小口部分の製作方法に着目して両者を比較すると、刳抜式A類では小口部分を刳り残すことによってつくり出し、刳抜式B類ではいったん全体を刳り抜いてから別材の小口板で小口部分を塞ぐ点に違いを認めることができる。前者を小口部分の刳り抜きが貫通していないことから非貫通式、後者を貫通式と呼称することも可能である。必然的に、両者の外形上の差は主に小口部分に表れ、刳抜式B類では円筒を切り落としたような形状をとらざるをえないのに対し、刳抜式A類では円筒を切り落としたような形状も含め、比較的自由な造形が可能となる。

刳抜式A類 切りそろえた樹幹を半裁し、外側を削り、内側を刳り抜く技術のみによって製作されたものである。七廻り鏡塚古墳主棺、衛守塚2号墳、藤岡町太田、結城市結城作、下池山古墳、桜井茶臼山古墳、雨の宮1号墳粘土槨、妙法寺古墳群などが該当する。付加的に棺室の両端に別材の妻板をはめ込む（七廻り鏡塚古墳主棺など）、刳り残しによって形成した小口板の外側に別材の小口板をはめ込む（妙法寺古墳群）場合もあるが、構造の基本部分はあくまで刳り抜き技術のみによって製作されている。

刳抜式B類 切りそろえた樹幹を半裁し、外側を削り、内側を小口部分が開け放しに貫通するように刳り抜き、小口部分に別材の小口板をはめ込んで閉塞する方法で製作されたものである。棺体の主要部分は刳り抜き技術によって製作され、そこに別材をはめ込む組み合わせ技術が一部応用されている。久宝寺1号墳1号主体部、大和天神山古墳、南天平塚古墳第1主体部、随庵古墳、三倉堂遺跡6号木棺、鴨都波1号墳などが該当する。

（2）組合式木棺

柄・穴・溝などの仕口によって部材を組み合わせて棺体の主要部分を製作した木棺で、釘は使用しない。その主たる加工技術である「組み合わせ」から組合式木棺と呼ぶ。

実例に即してみると、組合式木棺の製作方法には、身の製作に際して一部に刳り抜き技術を応用した部材を使用するものと、まったく板材の組み合わせのみによるものの2種類がある。そこで、この違いに注目して組合式をさらに細分し、前者を組合式A類、後者を組合式B類と呼び分けることができる。

組合式A類 刳り抜き技術によって横断面L字形の部材（底側板）2個をつくり、それらを突き合わせに組み合わせて側板と底板を一体的に形成するものである。蓋板1枚、底側板2枚、小口板2枚が基本的な構成となる。土保山古墳1・2号棺、新池遺跡木棺が該当する。

組合式B類 身の製作に際してすべて板材を使用し、組み合わせ技術のみによって製作されるものである。蓋板1枚、側板2枚、小口板2枚、底板1枚が基本的な構成となる。亀井古墳2号主体部、三倉堂遺跡1～5号木棺、七廻り鏡塚古墳副棺、池田古墳、葉佐池古墳A木棺、伊庄谷横穴群南谷支群17号墓、杉ノ畷古墳、下田東2号墳などが該当する。

なお、底板を欠き、底板を有するとしても土壙内で組み立てた後に単に落とし込んだだけのような木棺、あるいは福永伸哉が「木石混用棺」（福永 1998）と呼んだような主要な部材を木材以外のもので代用した木棺は、箱式石棺（シスト）との関連から本来は「箱式木棺」と呼ぶべきものであ

る。こうしたタイプのものは一般に小型であるが、いわゆる「奥才式木棺」の範疇に含まれる兵庫県茶すり山古墳第1主体部のように長大かつ入念な構造のものもみられ、様相は単純ではない。長大化を遂げた一群には、棺内の仕切り構造などにも畿内を中心とした地域の長大な木棺との共通性がみられることから、現段階では組合式木棺B類の一部に含めておくことにする。

釘付式木棺　板材を用い、鉄釘（まれに銅釘）を用いて部材どうしを緊結して製作された木棺で、新来の緊結技術である「釘付け」を応用することから「釘付式木棺」と呼ぶ。

組合式B類と同じく、身の製作に際してすべて板材を使用し、蓋板1枚、側板2枚、小口板2枚、底板1枚が基本的な構成となる。ただし、木棺材の良好な遺存例は知られていない。

なお、7世紀には少数例であるが布を被せて漆で固める布着せの技法を併用した事例がある。布着せの主たる機能は表面の装飾、強化であるが、漆の接着力により緊結をいっそう強化する効果が期待できる。このような漆使用の木棺（漆塗木棺）は、終末期古墳に採用される特殊な木棺であって、乾漆技術のみによって製作された夾紵棺とのつよい関連性で評価できる。

2　形態による分類

主たる製作技術とその系統差から、古墳時代の木棺は刳抜式・組合式・釘付式に大きく3分類され、刳抜式・組合式はそれぞれA・Bの2類に細分された。つぎに、外観上の特徴から分類する。

木棺の外観を決定づける形態の構成要素には、蓋・身の基本的形状、面取りなどの細部加工、縄掛突起などの付属的装置、表面の装飾などが想定される。ここでは蓋・身の基本的形状を重視し、上述の木棺遺存例を中心に、良好な木棺痕跡例を適宜参照して分類する。

まず、全体として丸みを帯びた、横断面逆U字形の蓋と横断面U字形の身の組み合わせからなる木棺形態としては、高橋健自が舟形・割竹形としたものがあり、舟形木棺として七廻り鏡塚古墳主棺をはじめ4例、割竹形木棺として下池山古墳木棺をはじめ13例が該当する。

舟形木棺は、身の外底面が全体に舟底状をなすものであるが、木棺遺存例4例はすべて一方の端部が舳先状に、他端が艫状に加工されるタイプである。いっぽう、良好な木棺痕跡例の上からはそうした舳艫の区別がないタイプの存在も知られており、それぞれ別の類型として区別される（舟形木棺1・2類）。

横断面凹字形の箱形の身を有するものには、横断面逆U字形の蒲鉾形を呈する蓋が組み合う土保山古墳1・2号棺をはじめ9例あまりと、平らな蓋が組み合う曽根八千町遺跡SX02木棺をはじめ5例とがある。前者を定式化した長持形石棺に類似していることから長持形木棺、後者を単純な箱形であることから箱形木棺と呼びわけることにする。

以上のように、古墳時代の木棺には、外観上の特徴から、舟形木棺1類、舟形木棺2類、割竹形木棺、長持形木棺、箱形木棺の5種類が存在する。むろん、これら以外の特殊な形態の木棺の存在も想定されるが、主要なものはこの5種類でほぼカバーされると考えられる。

①舟形木棺1類

　　横断面逆U字形の蓋と横断面U字形の身の組み合わせからなり、身外底面が全体に舟底状をなすもののうち、2類のような舳艫の区別がないもの。

②舟形木棺２類
　　横断面逆 U 字形の蓋と横断面 U 字形の身の組み合わせからなり、身外底面が全体に舟底状をなすもののうち、一方の端部が舳先状に、他端が艫状に加工されるもの。
③割竹形木棺
　　横断面逆 U 字形の蓋と横断面 U 字形の身の組み合わせからなり、両小口は垂直に切り落とした形状に加工し、蓋と身を合わせた状態での外形全体が円筒形をなすもの。
④長持形木棺
　　横断面凹字形の箱形の身を有し、横断面逆 U 字形の蒲鉾形を呈する蓋が組み合うもの。
⑤箱形木棺
　　横断面凹字形の箱形の身を有し、平らな蓋が組み合うもの。

3　木棺の類型

（１）構造分類と形態分類の組み合わせ

　一般論として、刳り抜く・削るといった技術で製作された木製品（刳物）は、その製作方法の特性から比較的自由な造形が可能である。しかし、刳抜式木棺のような大型品の場合、素材である樹幹の大きさに限度がある以上、造形の自由さの幅は樹幹の外形に相当程度制約される。また組合式木棺の場合は、その製作技術の特性上、身の外形が角ばった直方体（箱形）を基調とすることになる。ただ、部材を結合する際にさまざまな仕口を工夫する必要性から、箱の隅角を凹凸なくきれいに収めることはむずかしい。釘付式木棺は身の外形は箱形を基調とするが、釘付け技術を用いることで隅角をきれいに収めたまったくの箱物を容易に製作できる。なお、刳抜式・組合式木棺では一端の幅・高さが大きく、他端が小さいのがふつうであるが、釘付式木棺ではこの差は明確ではない。

　このように、木棺の構造と形態はある程度相関しており、刳抜式と舟形・割竹形、組合式・釘付式と長持形・箱形は、それぞれ有機的な関係にあると予想される。実際、舟形木棺の遺存例はすべて刳抜式 A 類であり、割竹形木棺の遺存例は刳抜式 A 類と刳抜式 B 類の２種類にかぎられる。とくに小口部の閉塞に組み合わせ技術を応用した刳抜式 B 類は割竹形木棺に特有のものである。長持形木棺の遺存例は組合式 A 類と組合式 B 類の２種類があり、箱形木棺の遺存例としては組合式 B 類があるほか、遺構の検討結果から釘付式が該当する。

　つまり、実例に即してみると、刳抜式はいずれも樹幹の形状を色濃く残した舟形・割竹形木棺にかぎられ、組合式・釘付式は直方体を基調とする長持形・箱形木棺にかぎられる。それ以外のもの、たとえば組合式・釘付式の舟形木棺、組合式・釘付式の割竹形木棺といったものは存在しない可能性が高い。刳抜式の長持形木棺や刳抜式の箱形木棺といった類型も、理想の産物としてはありえても、実例は知られていない。後述する合理的な用材利用の観点からも、そうしたものはかりに存在しても例外的なものである可能性が高い。

　原則的に、舟形木棺、割竹形木棺は刳抜式木棺に固有の形態であり、長持形木棺は組合式木棺に固有の形態と考えられる[8]。さらに、割竹形木棺には刳抜式 A・B 類の２種類の構造をとるものがあるので、それぞれ割竹形木棺 A・B 類に、同じく長持形木棺には組合式 A・B 類の２種類があるの

で、それぞれ長持形木棺A・B類に細分される。

　したがって、古墳時代の木棺は、舟形木棺1・2類、割竹形木棺A・B類、長持形木棺A・B類、組合式箱形木棺、釘付式箱形木棺の主要8類型に整理することが可能である（図25）。

（2）舟形木棺

　刳抜式A類に特有の形態で、外面の切削加工によって「舟底状」と称されるような形状となる。前後の形状を区別しないタイプと、あたかも舟の舳先と艫のように前後の形状を区別するタイプがあり、その形状にこめられた意味に差があると考えられるので、前者を舟形木棺1類、後者を舟形木棺2類として区別する。

　舟形木棺1類　樹幹を切りそろえて半裁し、外側を削り、内側の棺室部分を刳り抜いて蓋・身とする刳抜式A類で、舟形木棺2類とは異なり、身外底面の形状が舳艫を区別しない舟底状をなすものである。全体の形状がわかる良好な遺存例がないため確実な全体像は不明であるが、全体に扁平で、船縁状の側面を有するような、ある種の舟形石棺に近い形態のものである可能性が高いと推測される。船縁状突帯を有する佐賀県熊本山古墳舟形石棺、船縁状の側面をくずれた直弧文で飾る福井県足羽山山頂古墳舟形石棺などが参考となるであろう。

　遺構のうえでは、横断面U字形で、両端部がゆるやかに立ち上がる、細長い溝状の棺底痕跡を残す。横断面がゆるやかなU字形を呈するものとして認識されるケースが多い。典型的な検出例として、滋賀県雪野山古墳（竪穴式石室、図26－1）、京都府元稲荷古墳、同黒田古墳第1主体部、奈良県ホケノ山古墳、同小泉大塚古墳、同中山大塚古墳、兵庫県権現山51号墳（図26－2）、同吉島古墳、島根県神原神社古墳（図26－3）、福岡県神蔵古墳（図26－4）などが挙げられ、畿内地域を中心に前期前半代の有力古墳に長大なものが主体的に採用される傾向がある。

　舟形木棺2類　切りそろえた樹幹を半裁し、外側を削り、内側の棺室部分を刳り抜いて蓋・身とする刳抜式A類で、身外底面の形状が舟底状をなし、一方の端部が舳先状に、他端が艫状に加工されるものである。蓋と身を合わせた状態での外形の横断面は円形または扁円形に近い形状を呈する。棺身底面の形状は、舳先と艫を区別するタイプの丸木舟を模倣したかのような姿であり、1類と区別して舟形木棺2類とする。七廻り鏡塚古墳主棺、衛守塚2号墳木棺、藤岡町太田出土木棺、結城市結城作出土木棺が該当する。

　遺構のうえでは、横断面U字形で、一方の端部が舳先状に、他方の端部が艫状に立ち上がる、細長い溝状の棺底痕跡を残す。典型的な事例として、福島県森北1号墳（図26－11）、新潟県胎内城の山古墳（図26－6）、栃木県茂原愛宕塚古墳（図26－7）、埼玉県埼玉稲荷山古墳第1主体部、同安光寺2号墳、千葉県山王山古墳（図26－9）、富山県阿尾島田A1号墳第1主体部（図26－8）、静岡県若王子12号墳（図9）、同安久路2号墳、兵庫県新宮東山2号墳2号棺（図26－10）、佐賀県久里双水古墳後部石室（図26－5）などがある。また、「舟底状木棺」と呼ばれる弥生時代後期中葉～古墳時代前期前半に北近畿を中心に分布する地域性のつよい一群も、古墳時代に入ると舳先と艫の形状の区別が不明確になる傾向があるが、基本的には舟形木棺2類に包括してとらえられる。

　舳先と艫を区別するタイプの丸木舟は、清水潤三が「折衷形」（清水1968）とした、艪こぎ式の単材刳舟が相当し、古墳時代の関東地方に出土例が多い（出口2001）。舟形木棺2類の多くの事例

第1章 古墳時代木棺の構造と形態 59

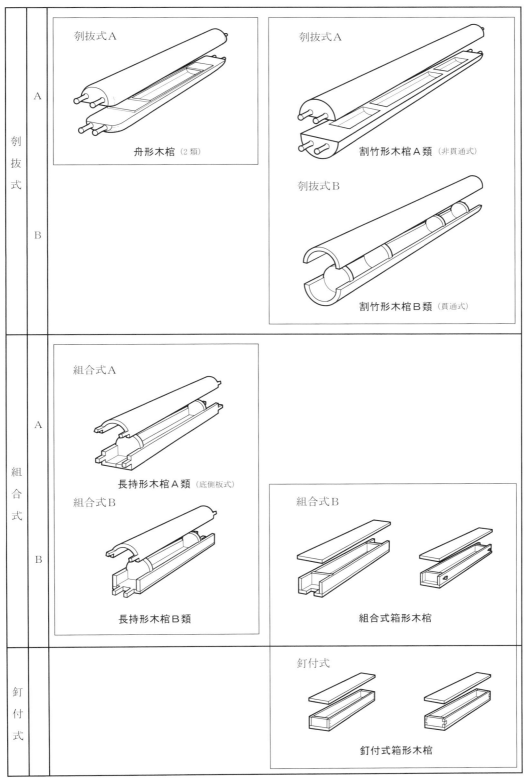

図25 古墳時代木棺分類模式図

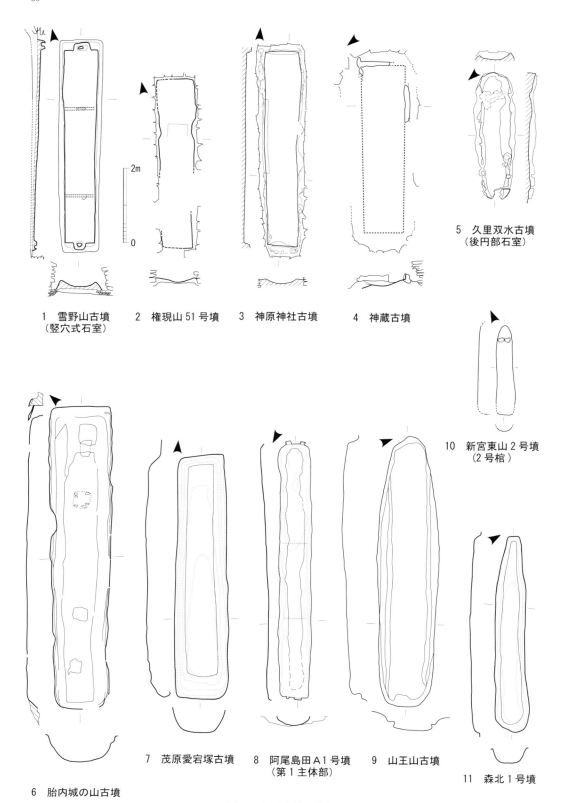

図26 舟形木棺の諸例

も東北南部から関東、東海東部にかけて分布しているが、山陰から北近畿にかけての日本海側にも多く、その他の地域にも事例が点在する。また、時期的には古墳時代全般にわたる。
　ここで示した舟形木棺の形態的区分を研究史に即していえば、1類は高橋健自が舟形石棺の祖形と考え、丸木舟よりも御船代との形態的類似性を念頭に置いたものに該当するであろうし、2類は後藤守一が丸木舟との形態的類似性、舟葬説との関わりを強調したものに該当する。
　このうち舟形木棺2類については、その舟葬的意味合いを否定することはできないであろう。舳先を海側に向ける場合や、被葬者の頭位方向が棺幅の広狭ではなく形態的に区別された舳先と艫との関係で決定されたとみられる場合があることも、舟としてのつよい意識の表れと考えられる。丸木舟そのものや準構造船の一部を転用した棺を含め、舟葬的意識がうかがわれる事例は沿岸部を中心に各地で知られており、考古学的立場からの新たな舟葬説の基盤となるものといえる。
　なお、近年の舟葬論では丸木舟や準構造船の一部を転用した棺を舟形木棺と呼ぶ向きがある。しかし、形状的に舟を思わせるという「舟形」の語意からすれば、それらを舟形木棺と呼ぶことは適切ではなく、あくまで別の材を転用した木棺であることを示す意味で「舟材転用棺」と呼んでおくのが穏当である。

（3）割竹形木棺
　蓋と身を合わせた状態での外形全体は、一端が大きく他端が小さな円筒形をなし、両小口を垂直に切り落とした形状に加工する。構造的には刳抜式A類の非貫通式タイプ（割竹形木棺A類）と刳抜式B類の貫通式タイプ（割竹形木棺B類）に分けられる。小口（板）構造の観点からみればA類は「一体式」であり、B類は「装着式」ともいえる。
　割竹形木棺A類（非貫通式）　切りそろえた樹幹を半裁し、外側を削って形状を整え、内側の棺室部分を刳り抜いて蓋・身とする刳抜式A類で、蓋と身を合わせた状態での外形全体は円筒形をなし、両小口を垂直に切り落とした形状に加工するものである。下池山古墳木棺（図27-1）、桜井茶臼山古墳木棺、雨の宮1号墳粘土槨木棺、妙法寺古墳群木棺が該当する。
　遺構のうえでは、横断面U字形で、両端部が垂直に立ち上がる、細長い溝状の棺底痕跡を残し、割竹形木棺B類とはほとんど判別できない。小口面の圧痕が良好に遺存する場合には、雨の宮1号墳、福岡県京ノ隈古墳（図27-8）のように、棺端部全体を縄掛突起も含めて切削加工によりつくり出したと考えられることから割竹形A類であることが認識されるケースがある。また、奈良県黒塚古墳木棺（図42-1）のように棺内の状況から類推される場合もある。現在のところ、割竹形木棺A類の事例は必ずしも多くはないが、判明するものはほぼ前期にかぎられている。
　割竹形木棺B類（貫通式）　切りそろえた樹幹を半裁し、外側を削って形状を整え、内側を貫通するように刳り抜いて蓋・身の本体部分を製作し、小口部分に別材の小口板をはめ込んで閉塞する刳抜式B類で、蓋と身を合わせた状態での外形全体が円筒形をなし、両小口は垂直に切り落とした形状に加工するものである。久宝寺1号墳1号主体部木棺、大和天神山古墳木棺、南天平塚古墳第1主体部木棺、随庵古墳木棺、三倉堂遺跡6号木棺、鴨都波1号墳木棺、桜井茶臼山古墳木棺、柳本大塚古墳木棺、京都府浄法寺1号墳木棺が該当する。
　割竹形木棺B類の小口板は別材をはめ込む装着式となる。そのような装着式の小口板が遺存していた割竹形B類として、久宝寺1号墳1号主体部木棺、南天平塚古墳第1主体部木棺のほか、

62

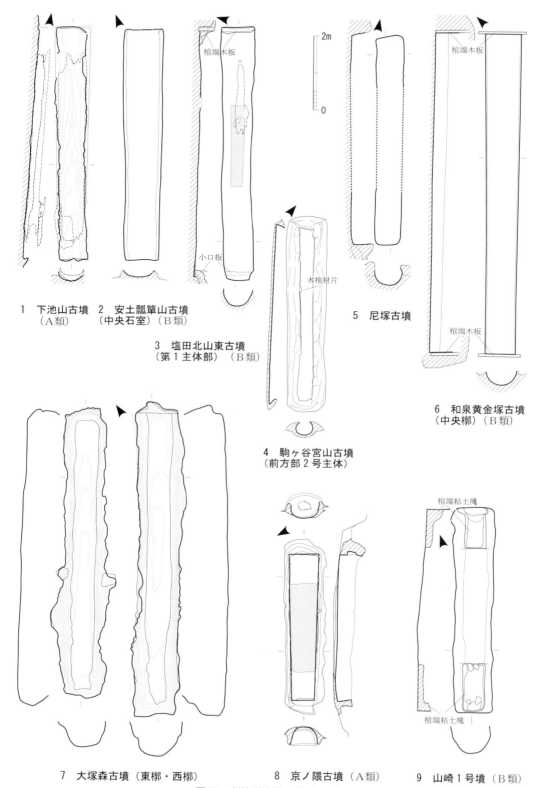

図27 割竹形木棺の諸例（6）

岐阜県長塚古墳西槨、京都府宇治二子山北墳西槨（図28 - 16）、同垣内古墳、大阪府闘鶏山古墳第2主体などが例示できる。小口板は確認しうる限り円形板で、木目方向を横に使う、すなわち材の繊維方向を水平方向にして用いる傾向がある。

遺構のうえでは割竹形木棺A類とはほとんど見分けられないが、小口面の圧痕が良好に遺存する場合には、その形状から割竹形B類である可能性が高いと認識されるケースがある。割竹形木棺の検出状態における小口部の平面形のうちB型・C型として整理されるもの（第3章第2節）で、B型の事例として、福島県本屋敷1号墳後方部主体（図28 - 10）、栃木県山崎1号墳（図27 - 9）、東京都野毛大塚古墳第1主体（図28 - 14）、愛知県三味線塚古墳（図28 - 21）、京都府尼塚4号墳、同瓦谷1号墳第1主体、大阪府弁天山B2号墳東槨・B3号墳後円部東槨・同西槨・C1号墳後円部石室・同前方部粘土槨、奈良県三陵墓西古墳第1主体部（図28 - 18）、島根県上野1号墳第1主体部（図28 - 11）、C型の事例として滋賀県安土瓢箪山古墳中央石室（図27 - 2）、京都府寺戸大塚古墳後円部石室、同一本松古墳、同西山1号墳、同ヒル塚古墳第1主体部、大阪府和泉黄金塚古墳中央槨（図27 - 6）、兵庫県塩田北山東古墳第1主体部（図27 - 3）、岡山県月の輪古墳中央主体（図28 - 13）・南主体（図28 - 17）、同日上畝山14号墳（図28 - 19）、福岡県辻古墳（図28 - 12）などを挙げられる。割竹形木棺B類は分布範囲が広く、事例もきわめて多い点で、前期を代表する木棺類型といえる。中・後期にも多数の事例が知られているが、時期が下がるほど短小化する傾向がある。

割竹形木棺A・B類ともに、棺床に残されたスタンプから判断する場合には、半円形に近い横断面形状、直線的な底面ラインと垂直に立ち上がる棺端部の縦断面形状がポイントである。ただ、割竹形木棺における外面加工のバリエーションとして、外底面の中軸線上を平らに面取りする事例の存在が遺構の詳細な検討から知られている。面取りは足側に向かって幅を増す場合が多く、側面を面取りするケースもあって、足位に近い位置では半円形とはいいがたい横断面形を呈する場合もある。割竹形木棺の大きな特徴である半円形の横断面形状については、こうしたケースも念頭に、各位置での断面形状を総合的に検討して判断する必要がある。

（4）長持形木棺

蓋は樹幹を半裁し、外側を削り、内側を貫通するように刳り抜いて製作し、横断面逆U字形の蒲鉾形をなす。身は組合式で、箱形をなす。長持形石棺との形態的類似から長持形木棺と呼ぶ。身の構造には組合式A・B類の2種類があり、それぞれ長持形木棺A・B類とする。

長持形木棺A類（底側板式）　樹幹を切削加工して製作した底側板2枚、板材の小口板2枚を基本的な構成とし、それらの部材を組み合わせて身を製作する組合式A類である。土保山古墳1・2号棺、新池遺跡木棺が該当する。

長持形木棺B類　いずれも板材の底板1枚、側板2枚、小口板2枚を基本的な構成とし、それらの部材を組み合わせて身を製作する組合式B類である。亀井古墳2号主体部木棺、三倉堂遺跡1〜5号木棺が該当する。

組合式木棺は、遺構のうえでは横断面凹字形で、両端部が垂直に立ち上がる、溝状の痕跡を残す。しかしながら、長持形木棺であるか、箱形木棺であるか、といった類型の判別は一般的にむずかしい。わずかであるが、上面が円弧を描く蓋の痕跡がなんらかの理由で遺存していたことで長持

64

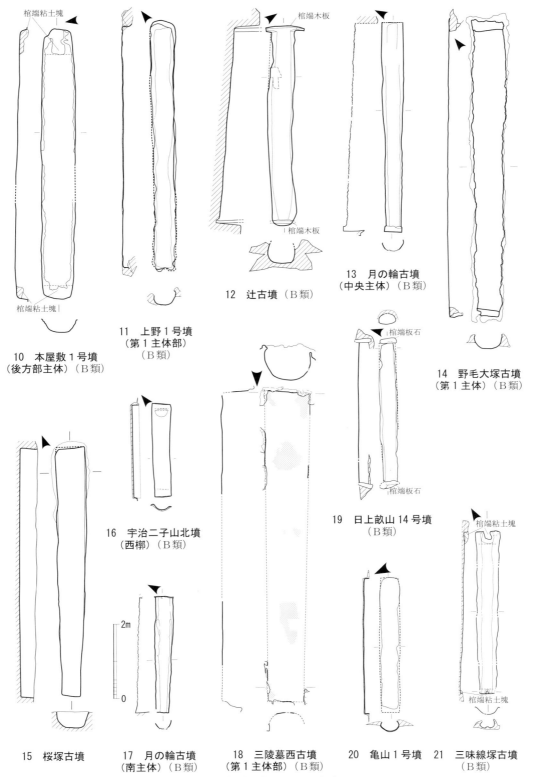

図 28 割竹形木棺の諸例（7）

形木棺と判断できた事例として、約1mの長さにわたって蓋材が腐朽しながらも遺存していた大阪府和泉黄金塚古墳東槨（図29-7）、被覆粘土の断面形状が蒲鉾状にアーチを描く京都府私市円山古墳第2主体部、両小口に詰められた粘土塊が蒲鉾を厚く切ったような形状であった京都府坊主山2号墳西側主体部、大阪府富木車塚古墳前方部第Ⅰ埋葬施設・第Ⅲ埋葬施設（図29-9）、奈良県寺口和田13号墳（図29-6）などが挙げられる。また、中期には蓋と身の合わせ目を固定した鉄鋲に付着した材の観察から長持形木棺と判断しうる場合がある（第4章）。群馬県鶴山古墳、兵庫県宮山古墳第3主体、同カンス塚古墳、奈良県新沢千塚115号墳、岡山県中山6号墳第1主体が挙げられる。また、大阪府御獅子塚古墳第2主体木棺は、蓋の外面が蒲鉾形にふくらんでいたという発掘調査時の所見と、鋲の観察結果の双方から長持形木棺であることが確認できる。

　長持形木棺A類とB類の判別は、材が相当程度遺存していなければかなり困難であり、わずかな残材の顕微鏡観察からA類の可能性が指摘された奈良県下明寺市辺古墳主体部2（岡林・福田2006c）は希有な事例である。ただ後述のように、和泉黄金塚古墳東槨のようにきわめて長大な長持形木棺の場合はA類の可能性が考慮される。また、鶴山古墳、中山6号墳第1主体は鋲の観察結果から知られる身側板の木取りからB類である可能性が高い。

　組合式木棺のうち、蒲鉾形の蓋を有するものを長持形石棺との形態的共通性から長持形木棺として概念規定した。なお、長持形石棺の名称は、その蓋の形状が、蓋上面がゆるやかな蒲鉾形をなす長持（江戸時代に盛行した収納具・運搬具）を連想させることから名づけられたものとされる（高橋健 1924）。

（5）組合式箱形木棺

　蓋は平らな板材で、身はすべて板に加工した底板1枚、側板2枚、小口板2枚を基本的な構成とし、それらを組み合わせて製作した組合式B類である。釘付式のものと区別する意味で組合式箱形木棺と呼ぶ。曽根八千町遺跡SX02、七廻り鏡塚古墳副棺、池田古墳出土材、葉佐池古墳A木棺、伊庄谷横穴群南谷支群17号墓木棺が該当する。

　組合式木棺としてはもっとも基本的な構造を有するもので、古墳時代を通じて存在し、実例数もきわめて多いことが予想されるが、前述のとおり、遺構のうえでは組合式木棺であることは判断できても、細部の形態を判別することは一般的に困難である。

（6）釘付式箱形木棺

　あらかじめ板に加工した部材を組み立て、金属製の釘で釘付けして製作した木棺である。身は底板1枚、側板2枚、小口板2枚を基本的な構成とし、底板の上に側板・小口板がのり、底板の下から側板と小口板を釘付けする。側板と小口板は2枚の側板の間に小口板をはさんで両側から釘付けする場合と、柄組み（組手接ぎ）にして交互に釘付けする場合がある。

　身が凹凸のない完全な箱形を呈することは外観上の大きな特徴である。蓋を身に被せて上から釘付けしたと考えられる例があることから、蓋は平らな板材を基本としたと考えられ、ほかにかぶせ蓋も想定できる。外観上は単純な箱形をした文字通りの箱形木棺となり、組合式箱形木棺との対比においては釘付式箱形木棺と呼ぶべきものである。

　遺構においては釘の出土が最大の指標となる。平面長方形で、各辺が垂直に立ち上がる棺痕跡を

66

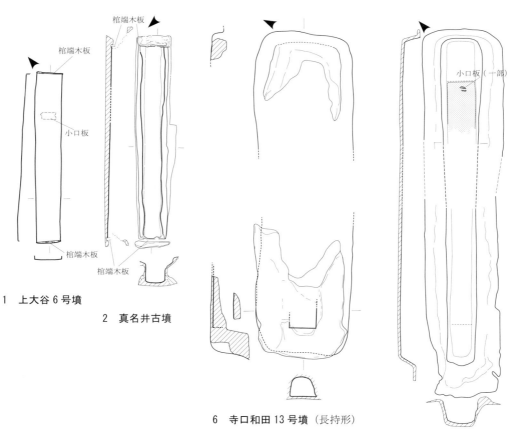

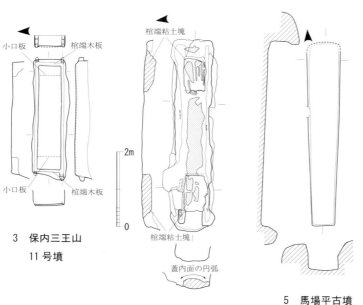

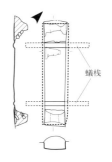

図29　組合式木棺の諸例

残す。7世紀中葉前後以降に著しく小型のものがみられることを除けば、平面規模は長さ2.0～2.2 m、幅60 cm前後を中心とし、他形式の棺と比較して均質で、個体差が少ない。伸展位の成人1体を収容するのに適当な大きさであり、副葬品などをおさめるための余分な空間が棺内から排除されている。時期的には古墳時代中期後葉～末葉に近畿地方への横穴式石室の導入とともに出現し、終末期古墳まで使用される。

4　木棺の各類型と用材利用

　古墳時代木棺の構造による分類、形態による分類と、両者を組み合わせた細分類型を提示した。すなわち、構造による分類としては、刳抜式A・B類、組合式A・B類、釘付式の5種類、形態による分類としては、舟形1・2類、割竹形、長持形、箱形の5種類を示し、細分類型としては、舟形木棺1・2類、割竹形木棺A・B類、長持形木棺A・B類、組合式箱形木棺、釘付式箱形木棺の主要8類型を示した。

　木棺の構造と形態には一定の相関関係があると考えられ、刳抜式と舟形・割竹形、組合式・釘付式と長持形・箱形はそれぞれ結びつきがつよい。具体的には、舟形木棺・割竹形木棺は刳抜式木棺に固有の形態であり、長持形木棺はおそらく組合式木棺に固有の形態と考えることができる。

　ここでは、古墳時代木棺の各類型の時期的変化をたどる前提として、主として用材利用の観点から各類型の特質を整理しておきたい。

　古墳時代の在来的な木棺構造である刳抜式木棺と組合式木棺の基本的な製作方法における刳り抜き技術と組み合わせ技術の占める度合いは（図30）のように模式化できる。すなわち、棺体の主要部分が純粋に刳り抜き技術のみで製作される刳抜式A類と、純粋に組み合わせ技術のみで製作される組合式B類を両極として、刳抜式A類→同B類→組合式A類→同B類の順に、刳り抜き技術の占める度合いが高く、組み合わせ技術の占める度合いが低いものから、両者の度合いがその逆のものへと、段階的に変化する。また、刳り抜き技術と組み合わせ技術の占める度合いが木棺の外観に反映していることも図によって再確認できる。

　刳り抜き技術主体の刳抜式木棺と、組み合わせ技術主体の組合式木棺とを比較すると、製作の前提として製材の工程が必要であり、各種の結合技術を駆使した組合式木棺の方が、製材や結合技術を必須としない刳抜式木棺よりも、技術的には高度なものといえるかもしれない。しかし、用材利用の観点を加味するならば、両者を技術的要素の優劣のみで比較することは適切ではない。

　図31のイメージ図に示したように、素材となる樹幹の利用のあり方という観点から比較すれば、刳抜式木棺は大径木のきわめて贅沢な利用を前提とするのに対し、組合式木棺は中～小径木の有効利用が可能で、用材の節約に優れている。また、組合式A類とB類とを比較すると、純粋に板材使用によるB類の方が素材を無駄なくより有効に利用できる。加えて傾向としては、長大な木棺は刳抜式のものが多く、組合式木棺は相対的に短小なものが主流を占める。

　このように、用材利用の観点からは、刳抜式→組合式A類→組合式B類の順に、大径木の贅沢な利用から中～小径木主体の省資源的な利用にその意味が変化する。樹齢を重ねた大径木は、それ自体の価値に加え、切り出しや加工にも相応の労力を要したと考えられ、刳抜式木棺の方が蕩尽的な意味合いにおいて組合式木棺よりも上位に位置づけられた可能性が高い。したがって、刳抜式木

棺と組合式木棺にみる技術的要素の差は、逆に技術による補完を要する素材入手能力の差と読み替えることができる。

　京都府南部・大阪府・奈良県・兵庫県南部の畿内地域を中心として、愛知・岐阜・三重・滋賀・和歌山・岡山の各県にわたる地域的枠組み（「コウヤマキ地域圏」、第2章）の内部においては、古墳時代の全期間を通じて木棺の用材としてコウヤマキが選択的に使用され、とくに前・中期には棺材がほぼコウヤマキに限定されるかたちで大量に消費された。しかも、この地域の一部では、弥生時代中期には部材をすべてコウヤマキ材とした木棺墓の優位性が顕在化している。コウヤマキは生長がひじょうに遅く、棺材、加えて木製樹物としての大量消費の結果、利用可能なコウヤマキの適材資源は再生を待たずに減少しつづけたと考えられる。

　刳抜式木棺、組合式木棺とも古墳時代の当初からすでに存在し、古墳時代を通じて共存していた。ただ、大雑把な傾向としては、刳抜式A類→同B類→組合式A類→同B類の順に、時間の経過とともに主流を占める木棺構造が入れ替わる図式を描くことが可能である。巨視的には、刳抜式木棺主体から組合式木棺主体へ、長大な木棺主体から短小な木棺主体へと変化した、と評価できる。そのことの要因として、一つには用材利用のあり方が適材の入手状況と不可分に関係し、とくにコウヤマキ地域圏においては適材資源が不足する状態の慢性化が進んだであろうことが考慮される。

（1）刳抜式木棺の用材利用法

　刳抜式木棺の素材は適当な長さに切りそろえた樹幹であり、その完成形も外観上樹幹の形状を残しているが、類型によってその程度には差がある。

　舟形木棺1類は、前期前半期の畿内を中心とした地域の有力古墳を中心に採用され、長大なものが多い。棺底の横断面形が多くの場合ゆるやかなU字形として認識されることは、蓋と身を合わせた外形がかなり扁平なことを示しており、その分外面の切削度合いが大きく、コウヤマキの大径材をもっとも贅沢に利用したものといえる。

　いっぽう、舟形木棺2類の七廻り鏡塚古墳主棺・衛守塚2号墳木棺は、蓋と身を印籠蓋合わせにするために接合面を一定程度削いでいる。それでも、七廻り鏡塚古墳主棺の蓋を閉じた状態での幅に対する高さの割合は約79％、衛守塚2号墳木棺では頭側約95％、足側約86％となり、ほぼ正円に近いか、わずかに扁平といった程度である。

　割竹形木棺は外観の面で樹幹の形状をもっともよく残しており、相対的に外面の切削度合いが小さい。割竹形木棺A類の雨の宮1号墳粘土槨木棺は上・下・側面が若干削り込まれているが、蓋を閉じた状態での幅に対する高さの割合は頭側約109％、足側約100％であり、ほぼ正円に近い。割竹形木棺B類の久宝寺1号墳1号主体部木棺は約95〜96％で、やはり正円に近い。

　また、半裁した樹幹を完全に刳り抜く刳抜式木棺B類の製作方法は、一部を残しながら切削する刳抜式木棺A類の製作方法よりも、作業的な複雑さの度合いという点で簡単な方法といえる。それゆえに、内側の十分な切削によって棺内空間の幅・高さを無駄なく確保することができ、ひいてはより径の小さな樹幹を活用することも可能となる。たとえば、久宝寺1号墳1号主体部木棺の外径は40〜50cm内外、内径は幅30〜40cm前後であり、遺体をおさめるのに適当な最小限度の大きさと考えられる。おそらく原材径も完成形と大差のないものであったと推定され、これを下回

第1章 古墳時代木棺の構造と形態　69

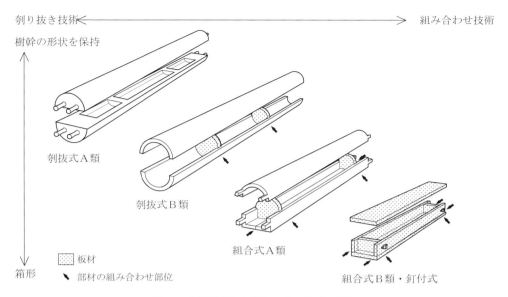

図30　木棺構造と素材加工法・外形の関係

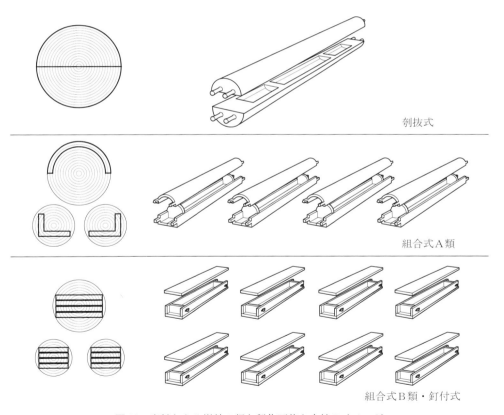

図31　素材となる樹幹の径と製作可能な木棺のイメージ

ると実用的な刳抜式木棺を製作することは困難になると思われる。

　さらに重要と思われるのは、刳抜式木棺Ｂ類の製作方法が髄を含めて樹幹の内部を完全に取り去ることである。髄とその周囲は立木の段階で空洞が生じたり、伐採後の乾燥によって放射状の割れが発生するなど、障害が発生しやすい。刳抜式Ｂ類の製作方法ではあらかじめそれを除去することで利用可能な材の選択範囲がＡ類よりも相当程度広がることになる。

　したがって、素材である樹幹の形状を外面の切削加工によってどの程度削り落としているか、という点に着目すれば、刳抜式木棺Ａ類は刳抜式木棺Ｂ類よりもより切削の度合いが大きい。すなわち、刳抜式木棺Ａ類の方が刳抜式木棺Ｂ類よりもむだの多い、逆にいえば贅沢な用材利用法をとっている。そのなかでも、舟形木棺１類はもっとも贅沢に大径材を用いる類型であり、逆に割竹形木棺Ｂ類は利用可能な材の選択範囲がより広い点で、より節約的な類型であるということができる。

（２）組合式木棺・釘付式木棺の用材利用法

　組合式木棺の素材は、樹幹を割り抜き技術によって成形した部材と板材、もしくは板材のみである。長持形木棺Ａ類では、蓋、身の底側板とも割り抜き技術によるため、板材は小口板のみとなり、その点では割竹形木棺Ｂ類に近い。長持形木棺Ｂ類は蓋のみ割り抜き技術により、それ以外は板材を組み合わせる。組合式箱形木棺はすべての部材が板材となる。

　用材利用に関連して、組合式木棺の製作方法における注目点の一つは、幅の狭い板材を接ぎ合わせて１枚の大きな板材とする技術である。三倉堂遺跡１号木棺の底板は、細長い２枚の板を並べ、主軸に直交する向きの蟻桟２本で下から掴んで接ぎ合わせる技法で１枚の大きな板としたものである。その際、板材の側面には蟻柄をつくり出し、蟻桟がこれを掴むことで固定する蟻仕掛の原理が応用されている。

　遺構では蟻桟はまくら木状の痕跡を残すと考えられ、大阪府富木車塚古墳前方部第Ⅲ埋葬施設（図29-8）、奈良県新沢千塚272号墳第２主体、同石光山48号墳埋葬施設１、京都府坊主山１号墳、同井ノ内稲荷塚古墳前方部など、畿内地域の後期の組合式木棺を中心に検出例が散見される。

　こうした幅の狭い板材の接ぎ合わせは、コウヤマキの大径木が減少し、幅の広い一枚板の入手が困難になった状況を如実に示すと考えられる。同時に、組合式木棺Ｂ類がそうした方法によって、いっそうの用材の節約的利用に対応しうる木棺構造でもあることを示している。

　さらに釘付式木棺の場合には、より容易に接ぎ合わせた部材が活用でき、かつ薄い木板にも対応しうる。釘付式木棺が後期中葉以降、畿内を中心とした地域の横穴式石室墳で広く用いられ、木棺の主流を占めるにいたった背景の一つに、やはりコウヤマキ資源の減少という側面があったことは否定できない。この点は第５章で詳述する。

第４節　古墳時代木棺の系譜と展開

　古墳時代の木棺は刳抜式・組合式・釘付式の大きく３系統に大別できた。新来の木棺構造である釘付式木棺については後述することとし、ここでは古墳時代前半期における刳抜式木棺・組合式木

棺の系譜、その成立と展開について、本章で整理してきた内容を踏まえて考察する。

1　刳抜式木棺と組合式木棺の系譜

（1）一般的な弥生時代木棺の構造

　刳抜式木棺と組合式木棺は古墳時代の当初から存在した木棺構造であり、その系譜を考えるためには、まず弥生時代の木棺のなかに類似した構造の木棺が存在するかどうかを検討する必要がある。

　弥生時代を通じて、西日本の弥生木棺墓で多数を占めたのは板材を組み合わせた箱形の組合式木棺であり、刳抜式木棺はごく少数派である（福永 1987）。

　刳抜式木棺について弥生時代中期までの状況をみると、材の遺存例が比較的多い大阪湾沿岸の低地遺跡では、割り抜き加工された木製品を転用したとみられる棺は存在するが、明確に刳抜式木棺といえる例はほとんどない[10]。北部九州では材が遺存する良好な例はほとんどないが、柳田康雄によれば棺底が浅い舟底状を呈する短小なものと、棺底の横断面形が一定の長さでＵ字形を保つものの２タイプが遺構から復元される（柳田 2003）。後者には、中期初頭の福岡県吉武高木遺跡２号木棺墓（長さ 2.6 m、幅１m）、中期前半の福岡県比恵遺跡 SX03（長さ 2.7 m、幅 0.6 m）など、相対的に大きな部類のものも含まれるが、長さ３mを上回るようなものはみられない。また中期中葉以降は、前者は減少、後者は確実な例がみられなくなり、その後に継承されない。

　弥生時代後期になると、畿内地域の木棺墓でも数は少ないながら刳抜式構造の棺がみられるようになる。しかしながら、大阪府巨摩廃寺遺跡２号木棺墓のように構造的、形態的に整わないものは、依然として転用棺である可能性を残している。この木棺は、一方の小口部が非貫通式の構造をとるが、反対側の小口部は貫通式で別材の小口板を外からあてがう構造をとる。奈良県大福遺跡ヨノモト地区木棺墓の木棺は、構造のうえでは刳抜式Ａ類で、外形上は割竹形に近い。

　弥生時代後期後半の弥生墳丘墓では、短小ながら割竹形木棺と呼びうるような形状の木棺が散見される。中部瀬戸内では岡山県楯築弥生墳丘墓第２主体（長さ約 1.95 m、幅約 0.60～0.80 m）、同女男岩遺跡中央土壙墓（土壙墓１）（長さ約 2.5 m 前後、幅 1.05～1.2 m）、北部九州では福岡県平原１号墓（長さ約３m、復元直径約１m）などがあり、いずれも墓壙内に直葬されたものである。また、山陰から北近畿にかけての弥生時代中葉～末の方形墳丘墓では、いわゆる舟底状木棺が盛行し、後期末の京都府赤坂今井墳丘墓第１埋葬（長さ約７m、幅約２m）のように例外的に長大なものがみられる。

　つぎに、西日本の弥生木棺墓において多数派を占めた組合式木棺について概観してみる。

　福永伸哉は、これらをその構造から「墓壙床面掘込み式」（Ⅰ型）、「底板上組合せ式」（Ⅱ型）、「墓壙壁切込み式」（Ⅲ型）に分類した（福永 1985、図32）。この分類は、木棺の部材を組み立てるにあたり、部材（とくに小口板と側板）が倒れないように固定する方法の違いに着目したものである。

　Ⅰ型木棺は、墓壙底にいわゆる小口穴を掘り込み、そこに小口板の下端に設けた突起もしくは小口板の下端全体を埋め込んで固定するものが多く、同様の細工が側板に施される場合もある。木棺材の遺存によって小口板下端の突起を貫通させるための切り欠きを設けるなどした底板の存在が確

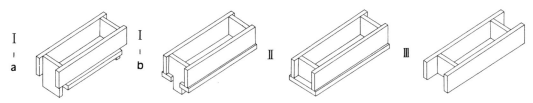

図32　福永伸哉による弥生時代木棺墓の構造分類

認されるものもあるが、底板を欠く箱式石棺と同様の構造の木棺も想定されている。Ⅱ型木棺は、底板上面に小口板を立てるための溝あるいは段を設け、そこに立てた小口板を支えとして側板を立てるものである。材の良好な遺存例から、側板の内面にも小溝を切って「小穴入れ」（小林行1964）の技法を用いて小口板と結合するものが知られている。

　Ⅰ型木棺は墓壙底に部材の一部を埋め込んで固定するもので、棺構造と墓壙（埋土）とが一体化している点で、棺としての構造的な完成度が低い。数本の割り材を並べて打ち込んで小口板とした例（上西 1984）や、まさに箱式石棺のように側板が複数枚の材で構成されていたことが判明した事例もある（柳田 2003）。墓壙壁に切り込みを設けて部材を固定するⅢ型木棺も、構造的な完成度が低い点ではⅠ型と同じである。

　これに対し、Ⅱ型木棺の構造は、基本的には古墳時代の組合式B類と共通しており、Ⅰ・Ⅲ型木棺との比較という点で限っていえば、棺としての構造的な完成度は高い。ただし、その場合でも原則的に棺の外側には裏込め土を充塡するので、部材に小溝や切り欠きなどの仕口を設けるのは、土圧で部材が内側に倒れたり、組み合わせにずれが生じたりすることを防止するための細工と理解できる。その意味では、棺構造と墓壙（埋土）とはやはり完全に分離しているとはいえない。

　あくまで弥生木棺墓の木棺という括りのなかでの比較であるが、Ⅰ型とⅡ型には棺としての構造的な完成度に差がある。また、大阪湾沿岸の低地遺跡では、弥生時代中期にはⅡ型木棺にはコウヤマキ材を選択的に使用し、Ⅰ型木棺にはヒノキ材や広葉樹を含むその他の樹種の材を使用する傾向がすでに存在している（瓜生堂遺跡調査会 1981）。棺としての構造的な完成度に差があるⅡ型木棺とⅠ型木棺の用材利用傾向にみられるコウヤマキ材と非コウヤマキ材の使い分けから、Ⅱ型木棺に選択的に使用されるコウヤマキ材の優位性を認めることができる（田中清 1994）。このような木棺材の樹種による階層的関係はそのまま古墳時代に継承される。

　しかし、Ⅰ型木棺とⅡ型木棺は集団墓地内で混在しており、Ⅰ型からⅡ型へと発達を遂げたというような単純な関係にはない。また福永は、集団墓地内でⅠ型とⅡ型の占める比率が遺跡ごとに大きく異なることから、両者の型式差は被葬者の性別、年齢差、階層差などに起因するものでもなく、被葬者の出自集団の差を表示するものと評価している（福永 1985）。

（2）弥生墳丘墓の棺椁における木棺

　弥生時代後期後半の中国地方における弥生墳丘墓では、中心的な埋葬施設が木椁や石椁を採用するようになり、埋葬施設の構造面における階層差が顕在化する。岡山県楯築弥生墳丘墓中心主体、同立坂弥生墳丘墓第2・3主体、同雲山鳥打1号墓第3主体、島根県西谷3号墓第1主体（以上、木椁）、雲山鳥打1号墓第2主体（石椁）などではいずれもⅡ型木棺が使用され、Ⅰ型木棺は使用されない。いっぽう、たとえば雲山鳥打2号墓の中心的埋葬施設（第1主体）は詳細が不明である

が、槨をもたない第2・3主体はそれぞれⅠ・Ⅱ型木棺を採用しており、Ⅰ・Ⅱ型木棺が混在して用いられる一般的な木棺墓と同様の状況を示す。したがって、木棺が墓壙に直葬される場合にはⅠ・Ⅱ型木棺の両方が用いられるのに対し、木槨および石槨ではⅡ型木棺が限定的に用いられるという明確な使い分けがある。

これは、弥生墳丘墓の棺槨にともなう組合式木棺と、木棺墓の組合式木棺との間に、一定の構造差が存在したことを示すと考えられる。すなわち、木槨や石槨におけるⅡ型木棺は槨室内の空間に安置される点で、周囲を墓壙埋土で固定される一般的な木棺墓のⅡ型木棺よりも、構造的により完成したものであった蓋然性が高い。また、一般的なⅡ型木棺を埋葬施設とする方形周溝墓の周溝内からコウヤマキの木屑が多量に出土した事例から、それらが現地で組み立てられたことが想定されているのに対し、後述するように木槨・石槨においては木槨側板や石槨壁体の構築がある程度まで進んだ段階で上から木棺をおさめたと想定され、運搬によっても容易には分解しない一定の強度を有していたと考えられる。

弥生時代の組合式木棺の形態についてみると、蓋形態まで判明するものの多くは平らな一枚板であり、箱形木棺である。いっぽう、蓋のなかほどが蒲鉾形にせり上がる長持形木棺と呼びうるような形態も少数ながら知られており（田代 1970）、両者が併存していたと評価できる。

このように、弥生時代後期の西日本には刳抜式および組合式の両方の構造をもつ木棺が存在しており、古墳時代の刳抜式木棺と組合式木棺の祖形は、木棺構造の面からはこうした弥生時代の木棺、とくに後期後半の弥生墳丘墓の木棺に求めることが妥当である。ただし、それらと長大な古墳時代の木棺との懸隔はきわめて大きい。弥生時代そのままの姿を保持しながら古墳時代に継承される木棺ももちろん存在するが、各地の有力古墳に採用されるような長大な木棺の成立は、弥生時代木棺の単純な発展としてとらえられるものではあるまい。

2　古墳時代木棺の成立

（1）長大な刳抜式木棺の成立

古墳時代開始当初の段階で、釘付式木棺を除く木棺の各類型はすでに出そろっていたと考えられるが、前期前半期を代表するのは長大な舟形木棺1類と割竹形木棺である。

図33は、前期後葉までの長さ4mを超える長大な舟形木棺1類および割竹形木棺の分布を示したものである。舟形木棺1類は、瀬戸内海を中心とした地域、とくに中部瀬戸内から畿内周辺に集中する。これに対し、割竹形木棺は東北南部から九州南部までのさらに広域に分布し、前方後円墳の分布範囲とほぼ重なる。

時期的にみると、まず舟形木棺1類は庄内式期に遡る最古級の前方後円墳に採用されていることが注意される。奈良県ホケノ山古墳（木棺長5.3m、以下同じ）は全長80mで同時期における最大規模の前方後円墳、京都府黒田古墳（約4m以上）は全長52mの前方後円墳で、ともに埋葬施設は木槨である。両者とも木棺材はコウヤマキである。

前期前葉の奈良県小泉大塚古墳（5.4m）、同中山大塚古墳（6.3m）、京都府元稲荷古墳（5.2m）、兵庫県吉島古墳（約5m）、同権現山51号墳（4.4m）、島根県神原神社古墳（5.28m）、岡山県備前車塚古墳（石室長5.9m）はいずれも竪穴式石室で、神原神社古墳が方墳である以外はすべ

図33 舟形木棺と割竹形木棺の分布の拡大

て前方後円（方）墳である。徳島県宮谷古墳（5.3 m）は竪穴式石室で全長38 mの小型前方後円墳、同西山谷2号墳（4.2 m）は竪穴式石室で小円墳と推定されている。

　いっぽう、割竹形木棺を採用した古墳でこれらと同時期と思われるものは意外と少ない。庄内式期に遡る事例としては、小方墳の大阪府久宝寺1号墳1号主体部（3.28 m）などがあるが、同時期の舟形木棺に匹敵するような長大なものは知られていない。前期前葉の事例では、奈良県黒塚古墳（6.2 m）、岡山県七つ坑1号墳後方部第1石室（4.75 m）はいずれも竪穴式石室で前方後円（方）墳、大阪府安満宮山古墳（5 m前後）は木蓋壙室（岡林 2006b）で小方墳である。

　こうした状況から、長大な舟形木棺1類は、長大な割竹形木棺に先駆けて中部瀬戸内から畿内周辺の有力古墳に独占的に採用されたとみてよい。これらには木槨を内部構造とする最古級の前方後円墳や、B段階までの三角縁神獣鏡（福永 2005）を副葬する主要な古墳が含まれる点が注意される。

　長大な割竹形木棺は前期前葉から舟形木棺の分布と重複する地域で採用され始め、まもなく舟形木棺はそれと入れ替わるように減少する。その後、割竹形木棺は前期後葉には東北南部から九州南部までの地域に分布を広げ、広い範囲で有力古墳の棺形式として定式化した。舟形木棺・割竹形木棺ともに、分布圏内においては畿内地域が分布の中心を占める点を指摘できる。

　前期前半期の組合式木棺についてみると、比較的長大なものとしては長野県弘法山古墳（約5 m）、鳥取県桂見2号墳中心主体（4.3 m）、山口県国森古墳（4.44 m）などがあるが、多くは長さ4 mを下回り、全体的に長大なものが少ない。また、弘法山古墳は礫槨、国森古墳は木蓋壙室で

あるが、多数を占めるのは木棺直葬である。この時期の組合式木棺は相対的に短小で、竪穴式石室においては顕在化せず、同時に畿内地域が分布の中心にならないことが注意される（岩崎 1987・1989）。

　以上から、古墳時代前期前半期における有力古墳に採用された棺の特徴として、刳抜式構造であること、長大化を遂げていることが指摘できる。また、古墳時代開始当初の最上位の類型は長大な舟形木棺1類であり、少し遅れて長大な割竹形木棺が加わる。組合式木棺は存在するが、上位の棺形態ではない。

　弥生時代における木棺の構造面での基本的なバリエーションである刳抜式と組合式の二者は、古墳時代に受け継がれている。しかし、弥生時代に主流派であった組合式木棺と少数派であった刳抜式木棺の関係は、前期古墳では逆転している。

　また、弥生時代木棺の棺規模は成人一人をおさめるに足る程度の大きさを基準とし、若干の大型化が進んだ弥生墳丘墓の木棺でも、一部の舟底状木棺を除けば、それをわずかに上回る程度である。これとの対比において、古墳時代前期の刳抜式木棺は著しい長大化を遂げている。とくに、舟形木棺1類は、純粋な刳抜式構造をとり、その長大さとあいまって、きわめて堅牢である。

　古墳時代の刳抜式木棺の祖形は、基本となる構造の点では弥生墳丘墓の木棺に求めることができるが、両者の間には、規模の長大さ、構造の堅牢性の点で、きわめて大きな差がある。原材となる巨樹の確保、その伐り出しから加工にいたるまでに投下された労力を想像すると、両者間の懸隔は断絶的ですらある。また現象的には、長大な刳抜式木棺は徐々に長大化するのではなく、長大化を遂げたものとしていわば唐突に出現する。

　したがって、「古墳的な」木棺としての長大な刳抜式木棺の成立は、弥生時代における木棺の状況を踏まえるならば、既存の木棺構造をベースにしながらも、いわば「創出」に近いかたちでの飛躍的な変化であったと評価すべきである。

　さらに、この変化は、組合式木棺の地位の相対的な低下をもたらし、そのことによって木棺の形式差による階層性を顕在化するとともに、一般民衆の共同墓地における棺のあり方の変化すらともなっていた可能性がある。福永伸哉は、弥生時代の共同墓地ではかなりの比率で木棺が使用されていたにもかかわらず、古墳時代前期の一般民衆の共同墓地と考えられる密集型土壙群においては、木棺を使用しない「無棺墓」（福永 1989：p99）が主体を占めることを明らかにした。福永は、階層分化の末に出現した古墳の対極にあるものとして密集型土壙群を位置づけるのであるが、その関係は、古墳における長大な刳抜式木棺と共同墓地における無棺墓との関係にも顕在化している。

（2）棺形式の定式化と広域化

　古墳時代前期の棺のあり方には二つの特徴がある。第一に、有力古墳に採用される棺が特定形式（長大な刳抜式木棺）に定式化していることである。地域においては、長大な刳抜式木棺を採用した前方後円（方）墳があり、その下に短小な組合式木棺や箱式石棺など在地性のつよい多様な棺を採用した中小の円墳・方墳群が展開するといった状況が見受けられる。これは、地域内部における古墳被葬者層の階層的な構造が、長大な刳抜式木棺とそれ以外の棺という棺形式の違いによって、いわば二極化して表現されたものと理解できる。

　第二に、有力古墳の棺形式が広域の分布圏を形成し、その分布の中心が畿内地域にあることであ

る。地域を超えて広域の有力古墳が特定形式の木棺を採用するあり方には、地域間の政治的諸関係が作用していると考えられる。また、その分布の中心が畿内地域にあることは、畿内地域を核とした中心－周辺構造をもつそうした政治的諸関係を反映するものと理解できる。

　畿内とその周辺を中心とした地域では、古墳時代初頭にはコウヤマキ製の長大な舟形木棺1類が有力古墳に採用され、割竹形木棺は中小の古墳に採用される傾向があり、前期前葉には長大な舟形木棺・割竹形木棺が混在して用いられる。関東から東海では棺底の平坦な組合式木棺や、木棺痕跡の小口部平面が顕著な円弧あるいは船の舳先のような鋭角的な形状を示す舟形木棺2類が優勢で、長大な割竹形木棺の本格的な導入は前期後葉である（岩崎1989）。北部九州においても、前期前葉には地域を代表する前方後円墳であっても短小な刳抜式木棺や箱式石棺といった在地的様相のつよい棺を用いる地域の存在を指摘できる（吉留1989）。

　このように、長大な割竹形木棺の受容のあり方には、大まかな地方単位での差や細かな地域ごとの変化が認められるのであるが、前期後葉には、東北南部から九州南部までの広い範囲で有力古墳の棺形式は割竹形木棺にほぼ統一される。こうした動向の背景には、一つには畿内とその周辺を中心とした地域におけるコウヤマキ材の供給事情と、そのなかで確立した割竹形木棺の優位性が存在するものと考えられる。そのような割竹形木棺の優位性が、東北南部から九州南部までの広い範囲に敷衍されたのは、畿内地域を核とした中心－周辺構造をもつ政治的諸関係のなかで、有力古墳においては共通の棺形式の採用が要請されたことを示すものであろう。支配者層が共通の棺形式を秩序づけて採用することで、社会的、政治的諸関係を表すものを「棺制」（都出1986a）と評価するならば、このようなあり方はまさに「棺制」と呼ぶべきものといえる。

（3）舟底状木棺の問題

　いわゆる舟底状木棺は、弥生時代後期後半に山陰から北近畿にかけて点々と分布する方形墳丘墓に採用されている。後期中葉の所産と考えられる鳥取県宮内1号墓第1主体部（長さ3.3ｍ以上、幅1.3ｍ）などが時期的に遡るものであり、後期後半の宮内3号墓主体部（長さ4.9ｍ、幅1.2ｍ）、京都府大風呂南1号墓第1主体部（長さ4.3ｍ、幅1.3ｍ）、後期末の京都府赤坂今井墳丘墓第1埋葬（長さ約7ｍ、幅約2ｍ）、同第4埋葬（長さ4.6ｍ、幅1.3ｍ）のようにひじょうに大型のものがみられる。これらは舟底状の棺底形状はもちろん、原則的に舳艫の区別を有し、「丸木舟に削り出される横梁」（石崎2001：p71）に近い構造をともなう可能性も指摘されるなど、舟との関連性が深い。また、宮内墳墓群では、良好な潟湖である東郷池に頭位を向けた西頭位をとることも注意されている（原田・濵田ほか1996）。こうした諸特徴から、これらが舟葬的意義をつよく帯びたものであったことは明らかで、その長大さもまた舟の表象としての意味合いをもち、あるいは舟そのものの転用である可能性もある。

　こうした舟底状木棺を一部に採用する山陰から北近畿にかけての方形墳丘墓には、鉄器やガラスなどの輸入品が多数副葬されており、弥生時代後期中葉から後半にかけての日本海を介した朝鮮半島との直接的交渉の活発化にともない、交易拠点としての重要性を増した沿岸地域の支配者層によって造営されたものと考えられている（福永2004）。

　長大な古墳時代木棺の直接的な祖形をこれらの舟底状木棺に求める見解（福島孝2003、北條2004）もあるが、原則的に舳先と艫の形態を区別し、幅広で浅い舟底状の木棺痕跡を残す弥生時代

後期後半の舟底状木棺は舟形木棺2類そのものであり、本章で明らかにした古墳時代前期前半期の舟形木棺1類との形態差は看過できない。また、舟底状木棺の長大さは、その形態とあいまって第一義的には舟の表象としての意味を有するものであるが、これは舟形木棺1類から割竹形木棺へと継承される古墳時代木棺の長大さとは後述するようにその意味が異なる。

舟底状木棺が弥生時代において一定の長大化を達成していることを重視するならば、古墳時代の長大な刳抜式構造をとる木棺の成立にあたってなんらかの影響を与えた可能性までを否定することはできないであろう。ただし、いま述べた形態上の差異や、長大であることのもつ意味の違いを踏まえる必要がある。さらに、北近畿を中心とする地域では、舟底状木棺自体は古墳時代前期にいたっても地域性のつよい棺形態として自己完結的に存続し、同時に弥生時代にみられたような著しく長大なものはみられなくなることから、それ自体の発達によって古墳時代前期の舟形木棺1類へと直接的につながるとは考えにくい。舟底状木棺については、石崎も指摘しているとおり、日本海沿岸部の一部地域で海上交易などに従事した集団の有力者が、舟葬的意味合いで採用した地域性のつよい棺形態と理解しておきたい。

3　木棺形式の多様化

（1）長大な組合式木棺の普及

古墳時代前期前葉までの組合式木棺は相対的に短小なものが主体で、長大なものはひじょうに少ない。長大な木棺全体に占める組合式木棺の比率は古墳時代の全期間で3割を超えることはなく、長大な木棺の主体があくまで刳抜式木棺であったことが確認できる。ただ、長大な組合式木棺は前期を通じて時期が下がるにつれて漸増し、比率上前期中葉で約9％、後葉で約18％、末葉で約28％ともっとも多くなる。[12]中期以降はやや減じ、2割強程度の割合で推移する。

前期中～後葉の竪穴式石室に採用された長大な組合式木棺の事例としては、静岡県松林山古墳（石室内法長7.9 m）、広島県大迫山1号墳（5 m）、同辰の口古墳（石室内法長6.7 m）などが挙げられる。畿内地域の竪穴式石室との関連性が希薄な状況は前期前葉までと変化がない。いっぽう、同時期の畿内地域では大阪府真名井古墳（5.33 m）、奈良県東大寺山古墳（7.4 m）、大阪府庭鳥塚古墳（長さ2.7 m以上、幅0.9 m）など初期の粘土槨との関連性を示す資料がみられるようになる。

このことは、前期中～後葉の畿内地域において、竪穴式石室＋割竹形木棺、粘土槨＋組合式木棺の組み合わせに一定の有意性が存在したことを示唆している。木棺構造の面から割竹形が組合式よりも上位に位置づけられ、かつ粘土槨が竪穴式石室から派生した埋葬施設構造であり、同一古墳では中心的埋葬に竪穴式石室が、副次的埋葬に粘土槨が採用される傾向があることを踏まえると（都出 1986a）、それぞれの組み合わせによって棺槨としての格差が表示されていた可能性が高い。大阪府駒ヶ谷宮山古墳では、後円部の中心的埋葬に竪穴式石室＋割竹形木棺、前方部の副次的埋葬2基に粘土槨＋割竹形木棺、粘土槨＋組合式木棺の組み合わせが採用されており、竪穴式石室と粘土槨、割竹形木棺と組合式木棺の関係性をよく示している。

前期末葉になると竪穴式石室自体が減少するが、粘土槨あるいは木棺直葬における割竹形木棺と組合式木棺の関係性にはあまり変化がない。試みに畿内とその周辺地域において前期末葉～中期の同一古墳における中心的埋葬と副次的埋葬の間にみられる木棺形式のあり方を概観すると、三重県

石山古墳中央槨・東槨（割竹形）と西槨（組合式）、京都府瓦谷1号墳第1主体（割竹形）と第2主体（組合式）、大阪府御獅子塚古墳第1主体部（割竹形）と第2主体部（長持形）、同和泉黄金塚古墳中央槨（割竹形）と東槨（長持形）、奈良県三陵墓西古墳第1主体部（割竹形）と第2主体部（組合式）など、中心的埋葬に割竹形木棺、副次的埋葬あるいは副葬品用施設に組合式木棺が使用されるケースが数多くみられる。

　こうした実態は、組合式木棺の一定の普及にかかわらず、割竹形木棺が組合式木棺よりも上位に格付けられる状況に変化がないことを示している。刳抜式構造の割竹形木棺の方が密閉性・堅牢性により優れているという伝統性にもとづく評価とともに、大径材使用を前提とする割竹形木棺の方が、より径の小さな材でも製作可能な組合式木棺よりも奢侈的な価値が高いと考えられたためであろう。

　それと同時に、竪穴式石室＋割竹形木棺、粘土槨＋組合式木棺の組み合わせに一定の相関性がある点は注目すべきである。粘土槨が竪穴式石室から派生した埋葬施設構造であるならば、長大な割竹形木棺と組合式木棺との間にもそれと類似した関係を想定できるのではないか。この点は長持形木棺の展開として理解しうる可能性が高いので、つぎに整理を加えることにする。

（2）長持形木棺の展開

　組合式木棺のうち、横断面逆U字形の蒲鉾形をなす蓋と、箱形をなす組合式の身を有する一群を、長持形石棺との形態的類似から長持形木棺と概念規定した。

　遺構で確認される木棺痕跡は大半が棺底の形態を示すスタンプであって、横断面凹字形、両端部が垂直に立ち上がる、といった特徴からその木棺が組合式構造のものであることが判明しても、蓋の形態がわからなければ長持形木棺であるという判断はむずかしい。したがって、長持形木棺と認識されるものは組合式木棺全体のなかで多くはないが、蓋の痕跡がなんらかの理由で遺存し、長持形木棺と判断しうる比較的初期のものとして、前期後葉の大阪府庭鳥塚古墳（長さ2.7m以上、幅0.9m）、前期末葉の福島県桜井古墳群上渋佐支群7号墳（長さ4.7m、幅0.80m。図29-4）、中期初葉の大阪府和泉黄金塚古墳東槨（長さ約8.5m、幅約0.7m。図29-7）、奈良県寺口和田13号墳（長さ約7m、幅0.7m。図29-6）などを挙げることができる。庭鳥塚古墳は粘土槨内に落下した被覆粘土の内面形状から、桜井古墳群上渋佐支群7号墳は棺両端を中心に大量に使用された粘土の横断面から蓋形態が判定された。和泉黄金塚古墳東槨は粘土槨内に長さ約1mにわたって蓋材が腐朽しながらも遺存しており、寺口和田13号墳は西小口部の被覆粘土が落下せずに遺存していたことから長持形木棺と判断されたものである。

　以上の事例は長大な長持形木棺であって、蓋を刳り抜き技術で製作する点で割竹形木棺B類と共通し、外観的にも身が細長い箱形を呈するほかは割竹形木棺B類に比較的近いと考えられる。いっぽう、身の製作方法を直接的に知る手がかりはないが、長大である点をとくに考慮して、身にも蓋の製作に用いられた刳り抜き技術を応用した組合式A類のもの、すなわち長持形木棺A類である可能性を検討したい。

　長大な割竹形木棺の優位性は、刳抜式構造であり、かつ長大であることによる密閉性と堅牢性によって担保されていたと考えられる。長大な長持形木棺も、基本的には共通の思想に立脚して製作されたものと考えてよい。長持形木棺A類を想定した場合には、刳り抜き技術によって製作した

横断面 L 字形の底側板 2 個を組み合わせるため、組合式構造ではあるものの一定の密閉性と堅牢性が確保される。

　逆にすべて板材利用の B 類を想定した場合には、その長大さゆえに、たとえば和泉黄金塚古墳東槨木棺ではじつに長さ 8.5 m、幅 70 cm というきわめて細長い底板と、それよりもさらに幅の狭い 2 枚の側板が必要となるのであるが、木材の性質上当然起こりうる反りや捻れの発生を抑えながらそうした板材を製材し、長大な箱形に組み合わせることの技術的な問題点にも目を向ける必要がある。さらに、庭鳥塚古墳、桜井古墳群上渋佐支群 7 号墳、和泉黄金塚古墳東槨の棺底の横断面は、まったくの凹字形ではなく、ややＵ字形に近い凹字形をなす。このことも、B 類よりも A 類を想定させる要素となろう。

　こうした諸点から、中期初葉頃までの長大な長持形木棺は、製作技術面でも外観の面でも割竹形木棺 B 類に比較的近い長持形木棺 A 類が主体を占めていたと考えたい。このことを前提にさらに一歩踏み込むならば、初期の粘土槨に内蔵された群馬県前橋天神山古墳（長さ 7.8 m、幅約 1.2 m）、大阪府真名井古墳（長さ 5.33 m、幅 0.53～0.65 m）、奈良県東大寺山古墳（長さ 7.4 m、幅 0.9 m）などの組合式木棺が、棺床に残されたスタンプの横断面形状の点でまったくの凹字形をなさず、ややＵ字形に近い凹字形をなすことの説明も可能になる。すなわち、前橋天神山古墳においては「（粘土槨の底部は）平坦に整形されていて、にぶい角度で彎曲しながら立ち上がり、側壁に連なっている」（尾崎 1971：p337。（　）内は筆者補足。以下同じ）、真名井古墳では「（横断面の曲率が）割竹形木棺の際に生じるような半円形をなさず、やや両端が角張って、底面のつよく彎曲していない棺材の痕跡が看取された」（北野 1964b：p57）とされ、東大寺山古墳では棺の内底面の横断面形状を示すと考えられる水銀朱の線がごくわずかに内湾する直線を描いていることから、報告書では割竹形木棺か組合式木棺かの判断が保留されている（金関ほか 2010：p78）。初期の粘土槨に内蔵されたこれらの事例は、残念ながら蓋形態を知る手がかりに欠くが、長大であること、身の横断面形状の特徴の二点から、いずれも長持形木棺 A 類である可能性が考えられるのである。[13]

　用材利用の観点も踏まえるならば、長持形木棺 A 類は、畿内地域を中心とするコウヤマキ地域圏におけるコウヤマキ材の供給事情の変化によって、割竹形木棺 B 類よりもさらに材を節約的に利用しうる長大な木棺の形式として、割竹形木棺 B 類の製作技術を応用することで成立した棺形態と考えることが合理的である。またそれが、粘土槨の成立とつよい関連性を有することも看取できる。

　長持形木棺と同様の形態をもつ短小な組合式木棺は、前述のようにすでに弥生木棺墓にみられる。また、弥生時代後期後葉の岡山県都月坂 2 号墓中心主体石槨の床面は平坦な礫敷きで、石槨の内法長 2.65 m を下回る程度の長さの組合式木棺が想定されるが、内部に遺存していたコウヤマキ製の木棺蓋は蒲鉾形にゆるくカーブする形状を有している。したがって、長持形木棺の形態自体は古墳時代の当初からすでに存在したと考えられる。ただ、長大なものに関しては、いま述べたような割竹形木棺 B 類からの派生形式である長持形木棺 A 類が主体的であったと理解したい。

　また、早くから一定の長大化を遂げた組合式木棺の使用がみられる東日本などの状況をみると、長大な組合式木棺のなかには、弥生時代以来の組合式木棺をベースに長大な刳抜式木棺の影響を受けて成立したものも当然存在したと考えられる。そうしたものの存在を考慮しつつも、なお長大な組合式木棺総体としてみた場合には、その主流となる部分は割竹形木棺 B 類から派生し、長持形

木棺 A 類、長持形木棺 B 類あるいは組合式箱形木棺へと徐々に短小化の方向をとりながら変遷したものと考えられる[14]。

ところで、中期における最上位の棺形態として位置づけられる長持形石棺は、組合式構造をとることと、全体的な形状という点では、ここで取り上げている長持形木棺と類似性がある。ただ、長持形木棺の呼称が長持形石棺との系譜的関係を前提としたものではないことはすでに強調したとおりである。長持形石棺の祖形については、大阪府松岳山古墳や京都府妙見山古墳後円部石室などの扁平な蓋をもつ組合式石棺に求めるのが一般的であり（小林行 1957、白石 1985）、従来の木棺との関係についての検討もそうした原初的な長持形石棺とされる組合式石棺を介した議論となっている（小林隆 1989）。いっぽう、奈良盆地北部の佐紀古墳群において古記録から前期末に遡る典型的な蓋形態をもつ長持形石棺の存在を考える立場もあり、その場合には必ずしも扁平な蓋をもつ組合式石棺を介した展開にこだわる必要はないが、残念ながら実態がほとんど不明である（石橋 2013）。長持形石棺には蓋の表面装飾や小口板の方形突起など、木棺に起源するとは考えにくい要素もあり、現段階では長持形木棺が典型的な長持形石棺の祖形になる可能性を議論することはむずかしいといわざるをえない。

（3）棺形式の多様化の意味

古墳時代開始当初の最上位の棺形式は長大な舟形木棺 1 類であり、前期前葉には長大な割竹形木棺が出現する。前期中葉には長大な舟形木棺 1 類と長大な割竹形木棺 B 類の数量的関係が逆転しており、前期後葉には割竹形木棺 B 類は畿内地域を中心に東北南部から九州南部までの広域で最上位の棺形式として定式化した。前期中葉における割竹形木棺 B 類の優位性の確立は、後述する竪穴式石室の構造的完成とも有機的な関連性を有するであろう。

そうした動きの中で、古墳時代前期中～後葉の畿内とその周辺の地域では、初期の粘土槨との関係性をもちながら長大な長持形木棺 A 類が出現する。割竹形木棺と長持形木棺の関係は、棺構造の面からみて割竹形木棺 B 類から長持形木棺 A 類が派生して成立するものであり、上に述べたさまざまな状況からみても、最上位の棺形式である割竹形木棺 B 類の下に、それに次ぐ長持形木棺 A 類が加わったものと理解される。前期後葉の状況は、長大な木棺のうちにも、割竹形木棺と長持形木棺という格差を内包しつつ多様化に向かうものであったといえよう。

このような現象は、畿内地域を中心とするコウヤマキを選択的に使用する地域圏において顕著であり、長大なコウヤマキ製木棺を最上位の棺形式とする枠組みの中で、継続的な消費によるコウヤマキ材の貴重化に対応する節約的な利用法の出現という一面をもちつつ、古墳被葬者層の増大に対応した棺形式における格差を創出する動きでもあったと考えられる。東北から九州までの広域にわたる有力古墳で長大な割竹形木棺が最上位の棺形態として採用されるなかで、コウヤマキ地域圏においては木棺の形態差による階層化がさらに進行したといえるであろう。

そのいっぽうで、前期後葉には木棺から石棺への転換の動きもわずかながらみられる。この時期に遡る初期の石棺（箱式石棺を除く）としては、京都府妙見山古墳後円部石室、大阪府松岳山古墳の組合式石棺や、大阪府貝吹山古墳の舟形石棺などが挙げられる。これらは、石棺を内蔵するために一定の構造的変化をともないつつ後述の竪穴式石室Ⅲ群から分化した竪穴式石室 C 群（小林行 1941）に内蔵される。コウヤマキ地域圏内部では石棺化の動きは散発的だが、初期の石棺が粘土槨

ではなく竪穴式石室に内蔵される点は重要であり、長大な割竹形木棺と同格の棺形態として位置づけられていた可能性がある。

目を転じてみると、北部九州、有明海沿岸、讃岐平野、越前平野などでも同じ時期に刳抜式石棺の製作、使用が始まる。これらの地域は、讃岐平野における状況がいま一つ明確ではないものの、基本的にコウヤマキ地域圏の外側に属する。第2章で述べるように、コウヤマキ地域圏の外側ではもともと棺材の選択における明確な規範はなく、コウヤマキ以外の多様な樹種の木棺が使用されていた。のみならず、底板をもたない組合式木棺や箱式石棺など在地的な棺形態も根強く残存し、有力古墳が畿内を中心とした地域から波及した定式的な棺形態である長大な割竹形木棺を採用するなかで、地域性豊かな棺の多様性を示していた。石棺の用材に適した石材産出地を地域内に擁することを前提条件としつつ、コウヤマキ地域圏の外側の地域において有力古墳の棺の石棺化がいち早く進んだことは注目されてよい。

前期末葉になると、奈良県佐紀古墳群の巨大前方後円墳で石棺が採用されるようになり、畿内地域においても最上位の棺形態としての長大な割竹形木棺の位置に大きな変化があらわれる。このことは、コウヤマキ製の長大な木棺を最上位に位置づけてきた古墳時代開始期以来の前期的な規範の崩壊を意味する。それとともに、第3章で指摘する長大な木棺の棺内利用における前期的規範もまたこの時期以降大きく変質を遂げる。竪穴式石室の減少と粘土槨の盛行も含め、前期末葉という時期が古墳における棺槨の展開過程のなかで、大きな転換点であることはまちがいない。早くも前期後葉にあらわれ始めた棺形式の多様化は、そうした動きを先取りしたものであり、長持形石棺を頂点として多様な棺形態がゆるやかに序列づけられる中期的なあり方への転換を方向づけるものでもあったと理解したい。

註
（1）　高橋は1915年の論文では羽柴の見取り図にもとづいているが、1923年の論文で用いられているのは後藤守一が1924年の報告で紹介した図と同じ図である。
（2）　坪井正五郎も石棺の縄掛突起が木棺のそれを模倣したものであろうと想定しており、石棺の木棺模倣説に立つものといえる（坪井 1889）。
（3）　ただし、最終的には「木船」を使用した埋葬をも否定し、塚廻古墳をこの「木船」に三種の神器をのせて埋納するための祭祀的遺構とする結論にいたっている。
（4）　出版年は1946年とする指摘があるが（岡本 2000：p458）が、小林行雄編『古墳文化論考』（1976：p201）の「昭和19年」にしたがった。
（5）　東日本における1950年前後の調査例として、宮城県遠見塚古墳（1947年調査）、茨城県鏡塚古墳（1949年調査）、茨城県丸山1号墳（1952年調査）、栃木県那須八幡塚古墳（1953年調査）などが挙げられる。このうち鏡塚古墳では、大場磐雄・佐野大和らによって大規模な粘土槨が検出され、小林行雄の研究を踏まえて長大な木棺が内蔵されたものと評価された。棺内に置かれていた銅鏡に棺材の一部とみられる材が付着していることも注意されている。棺形態については割竹形木棺と判断されたが、断面図等からは組合式木棺である蓋然性が高い（大場・佐野 1955）。いっぽう、後藤守一・大塚初重らによって調査された丸山1号墳では、簡略化された粘土槨の粘土棺床や両小口部の粘土塊が検出され、組合式木棺の材に由来するとみられる黒色有機質土が面的に認められた。しかし、報文では木棺の存在は否定され、遺骸を直接（あるいは布帛や網代、木板等を介して）安置するための「粘土床」であったと結論づけられている（後藤・大塚 1957）。
（6）　良好な遺存木棺資料のなかには、古い時期に出土し、再資料化を必要とするものも少なくない。そこで

筆者は2006〜2009年に、そうした資料の一部を対象に図化を実施した。遺存木棺資料は相当な重量物であると同時に、材がひじょうにもろく、多少の移動にもジャッキ等の器具と人手を要し、かつ慎重な作業が要求される。そこで、移動の回数が少なく、かつ比較的短い作業時間で、形状に関する正確なデータを収集できる三次元レーザー計測の活用が有効であった。

（7）久宝寺1号墳1号主体部木棺の小口板は、報告書では仕切板とされているものであるが、これらとは別に小口板は確認されていないことから、ここでは小口板とした。

（8）兵庫県池尻2号墳の釘付式木棺は、蓋と身の接合に使用されたと推定される鉄鋲の変形に反映した棺の外形や付着する材の木口面にあらわれた年輪界の走行から、長持形木棺と同様の形態である可能性が残る。ただし、池尻2号墳木棺の蓋は、蓋と身の接合に使用されたものとは別の鉄鋲によって複数の材を接ぎ合わせて製作した特殊なものである可能性も否定できない。ここでは、そうした特殊例の存在を考慮しつつ、組合式木棺と釘付式木棺が別系統の木棺であることを重視する立場から、原則的に長持形木棺は組合式木棺に固有の形態である、とした。

（9）井ノ内稲荷塚古墳前方部および後円部横穴式石室玄室前半部で検出された組合式木棺は、ともに底板がないと判断されている。その主な根拠は側板・小口板等の木質や木質の置換痕跡が検出されたにもかかわらず、底板の痕跡がみられなかったとの調査所見である。ただ、組合式木棺直葬の場合、側板や小口板の厚みが認識されることはしばしばあるが、底板の厚みが認識されることはきわめてまれである。あるいは、釘付式木棺の検出状態を参照すると、側板・小口板等の木質や置換痕跡が明瞭に検出され、かつ側板・小口板と底板を緊結した釘の遺存から底板の存在が確実視されるにもかかわらず、底板の痕跡が確認できない事例は少なくない。こうしたことから、たとえば前方部の「枕木状木棺」のような特殊な構造を想定する必要性は必ずしもないと思われる。

（10）大阪府瓜生堂遺跡23号方形周溝墓の木棺は、田舟を転用したと考えられているが、コウヤマキ製であることを重視し、刳抜式木棺として評価する立場もある（福永 1987）。

（11）弘法山古墳の埋葬施設構造については、内部が埋土により充塡された可能性も指摘されている（三木 2007）が、構造的にはホケノ山古墳中心埋葬施設の外槨などと同様の厚い裏込めをもつ壁体を有しており、おそらく木蓋であることも含めて、竪穴式石室の地方的変異ととらえられる。

（12）中期前葉までの長さ4mを超える長大な木棺285例について時期ごとに刳抜式木棺と組合式木棺の比率の集計をおこなった。

（13）前期末葉の京都府庵寺山古墳の粘土槨は、長さ7.0m、幅0.8mの組合式木棺を内蔵していたが、この木棺の下部には3カ所に長軸に直交する方向の桟のようなものが取りつけられていた。この桟状のものは両端が下段墓壙の幅を超えており、その部分のみ墓壙斜面が掘りひろげられている。後期の組合式木棺にしばしばみられる蟻桟に類似したものとも推定されるが、長さ7mにも達する細長い板材を接ぎ合わせたというよりは、底側板を突き合わせる際の補強材として理解することが可能であろう。この場合にも、組合式A類の構造が想定できる。

（14）なお、現在までに知られている長持形木棺A類の遺存木棺資料は中期後半の短小な事例にかぎられるが、それらは木棺総体の短小化の流れの中で組合式A類の製作技術を保ちつつ短小化を遂げたものと理解される。

第2章　古墳時代木棺の用材選択

第1節　木棺研究における用材選択の意義

(1) 木製品における用材選択の意義

　古墳時代の棺には木棺、石棺、陶棺、夾紵棺などがあり、その材質は一様ではない。また、ひとくちに木材、石材といっても、その種類は多様である。

　一般論として、棺の材料の選択にあたっては、材料の適性や入手・加工の難易などの諸条件が考慮されたはずである。さらに、そこに時代や地域による文化的、社会的背景や、被葬者の身分的、経済的な立場などの要因が複合的に作用し、結果的に材料の選択における多様性を生じせしめたと考えられる。逆に、材料選択の実態を整理、分析することで、その背景にある文化的特質、社会・政治の構造や動態を明らかにし、その歴史的意義の一端を解明しうる可能性が期待される。

　そのような観点から、石棺研究においては早くから多角的な研究がおこなわれ、すでに多くの成果を上げている。1970年代には、石棺石材の科学的観察にもとづく用材の産出地同定がおこなわれるようになり、石棺形式と石材の種類との関係や、石材産出地と移送の実態解明が進んだ（間壁・間壁 1974 ほか）。また、近畿地方の家形石棺に関する研究では、型式（製品）、石材（素材）、分布（需要地）の各要素が整理され、特定の同族ないしは特定の同族を中心とした地域集団と、棺の素材や形態には、制度的習慣としての有機的な関係があり、首長の葬送儀礼において一定の政治的機能を果たしたであろうこと、さらには王権による特定の棺の配布といった可能性も見とおされている（和田晴 1976）。

　木棺研究においては、どのような樹種の木材が用材として選択されているか、ということが問題となる。通常木製品では、どの樹種の木材がその製品の用途に適した特性をもつかという適材認識が存在する。そうした適材認識にもとづく特定樹種の特定用途への選択的利用を用材選択と呼ぶ。用材選択は、構造や形態とともに、もっとも重要な木製品の属性の一つである。

　木棺の場合も、用材選択の背景には、その樹種の木材としての特性や、希少性や伝統性といった社会的価値などの諸条件が予想される。木棺の用材選択については、一定の地域性や時期による樹種選択の変化など、興味深い傾向の存在がすでに指摘されているが、木棺の大多数が特殊な条件がない限り時間とともに腐朽消滅し、遺存しないという資料的制約もあって、いまだ石棺ほどの研究の深化をみていないのが現状である。

（2）出土木棺材の樹種の判別

『日本書紀』巻一第八段一書第五にみえる素戔嗚尊の樹木生成説話は、古代における適材認識を端的に示すものである。素戔嗚尊はひげから杉、胸毛から檜、尻毛から柀、眉毛から櫲樟の4種類の樹木を生成し、「杉及び櫲樟此の両樹は以て浮宝にすべし。檜は以て瑞宮をつくる材にすべし。柀は以て顕見蒼生の奥津棄戸に将ち臥さむ具にすべし」（坂本・家永ほか校注 1967：p128）と宣言した。すなわち、生成した樹木の用途を、スギ・クスノキは船材、ヒノキは建築材、コウヤマキは棺材と定めたというのである（小原 1972）。

1912年、大道弘雄は大阪府塚廻古墳出土木棺の報告において、その樹種に関連して早くもこの樹木生成説話を引用している。大道は、出土した木棺残材を「木船」と認識したうえで、材を「杉」と判断し、その材が説話中で棺材に用いるとされた「柀」ではなく、舟材に用いるべき「杉」であることを強調している（大道 1912）。独自の舟葬説の前提として、この材が丸木舟を連想させるということと、杉材であるという感覚的な所見とが、素戔嗚尊の樹木生成説話を援用することで結びつけられたのである。

いっぽう、岡山県榊山古墳について1919年に現地調査報告をとりまとめた和田千吉も、素戔嗚尊の樹木生成説話を引用している。和田は、現地から回収した「非常に長き」残材を、その上から鏡などが出土したとする発掘当時の聞き取りをもとに木棺材の一部と判断した。そのうえで、材の樹種をコウヤマキとする植物学者草野俊助の鑑定結果を紹介している。自然科学者による木棺材の最初の鑑定例であり、かつ古墳出土の木棺材がコウヤマキと判断されたもっとも早い例と思われる。和田は、この事実が素戔嗚尊の樹木生成説話の「柀」に関する記述、すなわち古代においてコウヤマキが棺材に利用されたことを証明するものと評価した（和田千 1919）。

その後、大道が「杉」とした塚廻古墳出土木棺の材は、スギではなくコウヤマキであることが判明した（山内 1970）。自ら感覚的に樹種を判断し、結果的に誤った大道と、専門家の鑑定にもとづいて正しい樹種を認識した和田が、同じ素戔嗚尊の樹木生成説話を引きながら、まったく異なる結論に達したことは象徴的であり、科学的な樹種同定の必要性を物語る学史上の挿話である。

古墳から出土した木棺材と思われる材が注意され、その樹種にも言及された1930年代以前の報告では、「杉」とされた塚廻古墳出土木棺のほか、たとえば京都府浄法寺1号墳出土木棺、大阪府万年山古墳出土木棺、岐阜県長塚古墳出土木棺2例、奈良県三倉堂遺跡出土木棺6例はいずれも「檜」とされている。しかし、こうした樹種の判断は必ずしも自然科学的な検討を経たものではなく、主として考古学者の肉眼的観察による多分に感覚的なものであったようである。実際、上に挙げた浄法寺1号墳出土木棺以下10例の樹種は、その後あらためて木材科学者が実施した樹種同定の結果、すべてコウヤマキであることが明らかにされている。出土材の樹種同定は顕微鏡観察によって木材組織の構造的特徴から樹種を同定する木材解剖学的手法であり、肉眼の観察のみでは正確な同定は不可能とされる（伊東・山田編 2012）。

（3）樹種同定結果の集成

出土材の本格的な解剖学的観察によるまとまった樹種同定結果をいち早く発表したのは尾中文彦である。木棺材については国内4例、朝鮮半島2例の同定をおこない、うち浄法寺1号墳木棺、万年山古墳木棺、滋賀県安養寺大塚越古墳木棺の3例がコウヤマキ材であることを明らかにした（尾

中 1936)。尾中はその後も資料を加え、近畿地方における古墳時代前半期の木棺にはコウヤマキ材を使用したものが多いこと、それ以外には京都府吐師七ツ塚 2 号墳木棺がヒノキ、大阪府御嶺山古墳木棺がスギであることなどを指摘している。また、大陸の資料についても韓国忠清南道扶余陵山里墳墓群出土例をはじめとする百済後期の木棺材 10 例をコウヤマキと同定した（尾中 1939)。

　尾中は樹種同定にあたり、比較的小さな出土材も対象としている。たとえば、安養寺大塚越古墳の試料は銅鏡下に遺存していた長さ 26 cm の木片である（京都大学文学部 1968)。竪穴式石室や粘土槨に副葬された銅鏡に付着するようにして小さな木片が遺存することは古くから知られており、しばしば鏡奩の残材と推測されてきた。ところが、尾中の樹種同定によって、浄法寺 1 号墳木棺や万年山古墳木棺のような大型残材とともに、そうした比較的小さな出土材の樹種も同じくコウヤマキである場合が多いことが明らかにされたことで、そうした材にも鏡奩ではなく木棺に由来するものが含まれると考えられるようになった。

　小林行雄は、尾中の研究成果を積極的に援用し、竪穴式石室や粘土槨の内部には本来木棺が存在したという事実を裏付けるとともに（小林行 1941)、古墳時代木棺の用材選択においてはとりわけコウヤマキ材が卓越するという認識を一般化させていった。『図解考古学辞典』では「高野槇」の一項を設け、素戔嗚尊の樹木生成説話も引用しつつ、コウヤマキが巨樹に成長すること、耐湿性に優れていることなどを解説するとともに、「古墳時代の割竹形木棺がほとんど全部この木で作られているのも、この材の特性と関係があるだろう」（水野・小林編 1959：p1055）と述べている。

　1960 年代頃までには、各地で開発にともなう発掘調査が活発化するにつれて、考古学の側から大学や研究機関の木材科学者に試料が持ち込まれるかたちで出土材全般の樹種同定が広くおこなわれるようになった。尾中のほか、小原二郎（小原 1954)、亘理俊次（亘理 1951)、嶋倉巳三郎（嶋倉 1967)、山内文（山内 1970）らの業績がある。

　木棺の樹種同定例も増加し、木材科学・考古学双方の立場から資料の集成整理がおこなわれた。勝部明生は茨城県から兵庫県までの前・中期古墳の木棺材樹種同定例（23 例）を紹介し、コウヤマキが卓越する実態を示すとともに、後期古墳ではスギ・ヒノキ・ヒメコマツなど多様な材が使用される傾向を指摘した（勝部 1967)。その後も嶋倉（嶋倉 1977a)・山内（山内 1970・1973）らによる集成が進められ、1981 年には弥生時代および朝鮮半島の事例も含めて約 70 例（山内 1981）が集成されている。1988 年の島地謙・伊東隆夫らによる総合的な全国集成では弥生時代、古代・中世の事例も含めて 232 例（うち古墳時代木棺 62 例）に達した（島地・伊東編 1988)。

　1980 年代以降、大学や研究機関のほか、専門の分析会社に出土材の樹種同定を業務委託することも一般化し、発掘調査で新たに出土した材の樹種同定例は飛躍的に増加した。ただ、こうした同定例は比率的には低地の生活遺跡からの出土材が多くを占め、古墳自体の発掘調査が抑制される傾向もあって、古墳出土木棺材の樹種同定例はゆるやかな増加にとどまる。

　古い時期に出土し、樹種同定がおこなわれないまま保管されてきた資料については、山内文らによる東京国立博物館所蔵資料の樹種同定作業があるが、筆者も福田さよ子らとともに、2003 年以降、各地に所蔵されている過去の出土資料の掘り起こしを含めた樹種同定作業を進めた（岡林・福田 2005・2006a・b・c・d・2009、岡林・福田ほか 2006 ほか)。2006 年には既往の樹種同定例を精査し、福田らと実施した樹種同定の結果も加えて古墳時代木棺の樹種同定例 165 例を集成した（岡林 2006a)。近年では 2012 年に刊行された『木の考古学　出土木製品用材データベース』（伊東・

山田編 2012）で、2005 年 3 月までに報告された古墳時代の棺材 245 例が集成されている[1]。

（4）考古学的視点による集成結果の検討

　冒頭に述べたように、古墳時代の木棺を遺物論的に検討するにあたっては、木製品としての重要な属性である材の樹種は不可欠の情報の一つである。ただ、樹種同定結果の集成にあたっては、木材科学的な同定結果を単に示すだけではなく、考古学的な観点から同定の対象となった試料の状況を再検討し、木棺以外の木製器物に由来する可能性を排除するとともに、その材が木棺のどの部位に由来するものであるのか、といった点まで踏み込むことが求められる。

　すでに多くの人が指摘しているように、古墳時代にコウヤマキを木棺の良材とする適材認識が存在したことは確実である。ただ、コウヤマキを用いた棺材の現実の出土分布にはかなりの偏りがあり、一定の時期的変化もみられる。そこでまず、出土木棺材の樹種同定結果を集成し、樹種ごとの出土分布や時期的傾向、階層性などの実態を整理する必要がある。さらに、実際の出土資料から知られる木棺材の用材選択について、樹種の天然分布との関係も考慮して分析を加えることで、コウヤマキ材に代表される特定の樹種の遠距離移送の実態や特定の樹種間での代替的な関係など、古墳時代木棺に関わる木材の需給実態について展望することが可能となろう。そのうえで、とくにコウヤマキ材に関する適材認識を踏まえ、古墳時代の木棺における用材選択にあらわれた文化的、社会的背景を考察し、その歴史的意義の一端を解明したい。

　現時点では、古墳時代木棺および副葬品用木製容器の樹種同定結果 217 例を集成している（表 2）。この集成は、2006 年の集成をベースとし、それ以降に公表された樹種同定例およびその時点で遺漏していた樹種同定例を加えたほか、2007～2009 年に筆者らが新たに実施した樹種同定の結果を反映している。また、2012～2015 年に実施した中・後期古墳出土鉄鏃に付着した木棺材の顕微鏡観察の結果、針葉樹・広葉樹の別や、環孔材か散孔材か程度までを判別することができたものも加えた。なお、2006 年の集成と同じく、木棺であっても明らかに転用材を使用しているものは、棺材の適材認識を反映しないと考えられるため除外している。

　なお、表 2 では（1）古墳名（埋葬施設名）、（2）所在地、（3）棺形式、（4）時期、（5）材の状況（部位）、（6）樹種、の 6 項目を示している。（5）では資料の出土状態や遺存状態を端的に記し、遺存材の部位が判断できるものは（　）内に示した。（6）では同定者が断定を避けている場合、あるいは他に可能性のある候補として挙げている場合について（　）内に示した。

第 2 節　用材選択の地域的・時期的特徴

　以下、古墳時代木棺の用材選択の地域的・時期的特徴を明確化するために、表 2 に示した資料について必要に応じて補足事項を加え、また集成表に掲載しなかった関連資料についても適宜言及しながら、用材選択の様相を地域および時期ごとに概観する。また、舟材を転用した棺の用材選択についても、木棺との比較のために項目を設けて概観する。

表2 古墳時代木棺の樹種同定結果

	古墳名（埋葬施設名）	所在地	棺形式	時期	材の状況（部位）	樹種
1	衛守塚2号墳	山形県山形市千手堂	割竹形木棺	中期	ほぼ完存	ケヤキ
2	会津大塚山古墳（南棺）	福島県会津若松市一箕町	割竹形木棺	前期	靫・銅鏡上（蓋）	サワラ（ヒノキ）
3	森北1号墳	福島県河沼郡会津坂下町見明	舟形木棺	前期	銅鏡下（身）	スギ
4	結城市結城作出土木棺	茨城県結城市結城作	舟形木棺	後期	ほぼ完存（身）	コナラ節
5	鏡塚古墳	茨城県東茨城郡大洗町磯浜町	組合式木棺	前期	銅鏡上（蓋または身側材）	ヒノキ
6	雀宮牛塚古墳	栃木県宇都宮市新富町	不明	中期	木片3点	ヒノキ
7	七廻り鏡塚古墳（主棺）	栃木県栃木市大平町西山田	舟形木棺	後期	ほぼ完存（蓋・身・半月形板4枚）	ヒノキ
8	七廻り鏡塚古墳（副棺）	栃木県栃木市大平町西山田	組合式木棺	後期	完存（構成材計8部材）	ヒノキ
9	山王寺大桝塚古墳（後方部粘土槨）	栃木県栃木市藤岡町蛭沼	組合式木棺	前期	銅鏡・銅鏃の下（身）・銅鏃の上（蓋または身側材）	（スギ）
10	藤岡町太田出土木棺	栃木県栃木市藤岡町太田	舟形木棺	後期	ほぼ完存（身）	コナラ節
11	多田山4号墳	群馬県伊勢崎市赤堀今井町	刳抜式木棺	後期	炭化材（蓋）	ヒノキ
12	多田山12号墳	群馬県伊勢崎市赤堀今井町	釘付式木棺	後期	鉄釘付着	ヒノキ
13	多田山13号墳	群馬県伊勢崎市赤堀今井町	釘付式木棺	後期	鉄釘付着	モミ属
14	中里塚古墳	群馬県伊勢崎市赤堀今井町	釘付式木棺	後期	鉄釘付着	ヒノキ
15	多田山15号墳	群馬県伊勢崎市赤堀今井町	釘付式木棺	後期	鉄釘付着	ヒノキ
16	多田山15号墳	群馬県伊勢崎市赤堀今井町	釘付式木棺	後期	鉄釘付着	（スギ）
17	鶴山古墳	群馬県太田市鳥山八幡	長持形木棺	中期	鉄鋲付着	針葉樹
18	北山茶臼山西古墳	群馬県富岡市南後箇	不明	前期	銅鏡下（身）	ニレ属
19	北島遺跡（第19地点）1号木棺墓	埼玉県熊谷市上川上	刳抜式木棺	前期	大型木片（身）	ヤマグワ
20	諏訪台古墳群セ28-111（？）号墳（仮称）	千葉県市原市村上	不明	後期	耳環に付着	広葉樹
21	諏訪台古墳群099-4070号墳（仮称）	千葉県市原市村上	釘付式木棺	後期	鉄釘付着	スギ
22	諏訪台古墳群099-K17号墳（仮称）	千葉県市原市村上	釘付式木棺	後期	鉄釘付着	スギ
23	西谷16号墳	千葉県市原市村上	釘付式木棺	後期	鉄釘付着	スギ
24	山王山古墳	千葉県市原市姉崎	舟形木棺	後期	環頭の上（蓋）・下（身）	ヒノキ
25	駄ノ塚古墳（前室）	千葉県山武市板附	釘付式木棺	後期	鉄釘付着	スギ
26	駄ノ塚古墳（奥室）	千葉県山武市板附	釘付式木棺	後期	鉄釘付着	スギ
27	豊島馬場遺跡SH27	東京都北区豊島8丁目	不明	前期	木片	コナラ節
28	豊島馬場遺跡SH37	東京都北区豊島8丁目	不明	前期	木片	針葉樹
29	日吉観音松古墳	神奈川県横浜市港北区日吉	不明	前期		ケヤキ
30	日吉矢上古墳	神奈川県横浜市港北区日吉	不明	中期	銅鏡下	広葉樹
31	久地西前田2号横穴2号木棺	神奈川県川崎市高津区久地前田耕地	組合式木棺	後期	木片	カヤ
32	高尾横穴墓群7号墓	神奈川県横須賀市馬堀町	釘付式木棺	後期	鉄釘付着	スギ－ヒノキ属
33	吾妻坂古墳（3号主体部）	神奈川県厚木市下依知	割竹形木棺	中期	銅鏡下（身・仕切板）	カヤ
34	（胎内）城の山古墳	新潟県胎内市大塚	舟形木棺	前期	銅鏃の上（蓋）	ヒノキ科アスナロ属
					銅鏃・銅鏡の下（身）	広葉樹
					仕切板	ヒノキ科アスナロ属
35	藤橋ゼニガミネ古墳	石川県七尾市藤橋町	割竹形木棺	前期	刀子の下（身）	スギ
36	宿東山1号墳	石川県羽咋郡宝達志水町宿	組合式木棺	前期	銅鏡上（蓋）	スギ
37	花野谷1号墳	福井県福井市花野谷町	割竹形木棺	前期	銅鏡上	スギ

	古墳名（埋葬施設名）	所在地	棺形式	時期	材の状況（部位）	樹種
38	小羽山12号墳	福井県福井市小羽町	舟形木棺	前期	銅鏡下（身）	ヒノキ科（サワラ）
39	風巻神山4号墳	福井県福井市風巻町・大森町	舟形木棺	前期	銅鏡下（身）	スギ
40	長塚古墳（東槨）	岐阜県大垣市矢道町	割竹形木棺	前期	大型木片（身）	コウヤマキ
41	長塚古墳（西槨）	岐阜県大垣市矢道町	割竹形木棺	前期	大型木片（身・小口板・仕切板）	コウヤマキ
42	曽根八千町遺跡（SX02）	岐阜県大垣市曽根町	組合式木棺	前期	大型木片（底板）	ヒノキ
43	舟木山24号墳	岐阜県本巣郡府桑山	割竹形木棺	前期		コウヤマキ
44	円満寺山古墳	岐阜県海津市南濃町庭田	組合式木棺	前期	朱層の下（身底材）	カヤ
45	象鼻山1号墳	岐阜県養老郡養老町橋爪	組合式木棺？	前期	木質	針葉樹
46	願成寺西墳之越51号墳	岐阜県揖斐郡池田町願成寺	釘付式木棺	後期	鉄釘付着	コウヤマキ
47	杉ノ畷古墳	静岡県静岡市駿河区大谷	組合式木棺	中期	大型木片	スギ
48	伊庄谷横穴群南谷支群17号墓	静岡県静岡市駿河区伊庄谷	組合式木棺	後期	ほぼ完存（構成材計6枚）	スギ
49	午王堂山1号墳	静岡県静岡市清水区庵原町	組合式木棺	中期	銅鏡上（蓋）・下（身）	スギ
50	馬場平古墳	静岡県浜松市北区引佐町井伊谷	組合式木棺	前期	木片	カヤ
51	赤門上古墳	静岡県浜松市浜北区内野	割竹形木棺	前期	銅鏡下（身）	クスノキ
52	権現平山7号墳	静岡県浜松市浜北区内野	組合式木棺	中期	銅鏃（身底材）	スギ
53	五塚山古墳（第1主体部）	静岡県掛川市大坂	組合式木棺	後期	銅鏡下（身底材）	コウヤマキ
54	東之宮古墳	愛知県犬山市丸山	不明	中期	鉄錆状	コウヤマキ
55	石山古墳（東槨）	三重県伊賀市才良	割竹形木棺	前期	木片（身）	コウヤマキ
56	安養寺大塚越古墳	滋賀県栗東市安養寺	不明	中期	銅鏡下（身）	コウヤマキ
57	新開古墳（南遺構）	滋賀県栗東市安養寺	組合式木棺	中期	木片	コウヤマキ
58	和田5号墳	滋賀県栗東市下戸山	釘付式木棺	後期	鉄鎹付着	針葉樹
59	和田8号墳	滋賀県栗東市下戸山	釘付式木棺	後期	鉄鎹付着	針葉樹
60	雪野山古墳（後円部石室）	滋賀県東近江市上羽田町	舟形木棺	前期	木片（蓋・身・仕切板2枚）	コウヤマキ
61	百々ヶ池古墳	京都府京都市西京区樫原	不明	前期	木片一括	ヒノキ
62	鏡山古墳	京都府京都市西京区大原野上里北ノ町	割竹形木棺	中期	大型木片（身）	コウヤマキ
63	広峯15号墳	京都府福知山市天田	割竹形木棺	中期	銅鏡下（身）	スギ
64	浄法寺1号墳	京都府亀岡市篠町浄法寺	割竹形木棺？	不明	大型木片	コウヤマキ
65	寺戸大塚古墳（前方部石室）	京都府向日市寺戸町	割竹形木棺	前期	銅鏡上（蓋）	コウヤマキ
66	井ノ内稲荷塚古墳（横穴式石室・組合式木棺）	京都府長岡京市井ノ内小西	組合式木棺	後期	木片（両小口板・西側板）	針葉樹
67	井ノ内稲荷塚古墳（前方部・組合式木棺）	京都府長岡京市井ノ内小西	組合式木棺	後期	木片（北側板）	針葉樹
68	女谷・荒坂横穴群女谷B支群15号墓	京都府八幡市内里女谷	組合式木棺	後期	炭化材	スギ
69	女谷・荒坂横穴群女谷B支群16号墓（人骨10）	京都府八幡市内里女谷	組合式木棺	後期	耳環の下（底板）	針葉樹
70	女谷・荒坂横穴群女谷B支群16号墓（人骨8または9）	京都府八幡市内里女谷	組合式木棺	後期	耳環の下（底板）	コウヤマキ
71	下司1号墳	京都府京田辺市普賢寺	釘付式木棺	後期	銅釘付着	広葉樹
72	下司6号墳	京都府京田辺市普賢寺	釘付式木棺	後期	鉄釘付着	ヒノキ
73	垣内古墳	京都府南丹市園部町内林町	割竹形木棺	前期	銅鏡上（小口板）または下（身）	コウヤマキ
74	黒田古墳（第1主体部）	京都府南丹市園部町黒田	舟形木棺	前期	大型木片（身）	コウヤマキ
75	椿井大塚山古墳	京都府木津川市椿井	不明	前期	木片（蓋）	コウヤマキ
76	瓦谷遺跡（48bt試掘坑溝SD4805）	京都府木津川市市坂	組合式木棺	前期	完存（小口板）	コウヤマキ
77	瓦谷遺跡（48bt試掘坑溝SD4805）	京都府木津川市市坂	組合式木棺	前期	完存（小口板）	コウヤマキ
78	吐師七ツ塚2号墳	京都府木津川市吐師中ノ中条	不明	中期	銅鏡下（身）	ヒノキ

第2章 古墳時代木棺の用材選択 89

	古墳名（埋葬施設名）	所在地	棺形式	時期	材の状況（部位）	樹種
79	長原遺跡木棺墓SX015	大阪府大阪市平野区長吉長原東	刳抜式木棺	前期	木片（蓋）	ヒノキ
80	塚廻古墳	大阪府堺市堺区百舌鳥夕雲町	割竹形木棺	中期	大型木片（身）	コウヤマキ
81	百舌鳥大塚山古墳（7号槨）	大阪府堺市西区上野芝町	不明	中期		コウヤマキ
82	経塚古墳（北棺または南棺）	大阪府堺市西区浜寺	不明	中期	大型木片	コウヤマキ
83	豊中大塚古墳（第1主体部）	大阪府豊中市中桜塚	割竹形木棺	中期	木片（身）	コウヤマキ
84	豊中大塚古墳（第2主体部東槨）	大阪府豊中市中桜塚	割竹形木棺	中期	銅鏡下（身）	コウヤマキ
85	御獅子塚古墳（第1主体部）	大阪府豊中市中桜塚	割竹形木棺	中期	鉄鏃付着	針葉樹
86	御獅子塚古墳（第2主体部）	大阪府豊中市中桜塚	長持形木棺	中期	鉄鏃付着	針葉樹
87	南天平塚古墳（第1主体部）	大阪府豊中市南桜塚	割竹形木棺	中期	ほぼ完存	コウヤマキ
88	南天平塚古墳（第2主体部）	大阪府豊中市南桜塚	割竹形木棺	中期	大型木片（身）	コウヤマキ
89	弁天山C1号墳（後円部石室）	大阪府高槻市南平台	割竹形木棺	前期	銅鏡下（身）	コウヤマキ
90	土保山古墳（1号棺）	大阪府高槻市土室町	長持形木棺	中期	ほぼ完存	（コウヤマキ）
91	土保山古墳（2号棺）	大阪府高槻市土室町	長持形木棺	中期	ほぼ完存	（コウヤマキ）
92	新池遺跡出土木棺	大阪府高槻市上土室1丁目	長持形木棺	中期	木片8（蓋・身）	コウヤマキ
93	万年山古墳	大阪府枚方市枚方上之町	割竹形木棺	前期	大型木片（身）	コウヤマキ
94	紫金山古墳	大阪府茨木市室山	割竹形木棺	前期		コウヤマキ
95	心合寺山古墳（西槨）	大阪府八尾市大竹	組合式木棺	中期	木片（西側板）	コウヤマキ
96	美園遺跡D地区（木棺状木製品D127）	大阪府八尾市美園町	長持形木棺？	前期	完存（蓋）	コウヤマキ
97	久宝寺遺跡（その2）F2グリッド第4遺構面a4号墓	大阪府八尾市西久宝寺	組合式木棺	前期	ほぼ完存（底板）	コウヤマキ
98	久宝寺1号墳（1号主体部）	大阪府八尾市竜華町	割竹形木棺	前期	完存（蓋・身・両小口板）	コウヤマキ
99	久宝寺13号墳（主体①）	大阪府八尾市竜華町	組合式木棺	前期	木片	スギ
100	久宝寺29号墳（埋葬施設②）	大阪府八尾市竜華町	組合式木棺	前期	木片	スギ
101	久宝寺43号墳（主体部①）	大阪府八尾市竜華町	組合式木棺	前期	大型木片（底板）木片（北側板）	コウヤマキ スギ
102	久宝寺古墳群（05346木棺墓）	大阪府八尾市竜華町	組合式木棺	前期	ほぼ完存（底板・両小口板）木片（側板）	ヒノキ スギ
103	久宝寺401号墳（木棺墓401）	大阪府八尾市竜華町	組合式木棺	前期	大型木片（底板）	コウヤマキ
104	久宝寺402号墳	大阪府八尾市北亀井町	組合式木棺	前期	ほぼ完存（蓋・両側板・両小口板）	スギ
105	久宝寺404号墳	大阪府八尾市竜華町	組合式木棺	前期	ほぼ完存（両側板・両小口板・底板）	コウヤマキ
106	久宝寺405号墳	大阪府八尾市竜華町	組合式木棺	前期	ほぼ完存（両側板）木片（底板）	コウヤマキ スギ
107	和泉黄金塚古墳（中央槨）	大阪府和泉市上代町	割竹形木棺	前期	銅鏡上（蓋）	コウヤマキ
108	和泉黄金塚古墳（東槨）	大阪府和泉市上代町	組合式木棺	中期	銅鏡上（小口板・身側材）	コウヤマキ
109	和泉黄金塚古墳（西槨）	大阪府和泉市上代町	組合式木棺	中期	銅鏡上（蓋または身側材）	コウヤマキ
110	ヌク谷北塚古墳	大阪府柏原市国分	割竹形木棺	前期	木片（仕切板）	コウヤマキ
111	北玉山古墳	大阪府柏原市円明町	割竹形木棺	前期	木片（身）	コウヤマキ
112	高井田山古墳（東棺）	大阪府柏原市高井田	釘付式木棺	後期	熨斗上（西側板）	コウヤマキ
113	庭鳥塚古墳	大阪府羽曳野市東阪田	組合式木棺	前期	銅鏡上（蓋または身側材）	コウヤマキ
114	峯ヶ塚古墳	大阪府羽曳野市軽里2丁目	（木箱？）	中期	板材片	ヒノキ
115	駒ケ谷北塚古墳	大阪府羽曳野市駒ケ谷	割竹形木棺	前期	大型木片（身）	コウヤマキ
116	駒ヶ谷宮山古墳（前方部1号主体）	大阪府羽曳野市駒ケ谷	割竹形木棺	前期	銅鏡下（身）	コウヤマキ
117	駒ヶ谷宮山古墳（前方部2号主体）	大阪府羽曳野市駒ケ谷	割竹形木棺	前期	木片（蓋・身）	コウヤマキ

	古墳名（埋葬施設名）	所在地	棺形式	時期	材の状況（部位）	樹種
118	富木車塚古墳（前方部第Ⅰ埋葬施設）	大阪府高石市西取石	組合式木棺	後期	不明	ヒメコマツ
119	富木車塚古墳（前方部第Ⅲ埋葬施設）	大阪府高石市西取石	組合式木棺	後期	銀空玉群上（蓋）	コウヤマキ
120	岡古墳	大阪府藤井寺市藤井寺4丁目	割竹形木棺	中期	銅鏡上（蓋）・下（身）	コウヤマキ
121	御嶺山古墳	大阪府南河内郡太子町太子	釘付式木棺	後期	鉄釘付着・木片	スギ
122	東求女塚古墳	兵庫県神戸市東灘区住吉宮町	不明	前期	木片	コウヤマキ
123	野嵜3号墳（木棺1）	兵庫県神戸市東灘区西岡本6丁目	釘付式木棺	後期	鉄釘付着	針葉樹
124	野嵜3号墳（木棺1～3）	兵庫県神戸市東灘区西岡本6丁目	釘付式木棺	後期	鉄釘付着	コウヤマキ
125	野嵜5号墳	兵庫県神戸市東灘区西岡本6丁目	釘付式木棺	後期	鉄釘付着	針葉樹 コウヤマキ
126	塩田北山東古墳（第1主体部）	兵庫県神戸市北区道場町塩田	割竹形木棺	前期	大型木片（身） 木片（蓋）	コウヤマキ
127	塩田北山東古墳（第2主体部）	兵庫県神戸市北区道場町塩田	割竹形木棺	前期	鉄剣付着（身）	コウヤマキ
128	白水瓢塚古墳（第1主体部）	兵庫県神戸市西区伊川谷町潤和	割竹形木棺	前期	銅鏡上（蓋）・下（身）	コウヤマキ
129	宮山古墳（第3主体）	兵庫県姫路市四郷町坂元	長持形木棺	中期	鉄鋌付着	針葉樹
130	園田大塚山古墳（後円部）	兵庫県尼崎市南清水	不明	後期	銅鏡下（身）	コウヤマキ
131	具足塚古墳（第1主体）	兵庫県西宮市高座町	釘付式木棺	後期	鉄釘付着	コウヤマキ
132	具足塚古墳（第2主体）	兵庫県西宮市高座町	釘付式木棺	後期	鉄釘付着	コウヤマキ
133	立石107号墳	兵庫県豊岡市神美台	組合式木棺	中期		針葉樹（ヒノキ）
134	北浦18号墳	兵庫県豊岡市神美台	組合式木棺	中期	銅鏡下（身側材）	ヒノキ
135	カンス塚古墳	兵庫県加古川市平荘町	長持形木棺	中期	鉄鋌付着	針葉樹
136	池尻2号墳	兵庫県加古川市平荘町	釘付式木棺	中期	鉄鋌付着	針葉樹
137	小野王塚古墳	兵庫県小野市王子町	割竹形木棺	中期	銅鏡下（身）	コウヤマキ
138	城の山古墳	兵庫県朝来市和田山町東谷	組合式木棺	中期	銅鏡上（蓋）・下（底材）	コウヤマキ
139	池田古墳（周濠内）	兵庫県朝来市和田山町	組合式木棺	中期	ほぼ完存（側板2・小口板1）	コウヤマキ
140	茶すり山古墳（第1主体部）	兵庫県朝来市和田山町筒江	組合式木棺	中期	銅鏡上（蓋）	（スギ、サワラ）
141	梅田1号墳	兵庫県朝来市和田山町久留引	組合式木棺	中期	銅鏡下（身底材）	スギ
142	梅田3号墳（第1主体）	兵庫県朝来市和田山町久留引	組合式木棺	後期	銅鏡下（身底材）	スギ
143	綾部山39号墳（第1主体部）	兵庫県たつの市御津町黒崎	組合式木棺	前期	銅鏡下（底板）	コウヤマキ
144	権現山51号墳	兵庫県たつの市御津町中島	舟形木棺	前期	銅鏡下（身）	コウヤマキ
145	かん山古墳	奈良県大和高田市築山	割竹形木棺	中期	大型木片（身）	コウヤマキ
146	三倉堂遺跡（1号木棺）	奈良県大和高田市西三倉堂	組合式木棺	後期	ほぼ完存（底板2枚・両側板）	コウヤマキ
147	三倉堂遺跡（2号木棺）	奈良県大和高田市西三倉堂	組合式木棺	後期	ほぼ完存（蓋板・両側板・底板）	コウヤマキ
148	三倉堂遺跡（3号木棺）	奈良県大和高田市西三倉堂	組合式木棺	後期	ほぼ完存（蓋板・両側板・両仕切板・両小口板・底板）	コウヤマキ
149	三倉堂遺跡（4号木棺）	奈良県大和高田市西三倉堂	組合式木棺	後期	ほぼ完存（底板・両側板・両小口板）	コウヤマキ
150	三倉堂遺跡（5号木棺）	奈良県大和高田市西三倉堂	組合式木棺	後期	ほぼ完存（蓋板・両側板・底板）	コウヤマキ
151	三倉堂遺跡（6号木棺）	奈良県大和高田市西三倉堂	割竹形木棺	後期	ほぼ完存（蓋・身）	コウヤマキ

	古墳名（埋葬施設名）	所在地	棺形式	時期	材の状況（部位）	樹種
152	額田部狐塚古墳（中央棺）	奈良県大和郡山市額田部北町	組合式木棺	後期	木片	コウヤマキ
153	上殿古墳	奈良県天理市和爾町	割竹形木棺	前期	木片（身）	コウヤマキ
154	東大寺山古墳	奈良県天理市櫟本町	割竹形木棺	前期	木片	コウヤマキ
155	下池山古墳	奈良県天理市成願寺町	割竹形木棺	前期	大型木片（蓋・身）	コウヤマキ
156	黒塚古墳	奈良県天理市柳本町	割竹形木棺	前期	大型木片（身）	クワ属
157	大和天神山古墳	奈良県天理市柳本町	割竹形木棺	前期	大型木片（身）	コウヤマキ
158	柳本大塚古墳	奈良県天理市柳本町	割竹形木棺	前期	大型木片（身）	コウヤマキ
159	新沢千塚126号墳	奈良県橿原市川西町	割竹形木棺	後期	帯金具の下（身）	コウヤマキ
160	下明寺市辺古墳（主体部1）	奈良県橿原市葛本町	刳抜式木棺	前期	木片（身）	コウヤマキ
161	下明寺市辺古墳（主体部2）	奈良県橿原市葛本町	組合式木棺	前期	木片（身）	ヒノキ
162	ホケノ山古墳	奈良県桜井市箸中	舟形木棺	前期	鏡・銅鏃の下（身）	コウヤマキ
163	桜井茶臼山古墳	奈良県桜井市外山	割竹形木棺	前期	大型木片（身）	コウヤマキ
164	池ノ内1号墳（西棺）	奈良県桜井市池ノ内	組合式木棺	前期	銅鏡下（身底材）	ヒノキ
165	池ノ内5号墳（2号棺）	奈良県桜井市池ノ内	組合式木棺	前期	銅鏡上（蓋または身側材）・下（身底材）	コウヤマキ
166	赤尾熊ヶ谷2号墳（1号棺）	奈良県桜井市赤尾	割竹形木棺	前期	銅鏡下（蓋）	クワ属
167	室宮山古墳（前方部）	奈良県御所市室	割竹形木棺	中期	大型木片（身）	コウヤマキ
168	鴨都波1号墳	奈良県御所市御所	割竹形木棺	前期	ほぼ完存（蓋・身・南小口板）	コウヤマキ
169	石光山6号墳（南棺）	奈良県御所市元町	釘付式木棺	後期	鉄釘付着	コウヤマキ
170	石光山26号墳	奈良県御所市元町	釘付式木棺	後期	鉄釘付着	コウヤマキ
171	下田東2号墳	奈良県香芝市下田東3丁目	組合式木棺	中期	ほぼ完存（身底板）	コウヤマキ
172	三ツ塚古墳群（木棺墓4）	奈良県葛城市竹内	釘付式木棺	後期	鉄釘付着	コウヤマキ
173	谷畑古墳	奈良県宇陀市榛原萩原谷畑	組合式木棺	前期	筒形銅器付着（身）	コウヤマキ
174	石榴垣内1号墳	奈良県宇陀市榛原笠間	釘付式木棺	後期	鉄釘付着	コウヤマキ
175	北原西古墳	奈良県宇陀市大宇陀野依・平尾	割竹形木棺	中期	銅鏡下（身）	コウヤマキ
176	島の山古墳（前方部）	奈良県磯城郡川西町唐院	割竹形木棺	中期	木片（蓋・身）	コウヤマキ
177	団栗山古墳	奈良県磯城郡田原本町矢部	不明	後期	木片	コウヤマキ
178	束明神古墳	奈良県高市郡高取町佐田	釘付式木棺	後期	木片	サワラ
179	馬場頭2号墳	奈良県高市郡明日香村細川	釘付式木棺	後期	鉄釘付着	コウヤマキ
180	上5号墳（西棺）	奈良県高市郡明日香村上	釘付式木棺	後期	鉄釘付着（その他）	コウヤマキ
					鉄釘付着（北小口板）	ヒノキ科
181	上5号墳（中央棺）	奈良県高市郡明日香村上	釘付式木棺	後期	鉄釘付着	コウヤマキ
182	上5号墳（東棺）	奈良県高市郡明日香村上	釘付式木棺	後期	鉄釘付着（その他）	コウヤマキ
					鉄釘付着（西側板）	ヒノキ科
183	越塚御門古墳	奈良県高市郡明日香村越	釘付式木棺	後期	鉄釘付着	ヒノキ
182	高松塚古墳	奈良県高市郡明日香村平田	釘付式木棺	後期	木片	スギ
183	マルコ山古墳	奈良県高市郡明日香村真弓	釘付式木棺	後期	木片	スギ
184	キトラ古墳	奈良県高市郡明日香村阿部山	釘付式木棺	後期	木片	ヒノキ
185	カヅマヤマ古墳	奈良県高市郡明日香村真弓	釘付式木棺	後期	鉄釘付着	ヒノキ
186	大谷古墳（木箱）	和歌山県和歌山市大谷	（木箱）	中期	木片	コウヤマキ
187	大塚山C-1号横穴	鳥取県米子市観音寺	釘付式木棺	後期	鉄釘付着	ヒノキ
188	馬山4号墳（第1主体）	鳥取県東伯郡湯梨浜町橋津	刳抜式木棺	前期	大型木片（身）	カヤ
189	榊山古墳	岡山県岡山市北区新庄下	割竹形木棺	中期	大型木片	コウヤマキ
190	勝負砂古墳	岡山県倉敷市真備町下二万	割竹形木棺	中期	鉄鎹付着	クワ属

	古墳名（埋葬施設名）	所 在 地	棺形式	時期	材の状況（部位）	樹　種
191	天狗山古墳	岡山県倉敷市真備町川辺・下二万	割竹形木棺	中期	鉄鋲付着	広葉樹環孔材
192	二子14号墳	岡山県倉敷市二子	釘付式木棺	後期	鉄釘付着	スギ
193	中山6号墳（第1主体）	岡山県総社市福井	長持形木棺	中期	鉄鋲付着	針葉樹
194	随庵古墳	岡山県総社市西阿曽	割竹形木棺	中期	鉄鋲付着	針葉樹
195	正崎2号墳（第1主体）	岡山県赤磐市正崎	長持形木棺	中期	鉄鋲付着	広葉樹環孔材（ケヤキ）
196	岩田14号墳（先行埋葬）	岡山県赤磐市河本・和田	釘付式木棺	後期	鉄鋲付着	針葉樹
197	四つ塚13号墳（B主体）	岡山県真庭市蒜山上長田	組合式木棺	後期	木片	広葉樹環孔材
198	月の輪古墳（中央主体）	岡山県久米郡美咲町飯岡	割竹形木棺	中期	木片（身）	針葉樹（コウヤマキまたはヒノキ）
199	池の内1号墳	広島県広島市安佐南区祇園町	割竹形木棺	中期	鉄鋲付着	針葉樹
200	空長1号墳	広島県広島市安佐南区祇園町	割竹形木棺	中期	鉄鋲付着	針葉樹
201	寺山3号墳	広島県広島市安佐南区山本	割竹形木棺	中期	鉄鋲付着	針葉樹
202	天河別神社1号墳	徳島県鳴門市大麻町池谷	舟形木棺2類	前期	銅鏡下（身）	コウヤマキ
203	葉佐池古墳（1号石室A木棺）	愛媛県松山市北梅本町	組合式木棺	後期	ほぼ完存（身構成材計5枚）	ヒノキ
204	葉佐池古墳（1号石室B木棺）	愛媛県松山市北梅本町	（板材）	後期	ほぼ完存（板材）	ヒノキ
205	葉佐池古墳（2号石室木棺）	愛媛県松山市北梅本町	組合式木棺？	後期	木片多数	コウヤマキ
206	大池東1号墳（2号石室）	愛媛県松山市南江戸	組合式木棺？	後期	材片・炭化材	針葉樹
207	藤崎遺跡6号方形周溝墓	福岡県福岡市早良区百道	組合式木棺	前期	銅鏡・鉄製品下（身底材）	ヒノキ？
208	藤崎遺跡10号方形周溝墓	福岡県福岡市早良区百道	組合式木棺	前期	銅鏡下（蓋材？）	ヒノキ？
209	若八幡宮古墳	福岡県福岡市西区徳永	刳抜式木棺	前期	銅鏡上（蓋）、下（身）	スギ
210	羽根戸南G-3号墳（1号主体部）	福岡県福岡市西区羽根戸	割竹形木棺	前期	銅鏡上（蓋）、下（身）	広葉樹
211	手光波切不動古墳	福岡県福津市手光	割竹形木棺	後期	鉄鋲付着	広葉樹
212	朝倉狐塚古墳（奥室）	福岡県朝倉市入地	釘付式木棺	後期	鉄釘付着	スギ
213	妙法寺2号墳（1号主体部）	福岡県筑紫郡那珂川町恵子	割竹形木棺	前期	銅鏡下（身）	クスノキ科（クスノキ）
214	妙法寺古墳群木棺	福岡県筑紫郡那珂川町恵子	割竹形木棺	前期	完存（身）	クリ
215	観音山7号木棺墓	福岡県筑紫郡那珂川町中原	釘付式木棺	後期	鉄釘付着	ヒノキ属
216	萱葉1号墳	福岡県粕屋郡志免町志免	組合式木棺	中期	銅鏡下（身底板）	スギ
217	番塚古墳	福岡県京都郡苅田町尾倉	釘付式木棺	後期	蟾蜍形飾金具裏面に付着（身小口板）	クリ
	番塚古墳（北棺）	福岡県京都郡苅田町尾倉	釘付式木棺	後期	鉄釘付着（身小口板）	マツ科
					鉄釘付着（身）	広葉樹散孔材

1　東北・関東・北陸

（1）東　北

　前期古墳の事例では、前期後半～末の福島県森北1号墳から出土した銅鏡の下部に舟形木棺2類の身材と考えられる木片が遺存し、スギと同定された（押金 1999）。鏡の周囲には43×24.5cmの黒色土のひろがりがあり、その内部には身材とは繊維方向を異にする微細な木質が残存していたことから、木棺内には別に銅鏡・鉇・針をおさめた木箱が存在したと推定されている。福島県会津大塚山古墳南棺では、棺内の靫の上部、銅鏡の上部の2カ所から割竹形木棺蓋の一部と考えられる材が出土した。材の樹種は小倉英男によりヒノキかサワラのいずれかで、かつサワラである可能性

が高いとされた。前期末葉の福島県桜井古墳群上渋佐支群 7 号墳の長持形木棺では、銅鏡下面に繊維方向を異にする材が 2 枚重なって付着していた。上側の赤彩された材が鏡盦、下側の材が棺身の底材と考えられている。木棺材は肉眼的には広葉樹材と思われるが、樹種の同定にはいたらなかったようである。

東京国立博物館所蔵の山形県衛守塚 2 号墳出土木棺はほぼ完形に近い中期後半の舟形木棺 2 類で、高橋健自が割竹形石棺との関連で取り上げた学史的にも著名な資料である。長さ 3.72 m、幅 0.72 m で、ほぼ同形同大の蓋と身からなり、印籠蓋形式をとる。材の樹種は山内文によりケヤキと同定されている。

後期古墳では、山形県下小松古墳群小森山 98 号墳で墓壙の主軸に平行する木目方向をもつ炭化材が複数出土している。これらの炭化材は棺材とは断定されていないが、辻本崇夫によりヒノキ科の材と同定されている。

(2) 北関東

前期末葉〜中期前半の資料をみると、群馬県北山茶臼山西古墳の埋葬施設は耕作による攪乱を受け、遺物も移動して出土したが、銅鏡片に 15.0 × 15.4 cm、厚さ 1.5 cm の木片が密着していた。ニレ科ニレ属の材（鈴木・田口 1988）で、全面に赤色顔料が付着するほか、直弧文ふうの幾何学文様を線刻し、棺材と判断されている。

栃木県山王寺大桝塚古墳後方部粘土槨では銅鏃群を覆うように木片が遺存し、その銅鏃群およびやや離れて出土した銅鏡の下部にも木片が遺存していた。いずれも棺の主軸に一致する木目方向をもつこと、銅鏡と木片の間には鏡を包んでいた織物、鏡盦と考えられる別の木片が介在していたことから、これらは組合式木棺の蓋または身側材および底材と判断される。樹種は平俊文により、銅鏃群上部および銅鏡下部の棺材はスギかもしれず、鏡盦材はヒノキかもしれない、とされている。茨城県鏡塚古墳では銅鏡上から組合式木棺の蓋または身側材の一部と考えられる長さ約 14 cm、厚さ約 1.5 cm の材が出土し、亘理俊次によりヒノキと同定された。中期後半の群馬県鶴山古墳出土品の再調査で確認された鉄鋌片 9 点は付着した材の観察から長持形木棺に使用されたと考えられるとともに、材は針葉樹であることが判明した（岡林 2013）。中期末の栃木県雀宮牛塚古墳は埋葬施設の詳細が不明であるが、木棺材と考えられるヒノキ材（山内 1973）の木片 3 点（最大長 30.8 cm）が東京国立博物館に所蔵されている。

栃木県南部から茨城県西部にかけての渡良瀬川、思川、鬼怒川流域では地下水位が高いことが好適に作用し、複数の遺存状態の良好な木棺の出土例がある。後期の栃木県七廻り鏡塚古墳主棺・副棺は 1986 年に重要文化財に指定され、栃木市おおひら歴史民俗資料館に展示されている。主棺は蓋・身とも縄掛突起を含む全長約 5.5 m の舟形木棺 2 類で、蓋・身・棺室端面にはめ込まれた半月形板のすべてがヒノキ材、副棺は全長約 2.3 m の組合式箱形木棺で、蓋・両側板・両小口板・底板・桟木 2 枚の部材すべてがやはりヒノキ材である（山内 1970・1974）。栃木県立栃木高等学校所蔵の藤岡町太田出土木棺は全長約 3.9 m の舟形木棺 2 類の身で、福田さよ子によりブナ科のコナラ属コナラ節の材と同定されている（岡林・福田 2006b）。結城市公民館郷土資料室に保管されている茨城県結城市結城作出土木棺は全長約 4.5 m の舟形木棺 2 類の身で、同じくブナ科のコナラ属コナラ節の材である（岡林・福田 2006d）。

このほか後期の事例としては、群馬県多田山4号墳木棺は横断面U字形の身と平らな板材の蓋からなる構造が復元され、蓋材が2.5×0.6mの広範囲にわたって炭化して遺存していた。樹種はヒノキと同定された（植田 2004）。

関東地方では横穴式石室における鉄釘出土例が乏しく、釘付式木棺が一般化していなかったと考えられるが、北関東では群馬県多田山古墳群で横穴式石室出土の鉄釘に付着した材から釘付式木棺の用材が同定されている。多田山12・15号墳、中里塚古墳はヒノキ、多田山13号墳はモミ属と同定され、多田山15号墳はスギの可能性が示されている（植田 2004）。多田山12・15号墳、中里塚古墳は截石切組積石室を有し、7世紀後半の所産と考えられる。

（3）南関東

東京都豊島馬場遺跡では弥生時代末から古墳時代前期にかけての方形周溝墓群が発掘調査され、このうちSH27の周溝内埋葬にともなう棺材片はコナラ属コナラ節の一種、SH37の周溝内埋葬にともなう棺材片は針葉樹と同定された（高橋敦 1995）。埼玉県北島遺跡第19地点では大規模な古墳時代前期の方形周溝墓群が発掘調査され、1号木棺墓はそれらに隣接して営まれた単独の木棺墓と評価されている。長さ約2.4m、幅約0.6m、深さ約0.15～0.2m、内法幅約0.5m前後、深さ約0.05～0.15mほどの刳抜式木棺の身が残存していた。木棺の小口部は小さな木片を芯材にした粘土で閉塞されていたものと推測されている。材の樹種はヤマグワと同定された（パリノ・サーヴェイ株式会社 2005）。神奈川県日吉観音松古墳の木棺材は山内文によりケヤキとされている（山内 1973）。

中期前半の神奈川県吾妻坂古墳第3号主体部では、銅鏡下に28.2×28.7cm、最大厚2.7cmの木片が遺存していた。木目方向が棺の長軸に一致し、かつこの材と銅鏡との間に竪櫛が介在することから、割竹形木棺身材と判断される。また、材には長軸に直交する方向に仕切板をはめ込むための仕口とみられる小溝の痕跡があり、これに沿って別材の仕切板も一部遺存していた。材はいずれもカヤである（山内 1993）。中期後半の神奈川県日吉矢上古墳では棺内副葬品の上下に黒色腐植土が広がっており、とくに銅鏡2面の下部に木質が遺存していたことから木棺材と考えられている。この木質は1931年に嶋倉巳三郎により広葉樹材と同定された。

後期の千葉県山王山古墳の舟形木棺2類は、単龍環頭大刀の金銅製柄頭の上下に、それぞれ蓋材と身材の一部が遺存し、ヒノキ材と同定されている（山内 1980）。神奈川県久地西前田2号横穴では奥壁沿いにつくり出された棺台上と玄門付近の2カ所に木棺が安置され、崩壊の進んだ材が遺存していた。棺台上の1号木棺は長さ約2.22m、幅約0.40mの底板上に約1.93m間隔で小口板を立てる組合式木棺である。2号木棺も組合式木棺であるが、1号木棺よりもさらに遺存状態はよくない。これらの木棺とは別に、閉塞施設の裏側から木片が出土し、木棺材とは断定されていないが、カヤと同定されている（パリノ・サーヴェイ株式会社 1998）。

千葉県駄ノ塚古墳石室は凝灰質泥岩切石積の複室構造で、前室・奥室に少なくとも各1個の釘付式木棺が安置されていたと推定されており、鉄釘に付着した材はともにスギであった（鈴木三 1996）。このほか、7世紀代の釘付式木棺の材として、神奈川県高尾横穴墓群7号墓出土の鉄釘に付着した材は、金原明によりスギーヒノキ属と同定され（金原明 2006）、木棺直葬の千葉県諏訪台古墳群099－4070号墳（仮称）・099－K17号墳（仮称）、西谷16号墳出土の鉄釘に付着した材

はいずれもスギと同定されている（鈴木・能城 1994、田中新 1994）。

（4）北　陸

　前期では石川県宿東山1号墳で銅鏡の上に炭化した有機物やスギ材の木質が付着しており、組合式木棺の蓋材と推定されている（鈴木三 1987）。同藤橋ゼニガミネ古墳では棺内出土の刀子の下にスギ材（鈴木三 1993）のわずかな木質が付着していた。木目方向は刀子の鋒方向と直交し、棺の主軸に平行することから、刀子の拵などではなく割竹形木棺身の一部と考えられる。福井県風巻神山4号墳の舟形木棺2類は銅鏡片の下に身材の一部が遺存し（鍵谷 2003）、同花野谷1号墳割竹形木棺は銅鏡に付着して材が遺存しており、ともに福田さよ子によりスギと同定された。同小羽山12号墳では銅鏡下に舟形木棺2類の身材が遺存し、ヒノキ科、なかでもサワラの可能性が高いと同定された（福田 2002）。新潟県胎内城の山古墳は日本海側では最北の前期古墳で、全長62mの前方後円墳である可能性が指摘されている。長さ8.2m、幅1.32～1.6mの舟形木棺2類を直葬する。汐見真・白崎泰子により、棺内から出土した銅鏃の上に遺存した材および仕切板と推定される材はいずれもアスナロ属（ヒバ・アテ）、銅鏃・銅鏡下の木片は広葉樹と同定され（汐見・白崎 2016）、蓋および仕切板に針葉樹のアスナロ属、身に広葉樹を使用したと考えられている。

　このほか、福井県龍ヶ岡古墳の石棺内から大型のヒノキ板が出土している。石棺内から大型の板材が出土した事例としてはほかに大阪府津堂城山古墳が知られているが、その性格については今後検討を要する。

　なお、福井県岩内山遺跡D区1号土壙で銅鏡下部から出土した木片は、木目方向が棺の主軸に直交すること、漆下地や布着せの繊維が付着することなどから、報文のとおり鏡奩の一部と判断される。材の樹種はヒノキである（山内 1976）。

2　東　海

（1）東海東部

　静岡県中部では、中期前半の静岡県午王堂山1号墳で棺内出土の銅鏡の上下にそれぞれ組合式木棺の蓋もしくは身側材とベンガラの付着した底材が遺存し、ともに福田さよ子によりスギと同定された（岡林・福田ほか 2006）。東京国立博物館に所蔵されている1923年に静岡県杉ノ畷古墳から出土した木棺は底板の長さ約3.5m、幅約1.4mを測る組合式木棺で、材はスギである（山内 1970）。後期末の静岡市伊庄谷横穴群南谷支群17号墓からは遺存状態の良好な組合式木棺が出土し、蓋板・両側板・両小口板・底板のすべてがスギ材と同定された（岡林・福田 2006a）。

　静岡県西部では、前期末葉の赤門上古墳で銅鏡下部から割竹形木棺身の一部が出土し、山内文によりクスノキと同定された。また、同じく前期末葉の馬場平古墳から1934年に出土した一括資料の中に組合式木棺の一部と考えられるカヤ材の木片がある（嶋倉 1983）。中期の権現平山7号墳では銅鏃群の下部に身材の一部が遺存し、「杉材」と推測されている。後期初頭の五塚山古墳第1主体部では銅鏡下から13.7×10.5cm、最大厚1.4cmの組合式木棺身底材が出土し、吉田生物研究所によりコウヤマキと同定されている。

（2）東海西部

　岐阜県南部から愛知県にかけての前期古墳では、岐阜県象鼻山1号墳で出土遺物の周辺にわずかに遺存していた棺材は針葉樹と同定された（長谷川 1998）。組合式木棺の可能性が高いとされる。岐阜県円満寺山古墳木棺は棺床が平坦であることから組合式木棺と推定され、広範囲に棺材細片が点在していた。材片の上に朱層がみられることから、身底材の一部が残存したものと推定される。樹種は小清水卓二によりカヤと同定された。1929年に岐阜県長塚古墳東槨から出土した割竹形木棺は身の材が長さ5.45m、幅0.45m、厚さ0.15mにわたって遺存し、また西槨の割竹形木棺は「木箱」とされた身の南半部が長さ1.76m、幅0.30mにわたって遺存していた。これらの材の一部は「木棺破片」、「木櫃破片」として計8点が保存されており、金原正明により7点がコウヤマキ、1点がヒノキと同定された。このうちヒノキ材については添筆から鏡奩の可能性が指摘されている（金原正 1993a）。また、岐阜県舟木山24号墳出土木棺材（山内 1981）、愛知県東之宮古墳出土木棺材（嶋倉 1977a）はコウヤマキとされている。岐阜県曽根八千町遺跡木棺墓SX02は古墳時代前期前葉の木棺墓で、組合式箱形木棺の蓋、南側板を除く身の底板、側板、小口板のすべての部材の樹種がヒノキであった（光谷 1997）。

　このほか、中期前半の愛知県白山薮古墳の割竹形木棺は炭化した細片が少量遺存し、報告で材は「松」とされているが、解剖学的観察によるものかどうかは不明である。釘付式木棺では、7世紀後半の岐阜県願成寺西墳之越51号墳出土鉄釘に付着した木質がコウヤマキ材であることが判明している（植田 2000）。

3　近　畿

　近畿地方は樹種同定例がもっとも多く、京都府南部、大阪府、奈良県、兵庫県南部の畿内地域および三重・滋賀・和歌山各県と、日本海側の北近畿（京都府北部、兵庫県北部）とで用材選択の様相が異なる。

（1）畿内および周辺

　庄内式期の大型木槨である京都府黒田古墳第1主体部の舟形木棺1類は身の一部が長さ約3m、幅約0.54m、最大厚約0.18mにわたって遺存し、同じく奈良県ホケノ山古墳中心埋葬施設の舟形木棺1類は銅鏡や銅鏃の下部などに身残材が点在し、かつ底面の一部が炭化して遺存していた（福田 2008b）。また、短小な石槨である兵庫県綾部山39号墳第1主体部の組合式木棺は蓋・両側板・両小口板・底板からなる構造が復元され、破砕された銅鏡片下に底板の一部がわずかに残っていた（岡林・福田 2005）。以上の3例は福田さよ子によりすべてコウヤマキと同定された。

　前期の竪穴式石室における同定例についてみると、滋賀県雪野山古墳後円部石室の舟形木棺1類は5面の銅鏡付近を中心に蓋・身・仕切板2枚の残材が点々と遺存し、各部材ともコウヤマキであった（光谷 1996）。京都府椿井大塚山古墳からは1953年の工事にともなう乱掘で長さ1.2mの大型木片を含む多数の木棺材片が出土した。収集された一部は棺蓋材として紹介され、樹種はすべてコウヤマキとされる（梅原 1965）。同寺戸大塚古墳前方部石室では銅鏡上から24.0×5.5cm、厚さ0.8cmのコウヤマキの木片が出土し、割竹形木棺蓋の一部と考えられる（京都大学文学部

1968)。大阪府弁天山Ｃ１号墳後円部石室の割竹形木棺は銅鏡２面の下部に身の一部が44.6 × 19.3 cm、厚さ2.5 cm の木片となって残っており、林昭三によってコウヤマキと同定された。同北玉山古墳では長さ50弱× 30 cm のコウヤマキの木片が出土し、玉群が上にのっていたことから割竹形木棺身材と考えられる（勝部 1967）。同紫金山古墳出土木棺材は採取試料５点すべてがコウヤマキと同定された（岡田 2005）。

　奈良県下池山古墳の割竹形木棺は、蓋が長さ1.54 m、身が長さ5.24 m にわたって遺存し、蓋・身ともにコウヤマキと同定されている（福田 2008a）。同大和天神山古墳のヒノキ製木櫃とされていたもの（伊達・小島ほか 1963）は、再検討の結果長さ５m 前後、幅0.7〜0.9 m 前後の割竹形木棺であり（岡林 1999）、身の材も再同定の結果コウヤマキであることが判明している（福田 1999a）。同黒塚古墳の割竹形木棺は棺外に並べられた銅鏡群に接して点々と材が遺存し、樹種はクワ科クワ属と同定された。粘土棺床上の堆積物67試料の分析もおこなわれ、各試料に含まれる木材の微細片はほとんどが広葉樹に由来するもので、針葉樹の痕跡はみられなかった（金原・福田 1999）。同桜井茶臼山古墳では石室床面に長さ4.89 m、幅0.75 m、最大厚0.27 m の割竹形木棺身が遺存していた。当初「トガの巨木」（中村・小島ほか 1961）とされたが、布谷知夫によればトガと呼ばれることのある樹種は複数存在し、正確な樹種が明らかでなかった（島地・伊東編 1988）。この木棺材をめぐっては、別に取り置かれた資料があるとされ、嶋倉巳三郎によってコウヤマキとする同定結果が示唆されていたが（嶋倉 1990）、2009年の再調査で身材本体が石室から取り出され、福田さよ子による再同定の結果コウヤマキであることが確定した（豊岡・岡林ほか 2011）。同柳本大塚古墳から出土した刳抜式木棺材は「檜」に似ているとされていたが（梅原・森本 1923）、桜井市三輪所在の宗教法人大神教本院拝殿の玄関額とされているものを福田さよ子が再同定した結果、コウヤマキと判明した（岡林・福田 2009）。兵庫県権現山51号墳では銅鏡群の下部に舟形木棺１類身材の一部が遺存し、千葉恭三によりコウヤマキと同定された。なお、銅鏡群と身材の間に遺存していた木製枕はスギ材であった。

　前期後半〜末を中心とする粘土槨の事例についてみると、三重県石山古墳東槨の割竹形木棺は身の相当部分が遺存しており、棺材はコウヤマキである（小原 1954）。京都府垣内古墳では頭位側小口部から出土した２面の銅鏡の下に棺の主軸に平行する木目方向をもつ木片、上に直交する木目方向をもつ木片が遺存していた。それぞれ割竹形木棺の身および小口板の一部と考えられ、採取されたサンプルはコウヤマキと同定された（嶋倉 1990）。

　大阪府ヌク谷北塚古墳では粘土棺床の広範囲に割竹形木棺の残材とみられる木質が付着していたほか、北端には仕切板が14.5 × 17 cm と17.5 × 4.9 cm の２個の木片として遺存し、仕切板材は亘理俊次によってコウヤマキと同定された。同庭鳥塚古墳の組合式木棺は銅鏡の上に蓋または身側材、下に身底材と考えられる木片が遺存し、上側の材は福田さよ子によりコウヤマキと同定された。同駒ケ谷北古墳では割竹形木棺身の一部が2.1 × 0.51 m、最大厚7.5 cm にわたって遺存し、蓋の一部と推定される別材の小片も遺存していた。いずれもコウヤマキと同定されている（米田該 1976）。同駒ヶ谷宮山古墳前方部１号主体割竹形木棺は銅鏡下に腐朽した木質が遺存し、木目方向が棺の主軸に一致することから身の一部と考えられ、前方部２号主体割竹形木棺は蓋と身の接合部に棺外から銅鏡を立てかけ、全体を被覆粘土で覆っており、銅鏡に接する蓋・身材の一部が遺存していた。これらはコウヤマキと報告され、そのいずれかについて米田該典による同定結果が示され

ている（米田誚 1976）。同和泉黄金塚古墳中央槨では銅鏡上にコウヤマキ材が残存し、下から出土した玉類との間には木質の介在がみられなかったことから、割竹形木棺蓋材の一部と判断された（小原 1954）。

　兵庫県塩田北山東古墳第1主体部では割竹形木棺の大型残片が遺存し、第2主体部では鉄剣に身材が付着しており、ともにコウヤマキと同定された（中村ᰰ 2008a）。同白水瓢塚古墳第1主体部では銅鏡の上に付着した割竹形木棺蓋材がやはりコウヤマキと同定されている（中村ᰰ 2008b）。奈良県上殿古墳では割竹形木棺の身残材が棺床に密着して2片遺存し、嶋倉巳三郎によりコウヤマキと同定された。同東大寺山古墳では粘土槨の盗掘坑から出土した木片がコウヤマキと同定され、木棺材と推測されている（金原・古環境研究所ほか 2010）。同鴨都波1号墳の比較的良好に遺存する割竹形木棺は福田さよ子により蓋・身・南小口板がいずれもコウヤマキ材と同定された。

　このほか、大阪府万年山古墳から1904年に出土した「木船」は割竹形木棺の蓋・身と推定され、身材の一部がコウヤマキ材と同定されている（尾中 1936）。

　奈良県赤尾熊ヶ谷2号墳の同一墓壙内に並列に直葬された2棺のうちの東側の割竹形木棺（1号棺）は、棺蓋上に置かれていたと考えられる銅鏡の下に遺存した木片が福田さよ子によりクワ属と同定された（福田 2008c）。同谷畑古墳で筒形銅器に付着して出土した組合式木棺身材はコウヤマキ（嶋倉 1974）、東京国立博物館所蔵の兵庫県東求女塚古墳出土木棺片もコウヤマキである（山内 1973）。奈良県池ノ内1号墳西棺で銅鏡下から出土した組合式木棺底材の一部はヒノキ、同じく5号墳2号棺で銅鏡の上から出土した組合式木棺蓋もしくは側板材の一部、および下から出土した底板材の一部はいずれもコウヤマキと同定された（嶋倉 1973）。京都府百々ヶ池古墳出土木棺材片は山内文によりヒノキとされている（東京国立博物館 1988）。

　大阪府安満宮山古墳の埋葬施設は木蓋壙室（岡林 2006b）で、ほぼ全面に木片が散在し、銅鏡群の上に割竹形と考えられる木棺の蓋材、下に身材が遺存していた。いずれも表面観察からコウヤマキと判断されている。

　大阪府久宝寺遺跡では群集する前期の小方墳が多数発掘調査され、木棺材が遺存する事例も多い。このうち、久宝寺1号墳1号主体部の割竹形木棺は蓋の長さ3.28m、幅0.38〜0.47m、高さ0.18〜0.22m、身の長さ3.28m、幅0.37〜0.49m、高さ0.18〜0.24mを測る遺存状態のきわめて良好なもので、山口誠治により蓋・身および両小口板のすべてがコウヤマキ材と同定されている。久宝寺43号墳主体部①の組合式木棺は底板がコウヤマキ、北側板がスギ、久宝寺13号墳主体部①の組合式木棺は断片的に遺存した材がスギ、久宝寺29号墳の周溝内埋葬である埋葬施設②の組合式木棺はスギ、久宝寺55号墳に隣接して設けられていた05346木棺墓はスギ・ヒノキの併用と山口誠治により同定された。久宝寺401号墳の周溝内埋葬である木棺墓401から出土した組合式木棺の底板は、光谷拓実によりコウヤマキと同定されている（光谷 2006）。久宝寺404号墳の組合式木棺は両側板・両小口板・底板がほぼ完存し、部材のすべてがコウヤマキと同定された。前期初葉の久宝寺405号墳の組合式木棺はコウヤマキ製の両側板がほぼ完存するのに対し、スギ製の底板の腐朽がかなり進んでおり、樹種による遺存状態の差が注目される（パリノ・サーヴェイ株式会社 2006）。久宝寺遺跡（その2）F2グリッド第4遺構面a第4号墓の組合式木棺は墓壙底に側板・小口板を立てた痕跡が残り、コウヤマキ材の底板が遺存していた（福島・村上ほか 1999）。

　中期初頭〜前半を中心とする粘土槨の事例では、滋賀県安養寺大塚越古墳で銅鏡下から長さ26

cmのコウヤマキの木片が出土し、棺身材と考えられる（尾中 1936）。京都府鏡山古墳出土の長さ74.5 cmの木棺材片は内面に銅鏡鏡背の圧痕と朱が付着し、外面には白色粘土が付着しており、割竹形木棺身の一部と考えられる。この木片は山内文によりコウヤマキと同定されている（東京国立博物館 1988）。大阪府和泉黄金塚古墳東槨では銅鏡上に棺の主軸と一致する木目方向をもつ組合式木棺側板材および直交する木目方向をもつ小口板の一部が遺存し、さらに西槨で銅鏡上から組合式木棺側板材もしくは蓋材の一部が出土した。すべてコウヤマキと同定されている（小原 1954）。同豊中大塚古墳第1主体部では部分的に脆弱な木質が残り、第2主体部東槨では銅鏡下に主軸と平行する木目方向をもつ木片が遺存しており、ともに割竹形木棺身の一部と考えられる。これらもコウヤマキと同定されている（林・島地 1987）。同岡古墳では銅鏡の上下に付着した材が伊藤健司・酒井温子によりいずれもコウヤマキと同定された。同心合寺山古墳西槨は底に礫敷きをともなう長大な組合式木棺で、銅鏡に接して西側板の一部が遺存していた。樹種は元興寺文化財研究所によりコウヤマキと同定された（元興寺文化財研究所 2001）。

　奈良県島の山古墳前方部粘土槨では銅鏡の周辺に割竹形木棺蓋・身材の一部が遺存し、福田さよ子によりコウヤマキ材と同定された。奈良県立橿原考古学研究所附属博物館所蔵の同室宮山古墳前方部で第二次世界大戦中に開墾により出土した約1.8×0.7 mの大型木片は、出土状況の聴取によれば割竹形木棺身材の可能性が高く、嶋倉巳三郎によりコウヤマキ材と同定されている。同かん山古墳では粘土槨内に割竹形木棺身材が相当程度遺存しており、コウヤマキ材と同定された（福田 2006）。なお、兵庫県水堂古墳では割竹形木棺の蓋・身材の一部が遺存し、「ヒノキ材」とされているが、解剖学的観察による同定が実施されたかどうかは不明である。奈良県北原西古墳は割竹形木棺直葬で、銅鏡下に棺身材の一部が遺存し、コウヤマキと同定された（金原正 1993b）。

　中期後半〜末の資料では、滋賀県新開古墳南遺構から出土した木片はコウヤマキであった（山内 1970）。京都府吐師七ツ塚2号墳で銅鏡下から出土した木棺底材はヒノキと同定された（尾中 1939）。大阪府土保山古墳から出土した組合式木棺2個はともに完形品に近い資料で、1号棺が長さ2.85 m、幅0.60〜0.70 m、副葬品用の2号棺が長さ2.4 m、幅0.55 mを測る。材はいずれもコウヤマキであろうと考えられている（原口 1977）。土保山古墳に近い新池遺跡から出土した木棺は、小規模な谷地形に一部に焼け焦げのある8点の破片となって埋没していたもので、7世紀後半の開発で破壊された古墳から取り出され、一括処分されたものと考えられている。縄掛突起の付く蓋の断片、対をなすと考えられる底側板片があり、土保山古墳例に酷似した長持形木棺A類である。蓋・身ともにコウヤマキと同定されている（林昭 1993）。同桜塚古墳群に属する南天平塚古墳では割竹形木棺2個が出土し、第1主体部木棺は長さ2.9 m、幅0.70〜0.85 mで蓋・身・小口板が良好に遺存しており、第2主体部木棺は身材が長さ約3 mにわたって遺存していた。第1主体部木棺の小口板について小林行雄は「円形板」とし（小林行 1937）、藤沢一夫は「半円形の嵌板」で蓋・身双方に装着されるとする（藤沢 1961）。木棺材はコウヤマキと同定されている（尾中 1939）。同じく桜塚古墳群中の御獅子塚古墳では、第1主体部の割竹形木棺および第2主体部の長持形木棺に使用された鉄鋧に付着した材がともに針葉樹材である（岡林 2015）。同百舌鳥大塚山古墳7号槨は前方部における中心的埋葬で、遺存した木棺材は小原二郎によればコウヤマキとされる（森浩 1978）。同経塚古墳後円部には人体埋葬用の北棺と副葬品用の南棺が並列して設けられ、ともに木棺材が良好に遺存していた。光谷拓実によればいずれかの木棺はコウヤマキで、最外年輪は461年

であった（光谷ほか 1990）。

　兵庫県宮山古墳第3主体およびカンス塚古墳では、ともに竪穴式石室から出土した鉄鋲に付着した材の観察から長持形木棺に使用されたと考えられるとともに、針葉樹材であることが判明した（岡林 2015）。奈良県下田東2号墳で周溝内から単独で出土した組合式木棺の底板は、全長290.0 cm、頭側幅65.2 cm、足側幅49.0 cm、厚さ7.5〜10.0 cm を測る。きわめて良好に遺存しており、吉田生物研究所によりコウヤマキと同定された。

　大阪府大仙古墳陪塚の塚廻古墳から1912年に出土した残存長4.85 m、幅0.55 m に達する割竹形木棺身材の大型残材はコウヤマキと同定された（山内 1973）。奈良県額田部狐塚古墳中央棺の材、同新沢千塚126号墳で金銅製帯金具の下部など2カ所に一部が遺存していた割竹形木棺身材（嶋倉 1977b）も、嶋倉巳三郎の同定によりいずれもコウヤマキと判明している。また、兵庫県王塚古墳で銅鏡下に遺存していた割竹形木棺身材の一部もコウヤマキと同定されている（小原 1954）。

　京都府浄法寺1号墳から大正年間に出土した木棺材は、最大のもので長さ3.62 m、幅0.70 m を測る割竹形木棺の大型残片で、4枚に分かれて京都大学に所蔵されている。当初の報告当時は「檜」とされていたが、その後コウヤマキと同定された（尾中 1936）。木片の一つは最外年輪が367年であった（光谷ほか 1990）。

　後期では、奈良県三倉堂遺跡出土の組合式木棺5個と割竹形木棺1個は「檜」とされていたが（岸 1934）、福田さよ子の同定により現在遺存するすべての材がコウヤマキと判明した（福田・前沢 1998）。兵庫県園田大塚山古墳後円部出土の銅鏡下側に付着していた棺身材の一部、1927年に奈良県団栗山古墳から偶然に出土した木棺材片は、いずれもコウヤマキと同定されている（尾中 1939）。京都府井ノ内稲荷塚古墳の横穴式石室玄門部付近で検出された組合式木棺は長さ1.7〜1.8 m、幅0.4〜0.5 m で両小口板・西側板が、前方部に直葬されていた組合式木棺は北側板が、それぞれ針葉樹材と同定された（パリノ・サーヴェイ株式会社 2002a）。大阪府富木車塚古墳前方部第Ⅰ埋葬施設の組合式木棺の材はヒメコマツ、同じく前方部第Ⅲ埋葬施設で銀製空玉群・耳環・朱の上部を覆っていた組合式木棺蓋材の一部と考えられる木質はコウヤマキと同定されている（小原 1960）。京都府女谷・荒坂横穴群女谷B支群16号墓では、初葬面の人骨8または9、および人骨10にともなう耳環の下から出土した木質が古環境研究所によりコウヤマキと同定され、ともに組合式木棺の底板と推定される。また、15号墓玄門部から30×80 cm 大の炭化材が出土し、針葉樹材と同定された。

　釘付式木棺では、中期後葉の兵庫県池尻2号墳の竪穴式石室におさめられていた木棺は、蓋と身を固定していたと考えられる鉄鋲4本に付着した材がいずれも針葉樹であった（岡林 2015）。また、W.ゴーランドの発掘で大阪府芝山古墳横穴式石室から出土した木棺片一括が大英博物館に所蔵されており、ゴーランドは「松の板製」（ゴーランド 1897）、大塚初重はコウヤマキらしい（大塚 2003）とする。大阪府高井田山古墳東棺は銅鏡の下部に底板材、熨斗の上に転倒した西側板材の一部が遺存し、後者はコウヤマキと同定された（パリノ・サーヴェイ株式会社 1996）。

　後期後半の滋賀県和田5号墳・8号墳では、釘付式木棺の底板を接ぎ合わせるために使用された鉄鋲に付着した材がいずれも針葉樹材であった（岡林 2015）。兵庫県西岡本遺跡の発掘調査で検出された野嵩古墳群では、後期初葉の3号墳の横穴式石室から出土した鉄釘4本のうち、木棺1に使用された2本に付着した材が針葉樹、帰属の不明な2本に付着した材がコウヤマキと同定され、同

じく後期前葉の5号墳の横穴式石室におさめられていた木棺に使用された釘は、付着する材がコウヤマキおよび針葉樹と同定されている（環境考古研究会 2001）。兵庫県具足塚古墳横穴式石室の玄室内に置かれていた2個の木棺は鉄釘に付着した材からともにコウヤマキ材とされた（嶋倉 1976b）。奈良県石光山6号墳南棺では出土鉄釘7本のうち同定がおこなわれた6本すべてが、26号墳木棺では鉄釘11本のうち10本がコウヤマキであり（嶋倉 1976a）、同三ツ塚古墳群木棺墓4では鉄釘19本のうち同定がおこなわれた12本すべてがコウヤマキであった（環境考古研究会 2002）。奈良県石榴垣内1号墳木棺（福田 1997）、同馬場頭2号墳木棺（竹原・島津 2004）も鉄釘に付着した材からコウヤマキ製と判断された。奈良県上5号墳では釘付式木棺3個について鉄釘付着材の同定がおこなわれ、中央棺はコウヤマキ、西棺の北小口板はヒノキ科の材でそれ以外はコウヤマキ、東棺西側板はヒノキ科でそれ以外はコウヤマキとの結果であった（福田 2003）。

　終末期古墳の木棺は、銅釘・鉄釘を使用した釘付式木棺や、そうした釘付式木棺に直接漆を塗ったり、布着せして漆で塗り固めた漆塗木棺が使用される。京都府下司1号墳出土銅釘に付着した材は広葉樹、6号墳羨道棺の鉄釘に付着した材はヒノキと同定されている（嶋倉 1985）。奈良県カヅマヤマ古墳では、崩壊した塼槨式石室の床面からわずかに鉄釘が出土し、付着した材の痕跡からヒノキ（金原正 2007）、同越塚御門古墳出土の鉄釘に付着していた釘付式木棺の材もヒノキと同定された（金原正 2013）。

　銅釘・鉄釘を使用した大阪府御嶺山古墳の漆塗木棺はスギ（尾中 1939）、奈良県マルコ山古墳の漆塗木棺もスギ材である。奈良県高松塚古墳の漆塗木棺の材は当初ヒノキにもっとも似通っているとされたが（小清水 1972）、この同定に供された検体は良好なものではなかったとされ、その後別の検体の同定によりスギ材と断定された（江本 1975）。この同定結果は嶋倉巳三郎によっても確認されている（嶋倉 1977a）。同キトラ古墳の漆塗木棺はヒノキ材である。同束明神古墳出土の一部漆状の固形物が付着した木片、あるいは銹化した木片のうち9点はサワラ材と同定され、報告書では明記されていないが、漆塗木棺の残片である可能性がきわめて高い（福田 1999b）。

　大阪府美園遺跡D地区Ⅲ面出土の前期初頭の土器をともなう木棺状木製品は、全長3.2m、幅0.33〜0.44m、高さ0.17mを測り、長持形木棺の蓋である可能性が高い。京都府瓦谷遺跡48bt試掘坑溝SD4805中層出土の前期後半の土器をともなう木棺小口板2点は、その形状から土保山古墳出土の2個の木棺と類似した長持形木棺の小口板に相当すると思われ、大小の差があることから2点は別個体の棺の部材と考えられる。大きい方の1点（W－15）は最外年輪が339年と確定された（光谷ほか 1990）。以上の樹種はすべてコウヤマキと同定されている。

　このほか、中期末〜後期初頭の大阪府峯ヶ塚古墳後円部石室で大刀群をのせていた長さ約2m、幅約0.6mの板材はヒノキ材である（山口 2002）。この板材は側板かと思われる材片をともなうことから、木箱の底板である可能性が指摘されている。後期前半の和歌山県大谷古墳で石棺に随伴していた長さ1.55m、幅0.38mの馬具埋納用木箱は亘理俊次によりコウヤマキ材と同定されている。

（2）北近畿

　中期初頭〜前半の資料として、京都府広峯15号墳で銅鏡下に遺存していた割竹形木棺身材はスギ（岡田 1989）、兵庫県梅田1号墳で同じく銅鏡下に遺存していた赤色顔料の付着した組合式木棺身底材片もスギ材と同定された（パリノ・サーヴェイ株式会社 2002b）。兵庫県茶すり山古墳第1

主体部組合式木棺は底板をもたない構造で、それぞれ離れて出土した3面の銅鏡の上にのっていた木質は木目方向が棺の主軸に一致すること、3cm弱の厚みがあることから蓋材の一部と考えられ、樹種はスギと同定された（パリノ・サーヴェイ株式会社 2010）。兵庫県北浦18号墳の組合式木棺は銅鏡に接して残っていた身北側材の一部がヒノキ材である（嶋倉 1980）。近在の立石107号墳では木棺痕跡の中央部に組合式木棺材の一部と推定される黒色有機質があり、嶋倉巳三郎により針葉樹（ヒノキ？）と同定された。

　兵庫県城の山古墳の組合式木棺は銅鏡の上に蓋または身側材の一部、下に身底材の一部と考えられる厚さ5cmの木片が遺存し、コウヤマキと同定されている。

　後期の兵庫県梅田3号墳第1主体では銅鏡下にスギ材（パリノ・サーヴェイ株式会社 2002b）の木片が遺存し、鏡奩の一部と推定されているが、写真でみる限り木目方向が棺の軸に一致しており、組合式木棺の身底材の一部である可能性がある。

　このほか、中期初頭の兵庫県池田古墳周濠からは濠底に接して組合式木棺の部材と考えられる複数の板材が出土しており、いずれもコウヤマキと同定されている。

4　中国・四国・九州

（1）中　国

　前期後半の鳥取県馬山4号墳第1主体では竪穴式石室内に割竹形木棺身材の一部が長さ約2mにわたって遺存し、カヤ材と同定された（山内 1973）。中期初頭の岡山県月の輪古墳中央主体で銅鍬に接して出土した木片および刀子下部から出土した木片はやはり割竹形木棺身材と考えられ、針葉樹とくにヒノキまたはコウヤマキの可能性が指摘された（畔柳 1960）。

　1913年に岡山県榊山古墳で採集された木棺片は、草野俊助によりコウヤマキ材と鑑定された（和田千 1919）。現在東京国立博物館所蔵の木片は長さ1.97mを測り、割竹形木棺の一部と推定されている。

　岡山県随庵古墳竪穴式石室からは割竹形木棺身の大型残片と断片化した蓋材が出土し、木質痕跡も含めると残存部は長さ2.9m、最大厚5.5〜6.0cmに達する。大型の材片と出土した鎹は公益財団法人倉敷考古館に保管されており、2016年に筆者が鎹に付着した材を観察した結果、確認できるものはすべて針葉樹であった。未盗掘の竪穴式石室であった同勝負砂古墳では、割竹形木棺の蓋と身をとめたと考えられる鉄鎹6個が出土し、付着した材はいずれも広葉樹環孔材であり（岡林 2014）、うち1点はクワ属の可能性が高いと判断された（片山・岡田ほか 2016）。同天狗山古墳は古く乱掘された竪穴式石室から出土した鉄鎹一括が東京国立博物館に所蔵されており、付着した材から割竹形木棺であったと推定されるとともに、いずれも広葉樹環孔材と判明した（岡林 2015）。同正崎2号墳の木槨内におさめられた木棺は、出土した鉄鎹9点に付着した材から割竹形木棺であったと推定され、いずれも広葉樹環孔材（ケヤキ）である。このほか、岡山県中山6号墳の長持形木棺、広島県池の内1号墳・空長1号墳・寺山3号墳の割竹形木棺はいずれも鉄鎹に付着した材から針葉樹と判明した（岡林 2015）。

　後期前半の岡山県四つ塚13号墳B主体の組合式木棺は胡籙金具に接した部分の材が一部遺存し、樹種はスギであった（畔柳 1954）。後期後半の同二子14号墳出土の鉄釘に付着した材は畔柳

鎮によりスギと同定されている。
　鳥取県大坏山C-1号横穴で検出された釘付式木棺は、鉄釘に付着した材から古川郁夫・西尾茂・佐藤公彦によりヒノキ材と同定されている。また、島根県江迫横穴第1号墓からは木釘を使用した木棺の大型残材が出土し、材質は「杉」と推定されている。岡山県岩田14号墳では片付けの対象となった釘付式木棺の底板を接ぎ合わせるために鉄鎹が使用されており、付着した材は針葉樹であった（岡林 2015）。

（2）四　国
　前期の徳島県天河別神社1号墳で銅鏡下から出土した舟形木棺の身と考えられる材は光谷拓実によりコウヤマキと同定された。後期中葉の愛媛県葉佐池古墳1号石室では2個の木棺が出土した。A号木棺は底板・両側板・両小口板の5枚を組み合わせた組合式木棺、B号木棺は一枚板である。2号石室玄室内には多量の木棺片が散乱していた。1号石室A・B号木棺はヒノキ、2号石室木棺材はコウヤマキと判明している（光谷 2003）。同大池東1号墳2号石室から出土した材片・炭化材は針葉樹と同定された（古環境研究所 1998）。

（3）九　州
　前期前半の福岡県藤崎遺跡6号方形周溝墓では直葬された組合式木棺の底板材が銅鏡に付着して遺存し、10号方形周溝墓では銅鏡下に材が遺存しており、嶋倉巳三郎によりヒノキと同定された（嶋倉 1982）。
　前期後半の福岡県妙法寺2号墳1号主体部では銅鏡下から割竹形木棺身材の一部が出土し、クスノキ科の材と同定され、かつクスノキである可能性が高いとされた（林・松本 1983）。また、妙法寺2号墳の存在する丘陵の南側に相当する谷からも、本来丘陵上に存在した古墳から流出して埋没したと考えられる完形の割竹形木棺身（妙法寺古墳群出土木棺）が出土しており、クリ材と同定されている（松田 1983）。福岡県若八幡宮古墳の刳抜式木棺は横断面がゆるやかなカーブを描く短小な蓋と身を合わせたもので、舟形木棺1類と考えられる。銅鏡の上に蓋材、下に身材の一部がそれぞれ遺存し、樹種はスギと同定されている[(3)]（柳田ほか 1971、松本・堤ほか 1980）。福岡県羽根戸南G-3号墳1号主体部ではまとめて布に包んで副葬された破鏡3片の上と下に割竹形木棺蓋および身材と考えられる木片が遺存し、広葉樹材と同定された（福田 2001）。
　中期後半の福岡県萱葉1号墳組合式木棺は墓壙底面に溝を穿って側板、小口板、仕切板を立てる構造で、銅鏡下に底板の一部が遺存しており、スギ材と同定された（林・松本 1984）。
　中期後葉の福岡県番塚古墳では横穴式石室内に釘付式木棺2個が並列に安置されており、鉄釘および小口面に取り付けられていたと推定される蟾蜍形飾金具の裏面に材が付着している。林弘也によれば北棺の小口板はマツ科の針葉樹材、同じく北棺の身材の一部は広葉樹散孔材であった（林弘 1993）。北棺の西小口板に取り付けられていたと推定される蟾蜍形飾金具の裏面に付着する木片は上下で別の板材を使用し、西小口板は少なくとも上下2枚の木板を接ぎ合わせたものであった可能性が指摘されている。このうち下の材は広葉樹材であった（岡林 2015）。南棺に使用されたと考えられる蟾蜍形飾金具2点のうち1点の裏面に付着する木片は林弘也によってクリ材とされている（林弘 1993）。このほか釘付式木棺では、同観音山7号木棺墓出土の32点の鉄釘のうち、付着木質

が調査された3点（木質4点）はすべてヒノキ属と同定された（松本・林 1978）。同手光波切不動古墳から出土した鉄鏃2点に付着した材は広葉樹材である（岡林 2015）。また、福岡県狐塚古墳奥室出土の鉄釘のうち、1点に付着していた材は重松将雄によりスギと同定された。

5　舟材転用棺

　木棺用材として二次的に転用される材のほとんどは丸木舟、準構造船の船底部材などの舟材である。丸木舟・準構造船に使用される代表的な樹種が東日本ではスギ、西日本ではスギ・クスノキであり、舟材転用棺の樹種同定結果もスギまたはクスノキが多い。

　海蝕洞穴を利用した埋葬遺跡では舟を転用した棺の使用が多く知られている。千葉県大寺山洞穴（第1洞）ではベンガラを塗布した古墳時代中・後期の丸木舟転用棺が多数出土し、隔壁材上辺に摩耗痕が認められることから実際に使用されていた舟を転用したと判断されている。このうち1・3・4・9・11号棺の材はすべてスギで、また2号棺遺存材も針葉樹の樹皮であることから樹皮付きのスギ材を使用したものであった可能性がある（鈴木三 1998）。近在の鉈切洞穴出土と推定される船越鉈切神社所蔵資料も同様の丸木舟転用棺と考えられ、材の樹種は亘理俊次・山内文によりクスノキと同定されている。また、島根県猪目洞穴の埋葬は、準構造船の船底部を切断した材3枚で遺骸を覆っていた。こうした舟転用棺は海洋と密接に結びついた生業に従事した集団による独自性のつよい墓制と理解されている（岡本ほか 1997）。なお、同じく海蝕洞穴を利用した埋葬遺跡である神奈川県雨崎洞穴では、比較的良好に遺存した刳抜式木棺や焼けた組合式木棺が出土したとされる。

　大阪府久宝寺遺跡では多数の舟材転用棺が調査されている。久宝寺1号墳は一辺約10.5×12.5mの前期前葉の小方墳で3基の埋葬施設があった。中心的な位置を占める1号主体部はコウヤマキ製の割竹形木棺を直葬したもの、並列して設けられた2号主体部は船材を転用した木棺を直葬したもの、3号主体部は土器棺であった。2号主体部木棺の木部は腐朽が進んでいたが、木質繊維に混じってヤマザクラの樹皮を加工した樺紐の断片が出土したことから、準構造船の船底部を転用したものと推定され、材は蓋・身ともにスギであった。同じく前期前葉の小方墳である久宝寺6号墳主体部①の舟材転用棺はスギ材であった。このほか、久宝寺43号墳は一辺約9～11mの前期前葉の小方墳で、南側に接して3基の木棺墓が検出された。このうち05363木棺墓は、蓋板・小口板・底板で構成される組合式構造で、内部からは歯片が出土している。蓋板は残存長約1.28m、最大幅約0.64mの準構造船船首部の部材を伏せた格好で、樹種はクスノキであった。

　古墳出土の舟材転用棺としては兵庫県明石城武家屋敷跡東仲ノ町地区第4次調査で後期の小方墳における周溝内埋葬例があり、身・蓋ともに転用材と考えられている。静岡県元島遺跡2号墳は古墳時代中期の径5mの小円墳で、埋葬施設は舟形の粘土棺とされている。しかし、内部からは材が出土しており、西尾太加二によってヒノキと同定された（辰巳 2011：p265）。形状的にみて、丸木舟の先端あるいは準構造船の船首部を転用した木棺の可能性が高い。

　2003～2005年に朝鮮半島南部の慶尚南道昌寧松峴洞7号墓で横穴式石室内から出土した木棺は、三国時代の古墳における横断面半円形の刳り抜き材使用木棺の初出土例として注目された。樹幹を縦割りし、内側を刳り抜いた長さ3.3m、幅0.8m、高さ0.3m内外のクスノキ材の一方の側辺に、

側端面に凹字状に小溝を設けた細長いクリ材を継ぎ、両端付近を半円形板材で塞ぐ構造である。主要部を構成するクスノキ材は大きく2片に割れているが、両側縁および側端面にほぼ等間隔で長方形の小穴を穿ち、内面の片側短辺からかなり内側の位置に長軸に直交する方向の小溝が彫られている。長方形の小穴部には材結合のための樹皮の残片と楔が残るものもある。また、底部には大きな亀裂が生じているが、充填材を用いてそれを補修している。こうしたことから、私見ではこの木棺は棺身の主要部分に準構造船の船底材を転用したものと考える。その場合、船底材内面の長軸に直交する小溝は隔壁材をはめ込むための仕口であり、側面に小溝を設けたクリ材は舷側板と理解することができる[4]。

ところで、奈良県巣山古墳（第5次調査）で周濠北東隅から出土した一連の大型木製品のうち、「長持型木棺の蓋」とされたクスノキ材のものは、樹幹を半裁して加工し、一端は平たく、反対側の端へいくほど横断面半円形に近い形状に仕上げられ、外面には円、格子、直弧文が重複した文様が刻出されている。現存長約 2.1 m、幅約 0.78 m を測る（広陵町教育委員会 2006）。この部材の内面両側縁には板状の実をはめ込むための小溝がある。小溝は中ほどでわずかにずれており、ここにはめ込まれた材が2材を接ぎ合わせたものであったことがわかる。平たい側の端部に近い位置には、側面から小溝に対して直交する方向に長方形の小穴が穿たれている。

このような形状、構造の木棺材は類例がないが、木棺材以外にこれと類似した部材を求めるならば、準構造船の竪板（波切り板）を挙げられる。大阪府久宝寺遺跡出土の竪板は長さ 1.73 m、最大幅 0.7 m を測り、スギ材である。横断面では上端は平たく、下端へいくほど半円形に近い形状となる。内面両側縁には舷側板をはめ込むための小溝が切られている下端には凹部がつくり出され、その部分が同時に出土した同じくスギ材の船底部上面に設けられた仕口と組み合って、斜め外方につき出すように取り付けられるようになっている。これまでに出土した準構造船の竪板は大小や多少の形態差はあるものの、基本的な形状・構造は同じである。また、大阪府高廻り2号墳出土船形埴輪の竪板外面に粘土帯を貼り付けて表現された頭部の丸いA字形の装飾は、巣山古墳出土材外面の装飾と通じるものがあり（田中・高橋ほか 1991）、加美遺跡出土の舷側板と推定されているクスノキ材の表面には直弧文が彫刻されている（櫻井・宮本 1997）。

私見では、実物や埴輪資料との形状・装飾の類似性、準構造船部材には通有であっても木棺蓋には不要と思われる小溝や長方形の小穴の存在、樹種がクスノキであることなどから、巣山古墳出土材は木棺の蓋ではなく、準構造船の竪板材とみる方が適切と考える。同時に出土したスギ材の「舟形木製品」やクスノキ材の「三角形材」については、同じく準構造船の舷側板の一部と考えることができる。なお、「舟形木製品」、「三角形材」とも辺縁に長方形の小穴が点々と穿たれており、前者では部材結合のための樹皮と穴を塞ぐための楔が残る小穴もみられる[5]。

第3節　用材選択の地域性・階層性と時期的変化

1　用材選択の地域分布

古墳時代木棺の用材選択の地域分布にみられる大きな特徴は、コウヤマキ材を使用する地域と使

用しない地域とが明確に区分されることである（表3、図34・35）。コウヤマキ材の選択的使用地域は京都府南部、大阪府、奈良県、兵庫県南部の畿内地域を中心として、愛知・岐阜・三重・滋賀・和歌山・岡山の周辺各県にひろがる。この地域的枠組みは古墳時代を通じてあまり大きな変化がなく、「コウヤマキ地域圏」とでも呼ぶべきものである。

この地域圏におけるコウヤマキ材の選択利用は際立っており、古墳時代を通じての使用率は7割を超え、前期古墳では約8割である。前・中期の有力古墳の長大な木棺では約93%がコウヤマキ材を使用する。非コウヤマキ材では針葉樹が多く、広葉樹はほとんど確認されない。前・中期では非コウヤマキ材の約8割をヒノキが占めている。木棺の良材としての圧倒的なコウヤマキの地位があり、それに準じるものとしてヒノキが次の地位を占める、という構造がみてとれる。

現在のところコウヤマキ製木棺の分布の東限は静岡県西部であり、明確な選択的使用の東限は愛知県西部、岐阜県南部に求められる。静岡県西部では掛川市五塚山古墳にコウヤマキ材の木棺があり、袋井市徳光遺跡（山本編 2005）の弥生時代中・後期の木棺もコウヤマキである。一方、カヤ（馬場平古墳）、クスノキ（赤門上古墳）など多様な材も使用されており、この地域でのコウヤマキ材の使用率は突出するものではない。これに対し、愛知県西部から岐阜県南部にかけてはコウヤマキ材の使用率が7割を超える。この地域の弥生時代木棺材の様相はあまり明らかではないが、愛知県勝川遺跡では木棺用材と考えられるコウヤマキ板材を5枚ずつストックした中期後半の土坑が検出されている（赤塚・石黒ほか 1984）。なお、静岡県中部では瀬名遺跡、有東遺跡などにおける弥生時代木棺（栗野ほか 1992、岡村渉 1997）を含めてコウヤマキ製木棺はみられない。

西限については、西日本の樹種同定事例が少なく、明確化しにくい。日本海側では木棺におけるコウヤマキ材の使用例が兵庫県中部の城の山古墳、池田古墳（周濠内出土）の2例にとどまり、北近畿から山陰、九州までは基本的にコウヤマキを使用しない地域とみられる。山陽では岡山平野まではコウヤマキ地域圏に含まれると考えてよいが、広島・山口県域の瀬戸内海側の状況は不明である。四国側では松山平野にコウヤマキの使用例がある。

九州、山陰から北近畿、北陸にかけての本州の日本海側、東海東部、中部高地から関東、東北はコウヤマキ材を使用しない地域である。これらの地域では、ヒノキ・サワラ・スギ・カヤのほかケヤキ・クスノキなど広葉樹も使用され、樹種選択の幅が広い。傾向的には北関東ではヒノキ材、東海東部・南関東および北陸・北近畿ではスギ材の使用が目立つが、コウヤマキ材のような広域にわたる明確な選択性は認めがたい。

2　コウヤマキの地域植生と適材認識

コウヤマキは一科一属一種で日本特産の針葉樹である。通常樹高20〜30m、胸高直径60〜80cmであるが、大きいものは樹高40m、胸高直径1.5mに達する（図36左）。とくに幼時の生長はきわめて遅いことが特徴である。材は耐朽性、耐湿性がつよく、強靱で微香がある。強靱なコウヤマキ材の有用性を示す象徴的な用途例として、島根県六日市の板木（はんぎ）がある（図36右）。これは、つよく叩いても割れず、乾いた高い音を発することから、半鐘の代用として使用されているものである。一般的用途としては建築、風呂桶、桶類、土木、船、棺桶、井戸枠などがある（島地・伊東 1982）。

表3　出土木棺材の樹種同定結果集計（古墳時代全般、樹種・地域別）

				東北・関東・北陸・東海東部	東海西部・近畿・瀬戸内東部	瀬戸内西部・山陰・四国・九州	全国
				2	15	4	21
針葉樹	202 (89.4%)	イチイ科 Taxaceae	カヤ Torreya nucifera	3 (7.3%)	1 (0.7%)	1 (5.0%)	5 (2.6%)
		マツ科 Pinaceae				1 (5.0%)	1 (0.5%)
			モミ属 Abies	1 (2.4%)			1 (0.5%)
			ヒメコマツ Pinus parviflora		1 (0.7%)		1 (0.5%)
		コウヤマキ科 Sciadopityaceae	コウヤマキ Sciadopitys verticillata	1 (2.4%)	98 (72.6%)	4 (20.0%)	103 (52.6%)
		スギ科 Taxodiaceae	スギ Cryptomeria japonica	16 (39.0%)	14 (10.4%)	5 (25.0%)	35 (17.9%)
		ヒノキ科 Cupressaceae		1 (2.4%)	2 (1.5%)		3 (1.5%)
			ヒノキ属 Chamaecyparis			1 (5.0%)	1 (0.5%)
			ヒノキ Chamaecyparis obtusa	9 (22.0%)	14 (10.4%)	5 (25.0%)	28 (14.3%)
			サワラ Chamaecyparis pisifera	2 (4.9%)	1 (0.7%)		3 (1.5%)
				2	4	3	9
広葉樹	24 (10.6%)	ブナ科 Fagaceae	コナラ属 Quercus（コナラ節）	3 (7.3%)			3 (1.5%)
			クリ Castanea crenata			2 (10.0%)	2 (1.0%)
		ニレ科 Ulmaceae	ニレ属 Ulmus	1 (2.4%)			1 (0.5%)
			ケヤキ Zelkova serrata	2 (4.9%)	1 (0.7%)		3 (1.5%)
		クワ科 Moraceae	クワ属 Morus	1 (2.4%)	3 (2.2%)		4 (2.0%)
		クスノキ科 Lauraceae	クスノキ Cinnamomum Camphora	1 (2.4%)		1 (5.0%)	2 (1.0%)
計	226 (100%)	科・属の同定にいたったもの		41 (100%)	135 (100%)	20 (100%)	196 (100%)
		全体		45	154	27	226

※合計が資料件数と一致しないのは同一の棺に複数樹種の材を使用する場合が存在するためである。

　現在、コウヤマキの天然林は長野県南部から岐阜県東部以西、かつ九州から山陰にかけての日本海側を除く西日本に分布する。福島・新潟県境の一部や愛知県奥三河地方、静岡県西部、九州では宮崎県中部、大分県南部にも天然林がみられるが、点的な分布にとどまる（日本林業技術協会編 1964〜1976、林弥 1969）。

　過去においては現在ほど森林全体が縮小していなかったと想像されるにしても、この分布状況は古墳時代のコウヤマキの植生を考えるうえで参考となる。巨視的にみれば、東北、関東や九州におけるコウヤマキ製木棺の不在は、地域植生と大いに関係がありそうである。いっぽう、コウヤマキ地域圏に限定された用材利用は、単に地域植生に起因するものとは考えにくい。

　コウヤマキは山地性で、近畿地方ではおおむね標高200m以上に生育するとされる。奈良県を例にとると、天然林の分布が認められるのは大台山系、大峰山系をはじめとした標高の高い地域で（平田 1973）、過去においても奈良盆地の平地部はもちろん周辺山地縁辺部の低丘陵上には生育していなかったと推測される。少なくとも、多数の古墳が造営された奈良盆地部や大阪平野部におい

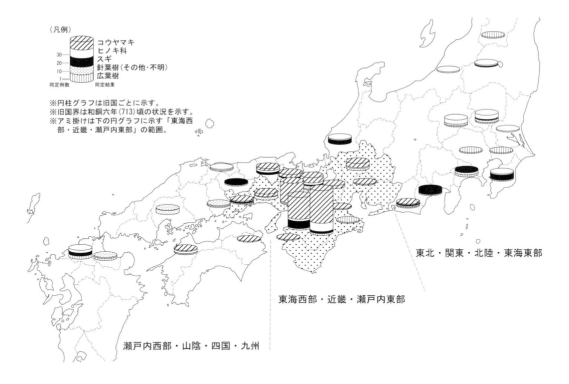

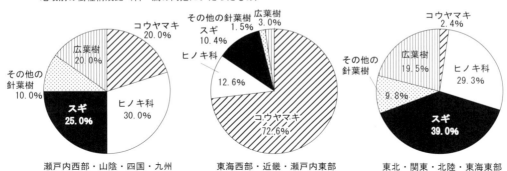

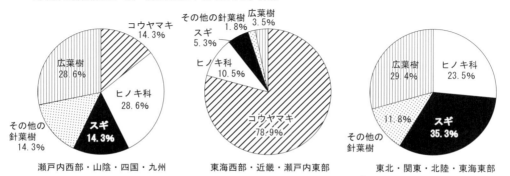

図 34　古墳時代木棺材樹種同定結果の分布

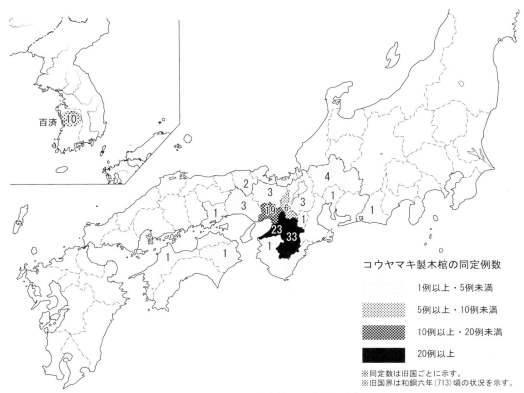

図35 コウヤマキ製木棺の同定例の分布

ては、コウヤマキは集落の近くで容易に入手しうる材ではなかったと考えられる。周辺山地部から大径材を得るための巨木を伐り出すには多大の労力を要したと考えられ、かつ活発な古墳の造営による材の大量消費は人手の入りやすい場所から順次コウヤマキ林を衰退させたと想像されるので、コウヤマキ材の確保はその植生地域においても常に容易であったわけではないだろう。

コウヤマキが棺の良材としての高い評価を獲得した必然性を十分に説明することはむずかしいが、巨樹に生長することや、割裂性が大きく切削等の加工が容易で、かつ耐朽性、耐湿性に優れていることなどが要件として挙げられる。さらに、そうした材の特性に加え、入手のためのコストが付加価値に転化することで、棺の良材としての適材認識をいっそう助長したことは予想される。

畿内地域では弥生時代にはすでに棺材としてのコウヤマキ利用が顕在化しており、大阪平野では部材のすべてにコウヤマキを用いる「総コウヤマキ製」木棺の優位性が早くも弥生時代中期には認められるという（田中清 1994）。こうした伝統性の上に最良の棺材＝コウヤマキ材という評価が固定化し、それがさきに触れた『日本書紀』巻一にみえる素戔嗚尊の言葉を借りた適材認識としても表れていよう。加えて、樹齢を重ねた貴重なコウヤマキの巨木をそのまま刳抜式木棺として利用する贅沢な行為には、古墳造営の蕩尽的側面をも認めることができる。

興味深いのは朝鮮半島錦江流域におけるコウヤマキ製木棺の飛び地的分布である。韓国忠清南道武寧王陵（朴相珍・姜愛慶 1991）、扶余陵山里墳墓群・陵山里東墳墓群、全羅北道益山大王陵（梅原 1938、尾中 1939）など、6～7世紀百済の王陵級墳墓に集中的な同定例がある。これらの木棺は装飾性のつよい百済独自の形制を有することが知られており（吉井 1995）、木棺自体は朝鮮半島

図36　コウヤマキの現生樹（群馬県沼田市）（左）・六日市の板木（島根県鹿足郡吉賀町）

において製作されたものである。上述のようにコウヤマキは日本特産の樹木であることから、日本列島から材としてのコウヤマキが移動したものと判断される。百済での木棺製作を前提として、木棺の良材であるコウヤマキが意識的に倭から供給されたのであり、その供給源は当然のこととして畿内を中心とする地域的枠組みの中に求められる。

3　用材選択にみられる階層性

　古墳時代前・中期におけるコウヤマキ地域圏での非コウヤマキ材使用の木棺の状況をみると、その背景に一定の階層性の反映を想定できる場合がある。

　大阪府久宝寺402号墳は、別の小方墳に随伴する2.7×2.3mのきわめて小さな方墳である。木棺は長さ0.6m弱の組合式木棺で、蓋・両側板・両小口板はいずれもスギ材（パリノ・サーヴェイ株式会社　2004）を使用するが、底板をまったく欠く。大きさからみて小児用の棺と推定されている。

　前述の岐阜県曽根八千町遺跡木棺墓SX02は長さ2.2mあまりの組合式木棺で、ヒノキ材を使用していた。出土人骨から被葬者は小児であることが判明している。また、隣接して検出された同時期のSX03は棒状材を多用した特殊な木棺状遺構で、用材はヒノキ属・スギ・ヤナギ属・エノキ属・ヒサカキなど多種にわたるがコウヤマキは使われていない。

　大阪府長原遺跡NG03－6次木棺墓SX015は、小方墳群の一画に営まれた墳丘をもたない木棺墓である。木棺は、横断面がゆるやかなカーブを描く長さ2.5m内外の蓋と身を合わせ、小口板を用いずに両端に大量の粘土を詰めて閉塞した特異な構造で、蓋の材がヒノキと同定された（福田・岡林　2005）。

　以上の諸例は、方形周溝墓的な低墳丘の方墳や無墳丘の木棺墓であり、副葬品も皆無である。棺構造にも簡易化による特異性がうかがわれるなど、被葬者が小児である場合も含めて、階層的に下位の被葬者に属するものである。また、奈良県下明寺市辺古墳は一辺11mの小方墳で、墳丘中央部に3基の埋葬施設が並列して設けられていたが、中心的位置を占める粘土槨の主体部1がコウヤ

マキ製刳抜式木棺であるのに対し、組合式木棺直葬の主体部2はヒノキ材を使用しており、同一墳丘内で格差が表現されている（岡林・福田 2006c）。

このように、前・中期におけるコウヤマキ地域圏においては、古墳における木棺の大多数がコウヤマキ材を使用するなかで、階層的に比較的下位の人びとやとくに小児などの場合はコウヤマキ材を使用しないケースが存在する。すなわち、木棺の良材としてのコウヤマキ材がより上位の階層に独占されており、コウヤマキ材と非コウヤマキ材が一定の格差をもって使い分けられていた実態がうかがわれる。

4 用材選択の時期的変化

コウヤマキ地域圏では、後期になってもコウヤマキの多用傾向が継続し、陶邑Ⅱ型式4～5段階併行までの使用率は約8割を維持する。そのいっぽう、奈良県上5号墳の横穴式石室におさめられた釘付式木棺では、同一の棺にコウヤマキ材に混じって非コウヤマキ材の部分的使用が認められる。西棺の北小口板、東棺の西側板はヒノキ科の材である。また、この時期の釘付式木棺や組合式木棺では、複数枚の細長い板を鉄鎹や桟木で接ぎ合わせて底板とした例がしばしばみられる。加えて、陶邑Ⅱ型式4段階併行期を境に、釘付式木棺に使用される木板は厚いものから薄いものへと変化し、釘も小型化する傾向が認められる。このように非コウヤマキ材の部分的使用や、コウヤマキ材の細長い板を接ぎ合わせた利用形態、木棺材の軽薄化といった現象の背景には、コウヤマキ大径材の不足による材の節約という側面を想定することができる。

その後、Ⅱ型式6段階～Ⅲ型式1段階併行以降になると、銅釘を使用した下司1号墳の木棺が広葉樹、同6号墳羨道棺がヒノキ、キトラ古墳の漆塗木棺、カヅマヤマ古墳・越塚御門古墳の木棺がヒノキ、御嶺山古墳・高松塚古墳・マルコ山古墳の漆塗木棺がスギ、束明神古墳の漆塗木棺がサワラなど、多様な樹種の非コウヤマキ材が使用されるようになる。この時期には古墳の造営数の急速な減少とともに、木棺におけるコウヤマキ材の選択的使用がほとんどおこなわれなくなったことが看取される。

コウヤマキは生育がきわめて遅いことから、弥生時代以来の継続的な消費は、利用可能な資源を貴重化させたと考えられる。またそのことが木棺の良材としてのコウヤマキの価値を高め、コウヤマキ材の消費に拍車をかけるという循環現象が想定できる。前期古墳における長大な舟形木棺から長大な割竹形木棺への転換、長大な長持形木棺A類の派生といった動きは、そのような材の需給関係とも深くかかわるものである。古墳時代中期以降の木棺の短小化の要因も、その延長上に位置づけられる。

古墳時代後期には、群集墳の盛行によって木棺材の需要が増大するいっぽうで、従来からの継続的なコウヤマキ材の消費の結果、コウヤマキ資源そのものの減少が深刻化していたと考えられる。板の接ぎ合わせや非コウヤマキ材による補填といった現象はコウヤマキ資源の不足状態を端的に示すものである。そうした状況のなかで、7世紀中葉以降には木棺の良材としてのコウヤマキ材に対する意識にも大きな変化が生じた可能性が高い。

5　古墳造営のための木材供給システム

　古墳時代木棺の用材選択を検討し、畿内を中心としたコウヤマキ地域圏ともいうべき地域的枠組みを確認した。この地域的枠組みはほぼ古墳時代を通じて維持され、その内部ではコウヤマキ材の利用形態に反映した一定の階層性もみられた。

　コウヤマキ地域圏においては、コウヤマキは木棺用材として古墳の造営と密接な関係を有する木材であったと評価できる。加えて、笠形木製品、石見型盾形木製品などのいわゆる木製樹物（高野学 1987、西藤 1992、鈴木裕 2000、鈴木・高橋 2009）も、木棺と同様にコウヤマキ材の選択的利用が顕著で、一古墳で相当量の使用が想定される場合もある（一瀬ほか 1989）。したがって、古墳時代を通じて消費されたコウヤマキ材は莫大な量におよんだと考えられる。

　その意味で、コウヤマキ材の恒常的な確保は古墳造営者にとって重要な課題であり、活発な古墳造営を可能にした条件の一つとして何らかの木材供給システム（金原正 1995、山田編 2003）がすでに存在していたことが推測できる。コウヤマキ地域圏の枠組みの存在や、その内部における階層性はそうしたシステムの実態の一端を示すものである。さらに、後期におこなわれた百済へのコウヤマキ材の輸出は、その背景に倭・百済の王権間の交流関係が想定されるとともに、コウヤマキ材を中心とした木材供給システムへの王権の関与を示唆するものといえる。

　後期には古墳造営数の大幅な増加もあってコウヤマキ材は完全な不足状態に陥り、終末期古墳ではヒノキやスギなどコウヤマキ以外の材が木棺材として使用されるようになる。コウヤマキを木棺の良材と考える適材認識もそれとともに希薄化していったようである。ところが、その後の都宮造営にあたっては大型建築用材としてヒノキに次いでコウヤマキが重用され、やはり多量のコウヤマキ大径材が消費された。その背景に、律令体制下における国家的大土木事業を実行するために、材供出地域のいっそうの拡大と移送の遠距離化を実現した新たな木材供給システムの成立を読み取ることができる。前代において古墳の造営を支えた木材供給システムがその成立の基盤となった可能性も指摘できるであろう。

註
（1）　この集成は出土木製品全体を対象とした総合的データベースということもあり、古墳時代木棺に関しては重複や漏れも多くみられ、精査がやや不十分な印象をぬぐえない。
（2）　2016年11月12日に倉敷考古館において実見した。
（3）　「スギ属」（柳田ほか 1971）、「スギ」（松本・堤ほか 1980）の二種の記載がある。国産のスギ属は一属一種であることから、「スギ」と表記した。
（4）　2006年2月24日に韓国国立昌原文化財研究所において実見した。
（5）　その後、広陵町教育委員会において一連の木製品の保存修理が実施され、現在は筆者の考えを採用した準構造船としての復元展示が広陵町埋蔵文化財センターでおこなわれている。

第3章　長大な木棺の機能

第1節　古墳時代木棺の長大さをめぐる議論

（1）古墳時代木棺の長大さ

　しばしば「長さ5～6mに達する」などと表現される長大な木棺の存在は、古墳時代における木棺の顕著な特徴の一つである。むろん、古墳時代の木棺のすべてが長大であるわけではなく、木棺形式による様相の違いや、時期的変化、階層差がある。

　まず、刳抜式木棺・組合式木棺と釘付式木棺とでは様相にかなりの差がある。釘付式木棺の大きさは、火葬などの遺体処理を前提とした著しく小型のものを除けば、おおむね長さ2.0～2.2m前後、幅60～70cm前後を基本とし、個体差や時期的変化が少なく均一的である。この大きさは、ほぼ成人の遺体1体を伸展位で収容するのに適しており、釘付式木棺には長大なものは存在しない。これに対し、刳抜式木棺と組合式木棺は、個体ごとの長短の差が顕著で、著しく長大なものが存在する。

　また、刳抜式木棺と組合式木棺の長さについてその時期的変化をみると、古墳時代の前半期には総じて長大なものが多いが、後半期になると相対的に短小なものが主流を占めるようになる。古墳時代前半期の刳抜式木棺と組合式木棺の各時期の長さの平均は、前期では約5.2m、中期前半では約5.9m、中期中葉～後期では約3.8mで、前期を通じて長大な木棺が盛行し、中期初葉頃に最長に達する。たとえば、中期初葉の千葉県新皇塚古墳北槨の割竹形木棺は長さ10.75mというきわめて長大なものである。

　木棺の本質的な機能は、いうまでもなく埋葬にあたって遺体をおさめるための容器としての機能にある。しかし、遺体1体を収容するのに適した大きさをはるかに逸脱した木棺の長大さを説明するためには、その本来の機能を超えて、あるいはそれとはべつに付加された機能を想定しなければならない。本章で問題とする長大な木棺の機能とは、長大であることが求められるそのような特別な機能をさす。

　長大な木棺は古墳時代の開始とともに出現する。前期から中期前半にかけて盛行したのち、中期半ば以降は衰退するが、後期になっても数は少ないものの長さ6mを超えるようなものが残存する。その出現は前方後円墳の成立と軌を一にしていささか唐突であり、その消滅は漸移的と評価できる。こうしたあり方は、長大な木棺が出現期古墳の構成要素として重要な意味を有しており、古墳そのものの変容とともにしだいにその意味を失い、あるいは機能を変化させていったことを示唆している。長大な木棺の本来的な機能とその変容を考えることは、古墳研究上の重要な課題の一つ

といってよい。

（2）長大な木棺の機能をめぐる既往の議論

　古墳時代木棺の長大さの意味については、これまでも諸先学によってさまざまな視点から議論されてきた。

　古墳時代研究において舟葬説が主流を占めていた1930年代までは、長大な木棺は、丸木舟を連想させる外形から舟そのもの、あるいは舟の形状を模倣した木棺と評価された。舟葬説に立脚する限りは、木棺の長大さは舟との関係で一定の合理性をもって説明しえたわけである。また同時に、そのことが考古学的立場からの舟葬説の主要な根拠ともされた。

　たとえば、梅原末治が1940年に示した舟形棺の系統論は、材の遺存によって長大な「船形木棺」と認識された岐阜県長塚古墳などの木棺や、舟形の粘土棺とみなされた竪穴式石室の粘土棺床（「石室被覆粘土舟形」）や、粘土槨（「粘土船形」）の関係を体系的に整理したものである。その中で梅原は、「見出された主體のすべてが細長い形をしていて、其の長さたるや遺骸を伸展葬する棺としての必要な範囲を遙かに超えて居る」ことを指摘し、「形に於いて連想せられるのは、それの我が上代の刳舟に酷似してゐることである」（梅原 1940：p727）と述べている。

　1941年に小林行雄によって舟形粘土棺などの概念が否定され、それらが割竹形木棺の痕跡であったことが解明されると、認識としての木棺の長大さは主として割竹形木棺の長大さに収斂することになった（小林行 1941）。それと同時に、舟葬説はつよく退けられ、木棺の長大さを舟との関係で説明してきたそれまでの理解も否定された。

　木棺の長大さをどのように説明するかについて、舟葬説論者からの反論を想定して小林が用意した答えは、「直径1メートルに近い大樹を切り倒して、ただ一棺の材を選びとる贅沢さのまえには、棺の長さをあえて身長にあわせて切りつめる必要は感じなかったであろう」（小林行 1944：p187）というものである。古墳を一般の墓制とはべつに出現した、貴族のための特殊な墓制と理解し（小林行 1955）、したがって長大な割竹形木棺もその蕩尽的側面において評価すべき、との立場と考えてよい。

　1950年代以降になると、長大な木棺の表象的な意味のみならず、長大であることが求められるより具体的な機能を明らかにしようとする考察が示されるようになった。

　たとえば佐野大和は、「大木の樹幹を材として遺骸の他に種々の副葬品を納めねばならぬ必要があるとすれば、太さに限度のあるこの棺材が前後に長く伸びてゆくのはむしろ当然であろう」（佐野 1955：p91）と述べて、副葬品などの収容空間確保のために割竹形木棺が長大化したとの考えを示した。

　勝部明生は、前期古墳の木棺の観察を通じて、耐湿性にすぐれたコウヤマキを選択的に使用すること、他の構造に比べて相対的に耐久性のある刳抜式構造をとること、埋葬施設の構造自体に排水・耐湿の設備が認められることなどから、そのもっとも重要な機能は遺骸の保護であると評価した。そのうえで、残存する木棺の多くで両端から腐朽が進行している実態を踏まえ、木棺の「長大な形態の一義は木棺の腐蝕によって遺骸が害なうことを危惧して作られた棺形であった」（勝部 1967：p35）とした。

　いっぽう、春成秀爾は古墳における「首長権継承儀礼」の執行を肯定する立場から、長大な割竹

形木棺を、新旧二人の首長が棺内に籠もって「首長霊継承の秘儀」（春成 1976：p85）を執行するために必要な 2 体の人間を同時に収容できる長さをもつものと評価し、折口信夫のいう「真床覆衾」の原型と位置づけた。後年はさらに明確に割竹形木棺の長大さと密閉性を「首長霊継承の秘儀」との関連性から説明している（春成 1984）。

用田政晴も古墳を「首長権継承儀礼」の舞台装置と考え、儀礼の執行にあたって他者からの大量の奉献品を含む副葬品を「一時的にしろ旧首長とともに」（用田 1980：p42）棺内に収容するために、前後方向に長大化することで必要な棺内空間を確保した長大な木棺が出現した、と理解した。新旧二人の首長が棺内に籠もる秘儀との関連性については否定している。

近藤義郎は、成立時の前方後円墳をそれ以前の弥生墳丘墓と区別する主要な 3 点の特色のうちに「長大な割竹形木棺」（近藤 1983：p189）を挙げ、定型化した前方後円墳（近藤 1977b）の構成要素としてとくに重要視する。近藤は木棺が長大であることの意義を、用田の意見のようなことも十分ありうる、としつつ、それ以上に基本的な意義として「大和連合」に参画した首長の棺を「大和連合への未参加の首長の棺との間に、長大さと形態のうえで著しい較差を表現することによって、大和連合の威力と、それにつらなる首長霊威の卓越性を示したもの」（近藤 1983：p194）とし、表象的側面を強調した。その後も、割竹形木棺が「なぜ長く作られたかについては、副葬品をたくさん納めるため、あるいは次の首長が中に入り亡き首長の霊威を引き継ぐためなど、いくつかの説が出されているが、筆者は首長と一般との格差を棺において示したものと考える」（近藤 1998：p116）と述べ、木棺の長大さを格差の表現と考える立場をさらに鮮明にしている。

都出比呂志は「長大な割竹形木棺と竪穴式石室の誕生は、中国における北頭位を重視する思想の影響に刺激された可能性があり、前方後円墳の成立と軌を一にした変化である」（都出 1986b：p22）とし、「前方後円墳の成立期からすでに、石室の規模の差によって首長の地位の差は表現され始めていた」（同：p23）と指摘した。ここでいう竪穴式石室の規模の差は当然のこととして内部におさめられた木棺の長さと相関関係にある。

吉留秀敏はさらに踏み込んで、割竹形木棺の長さにおける規格性の存在を前提に、近藤の見解（近藤 1983）を認めつつ、むしろ「大和連合に参加した各地の首長の較差を明確に表現し、大和盆地南部の首長を頂点とする厳密な序列化を推し進めようとするもの」（吉留 1989：p34）と考え、木棺の長さによる序列化の必要性から較差を多く設けた結果、破格の長大な木棺が必要となった、と結論づける。

考古学上の舟葬説は、いったんは小林行雄によってつよく否定されたが、地域的な習俗あるいは特定の生業に従事した集団よる墓制としてその存在を認めようとする意見はその後も数多く出され、近年は復活の様相を示している（下津谷 1960、磯部 1983・1989、辰巳 1992）。とくに岡本東三、辰巳和弘らは普遍的な舟葬論を展開し、長大な木棺の意義についても、舟の表象とする理解を示している（岡本 2000、辰巳 2011）。

長大な木棺の機能に関する既往の研究をふりかえると、その長大さを説明するための視点は大きく二つに整理できる。第一は木棺が長大であること自体に表象的意義を認めようとする視点、第二はより具体的な機能に積極的な意義を見出そうとする視点である。両者は背反的な関係にはないが、いずれか一方に比重が置かれる場合がほとんどである。

「舟の表象」説というべき舟葬説にもとづく理解や、「格差の表示」説というべき近藤、都出、吉

留らの理解は、第一の視点に立った考え方といえるであろう。

　第二の視点にたつ佐野、春成、用田らの見解はそれぞれに異なるが、副葬品であれ二人分の人体であれ、なにかを収容するための空間確保の要請と木棺の長大さを結びつけて考える点では共通し、「空間確保」説とでも呼ぶべき考え方である。勝部の理解も第二の視点にたつものであるが、「空間確保」説とはまったく異質で、「遺体の保護」説とでも呼ぶべき考え方といえるであろう。

（3）棺の前後方向を意識した検討の視点

　古墳時代木棺の長大さは、前後方向へ長さを増すことによって実現されており、左右や上下方向への拡大はみられない。このことは、長大な木棺が基本的に刳抜式構造をとることと不可分の関係にあり、ある意味で必然的でもある。加えて棺の前後方向に対するなんらかの特別な意識の存在が説明できれば、なぜ古墳時代の木棺が長大であるかという問題への解答に一歩近づくことができるであろう。

　すなわち、棺の前後方向を意識した、木棺安置時における小口部に対するなんらかの行為や、棺内空間の分割に関わる定式的な棺内利用といった行為が認められるとすれば、それは長大な木棺の機能と関連する可能性がある。しかしながら、これまでの研究では、そうした視点からの検討はほとんどなされていない。

　そこで本章では、まず棺の前後方向を意識した小口部に対する付加的処理のあり方について、とくに割竹形木棺を取り上げて検討、整理する。また、長大な木棺における棺内空間の分割のあり方を、仕切り構造の痕跡、棺内の空間利用における遺体の安置位置に着目して分析し、その時期的変化について検討する。これらの検討結果を踏まえ、長大な木棺の機能とその長大さの意味について考察したい。

第2節　割竹形木棺における小口部の重視

1　木棺の小口部に対する付加的処理

　古墳時代中・後期の退化した粘土槨や一部に粘土を使用した木棺直葬などでは、木棺の小口部分に重点的に厚い粘土を使用したり、礫群を配置したりするケースがしばしばみられる。服部聡志は、この種の埋葬施設では粘土の使用が全体として不完全であるにもかかわらず、とくに棺小口部付近で厚く用いられたり、棺小口部のみに用いられたりする場合が多いことの理由として、木棺の小口部分を重視する意識の存在を指摘した（服部聡 1984）。

　中・後期の退化した粘土槨や粘土使用の木棺直葬は、基本的に前期の竪穴式石室およびそれから派生した粘土槨の系譜をひく埋葬構造と位置づけられる。そうであるならば、前期～中期前葉の竪穴式石室や粘土槨で用いられた長大な木棺においても、同様に木棺の小口部分すなわち棺の前後方向を重視する意識を背景とした、小口部に対するなんらかの付加的な処理がおこなわれている可能性はないであろうか。

　そこで本節では、畿内を中心とした地域における古墳時代前期後葉～中期前葉の割竹形木棺を対

象に、小口部の検出状態を検討し、木棺の安置時における棺の前後方向を意識した小口部に対する付加的処理のあり方について整理する。資料的には、主に竪穴式石室・粘土槨の粘土構造部分に残された、小口部の痕跡が比較的明確な割竹形木棺の事例を用いることにする。割竹形木棺はその形態上のもっとも大きな特徴が素材である樹幹の形状を最大限に生かした円筒形の外観にあり、小口部は筒を切ったようにつくられ、構造的変異が比較的少ないと考えられる。また、割竹形木棺において多数派を占めると考えられる割竹形木棺B類の場合、装着式の小口板が端部から内側に入った位置にはめ込まれることで小口部分に開け放しの空間が生じることから、そこになんらかの付加的な処理が加えられることも想定しやすい。

　ここでいう畿内を中心とした地域とは、前章でコウヤマキ地域圏とした、具体的には岡山県以東で、日本海側を除く近畿地方を中心とし、岐阜県、愛知県以西の地域である。この地域では、古墳時代前・中期における木棺用材としてコウヤマキの比率が約8割に近く、用材の選択性がきわだって顕著である。このような用材選択の固定的状況からみて、この地域においては木棺の構造、形態も他地域に比べてより安定的であったと推測されることから、検討作業の有効性もより高いことが期待される。

2　小口部の検出状態における各類型

　割竹形木棺の検出状態における小口部の平面形は、棺端が直線的でコの字形に近い形状を示す場合（A型）、棺端のなかほどに粘土などが入り込み、H字形に近い形状を示す場合（B型）、棺端が主軸と直交する方向に拡張する場合（C型）、の主要3型にほぼ集約される。A型の場合は割竹形木棺A類もしくはB類、B・C型の場合は原則的に割竹形木棺B類が想定できる。以下、主要な調査例の状況を提示する。

（1）A型

　粘土槨における主要な事例として、大阪府駒ヶ谷宮山古墳前方部2号粘土槨、奈良県三陵墓西古墳第1主体部、大阪府岡古墳、奈良県マエ塚古墳を取り上げる。

　駒ヶ谷宮山古墳前方部2号粘土槨は、被覆粘土の中央部が陥没していた以外は、内部に棺の圧痕を良好にとどめていた（図37-5）。割竹形木棺は長さ4.90m、幅0.47〜0.55mで、銅鏡に接して蓋と身の接合部分の材が一部遺存したことから、棺身の高さが25cmであったことが判明している。両小口部を被覆する粘土は薄いもので、土圧によって内方に傾いていたが、本来の棺端は円柱を直線的に切ったような形状が復元でき、典型的なA型である。

　三陵墓西古墳第1主体部は、長さ8.35m、幅0.95〜1.20mのきわめて長大な割竹形木棺を内蔵した粘土槨である。棺床粘土を省略するが、両端部付近には大量の粘土を用い、小口面の明瞭な圧痕を残していた。頭側の小口面は高さ94cmまで遺存し、垂直に立ち上がる直径約120cmの円形に復元される（図37-6）。

　岡古墳の粘土槨は上部を削平された南端部のみが残存する状態であったが、割竹形木棺の小口部圧痕をよくとどめていた（図38-7）。小口面は垂直に立ち上がる外径約80cmの半円形で、外周に沿って幅8cm、奥行き10cm程度の溝状の凹みがめぐる。このことから、木棺本体は厚さ約8

cmで、南端から約10cm内側の位置に小口板を設けていたと推定される。北小口の圧痕が良好に遺存していたマエ塚古墳粘土槨の割竹形木棺も、同様に棺端から内側へ8cmの位置に小口板を設けていたと考えられる。

　駒ヶ谷宮山古墳前方部2号粘土槨、三陵墓西古墳第1主体部の木棺は割竹形木棺A類もしくはB類、岡古墳、マエ塚古墳の木棺は割竹形木棺B類と判断できる。

　竪穴式石室におけるA型の事例としては、京都府寺戸大塚古墳前方部石室、奈良県下池山古墳、同黒塚古墳などが挙げられる。下池山古墳、黒塚古墳の木棺は典型的な割竹形木棺A類であることが判明している。

（2）B型

　大阪府弁天山C1号墳前方部粘土槨は、長さ4.5m、幅0.4～0.5m以上の割竹形木棺を内蔵した遺存状態のよい粘土槨で、B型の典型例である（図37-1）。棺の両端内側に粘土塊が置かれ、棺端の平面形はH字形を呈する。棺床上面には全体に赤色顔料がみられたが、粘土塊の直下に相当する両端から内側に30cmまでの間には赤色顔料はみられなかった。したがって、この木棺の小口部は棺端から30cm内側に入った位置に別材の小口板をはめ込む構造で、割竹形木棺B類と判断される。

　この場合、棺端から小口板までの間の空間に充填された粘土は、棺の安置後に外側から詰め込まれたと考えられる。この粘土を詰める作業は、粘土塊の傾斜面と、粘土棺床の両短辺の内傾する側面とが面的に連続することから、木棺外底面と棺床の隙間に粘土を補填する作業（すなわち木棺を粘土棺床上に安置する作業の一環）と一体的におこなわれたと推定されている。なお、粘土塊の一部は小口板の位置よりも内側に入り込んでいるが、これは木部の腐朽にともない土圧で移動するなどした結果と考えられる。

　B型は粘土槨の例が多く、京都府瓦谷1号墳第1主体、同尼塚4号墳（頭位側小口）、大阪府弁天山B2号墳東槨（図37-3）・B3号墳後円部東槨・同西槨、同豊中大塚古墳第2主体部・同西槨東槨などが挙げられる。豊中大塚古墳第2主体部西槨は粘土の使用量が比較的少ない粘土槨で、両小口内側に黄灰色粘質土を置いていた（図37-2）。

　竪穴式石室の資料でB型と考えられる事例として、京都府鳥居前古墳例を指摘しうる（図37-4）。割竹形木棺は長さ5.31m、幅0.45～0.72mに復元され、粘土棺床の上面と小口板内面の立ち上がりには赤色顔料が付着する。頭側では棺端から約30cm内側に入った位置に小口板の痕跡があり、棺端と小口板の間には高さ約20cmの粘土塊が充填されていた。この粘土塊は粘土棺床上面と容易に剥離し、その剥離面にも赤色顔料がみられた。

（3）C型

　C型の粘土槨における良好な検出例として、大阪府和泉黄金塚古墳中央槨例がある（図38-8）。長さ8.70m、幅0.75～0.89mの割竹形木棺を内蔵する大規模な粘土槨で、この古墳の中心的埋葬である。両方の棺端は主軸と直交する方向に拡張した状態で検出され、棺端に外側から木板（以後、同様の木板を「棺端木板」と呼ぶ）を添え当てていたと考えられている。粘土中に残された痕跡から、頭側の棺端木板は幅125cm、高さ80cm以上、厚さ5cmの大きさで、下半部が下向き

第3章 長大な木棺の機能 119

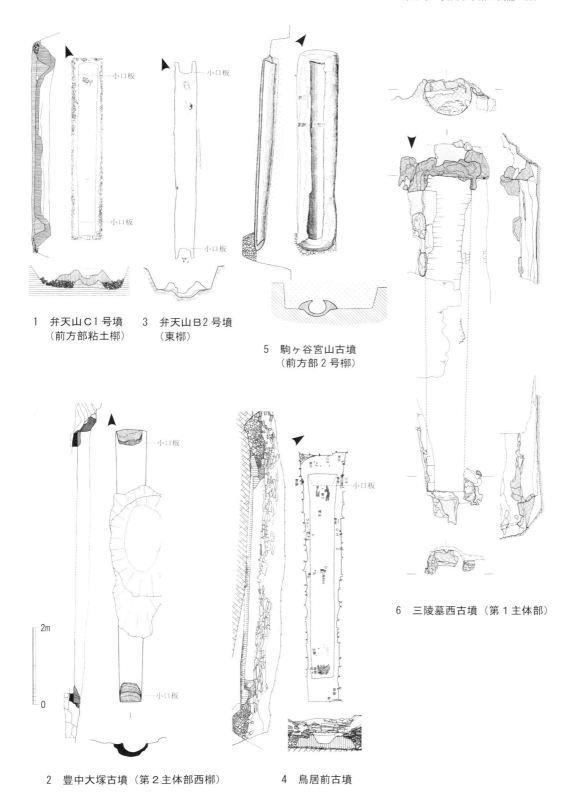

図37 割竹形木棺の小口部構造（1）

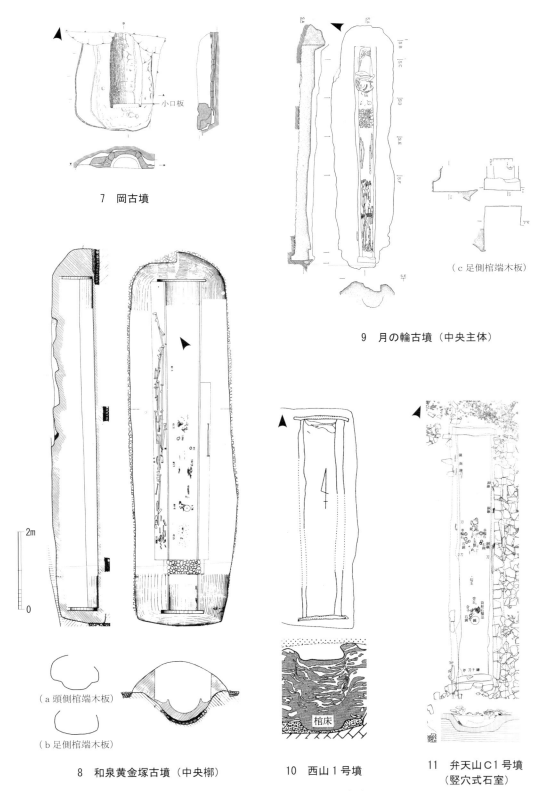

図38 割竹形木棺の小口部構造（2）

の凸字形に近い形状のもの（図38-8a）であり、足側の棺端木板は幅110cm、高さ70cm以上、厚さ7cmで、下半部がゆるやかな円弧を描くもの（図38-8b）であることが判明している。したがって、2枚の棺端木板は幅、高さとも棺本体よりも外側に大きくはみ出すかたちになる。同時に、それらの設置位置は棺底よりもわずかに浮いた位置にあり、棺端木板の下端の高さはそれぞれ棺底よりも頭側で2cm、足側では3cm高いことが判明している。

　岡山県月の輪古墳中央主体は長さ5.65m、幅0.41〜0.55mの割竹形木棺を内蔵する粘土槨である（図38-9）。頭側端部の状況はやや不明瞭であったが、足側では棺端木板を外側から添え当てた痕跡が明確に検出された。この木板は幅46cm強、高さ58cmの長方形で、厚さは約14cmである（図38-9c）。設置位置は足側の棺底よりも約10cm低く、棺端に接してほぼ垂直に立てられていた。

　京都府ヒル塚古墳第1主体部は大量の粘土を使用した大型の粘土槨で、南半部は盗掘で破壊されていたが、北半部は良好に遺存していた。割竹形木棺は長さ7m前後と推定され、北側（頭側）の外径約80cmを測る。棺小口面には下部が円弧を描く厚さ15cmの棺端木板を外側から添え当てた痕跡が検出された。この木板を木棺小口面に添えて立てるにあたっては、あらかじめ棺床粘土を一段低く掘り下げ、その後小口側の被覆粘土で大きく覆っている。

　大阪府ヌク谷北塚古墳の粘土槨は北端付近のみが残存するのみであったが、幅1.02mを測る割竹形木棺の北小口部の詳細な状況が明らかにされた。それによれば、粘土棺床のU字形をなす凹みの北端面には木目を縦方向にした厚さ2.5cmの棺端木板（材）が遺存し、2枚以上の板を立て並べていたと考えられる。この棺端木板より30cm内側に入った位置には、木目を横方向にした厚さ約7cmの別の木板痕跡があり、小口板に相当する。棺端木板と小口板によって区切られた空間には銅鏡3面が東西に並べて置かれていた。報告書ではこの銅鏡の置かれた空間は木棺外の北端に付設された副葬品用の「小室」と理解され、棺端は小口板より北には延びていなかったと判断されているが、全体の状況からは必ずしもそのように考える必要はなく、C型の一例としてとらえられる。

　粘土槨の例では、ほかに京都府西山1号墳（図38-10）、同芝ヶ原11号墳西槨、山口県木ノ井山古墳北槨などがC型として提示できる。

　竪穴式石室におけるC型の事例としては、大阪府弁天山C1号墳後円部石室、京都府寺戸大塚古墳後円部石室、同一本松古墳、岡山県金蔵山古墳南石室が挙げられる。

　弁天山C1号墳後円部の竪穴式石室はこの古墳の中心的埋葬で、長さ6.26m、幅0.78〜0.87mの割竹形木棺を内蔵していた。棺の両端にそれぞれ外側から添え当てられた棺端木板の痕跡が、頭側では棺端の輪郭よりも約0.1〜0.13m、足側では約0.1〜0.11m深い溝状の凹みとして認識された（図38-11）。凹みの面には赤色顔料が塗布されていた。木板の厚さは頭側では0.19m、足側では0.15mである。

　C型の場合、B型のように遺構の状況から割竹形木棺A・B類のいずれであるかを判別することがむずかしいが、ヌク谷北塚古墳木棺では小口板の材の遺存によって割竹形木棺B類であることが判明している。後述のようにC型における棺端木板の設置がB型における粘土塊の充填と同じく小口部の空間を塞ぐ意図を含むことから考えれば、C型の多くは割竹形木棺B類であったと考えるのが穏当である。

3 各類型の評価

　割竹形木棺の小口部の検出状態にみられるA～C型について事例を検討した。

　このバリエーションが、ただちに割竹形木棺の小口部構造における多様性を反映したものであるかどうかは、その検出状態が残された痕跡の主体である木棺自体と、受け皿である粘土棺床などの諸条件が複合した結果であることを前提に考える必要がある。とくにB型とC型の違いは、しばしば割竹形木棺そのものの小口部構造の差と評価されるが、C型における棺端木板の設置はB型における粘土塊の充塡と同じく基本的に木棺を粘土棺床に据えつけたあとに付加的におこなわれる作業であって、木棺自体の構造に関わるものというよりも、木棺の設置作業に関わるものと理解すべきものである。

　つぎに、小口部に対する付加的処理の観点から各型の関係をいま少し整理する。

　まずA型は、B型における粘土塊の充塡、C型にみられる棺端木板の設置のような、木棺安置時の小口部にかかわる付加的作業の痕跡がみられない検出状態と評価しうる。粘土槨である岡古墳例などでは小口板の位置が棺端から若干内側にあり、その分だけわずかに生じた小口面の凹部に粘土が詰まっていて、A・B両型の中間的な様相と評価する余地がある。しかし、この粘土は被覆粘土の一部と理解することが可能で、つぎに述べるB型のように被覆粘土の施工とは別に粘土塊を小口部の空間に詰め込む1工程を付け加えた状況とはいいがたい。

　B型は、割竹形木棺B類において小口板が端部から内側に入った位置にはめ込まれることで小口部分に生じた開け放しの空間に、外側から粘土塊などを詰め込んだ状態である。粘土塊の充塡作業は、弁天山C1号墳前方部粘土槨で明らかにされているように、棺床粘土の核となる粘土上に木棺を据え置いたのち、木棺周囲下半部をさらに粘土で巻いて粘土棺床を完成させる工程とともにおこなわれる。

　したがって、粘土槨の場合のB型は、被覆粘土の施工に先だって、粘土塊を小口部に詰め込む1工程が付け加えられている、と評価できる。鳥居前古墳のように竪穴式石室の場合には、被覆粘土自体がないため、いっそう明確にこの粘土塊の充塡作業が粘土棺床上における木棺の安置作業の一環であることが理解できる。

　C型は、割竹形木棺の棺端に外側から別材の木板、すなわち棺端木板を添え当てた状態である。

　全体として棺端木板の形状や大きさに規格性はない。和泉黄金塚古墳中央槨例（足側）では横長の不整な楕円形、月の輪古墳中央主体例ではやや縦長の方形であり、西山1号墳例、弁天山C1号墳後円部石室例などでは少なくとも下半部は半円形を呈する。ヌク谷北塚古墳例は全体の形状は不明であるが、2枚以上の木板によって構成される。和泉黄金塚古墳中央槨例（頭側）の木板は棺端の約1.4倍の幅を有する。下向きの凸字形に近い特徴的な下半部の形状は、木棺下半部を除いた棺床粘土上端の横断面形状にほぼ一致しており、棺床粘土上に棺を設置した後に現地で調整加工した可能性もある。

　粘土槨の場合、棺端木板を小口面に添え当てる作業は、やはりB型と同じく被覆粘土の施工に先だって付け加えられた1工程として評価できる。さらにB型と同様、竪穴式石室の場合には、この作業が粘土棺床上における木棺の安置作業の一環として位置づけられることが明白である。

ところで、C型における棺端の木板は、しばしば「（外）小口板」として、割竹形木棺の小口部構造を分類するための指標とされてきた。すなわち、それを割竹形木棺自体の構成部分と考え、筒状の本体部分の両端を閉塞する方式として、内面に円板状の小口板をはめ込むタイプと、外側に「小口板」を立てるタイプの2種類がある、と並列的に説明する立場である。こうした説明では、外側に「小口板」を立てるタイプの典型例として、上述の和泉黄金塚古墳中央槨例が紹介されることも多い（白石 1985、間壁 1992 ほか）。しかしながら、実際には和泉黄金塚古墳中央槨例やヌク谷北塚古墳例に端的に示されるように、外側の木板は形状や設置方法などの点で木棺自体の構成部分と考えるには不都合が多い。C型における木板は、B型における粘土塊と同様の意味あいをもつものと評価すべきであり、厳密には木棺を構成する材の一部という含意を排除する意味で、用語的な整理が必要であろう。本書で「（外）小口板」の語を用いず、単に棺端木板と呼んでいるのはそのためである。

　棺端木板の機能をよく示す事例として、割竹形木棺ではなく組合式木棺の事例であるが、大阪府真名井古墳の粘土槨を挙げられる。この粘土槨は、組合式木棺の側板に貼り付けられたような薄く高い棺側粘土を有するが、この棺側粘土は木棺の小口側にはみられない。その代わりに、小口側には棺端木板が立てられている。すなわち、この場合棺端木板は、棺側粘土の代替として機能しているのである。

　その意味で、B型とC型の差異は、小口部を塞ぐために使用された素材が、粘土であるか、木材であるかの違いということもできる。B型は、割竹形木棺B類において小口部分に生じた開け放しの空間を粘土で塞ぐ1工程がつけ加えられた状態であり、C型は、棺端木板を添え当ててその空間を塞ぐ1工程がつけ加えられた状態として評価できる。

　B型における粘土塊の充塡、C型における棺端木板の設置は、ともに小口部の空間を塞ぐ意図を含み、そのことにより前後方向への棺の密封をいっそう徹底する観念的意味合いを帯びた行為であったと理解できる。その背景には割竹形木棺B類自体の構造的特性が少なからず関係していると考えられ、その小口部分を補強する意図をもって、棺の安置時に小口部への粘土の充塡や棺端木板を立てる作業が付加されたものと考えたい。

　いっぽう、棺端部全体を、縄掛突起を含めて切削加工によりつくり出したと考えられる石川県雨の宮1号墳や、縄掛突起の有無は不明ながら、棺端部が大きく削り残されていたと考えられる下池山古墳、桜井茶臼山古墳などの割竹形木棺A類は、小口部に空間が存在せず、縄掛突起が想定される場合があることも含めて、今回検討したB・C両型のような小口部の処理にはなじみにくい。

　B型が粘土槨に多く、竪穴式石室の事例としては鳥居前古墳の1例を指摘しえたにすぎないことは、粘土を詰めるという方式からして、それがより粘土槨に相応しいものであったことを示すとみてよい。時期的にみても、粘土槨の弁天山C1号墳前方部が前期後葉に遡るのに対し、竪穴式石室の鳥居前古墳が中期初葉に下ることは、竪穴式石室におけるその採用が粘土槨の影響による二次的なものであったことを示唆するものである。

　C型は前期中葉の寺戸大塚古墳後円部石室、前期後葉の弁天山C1号墳後円部石室、初現的な様相のつよい粘土槨である西山1号墳などが古く、B型とは異なり当初から竪穴式石室にも採用されている。また、B型には同一墳丘内における副次的埋葬の事例が多く含まれるが、C型は中心的埋葬が主体を占める。和泉黄金塚古墳中央槨、ヒル塚古墳第1主体部などは前期末葉における最大級

の粘土槨であり、粘土を用いるB型に対して木板を用いるC型はより丁寧な方法と位置づけられていた可能性がある。

ところで、竪穴式石室におけるC型として例示した弁天山C1号墳後円部石室、寺戸大塚古墳後円部石室、一本松古墳の3例は、粘土棺床の両端を直線的に切り落としたようにおさめ、かつその外側に接して木板を添えた痕跡が明瞭に遺存した事例である。じつは、竪穴式石室の粘土棺床自体の形状としては、滋賀県安土瓢簞山古墳中央石室や大阪府紫金山古墳を代表例として、両端を直線的に切り落としたようにおさめるものは多い。そのような場合には、潜在的にその外側に接して棺端木板を添えていた可能性を否定できないケースも少なくないと思われる。その意味では、竪穴式石室における木棺小口部における木板の使用は、必ずしも少数例にとどまらない可能性もある。

割竹形木棺の小口部に粘（質）土を置いて木棺の前後方向を補強し、あるいは棺端に木板（石材）を添え当てる行為は、中期後半以降の木棺直葬においても形骸化しながら残存することが知られる（服部聰 1984、千賀 1976）。同時期の組合式木棺には小口板によって側板をはさみ込むような組み合わせ方がみられるが、これは基本的には底板上での側板と小口板の組み合わせ方のバリエーションと考えられる。中期後半以降には短小化した組合式木棺と割竹形木棺が相互に影響しあって状況を複雑化しており、前期的な意味合いはすでに変容を遂げていたと考えられる。

第3節　長大な木棺における仕切り構造

1　棺内空間の分割

古墳時代の棺の内部を物理的に分割する構造は、小口部分への副葬品用の小室の付加として認識され始めた。まず注意されたのは、組合式石棺・箱式石棺や舟形石棺など、石棺の事例である（梅原 1933、上田三 1941、北野 1957、木下・小田 1967）。小室内は鉄製品を中心とする副葬品で満たされている場合が多く、多量の器物を副葬する場合、とくに小室を設けて副葬品をおさめたものと一般に理解された。石棺における副葬品用小室の起源については、さまざまな想定が示されている。なかでも小林行雄は、割竹形木棺をおさめた竪穴式石室における棺内副葬品と棺外副葬品の区別や、木棺から石棺への発展（小林行 1941）を念頭に、組合式石棺の小口部分に設けられた小室をそうした竪穴式石室における棺外の空間に対比している（小林 1957）。

木棺についても早い段階で、後期の比較的短小な組合式木棺が良好に遺存していた奈良県三倉堂遺跡において、棺内を2枚の仕切板で3分割して小さな副室を設けた状態が認識されていた（岸 1934）[3]。両小口の副室には武器・馬具類などがおさめられていた。ただし、石棺とは異なり、木材で製作された木棺は棺自体が遺存しにくいため、具体的な棺内構造に関する知見は当初ほとんど蓄積されなかった。

1963年、藤原光輝は、棺室を仕切板で区切り、遺体を安置するための主室の前後に副葬品用の副室を設ける構造が、中期後半～後期の組合式木棺において普遍的に存在した可能性を考えた（藤原 1963）。さらにそこから発展し、前期末葉～中期初頭の大阪府和泉黄金塚古墳東槨・西槨、三重県石山古墳西槨における副葬品の配置状況を検討することで、やはり同様の棺内構造を想定してい

る。和泉黄金塚古墳東槨については、報告書で北小口板とされた棺本体とは直交する繊維方向をもつ遺存材を北小口の副室と主室を区分するための仕切板と理解するとともに、報告書では南棺外と判断された工具類の一群を同様に仕切板によって主室と区分された南小口の副室に置かれたものと判断し、南北両端に副葬品をおさめるための副室を設けた長さ約 8.5 m に達する長大な組合式木棺を復元した。棺内において空間を占有する副葬品の分布状況と棺内の仕切り構造とが有機的な関係にあることを想定し、実際に遺存する仕切板の位置も踏まえて棺内構造を復元的に検討した先駆的な作業といえる。

1970 年代にかけて発掘調査の増加にともない、仕切板と判断される残材が遺存している例も増え、過去の調査例の見直しもおこなわれたことで、各種の木棺における棺内仕切り構造に関する知見は一定の充実をみた。発掘調査技術が向上し、墓壙内に直葬された木棺でも仕切板の痕跡を土層の差として検出できるようになったことも資料の蓄積に寄与している。

仕切板の痕跡が遺存しない場合でも、藤原が実践したように、棺内の空間を占有する遺体および副葬品の分布状況と仕切り構造とが有機的な関係にあるとの想定をもとに、仕切り構造の復元が試みられた（櫃本ほか 1972、森浩 1976・1977）。前期古墳を中心に副葬品配置を検討した寺沢知子、用田政晴、今尾文昭らも、重点の置き方に差はあるものの、作業にあたって関連する棺内の仕切り構造に配慮している（寺沢知 1979、用田 1980、今尾 1984）。

1980 年代までは、想定される棺内の仕切り構造は、やはり小口部への副葬品用の副室の付加にかかわるものが中心であった。ただ、それらの多くは中期以降の短小な木棺であり、長大な木棺の場合でも粘土槨にともなう時期的にはやや下がる事例が多かった。

こうしたなかで、1984 年に発掘調査された新潟県保内三王山 11 号墳では、前期の短小な組合式木棺の両小口部に副室を設けるにもかかわらず、内部に粘質土を詰めてその空間を否定している状況が明らかにされた（小林隆 1989）（図 29-3）。とくに前期においては、棺内を分割して設けられた副室が、必ずしも副葬品用のものにかぎられないことを明確にしたものといえる。

1989 年に発掘調査された滋賀県雪野山古墳竪穴式石室の舟形木棺は、未盗掘の状態で 2 枚の仕切板そのものの遺存から具体的な棺内の 3 分割構造が確認され、その後の仕切り構造の復元に大きな影響を与えた（図 39-1）。この木棺の主室の長さは約 2.4 m であるのに対し、前後の副室の長さは約 1.5 m および約 1.3 m であった。小口部への副葬品用の副室の付加といったニュアンスとはかなり異なる比率での 3 分割構造である。1990 年代以降に報告された前期古墳の長大な木棺では、雪野山古墳のように仕切板そのものの残材が遺存していなくても、遺体の位置や副葬品の配置状況をもとに同様の 3 分割構造が想定された例が多い。兵庫県権現山 51 号墳、石川県雨の宮 1 号墳（図 39-2）などがその代表的なものである。

さらに、1995 年に発掘調査された奈良県下池山古墳では割竹形木棺身が長さ 5.24 m にわたって遺存し、材が遺存していなければ知ることのむずかしい各種の貴重な情報がえられた。この木棺の棺内は雪野山古墳木棺などと類似した比率で 3 分割されているのであるが、中央の遺体を安置するための棺室のみが割り抜かれ、その前後は割り抜かれず中実のままで、空間そのものが存在しない（図 39-3）。東日本の中・後期古墳ではすでに類似した棺内構造が知られていたが、畿内地域における前期の長大な木棺で確認されたのは下池山古墳木棺が初めてであり、「下池山型」とでもいうべき棺内構造である。その後、奈良県黒塚古墳、同桜井茶臼山古墳でも同様の構造が確認され、前

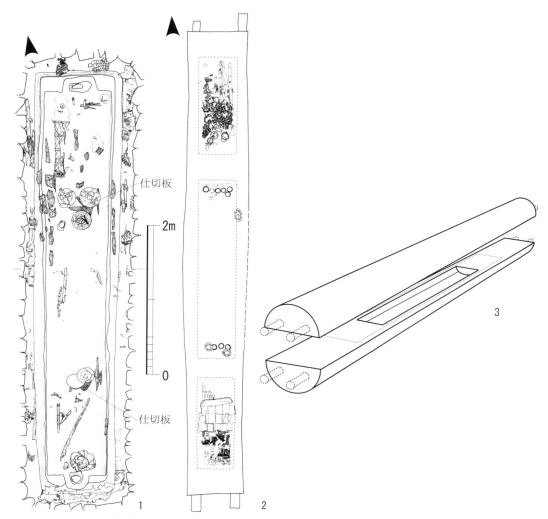

図39 雪野山古墳・雨の宮1号墳木棺の仕切り構造および下池山古墳木棺の復元イメージ

期前半の長大な木棺では必ずしも例外的な存在ではないことが明らかになりつつある。

　前期末葉以降の底板をもたない組合式木棺のなかには、棺底に礫を敷いたり仕切板を立てるための小溝を掘り込んだりすることで仕切り構造が判明する良好な事例がある。そうした事例には京都府溝谷2号墳（図40-1）、同日ノ内古墳第1主体部（図40-2）、同離湖古墳第2主体部（図40-3）などのように長大なものも含まれ、前期古墳の長大な木棺にみられるような3分割のほか、それとは異なる4分割などのさまざまな棺内分割がおこなわれている。これらは西日本の日本海側を中心に特徴的に分布する地域性のつよい木棺と評価されるが（石崎 1997、赤澤 2002）、空間利用という点では他地域も含めた中期古墳との共通性を示す可能性も指摘されている（岩本 2003）。

　以上のように、古墳時代の棺には仕切板などで棺内を前後方向にいくつかの空間に分割する場合があること、棺内空間の分割と遺体や副葬品の配置には一定の関連性があることなどがこれまでに明らかにされてきた。棺内分割のあり方には、早い段階で注意された副葬品用の小さな副室の付加、1980年代以降に類例が増加した前期を中心とした長大な木棺における3分割、中期を中心と

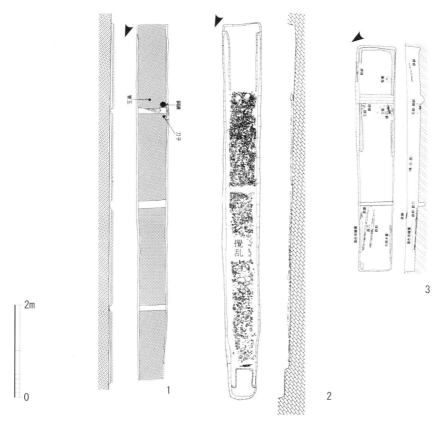

図40　底板をもたない組合式木棺の仕切り構造

した底板をもたない組合式木棺にみられる4分割をはじめとする多様な分割のあり方などがあり、複雑な様相を示している。

　仕切られたそれぞれの空間は、被葬者の遺体を安置する空間、副葬品のみをおさめる空間、ないにもない空間（空間そのものがない場合もある）というように、その性格や役割が異なっている。また、同じことの裏返しとして、棺内が物理的に仕切られているなら、遺体や副葬品は仕切板を越えて存在しえず、仕切られた空間ごとのまとまりを形成せざるをえない。したがって、棺内空間の分割のあり方と現象としての棺内における遺体や副葬品の配置に、一定の有機的な関係が存在するのは当然である。

　長大な木棺がもっぱら前後方向に長さを拡大したものである以上、前後方向への棺内空間の分割をともなうような棺内空間利用のあり方は、長大であることが求められる機能をなんらかのかたちで反映している可能性がある。

　また、長大な木棺の出現と消滅の様相の差からみて、その機能は古墳時代を通じて同じであったわけではなく、一定の時期的な変化を遂げたことが予想される。そこで、物理的な構造と利用法の両面における棺内空間分割のあり方にどのような時期的な変化が認められるかについても検討が必要となる。

　そこで本節では、具体的な棺内の仕切り構造について実例に即して検討したうえで、長大な木棺における棺内空間の分割のあり方を、仕切り構造の痕跡、棺内の空間利用における遺体の安置位置

に着目して分析する。

2 長大な木棺における仕切り構造と空間利用

（1）仕切りの具体的構造

　棺内空間を仕切る場合の具体的な構造には、別材の仕切板を取り付ける場合（装着式）と、棺本体を刳り抜く際に仕切板に相当する部分を刳り残してつくり出す場合（一体式）がある。
　構造上、装着式の仕切板は刳抜式木棺、組合式木棺の両方にありうるが、一体式の仕切板は棺体の主要部分が刳り抜き技術のみで製作される刳抜式木棺A類にかぎられる。刳抜式A類には、前述の「下池山型」の構造のものが含まれる。「下池山型」の場合は仕切「板」とは呼びにくいが、空間の有無による仕切りの構造は明確に存在する。また、後述するように一体式の仕切板や小口板には、加えて装着式の妻板をはめ込む構造もありうる点を注意しておきたい。
　つぎに、材が遺存し、具体的な構造が判明する事例を取り上げて構造の細部を検討する。なお、仕切り構造の細部が判明するような長大な木棺の遺存例はきわめて少数であるため、ここでは長大な木棺にかぎらず、短小な木棺も資料に含めることにする。また、小口板は棺内と棺外を仕切るための装置であり、棺内を仕切る装置である仕切板とは意味が異なるが、構造のうえでは両者には共通点が多いと考えられるので、資料を補う意味で小口板を含めて検討する。
　装着式の小口板・仕切板の実例としては、単体で遺存するもののほか、わずかながら棺本体への装着状況が判明する資料がある。
　割竹形木棺の小口板・仕切板は基本的に円形板で、棺内部の横断面形状を反映したものと考えられる。小口板では大阪府南天平塚古墳第1主体部、同久宝寺1号墳1号主体部、小口板・仕切板では竪穴式石室内の画像調査で確認された同闘鶏山古墳第2主体などの例がある。久宝寺1号墳木棺の小口板2枚は径約25～29cm、上端の厚さ5.3～5.5cm、下端の厚さ8cmの円形板である（図41-1）。
　長持形木棺の小口板・仕切板は上辺がせり上がった方形板で、やはり棺内部の横断面形状を反映したものと考えられる。形状が判明する出土例として、大阪府土保山古墳1・2号棺、奈良県三倉堂遺跡4号木棺、京都府瓦谷遺跡48bt試掘坑溝SD4805中層出土小口板がある。土保山古墳2号棺の小口板は両側辺が若干とび出しており、身本体内面に設けられた小溝にはめ込むための実になっている（図21-16）。瓦谷遺跡出土小口板は大小2枚あり、大きい方のものは両側辺中位に水平方向にとび出す柄がつくり出されている。身本体の側板上部に対応する切り欠きなどがあり、そこに差し込んで結合を補強したものと判断される（図41-2）。
　小口板・仕切板を装着する方法は、棺本体の内面に小溝を設けてはめ込むものが多く、ほかに柄差しを応用したものがある。割竹形木棺では、棺身本体の内面に小溝を設けた実例として、久宝寺1号墳1号主体部、南天平塚古墳第1主体部、三倉堂遺跡6号木棺の小口板、神奈川県吾妻坂古墳第3号主体部、奈良県大和天神山古墳の仕切板などが挙げられる。三倉堂遺跡6号木棺では小口板をはめ込むための小溝は蓋・身の両方に、久宝寺1号墳1号主体部では身のみにみられた。組合式木棺では、土保山古墳1・2号棺、大阪府新池遺跡出土木棺、三倉堂遺跡1～5号木棺をはじめ、多数の小口板・仕切板の例が知られている。いずれも側板・底板の両方もしくは底側板の内面に小溝

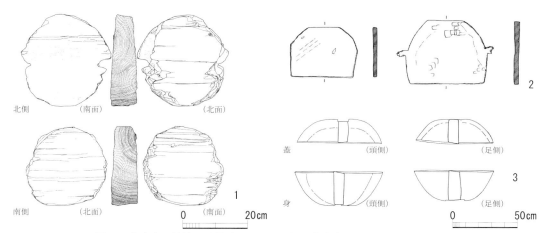

図 41　久宝寺 1 号墳・瓦谷遺跡・七廻り鏡塚古墳舟形木棺の小口板・妻板

を設ける。三倉堂遺跡の長持形木棺では、蓋の内面にも小溝の痕跡が確認される。柄差しを応用したものとして、上述の瓦谷遺跡出土小口板のほか、愛媛県葉佐池古墳 A 木棺がある。小口板は長方形で、両側辺中位に水平方向にとび出す柄がつくり出されている。側板の側には対応する穴があり、小口板の柄をそこに差し込んで固定する。装着式の小口板・仕切板の材の繊維方向は棺本体と直交する水平方向を原則とし、上記の諸例はすべてそれにあてはまる。

　一体式の小口板・仕切板は、棺自体がほぼ完存するような状態でなければ構造の細部を知ることができないため実例は少ないが、装着式の小口板または妻板と呼ばれる別材が併用されるケースが数例知られている。

　福岡県妙法寺古墳群出土の割竹形木棺身は、両端からやや内側に入った位置に隔壁状の小口板を削り残してつくり出している。材の木口面にあたる小口板の表面は平滑に仕上げられているが、さらにその外側に装着式の小口板をはめ込む。足側には半分に割れた円形の小口板が残り、頭側にも同様の小口板をはめ込むための不明瞭な小溝がある（図 18-7）。

　栃木県七廻り鏡塚古墳舟形木棺は、蓋・身の中央に全長の約 63％の長さの棺室をそれぞれ割り込む。棺室の両端面には小溝を穿って別材の妻板がはめ込まれている。棺身の妻板は上辺の幅 62～67.8 cm、高さ 23.6～27 cm、厚さ 8 cm の半月形で、円弧下端にコの字形の切り欠きがあり、それが身本体の小溝に設けられた凸部と組み合うようになっている。棺蓋側の構造はこれを反転したものである（図 41-3）。同様の妻板をはめ込んだとみられる小溝は、同藤岡町太田出土舟形木棺にもみられる。

　底板をもたない組合式木棺では、仕切板は墓壙底もしくはその上に置かれた置き土の上に直接立てられるか、墓壙底に溝を穿って下端を落とし込んで立てられる。とくに墓壙底に溝がない場合、仕切板が自立するためには別の仕口による棺本体への固定が必要であり、一般的な組合式木棺と同様に側板内面の小溝にはめ込むなどの手法が併用されたと考えられる。

（2）長大な木棺における仕切りの位置

　つぎに、長大な木棺における仕切りの位置を知る方法について実例に即して検討する。

　仕切り位置は仕切板自体が遺存する場合には自明であり、雪野山古墳(6)、新潟県胎内城の山

古墳（31）の舟形木棺、大阪府和泉黄金塚古墳東槨（58）の長持形木棺など少ないながら例示が可能である。ただ、材が遺存しない場合でも、以下に述べるような諸条件から、一定の確実性で仕切り位置の復元が可能である。

まず、木棺の材は腐朽消滅しているものの、発掘調査の過程で土層の変化から仕切り痕跡を認識できる場合がある。仕切り構造を境として棺内に流入した埋土が異なる場合、仕切板を境としたいっぽうの空間に意図的に粘土などが詰められている場合などである。前者の事例として黒塚古墳（1）、後者の事例として福島県桜井古墳群上渋佐支群 7 号墳（27）が例示できる。

また、赤色顔料の分布範囲から仕切り位置を復元できる場合がある。たとえば、一部の区画のみに赤色顔料が面的に使用され、その分布範囲が仕切りの位置で明瞭な境界をなしている場合として、兵庫県塩田北山東古墳第 1 主体部（18）、福岡県京ノ隈古墳（47）の割竹形木棺、富山県阿尾島田 A 1 号墳（32）の舟形木棺、和泉黄金塚古墳東槨（58）の長持形木棺などを例示しうる。黒塚古墳の場合は、中央の区画にのみ水銀朱が使用されることでその範囲が明らかにされたケースである。棺内一面に赤色顔料が使用され、仕切板の部分が赤色顔料の空白として認識できる場合として、兵庫県水堂古墳（77）の割竹形木棺、京都府瓦谷 1 号墳第 2 主体（37）の組合式木棺などがある。本来仕切板が存在したと考えられる赤色顔料の空白が明瞭であるほど、位置復元の確実性は向上し、仕切板の厚さも復元できる場合がある。瓦谷 1 号墳例では 2 枚の仕切板の厚さがそれぞれ約 8 cm、約 10 cm であることが明らかにされている。

底板をもたない組合式木棺では、仕切板を立てるために墓壙底に穿たれた掘り方や棺底に敷かれた礫の切れ目などから仕切板の位置を特定できることが多い。代表例として、福岡県萱葉 1 号墳木棺（68）では、側板、小口板、仕切板を立てた際の掘り方が墓壙底に残されており、2 枚の仕切板で棺内を 3 分割していたことが知られる。加えてこの木棺では各区画に礫敷が施されており、仕切板痕跡は礫敷の空白としても認識できた。

主として副葬品の配置から仕切りの位置が推定される場合もある。上記の諸条件に比べてやや確実性が下がるが、その他の状況を合わせて補強することで有効な復元案になりうる。

たとえば、兵庫県茶すり山古墳第 1 主体部（78）は底板をもたない長大な組合式木棺で、3 カ所に副葬品のない空白部分がみられたことから、3 枚の仕切板で長大な棺内を 4 分割した状態が復元された。4 区画のうち、遺体が埋葬された区画にのみ礫敷が施されており、その前後端のラインは副葬品の空白とほぼ完全に一致する。副葬品の空白から、仕切板の厚さはいずれも 15 cm 前後と推定されている。

雨の宮 1 号墳（33）の割竹形木棺では、2 カ所に棺長軸方向での長さ 30～40 cm にわたって副葬品のない空白部分があり、2 枚の仕切板で棺内を 3 分割する構造が復元された。遺骸の存在が推定される中央の区画では、頭側の空白に沿って棺長軸に直交する方向で鉄剣 1 口が置かれ、さらにそれに沿って石釧 6 個が並べられており、また足側の空白に沿って石釧、車輪石 5 個がやはり直交方向に並べられていた。これらは仕切板に沿って配列されたものと理解されており、仕切り構造の復元を補強するものである。

このほか、奈良県高山 1 号墳（87）の割竹形木棺は、鉄刀・鉄剣 1 口ずつが鋒を下にして立った状態で出土したことから、棺内の刀剣類が仕切板に立てかけられていたと判断できるめずらしい例である。

3 棺内空間の利用法と時期的変遷

（2）棺内における遺体の安置位置

　つぎに、棺内における遺体の安置位置に重点を置き、その他の副葬品の配置も参考に、棺内空間の利用法を検討する。副葬品については、これまでも種類ごとの配置のあり方に注目した各種の検討がなされているが、ここではあくまで空間の占有という観点から取り扱う。

　ここでとくに遺体の位置に着目するのは、棺が本質的に被葬者の遺体をおさめるための容器であり、しかも遺体は棺内におけるもっとも大きな収容物でもあって、棺内の空間利用法を決定的に規定していると考えるからである。

　木棺では遺体の全身骨格が遺存するような状態はほとんど期待できないため、状況証拠を積み上げることによって遺体がどこに安置されていたかを復元する必要がある。まず、古墳被葬者の棺内における体位はふつう仰臥伸展位で、原則的に棺幅に広狭がある場合には広い側、高低差がある場合には高い側を頭位方向とする原則がある（光本 2001）。それに加えて、状況証拠となりうる以下のa～fの手がかりを提示する。

　骨格、歯牙が一部にせよ原位置で遺存する場合、これに準じるものとして枕が存在する場合は、かなり直接的に遺体の位置を特定することができる（a）。

　また、櫛、首玉、腕輪、手玉、足玉といった装身具類が、着装状態と考えられる状況で遺存する場合がある（b）。装身具類は身体からはずされている場合でも本来の着装位置に近い場所に置かれることがしばしば指摘されており、その配列に合理性を認めうる場合は指標として一定の有効性がある。

　鏡は頭部ないし胸部付近に置かれる場合が多く、頭辺、足辺に分置される傾向も指摘されている（c）。佩用品としての刀剣類も被葬者の両脇に添えられることが多い（d）。

　また遺体の周辺、とくに頭部から胸部にかけての付近には濃厚に赤色顔料が存在することが多く、水銀朱とベンガラが使い分けられる場合がある（e）。

　さらに、仕切り構造が判明する場合、遺体の位置は必然的に限定される。棺内空間を占有する副葬品が多い場合にも、消去法的に遺体の位置を推定できる場合がある（f）。

　棺内空間の利用法を検討するにあたり、盗掘を受けていない、あるいは受けていても遺体や副葬品の配置を検討するうえで支障のない長大な木棺の発掘調査例の中から、上記a～fおよびその他の諸条件から分析結果に一定の信頼性が期待しうる資料100例を抽出した（表4、図42・43）。これらの資料をもとに、遺体の安置位置に着目した棺内空間の利用法を類型化すると、中央型、偏在型、複数型の3類型に分けることができる。

　　中央型……棺のほぼ中央部に1体が安置されるもの
　　偏在型……棺の一方の小口に偏った位置に1体が安置されるもの
　　複数型……2体もしくはそれ以上の遺体が直列に安置されるもの

　複数型は頭位を基準とした遺体相互の関係性からさらに細分できる。基本型として2体の頭位を一致させる場合（頭位一致直列）、相互に頭を向けあう場合（頭位対向直列）、相互に足を向けあう場合（足位対向直列）がある。変形として、直列に安置された2体のうちの1体に並列して、ある

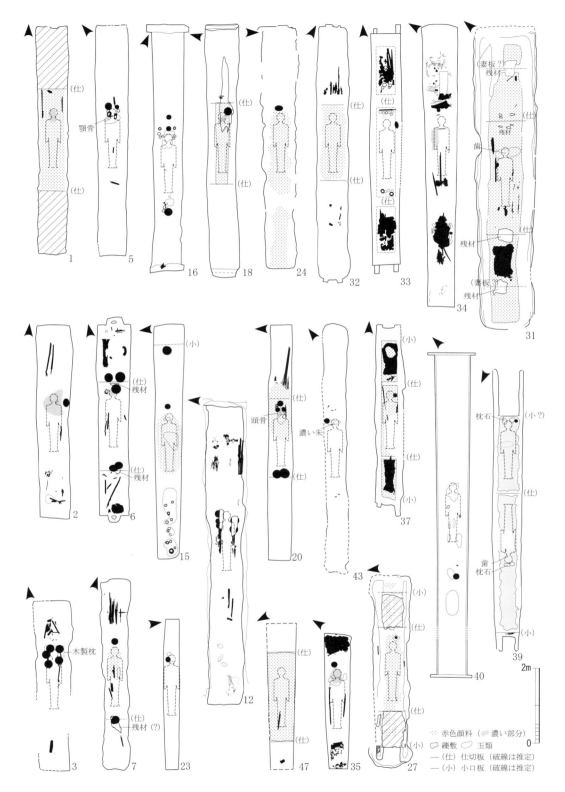

図42　長大な木棺の棺内利用（前期）

第3章 長大な木棺の機能 133

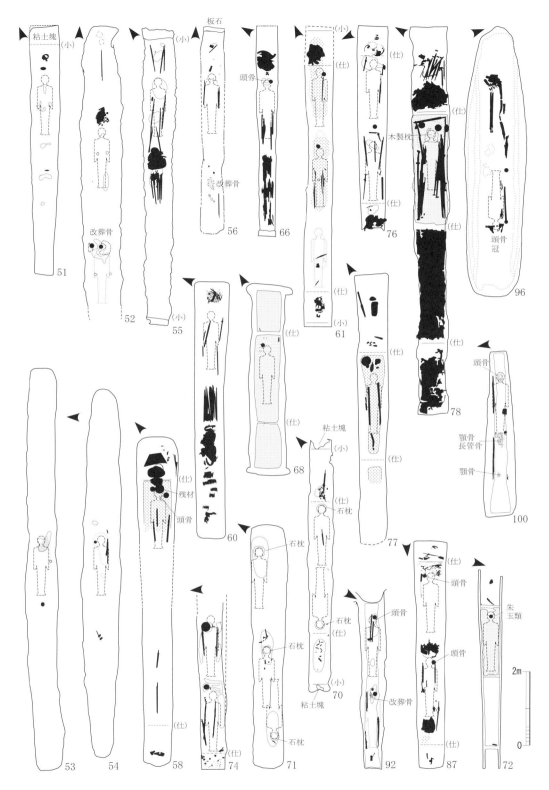

図43 長大な木棺の棺内利用（中・後期）

表4 長大な木棺の棺内利用法と分割構造

番号	古墳名（木棺名）	時期	棺 形式	棺 長さ	類型	条件 a〜f	その他（例：東被葬者→東）
1	黒塚古墳	前期前葉	割A	6.2	中	c d e f	3分割構造
2	神原神社古墳	前期前葉	割	5.28	中	c d e	
3	権現山51号墳	前期前葉	舟1	4.4	中	a b c d e	木製枕
4	西山谷2号墳	前期前葉	舟1	4.2	中	c e	
5	安土瓢箪山古墳（中央石室）	前期中葉	割	6.2	中	a b c d e	顎骨
6	雪野山古墳（竪穴式石室）	前期中葉	舟	5.6	中	b c d e f	3分割構造
7	寺戸大塚古墳（前方部）	前期中葉	割B	5.2	中	b c d e	
8	上大谷6号墳	前期中葉	組	4.6	中	c	3分割構造
9	下池山古墳	前期中葉	割A	6.29	中	e f	3分割構造
10	桜井茶臼山古墳	前期中葉	割A	(5.7)	中	f	3分割構造
11	高松茶臼山古墳（第1主体部）	前期中葉	?	(5.45)	複(頭)	a c d	東：頭骨、西：頭骨
12	前橋天神山古墳	前期後葉	組?	7.8	中	c d e	
13	国分尼塚1号墳	前期後葉	割	6	中	b c d e	
14	東之宮古墳	前期後葉	割	(4.8)	中	b e	
15	垣内古墳	前期後葉	割B	6.4	中	b c e f	
16	弁天山C1号墳（後円部石室）	前期後葉	割B	6.26	中	b c e	
17	紫金山古墳	前期後葉	割B	6.5	中	b c	
18	塩田北山東古墳（第1主体部）	前期後葉	割B	6.9	中	b c e	3分割構造
19	（丹波）丸山1号墳（後円部南石室）	前期後葉	割	4.4	中	a c	歯
20	（朝来）城の山古墳	前期後葉	組	6.43	中	a b c d e	頭骨
21	鴨都波1号墳	前期後葉	割B	4.3	中	b d e	
22	大迫山1号墳	前期後葉	組	5	中	b c	右手玉
23	古枝古墳（後円部粘土槨）	前期後葉	割	3.85	中	a b c e f	歯
24	妙見山1号墳（1号主体部）	前期後葉	割	6.65	中	c e f	
25	会津大塚山古墳（北棺）	前期末葉	割	6.5	中	a b c e	歯
26	会津大塚山古墳（南棺）	前期末葉	割	8.4	中	a c d	歯
27	桜井古墳群上渋佐支群7号墳	前期末葉	長	4.7	中	c f	3分割構造
28	（石岡）丸山1号墳	前期末葉	組B	3.56	中	c e	骨
29	茂原愛宕塚古墳	前期末葉	舟2	6.3	中	b c d e	櫛
30	山崎1号墳	前期末葉	割B	5.48	中	d f	3分割構造
31	（胎内）城の山古墳	前期末葉	舟2	8.2	中	a b c d e f	歯、3分割構造
32	阿尾島田A1号墳（第1主体部）	前期末葉	舟2	6.9	中	e f	3分割構造
33	雨の宮1号墳	前期末葉	割A	6.2	中	c f	3分割構造
34	石山古墳（東槨）	前期末葉	割	7.7	中	b c d e f	
35	石山古墳（西槨）	前期末葉	組	3.7	中	b c d e f	
36	尼塚4号墳（後円部粘土槨）	前期末葉	割	5.57	中	b	
37	瓦谷1号墳（第2主体）	前期末葉	組	5.2	中	a c d e f	頭骨・櫛、3分割構造
38	大田南6号墳	前期末葉	組（無底）	5.4	中	d f	3分割構造

第3章 長大な木棺の機能 135

番号	古墳名（木棺名）	時期	棺 形式	棺 長さ	類型	条件 a~f	その他（例：東被葬者→東）
39	日ノ内古墳（第1主体部）	前期末葉	組（無底）	7.5	複（足）	a b c f	南：枕石、北：歯・枕石、3～4分割
40	和泉黄金塚古墳（中央槨）	前期末葉	割B	8.7	中	b e	
41	池ノ内1号墳（東棺）	前期末葉	割	3.7	中	b c	
42	池ノ内5号墳（第2棺）	前期末葉	組	(7.3)	偏	a b c d	歯
43	上野1号墳（第1主体部）	前期末葉	割	6.5	中	b c e	頭骨痕跡（？）
44	奥才33号墳	前期末葉	組（無底）	4.65	中	f	3分割構造
45	斐伊中山2号墳（第Ⅳ主体）	前期末葉	割	4.8	中	c e	リン分布
46	用木3号墳（第1主体）	前期末葉	組	4.8	中	a c	枕石
47	京ノ隈古墳（後方部粘土槨）	前期末葉	割A	3.92	中	d e f	3分割構造
48	辻古墳	前期末葉	割B	5.3	中	c d f	
49	赤坂1号墳	前期末葉	割	5.2	中	d e f	
50	油田1号墳	前期末葉	組	4.2+	偏	a c e	粘土枕
51	桜塚古墳	中期初葉	割B	6.74	偏	b c e	
52	鏡塚古墳	中期初葉	組	7.85+	複（同）	a b c d	南：改葬骨
53	新皇塚古墳（北槨）	中期初葉	割	10.75	中	b c	
54	新皇塚古墳（南槨）	中期初葉	割	9.83	中	b c	
55	野毛大塚古墳（第1主体）	中期初葉	割B	8.1	偏	b c	
56	厚貝山の神古墳	中期初葉	割B	5.3	複（変）	a b	南：改葬骨
57	ヌクモ2号墳	中期初葉	組（無底）	4.3	中	b c f	3分割構造
58	和泉黄金塚古墳（東槨）	中期初葉	長	8.5	偏	a b c d	3分割構造
59	和泉黄金塚古墳（西槨）	中期初葉	組	4.37	中	b c f	
60	盾塚古墳	中期初葉	割B	6.9	偏	c f	
61	東車塚古墳（1号棺）	中期初葉	割B	8.1	複（変）	b c d	
62	上板井2号墳	中期前半	組（無底）	5	偏	b c e	
63	北原西古墳	中期初葉	割	5.18	複（同）	b c d	
64	島の山古墳（前方部）	中期初葉	割	7.45	偏	b c e	頭玉・手玉
65	奥才11号墳	中期前半	組（無底）	4.4	中	f	3分割構造
66	月の輪古墳（中央主体）	中期初葉	割B	5.65	中	a b c d e f	頭骨
67	前山古墳（石室）	中期初葉	割	6.2	中	a	頭骨
68	萱葉1号墳	中期初葉	組（無底）	5	中	b c f	櫛、3分割構造
69	上赤塚1号墳（第1主体部）	中期前葉	割	8.1	偏	a b d	石枕
70	石神2号墳	中期前葉	割B	6.8	複（足）	a b d e	東・西：石枕
71	猫作・栗山16号墳	中期前葉	組	(6.63)	複（変）	a b	東・中央・西：石枕
72	左坂C21号墳	中期前葉	組（無底）	5.4	偏	b c e f	4分割構造
73	岸ヶ前2号墳（埋葬施設1）	中期前葉	割		複	b d	
74	風吹山古墳（北棺）	中期前葉	割B	4.05+	複（同）	b c d e f	

番号	古墳名（木棺名）	時期	棺形式	長さ	類型	条件 a~f	その他（例：東被葬者→東）
75	豊中大塚古墳（第2主体部東槨）	中期前葉	割B	7	中	b c d e f	
76	珠金塚古墳（南槨）	中期前葉	割B	5	複(同)	a b c d e f	
77	水堂古墳	中期前葉	割	6.1	中	b c d e	3分割構造
78	茶すり山古墳（第1主体部）	中期前葉	組（無底）	8.7	偏	a b c d e f	木製枕痕跡、4分割構造
79	茶すり山古墳（第2主体部）	中期前葉	組（無底）	4.8	中	a b c d e f	歯・枕石、3分割構造
80	三陵墓西古墳（第1主体部）	中期前葉	割B	8.35	偏	b	
81	北原古墳（北棺）	中期前葉	割	5.3	複	b d f	東：鉄釧
82	北原古墳（南棺）	中期前葉	割	4.56	複	b d f	東：櫛
83	町田東3号墳	中期中葉	組（無底）	4	中	a f	枕石、3分割構造
84	西山塚古墳（第1主体）	中期中葉	組（無底）	4.9	中	a d f	頭骨・枕石、3分割構造
85	離湖古墳（第2主体部）	中期中葉	組（無底）	4.88	中	b c	3分割構造
86	御獅子塚古墳（第1主体部）	中期中葉	割	5.2	偏	a b c d f	頭骨・歯
87	高山1号墳	中期中葉	割B	6	複(同)	a b c d e f	南・北：頭骨
88	七瀬3号墳（第3主体部）	中期中葉	割	4.05	複?	a b f	顎骨
89	天神山7号墳（第1埋葬施設）	中期後葉	割	4.8	偏	b d f	垂飾付耳飾
90	天神山7号墳（第2埋葬施設）	中期後葉	割	5.6	偏		
91	私市円山古墳（第2主体部）	中期後葉	長	4	偏	b d	
92	新沢千塚48号墳（北槨）	中期後葉	割B	4.5	複(同)	a b c f	西：頭骨、東：改葬骨
93	後出3号墳（第1主体）	中期後葉	割B	5	複(同)	f	
94	後出3号墳（第2主体）	中期後葉	割B	4.1	複(同)		西：櫛
95	後出18号墳（第1主体）	中期後葉	割B	4.38	複(足)	d e	
96	山王山古墳	中期末葉	舟2	6.6	偏	a b c d e f	冠
97	後出1号墳	中期末葉	割B	5.4	複(足)	a d e	東：粘土枕
98	後出2号墳	中期末葉	割B	4	複(足)	b	
99	七廻り鏡塚古墳（主棺）	後期前半	舟2	5.49	中	a b d e f	歯・骨・人体・櫛
100	出口2号墳（第1主体）	後期前半	割	4.2	複(変)	a d	西：頭骨、中央：改葬骨、東：顎骨

※棺形式　舟1：舟形木棺1類、舟2：舟形木棺2類、割：割竹形木棺、組：組合式木棺、長：長持形木棺、A：A類、B：B類
※類型　中：中央型、偏：偏在型、複：複数型（同：同向直列、頭：頭位対向直列、足：足位対向直列、変：変形その他）

いは直列してさらに1体を加えた3体埋葬例がある。

（3）中央型の棺内空間利用法

　被葬者の遺体1体を長大な棺内の中央に置く中央型の空間利用法は、棺内空間を3分割する構造と親和的である。棺内を3分割するあり方には、前述のように2枚の仕切板で中央の区画（主室）と前後の区画（副室）に3分割する構造と、主室のみを設け、前後に空間をもたないことで3分割する「下池山型」の構造の2通りがある。

　中央型であって、かつ3分割構造が確認される中期初頭までの長大な木棺19例について、棺の

全長に占める主室の長さを図44にまとめた。一見してわかることは、棺の全長には相互に倍以上の開きがあり、かなりのばらつきがあるのに対し、主室長のばらつきは比較的少ないことである。また、全長と主室長に相関関係は認められず、主室の長さを決定づけているものは木棺そのものの大小ではない。むしろ、主室長が木棺の全長にかかわらず比較的均質であり、主室が遺体の安置空間として機能することから、主室長は遺体の安置空間として適当と

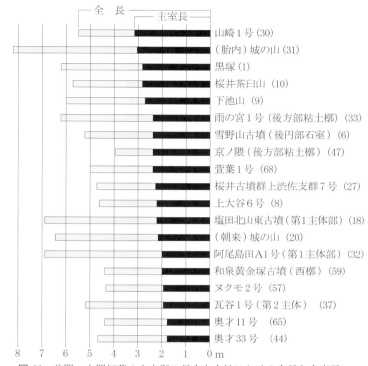

図44　前期～中期初葉の中央型の長大な木棺における全長と主室長

考えられた長さを基準としていた可能性が高い。

　中央型の主室長が棺の全長に占める割合は、棺の全長自体にばらつきがあるため一定ではない。しかし、実際の数値を検討すると、もっとも割合が大きいものでも6割程度であり、大部分が半分以下である。すなわち、中央型では主室長が比較的均質であることを反映して、棺の全長が4～5m程度のものでは主室：副室：副室の長さの比がおおむね2：1：1に近いものが多く、6～7m程度のものでは1：1：1すなわち3等分に近いものが多い。

　このことを踏まえて、仕切り構造の痕跡が遺存しないほかの中央型の事例についてもみてみると、いずれも中央の遺体の前後には仕切りの存在を想定しうる余地があって、2：1：1から1：1：1の比で物理的に3分割されていた可能性をさまたげる材料はない。中央型の棺内利用法は、原則的に物理的な3分割構造をともなうものであった蓋然性が高いといえるであろう。

　中央型の棺間空間利用法の特徴の一つとして主室内の副葬品が限定的であることが指摘できる。主室内に置かれるのは銅鏡、玉類などの装身具、佩用品的な若干の刀剣類が主で、多量の鉄製武器や武具などが置かれることはない（表5）。

　副室についても、黒塚古墳（1）のように空間自体が存在しない場合や、桜井古墳群上渋佐支群7号墳（27）のように粘土などを詰めて副室空間を否定している場合がある。また、一定量の副葬品があっても棺外に置き、副室には副葬品がみられないものがあり（滋賀県安土瓢箪山古墳中央石室（5）、大阪府弁天山C1号後円部石室（16）、愛媛県妙見山1号墳1号主体部（24）など）、この傾向は時期が古いものほど顕著である。

　中央に設けた主室に1体の遺体を安置すること、主室の長さが安定的であることと、そこに置か

表5　前期の中央型における主室の副葬品

番号	古墳名（埋葬施設名）	玉	鏡	刀剣	その他
1	黒塚古墳	−	1	2	−
2	神原神社古墳	−	1	2	−
3	権現山51号墳	○	5	2	貝製品2・銅鏃1
4	西山谷2号墳		1	−	
5	安土瓢箪山古墳（中央石室）	○	2	2	腕輪4・鉄板1
6	雪野山古墳（竪穴式石室）	○	5	3＋	鍬形石1・琴柱形石製品1
7	寺戸大塚古墳（前方部）	○	3	2	斧2・(鉄鏃)
15	垣内古墳	○	1	−	
16	弁天山C1号墳（後円部石室）	○	3	−	腕輪9・合子1・筒形石製品1
17	紫金山古墳	○	1	−	
18	塩田北山東古墳（第1主体部）	○	1	−	
20	(朝来) 城の山古墳	○	6	1	腕輪4・合子1・琴柱形石製品1
23	古枝古墳（後円部粘土槨）	○	1	−	
25	会津大塚山古墳（北棺）	○	1	4	石製紡錘車1
26	会津大塚山古墳（南棺）	○	2	3＋	棒状鉄器1・鉇1
27	桜井古墳群上渋佐支群7号墳	−	1	−	鉇1
28	丸山1号墳	○	1	8＋	銅鏃4
29	茂原愛宕塚古墳	○	1	−	櫛1
30	山崎1号墳	○	−	1	鉇1
31	(胎内) 城の山古墳	○	1	2	(弓・銅鏃)
32	阿尾島田A1号墳（第1主体部）	○	−	−	
35	石山古墳（西槨）	○	2	2	
37	瓦谷1号墳（第2主体）	−	1	3＋	櫛
40	和泉黄金塚古墳（中央槨）	○	−	−	腕輪2
41	池ノ内1号墳（東棺）	○	−	−	腕輪3
43	上野1号墳（第1主体部）	○	1	−	(刀子5)
44	奥才33号墳	−	−	−	
45	斐伊中山2号墳（第Ⅳ主体）	−	1	−	(工具類？)
46	用木3号墳（第1主体）	−	1	−	
47	京ノ隈古墳（後方部粘土槨）	−	−	1	鉇1
48	辻古墳	−	1	1	
49	赤坂1号墳	−	−	2	−

れる副葬品が限定的であることは、長大な棺内の3分割がまさしく被葬者の遺体を中心とした空間構成であることを示している。副室は主室を設けたことによって生じた空間（空間がない場合も含めて）であって、そこに副葬品を置くといった空間利用はあくまで副次的なものと評価すべきである。

　したがって、中央型における仕切りの第一義的な機能は、棺内において遺体をおさめるための空間の前後を遮蔽し、いわば棺を前後方向に多重化することにあったと考えるのが妥当である。

（4）偏在型・複数型の棺間空間利用法
　偏在型と複数型の棺内利用法は、かなり多様性に富んでいる。
　ただ、たとえば偏在型の茨城県桜塚古墳（51）の足側の空間にさらに1体の遺体を加えると、複

数型の大阪府珠金塚古墳南槨（76）や高山1号墳（87）のレイアウトに近いものになる。あるいは、偏在型の茶すり山古墳第1主体部（78）の西から二つめの区画は大量の副葬品で満たされているのであるが、ここをもう1体の被葬者の安置空間とすると、複数型の千葉県石神2号墳（70）のレイアウトにかなり近いものになる。

　その意味で、桜塚古墳をはじめ、東京都野毛大塚古墳第1主体（55）や和泉黄金塚古墳東槨（58）のように、遺体と棺内副葬品を片方の空間に寄せることで反対側に大きな空間をつくり出している偏在型の資料には、本来は複数型であった可能性が潜在している。

　このように、偏在型と複数型の棺内利用法は多様であると同時に、偏在型・複数型相互のレイアウトの類似性から、互換的な関係がうかがわれる場合が存在する。偏在型と複数型は時期的にも共存する関係にあり、相互に関連が深い。

　偏在型・複数型と実際の仕切り構造との関係が判明する事例としては、まず和泉黄金塚古墳東槨（58）が挙げられる。藤原光輝の復元案（藤原 1963）にしたがえば、北小口から内側へ約1.2 mの位置に仕切板があり、これを反対側の南小口にも折り返すと、長さ約8.5 mに達する長大な棺内が、主室：副室：副室の長さの比がほぼ6：1：1で3分割されていたことになる。副室にはそれぞれ甲冑類と鉄製工具類がおさめられており、まさに副葬品用の小さな副室の様相を示している。

　また、茶すり山古墳第1主体部（78）は、長さ約8.7 mに達する長大な棺内を3枚の仕切板によって東から長さ約1.8 m、約2.4 m、約2.4 m、約1.6 mに4分割する。東から2区画目の中央区画と呼ばれる部分が遺体の埋葬空間であり、それ以外の区画はほぼ副葬品で充満されていた。仕切りの位置が具体的に判明する4分割の事例としては、ほかに京都府溝谷2号墳、同左坂C21号墳（72）、兵庫県筒江中山23号墳など、いずれも茶すり山古墳と同じく底板をもたない組合式木棺の例がある。

　偏在型・複数型の棺間空間利用法は、空間分割の観点からは多様であるが、あえて仕切り構造との対応関係を整理するならば、以下のように説明できる。まず、和泉黄金塚古墳東槨（58）のような主室長がきわめて長い3分割構造と、茶すり山古墳第1主体部のような4分割構造との違いは、長大な主室がさらに2分割されているかどうかであって、その違いは微妙であるともいえる。したがって、偏在型・複数型で想定しうる空間分割は、主室長がきわめて長い3分割構造と、その長大な主室内部をさらに幾通りかに分割する派生形を基本としているみてよい。

　長大な主室と前後の副室とを分割する仕切り構造は、和泉黄金塚古墳東槨のほか、大阪府風吹山古墳北棺（74）、高山1号墳（87）など、底板をもたない組合式木棺以外にも確認例がある。主室部分の長大化にともない、両小口部分の副室は相対的に小型化する傾向がある。また、副室には鉄製品を主体とする副葬品がおさめられることが多く、あたかも副葬品用に付加された小室の様相がつよい。具体的な仕切り痕跡がない場合でも、そうした副葬品が集中する状況から仕切板の存在を類推できることが多く、主室長がきわめて長い3分割構造には一定の普遍性があったと判断される。

　いっぽう、長大な主室をさらに分割する仕切り構造の確認例は、いまのところ底板をもたない組合式木棺にかぎられている。割竹形木棺や通常の組合式木棺では、あたかも甲冑を仕切板の代用としたような事例も存在し、その普遍性は未知数といわざるをえない。また、底板をもたない組合式木棺にみられる具体的な仕切りの配置には不規則なものも多く、多様性がうかがわれる。

総じて偏在型、複数型のあり方には変異が多く、頭位方向などの点でも中央型のような定式的な様相はみられない。

今回の検討で複数型とした20例あまりのうち、2割に近い4例に改葬が認められることは特筆に値する。茨城県鏡塚古墳（52）、長野県厚貝山の神古墳（56）、奈良県新沢千塚48号墳北槨（92）では、改葬骨は集積されているが、明らかに伸展位の遺体と同等の空間が与えられている。そればかりではなく、改葬遺体にも伸展位の人体と同様の着装位置に副葬品を配置する場合があることも注目される。鏡塚古墳における頭部の銅鏡、玉類、両手首の石釧など、新沢千塚48号墳北槨における頭部の鏡や玉類、両脇の刀剣類などが例示できる。

（5）棺間空間利用法の時期的変遷

ここで、長大な木棺における棺間空間利用法の時期的変遷について整理しておきたい。

古墳時代初頭から前期後葉までの棺間空間利用法は原則として中央型にかぎられる[7]。この時期は、奈良盆地東南部の大型前方後円墳から各地の有力古墳まで、広く長大な木棺が採用されており、きわめて定式的な様相を示す。

前期末葉になると、中央型に加えて、偏在型・複数型が出現し、棺間空間利用法が多様化し始める。中期には近畿地方を中心とした大型古墳では長持形石棺が採用されるなど棺形態自体が多様化し、前期における最上位の棺形態であった長大な木棺の位置づけも変化する。棺間空間利用法の多様化も、そうした中期的様相への動きのなかでとらえられる。

そのいっぽう、前期末葉から中期初葉にかけては木棺の全長が7〜8mに達するものがみられるなど、全体に長大化のピークに達する。これは主として竪穴式石室の減少、粘土槨の盛行にともなって、棺の長さを制限する要因が変化したことによる一時的な現象と考えられる。

偏在型・複数型では、棺外に置かれていた副葬品が棺内に置かれるようになり、被葬者が複数になるなど、特定被葬者の中心的地位が不明確化する。その空間分割は不規則な面があるが、棺内を長大な主室と前後の小さな副室に3分割し、さらにその主室を分割するパターンが基本形であり、中央型の3分割構造から派生したものと考えられる。

中期中葉以降、後期にかけては、竪穴系埋葬施設がしだいに衰退するとともに、木棺は総じて短小化に向かう。そうしたなかで、相対的にではあるが、偏在型・複数型よりも中央型の衰退が著しいことを注意しておきたい。

第4節　長大な木棺の機能

第2節で、割竹形木棺の小口部における棺安置時の付加的作業として、小口部に粘土を充填したり、棺端木板を設置したりする場合があることを指摘した。また、第3節では、前後方向への空間分割をともなう長大な木棺の棺内空間利用法の様相が、前期末葉を境として、それより以前とそれ以後とで大きく異なっていることを明らかにした。以下では、記述の便宜上、第3節で明らかにした前期末葉までの様相を前期的様相、それ以降の様相を中期的様相として記述する。

長大な木棺の棺内空間利用法における前期的様相は、棺内空間を3分割することと、その中央

に1体の遺体を安置する空間利用法が明確な対応関係にあり、例外が少なく画一的な点に特徴がある。これに対し、中期的な様相は、遺体の数が1体にかぎられないなど各種の棺内空間の利用法が並存し、多様性に富む点が特徴である。

したがって、前期的な様相に反映した機能こそが、木棺が長大であることが必要とされたより本来的な機能であり、中期的な様相はそれが相対的に希薄化するとともに、新たにさまざまな機能が付加され、多様化した状況と理解できる。

以下、既往の研究成果も参考にしつつ、前期的な様相に反映した長大な木棺の機能とはなにか、さらに中期的な様相に反映した機能の多様化はどのような意味をもつかについて考察を加える。

1　前期的な様相に反映した長大な木棺の機能

長大な木棺の棺内利用における前期的な様相は、3分割構造、中央型の空間利用法、およびその画一性によって特徴づけられる。

第1節で触れた佐野大和、用田政晴、春成秀爾らに代表される「空間確保」説は、こうした長大な木棺の棺内利用における前期的な様相の実態に合わない点で疑問がある。これらの説では、棺内空間の大きさが木棺自体の長大さをほとんど反映しない下池山古墳木棺のような事例の存在を説明することができない。また、前期的な3分割原理にもとづく長大な木棺の空間区分は、春成が想定した新旧二人の首長がかかわる儀礼とは相容れないものである。残念ながら、何かを収容するための空間確保の要請から棺の長大化を説明することはむずかしいと思われる。別の観点から考察を進めるべきであろう。

前期前半期の長大な木棺が刳抜式構造をとることは、すでに指摘されているように遺体保護のための堅牢性や密閉性を重視したものと考えてよい。3分割構造は、それに加えて遺体の置かれる中央の空間と外部との前後方向への遮蔽を強化し、いわば棺を前後方向に多重化することで、堅牢性や密閉性をさらに高める効果がある。そのようにして3分割された長大な棺内の中央に遺体を置くことの背景には、主たる収容物である遺体を棺の真ん中に置くという意識とともに、遺体を厳重に保護するために、いわば棺のもっとも深い部分、もっとも内側の部分におさめるという意識が働いているとみてよいであろう。

また、前期の長大な木棺では、東海西部から近畿地方中央部、瀬戸内にかけての広域で、用材の約9割をコウヤマキ材が占めるという実態がある。コウヤマキは直幹性の喬木で、長大な木棺の製作に適した材であるが、それとともに湿気につよく、腐りにくい特性をもつ。勝部明生が、このようなコウヤマキ材の特性や、木棺の腐朽が棺の小口部分すなわち樹幹の木口面から進行する傾向も踏まえ、前期古墳の木棺が「水分湿気からの遺骸保護を特に留意して長大な形に作られた」（勝部1967：p34）と述べていることは傾聴に値する。このような防水性、防湿性の観点からも、長大な棺内空間の3分割構造と中央型の空間利用法には、遺体の保護を強化するうえで一定の合理性がある。

長大な木棺をおさめる竪穴式石室に目を転じてみると、その構造にも防水性・密閉性・堅牢性を完備した大型石槨の構築を目指した設計思想が看取できる。その背景に、物理的側面、観念的側面の両面において、被葬者の遺体とその木棺を厳重に保護するという基本理念が存在したと考えるの

であるが、長大な木棺の棺内利用における前期的な様相は、まさにその理念に合致するものと評価しうる。

棺内構造に関連して、とくに銅鏡・刀剣・甲冑など一部の副葬品の配置状況にも観念的な意味で遺体を保護する効果が期待されたと考えられる場合がある（菱田 1993、福永 1995、和田晴 2009）。銅鏡を仕切板に立てかけるように配置したり、鉄剣を仕切板に沿って置いたりする行為がしばしば認められることは注目すべきである。こうした行為は、仕切板による物理的な遮蔽に加えて、副葬品の呪的機能に期待した観念的な結界により、主室の密閉をより完全なものにする意識のあらわれである。福永伸哉は三角縁神獣鏡の副葬時における配列方式から、とくに前後方向への辟邪の機能が配慮されていることを指摘しているが、長大な木棺の構造上、結界の強化が前後方向へのつよい指向を帯びる傾向にあることは容易に理解できる。

以上を総合すると、棺内利用における前期的な様相に反映した長大な木棺の機能とは、遺体の容器という棺としての本質的機能を超えて、より厳重に被葬者の遺体を密閉し、保護することにあったと考えるのが妥当である。多重の棺槨構造、銅鏡をはじめとする副葬品の呪的配置、朱の大量使用などから看取される遺体の保護を重視する思想の背景には、『礼記』などにみえる魂魄観念に根ざした遺体保護の思想や、『抱朴子』にみえる道教的な理論も含めた、中国からの思想的影響が考慮される（今尾 1989、小山田 1995、福永 2000、穂積 2012）。

堅牢で密閉性の高い重厚な木棺を製作するために、刳抜式構造をとったことが、結果的に前後方向への長大化の方向性につながったと思量される。すなわち、刳抜式木棺の採用が、大きさの異なる複数の木棺による重棺の方向性ではなく、単一の棺を長大化させる方向性を必然的に選択させた可能性が高い。また、槨に相当する施設として竪穴式石室が採用されたことは、木棺の前後方向への長大化に対応しうる構造面での合理性がある。

刳抜式木棺 A 類に固有の「下池山型」の棺内構造は、堅牢かつ密閉性にすぐれた刳抜式木棺の特性を最大限に発揮しうるものである。いっぽう、装着式の仕切板による一般的な棺内分割は「下池山型」に比べて堅牢性、密閉性の点でやや遜色を否めない。ただし、刳抜式木棺 B 類や組合式木棺では棺体の構造上必然的に装着式の仕切板が採用されることになるので、主流を占める木棺構造が大局的には刳抜式 A 類→刳抜式 B 類→組合式の順に変遷したことに起因して、装着式の仕切板が一般化するにいたったものと考えられる。

第 2 節で明らかにした割竹形木棺 B 類における小口部分への粘土の充塡や木板の設置は、割竹形木棺 B 類の構造的特性に起因する前後方向への堅牢性、密閉性に対する懸念を解消するものであったと考えてよい。その意味で、小口部に棺端木板を添え当てる C 型の方が、粘土を充塡する B 型に比べてより丁寧かつ本来的なあり方であったという第 2 節での結論が支持されよう。また、割竹形木棺 B 類と組合式木棺はともに装着式の小口板を用いる点で、小口部分の基本的な構造が共通しており、同じことが組合式木棺についてもいえると考えられる。

長大な木棺はそれ自体が、地域を超えた前方後円墳の定型性を示す要素の一つと評価しうるのであるが、今回の検討の結果、その棺内空間利用法にも著しい画一性が認められた。このことは、棺内利用における前期的な様相が、長大な木棺の機能と不可分の関係を有するある種の規範であったことを明確に示すものである。

2　中期的な様相に反映した長大な木棺の機能の多様化

　長大な木棺の棺内利用における中期的な様相は、各種の棺内空間の利用法が並存し、多様性に富み画一性が失われている点に特徴がある。この様相は、長大な木棺に限定すれば、前期的な規範が弛緩するなかで多様なあり方が出現した状況を反映したものと考えることができる。ただし、中期における棺の多様性は、長持形石棺の出現に代表される階層化の側面もつよく有することは注意を要する。

　中期的な様相では、中央型の棺内利用法をとるものが残存し、そこに偏在型、複数型が加わることで長大な木棺の機能をめぐる状況が複雑化している。中央型との対比において、遺体をあえて棺の中央に置かない偏在型やさらにそこに別の遺体を加える複数型は、遺体の保護機能の点で劣るといわざるをえないが、武器・武具などの副葬配置からみても、遺体を保護する観念がまったく失われているわけではない（岸本─ 2010）。むしろ、遺体保護の観念の相対的な希薄化とともに、長大であるという特徴に即した各種の機能が付加され、機能の重点が拡散した状況と評価しておくことが妥当である。

　付加的な機能としては、多量の副葬品または（および）複数の遺体の収容がもっとも実態に即したものとして挙げられる。その意味で、「空間確保」説は、中期的な様相に付加された機能の説明として一定の有効性があったと評価できる。主室を長大化させる方向での3分割比の変化は、こうした空間確保の要請に対応したものといえる。このことは結果的に副室を相対的に縮小させ、副葬品用の小室というべき姿に変化させていったと考えられる。

　逆に、副葬品量が相対的に少なく、被葬者が1体の場合には、中央型の3分割構造が維持されたが、この種のものは時期が下がるにつれて急速に短小化し、中期後半には長大なものはほとんどみられなくなる。副室は前期段階から副葬品を置く空間として利用されていたが、全体の短小化によって文字どおりの副葬品用小室に変化していったと考えられる。こうしたものがさらに短小化することで、中期後半〜後期の木棺直葬墳などに広く採用された両方あるいは片方の小口部に副葬品用小室を有する小型の組合式木棺につながっていくのであろう。

3　長大な木棺の意義

　長大な木棺の棺内利用法を検討し、とくに前期には一定の規範にもとづいた木棺の使用が厳格におこなわれていたことを明らかにした。前期的な様相は、遺体を物理的にも観念的にも完全に密封しようとする中国的な思想の影響を受けた当時の喪葬観念とつよい関連性を有し、木棺を長大化して遺体埋葬空間とその前後の空間とを結界することでより強固な遺体の保護を意図したものと理解した。

　むろん、木棺の長大化自体は、古墳の墳丘そのものの巨大化、副葬品の多量化とも同一歩調にあるものであり、政治的、社会的意味としての格差を表示する表象的意味があったことも一面として考慮される。

　前期的な様相は、前期末葉にいたって棺内空間利用法の多様化により変容していく。前期におい

ては、長大な木棺に求められた機能はほぼ一義的に遺体の保護であったが、前期末葉以降はそうした観念が薄れ、もっぱら多量化した副葬品や場合によっては複数の遺体を収容するための空間確保の意味がつよくなる。

　こうした前期的なイデオロギーにもとづく長大な木棺の棺内利用における規範の弛緩は、竪穴式石室の退化、三角縁神獣鏡・腕輪形石製品といった前期的な副葬品の減少などと同一の方向性にあるものである（福永 2000）。棺の問題としていうならば、中期的な長持形石棺を頂点とする棺制の再整備に向けての動きとも連動するものであろう。

　中期的な様相として、長大な木棺における同棺複数埋葬が予想以上に頻繁におこなわれていたことを指摘できた。従来指摘されている同棺複数埋葬は、箱式石棺などを埋葬施設とする小古墳が中心であり、一定以上の規模をもつ古墳に採用された長大な木棺においても、改葬を含む同棺複数埋葬が相当普遍的におこなわれていることが明確化した意義は大きいと考える。

　長大な木棺に関連して、刳抜式木棺の系譜や石棺化のメカニズムなど、より掘り下げて検討すべき課題は多い。また、今回は長大な木棺を取り上げたが、小古墳に採用された短小な木棺にはまた異なる一面もみられる。こうした点も含めて、今後とも検討をつづける必要がある。

註
（1）　前方後円（方）墳および径または一辺の長さが25m以上の円墳・方墳に採用された刳抜式木棺および組合式木棺388例について集計した結果、長さの算術平均は前期末までで5.16m、中期前半で5.92m、7〜9期で中期後半〜後期前半で3.84mとなった。
（2）　長大な木棺の概念について数値基準があるわけではない。ただ、伸展位の成人1人をおさめるのに適当な木棺の長さを大きく上回る場合には、一般論として長大であると評価して差し支えないであろう。伸展位の成人1人をおさめるのに適当な木棺の長さとしては、伸展葬が普遍化した弥生時代後期の一般的な木棺墓における木棺の長さ1.7〜2.0m前後（福永 1990）、古墳時代中・後期の釘付式木棺の長さ2.0〜2.2m前後（第5章）といった数値が参考になる。ここでは議論を明確化するために、それらの2倍程度すなわち長さ4m前後もしくはそれを上回る場合を便宜的に長大、下回る場合を短小として取り扱うことにする。
（3）　棺室が3分割される場合の中央の空間を主室、その前後の空間を副室と呼び、この用語法を主室がさらに分割される4分割、5分割の場合にも適用する。
（4）　以下、表4および図42・43の通し番号（1〜100）を付す。
（5）　胎内城の山古墳木棺では棺長軸に直交する繊維方向をもつ別材の痕跡が4カ所でみつかっている。このうちなかほどの2枚は仕切板と判断され、両端の2枚は七廻り鏡塚古墳舟形木棺の妻板と同様のものの可能性がある。
（6）　主室長が全長に占める割合が6割程度を大きく超えないのは、全長が4m前後を下回るものを検討の対象外としているためであるが、このことは裏返せば主室長の下限がほぼ遺体の大きさに規定されていることを示している。
（7）　今回検討した範囲で例外と考えられるのは、内法長5.45mの竪穴式石室中央付近に2体分の頭骨があり、複数型（頭位対向直列）の可能性がある香川県高松茶臼山古墳第1主体部の1例のみである。木棺の形態や分割のあり方などは不明である。

第4章　鎹の使用と中・後期古墳の木棺形態

第1節　古墳出土鎹をめぐる議論

（1）鎹と釘

　古墳の埋葬施設から出土する木材接合用の金具に鎹と釘がある。鎹はすべて鉄製で、中期の短小な竪穴式石室、粘土槨、木棺直葬、初期の横穴式石室からの出土例があるほか、後期の横穴式石室からも出土する。釘は鉄製のほか銅製のものがあり、中期の短小な竪穴式石室、初期の横穴式石室などからの出土例があるが、圧倒的に多いのは後期の横穴式石室からの出土である。

　釘は釘付式木棺の製作にのみ使用され、在来的な木棺構造である刳抜式木棺・組合式木棺の製作には使用されない。いっぽう、鎹は刳抜式木棺・組合式木棺・釘付式木棺のすべてに使用例がある。すなわち、金属製の釘による釘付けが釘付式木棺に固有の木棺製作技術であるのに対し、鉄製の鎹は木棺の3系統を横断して使用される。木材を接合するための金具として釘と鎹の関係は一見近縁的であるが、互いに異なった機能的特性も有しており、木棺における使用方法にも差異があったことが予想される。

（2）古墳における鎹の認識

　日本の古墳における鎹の使用方法がその出土状態から具体的に明らかにされた早い例は、1937年に発掘調査された大阪府南天平塚古墳である。この古墳からは材の遺存状態が比較的良好な2個の割竹形木棺が出土し、その両方に鎹が使用されていた。うち第1主体部木棺は「同形の蓋と身とをあわせて鎹でとめ、両端に円形の木板をはめた状態がよく遺存していた」（小林行 1962：p56）と報告されている。『新修豊中市史』第4巻（柳本 2005）第374図に示された平面図・断面図（図18-10）および第376図の写真から、蓋と身の合わせ目を棺の側面から複数の鎹で点々と接合した状況を看取できる。

　1958年に発掘調査された岡山県随庵古墳では、竪穴式石室内におさめられた割竹形木棺の材が比較的良好に遺存し、それにともなう鎹6本以上が出土した。いずれも蓋と身の合わせ目を接合したと判断されている。鎹の爪に付着する材の木目方向をみると、爪の軸に対して直交・平行の2種類があり、前者は棺の側面から、後者は棺の小口面から打ち込んだものと考えられた。割竹形木棺では蓋・身とも棺の側面は材の板目になり、小口面は木口になるため、材の繊維方向との関係において整合的な理解といえる。また、側面から打たれたと考えられるいくつかの鎹では、渡り部が割竹形木棺の外形に沿った内湾するカーブを描くように変形していることも注意されている（図45）。

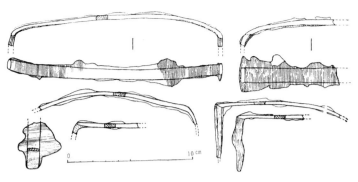

図45　随庵古墳出土鎹

　1959年、大阪府土保山古墳で遺存良好な長持形木棺2個が出土し、このうち2号棺で蓋と身の合わせ目を鎹で接合した状態が確認された。1号棺には鎹は使用されていない。2号棺では、鎹は棺の両側面のそれぞれ端部に近い位置に計4本が、渡り部を垂直にして打ち込まれていた(1)（図21－16）。

　このように、1950年代までには、中期の竪穴系埋葬施設における割竹形木棺・長持形木棺の両方で、鎹によって木棺の蓋と身を接合した事例が確認されていた。これを受けて、1960年代末から70年代には、後期の横穴式石室から出土する鎹についても、釘付式木棺において同じく蓋と身を接合するための使用法が想定された（福岡1969、田中彩1978）。

　さらに1980年代には、蓋と身の接合のほかに、釘付式木棺を構成する木板を、細長い木板を鎹で接ぎ合わせて製作した事例の存在も明らかにされた。1984年に発掘調査された大阪府切戸1号墳1・2号棺では、幅の狭い2枚の板を並べて鎹で接ぎ合わせ、1枚の底板としていた。鎹はほぼ原位置を保っており、いずれも木棺の主軸に直交する向きで、釘の出土範囲などから推定される棺の中軸に平行する線上に並ぶように出土した（図46）。また、鎹は板の片面からだけではなく、両面から互い違いに打たれていた可能性が指摘されている。

　以上のように、古墳出土の鎹は、これまでに多くの事例で木棺における使用、なかでも主たる用途として「蓋と身の接合」「板の接ぎ合わせ」が想定されてきた。木棺以外の用途の想定例は少ないが、出土した鎹が著しく小型の場合などには木箱のようなものに使われた可能性が想定されることがある。

　鎹にも釘と同じく木棺材とみられる材の一部が錆着していることが多いが、その観察にもとづく使用法への言及は多くない。わずかに、前述の随庵古墳や岡山県中山6号墳で爪に付着する材の木目方向に爪の長軸に直交するものと平行するものの2種類の存在が注意され、それぞれ棺の側面・小口面から打ち込まれたことが想定されている程度である。鎹に付着した材については、肉眼観察による木目方向の観察のみではこの2種類以上の判別は不可能であり、一歩進んだ観察方法にもとづく実証的な分類と検討が課題である。

（3）渡来的要素

　木棺に鎹を使用した早い事例として早くから知られていた中期後葉の兵庫県宮山古墳、同池尻2号墳、同カンス塚古墳、岡山県随庵古墳などの竪穴式石室は、いずれも四壁を垂直に構築した比較的短小な竪穴式石室である。白石太一郎、山本三郎らは、これらの竪穴式石室が前期以来の竪穴式石室からの単線的な系譜をひくものではなく、朝鮮半島南部からの影響を受けて新たに出現したものである可能性を指摘した（白石1985、山本三1992）。

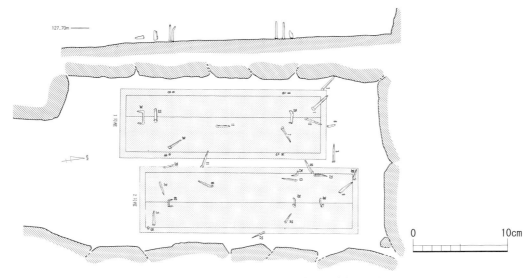

図46　切戸1号墳鉄釘・鎹出土位置と木棺の配置

　高田貫太はそれらの時期や構築過程、副葬品などをさらに詳細に検討し、釜山・金海地域とくに福泉洞21・22号墓段階以降の釜山広域市福泉洞遺跡との関連性を指摘した（高田1999）。これらの竪穴式石室を初期の鎹や釘を使用する木棺との「組み合わせ」において評価すべき点をより明確化したものといえる。高田は、岡山県正崎2号墳、香川県原間6号墳の木槨についても、同じく釜山・金海地域に分布する平面長方形木槨墓にその系譜を求め、正崎2号墳から出土した鎹を木槨に使用されたものとしている（高田 2004）。

　近年では、亀田修一が鎹出土古墳の諸要素を類型化して在来的要素と渡来的要素を整理し（亀田 2004）、また田中晋作は鎹自体の長さと厚さの比率にもとづいた分類から（田中晋 2013）、それぞれ渡来人自身が被葬者である場合や、渡来人と関わりの深い倭人が被葬者である場合など、さまざまなパターンを想定している。

（4）朝鮮半島南部における鎹の使用法に関する議論
　こうした渡来人の故地である三国時代の朝鮮半島において鎹を使用した木棺や木槨が存在したことは早い段階で認識されていた。1918年におこなわれた慶尚北道高霊池山洞墳墓群の調査では、石槨内から出土した鎹の「其の内側並に尖端に木片の遺存するは、前者と共に棺材の接合に使用せられしことを示して余あり」（濱田・梅原 1922：p37）と述べられ、それらの鎹が「前者」すなわち鉄釘とともに木棺に使用されたものとの判断がなされている。また、1924年に調査された慶尚北道慶州金鈴塚の報告書では、約70本の鉄鎹を使用した木槨の復元案が示されている。

　釜山・金海地域の木槨墓や石槨墓で多数出土する鎹の使用法については、安在晧が福泉洞21・22号墓主槨から出土した鎹の観察や出土状況の検討から、石槨内に鎹を使用した「木槨」が置かれた状態を復元している。鎹は材を2段積みとした側板の結束に用いられたと想定された（安在晧 1990）。李賢珠は、福泉洞95号墓主槨で木槨内部から出土した鎹の用法について考察を加え、二重木槨の存在に言及し、その後も木槨あるいは石槨の内部に木製の「内槨」が存在し、その組み立て

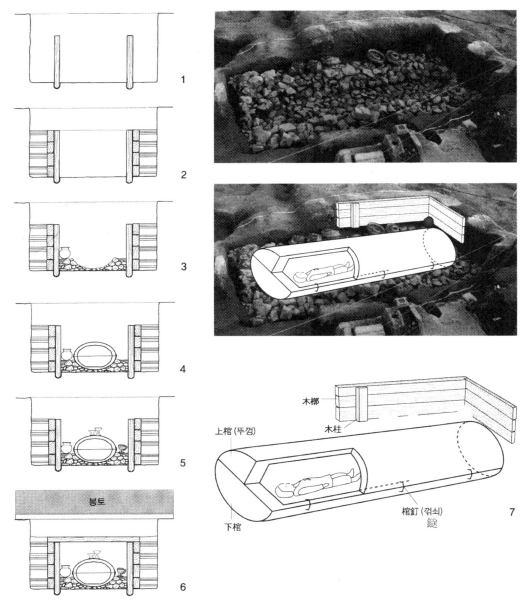

図47　福泉洞73号墓主槨をモデルとした礫床と刳抜式木棺模式図

に鎹が使用されたとする議論を深化させている（李賢珠 2006）。

　いっぽう、この地域の木槨墓について早くから検討を進めていた李在賢は、木槨内から出土する鎹は「内槨」のような木製構築物に使用されたものではなく、木槨の底に敷いた草本類の簾や帳の布を天井まで延長し固定するのに使った可能性を示している（李在賢 2004）。

　これらの見解に対し金斗喆は、「内槨」論の背景には一種の固定概念があると批判したうえで、木棺の存在を積極的に認め、鎹は主に木棺に使用されたと主張する。金は同地域における4～5世紀の木槨墓・石槨墓のうち、中央がくぼんだ棺床・鎹・刳抜式木棺の組み合わせを「福泉洞型」、

平らな棺床・釘と鎹の併用・箱形木棺の組み合わせを「大成洞型」として整理した（金斗喆 2010）。とくに「福泉洞型」において、槨内部に刳抜式木棺の存在を想定し、鎹を刳抜式木棺の蓋と身を接合するために用いられたものと評価したことは、中央のくぼんだ床構造、鎹の出土位置などの考古学的事実を合理的に説明しうるものである。金の論は、従来「屍床」とされてきた床施設を「棺床」と理解することで、棺床構造から木棺形態を復元的に検討しうる可能性を広げるものといえる（図47）。

　吉井秀夫は、慶尚北道高霊地域の細長方形石槨墓から出土する釘・鎹について、付着した木質の観察などから「木棺」の復元的な検討をおこない、鎹は主として複数の木板を接合して側板・小口板を製作するために使用され、釘は主として側板と小口板あるいは蓋（あるいは底）と側板・小口板の接合に用いられた可能性を指摘した（吉井 2010）。吉井は、洛東江流域の三国時代の墳墓においては、李賢珠らによりいわゆる「内槨」とされたもの、あるいはこのような「木棺」などをはじめとする木製構造物が広く存在しており、いずれも和田晴吾のいう「据えつける棺」（和田晴 1995）に相当し、被葬者の安置空間と副葬品の埋納空間を区別する機能を有するものと評価している（吉井 2002）。

　李在賢が2004年に示したような使用法をやや特殊なものとするならば、これまでに提示された朝鮮半島南部における鎹の使用法は、（1）木棺の蓋と身の接合、（2）木槨や木棺における材の接ぎ合わせの大きく2種類に整理されるであろう。

（5）鎹の観察と木棺形態の復元
　鎹の使用状況についての検討は、同じく木棺に使用される木材接合用の金具である釘に比べてあまり進んでいるとはいえない。

　その原因として、釘との比較において出土量が少ないことがまず考えられる。使用される木棺形式が釘付式木棺に限定される釘とは異なり、刳抜式木棺・組合式木棺・釘付式木棺のいずれにも使用され、釘以上に使用法のバリエーションが予想されることも問題を複雑にしている。さらに後述するように、肉眼で観察しうる材の木目方向の組み合わせパターンが乏しいことから、肉眼観察による限り具体的な検討の成果が得られにくい事情もあると思われる。

　釘が釘付式木棺の製作に不可欠の接合用金具であるのに対し、鎹は使用数が相対的に少ないにもかかわらず各種の構造の木棺に使用されることから、必ずしも木棺の製作に直接関係しない使用法が想定される。たとえば蓋と身の合わせ目に外面から打ち込まれた場合などには、身以上に復元のための資料が少ない蓋の構造・形態を考えるうえで大いに参考となる可能性がある。あるいは板材の接ぎ合わせに使用された場合の実態が明確化できれば、木棺における用材利用の動向を検証する材料となりうる。各種の木棺における鎹使用のあり方を検討することで、古墳時代中・後期の木棺の実態解明をさらに進める手がかりが得られることが期待される。

　すでに指摘されているように、古墳時代中期の日本列島における初期の鎹は、朝鮮半島南部の墓制の影響を受けたと考えられる短小な竪穴式石室の一群や木槨にともなうことが多い。また初期の鎹は、年代的には釘付式木棺の出現に先行する例があり、初期の釘付式木棺と共伴するものは少ない。日本列島の鎹は朝鮮半島南部にその源流を求められる公算が大きいが、釘と鎹は、木棺における使用の観点からも、異なる系譜をもつものであった可能性がある。

本章では、上記のような認識に立ち、木棺における鎹の使用状況を検討し、鎹を使用した木棺構造の復元を試みる。まず、鎹の出土状態、鎹の付着物とくに木棺材、鎹そのものの変形の３点に着目し、鎹の観察をおこなう。つぎに、観察結果を踏まえ、木棺における鎹の具体的な使用方法および鎹を使用した木棺構造の復元について具体的な案を示す。そのうえで、日本の古墳における鎹の使用法を、時期や木棺形式との関係などの観点から整理し、中・後期古墳の木棺形態の諸特徴や用材利用の動向について検討を深めたい。

第２節　古墳出土鎹の観察

1　用語の整理

　釘と鎹は、木工や建築における接合用の金具として古くから用いられてきた。釘は、棒状にした金属の一方の先端を尖らせ、棒状部分の全体を木材に打ち込むものであり、鎹は、金属棒の両端を折り曲げてそれぞれ先端を尖らせ、二つの折り曲げた部分を木材に打ち込むものである。原理的には、両者とも木と金属の摩擦力を応用して材どうしをつなぎとめる点で共通し、木材接合用の金具として近縁的である。いっぽう機能的には、釘は材と材を重ねて接合するのに対し、鎹は材と材を隣どうしに並べて接合する点で異なり、それぞれの特性に応じて使い分けられる。

　「カスガイ」の語源は詳らかではないが、本来は門戸にかかわる掛け金を指す語で、形状的類似による連想から現在の意味に通用するようになったという説がある（三矢 1912）。実際、『延喜式』木工寮鐵工部にある「挙鎹」[2]の解説は、接合用金具としての鎹ではなく、揚げ戸を掛ける金具の解説と考えられる。いっぽう、近世の『和漢船用集』銅鐵金具之部には船大工にかかわる接合用金具として鎹が解説されており、用途の異なる各種の形状の鎹が存在したこともうかがわれる[3]。

　接合用金具としての「カスガイ」を意味する字には、一般に使用される「鎹」以外にも「鈱」「鎞」などがあるが、いずれも日本固有の和字であって、漢文には用いられない。中国語で鎹を意味する字は「錭」もしくは「鋸」（異体字）で、発掘調査報告文では「錭子」「扒錭」「扒釘」「両脚釘」といった口語的な表記がなされることが多い。韓国語の発掘調査報告文では、ふつう「꺾쇠」と表記されるハングルの固有語が用いられる。釘が日中韓で共通の漢語「釘」で表されるのに対し、鎹はそれぞれに固有の語で表される点は、釘と鎹が必ずしもセットで伝播したものではないことを示唆するようで興味深い。

　古墳時代の鎹は、断面形がやや扁平な長方形を呈する短冊状の鉄板の両端を尖らせ、２カ所で折り曲げてコの字形とした鍛造品である。部位としては、木に打ち込まれる二つの先端を尖らせた部分と、それらをつなぐ中間の連結部分とに大きく分けられる。比較的単純な形状であるが、それぞれの部分名称は「爪（部）」「脚（部）」「釘部」「楔部」、「渡り」「背（部）」「身（部）」「基部」などさまざまで、一定していない。

　そこで、材に打ち込まれる両端の部分を「爪（部）」、爪どうしを連結する中間の部分を「渡り（部）」と呼んで整理する（図48）。この部分名称は、近世以来の建築用語を集成した『日本建築辞彙』（中村達 1931）に準拠したもので、現在の辞典類にも継承されているものである（下出編

1976 ほか)。渡りから爪に移行する屈曲部分は単純に「屈曲部」、爪部の先端は同じく「先端（部）」と呼び、コの字形の内側になる面を「内面」、外側になる面を「外面」、それ以外の面を「側面」と呼ぶことにする。

2 観察の方法

つぎに、木棺における鎹の使用状況と、鎹を使用した木棺構造復元の方法を検討する。検討の視点は、鎹の出土状態、鎹の付着物とくに木棺材、鎹そのものの変形の3点である。

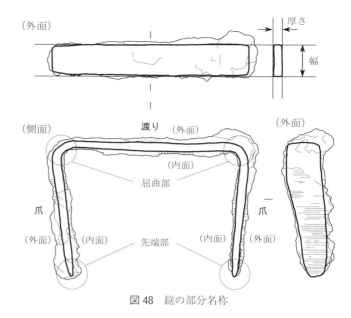

図48 鎹の部分名称

（1）鎹の出土状態

遺構における出土状態は、釘の場合にもその使用状況と木棺構造の復元にあたり重要な手がかりとして検討が実践されている。鎹の場合、その主たる機能が隣接する材どうしの接合であること、片面のみから打つ場合と両面から打つ場合があること、本来の使用位置が出土位置よりも高い場合には出土状態に乱れが生じる可能性があること、などを考慮する必要がある。それらを踏まえて木棺における鎹の使用法を検討するうえで有効と思われる事例を検討した結果、①棺の長側沿いと考えられる位置で、おおむね2列に並んで出土する場合、②棺のなかほどと考えられる位置で、棺の主軸に平行して1列に並んで出土する場合、の2パターンが抽出できた。

①は、従来多くの事例で、遺体をおさめた後、蓋と身を接合して木棺を閉じるために使用された状況と解釈されている。具体的には、蓋と身の合わせ目に点々と打たれた鎹が、木部の腐朽にともなって本来使用されていた位置から落下した状況が想定できる。この場合、鎹はもっぱら棺の外面から打たれたとみられることから、理想的には間隔を置いて1本ずつ出土すると考えられる。また、棺の側面から打ち込む場合に加え、棺の小口面から打ち込む場合もありうる。

釘付式木棺において側板を幅の狭い2枚の板を鎹で接ぎ合わせて製作したケースでも、条件によってはこれに類似した出土状態となることが予想されるが、現状では良好な事例はない。また、組合式木棺では鎹を用いて部材を接ぎ合わせたり、部材どうしを接合した確実な例は知られていない。ただし、そうした例外的なケースを排除する意味で、①については、鎹がもっぱら外側から打たれ、間隔を置いて1本ずつ出土する状況を重視する。

①の出土状況は、主として中期の竪穴系埋葬施設における割竹形木棺・組合式木棺に事例がみられる。割竹形木棺では大阪府御獅子塚古墳第1主体、同南天平塚古墳第1・第2主体部、同土保山古墳2号棺、岡山県随庵古墳、同勝負砂古墳、広島県池の内1号墳（図62）、同空長1号墳（図

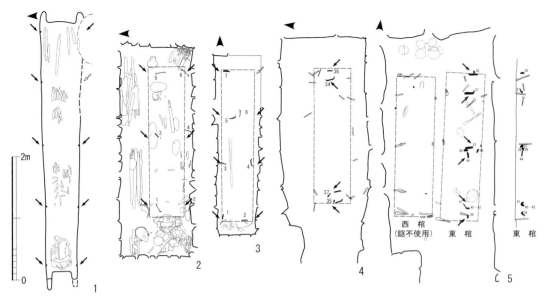

図49 鎹の出土状態

62)、同寺山3号墳（図63）など、組合式木棺では大阪府御獅子塚古墳第2主体（図49-1）、兵庫県宮山古墳第3主体（図49-2）、奈良県新沢千塚115号墳、岡山県中山6号墳第1主体（図49-3）などが挙げられる。

組合式木棺のうち、御獅子塚古墳第2主体、土保山古墳2号棺は確実な長持形木棺の事例であり、宮山古墳第3主体、中山6号墳第1主体なども後述のようにその蓋然性が高い。鎹の使用本数は、いずれも棺の両側面に、御獅子塚古墳第1主体では4本ずつ計8本、同第2主体では5本ずつ計10本、土保山古墳2号棺では2本ずつ計4本、新沢千塚115号墳では3本ずつ計6本を打ち込んだ状態が復元できる。随庵古墳、中山6号墳第1主体は棺の側面に加え、小口面からも打ち込んだ事例である。

釘付式木棺の類例は乏しいが、あえて挙げるならば兵庫県池尻2号墳（図67）がある。短小な竪穴式石室におさめられた初期の釘付式木棺で、鎹は棺の四隅付近に各1本と、ほぼ中軸に沿って3本が並んで出土したとされる。一応、四隅付近から1本ずつ出土した計4本は①のあり方とみてよいであろう。

②は、主に底板の接ぎ合わせに使用された状況が想定できる。具体的には、一枚板の代用として、幅の狭い2枚の板を鎹で接ぎ合わせて底板とした場合である。個々の鎹の主軸方向は棺の主軸に直交する。この場合、歪みを防止し、強度を得るために、鎹を表裏両面に打つことがより合理的であり、出土状態での確認例もある。

なお、板の接ぎ合わせは底板にかぎらず、側板や蓋板でも可能性があり、そうした蓋板が落下したり、側板が倒れ込んだりすれば②に類似した出土状態となることも一応は予想される。しかし、出土状態に乱れが少ない場合には、本来の位置をほぼ保っている可能性を考慮し、まず底板の接ぎ合わせを想定すべきであろう。

②の出土状況は、主に後期の横穴式石室における釘付式木棺に類例がみられ、滋賀県和田5号墳（図49-4）、大阪府垣内3号墳、同切戸1号墳1・2号棺（図46）、同平尾山古墳群平野・大県17

支群1号墳東棺（図49-5）、同27支群2号墳第2棺などが挙げられる。和田5号墳では2枚の細長い板を鎹4本で接ぎ合わせて1枚の底板を製作している。鎹4本はほぼ原位置を保ち、いずれも棺の主軸に直交する向きで、下面側から打ち込まれた2本が爪の先端を上に、上面側から打ち込まれた2本が爪の先端を下にして出土した。平野・大県17支群1号墳東棺では2枚の細長い板を上下面それぞれ3本ずつ、計6本の鎹で接ぎ合わせたとみられる。垣内3号墳でも、3本の鎹が直線上に並んで検出され、2枚の細長い板からなる底板を鉄鎹で接ぎ合わせたものと推定されている。

　鎹の使用法を検討するうえで有効と思われる良好な出土状態のパターンとして、現時点では上記①②を抽出するにとどめるが、それ以外の一見散乱したような出土状態の中にも、特定の使用法を示唆する情報が含まれている可能性は十分ある。それらについては、鎹に付着した材の状況など、他の要素も含めた検討を経たうえで、有意なパターンの抽出を試みる努力が必要である。

（2）鎹の付着物

　鎹の表面には、それが打ち込まれていた木棺の一部と考えられる材や、織物など、錆で固定されたさまざまな付着物が観察される。とくに木棺材は、釘の場合には材の木目方向の組み合わせと使用部位との関係が整理され、その使用部位や木棺構造を復元する重要な手がかりとされているものである。

　釘における木目方向の基本的な組み合わせパターンは、頭部側が釘の長軸に直交する方向、先端側が平行する方向の組み合わせ（A型）、頭部側と先端側が同じ面の直交方向の組み合わせ（B型）、頭部側と先端側がそれぞれ直交する面の直交方向の組み合わせ（C型）である（図50上右）。A型は側板と小口板、B型は底板と側板、C型は底板と小口板を釘付けした場合にそれぞれ生じうる。

　ところで、ここでいう材の木目方向とは、木材の縦断面において肉眼的に識別できる繊維走向の条線の方向である。したがって、この場合の「方向」は、木材を形成する大多数の細胞の連なりの方向すなわち繊維方向ということになる。従来、考古学的立場からの釘・鎹に付着した木質の観察は、これを肉眼で識別するレベルの精度にとどまっていた。他方では、材の切片を採取し、組織の顕微鏡観察によって樹種を同定する作業も木材科学者らによって実践されてきたことを考えると、考古学的な観察と木材科学的な観察との間には、精度の点でじつに大きな落差が生じていたといわざるをえない。

　肉眼での観察はおのずから識別の精度に限界がある。たとえば、繊維方向は材の横断面に対しては直交するが、ともに縦断面である放射断面・接線断面に対しては平行の関係にあるため、「木目方向」のみを問題にしている限り縦断面における両者を区別できない。言い換えれば、肉眼観察による「木目方向」は木口面に対しては直交し、柾目面・板目面に対しては平行するので、それのみからは釘が打たれた面が柾目面か、板目面かは判別できないのである。板目面から打ち込まれた場合、それが木裏側であるか木表側であるかという情報も重要となるが、やはり肉眼での識別はかなり困難である。

　にもかかわらず、A～C型に整理された釘付着材の木目方向の組み合わせパターンから釘付式木棺における使用部位が限定できるのは、その釘によって釘付けされた材が原則的に「板材である」という蓋然性の高い前提があるからである。板材のみで構成された釘付式木棺の場合、それぞれの

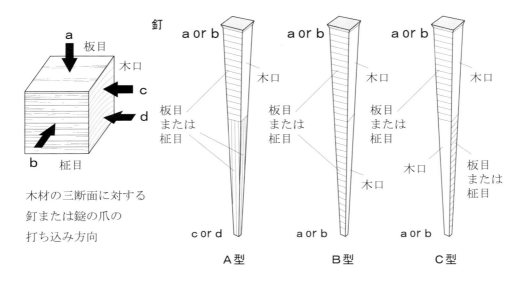

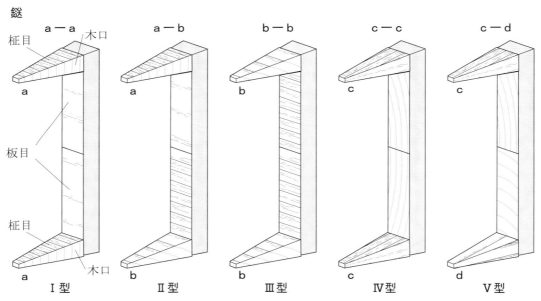

図50　木材の三断面に対する釘または鎹の爪の打ち込み方向と釘の木材付着パターン

板が板目板であるか柾目板であるか、あるいは板目板の場合、木裏・木表をどちら側に向けているかにかかわらず、釘付着材の木目方向の組み合わせパターンと、想定される釘の使用位置の関係には変化がない。これまでに試みられた多くの検討結果は、この前提が正しいことを証明している。

鎹の場合、これまで肉眼観察で注意されてきた付着材の木目方向の組み合わせパターンは、両方の爪に付着した材がともに爪の長軸に直交する場合と、ともに平行する場合の2パターンのみである。しかも、前者が大半で、後者はごく少ない。また、鎹が使用される木棺は釘付式木棺にかぎられないので、その鎹が打たれた材がつねに「板材である」という前提は成立しない。鎹の場合には、釘と同様の肉眼観察のみでは、付着材のあり方から具体的な使用部位を復元することは困難と

いわざるを得ない。

　したがって、鏟に付着した材のあり方から使用部位を復元的に検討するためには、各種の木棺における木取りのパターンを考慮しつつ、さらに一歩進んだ観察にもとづく実証的な分類が課題となる。

　木棺は大型の木製品であり、しかも原材料となる樹幹の直径には限界があるため、木棺における木取りのパターンは用途に応じた木取りの合理性ともあいまって限定的であると考えられる。たとえば、刳抜式木棺の代表例である割竹形木棺では、蓋・身ともに樹幹を半裁して内部を刳り抜いて製作されることから、必然的に材の表面積の大半は板目面となる。また必ず、板目面の外面側は木表、内面側は木裏の関係になる。木口面は小口部分の切り落とされた端面、柾目面は蓋と身の合わせ目の端面の、ごくわずかな面積を占める。

　いっぽう、組合式木棺や釘付式木棺に用いられる板材の場合、材の表面積の大部分は板目面もしくは柾目面となる。そのいずれが優越するかは、板を製作する際の木取りによって決まる。いわゆる「みかん割り」方式で材を割り取る場合には柾目板が優越するであろうし、鋭利な鉄器を用いてかぎられた直径の樹幹から可能な限り多くの板材を得ようとすれば、板目板が優越することが予想される。いずれにしても木口面は端部のわずかの面積を占めるにすぎない。傾向としては板の外面側が木表になる場合が圧倒的に多い。

　以上から、鏟の使用部位をより具体的に知るためには、木口面と板目面・柾目面の関係のみならず、板目面と柾目面の関係、木裏・木表を把握することが重要である。そこで以下では、肉眼観察に加え、簡易な実体顕微鏡観察を前提とした鏟付着材の分類案を示すことにしたい。

　鏟の爪と木材の3断面との関係は、板目・柾目・木口の各断面に対しておおむねまっすぐに打ち込んだと想定した場合、図50上左のようにa～dの四つのタイプに整理できる。

　爪が打ち込まれた材の面を「打ち込み面」と呼ぶと、それぞれの打ち込み面は、aタイプは板目面、bタイプは柾目面、c・dタイプは木口面となる。鏟の爪は横断面長方形の扁平な形状を示す場合が多いので、木口面については爪の横断面の長軸が年輪に平行するcと直交するdを区別している。なお、aは打ち込み面が材の接線方向に対してほぼ平行する場合に限定し、それ以外の場合、すなわち打ち込み面が接線方向に対して斜交する、いわゆる追柾の面から打ち込んだような状況のものはbに含める。なお、bのうち打ち込み面が木裏面である場合は、b（－）と表記する。また、cとdの区別にあたっても、爪の横断面の長軸が年輪界に斜交する場合はdとする。釘におけるA～C型の3分類は、肉眼観察を前提にaとb、cとdを区別していないが、鏟の場合にはこれらを区別しなければ、前述した2パターン以上に分けることができない。

　鏟における上記a～dタイプの組み合わせパターンを図50下に示した。まず考えられるのは両方の爪がaの組み合わせ（以下、a－aのように記述する）である。両方の爪が材の接線方向にほぼ直交する面に打ち込まれた場合に起こるパターンで、このような状況は割竹形木棺の蓋と身の合わせ目を棺の側面で接合した場合にほぼかぎられる。打ち込み面は必然的に木表側となる。幅の広い一枚板の代用として2枚の細長い板目板を接ぎ合わせた場合も理屈のうえでは想定しうるが、そのような場合の原材は小径材である蓋然性が高いので、現実にはa－aになる可能性はきわめて低いと考えられる。

　a－bは、一方の爪が材の接線方向にほぼ直交する面に打ち込まれ、他方は材の接線方向に斜交

または平行する面に打ち込まれた場合に起こるパターンである。このような状況は長持形木棺の蓋と身の合わせ目を側面で接合した場合にほぼかぎられる。aが蓋に対応し、打ち込み面は必然的に木表側となる。bは身に対応し、板材の平の面や土保山古墳木棺でみられるような横断面L字形の刳抜材に打ち込まれた状況が想定できる。a－aの場合と同じ理由で、板の接ぎ合わせの場合にはa－bになる可能性はきわめて低いと考えられる。

　b－bおよびb（－）－b（－）は、両方の爪が材の接線方向に斜交または平行する面に打ち込まれた場合に起こるパターンである。このような状況は、ほぼ板を接ぎ合わせた場合にかぎられる。板目板の場合は打ち込み面が接線方向に斜交する面に、柾目板の場合は接線方向にほぼ平行する面に打ち込まれる。打ち込み面の木裏・木表は関係がない。当然のことであるが、両方の爪とも板の側端面に近い平の面から打ち込まれる。一方が板の平の面、いま一方が板の側端面の場合には、鎹よりも釘を使用する方が合理的であり、想定から除外してよいであろう。

　c－c、c－dは、それぞれa－a、a－bと対応する関係にある。たとえば、割竹形木棺の蓋と身を接合した場合、前述のように側面から打った鎹の両方の爪の打ち込み面はともに材の接線方向にほぼ直交する面（a－a）になるが、小口面から打った鎹の爪の打ち込み面はともに材の横断面（木口面）で、かつ年輪界の走向に対して直交に切るように打ち込まれる（c－c）と考えられる。いっぽう、長持形木棺の蓋と身を接合した場合、前述のように側面から打った鎹の上側の爪の打ち込み面は材の接線方向にほぼ直交する面、下側の爪の打ち込み面は材の接線方向に斜交または平行する面の組み合わせ（a－b）になると考えられ、小口面から打った鎹の打ち込み面はともに材の横断面（木口面）であるが、上側の爪は年輪界の走向に対して直交に、下側の爪は斜交もしくは平行に打ち込まれる（c－d）と考えられる。

　以上のほかにも理屈のうえではいくつかの組み合わせがありうるが、ここでは以上の5パターンを抽出するにとどめ、便宜上a－aをⅠ型、a－bをⅡ型、b－bをⅢ型、c－cをⅣ型、c－dをⅤ型と呼んで整理しておく。

　このほか、渡り部外面に織物などが付着しているものがある。底板を接ぎ合わせる場合は複数の鎹を板の両面から打つので、このような場合は、棺内底面に敷かれていた敷物、遺体を包んだ衾、あるいは遺体の着衣そのものなどが内側になった鎹の渡り部外面に錆着したものと推定することが多い。滋賀県和田5・8号墳、大阪府平野・大県27支群2号墳第2棺、岡山県岩田14号墳など横穴式石室出土の鎹で知られている。

（3）鎹の変形

　変形は、釘の場合にはさほど重要視されない視点であるが、鎹の場合、基本形であるコの字形をベースに、さまざまな程度での変形が認められる場合がある。材に打ち込む際の「使用による変形」や、使用後の経時変化にともなう変形が想定できよう。

　使用による変形の一例として、打ち込まれる対象の外面形状を反映した変形が想定しうる。古建築の小屋組などに用いられた鎹には、それが打ち込まれている材どうしの間に生じた段差などに沿ってかなり変形しているものが実際にみられる。材自体にも、鎹を適度に沿わせるために粗く角を削ったり、刳り込みを入れるなどの工夫がみられる場合もある。意図せず曲がった場合のほかに、鎹と材とを緊密に固定するための意識的な変形がおこなわれていたことがわかる（図51）。木

第4章　鎹の使用と中・後期古墳の木棺形態　157

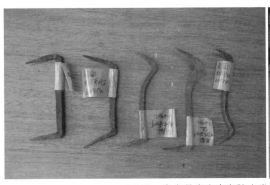

図51　奈良県当麻寺奥院本堂（慶長年間）所用鎹にみる変形

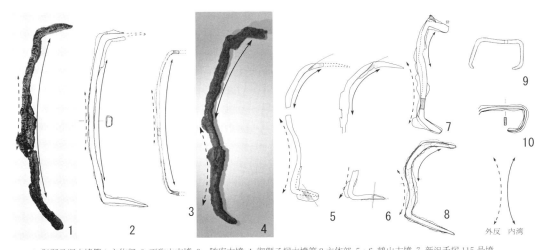

1 御獅子塚古墳第1主体部　2 天狗山古墳　3 随庵古墳　4 御獅子塚古墳第2主体部　5・6 鶴山古墳　7 新沢千塚115号墳
8 池尻2号墳　9 寺口忍海H27号墳　10 平尾山古墳群平野・大県15支群11号墳

図52　鎹の変形パターン

棺に使用された鎹の場合も同じと考えられ、変形の傾向がある程度パターン化できれば、鎹の使用部位や使用法を復元的に推定する手がかりとして応用できる可能性がある。

　まず、割竹形木棺の蓋と身の合わせ目を接合するために打たれた鎹は、随庵古墳出土鎹の一部が「木棺の丸味にそった丸味をもつ」と報告されたように、側面形が棺の外形に沿って内湾するように変形することが予想される（図52-3）。このような傾向を示す変形のあり方をかりに変形1型と呼んでおく。御獅子塚古墳第1主体部出土鎹（図52-1）、岡山県天狗山古墳出土鎹（図52-2）はその典型例である。

　長持形木棺の蓋と身を接合した場合には、その外形を反映して別の特徴をもつ変形が推測される。たとえば、御獅子塚古墳第2主体部出土鎹（図52-4）は、一方の爪の側の渡り部が内湾するカーブを描き、いま一方の爪の側の渡り部が外反する特徴をもつ。群馬県鶴山古墳出土鎹（図52-5・6）には、内湾するカーブを描きながら不明瞭な屈曲部にいたる渡り部の破片と、外反気味にのびてほぼ直角の屈曲部にいたる渡り部の破片がみられ、前者の付着材のあり方は典型的なaタイプ、後者はbタイプである。類似した変形の状態を示すものとして、新沢千塚115号墳出土鎹（図52-7）、池尻2号墳出土鎹（図52-8）などがある。こうした場合には長持形木棺の蓋と身を

接合した可能性を検討すべきことが理解できよう。このような変形のあり方をかりに変形2型と呼んでおく。

このほか、鎹と材とを緊密に固定するための意識的な変形として、材を貫通した爪の先端を折り曲げたものがある。平尾山古墳群平野・大県 15 支群 11 号墳出土鎹は一方から打ち込んだ後に反対側に突き出した爪の先端をさらに叩いて折り曲げており（図 52 - 10）、奈良県寺口忍海 H27 号墳出土鎹（図 52 - 11）も同様である。このような場合には、鎹は板の接ぎ合わせに使用されたと考えるのが合理的である。鎹が木棺を閉じるために蓋と身の接合に使用された場合にはもっぱら外側から打たれるため、こうした状況は起こりえない。

鎹を材に打ち込む時点での変形以外に、その後の経時変化がさらに出土時の形状に影響を与えることも当然考えられる。木材が腐朽して木棺が潰れる際、接合部にかかった負荷によって変形するケースなどである。このような場合は偶然が大きく作用すると考えられるが、状況によっては共通の部位に使用された鎹が類似した変形の傾向を示すこともありうると考えられるので、上述の使用による変形を検討する際は注意を要する。

3　観察所見の表記方法

上記の視点にもとづいて実際に観察をおこなった鎹資料について所見をまとめたものが表6である。

「出土状態」欄の①は、上述の出土状態①棺の長側沿いと考えられる位置で、おおむね2列に並んで出土する場合、②は同じく②棺のなかほどと考えられる位置で、棺の主軸に平行して1列に並んで出土する場合を示す。

「番号」は原則として各報告文に準拠するが、御獅子塚古墳、カンス塚古墳、天狗山古墳、正崎2号墳、池尻2号墳、岩田 14 号墳については観察時の仮番号を示している。なお、東京国立博物館所蔵の天狗山古墳出土鎹に付した仮番号 1〜13 は同館の列品番号 J-37093- 1〜13 に、仮番号 14〜16 は J-37093-（14）〜（16）に対応し、赤磐市教育委員会所蔵の岩田 14 号墳出土鎹に付した仮番号は赤磐市山陽郷土資料館の整理番号に対応する。

「変形」欄は変形のあり方のうち、上述の変形1型を「1」、変形2型を「2」とし、鎹製作時の形状と考えられるコの字形の側面形を大きく損なっていないものは「通常」、その他・不明は「−」とした。

「爪」欄に示した爪Aは任意の一方の爪部で、爪Bはその反対側の爪部を示す。あくまで観察時の記録作成や記述の便宜のための任意のものである。このほか、観察にあたっては便宜的に一方の側面をa側面、その反対側の面をb側面としている。「屈曲角度」は渡り部に対する爪の屈曲角度である。「打ち込み面」は付着材の横断面から樹皮側・樹芯側の区別が可能な場合、爪が打ち込まれた側の「木裏・木表」の別を示し、不明の場合は「−」、木口面の場合は「※」とした。

「角度1」〜「角度3」は、鎹の側面に付着した材の横断面の観察から、爪・渡り部の方向と材の接線方向との交差角度を計測し、数値化したもので、材付着のあり方のうち上述のa・bタイプを判別するための数値である（図53）。爪が打ち込み面に対してほぼ直交して打ち込まれた場合、aでは横断面で観察される接線方向が爪の軸方向と直交し、bでは平行になる。ただし、実際には

表6 鉄計測表

古墳名（埋葬施設名）	出土状態	番号	変形	爪	屈曲角度	打ち込み面	角度1	角度2	角度3	タイプ	型
鶴山古墳	−	2	2	A	145	木表	145	88	90	a	（Ⅱ）
		7	2	A	132	木表	132	107	90	a	（Ⅱ）
		1	2	B	86	木表	134	138	138	b	（Ⅱ）
		3	−	B	−	木表	(123)	−	−	b	（Ⅱ）
		5	−	B	−	木表	(120)	−	−	b	（Ⅱ）
		4	−	B	85	木表	87	92	−	a	（Ⅱ）
		9	−	B	−	木表	87	−	−	a	（Ⅱ）
御獅子塚古墳（第1主体）	①	5	1	B	113	木表	111	88	−	a	（Ⅰ）
宮山古墳（第3主体）	①	1	通常	A	96	−	119	113	95	a	Ⅱ
				B	94	−	50	54	−	b	
		3	通常	A	80	−	108	98	−	a	Ⅱ
				B	49	木表	25	66	−	b	
		5	通常	A	104	木表	110	96	−	a	Ⅱ
				B	91	−	40	39	−	b	
		6	通常	A	94	木表	94	90	90	a	Ⅱ
				B	89	木表	47	48	48	b	
カンス塚古墳	①	3	2	A	115	木表	115	90	90	a	（Ⅱ）
		4	−	A	105	木表	105	90	90	a	（Ⅱ）
勝負砂古墳	①	512	1	A	70	木表	92	72	90	a	Ⅰ
				B	101	−	82	(93)	−	a	
		511	通常	A	91	−	90	91	−	a	（Ⅰ）
		510	通常	A	−	−	93	−	93	a	（Ⅰ）
		520	通常	B	120	−	88	118	−	a	（Ⅰ）
		538	通常	A	99	−	80	(91)	−	a	Ⅰ
				B	117	−	96	123	−	a	
		519	通常	A	110	−	66	(86)	−	a	（Ⅰ）
天狗山古墳	①	1	1	A	123	−	123	90	84	a	Ⅰ
				B	127	−	135	98	−	a	
		2	1	B	111	−	110	89	−	a	（Ⅰ）
		3	1	B	111	−	119	98	98	a	（Ⅰ）
		4	1	A	116	−	122	95	−	a	Ⅰ
				B	111	木表	128	106	99	a	
		5	1	A	96	木表	104	97	90	a	Ⅰ
				B	118	−	130	101	−	a	
		6	1	A	105	−	113	97	−	a	Ⅰ
				B	106	−	121	104	98	a	
		8	1	A	107	−	117	100	−	a	Ⅰ
				B	117	−	117	90	−	a	
		10	1	A	112	−	108	87	88	a	（Ⅰ）
		12	1	A	−	−	−	−	90	a	（Ⅰ）
中山6号墳（第1主体）	①	M33	通常	B	99	※	※	※	※	d	（Ⅴ）
		M37	通常	B	109	−	15	176	−	b	（Ⅱ）
		M34	通常	B	80	※	※	※	※	d	（Ⅴ）
		M36	1	A	98	−	105	97	−	a	（Ⅱ）
		M39	1	B	105	−	20	5	−	b	（Ⅱ）
		M38	通常	A	90	※	※	※	※	c	Ⅴ
				B	102	※	※	※	※	d	
正崎2号墳（第1主体）	①	1	通常	B	65	−	70	95	−	a	（Ⅰ）
		2	1	A	−	−	(90)	−	−	a	Ⅰ
				B	99	−	92	84	85	a	
		5	通常	B	98	−	80	72	−	a	（Ⅰ）
		6	1	A	94	木表	95	91	91	a	（Ⅰ）
		7	通常	A	−	−	−	−	(90)	a	Ⅰ
				B	77	−	78	91	91	a	

古墳名（埋葬施設名）	出土状態	番号	変形	爪	屈曲角度	打ち込み面	角度1	角度2	角度3	タイプ	型
正崎2号墳（第1主体）	①	8	通常	B	88	−	−	−	(90)	a	（Ⅰ）
		9	1	B	83	−	86	91	−	a	（Ⅰ）
		10	通常	A	82	−	84	92	−	a	（Ⅰ）
		11	−	A	−	−	−	−	90	a	Ⅰ
				B	93	木表	90	87	87	a	
池の内1号墳	①	13	−	A	95	木表	95	70	90	a	Ⅰ
				B	88	木表	90	72	90	a	
		14	−	A	72	木表	84	93	90	a	（Ⅰ）
空長1号墳	①	2	通常	A	117	木表	153	126	90	a	Ⅰ
				B	106	木表	108	92	91	a	
		3	通常	A	−	木表	−	−	91	a	Ⅰ
				B	114	−	118	92	−	a	
		4	通常	A	112	木表	124	102	90	a	Ⅰ
				B	131	木表	131	90	90	a	
寺山3号墳	①	208	通常	A	97	木表	98	101	91	a	Ⅰ
				B	−	木表	−	(95)	90	a	
		207	通常	A	104	木表	113	99	93	a	Ⅰ
				B	97	木表	87	81	81	a	
		206	通常	A	101	−	135	124	98	a	Ⅰ
				B	100	−	90	80	79	a	
		205	1	A	85	−	100	105	95	a	Ⅰ
				B	−	−	−	57	(90)	(a)	
		204	通常	A	118	木表	129	100	98	a	（Ⅰ）
和田5号墳	②	34	通常	B	120	木裏	17	137	−	b (−)	（Ⅲ）
		36	通常	A	97	木表	30	37	−	b	Ⅲ
				B	96	木表	48	54	56	b	
		37	通常	B	97	木裏	140	133	135	b (−)	（Ⅲ）
		35	通常	A	100	木表	31	21	−	b	Ⅲ
				B	115	木表	68	43	−	b	
和田8号墳	②	38	通常	A	108	木裏	173	155	−	b (−)	Ⅲ
				B	113	(木裏)	165	142	−	(b(−))	
		42	通常	A	113	木裏	168	145	161	b (−)	（Ⅲ）
		39	通常	A	129	木表	58	19	−	b	（Ⅲ）
池尻2号墳	①	2	2	A	102	−	118	80	−	a	（Ⅱ）
		4	2	B	155	−	174	149	−	b	（Ⅱ）
		5	2	A	140	木表	164	113	−	a	（Ⅱ）
				B	99	−	187	165	−	b	
		7	2	B	113	−	146	123	−	b	（Ⅱ）
	②	3	−	A	135	−	108	63	−	b	（Ⅲ）
				B	139	−	82	30	−	b	
		6	−	A	121	−	64	33	33	b	（Ⅲ）
				B	106	−	61	46	−	b	
岩田14号墳	②	棺3	通常	A	103	−	70	57	−	b	Ⅲ
				B	93	−	61	58	−	b	
番塚古墳（北棺）	−	20	−	B	119	−	97	90	−	a	?
立石103号地点C群第18主体	−	1	通常	A	91	木表	34	33	47	b	Ⅲ
				B	104	木表	162	148	148	b	
		3		A	123	木表	179	147	147	b	（Ⅲ）
		5	通常	A	104	−	50	36	51	b	Ⅲ
				B	116	木表	160	134	134	b	
		6	通常	A	108	−	179	161	2	b	?
		7	通常	A	112	−	179	157	−	b	?

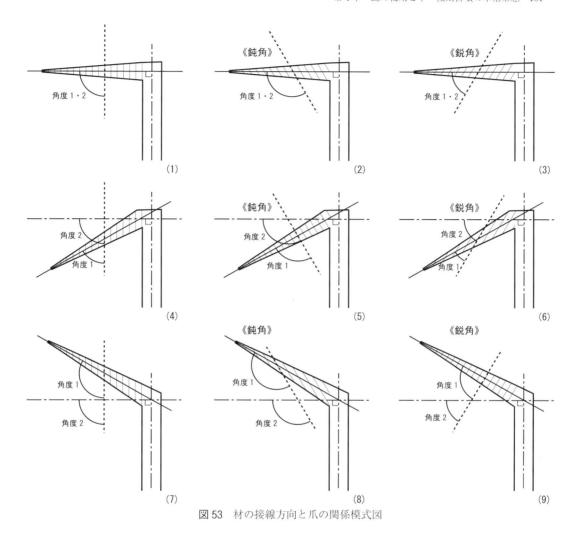

図53　材の接線方向と爪の関係模式図

　爪を打ち込む向きにはさまざまな傾きのバリエーションがあって、必ずしも理想的なあり方ばかりではない。そこで、a・bを判別するために以下のような交差角度の数値化が有効となる。
　角度1は、爪の軸方向と材の接線方向との交差角度である。爪の軸方向は打ち込み方向を、材の接線方向は鑿自体の内面方向を基準とし、材の接線方向と直交する場合（（1）（5）（9））を90°とする。数値は0〜180°の間におさまる。当然のことであるが、実際に出土する鑿は、完形品もあるが、破片化しているものも多い。角度1は、そうした各種の状況にもっとも対応しうる計測値である。ただ、まったく爪部のみの破片である場合は、鑿自体の内面方向が不明であるため、（　）付きで示すことにする。打ち込み面が木裏面である場合は、角度に（−）を付記する。
　角度2は、渡り部の方向に着目し、渡り部軸と爪部軸が直交すると仮定した場合の仮想の爪の軸方向と材の接線方向との交差角度である。角度1と同じく、爪の軸方向は打ち込み方向を、材の接線方向は鑿自体の内面方向を基準とし、材の接線方向と直交する場合（（1）（4）（7））を90°とする。数値はやはり0〜180°の間におさまる。角度1と同様、打ち込み面が木裏面である場合は、角度に（−）を付記する。角度2は、鑿が完形もしくは破片化している場合でも屈曲部から一

定の長さの渡り部が遺存していなければ計測できない。しかし、角度 2 が直角である（(1)(4)(7)）か、鈍角である（(2)(5)(8)）か、あるいは鋭角である（(3)(6)(9)）かは、角度 1 以上に材の木取りとの関係性が深い。

角度 3 は、爪が打ち込まれた木棺自体の表面が遺存している場合の表面の方向と材の放射方向との交差角度である。木棺自体の表面が遺存していなければ計測が不可能であるが、もっとも直接的に材の木取りを知りうる有力な指標となる。

角度 3 を知り得ない場合で、角度 2 が 90°前後の場合は、原則的に角度 1 にかかわらず a と判断すべきであるが、屈曲部がイレギュラーに曲がっている場合など、角度 2 を基準にできないケースもありうる。基本的には、角度 1 と角度 2 の双方を参照し、いずれか一方が直角に近い場合は a、そうではない場合は b と判定し、a の許容範囲（角度が直角である場合の許容値）を一応 85〜100°とする。なお、実際の材の横断面を観察すると、年輪界が波打つように乱れるような状況がしばしば見受けられる。ミクロな観察結果にもとづいて材の木取りを復元的に検討する際には、一定の不確実性もあることを念頭におきつつ作業する必要がある。

「タイプ」欄は、爪に付着した材のあり方の「a〜d」タイプの判定結果を、「型」欄は爪 A・B のタイプを総合した a〜d タイプの組み合わせ「Ⅰ〜Ⅴ」型を記入した。同じ木棺に使用された別の鎹のあり方も考慮して類推した場合は（　）内に示した。

第 3 節　資料の検討

1　刳抜式木棺・組合式木棺の事例

鶴山古墳出土鎹（群馬県太田市鳥山八幡、図 54）　中期中葉に築造された全長約 102 m の前方後円墳で、後円部に長さ 2.8 m、幅 85 cm、高さ 60 cm の竪穴式石室を設ける。鎹は 1948 年の発掘調査時には注意されていなかったが、その後の再整理の過程で存在が明らかになった経緯があり、出土時の配列状態等は明らかではない。出土した鎹 9 点は群馬大学が所有し、群馬県立歴史博物館に寄託されている。

すべて破片で完形品はないが、渡り部長 15 cm 以上、爪部長 4〜5 cm 前後が標準的であったと考えられる。横断面形は 1.0 × 0.4 cm 内外の長方形を呈し、爪の先端にいくほど幅を減じ、薄くなる。側面形についてみると、渡り部から爪部にかけてカーブを描く破片 3 点（2・6・7）と、爪部が直線的な破片 5 点（1・3・4・5・9）の二者に分けられる。これらは破片化しており接合関係も厳密には不明であるが、特徴的な変形のあり方から変形 2 型の事例である蓋然性が高い。

材の状況を観察できた破片は 7 点である。爪がカーブを描く破片 2 点（2・7）は典型的な a タイプであった。ともに木棺の表面が遺存し、丸くカーブを描きながら逃げていく木棺表面を追うような格好で爪が打ち込まれたことがわかる。鎹そのものの内湾するカーブを描く変形の状況も勘案すると、丸木を半裁し、内部を刳り抜いて製作した蒲鉾形の蓋の側面に打ち込んだものとみられる。これに対し、爪が直線的な破片 5 点（1・3・4・5・9）は、遺存する屈曲部がいずれも直角に曲がり、箱形の身の側面に打ち込まれたものと判断できる。打ち込み面はすべて木表側であるが、

第4章 鎹の使用と中・後期古墳の木棺形態 163

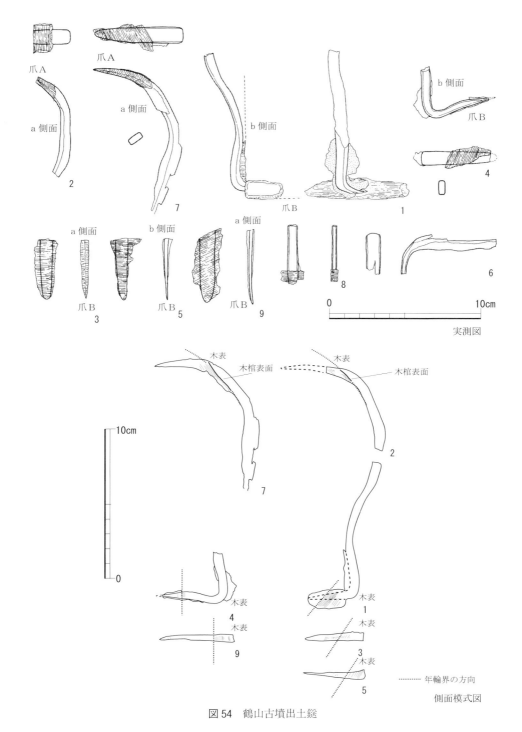

図54 鶴山古墳出土鎹

1・3・5（bタイプ）と4・9（aタイプ）で爪に対する材の横断面における接線方向（年輪界の方向）が異なり、身の側板は左右で木取りに差があったと考えられる。材はいずれも針葉樹であった。

したがって、鶴山古墳の石室内には長持形木棺が存在し、その蓋と身を鎹で接合していたと考えられる。爪が直線的な破片が5点存在することから、鎹は最低でも片側の側面に3本、左右合わせ

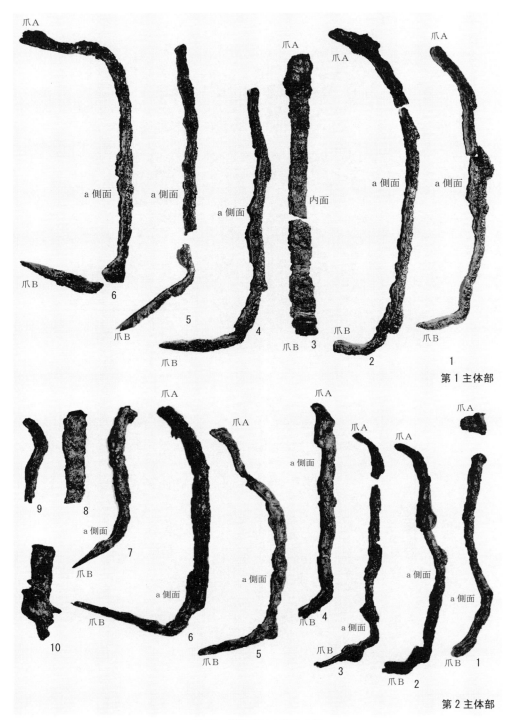

図 55　御獅子塚古墳出土鎹

て 6 本存在した可能性がある。鶴山古墳では人骨の状況から改葬が想定されているが、改葬骨は木棺におさめられていたことになるであろう。棺の表面には黒色の塗膜状付着物が観察され、漆が塗布されていた可能性がある。このような木棺表面の処理は終末期古墳の漆塗木棺以外ではほとんど実態が知られておらず、貴重な事例といえるであろう。

御獅子塚古墳出土鎹（大阪府豊中市南桜塚、図 55）　中期中葉に築造された全長約 55 m の前方後円墳で、後円部に互いにほぼ直交する方向の 2 基の埋葬施設がある。墳丘構築の途中でまず第 2 主体部が設けられ、あとから第 1 主体部が構築されている。

第 1 主体部は長さ 5.2 m、北側幅 0.85 m、南側幅 0.65 m の割竹形木棺を内蔵する退化した粘土槨である。人骨の一部が遺存し、北頭位であることが知られる。割竹形木棺の蓋と身を片側 3 本ずつ計 6 本の鎹で接合したと判断される典型的な出土状態①である。

第 2 主体部は長さ 4.4 m、東側幅 0.65 m、西側幅 0.50 m の長持形木棺を直葬したもので、木棺はその痕跡から底板の両側に側板を立て、両側板の間に小口板を落とし込む構造で、蓋の外面は蒲鉾状にふくらんでいたことが判明している。鎹は両側の棺側に沿って約 1 m 間隔で 5 点（南列は東から 2 個目のものが第 1 主体部造営時に失われている）が規則正しく並び、計 9 点出土している。典型的な出土状態①で、長持形木棺の蓋と身を片側 5 本ずつで接合したと判断される（図 49 − 1）。なお、副葬品の配置から、棺内に遺骸をおさめる余地がなく、人体埋葬の可能性は低いとされている。

出土した鎹は豊中市教育委員会が所有し、豊中市中央公民館に保管されている。いずれも横断面が扁平な長方形を呈する細長い短冊状の鉄板を折り曲げて製作したものである。第 1 主体部鎹は第 2 主体部鎹よりも一回り大きく、渡り部横断面の大きさは平均で第 1 主体部鎹が 11.0 × 5.0 mm、第 2 主体部鎹が 10.6 × 4.0 mm の長方形を呈する。ともに爪部は先端に向かって徐々に幅を減じ、鋭利な尖った先端をつくり出す。両埋葬施設の鎹は大小の差を除けば横断面形、爪部の形状ともによく似ているといえるであろう。材はすべて針葉樹であった。

大きく異なるのは渡り部の側面形である。第 1 主体部鎹の渡り部は、2・3 はゆるやかなカーブを描いて内湾し、それ以外の 4 点はなかほどに微妙な屈曲を有してゆるやかなカーブが連続するように内湾するが、総体として内湾する形状に変わりはない。典型的な変形 1 型である。これに対し、第 2 主体部鎹は、典型的には 2・5 のように、渡り部の一半が内湾する円弧を描き、屈曲部を介していま一半分はわずかに外反する変形 2 型である。3・6・7 なども同じパターンと考えてよい。両者の側面形の違いは、発掘調査時の木棺痕跡の観察結果から第 1 主体部が割竹形木棺、第 2 主体部が長持形木棺と判断されていることとよく整合する。

第 1 主体部の割竹形木棺にともなう鎹の側面形にみられるカーブを試みに調査所見で得られた木棺径 65〜85 cm の円弧と照合してみると、ほぼ矛盾がないことがわかった。第 1 主体部鎹 5 の爪 B が木表側から横断面の接線方向にほぼ直交する方向で打ち込まれる a タイプであることも、第 1 主体部木棺が割竹形木棺であることと矛盾しない。

宮山古墳第 3 主体出土鎹（兵庫県姫路市四郷町坂元、図 56）　中期後葉に築造された径 30 m の円墳で、墳頂部に 3 基の竪穴式石室が設けられていた。第 3 主体は東西主軸の竪穴式石室で、内法長 3.4 m、幅 1.1 m を測る。床面は細かな円礫を平らに敷く。木棺の大きさは鎹の出土位置から長さ 2.3 m、幅 0.7 m と推定されている。

166

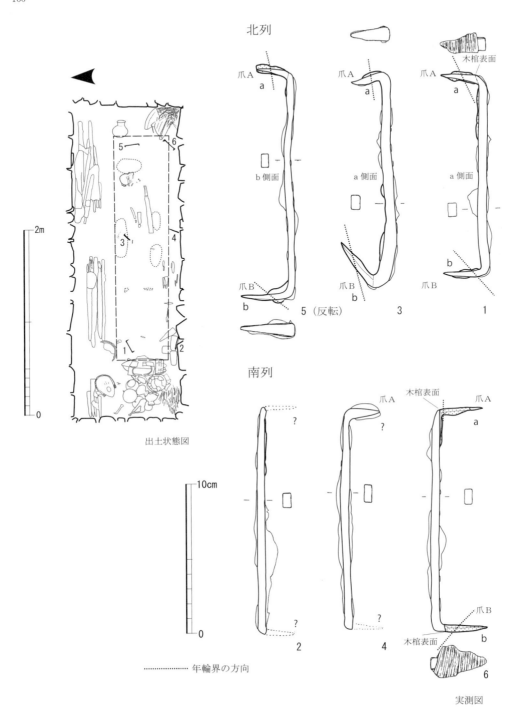

図56　宮山古墳第3主体出土鉇

第 4 章　鎹の使用と中・後期古墳の木棺形態　167

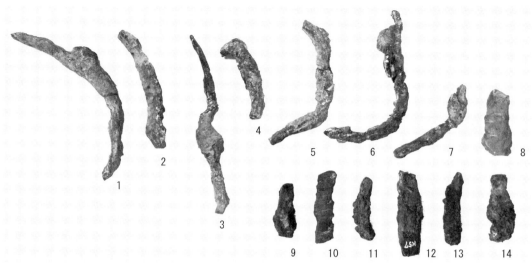

図 57　カンス塚古墳出土鎹

　鎹計 6 本は棺の両側に 3 本ずつ規則正しく並んで出土し、典型的な出土状態①である。報告者は木棺を組み立てるために使用されたものと推定している。棺の範囲内では、東端付近に銅鏡、垂飾付耳飾、玉類が集中し、歯牙が存在したことから被葬者は東頭位であったことが明らかである。棺外には甲冑、刀剣類、鉄鏃、馬具、鉄鋌、農工具類、陶邑 I 型式 2 段階併行の須恵器などが置かれていた。
　鎹は姫路市教育委員会が所有し、姫路市埋蔵文化財センターに保管されている。6 本のうち確認できた 4 本すべての材が針葉樹であった。
　材の付着状態は爪 A が a タイプ、爪 B が b タイプの組み合わせで、いずれも II 型である。確認できる打ち込み面はすべて木表側である。爪部側面で観察される材の横断面における接線方向は、爪 A では鈍角、爪 B では逆に鋭角となる。
　したがって、木棺形態の候補としては第一に長持形木棺が推定でき、割竹形木棺は除外される。このことは、床面が平坦な礫敷きであることと整合的である。北列の 3 本の爪 A で観察される材の接線方向は 1・3・5 すなわち西から東に向かって徐々に直角に近くなる。これは、西側よりも東側の材の直径が大きくなる、すなわち西側が樹幹の末に近く、東側が樹幹の本に近いことを示す可能性があり、被葬者が東頭位であることとも整合的である。1 の上側の爪、6 の両方の爪の屈曲部には切削加工されたような平坦な材の表面が遺存することから、蓋の側面には垂直の面取りがなされていたと考えられる。

　カンス塚古墳出土鎹（兵庫県加古川市平荘町、図 57）　中期後葉に築造された径約 30 m の造り出し付き円墳で、埋葬施設は東西主軸の竪穴式石室である。側壁は塊石を積み上げ、天井石 7 枚を架構する。内法長さ約 4.4 m、東端幅約 1.2 m、西端幅約 1 m、高さ約 0.9 m を測る。床面は全面に敷石を施す。石室東短側壁に沿って陶邑 I 型式 3 段階併行の須恵器、土師器、西短側壁近くに短甲、鍛冶具を含む鉄製工具類が置かれ、南北の長側壁沿いに刀剣類、鉄鏃が置かれていた。これらは棺外遺物と考えられる。石室中央やや東寄りで垂飾付耳飾 1 対、玉類が出土し、棺内遺物と考えられる。被葬者は東頭位と推定される。このほか、天井石上から変形四獣鏡 1 面が出土した。鎹は石室内か

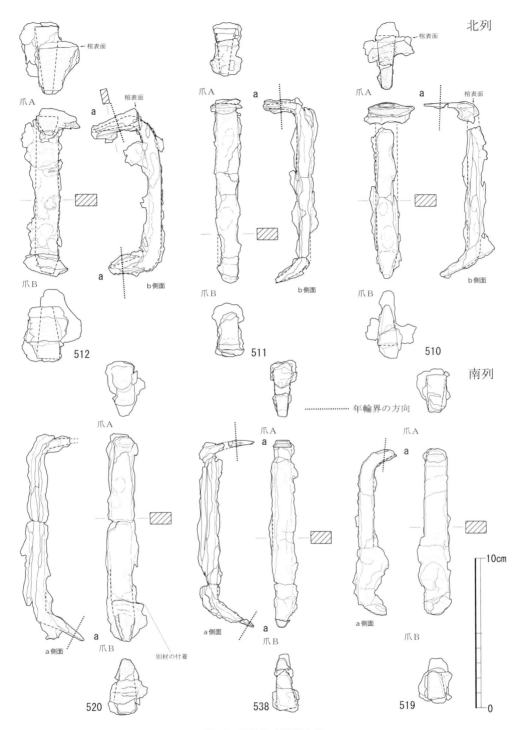

図58　勝負砂古墳出土鑿

ら出土したが、詳細は未報告である。

　鎹を含む出土資料は加古川市教育委員会が所有し、加古川市文化財調査研究センターに保管されている。鎹の完形品はないが、破片14点以上がある。

　長くゆるやかなカーブを描いて内湾する爪部から渡り部にかけての破片（1〜4）のうち、3・4が典型的なaタイプである。丸くカーブを描きながら逃げていく木棺表面を追うような格好で爪が打ち込まれている。鎹そのものの内湾するカーブを描く変形の状況も勘案すると、丸木を半裁し、内部を刳り抜いて製作した蒲鉾形の蓋の側面に打ち込んだ可能性を指摘できる。これに対し、やや外反する渡り部から屈曲して爪部にいたる破片（5〜7）が存在することから、変形2型と思われる。石室床面の形状も、中央の長さ約3.7 m、幅約0.8 mの範囲が蒲鉾状に盛り上がっていたとの発掘調査時の所見があり、割竹形木棺にはなじまない。現段階では、カンス塚古墳木棺は長持形木棺であり、複数の鎹で蓋と身を接合していた可能性を指摘できるであろう。

　勝負砂古墳出土鎹（岡山県倉敷市真備町下二万、図58）　中期後葉に築造された全長約43 m、後円部径約33 m、前方部長約12 mの帆立貝式古墳である。2007〜2008年に後円部の竪穴式石室が発掘調査され、鏡、甲冑、武具など多くの副葬品が出土した。竪穴式石室は内法長さ3.59 m、最大幅1.2 m、床面からの最大高約0.7 mを測る。床面は断面逆台形の基台を土によってつくり、その上に0.5〜5 cm大の小円礫を貼るように敷いて礫床を形成していた。礫床上面は中央がわずかにくぼみ、棺の圧痕かとも考えられた。鎹6点が石室の南北壁面に沿ってそれぞれ3点ずつ出土し、典型的な出土状態①である。

　鎹6点は岡山大学考古学研究室に保管されている。鎹に付着した材は、北列の512・511・510の爪A、512の爪B、南列の538・519の爪A、520・538の爪Bで観察できた。512・511の爪Aおよび520の爪Bのいずれも外面で、爪の軸に直交する方向の条線が多数認められた。これは放射断面にみえる大きな道管の列が空洞化した痕跡とみられ、1年輪の幅は2.0〜2.5 mm前後である。多くの爪の側面では、多列放射組織が0.3〜0.4 mm前後の間隔で並ぶ状態が目立つ。これらはいずれも同様の広葉樹環孔材と考えられ（岡林 2014）、一部については樹種同定の結果クワ属の材の可能性が高いとされた（片山・岡田ほか 2016）。

　内外面で確認できる材の繊維方向はすべて爪の軸に対して直交しており、510爪Bの付着材がaまたはbタイプの可能性を残すほかは、いずれも材の接線方向にほぼ直交する面から打ち込まれたaタイプである。ただし、6本の鎹は同一の木棺の蓋と身に両側面から打たれたと考えられることから、組み合わせ上は12本の爪すべての材のタイプがaである蓋然性が高い。したがって、勝負砂古墳から出土した6本の鎹の材付着パターンは、すべてⅠ型ということになる。512爪Aで木表側から打ち込んだ可能性が指摘できることも勘案すると、勝負砂古墳の木棺は割竹形木棺で、鎹は蓋と身の合わせ目を側面で接合したものと考えられる。

　天狗山古墳出土鎹（岡山県倉敷市真備町川辺・下二万、図59）　中期後葉に築造された後円部径46 m、前方部長14 mの帆立貝式古墳である。戦前に竪穴式石室が乱掘され、鏡、甲冑、武具など多くの副葬品が出土した（村井 1966）。末永雅雄の聞き取りによれば地表下16尺5寸（約5 m）で天井石に達したとされ、石室は長さ13尺（約3.9 m）、幅3尺3寸（約1 m）、高さ2尺7寸余（約0.82 m）で天井石7枚を架構していた。床面には川砂利を敷き詰めていた。鉄鎹は壁の下部に接して1尺5寸（約0.45 m）間隔で並んでいたといい、出土状態①と判断される（末永 1934）。

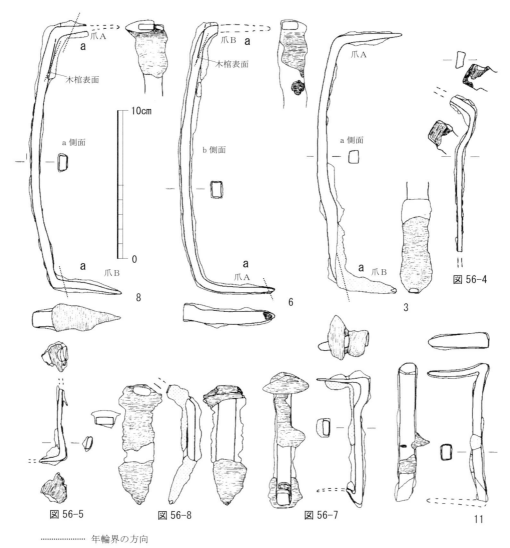

図59 天狗山古墳出土鉇

　1998～1999年の岡山大学による再発掘調査の結果、現状の墳頂から約5mで竪穴式石室への進入口に達し、床面は墳頂下約5.5mに置かれていることが明らかにされた。石室は内法長380cm、幅は南東端で117.8cm、北西端で105.8cm、高さ71.5cmであった。前述の聞き取り結果に近い数値であり、約45cm間隔という鉇の出土状態にも一定の信頼性があると評価できる。
　鉇は全部で20点以上ある。長さ18cm前後の大型品が少なくとも12本、9cm前後の小型品が少なくとも5本あり、一つの埋葬施設からの出土数としてはもっとも多い。このうち東京国立博物館に所蔵されている戦前出土の資料は、完形に近いもの13点、爪部の破片3点の計16点（1～16）である。以下、岡山大学作成の実測図に掲載されたもののうち、東京国立博物館所蔵資料と照合できたものは1～16の仮番号で、それ以外のものは報告書（松木・和田ほか 2014）の図番号で仮称している。

大型品（1〜10・12・13）は屈曲部が鈍角で、渡り部が内湾するゆるやかなカーブを描く変形１型のものが多い。付着した材はいずれも広葉樹環孔材であった。材の横断面を観察できた計 14 個の爪はすべて a タイプであった。両方の爪が確認されたのは 1・4・5・6・8 の 5 本、片方の爪が確認されたのは 2・3・10・12 の 4 本である。このうち、4 爪 B、5 爪 A では打ち込み面が木表側であることが確認できた。木棺表面が遺存するものが比較的多いが、いずれも側面では屈曲部付近の渡り部軸にほぼ平行し、角度 3 が判明する 7 例が 84〜99°とほぼ直角に近い。大型品 12 本はすべてがⅠ型である可能性が高いであろう。変形１型が主体を占める側面形の共通性からも、割竹形木棺の蓋と身の合わせ目に側面から打ち込まれたものと考えて矛盾はない。

小型品は観察しえたもの（11）および実測図で図 56 - 4・5・7・8 とされたものの少なくとも 5 点があり、屈曲部が直角あるいは鋭角に屈曲し、渡り部が直線的である。側面形のあり方が大型品とは大きく異なっており、使用部位に差があった可能性が指摘できるが、材の観察結果からは積極的な評価にいたらなかった。

中山 6 号墳第 1 主体出土鎹（岡山県総社市福井、図 60）　中期末葉に築造された一辺の長さ 13 × 13.5 m の二段築成の方墳である。墳丘出土の須恵器は陶邑Ⅰ型式 4〜5 段階、埴輪はⅤ期に位置づけられる。第 1 主体は初葬の埋葬施設で、内法長 2.88 m、幅 0.61〜0.75 m の竪穴式石室である。板石と粘土を混用して壁体を構築し、天井石をもたない施設であったと考えられている。礫床の横断面はゆるやかなカーブを描く。想定される木棺の両側辺に沿って、西側 4 本、東側 3 本、計 7 本の鎹が出土した。石室壁体が破壊を受けている北東隅の 1 本が失われている可能性がきわめて高く、本来は西列・東列とも 4 本ずつの出土状態①と考えられる。

鎹 7 本は総社市教育委員会が所有し、総社市埋蔵文化財学習の館に保管されている。大きさは渡り部長 9.2〜10.5 cm、爪部長 3.0〜3.6 cm で比較的揃っている。渡り部の横断面形は 9〜11 mm × 3〜3.5 mm 程度の長方形を標準とする。側面形では渡り部はおおむね直線的で、爪がやや開き気味の形状が標準的であるが、詳細にみると渡り部はわずかに内湾するものと外反気味のものの 2 種類がある。付着した材はかなり崩壊が進行していたが、確認できた材はいずれも針葉樹である。

爪に付着した材のあり方には、棺の側面から打ち込んだと考えられる a・b タイプと、棺の小口面から打ち込んだと考えられる c・d タイプの両者がある。a・b タイプは M36 爪 A の a、M37 爪 B・M39 爪 B の b であり、c・d タイプは M38 爪 A の c、M33 爪 B・M34 爪 B・M38 爪 B の d である。西列・東列の北端・南端を除く棺の側面の位置に a・b タイプ、北端・南端の棺小口面付近に c・d タイプがみられる点がまず注意される。

棺北小口の M38 は爪 A が c、爪 B が d の組み合わせで、Ⅴ型となることが明らかであるので、これに対応する棺南小口の M33・M34 も爪 A が c、爪 B が d のⅤ型である蓋然性はきわめて高い。棺小口面から打たれた鎹がⅤ型の場合には、同じ棺の側面から打たれた鎹は理論上Ⅱ型になる。実際、側面なかほど付近から出土した M36・M37・M39 の一方の爪は a または b であり、a と b の組み合わせになるⅡ型と推定して矛盾はない。蓋材の組織の横断面が知られるのは M36 爪 A で、角度 2 は 97°であった。これに対応する M38 爪 A の内外面は材の放射断面、側面は接線断面が観察されたので、蓋はほぼ半裁した樹幹を刳り抜いて製作したものであろう。したがって長持形木棺が推定でき、両側面のなかほどを各 2 本の鎹、両小口面を各 2 本の鎹で接合して蓋と身を閉じた可能性が高い。このことは、小口面から打ち込まれたと想定される M33・M34・M38 の渡

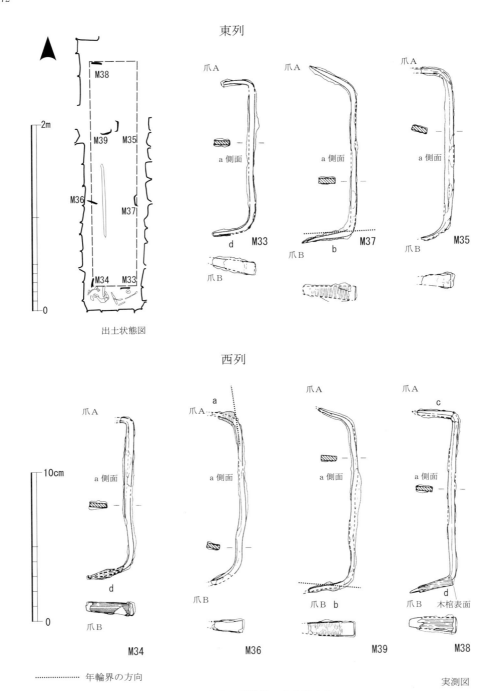

図 60　中山 6 号墳第 1 主体出土鎹

第 4 章　鑿の使用と中・後期古墳の木棺形態　173

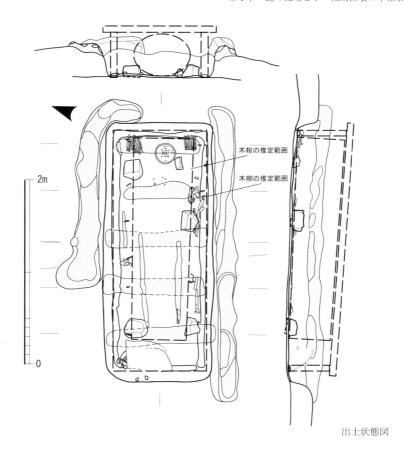

出土状態図

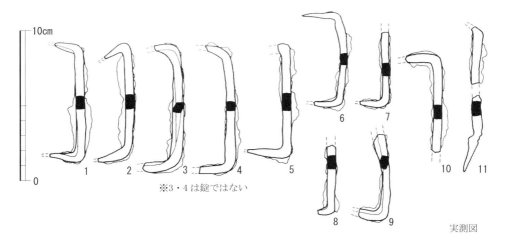

※ 3・4 は鑿ではない

実測図

図 61　正崎 2 号墳出土鑿

り部がまっすぐで、やや外反気味であるのに対し、側面から打ち込まれたと想定されるM35・M36・M37・M39の渡り部がやや内湾するカーブを描く変形の傾向を示す点ともよく整合する。

　正崎2号墳出土鋲（岡山県赤磐市正崎、図61）　中期後葉に築造された径20×16m程度の円墳である。報告書によれば、主たる埋葬施設（第1主体）は地山を整地した上に木棺を安置し、棺の周囲を固めながら埋めたものとされる。木棺の下には人頭大の角礫4個が棺台として置かれていた。これらを棺台とする根拠として、副葬品の一部が石の上側に存在したことが挙げられている。「木棺の下部を全体に包むように」（則武・國安 1989：p15）粘土が遺存し、その範囲から棺身は長さ約2.6m、幅約0.90mに復元された。また、蓋は棺の主軸に直交する方向の幅50cm程度の板5枚を並べて横架したものと推定され、その継ぎ目を目張りしたと考えられる幅約20cmの粘土帯がほぼ等間隔に計5本遺存していた。鋲として報告された鉄製品は、棺内の両側に沿って規則正しく並ぶかたちで北側6本、南側5本、計11本が出土しているが、うち2本は形状や材の付着のあり方、樹種の違いから木棺所用の鋲ではないと判断される。

　鋲として報告された鉄製品11点は赤磐市教育委員会が所有し、赤磐市山陽郷土資料館に保管されている。鋲と判断される9本（1・2・5～11）と報告書に示された出土位置との対照ができていないが、一応出土状態①と考えておきたい。大きさは渡り部長5.5～7.1cm、爪部長2.0～2.9cmで比較的揃っている。横断面形は10×5mm程度の長方形を標準とする。付着した材の組織を観察することができた爪のすべてがaタイプで、打ち込み面は木表側であった。2・7・11はa－aのⅠ型であり、aタイプ以外が確認できないことから、すべてⅠ型である蓋然性が高い。渡り部の側面形が内湾する変形1型の傾向が見受けられることも注意を要する。以上の点を総合すると、これらの鋲は割竹形木棺の蓋と身の合わせ目に側面から打たれていた蓋然性がもっとも高い。材はすべて広葉樹環孔材で、樹種同定の結果も1・2・7・11はケヤキ、5・6はケヤキの可能性が高いと判断されていることから、すべてケヤキ材と考えて矛盾はない。

　報告書では、この埋葬施設は地山を整地した上に木棺を安置し、棺の周囲を固めながら埋めたものと考えられており、鋲は具体的な使用部位等には言及はないものの、木棺に使用されたと推定されている。いっぽう、発掘調査時の状況から木槨の存在を想定し、鋲も木槨に使用されたとする意見もある（高田 2004）。

　報告書では、木棺身の大きさを、周囲を巻いたと考えられる粘土帯の範囲から外法長約2.6m、幅約0.90mと復元している。蓋は、蓋材の継ぎ目を目張りしたと考えられる粘土帯の間隔から、幅50cm程度の板を5枚横架したものと推定されている。しかしこの推定は、特殊な構造の組合式の木棺を想定し、割竹形木棺を念頭に置いたものではない点で、鋲の観察結果とうまく整合しない。

　鋲の観察結果にもとづいて割竹形木棺の存在を想定した場合はどうであろうか。まず、4個の棺台石は底面が丸い木棺を安定的に置くためのものと考えられ、同じく鋲を使用した割竹形木棺をおさめた随庵古墳、池の内1号墳などの竪穴式石室に類例がある。鋲の出土位置から木棺の平面規模は長さ約2.2m、幅約0.7m程度に復元できるので、副葬品のうち鏡、玉類、刀・剣各1口を棺内遺物、鉄鏃群、農工具、馬具、甲冑を棺外遺物として整理することが可能となる。鋲は棺台石や鉄鏃群・短剣などの副葬品の上に落下したようなかたちで出土しており矛盾はない。同時に、高田貫太が見とおしたようにそれをおさめるための木槨が存在したと考えるならば、上記の検出状態をよ

り整合的に説明できる。すなわち、「ロ」の字形の粘土帯から外法長約2.6m、幅約0.90mに復元されるものを木槨側板の平面規模と解釈し、主軸に直交する方向の粘土帯は、その上に横架されていた6枚の板からなる木槨蓋の合わせ目の目張りであったと考えるのがもっとも合理的であろう。ただし、鎹9本はあくまで木棺に使用されたものであって、木槨に使用されたものではない点は注意したい。試みに、図61上にこの復元案に即した推定の埋葬施設構造を破線で加筆してみた。

池の内1号墳出土鎹（広島県広島市安佐南区祇園町、図62）　中期末葉に築造された直径8m程度の円墳で、埋葬施設は内法で長さ150cm、幅40cm、高さ30cm程度の簡易な竪穴式石室である。壁体は下段に箱式石棺のように石材を立て、必要に応じて数段の石材を加える。天井石は本来存在しなかった可能性が高い。床面には10×5cm前後の棺台石7個が配置され、赤色顔料の散布がみられた。石室内からは鉄鎹2本、小札状鉄製品1個、ガラス製小玉167個、須恵器片が出土した。

鎹は南北両側壁の中央付近の棺台石に近い位置で、床面から5cm程度浮いた状態で各1本出土した。いずれも材が付着し、木棺に使用したものと考えられた。木棺は長さ150cm、幅35cm、高さ30cm程度の組合式木棺と推定されている。

鎹は総数2本であり、最少数の出土状態①と考えられる。いずれも広島市文化財団文化財課に所蔵されている。完形品の13が全長9.1cm、爪の長さ1.3～2.3cmを測り、渡り部の断面形は14も含めて0.8×0.35cmの長方形を呈する。材はすべて針葉樹であった。13の爪A・Bの材の付着状況や2段階で屈曲するあり方は渡り部を介して対称の関係にあり、14も爪Bが欠失しているものの同様である。13・14とも典型的なⅠ型と判断される。遺存する木棺表面はほぼ材の接線方向に一致しており、13爪A、14爪Aでは表面がややカーブを描く状況も観察できる。こうした点から、13・14は割竹形木棺の中央部付近で蓋と身の合わせ目に打ち込まれていたものと考えられる。このことは、棺側付近に2列に並ぶ棺台石のあり方とも整合的である。

竪穴式石室の幅が40cmであることから、試みに13爪A側面の木棺表面でみられるカーブに直径40cmの円弧を重ね合わせてみたところ、おおむね一致することが判明した。このことから、この木棺の蓋は直径40cm程度の丸太を半割りして製作された小型のものと推定される。また、13では各爪の木棺表面への嵌入は浅く、渡り部はやや浮いた状態にあったようである。鎹の側面形において、渡り部の一部にやや外反気味の部分がみられることは、そのような状態で打ち込んだためで、木棺表面の外形を反映していないと推測される。いっぽう、14爪Aは深く木棺表面に嵌入しており、渡り部側にも材が多く付着している。14の渡り部は爪A側では内湾するカーブを描いており、蓋の外形をある程度反映したものとみてよいであろう。

空長1号墳出土鎹（広島県広島市安佐南区祇園町、図62）　中期末葉に築造された直径13mほどの円墳で、墳丘中央に内法の全長195cm、最大幅57cm、最小幅36cm、高さ約40cmの小規模な竪穴系横口式石室を設ける。石室はほぼ東西主軸で、東壁は1枚の板石を立て、西側に横口部をもつ。石室内は後世の攪乱をほぼ免れ、蛇行剣、剣、鉄鏃、三輪玉、ガラス玉、有孔円板などが出土した。

鎹は石室北壁に沿って3本、南壁に沿って2本出土し、出土状態①である。報告書では組合式木棺の各部を固定したものと推定されている。また、出土位置から本来の使用数量は6本と推定された。

鎹5本は広島市文化財団文化財課に所蔵されている。渡り部長9.8～11.4cm、爪部長2.6～3.5

176

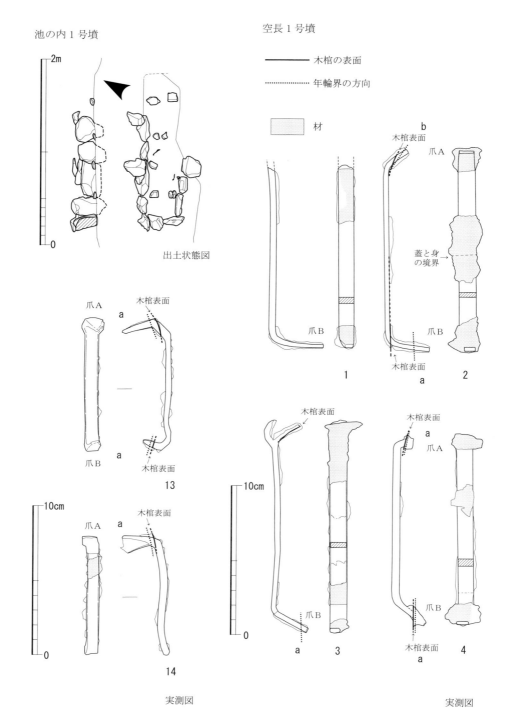

図62 池の内1号墳・空長1号墳出土鎹

第4章　鑿の使用と中・後期古墳の木棺形態　177

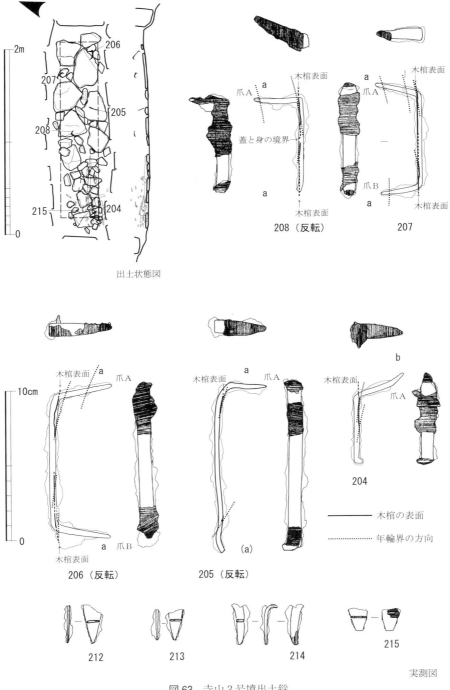

図63　寺山3号墳出土鑿

cm、渡り部幅1.1〜1.3 cm、厚さ0.4〜0.6 cmを測り、おおむね同形同大である。付着していた材はすべて針葉樹であった。双方の爪において材の横断面を観察できた2・3・4はいずれもa－aタイプの組み合わせで、Ⅰ型であった。2・3・4では木棺の表面が遺存しており、2・4では爪A側の木棺表面と渡り部軸は約30°で斜交し、2・3・4では爪B側の木棺表面と渡り部軸は平行する関係にある。いずれも木棺表面は木表面である。

　したがって、材の付着のあり方からは、爪A・Bのいずれが蓋・身であるかは不明であるが、それぞれ割竹形木棺の蓋と身の合わせ目に側面から打ち込まれていたと考えられる。空長1号墳出土鎹の特徴として、渡り部の側面形がいたって直線的であること、遺存する木棺表面も平面的であることが挙げられる。このような特徴を踏まえるならば、この割竹形木棺は蓋と身の合わせ目に一定の面取りがなされていた可能性が指摘できるであろう。

　寺山3号墳出土鎹（広島県広島市安佐南区山本、図63）　中期後半に築造された推定径約7×8 mの円墳で、埋葬施設は小規模な竪穴式石室である。壁体は下段に箱式石棺のように板石を立て、必要に応じて上段に1〜2段の板石を加える。天井石は本来存在しなかった可能性が高い。内法規模は長さ2.26 m、東端の幅0.56 m、高さ0.45 m、西端の幅0.57 m、高さ0.63 mである。床面は板石敷きとする。床面の高さは東端が西端よりも約6 cm高く、副葬品の配列等からも被葬者は東頭位と考えられている。また、鎹の出土位置や土層観察などから、長さ約1.90 m、幅約0.40 mの木棺がおさめられていたと推定されている。副葬品として注意すべきものに金槌がある。

　資料は広島市文化財団文化財課に所蔵されている。鎹の破片と判断される9点のうち、出土位置が図示されているのは204・205・206・207・208・215の6点である。それぞれの出土位置は、北列の中央・東端が208・207、南列の西端・中央・東端が204・205・206で、北列2本、南列3本の出土状態①である。全体で数えると爪の総数は11あることから、本来6本存在した蓋然性が高い。

　材を観察できた鎹5本に付着していた材はすべて針葉樹であった。判明したすべての爪がaタイプで、材の木表側から打ち込まれている。したがって、これらの鎹はいずれもa－aの組み合わせとなるⅠ型である蓋然性が高い。ところで、典型的なⅠ型では角度1〜3は直角または鈍角気味の直角になるが、寺山3号墳例では爪B側が直角または鋭角気味の直角になる点でやや様相が異なる。このようなあり方を示す要因の一つとして、刳抜式木棺を製作する際の丸木の半截位置が偏っていた可能性を指摘しておきたい。

　寺山3号墳出土鎹には、渡り部の長さが9 cm、11.5 cmといった大型のものと5 cm、6.5 cmといった小型のものがある。ただ、出土位置や材の付着のあり方には大小の差を反映した違いはとくに認められない。判明するものはいずれもⅠ型であることから、割竹形木棺の蓋と身を側面から接合していた可能性がもっとも高い。想定される木棺の大きさは長さ約1.90 m、幅約0.40 mと小さなものであるが、爪の数が合計で11点あることから、最低でも6本の鎹が使用されたと考えられる。

2　釘付式木棺の事例

　和田5号墳出土鎹（滋賀県栗東市下戸山、図64）　後期後半に築造された径約11×8〜9 mの円墳で、

第4章 鉇の使用と中・後期古墳の木棺形態 179

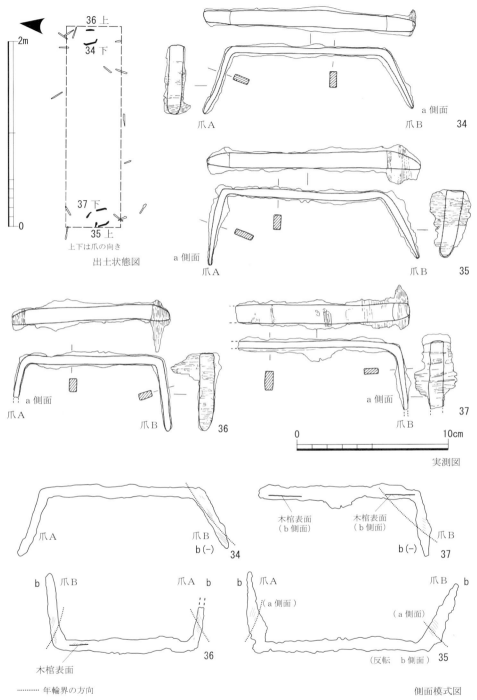

図64 和田5号墳出土鉇

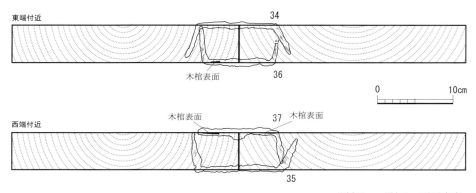

図65　和田5号墳木棺底板模式図

※幅30cm、厚さ5cmの板を想定

　右片袖式の横穴式石室を内蔵する。玄室内から鉄鏃・耳環のほか、陶邑Ⅱ型式4段階の須恵器などが出土した。玄室中央やや羨道側の左壁寄りに置かれた釘付式木棺は、長さ11.5〜14.1 cm の鉄釘22本を使用し、釘の出土範囲から長さ2.20 m、幅0.60 m に復元されている。鎹は木棺のほぼ中軸線上の相互に約1.8 m 離れた両端付近で各2本計4本が出土した。いずれも棺の主軸に直交する向きで、2本（34・37）が爪の先端を上に、2本（35・36）が爪の先端を下にしていた。典型的な出土状態②で、2枚の細長い板を鎹4本で接ぎ合わせて1枚の底板としたものと想定されている（雨森 1998）。

　鎹4本は栗東市教育委員会が所有し、栗東市出土文化財センターに保管されている。鎹に付着した材はすべて針葉樹で、34・37の爪Bがともに木裏面から打ち込むb（−）タイプ、35・36は爪A・Bとも木表面から打ち込むbタイプのⅢ型であった。これは、34・37は爪を上にして、35・36は爪を下にして出土したという発掘時の所見と完全に整合する。4本の鎹は、2枚の細長い板を接ぎ合わせて1枚の木棺底板を製作するために使用され、その両端付近で上下から打ち込まれたものと断定してよいであろう。その場合、2枚の板はともに木表側を外面すなわち底面に、木裏側を内面に向けていたことになる。鎹に付着した材において観察される木棺表面がいずれも鎹の渡り部軸に平行し、直線的であることも、この想定と整合的である。また、鎹の変形についてみると、いずれも渡り部は直線的で顕著な変形はないが、爪部の屈曲角度がおおむね鈍角であることが注意される。より緊密な接合を期待して、あらかじめ鎹の爪部を「開いて」材に打ち込むことは、現在の伝統的建築の現場でもおこなわれていることである。

　いずれの爪部も角度2または3が鈍角の場合は133〜137°、鋭角の場合は21〜56°と、打ち込み面と材の接線方向が深く斜交する関係にあり、それぞれの板材が比較的径の小さな丸木から取ったものであることを示唆している。実際、年輪界のカーブから推定された円弧は直径40 cm を上回るものはない。この木棺の幅60 cm 程度と考えられ、鉄釘付着材の状況から使用された板材は厚さ4.0〜6.7 cm であることが判明している。したがって底板は、直径40 cm を上回らないような小径材から長さ約220 cm、幅30 cm 程度の板目板を2枚取り、鎹で接ぎ合わせて製作されたと考えられる。

　図65は想定される底板の構造を横断面で模式的に示したものである。板の厚さはかりに5 cm とした。実際の年輪の走向は同心円ではなく、カーブが不規則に乱れることが多いが、この場合に

第4章　鎹の使用と中・後期古墳の木棺形態　181

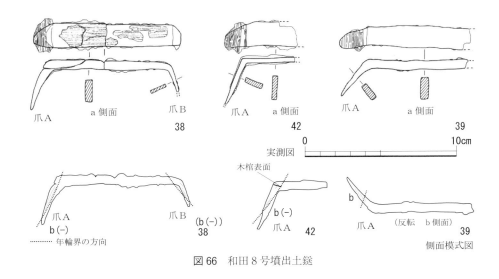

図66　和田8号墳出土鎹

はかりに年輪に擬えた同心円と、実際に鎹の側面で観察された年輪界の走向はほぼ矛盾なく重なり合う。比較的径の小さな材から板材を製作し、接ぎ合わせた実態がいっそう明確に理解できよう。

　和田8号墳出土鎹（滋賀県栗東市下戸山、図66）　後期後半に築造された径約11mの円墳で、両袖式の横穴式石室を内蔵する。玄室内からは、大刀・鉄鏃・刀子・耳環・琥珀製棗玉・碧玉製管玉・ガラス玉・粟玉・滑石製臼玉・金銅製空玉・耳環・轡・馬鈴などのほか、陶邑Ⅱ型式5段階の須恵器、土師器が出土した。

　鉄釘は長さ10.7〜13.4cmのものが15本出土し、玄室中央やや羨道側の左壁寄りに置かれた釘付式木棺が想定される。鎹は12本が出土したが、5号墳に比べるとやや散在している。雨森智美によれば、釘・鎹の出土範囲から釘付式木棺の規模をあえて復元すると、長さ2.10m、幅0.60〜0.70m程度になる。また、12本の鎹はそれぞれ底板・両側板・蓋板を接ぎ合わせるために、両端およびなかほどで各1本、計3本ずつ打ち込んだ想定案が示されている。また、底板の中央に使用された鎹（38）の渡り部外側に「棺に敷かれた布もしくは被葬者の衣服の付着」（雨森1998：p117）が観察され、底板の鎹は棺の内側から打ち込まれたと復元された。

　鎹は栗東市教育委員会が所有し、栗東市出土文化財センターに保管されている。うち3本（38・39・42）の観察をおこなった。38は底板の中央に使用されたもので、渡り部外面に織物の一部が付着することから棺の内側から打ち込まれたと推定されているものである。42も同様の織物の付着が認められた。39は渡り部外面に織物の付着がみられない。いずれも保存処理はおこなわれていない。材はすべて針葉樹であった。

　爪に付着した材の観察結果は、38爪A・B、42爪Aがいずれも板の木裏面から打ち込むb（−）タイプであり、39爪Aは木表面から打ち込むbタイプであった。38はⅢ型であることが確実である。8号墳は釘・鎹の出土状態がやや散在しており、詳細な観察をおこなったのは3本のみであるが、5号墳の状況を参考にすると、38・42が板の内側から、39が板の外側から打ち込まれ、木表側を外面とする板材2枚を接ぎ合わせていた可能性がある。38は出土状態と渡り部外面に付着した織物の観察から、そのようにして2枚の板を接ぎ合わせて製作した底板を内面から接合していた

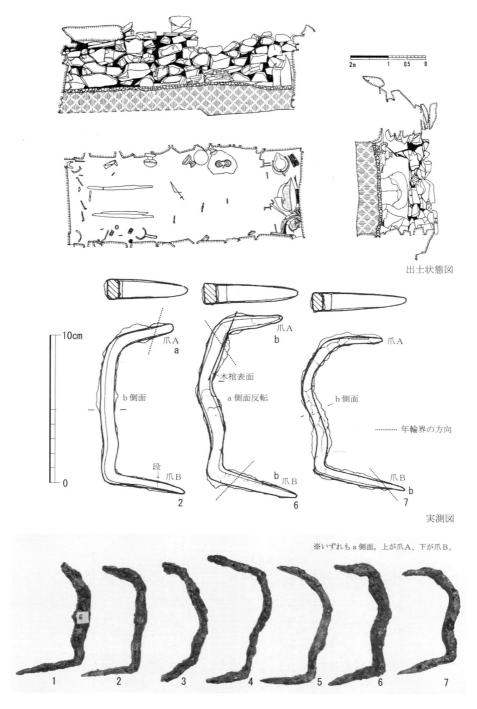

図 67　池尻 2 号墳出土鑷

可能性が指摘されており、材の観察結果からもそれが検証される。38・42の渡り部外面に付着した織物は、被葬者を包む衾あるいは棺底に敷かれた敷物のようなものの一部と考えてよいであろう。

5号墳の状況と同じく、いずれの爪部も角度2または3が鈍角の場合は142〜155°、鋭角の場合は約19°と、打ち込み面と材の接線方向が深く斜交する関係にある。やはりそれぞれの板材が比較的径の小さな丸木から取られたことがうかがわれ、そうした板材を2枚接ぎ合わせて棺材として使用可能な幅の広い板を製作したと解釈できる。

池尻2号墳出土鎹（兵庫県加古川市平荘町、図67）　中期後葉に築造された古墳で、本来は一定規模を有する前方後円墳であった可能性が指摘されている。埋葬施設は内法長4.51m、幅1.81m、高さ0.61mの竪穴式石室である。床面は棺台状に中央部を4〜5cm高くした礫床で、下部には良質の粘土が厚く敷かれていた。石室の長側壁は角張った塊石を5〜6段積み上げ、短側壁は一枚石を立てた上に塊石を1〜2段積む。木棺痕跡は未検出であるが、釘・鎹の分布範囲から長さ2.55m、幅0.70mの棺規模が推定されている。棺内遺物は鉄剣3口のみと考えられ、棺外遺物として木心鉄板張輪鐙・鹿角製の鑣をともなう鑣轡等の馬具、横矧板鋲留衝角付冑および肩甲・頸甲を装着する短甲、鉄鉾、鉄鏃、農工具類、陶邑Ⅰ型式2段階併行の二連甕等が置かれていた。

釘は長さ13cmほどで、四隅を中心に10本出土した。『加古川市史』（置田 1996）図145-6・7に図示されているものは木質A類で、棺材の厚さは約4.5cmと約4.0cmである（図上計測）。小口板もしくは側板の厚さを示すものと考えられる。鎹は報告書によれば2タイプあり、爪部と渡り部の区別が不明確で全体にU字形を呈し、渡り部外面中央につまみ状の突起を有するもの3本と、通有のコの字形を呈するもの4本の計7本がある。前者は木棺のおおむね中軸線上から点々と出土し、後者は四隅等から出土したとされる。

池尻2号墳木棺は、鎹が使用された古墳時代中期の釘付式木棺としては、釘・鎹の出土位置が確認できるほぼ唯一の事例である。鎹7本は加古川市教育委員会が所有し、加古川市文化財調査研究センターに保管されている。観察の結果、渡り部外面中央につまみ状の突起を有するものとして例示された個体と同一個体と判断される3については「つまみ状の突起」とされたものは錆膨れであり、その他のものにも突起状のものはみられなかった。

いっぽう、鎹自体の側面形からみると、一方の爪にかけての渡り部が円弧を描き、一方の爪は明瞭に屈曲して直線的にのびる変形2型のもの（2・4・5・7）と、渡り部の中央付近がくの字形に曲がり、双方の爪に至る渡り部が直線的または外反気味にのびるもの（3・6・1）の、大きく2種類の変形が認められる。材の組織を観察した結果、前者では5がⅡ型（爪Aが木表面から打ち込んだaタイプ、爪Bが鈍角のbタイプ）であるほか、それぞれ一方の爪がaまたは鈍角のbタイプで、すべてがⅡ型と類推して矛盾はない。後者では材の組織が観察できなかった1を除くと、3・6が爪A・Bがともに鋭角のbタイプとなるⅢ型であった。側面形とそこに打ち込まれた材の木取りは有意な対応関係にあると推測できよう。材はすべて針葉樹であった。

現時点では個々の鎹の出土位置を特定するにいたっていないが、2・4・5・7の4本は付着材の観察からいずれもⅡ型とみて矛盾がなく、変形2型の側面形なども総合すると、木棺四隅付近で側面から蓋と身を接合したものである可能性が指摘できる。その場合、木棺は蒲鉾形もしくは屋根形のような立体的な形状の蓋と箱形の身で構成されていた蓋然性が高い。いっぽう、3・6・1の3本

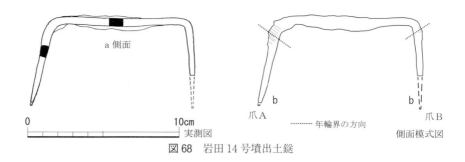

図68 岩田14号墳出土鎹

は付着材のあり方がⅢ型に代表される点から板材の接ぎ合わせに使用されたことがまず予想されるが、渡り部中央付近がくの字形に曲がる独特な変形の状況からは、屋根形の棟部分のような特殊な部位での使用も含めてさらに検討が必要である。

岩田14号墳出土鎹（岡山県赤磐市河本・和田、図68）　後期後半に築造された径約20mの円墳で、右片袖式の横穴式石室を内蔵する。玄室内に合計6個の釘付式木棺の痕跡が残され、これよりさき片付けの対象となった埋葬がある。初葬時期は陶邑Ⅱ型式4段階と推定される。鎹は23点あり、6個の木棺床面付近で出土したものは棺ごとの番号が与えられているが、いずれも6個の木棺に先行する埋葬にともなうと考えられている。

資料は赤磐市教育委員会が所有し、赤磐市山陽郷土資料館に保管されている。棺3の番号を与えられた1点は爪Bをなかほどで欠損するほか、爪A先端をわずかに欠損する。渡り部は直線的で、爪Aは約103°、爪Bは約93°で屈曲する。両方の爪に材が付着するほか、渡り部外面全体に粗い布が付着している。角度1は約61°、角度2は約58°で、爪A・Bともに木表側から打ち込まれたbタイプのⅢ型である。

この鎹は追葬時に片付けの対象となった先行棺にともなうものと考えられており、出土状態からの検証ができないが、鎹の渡り部外面に粗い布が付着することから、和田5・8号墳と同様、底板の接ぎ合わせに使用されていたものに棺内の布が付着した可能性が考えられた。しかし、材の付着のあり方は、爪A・Bともに木表側から打ち込まれたbタイプのⅢ型であり、両方の爪が木裏側から打ち込まれたb（-）タイプのⅢ型である和田5・8号墳例とは異なる。和田5・8号墳例は、鎹によって細長い板を接ぎ合わせて製作された木棺底板が板の木表側を棺外面としており、木取りの判明する古墳時代木棺の大多数が木表側を棺外面とする事実と整合的である。いっぽう、岩田14号墳例の場合はあくまで織物が付着する側を棺内面とする限りそれとは逆になる。

番塚古墳出土鎹（福岡県京都郡苅田町尾倉、図69）　中期後葉に築造された全長約50mの前方後円墳で、横穴式石室を内蔵する。玄室に北棺・南棺を並列におさめていた。北棺は長さ1.80m、幅0.71〜0.73m、高さ0.50mに復元される釘付式木棺で、鉄釘約30本を使用する。釘の出土状態や副葬品の配置などから、北棺は両小口板・蓋板が西へ向かって転倒した状態と考えられている。釘は主に両小口付近に使用される。鎹は破片を含めて全部で5点あり、1が西小口付近、23・24が東小口付近の蓋と身の接合に使用されたと推定されている。棺中央部付近でも釘2点、鎹1点（20）が出土しており、釘は底板と側板とを釘付けしたもの、鎹は蓋と身の接合に使用されたと考えられた。

出土した釘・鎹・蟾蜍形飾金具等は、九州大学が所有し、九州歴史資料館に寄託されている。鎹

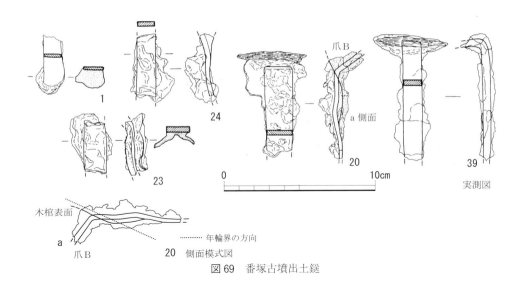

図69 番塚古墳出土鉇

のうち、北棺に関わると考えられるのは1・20・23・24の4点である。39は出土位置が不明のため観察していない。1は鉇の長軸に平行する方向の木目をもつ木質が付着すると報告されているが、この木片は鞘などの別の木製品の一部が付着したもので、木棺材ではないと判断した。同様の木片は23にも付着している。20は爪Bの一部と渡り部のみ遺存する。爪Bは119°で屈曲する。爪Ba・b両側面に木棺表面が遺存する。付着物が多く、とくに表面は泥に覆われており観察がむずかしいが、わずかに材の横断面の組織が観察できた。放射方向から算出される爪Bの角度1は約97°、角度2は約90°で、aタイプである。23・24でもわずかであるが長軸に直交する繊維方向をもつ木質が付着していた。

　鉇のほか、釘・蟾蜍形飾金具についても若干の観察結果を述べる。北棺の小口板と側板を接合したと推定されている釘（5）の頭部には織物が付着している。報告書で方格状の刻みとされているものである。

　北棺の西小口板には蟾蜍形飾金具1が取り付けられていたと推定されている。この金具の裏面に付着する木片は、報告書によると上下で別の板材を使用し、下側の材の上端部は板材の小口面を残しており、西小口板は少なくとも上下2枚の木板を接ぎ合わせたものであった可能性が指摘されている。観察の結果、大きな木片が遺存する下の材は金具の取り付け面が板の柾目面で、多数の太い放射組織や大きな道管が目立つ。いっぽう、上の材はごくわずかに付着している程度であるが、裏面を上から見た場合に下の材では際だって目立つ放射組織がほとんどみられないことから、やはり上下の材は別材である可能性が高い。また、蟾蜍形飾金具の周囲には本来の木棺の表面が残されており、向かって左側の前脚の付け根付近に上下材の境目とおぼしき溝状のくぼみが観察される。見たところ木棺表面には漆膜などは認められず、白木のままであったと考えられる。

　南棺に使用されたと考えられる蟾蜍形飾金具2・3についてみると、2は蟾蜍の前脚付近に下の材の端面と思われる明瞭な境目が観察され、やはり上下2材を接ぎ合わせている可能性がある。下の材は板目材である。3に付着する木片は、林弘也によってクリ材とされている（林弘1993）。観察の結果、環孔材であることが追認され、飾金具は板目面から打ち込まれている可能性が高い。

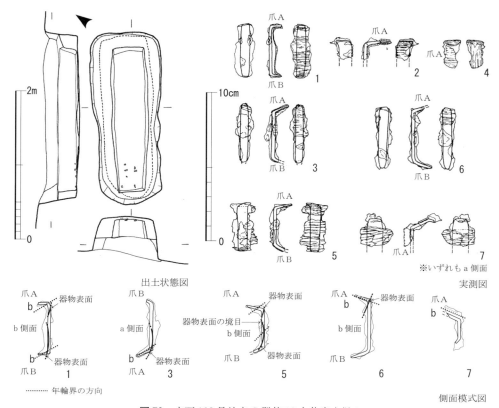

図70　立石103号地点C群第18主体出土鋲3

　なお、蟾蜍形飾金具1の鋲頭には銀が被せられている可能性が高い。2・3の鋲頭には銀はみられなかった。2と3がセットをなし、1とは区別されるとした報告書の観察結果を補強するものである。番塚古墳の木棺は、鋲を使用するほか、蟾蜍形飾金具のような他に例のない飾金具を使用するとともに、広葉樹材を含む雑多な樹種の比較的径の小さな材を多用している点が特色といえるであろう。

3　木棺以外の用途事例

　立石103号地点C群第18主体出土鋲（兵庫県豊岡市立石ヒヂ、図70）　庄内式併行期を中心に形成された墳墓群の一角に存在する約9.5×10.5mの方形台状墓で、15基の埋葬施設が設けられていた。第18主体は中心的な埋葬施設の一つで、約2.30×0.85mの隅丸長方形墓壙内に長さ1.9m、幅0.45mの組合式木棺を直葬する。棺内南西端から集中して鋲7本が出土した。

　鋲は豊岡市教育委員会が所有し、同市出土文化財管理センターに保管されている。小型品で、幅5.5〜6.5mm、厚さ1.5〜2.0mmほどの薄い鉄板の両端を折り曲げ、長さ3.8〜4cm程度のコの字形に整えている。爪部はとくに薄く作られ、多くのものは先端が折損している。

　付着した材はすべて針葉樹で、付着のあり方は2種類に分かれる。1・5は、図38側面模式図に示した上側の爪が鋭角、下側の爪が鈍角のbタイプとなるⅢ型である。3は上側の爪が不明であ

るが、下側の爪が鈍角のｂタイプとなる。とくに下側の側面に遺存する器物の表面が明確な円弧を描く点が特徴的である。これらは、渡り部の側面形をみると、中央やや上寄りでややくの字形に曲がり、それを境に両方の爪の側とも内湾する傾向があり、器物表面の形状と一致する。1・3・5は類似した場所に使用されたと考えられる。6は爪Aに付着した材の横断面から、器物の表面がほぼ材の放射方向に一致し、1・3・5のいずれの爪とも異なる。7の爪Aに付着した材のあり方も同様で、特殊なｂタイプである。このようなあり方は、板目板の小口面（柾目面）から打ち込んだ場合にほぼかぎられると思われる。

　これらの鎹は著しく小型で、材の付着のあり方も通常の木棺所用の鎹にはないパターンである。木棺に使用されたものではなく、棺内におさめられた比較的小さな器物に使用されていたと考えるべきであろう。鎹の使用例として年代的に孤立している点から、この器物は大陸から将来されたものであった可能性がある。

第4節　鎹の使用と中・後期古墳の木棺形態

1　鎹の使用法にみる二つの様相

　前節までで明らかにしたとおり、古墳時代の木棺における鎹の使用法には、大きく分けて（1）蓋と身の接合、（2）部材の接ぎ合わせの2種類がある。

　（1）の蓋と身を接合する使用法は中期後半を中心とした時期の割竹形木棺、組合式木棺に多くみられ、少数の釘付式木棺の事例がある（表7）。報告書等で可能性が指摘されているものも含めると、中期の事例の大半は（1）の使用法と判断して差し支えない。その他の使用法として、特殊な部材の接合に使用された可能性がある池尻2号墳出土の3本、天井石の下から出土した兵庫県亀山古墳の9本などが挙げられるが、例外的なあり方にとどまる。

　表7の想定使用部位欄には、復元的な検討結果も含めて鎹の使用部位と使用本数を示した。「L-R-H-F」は「左側面-右側面-頭側小口-足側小口」の各使用本数を想定される本数も補いながら表している。割竹形木棺では、池の内1号墳の2本（1-1-0-0）を最少として、勝負砂古墳・寺山3号墳・空長1号墳が6本（3-3-0-0）、御獅子塚古墳第1主体が8本（4-4-0-0）となる。正崎2号墳第1主体は出土数が9本、天狗山古墳は小型品の使用部位等に課題が残るが大型品の出土数が12本で、いずれも棺の側面から打たれたものである。随庵古墳は6本以上が出土し、配列は不明であるが爪に付着する材のあり方から側面と小口面の両方から打たれたことが判明する。長持形木棺では土保山古墳2号棺の4本（2-2-0-0）が最少で、鶴山古墳・宮山古墳第3主体・新沢千塚115号墳が6本（3-3-0-0）、御獅子塚古墳第2主体が推定10本（5-5-0-0）となり、いずれも側面から打たれる。中山6号墳第1主体は推定8本（2-2-2-2）で、側面と小口面の両方から打たれる。釘付式木棺では池尻2号墳の4本（2-2-0-0）が側面から打たれたものである。

　割竹形木棺・長持形木棺ともに、木棺の両側面から各3本程度を等間隔で打ち込んで蓋と身を接合するケースがもっとも多い。その使用状態をイメージ図に示した（図71-（1）（2））。また事

表7 中期古墳出土の鎹

	古墳名（埋葬施設名）	所在地	鎹出土数	出土状態	付着材型	変形（※）	木棺形式	想定使用部位 L-R-H-F
1	鶴山古墳	群馬県太田市鳥山八幡	5+	−	Ⅱ（Ⅰ）	変形2	長持形木棺	蓋+身 3-3-0-0
2	御獅子塚古墳（第1主体）	大阪府豊中市南桜塚	6（8）	①	（Ⅰ）	変形1	割竹形木棺	蓋+身 4-4-0-0
3	御獅子塚古墳（第2主体）	大阪府豊中市南桜塚	9（10）	①	（Ⅱ）	変形2	長持形木棺	蓋+身 5-5-0-0
4	南天平塚古墳（1号棺）	大阪府豊中市南桜塚	6+?	①	−	−	割竹形木棺	蓋+身
5	北天平塚古墳（第1次埋葬）	大阪府豊中市南桜塚	4+?	①	−	−	割竹形木棺	蓋+身
6	土保山古墳（2号棺）	大阪府高槻市土室町	4	①	−	−	長持形木棺	蓋+身 2-2-0-0
7	高井田山古墳（西棺）	大阪府柏原市高井田	10+	−	−	−	釘付式木棺	蓋+身?
8	奥山大塚古墳	兵庫県姫路市奥山	3+	−	−	−	?	?
9	宮山古墳（第2主体）	兵庫県姫路市四郷町坂元	4	?	−	−	組合式木棺?	蓋+身?
10	宮山古墳（第3主体）	兵庫県姫路市四郷町坂元	6	①	Ⅱ	通常	長持形木棺	蓋+身 3-3-0-0
11	池尻2号墳	兵庫県加古川市平荘町	4	①	Ⅱ	変形2	釘付式木棺	蓋+身 2-2-0-0
			3	（②）	Ⅲ	特殊		
12	カンス塚古墳	兵庫県加古川市平荘町	14+	−	Ⅱ	変形2	長持形木棺	蓋+身 x-x-0-0
13	亀山古墳（第1埋葬施設）	兵庫県加西市笹倉町	3+	−	?	−	?	蓋+身?
			9+	特殊	−	−	−	蓋石下
14	新沢千塚115号墳	奈良県橿原市川西町	6	−	−	変形2	長持形木棺	蓋+身 3-3-0-0
15	勝負砂古墳	岡山県倉敷市真備町下二万	6	①	Ⅰ	通常	割竹形木棺	蓋+身 3-3-0-0
16	天狗山古墳	岡山県倉敷市真備町川辺・下二万	大12+	①	Ⅰ	変形1	割竹形木棺	蓋+身 x-x-0-0
17	東塚古墳（前方部）	岡山県笠岡市山口・走出	大6	−	−	−	組合式木棺	蓋+身?
18	随庵古墳	岡山県総社市西阿曽	6+	①	−	変形1+通常	割竹形木棺	蓋+身 x-x-x-x
19	中山6号墳（第1主体）	岡山県総社市福井	7（8）	①	Ⅱ+Ⅴ	通常	長持形木棺	蓋+身 2-2-2-2
20	中山6号墳（第2主体）	岡山県総社市福井	7+	−	−	−	?	?
21	正崎2号墳（第1主体）	岡山県赤磐市正崎	9	①	Ⅰ	変形1	割竹形木棺	蓋+身 x-x-0-0
22	池の内1号墳	広島県広島市安佐南区祇園町	2	①	Ⅰ	（変形1）	割竹形木棺	蓋+身 1-1-0-0
23	空長1号墳	広島県広島市安佐南区祇園町大字西山本字空長	5（6）	①	Ⅰ	通常	割竹形木棺	蓋+身 3-3-0-0
24	寺山3号墳	広島県広島市安佐南区山本	（6）	①	Ⅰ	通常	割竹形木棺	蓋+身 3-3-0-0
25	三玉大塚古墳	広島県三次市吉舎町	10	−	?	通常	?	蓋+身?
26	番塚古墳（北棺）	福岡県京都郡苅田町尾倉	5+	−	?	−	釘付式木棺	蓋+身?

※鎹製作時の形状と考えられるコの字形の側面形を大きく損なっていないものは「通常」とした。

例は多くないが、木棺の側面と小口面の両方から鎹を打ち込む例が割竹形木棺・長持形木棺のそれぞれにみられる。長持形木棺の中山6号墳第1主体で確認できる配列は、木棺の両側面に沿って各4本を等間隔で配し、それらの両端にあたる各2本計4本を90°回転して木棺の小口面から打ち込むものである。割竹形木棺・長持形木棺の両方についてその使用状態をイメージ図に示した（図71-（3）（4））。

（2）の部材を接ぎ合わせる使用法は、検討した範囲内では釘付式木棺にかぎられる。基本的に

第4章　鎹の使用と中・後期古墳の木棺形態　189

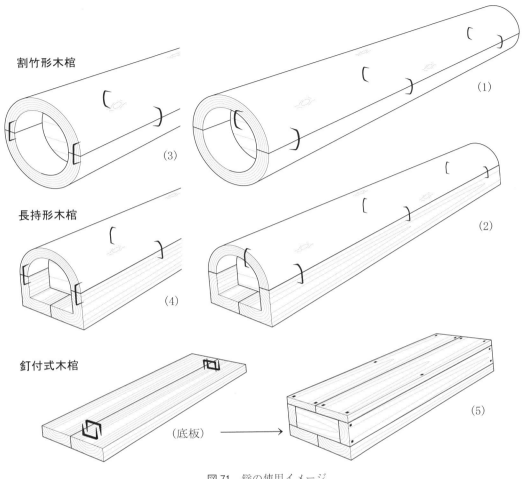

図71　鎹の使用イメージ

いずれも後期の横穴式石室の事例で、ケースとしては細長い2枚の板を接ぎ合わせて1枚の底板とするものである。図71-（5）に示したとおり、一定の強度を得るために表裏の両面から打ち込まれる場合が多かったと考えられる。和田5号墳木棺は板の両端付近でそれぞれ表裏から2本ずつ計4本の鎹を打って2枚の細長い板を接ぎ合わせたもので、ほかに切戸1号墳1号棺、平尾山古墳群平野・大県27支群2号墳第2棺などがこの類型に属すると考えられる。平尾山古墳群平野・大県17支群1号墳東棺は板の中央付近にさらに2本を加え、表裏から3本ずつ計6本の鎹を打って2枚の細長い板を接ぎ合わせている。中期の事例として池尻2号墳出土の3本があるが、これらは渡り部中央付近がくの字形に曲がる独特な変形の状況からみて、一枚板を製作したものというよりは特殊な部位での使用も含めてなお検討を要する。

　以上から、中期の割竹形木棺・組合式木棺および少数の釘付式木棺における蓋と身を接合する（1）は「中期的な」鎹の使用法であり、後期の釘付式木棺における細長い板を接ぎ合わせて一枚板を製作する（2）は「後期的な」鎹の使用法として整理が可能である。

　立石103号地点C群第18主体は木棺以外の器物に小型の鎹が使用された例である。この器物は鎹の大きさや付着材の木取りから小型のものが予想されるとともに、鎹の変形や遺存する器物表面

の形状からみて単純な箱形ではなく、割り物であった可能もあろう。このほか千葉県木更津市金鈴塚古墳の横穴式石室から出土した鎹は大小2種類あり、渡り部長5cm程度、爪部長1.5～1.9cm程度に復元できるものが4点、渡り部長3～3.1cm、爪部長1～1.3cmのものが5点ある。いずれも渡り部内面に塗膜が付着しており、これらの鎹が打たれていた木製器物の表面は漆塗りであったと推定される。爪に付着する材のあり方にはbタイプとdタイプがあることから、小さな箱のような器物に四方から打たれていたと推定される。渡り部の外面側に漆膜がみられず、砂が付着するものが多いことから、鎹は漆塗りの木箱のようなものを製作する際に用いられたというよりも、それを封じるために使用されたとみられる。

　ところで、報告書等でしばしば鎹が木棺の組み立てに使用されたとの推測がなされる場合があるが、今回検討した範囲ではそうしたケースはなかった。本来、組合式木棺は金具による接合を要しない構造であったと考えられ、釘付式木棺の場合も製作にあたって釘付けがおこなわれるのは棺のエッジの部分にかぎられるので、あえて鎹を使用する合理的な理由は見当たらない。鎹は、あくまで接合用の金具としての鎹の機能的特性に応じた方法で使用されている点を確認しておきたい。

2　鎹の観察からみた中期古墳の木棺形態

　表7中の割竹形木棺と判断された10例のうち、木棺材の遺存や木棺痕跡などからもともと割竹形木棺の可能性が指摘されていたのは御獅子塚古墳第1主体、南天平塚古墳第1主体部、北天平塚古墳第1次埋葬、随庵古墳の4例のみである。勝負砂・天狗山・池の内1号・空長1号・寺山3号の各古墳は粘土棺床をもたない竪穴式石室で、発掘調査時の所見からは木棺形態の判断ができなかった事例である。今回の鎹の検討を通じて、こうした場合でも木棺形態の推定が可能であることが確認できた。

　長持形木棺と判断された7例も、土保山古墳2号棺が木棺材の良好な遺存から、御獅子塚古墳第2主体が木棺痕跡から長持形木棺であることが知られていた以外は、鎹の検討から新たに長持形木棺であることが判明したものである。注意すべき点は、鎹の検討を経た組合式木棺のすべてが長持形木棺と判断されたことである。木棺が良好に遺存する事例の検討から、組合式木棺には、刳り抜き技術を用いて製作した蒲鉾形の蓋を有する長持形木棺と、単純な一枚板を蓋とする箱形木棺の2種類があることが知られているが、長持形木棺が古墳時代における普遍的な木棺形態の一つであったことがいっそう明確になったといえるであろう。

　釘付式木棺については、釘を使用して蓋と身を接合した事例の存在から、後期においては単純な一枚板を蓋とするものが主流であったと考えられている。ただ、今回の検討の結果、初期の釘付式木棺である池尻2号墳木棺では蓋と身を接合した鎹の状況が長持形木棺の場合と共通することから、池尻2号墳木棺の蓋については単純な一枚板ではなかったことが判明した。この木棺の蓋形態については屋根形のような特殊な形態であった可能性も含め、さらに検討が必要である。番塚古墳木棺、高井田山古墳西棺についても、出土した鎹が蓋と身を接合したものであった可能性が高いが、その場合の蓋形態も単純な一枚板ではなかった可能性がある。

　鎹の検討を通じて明らかになった木棺の形態的特徴として、蓋と身の合わせ目が直線的で、一定の面取りがなされていたと考えられるケースがある。割竹形木棺としては空長1号墳、長持形木棺

としては宮山古墳第3主体が挙げられる。

　また、古墳時代木棺の多くは白木のままの表面仕上げであったと考えられ、今回観察をおこなった大半の事例がそうであった。そのなかで、1例のみであるが鶴山古墳木棺では表面に漆とみられる塗膜があり、漆塗りであった可能性がある。終末期古墳の漆塗木棺以外では初めての確認例となる。

　中期的な鎹の使用法である木棺の蓋と身を鎹で接合する行為の目的は、いうまでもなく木棺を完全に閉じることであって、葬送儀礼の過程においては納棺と関連する。前期以来の竪穴系埋葬施設においては、その構築の背景に密閉性、堅牢性を追求する設計思想が通底していたと考えられるが、鎹を使用して納棺後の木棺を堅固に閉じることはその基本理念に沿ったものである。

　勝負砂・天狗山両古墳の竪穴式石室は壁面が垂直に立ち上がり、かつ壁面を構成する石材の隙間に丁寧に粘土を詰めている。密閉性の高い平滑な壁面を意識したこのような施工がもっぱら壁体の背後からおこなわれたとは考えにくく、実際に天狗山古墳では棺床によって埋没された壁面にも粘土の施工が確認されていることから、壁体の完成後に上から木棺が納置されたことが想定されている。宮山古墳第3主体・随庵古墳の石室でも壁体の石材間に粘土が詰められ、中山6号墳第1主体では粘質土が補われていることから、同様の条件であったと考えられる。少なくとも以上の諸例では、石室壁体の完成後に鎹で蓋を閉じた状態の木棺が石室内に吊り下ろされた蓋然性が高い。

　第1節に述べたとおり、中期古墳出土の鎹はそれ自体が朝鮮半島系の渡来的要素の一つと評価されている。木棺の蓋と身を接合する使用法は、金斗喆が整理した朝鮮半島洛東江下流域における4〜5世紀の鎹の使用法と現象的にはなんら変わらない。現状では、中期的な鎹の使用法は、鎹そのものを含めて、朝鮮半島南部から伝播したものと理解するのが妥当である。ただし、このような鎹の使用法が出現した古墳時代中期後葉には、割竹形木棺・長持形木棺はすでに在来的な棺形態であった点は注意を要する。中期における鎹の出現が、木棺形式となんらかの有機的な関連性をもっていたかどうか、あるいはいま述べたような納棺と下葬の手順がそれによる変化の結果かどうかは、慎重に検討する必要があるだろう。短小な竪穴式石室など槨との関係や墓壙のあり方なども含め、棺槨総体としてのあり方を細かくチェックしていくことが求められる。

3　鎹の観察からみた後期古墳の木棺における用材利用

　後期的な鎹の使用法である木棺部材の接ぎ合わせは、主として後期の釘付式木棺にみられる。細長い板材を接ぎ合わせて1枚の大きな板を製作することは、最初から大きな一枚板を取れるような大径材の入手が困難な場合の次善の策と考えられる。このような使用法が顕著であるのは畿内から中部瀬戸内にかけての地域であり、古墳時代を通じて木棺材としてコウヤマキを選択的に利用してきた地域である。この地域では、長期間にわたって継続的にコウヤマキ材を消費した結果、利用可能な資源としてのコウヤマキ林が衰退し、後期には大径材の入手が次第に困難な状態に陥ったとみられる。鎹による板の接ぎ合わせはそうした状況を背景として理解しうる。

　接ぎ合わせの対象となった部材は主に底板である。蓋板などそれ以外の部材も対象となった可能性があるが、組合式木棺における蟻桟の利用など、接ぎ合わせの事例が多く確認されているのはやはり底板である。底板が側板や小口板に比べて厚い材を用いる傾向も知られており、部材として重

要視されていたことがうかがわれる。これは、底板の上で側板・小口板を組み立てる木棺の製作方法や、木棺を運搬する際にもっとも負荷がかかるのが遺体を直接載せている底板であることと無関係ではあるまい。

　百済漢城期の横穴式石室では釘と鎹が共伴して出土することが指摘されているが（吉井 2010）、鎹の具体的な使用法は明確ではない。いっぽう、コウヤマキ材の減少が深刻化しつつあった古墳時代後期の畿内地域では、しばしば組合式木棺の底板を蟻桟によって接ぎ合わせることがおこなわれており、そうした細長い板材の接ぎ合わせの必要性から鎹による接合方法が応用された可能性も残る。部材を接ぎ合わせる後期的な鎹の使用方法が朝鮮半島から伝播した可能性については今後の検討課題である。

註
（１）『高槻市史』第一巻本編Ⅰ（原口 1977）図145に示された2号棺の実測図に図示されているのは鎹そのものではなく、木棺本体に残された鎹の打ち込み痕跡のようである。
（２）『延喜式』木工寮鐵工部　「擧鎹一隻　茎三寸。環六寸。　斫。鐵十三両。長功一人四隻。中功一人小半三隻。短功一人大半二隻。　鎹ノ舌一枚　長八寸。廣九寸。　斫。鐵七両。長功三枚。中功二枚半。短功二枚。」
（３）『和漢船用集』銅鐵金具之部　「鎹。和字也。今専通し用。下學集鉸と書。合類節用に鎹と書。延喜式、和名抄に出。良安曰、鎹大釘形如匸字而尚尖釘二本繋固者也と見へたり。四角にして両爪を鎹と云。片爪横に付を手違鎹と云。幅廣く厚薄きを平鎹と云。又輪鎹と云有。又掛ろ床を釣に挟箱付と云を用。」

第5章　釘付式木棺の系譜と機能

第1節　釘を使用した木棺の認識と復元的検討

（1）釘を使用した木棺の認識

　第1章で整理したとおり、古墳時代の木棺はその基本構造から刳抜式木棺・組合式木棺・釘付式木棺の3系統に大別できる。本章では、金属製の釘を用いて木板を釘付けして製作した木棺である釘付式木棺を取り上げて検討を加える。

　古墳から出土する釘の大半は鉄釘で、まれに銅釘がある。中期の短小な竪穴式石室、初期の横穴式石室からの出土例のほか、圧倒的多数は後期の横穴式石室から出土する。こうした釘は、木棺以外の木箱のようなものに使用されたと考えられる場合もまれにあるが、基本的には釘付式木棺に使用されたものである。

　ところが、横穴式石室に特有の諸条件は、棺材が腐朽しつくしたあとに木棺の痕跡を残すことすらほとんど許さない。横穴式石室においては、木棺を床面にじかに安置するか、あるいは扁平な石を置いた程度の簡易な棺台を介して置く場合が大半で、木棺の圧痕を残すような粘土棺床に相当する施設が存在しない。また横穴式石室の内部は大きな空間であって、埋葬後、木棺がまだ原形をとどめている間に多量の土が流入するような事態がない限り、土層の差によって検出可能な木棺の痕跡は形成されない。そのため、木棺自体が消滅した後もその痕跡からある程度の復元が可能な竪穴系埋葬施設の木棺とは異なり、横穴式石室における木棺の具体的な形態の解明はいっそう困難なものになる。

　このような横穴式石室に特有の諸条件もあって、そこから出土する金属製の釘が木棺にかかわるものであるとの認識が一般化したのは、それほど古いことではない。1937年の梅原末治による大阪府御嶺山古墳の報告（梅原 1937）では、黒漆を塗った棺材片や木質が付着した鉄釘の観察から、その木棺の構造の一端が復元されている。御嶺山古墳の木棺は黒漆塗りを施し、飾金具を使用した装飾性のつよい特殊な釘付式木棺である。

　釘付式木棺の認識は、当初は御嶺山古墳の漆塗木棺のような、主に終末期古墳に採用された特殊な木棺にかぎられていた。たとえば、1952年の岡山県中宮1号墳の報告（近藤 1952）では、出土した鉄釘の観察から相当の厚さの木板でつくられた容器の存在が推定されている。にもかかわらず、後期前半のこの古墳に鉄釘を使用した木棺が用いられたかどうかは論断の限りではないとして、釘付式木棺の存否は判断されなかった。

　同様の立場は、1959年の『世界考古学大系3　日本Ⅲ　古墳時代』における古墳時代木棺の概

説でも踏襲されている。このなかで小林行雄・近藤義郎は、古墳時代の木棺には割竹形木棺と組合式木棺の大きく2系統があり、ほかに7世紀には「櫃形木棺」があると解説した。「櫃形木棺」について小林・近藤は、「組合式木棺は、木板の組みあわせに釘をもちいなかったと推定されるのにたいして、7世紀の古墳では、木棺にもちいたとみられる釘が発見されることがある。それから復原されるのが、この櫃形木棺である」（小林・近藤 1959：pp.18-19）と述べている。その特徴としては黒漆塗り、釘かくし、かぶせ蓋などが挙げられ、御嶺山古墳木棺のほかに群馬県観音塚古墳の木棺などが例示された。やはり釘を使用した木棺については、主として終末期古墳などに採用された、装飾性のつよい特殊な木棺が解説されたにとどまるのである。

　いっぽうで、1950年代には装飾的な木棺とは別の、簡素な釘付式木棺の存在も注意されつつあった。1954年の渡辺正気らによる福岡県狐塚古墳の調査報告書では、出土した鉄釘が詳細に観察され、付着した材の状況から木棺材の厚さの推定や樹種同定もおこなわれている。また、「何等漆等の塗布されたもの等を見ず、恐らく白木のままであった如くである」（渡辺・古賀 1954：p36）と判断している。

　渡辺らの作業は、釘の分類や付着した材の観察をもとに、部分的ながら釘付式木棺の復元を試みた比較的早い事例と思われる。この前後から、釘付式木棺が終末期古墳にかぎられず、後期の一般的な横穴式石室墳にもひろく採用されていたとの認識がしだいに定着していった。

（2）釘付式木棺の復元案

　1969年に福岡澄男は、大津市北郊の横穴式石室墳で本来の使用位置を推定しうる程度に良好な状態を保って検出された鉄釘をもとに釘付式木棺の復元案を示した。それによれば、身は箱形をなし、底板1枚、側板2枚、小口板2枚の5枚の木板からなる。底板の上に小口板と側板を立て、小口板を側板によってはさみ込む構造をとる。蓋は、釘付式木棺における鉄鎹の使用例の存在や、蓋と身の接合に鉄鎹を使用した長持形木棺である大阪府土保山古墳2号棺の蓋形状などを総合し、上面が蒲鉾形をなすものが想定された。同時に、時期が下るとともに使用された鉄釘は小型化し、棺材が薄くなる傾向も指摘している（福岡 1969）。1974年には千賀久が、奈良県石光山古墳群の木棺直葬墳に採用された釘付式木棺を復元し、鉄釘に付着した木質の木目方向と使用部位との関係を詳しく整理した（千賀 1976）。福岡、千賀の木棺復元案は、以後の釘付式木棺の復元的検討に一定の指針を与えるものとなった。

　これらを踏まえて、1978年に田中彩太は鉄釘・鉄鎹を使用した木棺を集成し、その構造や変遷、さらには葬送儀礼とのかかわりにも論及した（田中彩 1978）。田中は「緊結金具使用木棺」の変遷をⅠ～Ⅲ期に分け、それぞれの画期を鉄釘・鉄鎹の出現（Ⅰ期）、普及（Ⅱ期）、鉄釘の急激な小型化（Ⅲ期）とする。そのうえで、Ⅰ・Ⅱ期の木棺は厚い棺材を大きな鉄釘で接合した重厚なもので、多くの点に組合式木棺の伝統、要素をつよく残し、Ⅲ期にいたって組合式木棺の伝統が払拭され、薄い棺材を小さな鉄釘で接合した木棺が出現したとする。またⅢ期の薄い棺材を使用した木棺は、終末期古墳に採用された装飾的な木棺につながっていくとも評価している。

　田中によって、釘を使用しない組合式木棺、終末期の装飾的な木棺と一般の釘付式木棺との関係が明確化され、木板を組み合わせてつくった木棺のおおまかな変遷があとづけられることになった。1980年代までの釘付式木棺に関する理解の到達点を示すものである。その変遷を模式的に概

括すると、組合式木棺→厚い木板を大きな釘で接合した釘付式木棺（田中Ⅰ・Ⅱ期）→薄い木板を小さな釘で接合した釘付式木棺（田中Ⅲ期）→終末期の装飾的な釘付式木棺、となろう。

その後も良好な遺存状態を示す木棺痕跡や鉄釘の出土状況などから、多くの釘付式木棺の復元案が示されている（福島雅 1981、花田 1987、北野・津田 1990、雨森 1998、横幕 2000 ほか）。その細部には若干の異同があるが、基本的な部分は福岡らが示した復元案と同じである。

（3）釘付式木棺の系譜・機能に関する議論

釘付式木棺の系譜について、田中彩太は在来の組合式木棺に釘付け技術が採用された結果成立したものと理解した。田中は、木棺における釘などの接合用金具の採用を、一部における横穴式石室の採用や馬具、金銅製品、須恵器などの出現と「同じ位相にある」（田中彩 1978：p61）と評価して、その出現よりも普及が始まる段階に大きな画期を認めようとする。その普及の背景に、横穴式石室における追葬の盛行を想定するのである。

これに先立って、藤原光輝は組合式木棺について総合的な検討を加えたなかで、釘付式木棺の成立契機に触れている（藤原 1963）。藤原は、釘を使用しない組合式木棺は、部材相互の結合が不完全であるという構造上の特性から持ち運びに適さず、埋葬場所で組み立てられたものと推論する。そのうえで、横穴式石室における追葬の盛行が組合式木棺の運搬の必要性を生じさせ、釘などの接合用金具の必要性を促した、と考えた。横穴式石室の普及と追葬の盛行を契機として組合式木棺に改良が加えられ、釘によって完全に緊結された釘付式木棺が出現したとの理解である。

釘付式木棺の成立についての田中や藤原の理解は、在来の組合式木棺のなかに釘付式木棺の系譜を求める点で一致している。白石太一郎が古墳時代の木棺を概説したなかで、「本来、組合式木棺は板材の結合に釘を用いなかったようですが、後期の後半になると、釘を使用した例があらわれます」（白石 1985：p129）と述べているのも、同様の理解にもとづいている。

釘付式木棺は、中・後期の短小な竪穴式石室や木棺直葬などの竪穴系埋葬施設で使用されることもあるが、圧倒的に多いのは横穴式石室・横穴・横口式石槨などの横穴系埋葬施設である。竪穴系埋葬施設と横穴系埋葬施設は基本的には系譜を異にする別系統の埋葬施設と評価しうるものであり、それぞれに用いられた木棺の系統差には一定の注意が必要ではないか。

田中が釘付式木棺の系譜を組合式木棺に求める最大の根拠は、Ⅰ・Ⅱ期の「鉄釘使用棺」に組合式木棺に共通する要素が多く認められる、との検討結果である。しかしながら、田中が「鉄釘使用棺」として検討した資料には、横穴式石室におさめられたものと、直葬されたものとが混在している。木棺直葬墳では後期前半までは前代からの系譜をひく組合式木棺もさかんに使用されているので、両者を同列に取り扱うことが適切かどうかは疑問の余地がある。横穴式石室墳の釘付式木棺が、主として竪穴系埋葬施設において使用されてきた組合式木棺の系譜をひくものであるかどうかは、再検討の必要があると思われる。

釘付式木棺において、陶邑Ⅱ型式4段階併行期前後から釘が小型化し、同時に棺材が薄くなる傾向は大方の認めるところである。田中はこの変化を指標としてⅡ期とⅢ期とを区分し、棺形態そのものが大きく変化する画期として重要視した。しかし実際には、釘の大きさと棺材の厚さ以外に、Ⅱ期とⅢ期の釘付式木棺を截然と区別する要素はあまりない。田中は、わずかに鉄鋲の出土量の変化から蓋形態の変化を想定しているが、前提として鉄鋲の用法を蓋と身の接合に限定している点に

問題があると思われる。田中のいうⅢ期の到来が木棺形態の大きな変化をともなっていたかどうかはいま少し検討が必要である。

これと関連して、棺材の厚さの変化が、木棺の機能の変化をも反映したものとする千賀久の見解がある。千賀は、奈良県寺口忍海古墳群の釘付式木棺について棺材の厚さの時間的変化を検討し、「陶邑TK43型式期」を境にして棺材が6〜8cmの厚いものから、2〜4cmの薄いものへと変化する状況を明らかにした。ここに木棺の変遷上の大きな画期を求め、「遺骸を運搬する必要から、板材を薄く加工して軽い棺を作ったと考えたほうが理解しやすい」（千賀 1988：p404）と述べる。「厚い棺材を使用した木棺」は組合式木棺と同様に現地で組み立てられるものであり、「薄い棺材を使用した木棺」は遺骸をおさめたまま運搬されるものと理解したのである。

ふりかえってみると、藤原光輝が組合式木棺を持ち運びに適さないものと判断したのは、主に構造上の理由によるものであった。したがってこの論法でいけば、釘によって緊結された釘付式木棺は構造的には運搬に適したものといえる。厚い棺材を使用した木棺の重量が相当のものであったことは事実としても、後述するように運搬が不可能な重量ではない。むしろ、重量の軽重にかかわらず、釘付式木棺が運搬に適した構造をもつ点を重視するならば、千賀の見解にも再検討の余地がある。

以上のように、釘付式木棺の系譜や機能に関する従来の説には若干の疑問点がある。こうした問題点を解決するためには、まず釘付式木棺の実態を可能な限り明らかにすることが前提となる。

そこで本章では、木棺痕跡の遺存や釘の良好な出土状態から木棺の実態を復元可能な資料を集成、検討し、釘付式木棺の諸特徴を明確化したい。そのうえで、釘付式木棺と刳抜式木棺・組合式木棺の比較検討を通じ、釘付式木棺の系譜や木棺の系統論における釘付式木棺出現の意義について考察する。

第2節　釘付式木棺の復元

1　釘付式木棺の復元的検討

まず、横穴式石室内において釘付式木棺の良好な木棺痕跡が検出され、復元的検討がなされた実例として、1991年に筆者らが発掘調査した石榴垣内1号墳を取り上げる。

石榴垣内1号墳は、奈良県宇陀市笠間に所在する、南から北へ延びる尾根の突端に築造された横穴式石室を内蔵する小古墳である。石室は東に開口する右片袖式で、玄室長3.30m、奥壁幅1.95mを測る。石室上部の遺存は良好ではなかったが、玄室床面は撹乱を受けておらず、出土遺物はいずれも原位置を保っていた。玄室右半部に木棺1個を石室の主軸に平行して安置する。玄室左半部にはいま一つの木棺を安置する空間があるが、この石室への埋葬は1回限りで終了している。棺内からは銀環、釵子、銀製指輪、ガラス小玉などの装身具が出土した。出土した須恵器は陶邑Ⅱ型式4段階に相当し、築造年代は6世紀後半と推定される。

木棺痕跡は、木板が腐朽する過程で茶褐色土ないしは灰色粘土に置き替わり、遺存したものである。部分的に柔らかい繊維状になった木棺材の遺存も認められた。この木棺痕跡は、木棺が腐朽し

つくす前に、石室上部の隙間などから比較的きめの細かい土が徐々に流入し、木棺を埋没したことによって形成されたもので、横穴式石室においてはレアケースといえるものである。

　木棺痕跡の規模は、長さ 2.16 m、幅 74〜77 cm、内法の長さ 2.07 m、内法の幅 59〜66 cm を測る。木板の痕跡の幅は部位によって異なるが、最大で 11 cm、平均では 8 cm 前後である。鉄釘は材の腐朽にともなって落下したものもあるが、おおむね原位置を保っており、下から上に向けて垂直方向に、あるいは外側から内側に向けて水平方向に打ちつけられた状況がよく観察された（図 73-2）。

　使用された鉄釘はすべて角釘である。頭部の形状は半球形を指向したものが多く、方頭形のものもある。完形品では長さ 19.2〜25.6 cm を測り、かなり大型のものである。断面形は正方形ないし長方形で、一辺 0.6〜1.1 cm を測る。

　木棺復元の手がかりとなるのは、鉄釘の出土位置と方向、釘に付着した材の状況および木棺痕跡の規模・形状である。

　釘に付着した材の状況とは、釘の頭部側に付着した材（「貫通材」）の木目方向と、先端側に付着した材（「貫入材」）の木目方向のあり方を指す。前章で指摘したとおり、ここでいう木目方向とは、材の繊維方向であり、その組み合わせは図 50 上右に示した A〜C 型の 3 通りに分類される。A 型は頭部側が釘の長軸に直交する方向、先端側が平行する方向の組み合わせ、B 型は頭部側と先端側が同じ面の直交方向の組み合わせ、C 型は頭部側と先端側がそれぞれ直交する面の直交方向の組み合わせである。

　石榴垣内 1 号墳石室からは 15 本の鉄釘が出土した。このうち 2 本は木棺痕跡から遊離して出土したために使用部位を直接知ることができないが、残る 13 本は出土位置と付着した材の木目方向をもとに使用部位の特定が可能である。

　頭部を棺底に密着させ、下から上に向かって打ち込まれた状態の 7 本の釘は、底板と小口板・側板を接合したものと考えられる。このうち小口板と底板の接合に用いられたのは 5 本である。1〜3 の 3 本で西小口板を、4・5 の 2 本で東小口板を底板と接合する。2 と 3 はきわめて近接して使用されている。釘に付着した材の木目方向の組み合わせはすべて C 型である。側板と底板の接合に用いられたのは 12・13 の 2 本で、12 で南側板を、13 で北側板をそれぞれ底板と接合している。釘に付着した材の木目方向の組み合わせは B 型である。

　6〜11 の 6 本はすべて棺の外側から内側に向けて水平に打ち込まれたもので、小口板と側板の接合に用いられたと考えられる。西小口板は 6 によって南側板と、7・8 によって北側板と接合され、東小口板は 9 によって南側板と、10・11 によって北小口板とそれぞれ接合される。釘に付着した材の木目方向の組み合わせはすべて A 型に該当する。すなわち板材の平の面から打ち込まれ、それを貫通して別の板材の小口の面に達したものである。

　木棺痕跡から遊離して出土した 2 本の釘はともに A 型で、側板と小口板の接合に使用された公算が大きい。一案として、南側板と東西の小口板を打ちつけていたものと仮定すると、四隅を上下 2 本ずつの鉄釘で釘付けした状態を推定できる。

　以上から棺身の構造を復元すると、個々の板が一枚板であったか接ぎ合わせたものであったかは別にして、底板 1 枚、側板 2 枚、小口板 2 枚の計 5 枚の木板からなり、底板の上に側板と小口板がのる構造であったことがわかる。

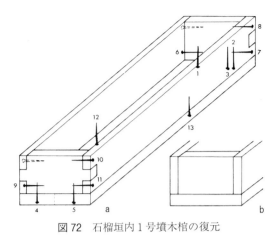

図72 石榴垣内1号墳木棺の復元

図72の復元図では側板と小口板の組み合わせ方法に2通りの案を示した。a案は「柄組み」を想定するものである。接合しようとする板材の端に互い違いに柄をつくり出して組手にする技法で、「柄組み」(小林行 1964)あるいは「組手接ぎ」(木村 1988)と呼ばれる。小口板の両端を凸形、側板の両端を凹形に加工して組手にしたもので、積み重なった柄の数は合計3枚であるから「三枚組み」である。b案は単に側板の間に小口板をはさみ込んだものである。これについては後述する。

棺身の規模は木棺痕跡から長さ2.16 m、幅75 cm前後と推定される。高さを知る手がかりに欠くが、板材の木目方向がその板材の長軸方向に一致するものと仮定すると、石榴垣内1号墳木棺の小口板の木目方向は水平であることから、棺身は高さに対して幅の広いものであった可能性が高い。

木棺痕跡の状況から、棺身は外観上まったくの箱形をなすことが知られる。側板端よりも内側に入り込んだ位置に小口板を置いたり、逆に棺幅よりも大きな小口板を側板端に立てたりするものではなく、また縄掛突起なども認められない。なお、漆膜などは遺存しなかったことから、白木の簡素なものであったと考えられる。

鉄釘に付着した木質から求められる木板の厚さは底板11.5〜12.5 cm、北側板7 cmである。南側板・小口板については明確ではないが、木棺痕跡の状況からみて北側板と大きな差があったとは考えられないので、同様に7 cm前後と推定しておきたい。

なお、木棺材の樹種については、釵子に付着して遺存した底板の小片が福田さよ子によりコウヤマキと同定された。

2　釘付式木棺の大きさと棺材の厚さ

つぎに、石榴垣内1号墳木棺の復元案を参考にしながら、木棺の大きさと棺材の厚さ、棺材の結合技術、木棺の外観等、釘付式木棺の諸特徴について検討する(表8)。

釘付式木棺の規模は、通常の大きさのものと著しく小型のものの大小2群に分かれる。例外的な小型の一群についてはあとで簡単に触れるとして、通常の大きさのものについてみると、棺の長さは1.8〜2.5 mの幅のなかにほぼおさまる。また、最頻値は2.0〜2.2 mで、全体の過半数がその幅のなかに含まれる。

棺の復元規模の大半は釘の出土位置(範囲)をもとに推定されたものである。したがって、腐朽にともなう木板の転倒、釘の落下時のはずみなどに起因する一定の誤差を含むとみなければならない。このことも考慮するならば、逆に釘付式木棺の棺規模はきわめて均一であると評価できる。ちなみに、遺存した木棺痕跡によって比較的正確な計測値を得られた事例についてみると、岐阜県願成寺西墳之越51号墳1号棺(図73-1)は長さ約1.8 m、幅54〜59 cm、石榴垣内1号墳木棺は長

表8 釘付式木棺の規模・棺材の厚さ・釘使用本数・釘の大きさ

古墳名（棺名）	木棺の長さ（m）	木棺の幅(cm)	棺材の厚さ (cm) ※1	釘 使用数	釘 長さ (cm)	出土須恵器の型式※2
池尻2号墳	2.55	70	−	10	13	Ⅰ−2併行
高井田山古墳（東棺）	2.20前後	66	底7.0、側9.5、蓋7.2	20	7〜9.5	Ⅰ−4〜5
寺口忍海 D27号墳（主棺）	2	80	7〜8	10	15.1〜19.8	Ⅰ−5
番塚古墳（北棺）	1.80	71〜73	側3.0〜3.9、蓋1.6前後	約30	9.3〜9.7	Ⅰ−5〜Ⅱ−1
平尾山古墳群平野・大県15支群10号墳	2.0	55	5.2〜6.0	30	10.1〜15.9	Ⅱ−1
寺口忍海 E1号墳	2.3	70	8〜9	8	17.7〜23.6	Ⅱ−1
寺口忍海 E5号墳	2.7	80	9〜10	11	19.7〜23.4	Ⅱ−1
寺口忍海 H16号墳	2.05	65	6.5	8	18〜19	Ⅱ−1
寺口忍海 H15号墳	2	70	5.4〜6.6	7	16.4〜20	Ⅱ−2
風呂坊4号墳（東棺）	2.1〜2.2	55〜60	底11〜12、側9	12以上	19.8〜23.5	Ⅱ−1〜2
風呂坊4号墳（西棺）	−	60	底11、東側8.5〜9、西側8	12以上	16.0〜18.8	Ⅱ−1〜2
双築古墳群2号石室	1.4	40	底9〜11、側5〜7、蓋11〜13	16	15.8〜24.6	Ⅱ−1〜2
風呂坊5号墳（東棺）	2.2	60〜70	底9〜10、西側8余	27以上	17.6〜20.8	Ⅱ−2
風呂坊5号墳（西棺）	2.2	70	底11〜13、東側10、西側10〜12、蓋11	23以上	17.9〜30.7	Ⅱ−2
与楽ナシタニ1号墳（西棺）	2弱	北77.1 南67.6	底14、側14.5	14	24.3〜29.0	−
寺口忍海 H11号墳	2	70	4.2〜4.8	10	6.9〜11.2	Ⅱ−3
石榴垣内1号墳	2.16	75	底12、側・小7	15	19.2〜25.6	Ⅱ−4
切戸1号墳（1号棺）	2.18	75	底11、側6.5	12以上	18.0〜22.4	Ⅱ−3〜5
切戸1号墳（2号棺）	2.30	70	底7.5〜8、側6	13以上	13.4〜19.4	Ⅱ−3〜5
野嵜5号墳	2.10	80	6〜7	17	15.8〜21.7	−
岩田14号墳（1号棺）	2.00	44	底8.4、側5.5〜5.8	9	15〜16	Ⅱ−3〜Ⅲ−2
岩田14号墳（3号棺）	2.34	49	6.6〜7.4	8	14.5	Ⅱ−3〜Ⅲ−2
岩田14号墳（5号棺）	2.31	55	4〜4.8	11	14	Ⅱ−3〜Ⅲ−2
岩田14号墳（6号棺）	1.88	53	4.3〜4.8	15	11	Ⅱ−3〜Ⅲ−2
上5号墳（西棺）	2.40	85	底12.9〜15.1、西側7.0、東側11.5	12	21.0〜29.5	Ⅱ−4
寺口千塚3号墳	2.4	50	−	10	11.2〜15.2	Ⅱ−4
寺口忍海 H2号墳（中央棺）	2	−	4〜4.5	−	8〜11	Ⅱ−4
寺口忍海 H27号墳	1.35	40	3.5前後	21	6.90〜9.35	Ⅱ−4
飼込5号墳（袖部棺）	1.90	55	側9.5	16	14前後	Ⅱ−3〜5
岩田8号墳（羨道棺）	2.05	55	7〜9	24	13〜18	Ⅱ−3〜5
緑山6号墳（1号棺）	2.10	70	6.5	10	12.1〜14.0	Ⅱ−4〜5
緑山6号墳（2号棺）	2.08	65	−	4	−	Ⅱ−4〜5
和田5号墳	2.20	60	約6	21	11.5〜14.1	Ⅱ−4
和田8号墳	2.10	60〜70	約4	12	10.7〜13.4	Ⅱ−5
平尾山古墳群太平寺3支群8号墳（第1棺）	1.60	40	2.3〜4.2	27	3.5〜8.9	Ⅱ−5
平尾山古墳群太平寺3支群8号墳（第2棺）	1.20	30以上	底3.5、側2.1以上	18	5.0〜8.9	Ⅱ−5？
野嵜1号墳	2.00	60〜70	約6	16	9.0〜13.8	Ⅱ−5
丹切34号墳	2.1	45〜50	蓋3.7、側3.1〜3.4	18	7.7〜11.2	Ⅱ−5〜6
御堂ヶ池15号墳	1.8	60	−	16	8前後	Ⅱ−5〜6
宝蔵寺境内15号墳	2.0	60〜70	−	28	7.9〜12.3	Ⅱ−6
田辺8号墳	2	60	底5〜6.5、側3.5〜4	12	−	Ⅱ−6〜Ⅲ−1
野添2号墳2号石室	1.85	59	側4.5	数10	9〜12	Ⅱ−6
旭山 E9号墳	1.84	53	3.5	32	7.2〜9.0	Ⅲ−2
願成寺西墳之越51号墳（1号棺）	約1.8	54〜59	−	7以上	14.5前後	Ⅱ−6〜Ⅲ−1
アミダヒラ6号墳	1.5	60	−	8	6.2〜9	Ⅲ−2
東山15号墳（羨道東棺）	1.0〜1.2	50〜60	2〜3	40程度	6.0〜7.0、7.6前後	Ⅲ−2〜3
田辺10号墳	1.1	35	底5〜6.5、側3.5〜4	15	−	−
高松塚古墳【漆塗木棺】	199.5	58	底1.7、側1.4〜2.2	30以上	6・4.9	−

註 ※1 底：底板、側：側板、小：小口板、※2 略記（例：陶邑Ⅰ型式1段階→Ⅰ−1）

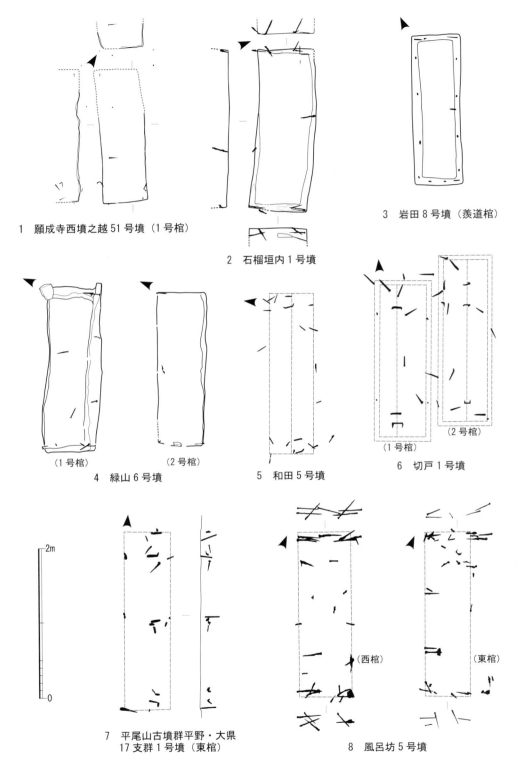

図73 釘付式木棺の諸例

さ 2.16 m、幅 75 cm 前後、岡山県岩田 8 号墳羨道棺（図 73-3）は長さ 2.05 m、幅 55 cm、岡山県緑山 6 号墳 1 号棺（図 73-4）は長さ 2.10 m、幅 70 cm、同 2 号棺（図 73-4）は長さ 2.08 m、幅 65 cm で、いずれも上記の最頻値の幅のなかにおさまる。

　おおむね長さ 2.0～2.2 m、幅 60 cm 前後を標準とし、成人 1 体を伸展位で収容するのに適当な大きさである。この大きさが人体を基準としたものであったことは容易に推察できよう。7 世紀前半頃まで棺規模に時期的な変化がほとんどみられないことも同時に注目すべきである。なお、兵庫県池尻 2 号墳と並んで釘付式木棺のもっとも古い事例である大阪府藤の森古墳の木棺は正確な規模がわからないが、横穴式石室の大きさからみて 3 m を超えるような大きなものでなかったことは確かである。

　つぎに棺長 1～1.5 m の小さな木棺については、伸展位の成人を収容することはできないので、被葬者が小児である場合や火葬などの遺体処理が施された場合などが想定される。とくに 7 世紀中葉前後の段階には木棺をおさめる石室そのものが著しく小型化を遂げており、該期の小さな木棺の背景には遺体処理をともなう葬法の普及があったものとみられる（服部伊 1988）。

　棺の規模には経時的な変化がほとんど認められないにもかかわらず、棺材の厚さには時期が下るにつれて薄くなる明瞭な変化が認められる。陶邑Ⅱ型式 4 段階併行期以前には棺材の厚さは 5～6 cm を超え、10 cm に達するものもみられる。これに対し、陶邑Ⅱ型式 5 段階併行期以降には 3～4 cm のものが主体を占め、5 cm を上回るものは少ない。ただ、棺材の厚さは個体差が大きく、変化はあくまで漸移的なものである。また同じ棺でも部位によって異なり、底板は側板・小口板よりも厚い木板を使用する傾向がある。

　石榴垣内 1 号墳木棺の釘はひじょうに大型のもので、棺材の厚さも底板で 12 cm 前後、側板で 7 cm 前後という重厚なものであった。試みにこの木棺の重量を試算すると、底板の厚さ 12 cm、側板・小口板・蓋板の厚さ 7 cm、棺身の高さ 60 cm と仮定した場合、木棺の木質部の体積は約 0.52 m^3 となり、コウヤマキの気乾比重（浅野編 1982）は 0.44 - 0.49 - 0.52（島地・伊東 1982）であることから、木部の総重量は約 230～270 kg という数値を得た。これを参考にするなら、表 8 のその他の木棺についても棺長や棺材の厚さからみて 300 kg を大きく上回るような重いものは含まれないとみてよい。いずれも棺長は 2 m 前後であるから、6～8 人の男性が支障なく運ぶことができたと想像される。

3　棺材の結合技術

　釘付式木棺の一棺に使用された釘の本数には個体差があるが、全体的には少ないものから多いものへ変化する傾向がある。その使用部位もとくに 6 世紀代のものはしばしば規則性に欠き、偏在性が大きいことが指摘されている（田中彩 1978）。

　石榴垣内 1 号墳木棺では、底板と小口板は東小口 2 本、西小口 3 本の鉄釘で釘付けされていた。また、底板と両側板は各 1 本の鉄釘によるが、釘付け位置は北側板では東に、逆に南側板では西に寄っていて、対称の位置にない。

　北條芳隆が復元的検討を加えた陶邑Ⅱ型式 4～5 段階併行期の岡山県緑山 6 号墳の 2 個の木棺では、さらに顕著な使用部位の偏りがみられる。1 号棺では底板と南側板の接合に 2 本、西小口板と

南側板、北側板、底板のそれぞれに1本、2本、2本、東小口板と南側板、底板のそれぞれに2本、1本の計10本の釘が使用されているが、北側板と底板、東小口板は釘付けされていない。2号棺はさらに極端で、使用された鉄釘はわずか4本にすぎず、底板と東小口板・南側板、南側板と東小口板、北側板と西小口板はそれぞれ釘付けされていない。北條はこうした釘の使用本数の少なさや使用部位の偏在性からみて、1・2号棺ともに釘付けのみですべての木板が接合されていたとは考えがたく、また同様のあり方が他例にも認められることから、この種の木棺では釘付け以外に別の結合法も併用されていたとの見解を示した（北條1987）。

この見解は、厚い木板を使用した「鉄釘使用棺」では釘付けとともに「従来の棺材自身による固定の方式」も併用されたとの田中彩太の見とおしを支持したものである。従来の方式とは、小溝や段などの仕口を用いた木板の組み合わせ方法である。(1)

中期後半の大阪府土保山古墳の2個の組合式木棺では、蓋板と横断面L字形の底側板の内面に小口板を受けるための小溝が設けられ、そこに小口板をはめ込む構造になっていた。後期前半の奈良県三倉堂遺跡の5個の組合式木棺でも、底板・側板の内面には端からかなり内側に入った位置に仕切板を受けるための小溝が彫り込まれ、そこに仕切板をはめ込む構造をとる。また、三倉堂遺跡の木棺はすべて底板の上面両側縁に幅の狭い段を設け、その上に側板を立てる構造をとっている。

小溝を彫り込んで板をはめ込む手法や、板の側縁に段を設けて組み合わせる手法が、釘付式木棺にも応用された可能性は十分にある。しかし、一棺の緊結にわずか4本の釘しか使用しない緑山6号墳2号棺のような場合には、それが実態とすればいま少し別の解釈を考える必要があろう。報告書によれば緑山6号墳石室からは木棺痕跡から遊離した16本の釘が別に検出されており、このうち少なくとも3本は2号棺に用いられていた可能性があることも考慮しておかねばならない。なお、緑山6号墳2号棺を除けば、表8に示した木棺資料のうち釘の使用本数がもっとも少ないのは7本である。

7世紀代の事例には側板と小口板を柄組み（組手接ぎ）にし、組手にした1枚1枚の柄に釘を打ち込んだ状態を復元しうるものがある。

一例として、福島雅儀による京都府旭山E-9号墳木棺の復元案がある（福島雅1981）。身は底板1枚、側板2枚、小口板2枚の5枚で構成され、底板の上に側板と小口板をのせることは6世紀代の事例と同じである。側板と小口板の組み合わせには、両者の端部に交互に各2個の柄をつくり出して柄組みにし、4本の釘で留めた「四枚組み」の構造が想定されている。これは側板と小口板を留めたと考えられる釘が各コーナーに4本ずつみられる点、とくに北西隅部分では互いに頭部を重ねるようにして先端を直交方向に向けた2組の釘の重なりが明瞭に認められる点など、鉄釘の出土状態を詳細に検討して導かれたものである。釘の使用部位は側板と底板の接合に各5本、底板と小口板の接合に各3本、側板と小口板の接合に各4本が想定され、計32本となる。

横穴墓の事例であるが、大阪府平尾山古墳群太平寺3支群8号墳1号棺でも同様の手法が想定されている。北野重の復元案によれば、この木棺の場合は小口板の両端を凸形、側板の両端を凹形に加工して組み合わせ、釘付けした「三枚組み」の構造をもつ（北野・津田1990）。

さらに、大阪府平尾山古墳群雁多尾畑49支群7号墳の木棺も、両小口部からそれぞれ12本ずつのA型の木目方向をもつ木質の付着した鉄釘が出土している。数からみて柄組みが用いられていた可能性が高いといえよう。個々の柄ごとに規則正しく釘付けがおこなわれたものと仮定すると、

各コーナーの柄の数は6個に達する。この場合は「六枚組み」ということになる。

　上述の3例はいずれも厚さ3cm前後の「薄い木板を用いた木棺」で、釘も小型である。「四枚組み」「六枚組み」が想定された旭山E－9号墳、雁多尾畑49支群7号墳は7世紀中葉前後の所産である。より単純な「三枚組み」が想定された太平寺古墳群3支群8号墳1号棺はやや古く、6世紀末葉～7世紀前半の所産と考えられる。

　いっぽう、これまでに復元された6世紀代の釘付式木棺では、多くの場合側板の間に小口板をはさみ込んだだけの単純な構造が想定されている。これは側板と小口板を留めたと考えられる釘が、棺の長軸に直交する方向に、互いに先端を向け合った状態で出土することが圧倒的に多いことによる。しかし、6世紀後半の「厚い木板を用いた木棺」のなかにも柄組みを想定しうる事例がないわけではない。

　奈良県寺口千塚3号墳の木棺では10本の釘が使用され、2本がC型、8本がA型である。両小口でそれぞれC型1本、A型4本が検出されており、C型は底板と小口板、A型は側板と小口板を接合したものと考えられる。想定される木棺の北西および南東隅ではおのおの2本のA型釘が頭部を接するようにL字形に並んだ状態で出土しており、かつ北西および南西隅にみられる2本のA型の釘は付着した木質から知られる貫通材の厚さに明確な差がある。このことから、この木棺は側板と小口板を柄組みにし、四隅で直角方向に2本ずつ釘付けしていたと推定されるのである。釘の数からは組手の数が2枚の「相欠き」が想定しやすいが、柄組みの効果の点からは凸形と凹形を組み合わせた「三枚組み」のほうが合理的であり、2通りのあり方が想定される。

　これと関連して、6世紀末葉の奈良県不動堂2号墳の横穴式石室から出土した榛原石製の組合式石棺も参考とすべきである。この石棺では、一方の棺材の端を凸字形、もう一方を凹字形に加工して組み合わせる柄組みの手法がみられる。すなわち「三枚組み」である。伊達宗泰の復元によれば、この組み合わせ方は側板と小口板の接合に用いられている。組合式石棺としては類例の少ないこの技法が、同時期の木棺に用いられていた技法を模倣したものである可能性は高い。柄組みの応用が特殊なものではなかったことを傍証するものといえる。

　小林行雄は『続古代の技術』のなかで、横穴式石室から出土する鉄釘について触れたあと、「いずれにしても、この種の鉄釘が木製容器の結合に使用されるにいたったのは、あるいは、さきに述べた柄組みの結合法が釘の使用を前提としていたことからみて、柄組技法の伝来と関連があったことかとも推論される」（小林行 1964：p80）と述べている。釘付式木棺に柄組みが併用されていた可能性を早く指摘したものといえよう。

　以上から、7世紀代の「薄い木板を用いた木棺」の側板と小口板の結合には柄組みと釘付けの併用がみられ、同様の技法が6世紀後半の「厚い木坂を用いた木棺」にも遡って存在することを明らかにしえたと思う。

　類例が少ないが、時期が下るにつれて柄の枚数が増え、しだいに複雑なものに変化する傾向も認められそうである。石榴垣内1号墳木棺の復元案に一案として柄組みの構造を想定したのは、側板と小口板を接合したと考えられる釘がいずれも棺の側面から打ち込まれた状況を示す場合にも、単に側板の間に小口板をはさみこんで釘付けしたものばかりでなく、柄組みが併用されていた場合も予想しうるとの考えにもとづくものである。

　現在のところ柄組みは側板と小口板の結合にのみ用いられたと考えられ、底板と側板・小口板の

結合は、前述した結合法の併用を考慮しても、なお釘付けに依存していたと考えられる。したがって、やはり釘付けが補助的な緊結手段にとどまるものであったと考える必要はない。

とくに6世紀代の「厚い木板を使用した木棺」において、釘の大きさが不揃いであることや、釘付けの位置が不規則であることを理由に、釘付けのみによる緊結の効果を疑問視することもあたらない。たとえば、奈良県高松塚古墳の漆塗木棺でも、底板と側板・小口板は10本前後の銅釘で釘付けされているが、釘どうしの間隔には長短があり、しかも両側板に打ち込まれた釘の数は等しくない。この銅釘は最終的には布着せによって木棺の表面から隠されてしまうので、純粋に緊結の手段として用いられたことが明らかである（伊達1972、岡林2011a）。むしろ無造作ともみえる不規則な釘の使用法は、釘による緊結の実効性を示唆するものと評価できる。また、棺材の緊結を釘付けに頼っていたからこそ、とくに「厚い木板を使用した木棺」において不必要に思われるような大型の釘を使用したのではなかろうか。

陶邑Ⅱ型式5段階併行期以降になると、棺材は薄くなり、釘も小型化する。それにともなって一棺あたりの釘の使用本数が増えるのは、釘付けによる結合の強度を維持するためと考えられる。柄組みの柄の枚数がしだいに多くなることも、棺材が薄くなったことによる結合強度の低下を防ぐ意味があったと判断できる。

4　釘付式木棺の外観

石榴垣内1号墳木棺の身は木棺痕跡から簡素な箱形をなすものとして復元された。同様に木棺痕跡から棺身全体の形状を明らかにしうる事例として、先述の緑山6号墳のほかに、岩田古墳群をはじめとする岡山県下の調査例がある。いずれも棺材が腐朽して粘土や腐植土状の土に置き替わり、その痕跡をのこしたもので、すべて単純な箱形をなす。また棺身の四隅を柄組みによった場合には、各隅はおのずから直角におさまり、必然的に外観上はすっきりとした単純な箱形となる。現在知りうる資料にもとづく限り、単純な箱形をなす棺身の形状は釘付式木棺の一般的なあり方であったと考えてよかろう。

棺身の形状とともに木棺全体の外観を決定づけるのは棺蓋の形状であるが、釘付式木棺では棺蓋の形状を知りうる資料が残念ながらきわめて少ない。従来の復元案では、一枚板の平らな棺蓋と、蒲鉾形の棺蓋の2通りが想定されている。

棺蓋に関連して、福岡澄男、田中彩太らは、後期の横穴式石室から出土する鎹について、釘付式木棺の蓋と身を接合するための使用法を想定し、鎹使用の有無によって釘付式木棺のなかでも蓋の形態・構造に差がある可能性を見とおしていた（福岡1969、田中彩1978）。釘付式木棺において蓋と身の結合に鎹を使用したと考えられる事例としては、池尻2号墳木棺、番塚古墳木棺、高井田山古墳西棺などが挙げられる。これらの場合、蓋形態は単純な一枚板ではなく、蒲鉾形もしくは屋根形のような特殊な形態のものであった可能性がある。ただ、そうしたものは相対的に初期の釘付式木棺にかぎられ、釘付式木棺の主流を占めるものとはいいがたい。釘付式木棺の基本的な蓋形態は、釘を使用して蓋と身を接合した事例の存在から、後期においては単純な一枚板が主流であったと考えられる。

平尾山古墳群太平寺3支群8号墳1号棺の復元案では、一枚板の蓋を鉄釘で身に打ちつけた状態

が想定されている。この復元案では、側板・小口板と底板とを計5本の釘で固定しているのに対し、蓋板はじつに11本の鉄釘で棺身に打ちつけられている。蓋にかかわる釘がこのように多い場合には、いま一つの案として、木板を組み合わせて釘付けしたかぶせ蓋を想定することも可能であろう。かぶせ蓋は、夾紵棺や漆塗木棺に知られ、従来この種の木棺ではほとんど想定されることのなかった蓋形態であるが、一枚板の平らな蓋とともに、かぶせ蓋が存在した可能性をあわせて指摘しておきたい。

第3節　釘付式木棺の系譜

1　釘付式木棺の諸特徴

ここまでの検討を通じて明らかになった釘付式木棺の特徴は以下のようにまとめられる。

金属製の釘で木板を釘付けして製作され、柄組みをはじめとする補助的な結合法もしばしば併用されたようである。棺の規模は伸展位の人体を基準としたもので、個体差が少なく、時期的変化もほとんどない。復元される棺身は簡素な箱形をなし、棺幅よりも大きな小口板を使用するものや、棺端よりも著しく内側に小口板が位置するものは未確認である。

棺に使用された木板は時期が下がるとともに厚いものから薄いものへと変化する。棺材の厚さの変化にともなって、釘が小型化し、一棺に使用された釘の数が増える傾向も認められるが、これは釘による結合強度の維持にかかわるもので、まったく技術的な問題に起因するものである。棺材の厚さに変化が生じることは釘付式木棺の変遷過程のうえで何らかの意味をもつものとしても、それが木棺の形態や機能そのものの大きな変化をともなうものであった可能性は低い。

これらの構造・形態・規模などから推定される釘付式木棺の機能面での最大の特徴は、各棺材の結合が完全で運搬に適しており、重量の面でも十分運搬可能なことである。このほか、規模的にはあくまで人体を基準とし、副葬品などをおさめるための余分の空間を棺内から排除している点も注意される。

全体として釘付式木棺は、構造的にも規模・形態のうえでも簡便な木棺と評価することができよう。

2　組合式木棺との比較

つぎに、以上のような釘付式木棺の諸特徴と組合式木棺のそれとを比較し、釘付式木棺が在来の組合式木棺に釘付け技術が導入された結果成立したとする従来の説について検討したい。

中期後半～後期の組合式木棺の特徴として藤原光輝は、蒲鉾形の蓋、棺の幅に頭側と足側の区別がある、組み立てに接合用金具を使用しない、の3点を挙げ、構造上持ち運びに適さないことを指摘した（藤原 1963）。

このうち蓋形態と棺幅の問題については実態に不明な点が多いが、釘付式木棺においても蒲鉾形の蓋が想定される場合があり、また棺幅に広狭のある事例も知られている[3]。ただ、蒲鉾形の蓋形態

や棺幅の広狭は、組合式木棺のみならず割竹形木棺にも共通する要素である。また、第8章で明らかにするように、こうした特徴はとくに南北朝以降の中国の釘付式木棺や百済後期の釘付式木棺にも認められるので、ただちに組合式木棺と釘付式木棺を関連づけるものと理解すべきではない。

釘付式木棺が金属製の釘を使用した釘付けによって部材を接合する点は、組み立てに接合用金具を使用しない組合式木棺とのきわめて大きな相違点である。第4章で検討したとおり、中期を中心とした時期の一部の組合式木棺や割竹形木棺では蓋と棺の接合に鎹を使用するものが知られているが、その場合は木棺そのものの製作に鎹を使用したわけではないので、釘付式木棺における釘の使用とはおのずから異なる。釘付式木棺においてしばしば釘付けと併用されたと考えられる柄組みも、組合式木棺では未確認の結合法である。藤原光輝が指摘したとおり、組合式木棺が木板相互の固結の点で丁寧ではなく、構造上はあまり持ち運びに適さないことが確認される。

釘付式木棺の大きさは、長さ2.0～2.2m内外、幅60～70cm内外を標準とし、個体差や時期的な変化が少なく安定的であるが、第3章で指摘したとおり、組合式木棺の大きさには顕著な大小の違いがある。組合式木棺の棺規模は、前期から中期にかけて相対的に縮小する傾向にあるが、後期段階でも三倉堂遺跡の5例の組合式木棺のうち3例までは長さ3mを超え、富木車塚古墳前方部第Ⅰ主体部木棺が長さ3.7m、同第Ⅱ主体部木棺が長さ3.45mを測るなど、依然として大型のものがみられる。

また、釘付式木棺は規模的にはあくまで人体を基準とし、副葬品などをおさめるための余分の空間を棺内から排除しているが、とくに中期以降の組合式木棺には棺の両端ないし片側の小口に仕切板を設けて副葬品用の副室をつくるものがみられる。

こうした棺の大きさの違いや空間利用の差を反映した形態差は、釘付式木棺と組合式木棺の大きな違いである。そこで、後期の組合式木棺が多数発掘調査された奈良県石光山古墳群の事例を取り上げ、棺の規模・形態をいま少し詳しくみてみたい。この古墳群では直葬された木棺43個の痕跡が検出され、うち約半数が6世紀代の組合式木棺であった。釘を使用した木棺も4個存在するが、これについては後述するとして、当面除外しておく。

千賀久は石光山古墳群の組合式木棺を、木棺痕跡の形態から、小口板が棺幅より大きいもの、小口板が側板端にあって棺幅と同じ幅のもの、小口板が側板よりも内に入るものの3種類に大きく分類した（千賀 1976）。小口板が棺幅よりも大きいものは三倉堂遺跡3号木棺などと同一の形態であり、小口板が棺端よりも内側に位置するものは土保山古墳木棺などと同一の流れをくむものである。また、4・12・39号墳などでは両小口ないしは片側の小口に仕切板を立てて副室を設けた痕跡が検出されている。石光山古墳群の組合式木棺が伝統的な形態を踏襲していることが看取される。

石光山古墳群の組合式木棺の規模をみると、長さ3.41m、幅65～75cmの4号墳木棺を最大として、もっとも小さな18号墳埋葬施設2木棺の長さ1.05m、幅40cmまでかなりの個体差がある。長さが2.5mを超えるものは11例あって全体の半数を占め、そのうち3mを超えるものが6例含まれる。残りの約半数はおおむね長さ2m～2.5mの間におさまるが、全体として釘付式木棺よりも大型であり、かつ顕著な大小の差がある。

石光山古墳群の木棺規模にみられる大小は、木棺長が3mを超える4・17号墳が前方後円墳であることや、48号墳が群中最大規模の径15mの円墳であることから、被葬者間の一定の格差を表現している可能性がある。同時に石光山古墳群中には割竹形木棺も多く採用され、後期においても

棺形式には一定の差別があったと考えられる。

　こうした組合式木棺にみられる規模の大小や、単に人体をおさめる目的のためには不要な空間の存在は、持ち運びに適さない構造とあわせて、釘付式木棺との機能差をも示唆するものである。しかも同じく後期の所産であっても、竪穴系埋葬施設には組合式木棺が、横穴式石室には釘付式木棺が主体的に採用され、使い分けがなされていることも知られるのである。

　このように、組合式木棺と釘付式木棺の間には相違点がきわめて多く、両者の間に明確な系譜関係を認めることはできない。横穴式石室におさめられた釘付式木棺は、藤原光輝や田中彩太が想定したように在来の組合式木棺に釘による緊結方式が導入された結果成立したものではなく、組合式木棺とは別の系譜をもつ木棺形式であったことが確認できる。

3　釘付式木棺の受容

　釘付式木棺が在来の組合式木棺とは異なる系譜をもつものとするならば、その系譜は別に求めるほかはない。

　早い時期の釘付式木棺は、畿内地域における初期の横穴式石室墳である藤の森古墳、高井田山古墳、寺口忍海D27号墳などに採用されている。他方、池尻2号墳の竪穴式石室など一部の例外を除けば、基本的に中期の竪穴系埋葬施設からは木棺に使用された釘は出土しない。その後の展開をみても、釘付式木棺が横穴式石室に主体的に採用されて普及したことは明らかである。

　こうしたことから、横穴式石室の導入と釘付式木棺の出現との間に深い関係があったことがうかがわれる。この点を重視すれば、釘付式木棺が横穴式石室の伝来とともにその故地から伝えられたとする推測が成り立つ。つぎに簡単な見とおしを述べておくことにしたい。

　漢代の中国では木板を組み合わせて製作した重厚な木棺が使用されたが、高級な棺では釘付け技術は用いられず、小穴入れと枘差しの併用や衽留めなどの複雑な細工をともなう高度な木工技術が駆使されていた。金属製の釘を使用した釘付式木棺は、漢中枢部の関中盆地や中原地方などでは中小墓を中心に前漢末からしだいに普及し始め、後漢代になると急速に普遍化する。たとえば、河南省洛陽焼溝漢墓では、前漢中・後期〜前漢末の空心磚墓を主体とする第一型墓葬における釘付式木棺の比率は約7％であるが、前漢末〜後漢前期のアーチ形天井をもつ磚室墓（第二型墓葬）では約28％、後漢代のドーム状天井をもつ洞室墓、磚室墓を主体とする第三〜五型墓葬ではほぼ100％となる。

　楽浪漢墓では木槨墓が遅くまで残存し、木棺も基本的に金属製の釘を用いず、高度な木工技術を駆使して棺材の緊結がはかられており、釘を使用した木棺が出現するのは楽浪郡末期のこととされる（原田淑 1929、小泉・沢 1934）。東晋永和九年（353）の在銘磚をもつ平壌駅構内磚室墓（佟利墓）では、東西の2棺に用いられた鉄釘55本が出土している。この墓の内部構造である磚石混用の横穴式墓室は、平壌市南井里119号墳の横穴式石室とともに、朝鮮半島北部における横穴式石室出現期の様相を示すものとして著名である。

　ソウル市可楽洞、芳荑洞墳墓群における百済の初期横穴式石室墳にも鉄釘を出土するものが存在する（小田 1980）。楽浪郡の故地から横穴式石室とともに釘を使用した木棺も伝えられたものと考えられる。漢城期の横穴式石室墳のみならず、忠清南道公州宋山里墳墓群や扶余陵山里墳墓群など

でも木棺に使用された釘の出土が報告されており、百済では釘を使用した木棺がさかんに用いられたことが知られる。

釘の大きさや棺材の厚さをみると、佟利墓の第1棺は木棺痕跡から長さ約2.26 m、幅約58 cm、第2棺は長さ約2.03 m、幅約58 cmを測り、使用された鉄釘は長さ約15 cmを下らず、推定される棺材の厚さは約6.6 cm前後と報告されている。しかも第1棺の鉄釘の出土状況をみると、底板と側板を接合した鉄釘は下から上へ、側板と小口板を接合した鉄釘は棺の側面から水平に打ち込まれたことがわかる。この状況は日本の横穴式石室におさめられた釘付式木棺の一般的な釘出土状況とまったく同じものである。

忠清南道武寧王陵の王・王妃の木棺は、前者の棺身の規模が長さ2.24 m、幅62 cm、後者の棺身が長さ約2.40 m、幅60 cm前後である。棺材に使用された木板の厚さは部分によって異なるが、5〜8 cmのものであったという。6世紀前半頃の百済の木棺が、やはり厚い木板を使用していたことがうかがわれる[(4)]。

横穴式石室は磚室墓の影響を受けて成立し、高句麗、百済、日本へただちに継受されたと考えられている（藤井和 1992ほか）。中国で簡便な木棺の緊結法として採用された釘付けの技術も、その頃出現した横穴式石室と結びついて伝播したものと考えられる。日本の釘付式木棺も、その具体的な経路は明らかにしえないが、中期後葉〜末葉におそらく百済から初期横穴式石室に付帯して伝えられたと考えて誤りはあるまい。

日本において初期の釘付式木棺を受容したのは、主として畿内地域の初期横穴式石室墳である。その意味で、福岡県老司古墳、同鋤崎古墳といった北部九州地域の初期横穴式石室に釘付式木棺がみられないことは興味深い。これらは畿内地域の初期横穴式石室に先行して別個に朝鮮半島から継受されたと考えられるが、釘付式木棺をともなわない点でも畿内地域とは受容のあり方に差があったと理解される。

また、畿内地域においても、釘付式木棺出現の様相は必ずしも単純ではない。たとえば、藤の森古墳石室とならんで畿内地域最古の横穴式石室墳と考えられる大阪府塔塚古墳に釘付式木棺が存在したかどうかは不明であるが、その系譜をひくと考えられる後期初頭の大阪府芝山古墳では、一部の木棺材が遺存していたにもかかわらず、釘の出土は報告されていない。陶邑I型式5段階の須恵器をともなう奈良県寺口忍海E21号墳では、横穴式石室の玄室内中央に長さ2.9 m、幅60 cm前後の断面U字形の割竹形木棺の痕跡が遺存し、木棺痕跡の北端付近には赤色顔料の集中もみられたという。ほぼ同時期と考えられる寺口忍海H39号墳でも、幅1.1 m、長さ4 m以上の細長い無袖式石室内におさめられた長さ3 mの刳抜式木棺が想定されている。

後期前半以前には、芝山古墳や寺口忍海古墳群の諸例のように横穴式石室を採用しながら、在来の割竹形木棺や組合式木棺を用いたものも存在していた。こうした状況はその後も完全に払拭されたわけではないが、おおむね畿内を中心とした地域においては6世紀中葉以降、横穴式石室の普及とともに釘付式木棺も普及していったと考えられる。

横穴式石室墳における釘付式木棺の普及は、木棺直葬墳にも影響を与えている。後期の木棺直葬墳が主として在来の組合式木棺を採用していることはさきに述べたが、一部には釘を使用した木棺も認められる。

たとえば、石光山古墳群では6号墳南棺、26号墳棺、27号墳棺、45号墳棺の4例で鉄釘を使用

した木棺を直葬していた。木棺の規模はそれぞれ長さ 2.14 m、2.20 m、2.40 m、2.15 m で、横穴式石室におさめられた釘付式木棺の一般的な規模と変わらない。さらに 27 号墳棺が東小口に仕切板を立てて副室を設ける以外は、単純な箱形をなす棺身の形状が想定されている。

奈良県新沢千塚古墳群にも鉄釘を使用した木棺の直葬例がある。新沢千塚 28 号墳木棺は腐朽した棺材が粘土に置換していたために単純な箱形であったことが明瞭に知りうる好例である。木棺の長さ 1.71 m、幅 43 cm で、釘は 8 本が使用されていた。6 世紀前半〜中葉の所産である。6 世紀代の 326 号墳では 9 本、6 世紀末葉〜7 世紀初頭の 454 号墳では 8 本、7 世紀前半の 274 号墳では 5 本の釘が使用され、棺の大きさは長さ 2 m 前後、幅 50〜70 cm を測り、やはり横穴式石室内におさめられた釘付式木棺と変わるところがない。

これらの木棺直葬墳に採用された釘を使用した木棺は、基本的には釘付式木棺そのものの形態が木棺直葬墳にも採用されたものと考えられる。また、従来の組合式木棺の形制をとりながら結合に釘を使用した石光山 27 号墳のように、釘付式木棺の影響を受けて組合式木棺が一定の変容を遂げたものも存在する。なかには 6 世紀前半〜中葉に遡るものもあり、釘付式木棺の木棺直葬墳への導入が意外に早かったことが知られる。その反面、釘付式木棺が 6 世紀代の木棺直葬墳においてあくまで少数派にとどまったことは、木棺直葬墳のつよい保守性を示すものと考えられる。

4　釘付式木棺の展開

釘付式木棺に使用された木板は、時期が下がるとともに厚いものから薄いものへと変化する。ただこれは、しいていえば 6 世紀後半〜末葉に画期を求めうるものの、あくまで漸移的なものである。この変化が木棺の形態や機能の変化をともなうとは考えられないことはすでに述べた。

棺材が薄くなる背景については、運搬に要する労力を配慮してしだいに木棺の軽量化がはかられたとするのも一案であろう（千賀 1988）。棺の大きさが同じなら、使用する木板の厚さを半分にすれば重量も半減し、相当の軽量化が達成されることになる。あるいはまた別の視点として、木工技術の発達といった背景も考えうる。厚さ 2 cm に満たない木板を組み合わせて強固に結合した高松塚古墳の漆塗木棺などは、釘付式木棺製作技術の一定の到達点を示すものといえる。

さらに重要な要因として、木棺用材の不足を挙げられる。釘付式木棺が主として使用された地域は木棺材としてコウヤマキ材を選択的に使用する地域と重なっており、長期間にわたるコウヤマキ材の消費の結果、古墳時代後期には利用可能なコウヤマキ材の不足が深刻化したと考えられる。棺に使用する木板を薄くすることは、用材の節約に寄与する。むろん、こうした方法での用材の節約は、薄い木板を製作し、それを巧妙に結合する木工技術の発達を前提とするものであり、それが結果的に木棺の軽量化につながる。棺材が薄くなる背景には、相互に関連する複数の要因があったと考えるのが妥当であろう。

7 世紀には、御嶺山古墳木棺や高松塚古墳木棺に代表される装飾的な釘付式木棺が出現する。研究史上いわゆる「櫃形木棺」とされたものである。この種の木棺は、木棺全体の外観も、棺身の形態がまったくの箱形をなす点で通有の釘付式木棺と同じである。高松塚古墳の漆塗木棺の規模は長さ 2.02 m、幅 57 cm、御嶺山古墳の漆塗木棺も長さ 2.1〜2.4 m とされ、規模的にも大同小異である。基本的な構造の点で通有の釘付式木棺とまったく同じであるといってよく、両者が同一の系譜

上にあるとした諸先学の見とおしにしたがうべきであろう。白木のままで飾金具などを使用しない簡素な釘付式木棺はその後も存続するので、装飾的な木棺は釘付式木棺のいわば高級品として位置づけられよう。

ただし、漆を使用した木棺の出現は、それが単なる釘付式木棺の高級品といった以上の意義を内包している。それは漆使用の開始が、木棺の製作方法そのものと関連する重要な画期であると考えられるからである。

たとえば、高松塚古墳の漆塗木棺は構造上、側板と小口板を柄組みにし、柄の1枚ごとに銅釘を打ち付けているほか、下から底板を銅釘で打ち付けている。この木棺は表裏に2枚の布を着せて漆で固めているので、そのことで側板と小口板の結合はさらに強度を得られたと思われるが、なお柄組みの部分はとくに漆による接着がおこなわれている。高松塚古墳木棺は大きくは釘付式木棺に含まれるものの、釘付けによる結合以外に、漆による結合という、別の技術を併用していることになる。

こうしたあり方は、高松塚古墳木棺が構造的にも夾紵棺にきわめて近いものであることを示すものである。そうした意味からも、漆塗りのものについては釘付式木棺の系譜をひくものではあるが、夾紵棺や漆塗籠棺などとともに「漆棺」（猪熊 1967）の範疇に含めてとらえることも一案と思われる。

釘付式木棺は奈良時代以降も木棺墓に採用されて存続する。6世紀後半にはすでに認められた柄組みと釘付けを併用した技法も、大阪府伽山古墓で検出された8世紀前半の木棺や、762年の紀年をもつ墓誌を出土した同石川年足墓の木櫃などの奈良時代の木棺・木櫃に踏襲されている。

第4節　釘付式木棺出現の意義

以上、金属製の釘を用いて木板を釘付けして製作した木棺である釘付式木棺について、その諸特徴を復元的に検討するとともに、その機能や系譜について考察してきた。その結果、釘付式木棺は一貫して人体を基準とした大きさにつくられ、棺身は簡素な箱形をなし、機能的には持ち運びに適したものであることを明らかにした。また、木棺を釘付けによって緊結する方式が先行して出現していた朝鮮半島にその遡源を求め、古墳時代中期後葉から末葉にかけて近畿地方への横穴式石室の導入とともに、その故地から伝えられたことを想定した。

さいごに、木棺の系統論における釘付式木棺の位置づけと、釘付式木棺出現の意義について、今後の展望と課題も含めて述べることにする。

1　木棺の系統論における釘付式木棺の位置づけ

高橋健自は古墳時代の木棺を構造のうえから大別し、刳抜式と組合式の大きく2系統に整理した（高橋健 1915・1924）。この前提にたって釘付式木棺を位置づけるならば、広い意味で組合式のものに属するということも不可能ではない。実際、従来の研究では、釘付式木棺は在来の組合式木棺に釘付け技術が応用されたもので、あくまで組合式木棺から派生した木棺形式とする見方が一般的

であった。しかしながら、これまで述べてきたように釘付け技術の有無は木棺の構造上看過しえない要素である。また、想定される機能や系譜のちがいも考慮するならば、刳抜式と組合式の2系統を在来のものとして、それとは別に古墳時代中期後葉～末葉に新たに出現した釘付式の系統を加えるべきである。

したがって、古墳時代の木棺は構造上、刳抜式・組合式・釘付式の大きく3系統に分類される、ということが確認できる。刳抜式木棺、組合式木棺、釘付式木棺は、木棺を製作するための主たる技術である「刳り抜き」「組み合わせ」「釘付け」のそれぞれに対応する木棺構造上の大分類名称である。釘付式木棺の概念は、刳抜式あるいは組合式木棺と同じレベルの概念であり、分類名称の対応の面からも一部で便宜的におこなわれてきた「鉄釘接合木棺」「鉄釘使用棺」といった呼称は適当ではない。

刳抜式の構造をもつ木棺形式として割竹形木棺、舟形木棺などがあり、組合式のものの一種に長持形木棺があるとすれば、釘付式のものには形態上まったくの箱形をなす簡素な「箱形木棺」(5)がある、ということになる。その意味では、横穴式石室におさめられた箱形の釘付式木棺は、より丁寧には釘付式箱形木棺と呼ぶのが適当であろう。

2　釘付式木棺出現の意義

釘付式木棺の出現と普及は、単に在来の木棺に新たな木棺形式が加わったという以上の意義をもつ。

刳抜式木棺の代表例である舟形木棺や割竹形木棺あるいは組合式木棺にはきわめて長大なものがあり、相当の重量に達することから持ち運びに適しているとはいいがたい。前期古墳の竪穴系埋葬施設においては、木棺の安置は複雑な儀礼的過程をたどっておこなわれ、その間には棺蓋を外して棺身のみを安置した段階を想定されることも多い（春成 1976、今尾 1984 ほか）。和田晴吾は、埋葬の場に据え付けられ、別に運ばれてきた遺体がその中におさめられることを基本とする棺を「据えつける棺」と表現した（和田晴 1989）。古墳時代前・中期に、棺に遺骸をおさめて埋葬場所まで運搬し、そのまま安置して埋葬する習慣が基本的になかったかどうかは慎重に検討する必要があるが、割竹形木棺や組合式木棺の特性が運搬に適していなかったことは明らかである。石棺や埴輪棺の場合も運搬に適していない点はまったく同様であると考えられる。

和田晴吾は「据えつける棺」に対立する概念として、「持ちはこぶ棺」の概念を提唱している。この「持ちはこぶ棺」の出現時期について和田は、「確実には、漆塗り木棺や夾紵棺が採用されるようになる飛鳥時代まで待たなければならなかった」（和田晴 1989：p115）、「古墳時代の釘付式木棺のなかには、特に鉄釘が小型化した後期後葉（11期中葉）以降のそれには、一部の人たちの間で持ちはこぶ棺として利用されたものが存在した可能性があると推測するに留めたい」（和田晴 1995：p497）と慎重な立場をとった。

しかしながら筆者は、これまで明らかにしてきた釘付式木棺の諸特徴から、釘付式木棺はまさに「持ちはこぶ棺」というにふさわしいと考える。「持ちはこぶ棺」である釘付式木棺の出現が墓制上の画期である横穴式石室の導入にともなうものであったことは意味深いものである。釘付式木棺の出現は、古墳における葬送儀礼の内容を少なからず変化せしめたと考えられる。

釘付式木棺は中期後葉～末葉には出現していたが、それが畿内を中心とした広範な地域に普及するのは後期に入ってからである。これは横穴式石室の普及と軌を一にしたものと理解される。

　そのいっぽうで、畿内地域を中心に有力古墳の横穴式石室にはただちに家形石棺が導入され、ふたたび持ち運びに適さない棺形式が復活している点は注目される。また、近畿地方よりも先行して横穴式石室を導入した北部九州地方では、釘付式木棺は横穴式石室と同時には採用されず、伝統的な箱式石棺が主体的に使用されていた。さらに、各地の6～7世紀代の横穴式石室に石棺、陶棺などの多様な「据えつける棺」が採用されていることは多言を要しない。

　いっぽう、後期の木棺直葬墳では、横穴式石室墳において盛行した釘付式木棺が一部に採用された。またその影響を受けて一定の変容を遂げた組合式木棺と釘付式木棺の折衷形態もまれにみられる。ただこれも、主体的には在来の割竹形木棺や組合式木棺が採用されている点で少数派にとどまる。木棺直葬墳のつよい保守性を示唆するものである。

　これらの事実は、「据えつける棺」から「持ちはこぶ棺」への転換が、決して模式図的に斉一的に進行したわけではないことを示している。その背景には、地域差や階層差などに起因する葬送儀礼の多様性があるものと推測される。

　釘付式木棺の構造的な特徴として、釘付け技術の使用による利点の一つをつけ加えるならば、使用木材の節約という側面が挙げられる。

　畿内を中心とした地域の後期の組合式木棺では、底板に一枚板を使用せず、幅の狭い2枚の板を接ぎ合わせて使用している場合がある。このように細長い木板を接ぎ合わせて使用せざるをえなかった原因として、棺の良材としてのコウヤマキ材へのつよいこだわりのなかで、幅の広い一枚板の入手がしだいに困難になっていたことが想定されよう。その背景には爆発的とも表現された群集墳の盛行による木棺の需要の飛躍的増大があるものと推察され、板材の接ぎ合わせは想像以上に頻繁におこなわれていた可能性がある。

　釘付式木棺においても、前章で検討したとおり、細長い木板を鉄鋲によって接ぎ合わせ、底板とする場合がある。また、細長い木板を個々に釘付けすることによって木板の接ぎ合わせをきわめて容易におこなうことができる。しかもそれは底板にかぎられない。石榴垣内1号墳木棺の復元図において、底板に破線の表現を加えたのは、そうした接ぎ合わせがありうるとの認識にもとづくものである。[6]

3　展望と課題

　横穴式石室におさめられた木棺には、釘を使用しなかったと考えられるものも数多く報告されている。これらのなかには、明らかに持ち運びに不適な構造のものも含まれる。たとえば、鋤崎古墳の横穴式石室におさめられた木棺（3号棺）は、両小口の四隅に人頭大の石を埋め込み、さらに設置のために礫床に溝を掘り込んでいた。こうした作業は棺の部材を固定するための配慮ともみられ、この木棺が箱式石棺と共通する構造をもつものであったことを示唆している。

　いっぽう、7世紀前半の島根県江迫横穴第1号墓の玄室内に遺存した木棺材には径1cmあまりの釘穴がところどころに穿たれ、木釘の使用が想定されている。木釘は金属製の釘と異なり、むしろ雇柄に近い点で、より丁寧な結合方法といえ、この場合は釘付式木棺と同様持ち運びに適した構

造であったと評価しうる。しかし木釘や雇柄は棺材とともに腐朽してしまうので、実際どの程度おこなわれていたかは知る手がかりがない。

　いま述べた二つの事例は釘不使用の木棺の実態の一端を示すものといえるが、釘不使用の木棺については資料的制約からほとんど検討するすべがない。たとえば関東地方のように横穴式石室内から釘をほとんど出土しない地域では、一般的に釘を使用しない木棺が用いられたのか、木棺そのものが使用されなかったのかすら明らかではない。

　冒頭に述べたように、釘付式木棺は各種の制約から実物資料がまったく遺存せず、資料的な制約が大きい。この点をさらに克服するためには、まず横穴式石室の発掘調査において、諸条件によっては木棺痕跡が遺存している可能性を念頭に置き、よりいっそう慎重な検出作業をおこなうことが求められる。釘不使用の木棺に関する手がかりも、そうした地道な作業を通じてえられるものと考える。また、釘付式木棺の復元的検討の主たる材料である釘に付着した材のあり方については、現状では肉眼観察による木目方向（繊維方向）の確認にとどまっている。前章で鉄鋌を材料として実践したような、顕微鏡を用いたさらに精密な観察を通じて、各部材の木取りまで明らかにすることができれば、復元的検討の精度もさらに向上することが期待される。

註
（１）　早く千賀久（千賀　1976）が、6世紀代の木棺直葬墳の事例を検討して、釘を使用した木棺にも小口板ないし仕切り板を底板や側板の内面に彫り込んだ小溝に落とし込む方法が併用される場合を想定している。これは、石光山6号墳南棺、26号墳、27号墳の3個の木棺のうち、6号墳南棺の鉄釘に付着した側板・底板の木質の幅が他の木棺のそれよりも薄いことから導かれたものである。
（２）　なお、通常は底板のうえに側板・小口板がのる構造が想定されているが、大阪府田辺古墳群の木棺直葬墳の資料をもとに花田勝弘が復元した木棺は、側板が底板をはさみ込む構造になっている（花田　1987）。
（３）　奈良県与楽古墳群で卜部行弘が示した木棺復元案では、両小口幅の広狭の差が10 cmを超えることが想定されている。
（４）　いっぽう、韓国忠清南道公州宋山里8号墓の約40本の鉄釘は角釘で、長さ8 cm内外と報告されている。また、7世紀代の所産と考えられる扶余陵山里東1号墓の横穴式石室におさめられていた木棺の棺材の厚さは、鉄釘に付着した木質から1.8 cm、2.5 cmの2種類があったとされ、薄い棺材を使用した木棺が存在する。これが日本の釘付式木棺と同様に時期的な変化によるものかは明らかではない。
（５）　じつは、「箱形木棺」の語は、かつて小林行雄が『図解考古学辞典』のなかで釘を使用した木棺をさすものとして用いたものである。ただこれは、「櫃形木棺」の同義語として用いられたようで、小林自身も同年に発行された『世界考古学大系3　日本Ⅲ　古墳時代』（小林・近藤　1959）のなかで「櫃形木棺」の語を使用し、その後の定着をみていない。本節で「箱形木棺」の呼称を用いたのは、推定される棺身の形状が純粋な箱形をなすこととともに、いっぽうではそのような学史的背景をも考慮したものである。ただし、箱形木棺の語は、組合式木棺のうち、平らな蓋が想定される一群を指すものとしても用いられることから、構造面での分類である組合式・釘付式との関係に留意して使用する必要がある。
（６）　これは必ずしも根拠のないことではない。石榴垣内1号墳木棺の底板は、両小口板と各2カ所で釘付けされており、両側板との釘付けが各1カ所であるのと比べて丁寧である。また、西小口の北側で2本の釘を使用していることは、底板が一枚板であったとすればその効果に疑問が生じる。

第6章　日本における棺槨の出現

第1節　日本における木槨の認識と基礎的研究

（1）日本における木槨の認識

　楽浪地域において日本人学者による木槨墓の発掘調査がさかんにおこなわれた大正期には、日本でも古墳の埋葬施設として木槨が存在した可能性が、ある意味で自明のこととして議論されていた。たとえば、高橋健自は「古墳の内部を調査すると遺骸を安置した部分に土が入らぬやうに石材を築積して一區を割した例がある、之を石槨といふ。勿論木槨もあつたであらうが、それは既に腐朽して了つて今遺つて居ない」（高橋健 1924：p35）と述べている。しかし、こうした議論はあくまで予測にもとづくものであって、実際の考古学的知見を踏まえたものではない。日本で弥生～古墳時代の木槨あるいは木槨状の施設が考古学的に認識され始めたのは、それよりも半世紀ほど後のことである。

　1970年に調査された福岡県スダレ遺跡はその早い事例である。スダレ遺跡では、弥生時代中期の木棺墓のいくつかについて木槨墓である可能性が言及されている。D-35号墓では長さ4.47 m、幅4.25 mの方形墓壙の中央部から、長さ2.25 m、東端幅1.02 m、西端幅0.57 mの木棺痕跡が検出された。さらに墓壙底面まで掘り下げた段階で、この木棺痕跡を取り囲むようにして一段掘り込んだ内法長2.10 m、幅0.98 mの溝状の痕跡がみつかった。現在の知見からすれば木槨の検出状態として疑問な点もあるが、調査者の橋口達也はD-35号墓が墓壙・木棺痕跡とも他の木棺墓に比べて規模が大きい点も考慮して、木槨墓の可能性を指摘している。ただしこの段階では、「この問題は可能性を言及するだけで相当の問題をひきおこすであろうが、今後の課題として検討したい」（橋口ほか 1976：p46）として積極的な評価は避けられた。

　1975年には広島県諸木古墳で木槨状の埋葬施設がみつかっている。古墳時代中期後半の直径約11 mの円墳で、2基の埋葬施設があり、このうち第1主体部とされた埋葬施設で直葬された組合式木棺を覆うように「一種の木槨」（桧垣 1977：p193）が構築された状況が復元された。ただ、これも木棺の上半部を覆う程度の、木槨としては不完全なものである。

　こうしたなかで、1979年におこなわれた岡山県楯築弥生墳丘墓の発掘調査は、弥生墳丘墓に採用された木槨の構造を初めて詳細に解明した点で、日本における本格的な木槨研究の出発点といってよい。楯築弥生墳丘墓の調査を皮切りにして、1980年代には岡山県雲山鳥打1号墓、島根県西谷3号墓など、弥生時代後期後半を中心とした時期の中国地方の弥生墳丘墓において木槨の調査例が加えられた。こうした調査事例の蓄積を踏まえ、1992年に刊行された楯築弥生墳丘墓の報告書

では、近藤義郎が弥生墳丘墓の木槨について一定の総括をおこなっている（近藤ほか 1992）。

（2）木槨の集成と系譜的検討

　1997 年、田中清美は日本列島における木槨および木槨状施設の集成をおこない、初めて本格的な分類や系譜的な検討などをおこなった。田中は、弥生時代には「中期初頭から後期後半にかけて構築されたⅠからⅣ型の木槨があり、これらは春秋戦国時代あるいは前・後漢の木槨に系譜がたどれる」（田中清 1997：p125）とし、弥生時代の木槨および木槨状施設の系譜を明確に中国に求める立場をとった。また、中期初頭～中葉の北部九州地方の事例を「楽浪郡が設置された前一〇八年から前漢が滅びる以前」、後期初頭から後半の中国地方の事例を「新の成立から倭国大乱の始まる後一四七年前後」の時期にそれぞれ対比している。弥生時代における木槨の構築を、東アジア世界全体の動向の中に位置づける試みとして評価できる。

　1999 年から 2000 年にかけて筆者らが発掘調査した奈良県ホケノ山古墳では、古墳時代初頭の前方後円墳に採用された、長大な刳抜式木棺と木槨のセット関係が明らかになった。ホケノ山古墳の中心埋葬施設は、畿内地域で初めて確認された本格的な木槨である。しかもこの埋葬施設が、内槨に木槨、外槨に石槨を用いた二重槨構造であったことは、木槨の石槨化という、その後の竪穴式石室の成立にかかわる一つの重要なキーワードを提示するものでもあった。

　2000 年前後からは古墳時代の木槨あるいは木槨状施設の調査例が相次ぎ、また過去の調査例の再検討もすすんだことから、弥生墳丘墓の木槨のみならず、古墳の埋葬施設としての木槨にも注意が向けられた。

　現在までに知られている弥生～古墳時代の木槨および木槨状施設は、2003 年の有馬伸による 3 世紀以前の資料集成（有馬 2003）では 24 例、2004 年の柳沢一男の集成（柳沢 2004）では 30 例を数える。事例は必ずしも多くはないが、弥生時代後期後半から古墳時代前期初頭に類例が集中しており、古墳時代におけるその後の竪穴系埋葬施設の展開を考えるうえで重要な位置を占めている。

　こうした状況を受けて、木槨の構造や系譜に関する研究も一定の深化をみた（岡林 2002・2004a、田中清 2004、渡辺貞 2004、柳沢 2005）。いっぽう、その源流を中国の木槨に求める点は大方の一致をみているが、全体の流れのなかでどの段階に、直接的にはどの地域からいかなる影響がおよんだかについては人によって意見が異なる。また、どのような構造の施設を念頭に置き、どのような調査所見があれば木槨と認識するか、といった点での混乱も若干ながら見受けられる。

（3）日本における木槨研究の課題

　本章では、弥生～古墳時代の木槨および木槨状施設を取り上げて検討を加える。「木槨」とは、木材でつくられた箱状の槨で、内部の空間に木棺をおさめる施設である。「木槨状施設」とは、一見木棺と木槨からなる棺槨としての多重様相を示すが、棺と槨状の部分が部材を共有するなど構造的には完全に分離していないもので、棺槨としては不完全と理解されるものである。両者はその構造差や、後述するように系譜の違いから、截然と区別されるべきものである。

　検討にあたっては、まず遺構の状況に関する調査所見を精査し、検討に耐える資料を抽出し、弥生時代から古墳時代初頭までの木槨および木槨状施設を集成する。なお、従来の集成には、木槨ま

たは木槨状施設として積極的に評価しえない資料も含まれており、それらについては表に含めず、文中で触れて筆者の考えを明らかにすることにしたい。

　集成にもとづき、弥生時代から古墳時代初頭までの木槨および木槨状施設の分類をおこなう。分類では、既往の研究成果を踏まえつつ、棺槨構造の変化および槨構築と棺搬入のタイミングの関係、棺の大型化と棺床施設の発達など、棺槨総体としての評価にもとづく視点を重視する。そのうえで、各類型の特徴と系譜的関係、その変遷の概要について整理する。

　奈良県ホケノ山古墳中心埋葬施設、京都府黒田古墳第1主体部および徳島県萩原1号墳の木槨は、庄内式期の大型木槨として、弥生時代後期後半以来の木槨の発達の延長線上にあって、かつ竪穴式石室出現直前の状況を示す資料として重要な位置を占める。しかしながら、黒田古墳第1主体部および萩原1号墳の木槨は、発掘調査後の再評価の結果木槨であるとの認識にいたったものであることから、遺構の状況に関する一歩踏み込んだ整理が必要となる。三者を比較しながら構造的な検討をおこない、その位置づけを明確化したい。

　さいごに、弥生時代後期後半における木槨の出現を、日本における棺槨の出現として評価する立場から、その成立の意義や展開過程における内的または外的要因について考察を加えたい。

第2節　日本における木槨の類型化

1　木槨および木槨状施設の分類

　日本の木槨および木槨状施設を分類するにあたり、これまでの案では底板の有無が重要な指標とされている。田中清美は床部（底板）の有無によってⅠ型（床部を有する）とⅡ～Ⅳ型（床部を有しない）を大きく分け（田中清 1997）、有馬伸も大きく1型（側板材が底板の上にのるもの）と2型（底板がないか、底板があっても側板材が底板の上にのらないもの）に大別する（有馬 2003）。

　ただ、日本の木槨で底板を有する確実な例は、現時点でも楯築弥生墳丘墓中心主体1例にとどまっている。しかも、底板の上に側板を組み上げる構造をとらず、側板を組んだのちに底板を付加する点は、底板を含めた各部材が構造的に一体的である中国の木槨との重要な相違点であって、日本の木槨は原則的に底板を欠く、というべきである。

　有馬は、底板を有する1型は「ほとんど発見されていない」としつつも、「可能性がある」ものとして石川県北中条遺跡C区木槨墓を示しているが、積極的に評価できる状況にはない。また、雲山鳥打1号墓第3主体の土層断面図から底板の存在に言及しているが、槨内に存在する柱状の材との構造的なかね合いからみても、指摘される土層は底材の痕跡ではなく、置き土と理解すべきである。したがって、底板の有無は日本の木槨における分類指標として必ずしも有効ではない。

　側板を支える添え柱の有無も、これまでの分類案で指標として重視されている。田中清美はⅢ型（木槨の内外から角材あるいは丸太材を用いて補強するもの）を設定し、有馬伸は柱材による補強の有無によってA・B2型を設定した。しかし、添え柱の有無は木槨の構造的完成度を測る一定の目安となる可能性はあるものの、実際の確認例はきわめて少なく、やはり分類の指標としてあまり有効とはいえない。

表9 日本列島における木槨の分類

類型		長幅比	四側板を立てた後の槨底面の整備	槨の裏込め
A		3.0~4.0前後	なし	あり
B		1.5~2.5前後	平らに整える	あり
C	1	1.5~2.5前後	中央が舟底状にくぼんだ棺床を整える	あり
	2			なし

そこで視点を変えて、現時点でより有効な分類指標を模索することにしたい。まず、槨の平面プランに注目すると、一見して長さに対し幅の狭いものと広いものが存在し、分類の指標となる可能性がある。また、棺を安置するための槨床面の整備状況には一定の多様性があり、分類指標として有効であろう。槨が裏込めを有するかどうかも、槨の構造的完成度との関係において重要な分類指標となりうる。ここでは、槨平面プランの長幅比（長さ／幅）、木槨と木棺の関係性（棺を安置するための施設整備のタイミング）、墓壙と木槨の関係性（墓壙埋土＝裏込め）に注目し、弥生時代～古墳時代初頭の木槨を以下のように分類する（表9）。

A類：長幅比3.0~4.0前後の狭長なプランを有するもので、B・C類にみられる木槨四側板を立てた後の槨底面の整備を欠くもの。木棺は浅い棺壙を設けて安置される。四側板の周囲は裏込め土で固定される。

B類：長幅比1.5~2.5前後の幅広のプランを有するもので、原則として棺を安置するための槨底面の整備をともない、かつそれが木槨四側板を立てた後におこなわれるもの。槨底面は置き土・バラス敷・板石敷などで平らに整えた面を整備する。木棺は底面の平らな組合式木棺が想定できる。四側板の周囲は裏込め土で固定される。

C類：長幅比1.5~2.5前後の幅広のプランを有するもので、礫や置き土などによって中央部が舟底状にくぼんだ棺床を設え、かつそれが木槨四側板を立てた後に設けられるもの。木棺は舟底状の底面をもつ舟形木棺が想定できる。四側板の周囲が裏込め土で固定される場合と、外側に石槨を有し、木槨と石槨が二重の槨を構成する場合があり、木槨の単槨をC1類、木槨と石槨の重槨をC2類に細分する。

2 各類型の事例

（1）A類

増田遺跡 SP6407（佐賀県佐賀市鍋島町）　甕棺墓・木棺墓・木蓋土壙墓などで構成される集団墓地の一画に営まれている。2.45×0.95mの隅丸長方形墓壙内に、底面がゆるやかに湾曲する幅45cm、深さ10cmほどの棺壙を設け、長さ1.9mの木棺を置く。墓壙壁の内側に側板痕跡とみられる土層の立ち上がりが認められ、長さ2.1m、幅0.75m程度の木槨状施設が想定された。北小口板は木棺小口板と一体化している。時期を直接示す遺物はないが、弥生時代前期末～中期前半と推定されている。

柚比本村遺跡 SP1100（佐賀県鳥栖市弥生が丘）　甕棺墓・木棺墓などで構成される弥生時代中期の墓域における中心的埋葬の一つである。長さ7.35m以上、幅3.7m以上のやや不整な長方形墓壙内の南東側に、横断面が幅約0.6m、深さ10cmほどの浅いU字形をなす棺壙を設け、木棺を安置する。この木棺を覆うように長さ2.65m、幅0.7~0.8mの「底板のない箱形木棺」（木槨状施設）を

構築するが、長側板は板石を併用している。すなわち、木棺の両側に接して板石を立て並べ、さらにその上部に木板を立てる。小口部には板石はなく、南小口では墓壙底から小口板（木槨状施設の短側板）が立ち上がる状況が確認された。他の墓との切り合い関係などから中期初頭の所産と考えられている。

　吉野ヶ里遺跡 SP0912（佐賀県神埼郡吉野ヶ里町・神埼市）　甕棺墓・木棺墓・土壙墓 200 基以上で構成される吉野ヶ里丘陵地区Ⅲ区の列墓域中に営まれている。約 2.8 × 1.3 m の隅丸長方形プランの墓壙の底面に、長さ約 2 m、深さ 10〜15 cm ほどの横断面 U 字形の棺壙を設け、木棺を安置する。棺壙の四周に木槨状施設の四側板を立てるための浅い溝状の掘り込みが断続的にめぐるが、短側板は木棺小口板と一体化している。時期は甕棺墓との切り合い関係などから弥生時代中期中葉と考えられている。

　比恵遺跡 SX03（福岡県福岡市博多区博多駅南）　弥生時代中期の長方形墳丘墓の中心的埋葬と考えられている。長さ 4〜4.1 m、幅 1.8 m 前後のやや不明瞭な二段墓壙の底面に、横断面がゆるやかな U 字形を呈する深さ 10 cm 内外の棺壙を設け、長さ 2.7 m、幅 0.5〜0.6 m の木棺を安置する。下段墓壙の長辺壁面に沿って木槨状施設の長側板を立てたとみられる浅い溝状の掘り込みが断続的に存在し、土層断面では最大 25 cm まで立ち上がる板の痕跡も検出された。短辺側（小口側）では同様の痕跡はみつかっていない。時期については他の甕棺との切り合いや位置関係などから中期前葉と推定されている。

　鎌田原遺跡 6 号木槨墓（福岡県嘉麻市馬見）　弥生時代中期前半〜中葉の径約 23〜25 m 程度の墳丘墓の中心的埋葬である。6.45 × 4.25 m の長方形墓壙内の北東部に寄せて長さ 3.59 m、幅 0.88 m の木槨状施設を設ける。木槨状施設は短側板で長側板をはさみ込む構造で、墓壙壁との間は版築状に入念に埋め戻されていた。底面に長さ 2.2 m 以上、幅 0.46 m、深さ 5 cm ほどの棺壙を設け、全体的に灰白色粘土が敷かれていた。

　槙ヶ坪 2 号遺跡 SK 1（広島県東広島市高屋高美が丘、図 74 - 1）　木棺墓・土壙墓など 31 基からなる弥生時代中期後葉の集団墓の中心的埋葬である。2.5 × 0.8 m の隅丸長方形墓壙内に、深さ 10 cm ほどの横断面 U 字形の棺壙を穿ち、若干の石をかませて長さ 2.1 m、幅 0.4 m 前後の木棺を安置する。棺壙の四周に木槨状施設の側板を立てた痕跡が浅い溝状の掘り込みとして残り、複数の板を継いだ側板構造が復元されている。

　浄福寺 1 号遺跡 SK 5（広島県東広島市高屋町高屋堀）　3 基からなる小規模な集団墓中の 1 基で、約 2 × 0.7〜0.75 m の墓壙底面をやや U 字形に掘りくぼめて棺壙とし、木棺を安置する。その両側に沿って垂直に立ち上がる土層の差が認められ、両小口には板石を立てていたことから、短辺に板石を併用し、長辺を木板で囲む木棺の被覆施設（木槨状施設）が想定されている。短辺の板石は木棺の小口壁を兼ねる。集団墓の時期を直接示す資料はないが、弥生時代後期前葉の集落が同一丘陵上に重複して形成されている。

（2）B 類

　西谷 3 号墓第 1 主体（島根県出雲市大津町、図 74 - 3）　弥生時代後期後葉の大型四隅突出型墳丘墓（約 40 × 30 m）で、第 4 主体とともに墳頂部中央に並列する中心的な埋葬施設である。約 6.1 × 4.4〜4.8 m の隅丸長方形をなす二段墓壙を設け、やや北東に寄せて長さ 2.55〜2.6 m、幅 1.2〜1.25

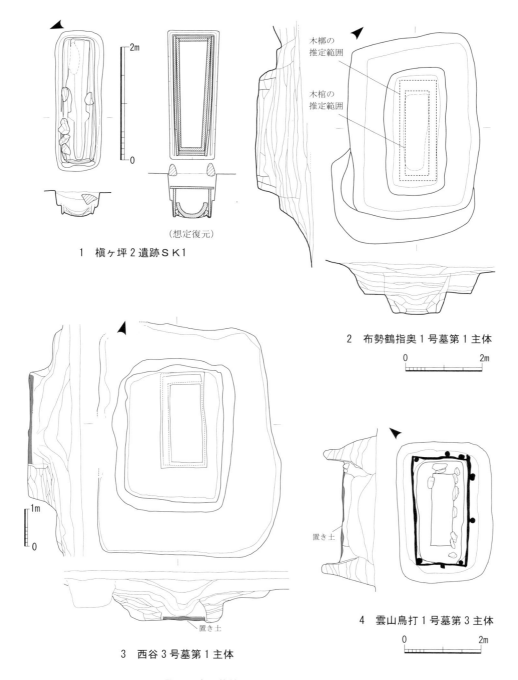

図 74 木槨状施設 A 類・木槨 B 類（1）

m、推定高さ 0.7〜0.8 m の木槨を構築する。木槨側板痕跡は幅 5 cm 内外である。槨内に厚さ 10 cm 程度の置き土を敷いたのち、組合式木棺（内法 2.1 × 0.8〜0.85 m）を南東に偏った位置に安置する。棺内は全面に水銀朱が敷かれていた。上部には朱の付着した拳大の円礫 1 個を置き、それを中心に約 100 個体の土器が集積されていた。

西谷 3 号墓第 4 主体（島根県出雲市大津町） 第 1 主体の西に並ぶ第 4 主体は、最近報告書が刊行さ

れ、具体的な状況が明らかにされた（渡邊貞ほか 2015）。それによれば、第 4 主体は構造的に第 1 主体とは大きく異なっている。約 6.3 × 4.5 m の小判形をなす墓壙を設け、その中央に長さ 2.6〜2.8 m、幅 1.1〜1.2 m、深さ 0.4〜0.5 m の一段深く掘られた部分がある。この一段深い範囲がほぼ木槨（主槨）の外法規模を示すと理解されており、規模のうえでは第 1 主体とほぼ等しい。木槨側板痕跡は幅 5〜7 cm ほどである。槨底面の凹凸を修正する程度の薄い置き土を敷いたのち、組合式木棺（側板長約 2.5 m、棺外法幅 0.8 m 前後）を安置する。槨の長幅比は 2.3 前後となり、木槨 B 類として矛盾がない。

　ところが、内部に置かれていた木棺は、底板の上に側板・小口板がのり、側板で小口板をはさみ込む構造で、安置にあたって槨との隙間に 20〜40 cm 程度の高さで地山ブロックを詰め、棺を固定している。また、棺蓋は長軸に直交する方向の目張り粘土の出土から、7 枚の材からなっていたと推定されている。このような棺構造や安置の方法は、他の木槨 B 類にはみられない。西谷 3 号墓第 4 主体はこの主槨のほかに副槨があり、それらを取り囲む大規模な柱穴が存在するなど、特異性がきわだっている。第 4 主体主槨はいちおう B 類に含めて考えることも可能であるが、他の B 類と同列に取り扱うことが可能かどうかはさらに検討を要する。

　安養寺 1 号墓第 1 主体（島根県安来市西赤江町）　弥生時代後期末の四隅突出型墳丘墓（20 × 16 m）の中心的な埋葬施設である。長さ 5 m、幅 3.3 m、深さ 1.2〜1.3 m の墓壙の底面両側に浅い溝状の掘り込みがあり、木棺痕跡を覆う砂の堆積がこの掘り込みに沿って直線的な縁辺をなしていることから、この位置に木槨側板の存在が想定されている（田中清 1997、渡辺貞 2004）。木槨の規模は長さ約 3.0 m、南側幅約 1.6 m、北側幅約 1.3 m 程度に復元しうる。組合式木棺（内法 2.25 × 0.4〜0.7 m）は両小口板を両側板ではさみ込む構造で、棺内全面に水銀朱が敷かれていた。

　布勢鶴指奥 1 号墓第 1 主体部（鳥取県鳥取市布勢、図 74 - 2）　弥生時代後期中葉の長方形墳丘墓（17.8 × 10.6 m）の中心的な埋葬施設で、長さ 4.80 m、幅 3.40 m、深さ 1.28 m の二段墓壙内に木槨を構築する。槨内は墓壙底面を平坦に整えて槨底面とし、棺の安置位置をわずかに掘りくぼめ、棺内全体に水銀朱を厚く敷いた組合式木棺（2.0 × 0.40〜0.56 m）を安置する。木槨については報告書案のほか、各氏による復元案がある（田中清 1997、有馬 2003、渡辺貞 2004、御嶽 2010）。下段墓壙いっぱいの大きさを想定する報告書案は、渡辺貞幸の指摘どおり成り立ちがたいであろう。木棺の一回り外側に立ち上がる土層の境目を側板痕跡とし、長さ約 2.7 m、幅約 1.0 m の木槨を復元することが妥当である（岡林 2003）。その場合、側板下半部の裏込めに花崗岩礫を充塡していることも注目されてよい。なお、有馬伸はこの木槨に加えて、下段墓壙壁から延長する形で上方に延びる土層の境目をさらに外側の木槨とする二重木槨案を示し、御嶽貞義は「板囲い構築墓壙」の板材とその背後の裏込めの痕跡とする理解を示している。

　楯築弥生墳丘墓中心主体（岡山県倉敷市矢部、図 75 - 5）　径約 40〜38 m の円丘部の両側に突出部を設け、全長は約 80 m に達する弥生時代後期後葉の大型墳丘墓である。墓壙は楕円形プラン（約 9 × 6.25 m）で、南北に斜道と排水溝が取り付く。木槨は内法の長さ約 3.45〜3.60 m、幅約 1.30〜1.60 m の歪な長方形をなし、高さは 1 m 程度と推定される。墓壙底に布掘り状の掘り方を設け、あるいは底面を平坦に整えて、礎板を介して側板を立てる。側板材は厚さ 15 cm 前後で、部位によって 10 cm 角程度の角材が使われたと推定されている。槨隅部 2 カ所で杭状の痕跡が検出され、不明確ながら補強材の可能性がある。槨内に置き土（厚さ 20〜30 cm）し、幅 5 cm ほどの

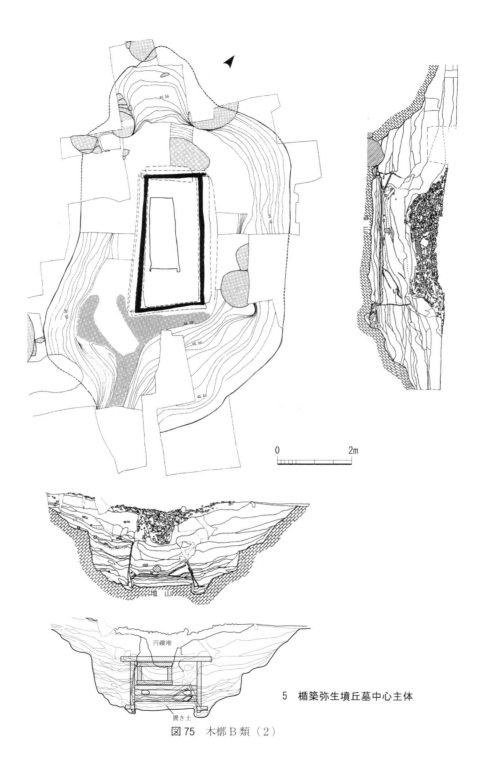

5 楯築弥生墳丘墓中心主体

図75 木槨B類（2）

横桟を 8 本以上並べた上に下底板を、その上に 3 個 2 列の台石を並べ、さらに上底材を設置する。二重の底板を有することになるが、底板と木槨本体との構造的一体性は希薄である。槨上部には大規模な円礫堆があり、大量の土器・土製品・鉄製品・弧帯石片が包含されていた。

　木棺は棺内全面に水銀朱を厚く敷いており、木棺痕跡は長方形の朱のひろがりとして検出されている。底面は平坦なことから組合式木棺が想定される。棺痕跡の朱は、一端の短辺側で長辺に沿って長さ約 8〜10 cm ほど外方にのび出しており、棺の腐朽・崩壊の際に朱が洩れ出したためと考えられている。その形状から小口板を側板で挟む構造が想定され、小口板の厚さは 10 cm 以上と推定される。木棺の復元規模は外形で長さ約 2.2 m 以上、幅は約 0.8〜0.9 m をやや上回る程度となろう。

　立坂弥生墳丘墓第 2 主体・第 3 主体（岡山県総社市新本・立坂）　弥生時代後期後葉の楕円形墳丘墓（径約 18 m）で、第 2・3 主体は墳丘のほぼ中央に並列する中心的な埋葬施設である。第 2 主体は浅い墓壙の底に幅約 25 cm 前後、深さ約 30 cm 前後の布掘り状の掘り方を穿って側板を立て、長さ 2 m 以上、幅 1 m 程度の木槨を構築する。裏込めは礫を主体に土を混用し、蓋上にも礫を積む。底面は板石を平らに敷き詰める。第 3 主体も構造的には類似しており、幅約 27〜35 cm、深さ約 20〜30 cm の布掘り状の掘り方を穿って側板を立て、裏込めに約 10〜30 cm 大の角礫を充塡する。木槨は長さ約 2.7 m、幅約 0.9 m で、底面は小礫を平らに敷き詰める。

　雲山鳥打 1 号墓第 3 主体（岡山県岡山市北区津寺・新庄下、図 74-3）　弥生時代後期後葉の長方形墳丘墓（約 20 × 15 m）で、墳頂部に 3 基の埋葬施設を設ける。第 3 主体は長方形墓壙（3.5 × 2.5 m）内に、長さ約 2.7 m、幅約 1.4 m、高さ約 0.8 m 前後の木槨を設ける。墓壙底の周縁に沿って側板を立てるための溝状の掘り方を穿ち、また補強材として「円柱」計 8 本の痕跡が側板内外に不規則に認められる。木棺は長さ約 1.9 m、幅約 0.55 m の組合式木棺で、棺のまわりに礫を配していた。

　北中条遺跡 C 区木槨墓（石川県河北郡津幡町北中条）　台地の縁辺に位置し、周辺には性格不明の隅丸長方形の遺構が分布している。隅丸長方形墓壙（3.86 × 2.92 m）内に、長さ 3.20 m、幅 1.58 m の木槨を設ける。墓壙底の周縁に溝状の掘り込みを穿ち、側板を立てる。また、四隅のうち 3 カ所に 10 cm 程度のピットがあり、補強材とみられる。弥生時代後期末の所産と推定されている[2]。

　その他　広島県佐田谷 1 号墓 SK 2 は、弥生時代後期前葉の四隅突出型墳丘墓（約 19 × 14 m）の中心的埋葬である。報告書によれば、3.85 × 3.23 m の隅丸長方形墓壙内に木槨（約 2.3 × 1.1 m）を構築し、槨内全体に砂を敷き詰め、約 2 × 0.6 m の箱形の木棺を粘土で根固めして安置する。これに対し、渡辺貞幸は土層断面において棺側板痕跡がひじょうに高い位置まで確認されていることから木棺安置後に内部を土で充塡した可能性を指摘している（渡辺貞 2004）。筆者もこれを踏まえ、土の充塡の有無については保留としつつ、槨の長幅比が 2.1 前後となり、槨内全体に砂を敷き詰めることを重視して、木槨 B 類として評価したことがある（岡林 2008c）。

　ところがその後、御嶽貞義があらためて木槨に相当する部分の内部を土で充塡したとの理解を示した（御嶽 2010）。この見解も踏まえて再検討をおこなった結果、木槨相当部分は完全に土で充塡されており、蓋材については木棺と共有していた可能性が高いと考えるにいたった。なお、御嶽はこの木槨に相当する部分を「板囲い構築墓壙」の概念で評価する見解を示している。ただ、佐田谷 1 号墓 SK 2 の墓壙は完全な掘込墓壙であり、「板囲い構築墓壙」と評価しうる後述の滋賀県神郷亀塚古墳第 1 主体部のような純然たる構築墓壙とは異なる。その理解としては、掘込墓壙の内部に

板囲いによる土留めをともなう構築墓壙を重ねて構築したものというよりは、構造的に裏込め土に依存する弥生木棺墓的な木棺が二重構造をとっているものと考えたい。したがって、佐田谷1号墓SK2は木槨ではなく、二重木棺的な埋葬施設と評価する。佐田谷1号墓は年代的にもほかの木槨B類とはかけはなれており、木槨B類とした前稿の見解は撤回する。

このほか、弥生時代後期中葉の香川県陵遺跡ST02第1墓壙では墓壙の長辺に沿って矢板状の痕跡が検出されている。木槨であった場合はB類となるが、削平が著しく不明な点が多いため判断を保留しておきたい。

(3) C1類

成岡3号墳第1主体部（広島県広島市安芸区中野東、図76-6） 円墳（13.5×11.5m）の中心的埋葬で、長方形墓壙（3.85×1.90m、深さ0.94m）の底面を6cmほど平らに掘りくぼめ、長さ約2.4m、幅約1.0m、残存高約0.4mの木槨を設ける。槨内中央に楕円形の浅い掘り込み（2.36×0.60m、深さ8cm）を穿ち、堅緻な砂質土（厚さ6〜10cm）を用いて上面がゆるやかな舟底状にくぼむ棺床を設け、舟形木棺を安置する。出土遺物の様相や、近接する1・2号墳が古墳時代前期前葉に位置づけられ、立地的にこれらに先行する可能性が高いことからも、古墳時代前期初葉の所産と考えてよい。

黒田古墳第1主体部（京都府南丹市園部町黒田） 古墳時代前期初葉の前方後円墳（全長約52m）の中心的埋葬で、後円部に南北約10m、東西約6.5m、深さ約2.5mの大規模な二段墓壙を設けている。報告書では木槨の存在は明記されていないが、下段墓壙内に長さ約6.5m、北側幅約2.7m、南側幅約2.5m程度の木槨が構築されていたと考えられる（本章第3節）。槨中央部付近での横断面図には、下段墓壙の両側から上に向かってのびる土層の境目があらわれており、これを木槨側板痕跡と考えると、その高さは墓壙底から最大で約1mと推定できる。木槨内にはまず置き土がなされ、その後南北約5m、東西約2mの範囲に拳大の礫が平面的に敷き詰められる。つぎに、その東西両側縁に一部拳大の礫と重なる格好で人頭大の自然石を2〜3段に積み、中央が横断面U字形にくぼんだ棺床を形成する。棺床下部を形成する拳大の礫敷には、墓壙長軸をおよそ三等分する位置で2カ所、幅20cm程度の溝状に礫が切れる部分があり、そこにまくら木が存在したと考えられる。まくら木は棺床上部を構成する人頭大の石積みの下にさらにのび、両端が木槨側板に取り付いていた可能性が高い。棺床上にはコウヤマキ製の舟形木棺を安置していた。

(4) C2類

ホケノ山古墳中心埋葬施設（奈良県桜井市箸中、図77-9） 葺石・段築を備えた全長約80m、後円部径約60mの前方後円墳で、中心埋葬施設は木槨を内槨、石槨を外槨とした二重槨（C2類）である。中心埋葬施設は後円部中央に穿たれた墓壙内に構築されている。墓壙は検出面での平面規模が長さ約10m、幅約6mで、現状の深さは約1.1mを測る。ただし、後円部頂は後世に大幅な削平を受けており、その際に墓壙の上部も大きく失われた可能性が高く、現状は大規模な二段墓壙の下段が遺存した状況と考えてよいであろう。

墓壙底に深さ約80cmに達する柱掘り方を穿ち、木槨側板を支える添え柱6本を立てた後、布掘り状の掘り方を設けて木槨四壁を立てる。その後木槨内に若干の置き土をおこない、バラスを敷

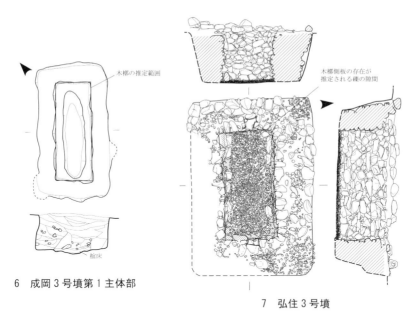

6 成岡3号墳第1主体部

7 弘住3号墳

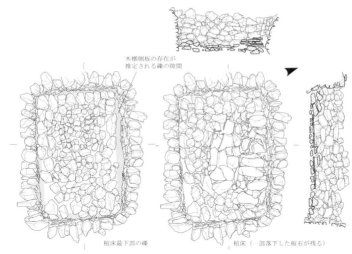

8 石塚山2号墳第1主体部

図76 木槨C類（1）

き詰める。このバラス面の上に、人頭大からそれ以上の大きさの川原石を中央が舟底状にくぼむように低く積み、棺床をしつらえる。中央のくぼみの底は下のバラス面がそのままみえる格好である。

　主軸に直交する方向の3本のまくら木がある。木槨長軸をほぼ二等分する位置に1本、それをさらに二等分する位置のやや小口寄りに各1本である。これらは棺床下部のバラス敷きが幅約20 cmの溝状に途切れる形で検出され、それぞれの両端は添え柱ないし木槨側板に取り付いていたと考え

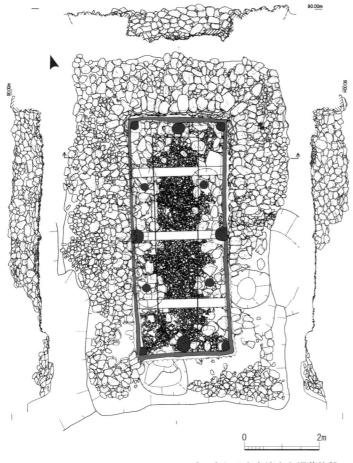

9 ホケノ山古墳中心埋葬施設

図77 木槨C類（2）

られる。

萩原1号墳（徳島県鳴門市大麻町） 古墳時代前期初葉の積石塚で、径18mの後円部に長さ8.5mの前方部を付設する。後円部中央の埋葬施設は1979〜1980年の発掘調査では結晶片岩板石小口積みの竪穴式石室とされたが（菅原ほか1983）、その後の再検討により木槨としての復元案が示されている（菅原2000・2010）。菅原康夫は砂岩角礫積みの石積み墓壙内に一回り小さな木槨を想定したが、私見ではこの石積み墓壙内部いっぱいに構築された長さ約5.5m、幅3m前後の木槨が復元できる（本章第3節）。

萩原1号墳は墳丘自体が砂岩角礫・円礫を積んで構築した積石塚で、墓壙も長軸40〜50cm大の砂岩角礫を積んで内壁とした石積み墓壙壁を有する。埋葬施設は相当程度の破壊を受けており、残存する墓壙底面の平面規模は長さ約5m、幅約3mを測る。

埋葬施設の床構造は、まず石積み墓壙壁（「方形区画列石」）内に黄褐色粘土を約30cmの厚さで断面梯形に盛り上げ、上面の平坦な基台状に整える。つぎに、その上に角礫を敷いて、厚さ約5cmの「平坦礫床」を形成する。この「平坦礫床」の上に、結晶片岩板石を1〜2段分小口をそろえて並べ、全体として長さ4m以上、幅1.25mほどの細長い範囲を囲い込む。結晶片岩板石の背後から石積み墓壙壁までの間には人頭大の砂岩角礫が20〜30cm充填される。

棺床は礫と板石を使用し、2ないし4本のまくら木を埋め込んでいる。また、石積み墓壙壁は石槨として評価することが可能であり、ホケノ山古墳中心埋葬施設と類似したC2類と考えることができる。

石塚山2号墳第1主体部（香川県丸亀市綾歌町栗熊、図76-8） 古墳時代前期初葉の円墳（径約25m）である。報告書では東西3.65m、南北2.55m、高さ1m前後の石積み墓壙（構築墓壙）内に、長側壁を板石小口積み、短側壁を塊石積みにした内法の長さ約2.1m、幅約0.6mの竪穴式石室を

設けたものと想定されている。しかし、この石室がほぼ完全な崩壊状態で検出されたことは、それとは対照的に石積み墓壙壁が完存していた点も含め、いささか疑問とせざるをえない。他方、ホケノ山古墳中心埋葬施設と類似したいくつかの調査所見が注意されることから、木槨としての復元案を検討してみる。

まず石積み墓壙内には石室用材とされた板石・塊石が充満していたわけであるが、その検出状況をみると墓壙壁面に沿ってかなりの隙間が存在する。この隙間は墓壙底の礫敷面でも認められ、場所によって異なるが典型的には 10 cm 前後の帯状にめぐる。この位置に木槨側板の存在を想定したい。

その場合、石積み墓壙内に充満していた石材は、本来木蓋の上部に置かれていた被覆礫に由来し、木部の腐朽とともに落下したことが考えられる。墓壙上部には約 40 cm の盛土があるが、報告書では「この盛土について興味深いのは、墓壙壁体部上にその内面と面を合わせるように垂直に近い盛土がまず行われ、その後内側の石室蓋石及び裏込め石上に充塡するような盛土が行われているというものである」と述べられ、ほぼ墓壙の範囲に相当する土層の不整合が確認されている。これは被覆礫の落下にともなう陥没の痕跡であろう。この陥没は盛土上部の白色円礫群にも影響し、中央部が若干凹んでいる。

石室の最下部は板石積み 2〜4 段分がかろうじて一部残存していたとされる。この残存部の検出段階から壁体最下部とされる板石を取り去ると、板石と塊石を混用した棺床がほぼ姿を現した状態になりそうである。すなわち、墓壙底面の中央部にやや小型の塊石を敷き、その上に板石を敷き詰め、周囲全体に大型の塊石を厚めに敷いて、中央部が舟底状にくぼむ棺床である。(3) その場合、棺床の形状から組合式木棺ではなく舟形木棺が想定される。

このように復元してみると、内側に長さ約 3.4 m、幅約 2.2 m ほどの長方形プランの木槨があり、外側に石槨（石積み墓壙壁）を有する二重槨構造となる。(4) 底面には舟底状にくぼむ礫床を備え、槨の木蓋上には大量の板石と塊石を積んだ被覆礫があって、規模はやや小さいもののホケノ山古墳中心埋葬施設とひじょうによく似た構造が想定できる。また、石槨が墓壙をもたず、墳丘と同時に構築されていることは、盛土墳と積石塚の違いはあるものの、萩原 1 号墳と共通する。ここでは本例を C 2 類として復元しておきたい。

弘住 3 号墳（広島県広島市安佐北区口田南、図 76 - 7）　直径約 25 m の円丘部の東西に突出部が取り付く。円丘部中央に東西 4.5 m、南北 3.0 m、深さ 1.3 m の墓壙を穿ち、内法の長さ 2.7 m、幅 1.2 m、高さ 1.2 m の石槨を構築する。壁面は塊石を小口積みし、ほぼ垂直ないしは上方に向かってわずかに開き気味に立ち上がる。その背後は塊石の隙間に細礫や赤土を充塡した厚い裏込めを施し、きわめて堅固な壁体構造となっていた。両短側壁の上端中央に壁石の抜けた部分があり、木製の梁を架構するための受け部と考えられている。また、壁体上面の墓壙壁沿いには川原石を 1〜2 段積んで一段高いテラスをめぐらしており、木蓋を固定するための工夫と推定されている。床面には 5 cm 大程度のバラスを中央が舟底状にややくぼむように敷き詰め、棺床とする。

ところで、棺床のバラス敷は壁面に沿って 10〜15 cm 程度の幅で帯状に抜けが目立つ。また、この帯状のバラスの切れ目の上には 20〜40 cm 大の川原石計 10 個が立つように点在し、報告書ではこれらを、組合式木棺を固定する根固め石と想定する。しかし、石槨壁面に沿った帯状のバラスの抜けを木槨四側板の痕跡と仮定すると、これらの川原石は木槨側板と石槨壁面との隙間、あるい

は木槨側板が腐朽消滅したあとの空洞にあとから落ち込んだものとする解釈も可能である。また、弘住3号墳の周辺に集中的に分布する同時期の石槨（妹尾 1990）の内法規模は長さ2〜2.3m、幅0.6〜0.9m程度を標準とするが、弘住3号墳石槨は長さ2.7m、幅1.2mと一回り大きく、内部に木槨が存在する余地がある。ここではこれらの点を重視して、内法の長さ約2.4m、幅約0.9m程度の木槨、棺床上面の形状から組合式木棺ではなく舟形木棺を想定し、本例をC2類と判断したい。出土土器、副葬品などから古墳時代前期初葉の所産と考えられる。

3　各類型の特徴と系譜的関係

（1）A類

　時期的には弥生時代中期とくに中期前半を中心とし、地域的にも北部九州〜中国地方西部にかぎられ、時期的、地域的にまとまりのよい一群である。長幅比3.0〜4.0前後の狭長なプランを有し、平面規模は長さ約2.0〜3.6m、幅約0.6〜1.1mと全般に小規模である。集団墓地や墳丘墓における中心的埋葬に採用される傾向がある。

　吉野ヶ里遺跡SP0912では両短側板を、増田遺跡SP6407、柚比本村遺跡SP1100、比恵遺跡SX03では一方の短側板を、それぞれ木棺の小口板と兼用している。浄福寺1号遺跡SK5では両短側板と木棺小口板を兼ねる板石を立てる。また、柚比本村遺跡SP1100では長側板の下部、浄福寺1号遺跡SK5では短側板（木棺小口板）に板石を併用していた。このようにA類は、槨状の部分と内部の木棺との隙間が狭く、部材を共有することもある。また、側板の構築に際して板石を併用する場合もあるなど、B・C類と比べて槨としての構造的な完成度が低い。木槨状施設と木棺とが構造的に完全には分離しておらず、木槨状施設は木棺を据え付けてからそれを覆うように構築されたか、ある程度一体的に構築されたとみられる。

　槙ヶ坪2号遺跡では「底板のない箱形の木棺」（木槨状施設）と「断面「U」字状形態の棺床施設」（棺底板）を組み合わせた復元想定図が示されている（図74-1右）。また、渋谷格は柚比本村遺跡例に関連して、こうしたものを「槨」と表現することの問題点を指摘している（渋谷 2003）。A類を木槨ではなく特異な箱形木棺もしくは二重木棺的な施設として理解しようとする立場といえ、その構造的特性やB・C類との懸隔も踏まえればしたがうべきであろう。弥生時代中期の北部九州〜中国地方西部におけるA類の存在は、後述する大阪府加美遺跡Y1号墓5号主体部の二重木棺の評価にも示唆を与えるものである。

　そのいっぽうで、比較的大型の比恵遺跡SX03、鎌田原遺跡6号木槨墓のような事例の存在は、北部九州においてA類が一定の発展を遂げつつあった事情を示すものと評価しうる。しかし、北部九州ではその後木槨が盛行することはなく、B類との時間的な隔たりも大きいことから、A類がB類の直接的な祖形である可能性は低いとみられる。

　なお、スダレ遺跡D-35号墓、柚ノ木遺跡ST04は木槨状の施設である可能性が指摘されているが、スダレ遺跡D-35号墓は木棺痕跡がほぼ墓壙の確認面付近で平面検出されているにもかかわらず、木槨の可能性が指摘された構築物の痕跡は墓壙底まで掘り下げた段階で初めて認識されており、木槨ないし木槨状施設と考えられる他例の検出状態とはかなり異なる。また、柚ノ木遺跡ST04は想定される木槨状の施設が木棺と完全に遊離しており、他例との比較においても、木蓋土

壙墓と考えることが妥当である。

（2）B 類

時期的には弥生時代後期後半を中心とし、地域的には吉備を中心に中部瀬戸内から山陰地域に分布する。この地域で発達した弥生墳丘墓の中心的埋葬に主として採用される。平面規模は長さ約 2.5〜3.6 m、幅約 0.9〜1.6 m で、相対的に A 類よりも大きい。楯築弥生墳丘墓中心主体（3.6 × 1.3〜1.6 m）、雲山鳥打 1 号墓第 3 主体（2.7 × 1.4 m）のように床面積 4〜5 m² に達するものがある。

B 類における木棺を安置するための槨底面の整備は、木槨側板を立てた後におこなわれるものであり、楯築弥生墳丘墓中心主体では蓋材の架構を待つばかりの段階まで構築の進んだ木槨内に上方から棺を搬入する順序が想定されている。その意味で、A 類でみられたような木槨と棺との構造面での一体性はうかがえず、A 類との比較において木槨としての構造的な完成度が高い。いっぽう、長幅比は 1.5〜3.0 前後とややばらつきがあり、槨の平面形がやや歪であったり、棺・槨の配置が左右非対称であったりする点は、構造的な整備のより進んだ C 類と比べて定型的ではない。

木槨としての構造的な完成度と、使用された木棺の構造的な完成度は相関関係にある。木槨 B 類に採用された組合式木棺はすべて福永伸哉の分類（福永 1985）による II 型木棺で、小口穴を有する I 型木棺は使用されない。たとえば、雲山鳥打 1 号墓に隣接する 2 号墓第 2 主体は I 型木棺を採用しており、木棺墓には I・II 型木棺が用いられるのに対し、木槨 B 類では II 型木棺が限定的に用いられるという法則性がある。しかも、木槨 B 類における II 型木棺は槨室内の空間に安置される点で、周囲を墓壙埋土で固定される通常の木棺墓の II 型木棺とは構造的に差があった可能性が高い。

B 類と同時期の中部瀬戸内では木槨と並んで石槨が盛行しており、立坂墳丘墓第 2・3 主体のように裏込めに礫を多用する木槨、逆に蓋材に木材を使用する木蓋石槨の存在は、両者が相互に影響を及ぼしあう関係にあったことを示すものである。木槨においては、石槨からの一定の影響もあり、石材の多用化が指向されていたと評価できる。

ただ、槨規模の面では木槨における大型化傾向がより顕著であり、最大クラスの墳丘墓の中心的埋葬に採用されていることからも、最上位の埋葬形態として優位を占めていたと評価できる。

（3）C 類

時期的に古墳時代最初頭を中心とし、その分布は西部瀬戸内から近畿まで拡がりをみせる。平面規模は長さ約 2.6〜6.5 m、幅約 1〜3 m 前後で、B 類よりもさらに大型化している。なかでもホケノ山古墳中心埋葬施設（6.5 × 2.6 m）、黒田古墳第 1 主体部（6.5 × 2.5〜2.7 m）は国内最大規模の木槨であり、それらが近畿地方に存在し、やはり同時期では最大級ないし大型の前方後円墳に採用されている点が注目される。

槨構築と棺搬入のタイミングは B 類と同じである。墓壙や槨の形状が整い、棺が槨中央に安置されて整然としたシンメトリーな平面形をとることは B 類以上に完成された様相といえる。中央が舟底状にくぼむ礫床は組合式木棺から舟形木棺への変化に対応した棺床構造である。礫床は中部瀬戸内の弥生時代後期後半の石槨にも若干の類例がみられ、一定の関連性が考えられる。長幅比は

本州の事例に限れば 2.3〜2.6 ときわめて定型的で、四国北東部の事例はそれよりも幅広の傾向がある。B 類と C 類は時期的にも連続的であり、槨構造の整備、木棺構造の変化や長大化に対応した棺床の発達をともないながら、B 類→C 類の変遷を遂げたものと考えられる。

また、C 類では副葬品が散乱したような状態で出土する場合がある。木槨蓋上などの高い位置に置かれたものと考えられ、ホケノ山古墳の銅鏃・鉄鏃・鏡片など、成岡 3 号墳の鉄鏃、黒田古墳の鉄鏃・管玉（・鏡）、萩原 1 号墳の鏡・管玉、弘住 3 号墳の鉄鏃などが指摘できる。C 類は B 類に比べて副葬品量が飛躍的に増加しているが、一部の副葬品で C 類特有の副葬方式がとられたことを示すもので、習俗面での共通点として興味深い。

木槨の外側に石槨を有する C 2 類は、C 1 類との時期的な先後関係を現時点で明確にすることはむずかしいものの、A・B 類や C 1 類とは異なり木槨が墓壙埋土（裏込め）から構造的に独立している点で、さらに発達したあり方と考えてよい。C 2 類は、すでに B 類でみられた木槨の大型化傾向と石材多用傾向の方向性の上に、木槨の構造的完成と石槨の大型化という技術的達成を前提として成立したものと評価される。そのなかでも最大規模を有するホケノ山古墳中心埋葬施設は、弥生時代後期後半以来の木槨の発達の到達点を示すものである。

（4）古墳時代前期以降の状況

古墳時代前期前葉には竪穴式石室が成立し、木槨 C 類は発展的に姿を消す。いっぽう、古墳の埋葬施設として主流を占めるものではないが、古墳時代前期には、A 類と類似した狭長なプランをもつ福井県乃木山古墳第 1 号埋葬施設、滋賀県神郷亀塚古墳第 1・2 主体部、京都府大田南 6 号墳、兵庫県寺谷 4 号墳第 1 主体、島根県社日 1 号墳第 1 主体部などの一群が存在する。

乃木山、神郷亀塚、社日例は古墳時代初頭に遡ると考えられているが、時期的な懸隔から弥生時代中期の A 類との関連性は低いと思われ、表 10 では「（A'）」とした。大田南、神郷亀塚第 2 主体部、乃木山の各例では墓壙底面よりも 20〜40 cm 高い位置に段を設け、あるいは木棺の周囲を 20 cm 程度まで埋め戻して平坦面をつくり、その上に四側板を立てる。四側板の下部が墓壙底に達しないため、木槨内に木棺をおさめたというよりは、木棺の上半部を木槨で覆った、といった観がある。また木槨と木棺の隙間が狭く、先後関係が判明するものはすべて木棺安置後に木槨を構築している。A' とした一群は細部にバリエーションがあって一概に位置づけできないが、木槨 C 類の影響を受けてその分布圏の外縁部で採用された木槨状施設である可能性を考えたい。

とくに大田南 6 号墳は木槨状施設、木棺ともに墓壙に固着した構造であり、二重構造のシスト的な木棺と考えることができる。古墳時代前期初葉とされる広島県城ノ下 A 地点遺跡 6 号墳 A 主体部も、西短側板掘り方の内側には木棺西小口板を立てるための別の掘り方があり、東短側板掘り方は内側に木棺東小口板を立てるための段を有することから、プランはきわめて幅広ながら同様の二重木棺と考えられる。

また、神郷亀塚古墳第 1 主体部は木槨蓋材の痕跡とされる土層が検出されているものの、その落ち込みは顕著ではなく、槨内の埋め戻しが想定されている点で、福井県片山鳥越 5 号墓第 1 埋葬で復元されたような板囲いに近いものである可能性もある。神郷亀塚古墳第 1 主体部のような構造は純然たる構築墓壙と評価しうるものであり、その意味で御嶽貞義のいう「板囲い構築墓壙」の呼称がふさわしいといえるかもしれない（御嶽 2010）。

表10 弥生時代～古墳時代初頭の主要な木槨・木槨状施設

遺跡名 (埋葬施設名)	時期	類型	墓壙 長さ	墓壙 幅	墓壙 深さ	棺床	木槨 長さ	木槨 幅	木槨 高さ	長幅比	木棺 形式	木棺 棺長	木棺 幅
北中条遺跡木槨墓	弥生後期末	(B)	3.86	2.92	0.45	×	3.20	1.58		2.0	(組合式)		
乃木山古墳（第1埋葬施設）	古墳前期初葉	(A´)	7.2	4.5	1.1	×	4.7	1.4-1.6	-1	2.9	組合式	3.0	0.7
片山鳥越5号墳（第1埋葬）	古墳前期初葉	(A´)	3.6	2.2	0.9	×	-3	-1.2		2.5	組合式	2	0.5
神郷亀塚古墳（第1主体）	古墳前期初葉？	(A´)	-	-	-	粘土床？	4.7	1.3	1.3	3.6	舟形	(2-2.5)	0.5
神郷亀塚古墳（第2主体）	古墳前期初葉？	(A´)	?	1.25		(棺壙)	-3.5	1.1	1.1	3.2	舟形		0.5
黒田古墳（第1主体部）	古墳前期初葉	C1	10	6.5	2.5	礫床	6.5	2.5/2.7	1.5	2.5	舟形	4	0.7-1.2
ホケノ山古墳（中心埋葬施設）	古墳前期初葉	C2	10	6		礫床	6.5	2.6	(約1)	2.5	舟形	5.3	1.3
西神ニュータウン30-1号	古墳時代中期	C	2.7+	1.9		礫床	2+	1.4-1.6			刳抜式	1.3+	0.4
大田南6号墳	古墳前期後葉	A´	9.6	6.5	2.5	×	-6.2	1.18-1.37	0.5-0.6	4.5	箱形	-5.4	0.8-1.14
雲山鳥打1号墓（第3主体）	弥生後期後葉	B	4	2.5	0.9	置き土	2.7	1.4		1.9	組合式	1.9	0.55
雲山鳥打1号（第2主体）	弥生後期後葉	B	4.3	2.5	1.3	?	3	0.95		3.2	組合式	1.6	0.45
雲山鳥打1号（第1主体）	弥生後期後葉	B	4.1	3.8	0.6+	?	2.5	1.3	0.6	1.9	組合式		
立坂弥生墳丘墓（第2主体）	弥生後期後葉	B				板石敷	2+	1			組合式	1.7+	
立坂弥生墳丘墓（第3主体）	弥生後期後葉	B				小礫敷	2.7	0.9		3.0	組合式		
楯築弥生墳丘墓（中心主体）	弥生後期後葉	B	9	6.25-5.5	2.1	底板	3.6	1.3-1.6	0.88+	2.3	組合式	2.2	0.8-0.9
槙ヶ坪2号遺跡SK1	弥生中期後葉	A	2.5		0.45-0.5	棺壙・配石	2.15	0.55	0.15-0.2	3.9	(刳抜式)	2.10	0.40±
浄福寺1号遺跡SK5	弥生中期後葉？	A	2	0.7-0.75	0.15+	棺壙	2	0.55		3.6	(刳抜式)	2	
成岡3号墳（第1主体）	古墳前期初葉	C1	3.85	1.9	0.94	置き土	2.60	1.00	0.40	2.6	舟形	2.6-	1.0-
城ノ下A地点遺跡6号（A主体部）	古墳前期初葉	その他	2.8	1.5	0.3	棺壙	1.8	1.3		1.4	舟形	1.5	1
弘住3号墳	古墳前期初葉	C2	4.5	3	1.3	礫床	2.7	1.2	1.2	2.3	舟形	-2	-0.8
諸木古墳	5世紀後半	A´	2.62		0.6～0.7	棺壙・配石	-2.3	-0.9		2.6	組合式	-2	-0.5
布勢鶴指奥1号墓（第1主体部）	弥生後期中葉	B	4.8	3.4	1.4	×	2.96	1.18	-1	2.5	組合式	2.0	0.4-0.56
安養寺1号墓（第1主体）	弥生後期末	(B)	5	3.3	1.2-1.3	×	3	1.3-1.6		2.1	組合式	2.25	0.4-0.7
社日1号墳（第1主体部）	古墳前期初葉	(A´)	5	1.6-2	1.1	×	3.5	0.7-0.85	0.8+	4.5	刳抜式	3	0.6
西谷3号墓（第1主体）	弥生後期後葉	B	6.1	4.8-4.4	1	置き土	2.6	1.2-1.25	0.7-0.8	2.1	組合式	2.1	0.8-0.85
西谷3号墓（第4主体主棺）	弥生後期後葉	(B)	6	4.5		×	2.6	1.25	0.8	2.1	組合式	2.3	0.8
石塚山2号墳（第1主体部）	古墳前期初葉	C2	3.65	2.55	1.25		3.65	2.55	1.25	1.4	?	-2.1	-0.8
陵遺跡ST-02（第1墓壙）	弥生後期中葉	B?	-	-	-	×	2.83+	1.55		-2	?		
萩原1号墳	古墳前期初葉	C2	-	-	-	礫床	-5.5	-3		1.8	舟形	-4	-1.3
スダレD35（木槨状施設）		その他	4.47	4.25	-	×	2.10	0.98			箱形	2.25	1.02/0.57
鎌田原6号木槨墓	弥生中期前半～中葉	A	6.45	4.25		棺壙・粘土敷	3.59	0.88		4.1	箱形	2.2+	0.46
比恵遺跡SX03	弥生中期前葉	A	4.1	1.8		棺壙	3.4+	1.1		3.1	(刳抜式)	2.7	0.5-0.6
柚ノ木遺跡ST04		その他	2.35	1.45	1.25	×					(刳抜式)	1.35	0.45
吉野ヶ里遺跡SP0912	弥生中期中葉	A	2.8	1.3		棺壙	2.0	0.7		2.9	(刳抜式)	1.9	0.5
柚比本村遺跡SP1100	弥生中期初頭	A	7.35+	3.7+		棺壙	2.65	0.7-0.8		3.5	(刳抜式)	2	0.6
増田遺跡SP6407	弥生前期末～中期前半	A	2.45	0.95	0.55	棺壙	2.1	0.75		2.8	(刳抜式)	1.9	0.45

※A類における木棺幅は、棺壙の検出幅であり、実際よりも小さな数字となっている。
※表および文中の計測値については原則として参考文献によったが、図上で計測し、概数として示したものもある。（ ）内は岡林による推定値。

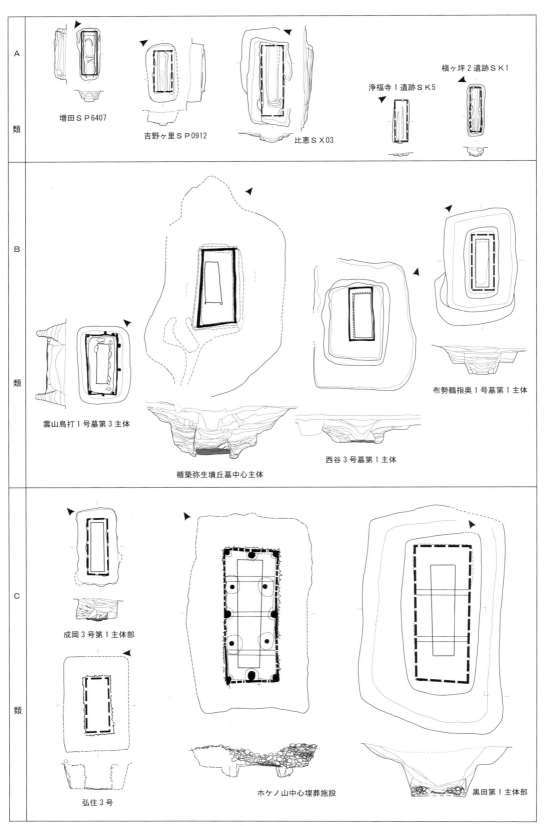

図78 弥生時代〜古墳時代初頭の木槨の分類と変遷

古墳時代中期の兵庫県西神ニュータウン 30-1 号墳、岡山県正崎 2 号墳、香川県原間 6 号墳、広島県諸木古墳第 1 主体部などは同時期の朝鮮半島南部とのつよい関係性のもとで採用されたもので、弥生以来の木槨との系譜的関係は希薄であろう（柳沢 2005）。このほか、前期中葉〜後葉に位置づけられる宮崎県檍 1 号墳はきわめて規模の大きな木槨が想定されており、時期的にも地域的にも孤立的である。

（5）各類型の系譜的関係

以上、弥生時代から古墳時代初頭にかけての木槨の分類と系譜の整理をおこなった。

その結果、弥生時代中期前半の北部九州を中心におこなわれた A 類は二重木棺的な様相がつよく、日本列島での本格的な木槨の成立は弥生時代後期後半の中部瀬戸内〜山陰における木槨 B 類に求められること、B 類を基盤として槨の大型化、石材化の指向性のもとに古墳時代初頭に木槨 C 類が成立したことをあとづけた。

B 類の内的発展に加え、後述するように外的な技術的要因が加わった結果、黒田古墳第 1 主体部やホケノ山古墳中心埋葬施設に代表されるとくに大型化した C 類が出現したと考えられる。ホケノ山古墳中心埋葬施設は、奈良盆地東南部の前方後円墳に採用され、かつ長大な刳抜式木棺の使用と棺床の発達、石材の著しい多用と石槨構築技術の発達を達成しつつも、木槨としてはその後に継承されない。その意味で、日本列島の木槨は古墳時代には発展的に消滅する方向に向かい、その最大のものである C2 類のホケノ山古墳中心埋葬施設は、弥生的な木槨・石槨と古墳的な竪穴式石室の間をつなぐ、「古墳的」棺槨の初期的かつ過渡的な様相と評価できる。

第 3 節　庄内式期の大型木槨

1　庄内式期の大型木槨の諸特徴

弥生時代後期後半の中国地方で弥生墳丘墓に採用された木槨は、庄内式期すなわち古墳時代前期初葉の近畿地方およびその周辺の地域で大きな発達を遂げた。この現象は、木槨 B 類から C 類への変化として整理できる。

木槨 B 類から C 類への顕著な変化として、大型化、棺床の発達、槨構造の整備などを指摘できる。本節ではその点に着目して、大型の木槨 C 類である奈良県ホケノ山古墳、京都府黒田古墳、徳島県萩原 1 号墳の中心的埋葬施設を取り上げて検討を加える。

これら 3 古墳は墳丘の規模・構造に大きな差があり、また埋葬施設にも外槨としての石槨の有無やそれに起因する構造の違いなど根本的ともいえる差異がある。にもかかわらず、三者はきわめて似通った棺床構造を有するほか、さまざまな点で類似性がある。まず、それらの諸特徴を整理することから始めたい。

ホケノ山古墳　奈良盆地東南部の奈良県桜井市に所在する全長約 80 m、後円部径約 60 m の前方後円墳である。墳丘には葺石・段築を備える。後円部中央に設けられた中心埋葬施設は、木槨を内槨、石槨を外槨とした二重槨（C2 類）である。

墓壙は検出面での平面規模が長さ約10m、幅約6m、深さ約1.1mを測る。ただ、後円部頂は後世に大幅な削平を受けていることが明らかで、墓壙内における木槨・石槨の状況からみても、大規模な二段墓壙の下段のみが遺存する状況と考えられる。

外槨に相当する石槨は、内法の長さ約6.7m、北端幅約2.8m、南端幅約2.7m、棺床中央からの復元高約0.9mの規模を有する。壁面は人頭大以上の大きさのやや扁平な川原石を小口積みして構築する。背後に同程度の大きさの川原石を使用した一重の控え積みがあり、さらに小ぶりの川原石を厚く充填して裏込めとする。壁面は各辺の直線部分ではほぼ垂直であるが、コーナー部分では外開き気味に積んでいる。

内槨に相当する木槨は、基底部に残された側板痕跡から長さ約6.5m、北端幅約2.65m、南端幅約2.6mに復元される。高さは石槨の復元高をやや下回る0.8m強と推定される。したがって、木槨は外槨である石槨内いっぱいにおさまる規模となるが、木槨側壁は自立しており、石槨壁面との間には狭い空隙がある。

木槨は、四側板・蓋板のほか、槨内四隅と長側辺中間点の計6カ所の添え柱、短辺中央の側板内側に立つ南・北中央柱、側板とは無関係に槨内に立つ4本の根固め柱、および礫で構築した棺床、棺床下に埋め込まれた3本のまくら木で構成される。まず、墓壙底に添え柱6本を立てた後、側板下端を落とし込むための布掘り状の掘り方を設け、木槨四壁を構築する。木槨四壁がある程度できあがった段階で、木槨内の墓壙底に若干の置き土をおこない、上面がおおむね平坦になるようにバラスを敷き詰める。棺床の下部に相当する部分の墓壙底は、あらかじめ周囲よりもやや高く掘り残されている。また、バラス面の上に、人頭大からそれ以上の大きさの川原石を配し、中央が舟底状にくぼむ棺床を構築する。棺床中央のくぼみの底はそのまま下部のバラス面となる。したがって、棺床下部はバラス敷き、棺床上部は川原石で構築されていることになる。棺床に粘土は使用されていない。石槨壁面と木槨側板はある程度併行して構築され、それぞれ木蓋をかけた後、上面に大量の礫が積まれる（図79-1）。

棺床上に安置されていた舟形木棺は、銅鏡や銅鏃の下部などに身残材が点在し、かつ底面の一部が広範囲にわたって炭化して遺存していた。長さ約5.3m、最大幅約1.3mに復元され、棺底の横断面はゆるやかなU字形をなし、両端部の縦断面もゆるやかに反り上がるように加工されている。木棺材の樹種はコウヤマキである。槨構築の工程から考えて、木棺安置のタイミングは、すでに6本の添え柱、南北中央柱、4本の根固め柱が立ち、少なくとも木槨側板と石槨壁体の下部ができあがった段階と判断される。

黒田古墳　京都府南丹市に所在する全長約52m、後円部長径約32mの前方後円墳である。葺石・段築等は確認されていない。後円部中央に設けられた第1主体部はこの古墳の中心的埋葬で、単槨の木槨（C1類）である。墓壙は、上段上面の長さ約10m、幅約6.5m、下段上面の長さ約7m、幅約3m、深さ約2.5mの大規模な二段墓壙で、下段墓壙内に木槨を構築する。1990年の発掘調査では、礫床状施設に舟形木棺を置き、それを粘土で被覆した特殊な構造とされたが、以下のような構造の木槨である可能性がもっとも高いと判断する。[5]

まず、概報（森下・辻ほか1991）に示された埋葬施設中央部付近での土層横断面（図80）では、下段墓壙の両側から上に向かってのびる土層があらわれている（第3-1層、第3-2層）。これらは「下段墓壙の壁面に張り付けたように検出された地山土のブロック」（同：p12）とされ、

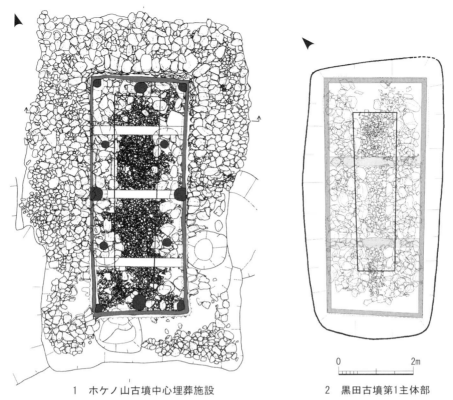

1　ホケノ山古墳中心埋葬施設　　　2　黒田古墳第1主体部
図79　ホケノ山古墳中心埋葬施設・黒田古墳第1主体部木棺・木槨復元模式図

そのあり方は木材等の介在を想定しない限り不自然さを否定できない。そこで、これを木槨側板の裏込め土と理解すると、その内側の垂直方向に直線的な土層の境目は木槨側板の痕跡と解釈できる。その場合、木槨内に落ち込んでいる第4層もしくは第5層（黄褐色粘土）は、木槨蓋材の置換土である可能性がある。

　いま述べた側板痕跡や礫で構築された棺床の範囲などから、下段墓壙内いっぱいに長さ約6.5 m、北側幅約2.7 m、南側幅約2.5 m程度の木槨が構築されていたと考えられる（図79-2）。槨中央部付近での横断面にあらわれた木槨側板痕跡の高さや下段墓壙の深さから考えると、木槨の高さは墓壙底から最大で約1 mと推定できる。

　木槨底面に礫で構築された棺床は、以下のような工程で設置されている。木槨内にはまず置き土がなされ（概報第11図）、その後「一定の範囲に拳大の礫を平面的に敷き詰める（南北約5 m、東西約2 m）」（同：p11）作業がおこなわれる。つぎに「その東西両側（両側縁）に人頭大の自然石を2～3段に積む（一部拳大の礫と重なる）」（同）ことで、中央が横断面U字形にくぼんだ棺床を形成する。棺床両側縁の中央のくぼみに面する下段の石は、平らな面が斜めになるように置かれており、棺底の形状に合わせた配慮がみられる。棺床下部を形成する拳大の礫敷には、墓壙長軸をおよそ三等分する位置で2カ所、幅20 cm程度の溝状に礫が切れる部分があり、そこにまくら木が存在したと考えられる。まくら木は棺床上部を構成する人頭大の石積みの下にさらにつづいてのびていたというから、ホケノ山古墳の木槨と同じく両端が木槨側板に取り付いていた可能性がある。

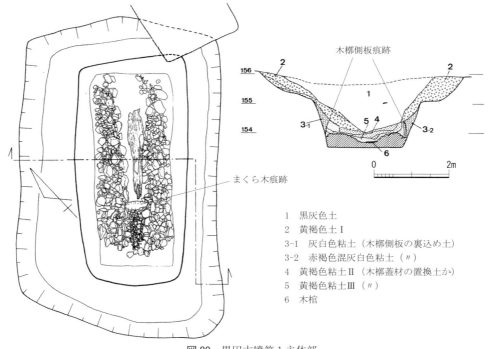

図 80　黒田古墳第 1 主体部

　棺床上には、舟形木棺の身の一部が長さ約 3 m、幅約 0.54 m、最大厚約 0.18 m にわたって遺存していた。木棺材の樹種はコウヤマキである。

　萩原 1 号墳　徳島県鳴門市に所在する、径 18 m の後円部に長さ 8.5 m の前方部を付設した小規模な積石塚である。後円部中央の埋葬施設はすでに相当程度の破壊を受けていたが、木槨を内槨、石槨を外槨とした二重槨（C 2 類）として復元できる。

　この埋葬施設は、1979〜1980 年の発掘調査当初には結晶片岩板石小口積みの竪穴式石室と理解されたが（菅原ほか 1983）、その後調査者の菅原康夫により再検討が加えられ、木槨としての復元案が提示された（菅原 2000）。さらに菅原は、萩原 1 号墳に隣接する萩原 2 号墳の発掘調査報告書において、あらためて 1 号墳木槨の復元案を示している（菅原 2010）。

　萩原 1 号墳は墳丘自体が砂岩角礫・円礫を積んで構築されており、墓壙も長軸 40〜50 cm 大の砂岩角礫を積んで内壁（石積み墓壙壁）としている。したがって、この墓壙はいわゆる構築墓壙であるが、墓壙底面付近は浅く地山を掘り込んでいる。報告書によれば、残存する墓壙底面の平面規模は長さ約 5 m、幅約 3 m を測り（菅原ほか 1983：p31）、本来の墓壙はこれよりも一回り大きかったと推定される。

　この石積み墓壙壁によって画された墓壙の範囲内に「黄褐色粘土を約 30 cm 断面梯形に盛り上げ」（同：p31）、上面の平坦な「基壇部」（菅原 2010：p51）を構築する。つぎに、その上に「拳大の砂岩」（菅原ほか 1983：p31）を敷いて「残存部分において東西 4.5 m、南北 3 m の平坦礫床」（菅原 2010：p51）を形成する。この「平坦礫床」の上に、結晶片岩板石を 1〜2 段分小口をそろえて並べ、全体として長さ 4 m 以上、幅 1.25 m ほどの細長い範囲を囲い込む。この 1〜2 段分積まれた結晶片岩板石は、「結晶片岩積み施設」（菅原 2010：p51）と呼ばれている。「結晶片岩積み施

設」の背後から石積み墓壙壁までの間には人頭大の砂岩角礫が厚さ20〜30cm程度充塡される。「基壇部」は、当初の報告では結晶片岩板石小口積みの竪穴式石室の構築面とされたものであり、「結晶片岩積み施設」は、残存する竪穴式石室の壁体下部とされたものである。菅原(2010)の復元では、この「結晶片岩積み施設」の内側に、長さ4m、幅1.2mの規模の木槨が構築される。

筆者もこれを木槨とする理解に賛同するが、規模・構造に関してはすでに明らかにしたとおり別案をもっている（岡林2004a）（図81）。萩原1号墳の埋葬施設は遺存状態が良好ではなく、情報が断片的であるため、他事例との構造的な比較が不可欠であり、それにもとづいてもっとも整合的な復元案を構成する必要があると考える。

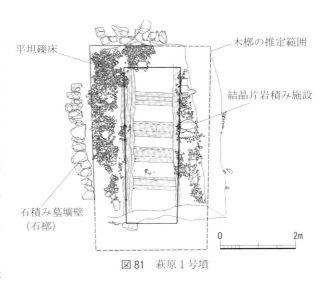

図81　萩原1号墳

まず、残存する基底部構造について比較してみると、「基壇部」はホケノ山古墳中心埋葬施設・黒田古墳第1主体部の木槨内における置き土に相当すると判断できる。したがって、その上の角礫敷きである「平坦礫床」は、ホケノ山のバラス敷き、黒田で拳大の礫敷きと呼んでいる棺床下部の構造に対応すると理解することが可能である。「平坦礫床」を棺床下部とすれば、その上に結晶片岩板石と砂岩角礫を積んで細長い範囲を囲い込むあり方も、板石を使用する点に違いがあるものの、ホケノ山・黒田における棺床上部の構築方法と共通する。

さらに、萩原1号墳でも、結晶片岩板石で囲まれた細長い範囲に、主軸に直交する方向の溝2条が約2.3m間隔で存在する。東側のものは礫敷き除去前の写真においても溝状の礫の切れ目として認識でき、状況的にはホケノ山・黒田のまくら木と同様である。2条の溝の間には、70〜80cmの間隔で幅20cmのわずかな溝状のくぼみがさらに2カ所認められ、材の痕跡と判断されており、萩原1号墳の木槨にも2本ないし4本のまくら木が存在した可能性が高い。

萩原1号墳の基底部構造をこのように理解するならば、ホケノ山古墳中心埋葬施設・黒田古墳第1主体部と同様に、この棺床施設全体を囲い込む規模の木槨を想定することが適当である。

問題となるのは、萩原1号墳ではまくら木痕跡とは別に、「結晶片岩積み施設」の板石列の内側に沿ってのびる幅30〜40cm、深さ7cmの断面U字形の溝があることである。菅原はこの溝を木槨長側板を立てるための掘り方と考え、結晶片岩板石を木槨四壁の基部を固定するためのもの、背後の砂岩角礫をその控え積み部分と解釈した。しかし、溝は木槨側板を立てるための掘り方としてわざわざ設けたものとしては貧弱にすぎるきらいがあるし、木槨短側板の存在が推定される位置に対応する溝が存在しない点にも若干の疑問が残る。また、控え積み部分とされた人頭大の砂岩角礫上には墳丘を構成する小角礫が堆積していたが、これが当初からのものか、あるいは上部から落下堆積したものであるかを判断する手がかりは示されていない。

こうしたことから、萩原1号墳の木槨は墓壙内部いっぱいに構築された、菅原復元案よりも大き

いものであったと考えたい。また、その場合、石積み墓壙壁とされているものは石槨として評価することも可能である。明確な木槨側板の痕跡は未確認であるが、棺床の礫と石積み墓壙壁との間には帯状に礫が切れた隙間があって、そこに木槨側板が立っていた可能性を指摘したい。なお、菅原は結晶片岩板石と砂岩角礫について「棺の固定もしくは棺を囲郭する程度の配石形態としての復元も一案である」（菅原 2000：p103）としつつも最終的にその案を退けているが、筆者はその配石全体が棺床として木槨内部に取り込まれると考える。また、木槨長側板を立てるための掘り方とされた溝については、結晶片岩板石列の足下に埋め込まれた材の痕跡で、底の横断面がゆるやかなU字形をなす木棺を安定させる機能を想定できるのではないか。そのように考えれば、萩原1号墳で確認された埋葬施設の床構造がホケノ山古墳・黒田古墳の埋葬施設の棺床とよく似ていることの合理的理解も可能となる。

2　棺床構造の比較

　以上のように、ホケノ山古墳中心埋葬施設、黒田古墳第1主体部、萩原1号墳の木槨構造を整理したのであるが、三者の棺床構造はよく似ている。
　まず、大きな共通点として、棺床が礫（一部板石）で構築される点が挙げられる。かつ、棺床は構築過程において上下の2部分に分かれる。棺床下部は小ぶりの礫を積んでつくられており、ホケノ山古墳中心埋葬施設では「バラス」、黒田古墳第1主体部では「拳大の礫」、萩原1号墳では「拳大の砂岩」と表現されているが、基本的に同じものである。棺床上部も、やや大ぶりの礫（一部板石）を、中央がくぼむように配する点で基本的に共通する。ホケノ山古墳中心埋葬施設では「人頭大からそれ以上の大きさの川原石」、黒田古墳第1主体部では「人頭大の自然石」が使用されている。萩原1号墳では、「人頭大の砂岩角礫」および結晶片岩板石を積んで細長い範囲を囲い込む。
　礫で構築された棺床の下は、墓壙底の掘り残しや置き土を施すことで、周囲よりもやや高くつくられている。ホケノ山古墳中心埋葬施設では墓壙底面の中央部が周囲よりも最大で約55～66 cm高く、その上にわずかな置き土を介して棺床が構築されている。黒田古墳第1主体部でも中央が高くなるように置き土がされ、萩原1号墳でも高さ約30 cmの黄褐色粘土による「基壇部」が形成されている。
　さらに、三者の共通点として注目に値するのがまくら木の存在である。ホケノ山古墳の木槨には主軸に直交する方向の3本のまくら木がある。木槨長軸をほぼ二等分する位置に1本、それをさらに二等分する位置のやや小口寄りに各1本である。これらは棺床下部のバラス敷きが幅約20 cmの溝状に途切れる形で検出され、それぞれの両端は添え柱ないし木槨側板に取り付いていたと考えられる。黒田古墳では墓壙長軸をおよそ三等分する位置で2カ所、棺床下部の礫敷きが幅20 cm程度の溝状に途切れており、同様のまくら木が2本存在したことが確認される。まくら木は棺床上部を構成する人頭大の石積みの下にさらにつづいてのびていたとされ、ホケノ山古墳と同じく両端が木槨側板に取り付いていたとみられる。萩原1号墳のまくら木痕跡は、約2.3 mの間隔で2本存在し、とくに東側のものは礫敷き除去前の写真においても溝状の礫の切れ目として認識できる。2本の間には、70～80 cmの間隔で幅20 cmのわずかな溝状のくぼみがさらに2カ所認められる。

3　C類大型木槨の類似性

　ホケノ山古墳・黒田古墳・萩原1号墳の中心的埋葬施設が類似した棺床構造を有することを指摘した。置き土の上に小礫を敷き、さらにその上に中央がくぼむように大きめの礫（萩原1号墳の場合は一部板石）を配する基本構造にはじまり、まくら木を用いるという独特な特徴にいたるまで、その類似性は埋葬施設自体の系譜的な関連を認めなければ説明しえないものである。結論的には、三者は種々の点で類似の要素を共有する大型木槨であったと考えるが、加えて注意すべきいくつかの点を指摘しておきたい。

　まず、木槨の規模の近似性である。ホケノ山古墳木槨は基底部に残された側板痕跡から長さ約6.5m、幅約2.6mに復元され、黒田古墳木槨は下段墓壙の底面規模および棺床の規模から長さ約6.5m、幅約2.5m内外と想定できる。萩原1号墳木槨は石槨の残存規模を示す墓壙底面の規模および棺床規模から長さ約5.5m、幅約3m前後と推定された。ホケノ山古墳・黒田古墳の木槨はほぼ同形同大であり、萩原1号墳の木槨は両者に近似しつつもやや寸詰まりで幅広ということになる。高さについては、ホケノ山古墳は外槨である石槨の復元高から約0.8m強、黒田古墳は横断面にみえる側板痕跡の高さからやはり約1m内外であることが知られる。

　ところで、岡山県楯築弥生墳丘墓中心主体の木槨（B類）は、長さ約3.45〜3.6m、幅約1.3〜1.6m、高さ約0.88m以上を測る。楯築弥生墳丘墓中心主体は弥生時代の木槨としては最大かつ突出して大きいが、ホケノ山古墳・黒田古墳・萩原1号墳の木槨はそれをはるかに凌駕している。面積にして比較すると、ホケノ山古墳・黒田古墳・萩原1号墳の木槨はいずれも楯築弥生墳丘墓の木槨の3倍強になる。三者は木槨規模の近似性のみならず、同時に日本列島の木槨としては突出して大きく、著しい大型化を遂げているという点でも共通性をもつと評価できる。

　つぎに、木槨内におさめられた木棺については、ホケノ山古墳・黒田古墳ともにコウヤマキ製の長大な舟形木棺であることが判明している。ホケノ山古墳の木棺は長さ約5.3m、最大幅約1.3mで、棺底の横断面はゆるやかなU字形をなし、両端部の縦断面もゆるやかに反り上がるように加工されている。黒田古墳の木棺は長さ約4m以上、幅約1.2〜0.7mで、やはり棺底の横断面はゆるやかなU字形をなす。中央部が舟底状にくぼむように礫を配した特徴的な棺床構造は、舟形木棺の採用と無関係ではない。萩原1号墳では木棺の痕跡は認められなかったが、ホケノ山古墳・黒田古墳と同様の棺床構造をとることからすれば、同じく舟形木棺が想定しやすい。その場合、棺床中央のくぼみの規模から、長さ4m強、幅1.3m程度の大きさが推定される[7]。

　さらに、遺物の出土状態についても興味深い共通点がみられる。

　ホケノ山古墳では、画文帯同向式神獣鏡1面・刀剣5口が棺内にまとめて置かれていた以外は、多くの遺物が特異な出土状態を示した。すなわち、銅鏃80点以上、鉄鏃80点以上、「ヘ」の字形鉄製品18点以上をはじめとする鉄器類の大半は木棺材上、木棺や木槨材の置換土中、棺床の礫上・礫間など、槨内の広範囲に散らばっていた。

　これらは木部の腐朽によって上方から落ち込んだ礫群中にもみられ、床面からかなり高い位置で出土したものもある。こうした遺物の出土状態は、これらの多くがもともとは槨蓋上などの高い位置に置かれていて、木部の腐朽とともに現在の位置まで落下、飛散した状況を示すと考えられる。

また、2面ないし3面分の銅鏡片23点が散った状態で出土しているが、離れて出土した破片どうしが接合することから、当初から打ち割ってばらまかれた可能性が高い。
　黒田古墳でも遺物の多くが棺床の礫上・礫間、木棺材上、木棺腐植土中などから出土した。双頭龍鳳文鏡1面は大きく5片以上に打ち割った状態で、そのうち3片は棺内に相当する位置、2片は棺外から出土した。鉄鏃は24点のうち、22点が棺外、2点がまくら木の位置から出土している。管玉は4点が棺内に相当する位置から出土したほか、棺東側の棺床断ち割り中に礫間から2点が出土した。
　萩原1号墳では画文帯同向式神獣鏡1面・管玉4点・鉄器片2点が棺床あるいは落下した礫の隙間や直上・直下から出土している。鏡はばらばらに割れた状態で、破片はある程度のまとまりをもちながらも、一部はかなり離れた場所にも散らばっていた。管玉は棺床中央部にまとまっていたが、すべて縦に割れた状態であった。
　このように、三者にはあたかも飛散したかのような遺物の出土状態がみられる。こうした出土状態はそれ自体がきわめて特徴的なもので、それが三者に共通することに一定の有意性を認めることは許されよう。加えて鏡を打ち割って副葬している点も共通する。
　ホケノ山古墳では槨蓋上などの高い位置にも副葬品が置かれていたことが判明したが、萩原1号墳・黒田古墳の場合も一部出土状況の類似から「落下してきた」遺物が存在する可能性がある。なお、萩原1号墳では主体部上の白色円礫や墳丘を構成する角礫が棺床上まで落下した状況が確認されている。
　以上のように、ホケノ山古墳・黒田古墳・萩原1号墳の木槨は、棺床構造の類似に加え、規模、木棺、遺物の出土状態などの類似性から、同一の系譜を有する大型木槨（C類）と判断される。
　黒田古墳は木槨の単槨であるC1類、ホケノ山古墳・萩原1号墳は木槨と石槨の重槨であるC2類であり、重槨化、石材の多用化という点で、後二者の方が前者よりもより構造的には発達したものと評価できる。柱はホケノ山古墳中心埋葬施設にのみ存在するが、これは系譜の差というよりは、構造の発達度、施工の入念さの違いに起因すると考えられよう。
　前節で検討したように、木槨C類は時期的にも連続するB類を祖形とし、槨構造の整備、木棺構造の変化や長大化に対応した棺床の発達をともなって変遷を遂げたと考えられる。
　弥生時代後期の弥生墳丘墓に採用されたB類では、木槨側板を立てた後に置き土などによって槨底面の整備がおこなわれていた。これは、棺床と呼びうるほどの施設を整備するものではないが、木棺を安置するための一定の整備である。木槨B類におさめられた木棺は、大きくてもせいぜい長さ2m強程度の組合式木棺であり、もとより棺床と呼べるような構造は不要であったと思われる。礫や木材を使用した比較的複雑な床施設を構築する楯築弥生墳丘墓中心主体の構造は突出した事例に属すると考えてよいであろう。
　C類では、中央をくぼませた棺床が整備されるようになり、とくに大型木槨では礫を用いた棺床が発達する。C類の大型木槨におさめられた木棺は、巨木を刳り抜いて製作した、長さが4～5mを超える長大な舟形木棺である。長大な刳抜式木棺の採用と、棺床の発達、さらにはそれをおさめる木槨自体の大型化は、それぞれ深い関係にあると理解できる。いうまでもなく、発達した棺床を有することは、前期古墳の竪穴式石室にみられる顕著な特徴の一つであり、このことは長大な刳抜式木棺を採用したことと密接不可分の関係にある。ホケノ山古墳をはじめとする庄内式期の大型木

槨にみられる槨床の発達は、まさにその先駆けとして評価しうるのである。

第4節　日本における木槨の変遷

　前節までで、弥生時代から古墳時代初頭にかけての木槨の分類と系譜の整理をおこなった。日本列島では弥生時代後期後半の中部瀬戸内〜山陰において本格的な木槨（B類）が成立する。それを直接的な祖形として、庄内式期には槨の大型化、石材化の指向性のもとに木槨C類が成立し、その分布も西部瀬戸内から近畿まで拡がりをみせた。本節では、このような弥生時代から古墳時代初頭にかけての木槨の動向を整理し、同時期の墓制全体の展開の中にどのように位置づけられるかについて考察する。

1　弥生時代中期における木槨状施設（A類）

　弥生時代の墓制は多様性に富んでおり、単純に一括りで評価することは適切ではない。しかしながら、弥生時代後期後半の中国地方における一部の弥生墳丘墓に採用された木槨（B類）・石槨との対比において、あえてそれ以外の弥生墓制の構造的特徴を指摘するならば、原則的に槨に相当する施設をもたず、墓壙内に棺を直接据えつけて遺体を埋葬する方式のものであるということができる。

　弥生木棺墓における一般的な木棺は、構造的に未熟で、木棺が墓壙（および墓壙埋土）と構造的に一体化している。棺が墓壙と構造的に一体化したあり方は、板状の石材を箱形に組み合わせて構築する箱式石棺墓も同様であり、そうした構造的共通性から木材と石材とを混用した「木石混用棺」のようなあり方も生じうるわけである（福永 1998）。甕棺墓の場合も、合口甕棺墓では墓壙内に下甕を埋置してから筵などに包んだ遺体をおさめ、上甕を蓋にして合せ口に粘土で目貼りして埋め戻すという手順が想定され、構造的に墓壙と一体のものである（常松 2011）。

　こうしたなかで、弥生時代中期前半を中心とした時期の北部九州〜中国地方西部における木槨状施設（A類）の発達は、どのような意味をもつものと評価できるであろうか。

　木槨状施設（A類）は多くの場合、集団墓地や墳丘墓の中心的埋葬に採用され、多重的な構造や一部にみられる大型化の傾向は、墓制における一定の階層化の進行を示すものと評価できる。しかしながら、これらは木槨としては構造的に不完全で、むしろ二重木棺的な施設として評価されるべきものである。墓壙内にあらかじめ木棺を据え付けたのちに木槨状施設を構築する手順が復元されるものもあり、構造全体が墓壙（および墓壙埋土）と一体化した状況は、上述した弥生墓制の一般的なあり方と大きく変わるところはない。

　畿内地域でも、弥生時代中期中葉以降、方形周溝墓の規模にみられる大小の差が拡大し、かつ埋葬施設の配置や赤色顔料の使用などの点で、相対的に大きな墓における中心的な埋葬施設の明確化が進む傾向が明らかにされている（大庭 1999）。中期後半の大阪府加美遺跡Y1号墓は、もっとも大型化を遂げた方形周溝墓であり、その埋葬施設のあり方も含め、そうした墓制における階層化の進行を示すものと評価できる。

加美遺跡Y1号墓は、長辺23mの大型方形周溝墓で、23基の木棺が確認され、すべてにおいて水銀朱の使用が認められた。木棺の型式は、中心的埋葬である5号主体部のみが二重木棺で、他はすべて通有のⅡ型木棺であった。二重木棺は底板1、内外の側板・小口板各2、内外の蓋板各1の合計11枚の材からなる。内側板は内小口板をはさみ込む構造で、外側板と外小口板の関係はそれとは逆になる。内小口板は底板に小溝を切って立てられ、内外の側板は底板の上に直接のる。外小口板は底板の上にのらず、両端を塞ぐような格好で立てられる。したがって、構造的には内外一体のもので、かつその場で組み立てられたと判断される。この墓の周溝内からはコウヤマキの木屑が多量に出土し、現地で木棺を組み立てる際の細部加工にともなって生じたものと考えられている。

　弥生木棺墓は一般に小規模で構造も単純であるが、加美遺跡Y1号墓の二重木棺は、周囲の木棺に比べてひときわ大きな墓壙をもち、底板以外の部材をすべて二重にした入念なつくりで、規模・構造の点で格段の発達を遂げている。木棺の規模・構造に格差を設けて有力者の棺を表示する意図がうかがわれ（田中清 1994）、その構造的特質が北部九州～中国地方西部における木槨状施設（A類）と同じく多重化と大型化の傾向を有することは注目されてよい。しかし、埋葬の場である墓において棺を組み立て、その場で納棺するという基本的な葬送儀礼の手順は、加美遺跡の二重木棺も北部九州～中国地方西部における木槨状施設（A類）と同じく、一般の木棺墓と共通する。

　なお、二重木棺的な施設である木槨状施設（A類）を中国の木槨からの影響を受けて成立し、その後の木槨につながる初期的な木槨として評価しようとする立場（田中清 1997）や、加美遺跡Y1号墓の二重木棺を木槨との関係で理解する立場（妹尾 1990）もあるが、構造の基本的な面での異質性を重視すれば、そのように考えることはできない。また、時期的にもA類の大半は漢四郡設置以前の可能性が高く、この点も中国の木槨に直接的につながると理解した場合の障害といわざるをえない。さらに、北部九州における弥生時代中期は甕棺墓の最盛期であり、とくに中期後葉に出現する多量の前漢鏡やガラス璧などの副葬品を有する最上位の厚葬墓は甕棺墓である。その意味で、木槨状施設（A類）の発達はあくまで一時的な現象にとどまるのみならず、北部九州における上位墓制を代表するものとはいえない。畿内地域においても、加美遺跡の二重木棺に後続するような資料は未発見である。

　北部九州～中国地方西部における木槨状施設（A類）や畿内地域にける二重木棺の出現は、農耕社会の発展によって一定の階層化が進んだ弥生時代中期において、墓制の面にもその階層差が相応に顕在化したものと評価できる。しかし、その基本的な構造はあくまで木槨とは異質のものである。弥生時代中期から後期への墓制の変遷には列島規模での断絶的とも表現される一定の曲折が認められており（森岡 2011、会下 2011）、その点からもこうした弥生時代中期の二重木棺的な施設が弥生時代後期後半の木槨につながることはないと考えられる。

2　弥生時代後期後半における木槨（B類）の出現

　弥生時代後期後半の中国地方を中心とした地域では、弥生墳丘墓の発達とともに、その中心的な埋葬に本格的な木槨（B類）を採用したものがあらわれる。

　島根県東部から鳥取県にかけての日本海沿岸に点々と並ぶ小平野には、四隅突出型墳丘墓に代表される方形系の墳丘をもつ弥生墳丘墓がそれぞれ累世的に造営されている。とくに島根県出雲市西

谷、安来市塩津、鳥取県東伯郡湯梨浜町宮内、鳥取市西桂見墳墓群には、一辺約30〜40mから約50mに達する大規模な墳丘墓が存在する。

　これらの弥生墳丘墓の一般的な埋葬施設は単純墓壙に組合式木棺を直葬したものであるが、後期後半の比較的大型の墳丘墓では、中心的埋葬に二段墓壙の採用がみられる。さらに、出雲地域における最大クラスの墳丘墓の中心的埋葬は、西谷3号墓第1主体のように大規模な二段墓壙内に構築された木槨B類である。埋葬施設の構造と、墳丘規模や複数埋葬の場合の各埋葬施設のランクとの間に一定の差別的関係が認められ、最上位の埋葬形態として木槨B類を位置づけられる。

　中部瀬戸内において岡山平野は最大の平野部であり、弥生時代後期後半にはこの地域を中心として弥生墳丘墓の顕著な発達がみられる。この地域における弥生墳丘墓の埋葬施設も、基本的には組合式木棺を直葬したものが一般的である。これに対し、各種の要素における特殊化が進行した特定の墳丘墓では、中心的埋葬に木槨B類・石槨が採用され、埋葬形態による差別化がみられる。

　石槨には木蓋のものと石蓋のものがあり、内法長2.2〜2.7m、幅0.9m程度がふつうで、一様に短小である。用材は付近で得られる石材を適宜利用し、構築上も単純かつ粗放な技術的段階にとどまる。いっぽう、木槨B類は石槨とほぼ同規模の短小なものが主流であるが、楯築弥生墳丘墓中心主体のように最大クラスの墳丘墓に採用され、木槨自体も一定の大型化を遂げたものが存在する。また、立坂弥生墳丘墓第2・3主体、雲山鳥打1号墓第1主体などは、木槨の周囲に礫を充塡し、石材の多用傾向を示すとともに、構造面でのいっそうの複雑化、特殊化の方向性を示すものである。こうした点から、木槨B類は吉備地域の弥生墳丘墓における最上位の埋葬形態として位置づけられ、同じく上位クラスの埋葬施設である石槨との間にも格差が意識されていたと考えられる。

　木槨B類が最上位の埋葬形態として位置づけられていたことは、中国地方の弥生墳丘墓における共通点であるが、出雲においては木槨B類の顕著な大型化、構造の複雑化はみられない。吉備で盛行する石槨の発達も出雲では認められず、木槨および石槨の採用による埋葬施設の本格的な多重化の実現は、吉備を中心に進行したものと理解される。このほか、地域ごとの弥生墳丘墓の展開がみられる香川県の讃岐平野や広島県西部の太田川中流域では弥生時代後期後半〜末に石槨が採用されるが、木槨B類の発達はみられない。[8]

　木槨B類は、原則的に木槨側板の構築が一定程度進んだ段階で床面の整備をおこない、その後に上方から木棺を搬入する。また、槨材の腐朽にともなう土砂の流入状況や、木棺の立ち上がりが土層断面でほとんど確認できないことなどからみても、一部の例外を除くと木槨内は本来空間であったことが確実である。かつ、棺の小口板・側板が倒れないように支持するための特別な構造は認められない。雲山鳥打1号墓第3主体では棺の東小口と南側面に計10個の川原石が置かれていたが、全周しておらず、小口板や側板を支えるには小さい。

　したがって、木槨B類に採用された木棺では、棺の分解を防ぐために各部材を一定の強度で結合することが必要となる。また、棺の搬入は木槨がある程度完成した後に上方からおこなわれるため、持ち運びに耐える強度を備えていたと考えられる。木槨B類とともに中部瀬戸内地域の弥生墳丘墓に採用された石槨における木棺の場合も同様であることは、石槨においても壁体の完成後に棺をおさめる点、棺材を外部から固定する構造がみられない点などから、すでに宇垣匡雅が指摘しているとおりである（宇垣 1987）。

弥生時代後期後半のとくに吉備において顕在化する木棺と木槨B類・石槨の組み合わせからなる埋葬施設は、その多重性、棺・槨の構造的完成度などからみて、日本列島における最初の本格的な「棺槨」と呼ぶべきものと考える。

弥生時代後期における弥生墳丘墓の発達は、墳丘の大型化に代表される有力墳墓の特殊化をともないつつ、葬送祭祀用の特殊土器や墳丘形態の共有といった一定の共通的要素をもつそうした有力墳墓の地域的広がりを形成する点で、支配者層の埋葬祭祀を共有する集団のいわば祭祀的同族という形態での地域的な政治的結合の成立を示すものと考えられている（近藤 1983）。その最上位に位置づけられる支配者層を埋葬する方式として、中国起源の外来的な埋葬制度である木槨に木棺をおさめる「棺槨」が、いわば意識的に採用された可能性は否定できないであろう。さらに、これに準じる次位の埋葬形態として、槨の用材を木材から石材に置き換えた石槨が加えられることで、弥生墳丘墓の被葬者間においても、木棺・木槨－木棺・石槨－木棺・無槨という格差が明確化されたと考えられるのである。

弥生墳丘墓の棺槨における埋葬の手順は、弥生墓制の一般的なあり方である、墓で棺を組み立て、その場で納棺するような性格のものではなかったと考えられる。第8章で述べる、墓以外の場所で納棺し（斂）、一定の仮安置期間（殯）を経た後に棺を墓に運び、下葬する（葬）、という中国的な棺槨における葬送儀礼の手順が、間接的にせよ断片的にせよ導入された可能性を考えたい。

すなわち、棺槨が導入されることによって、従来は一体の行為であった納棺と埋葬が手順として分離され、さらにその間に棺の仮安置と運搬という新たな手順が加わったことで、葬送儀礼の複雑化や長期化をともないながら、首長の葬送儀礼に相応しい内容の充実や手順の再構築が促された蓋然性は高い。弥生墳丘墓における棺槨の採用には、中国的な遺体保護の思想や、葬送儀礼の長期化、盛大化を可能にする棺槨独自の葬送の手順などが当初から織り込まれていたと考えられる。

3　古墳時代前期初頭における木槨（C類）の発達

つぎに、弥生時代後期後葉に中国地方の弥生墳丘墓で盛行した木槨B類から、庄内式期の木槨C類が成立するための、木槨の構造的完成にかかわる外的要因を検討する。

楽浪を含め中国の木槨は、まくら木（塾木）の上に底板を並べ、その上に側板を組み上げる構造が基本である。すなわち中国の木槨は底板・側板・蓋板が相互に不可分の構造体を構成しており、それら全体が塾木によって支えられる（第8章第2節）。これに対し、朝鮮半島南部の金海良洞里墳墓群・金海大成洞墳墓群をはじめとする木槨墓や日本列島の木槨B・C類は原則的に底板をもたず、側板は墓壙底面に直接立てられるか、布掘り状の掘り方などを設けて側板下端を落とし込んで固定される。

この点は、中国の木槨と朝鮮半島南部・日本列島の木槨との構造面での基本的な違いであり、それらが中国から正確に移植されたものではなく、相当の変容を遂げていることがうかがえる。また、底板をもたないことが、両地域でかえって複雑な「屍床」構造（李在賢 1994）や棺床構造が発達した要因の一つでもあると考えられる。

朝鮮半島南部嶺南地域では2世紀後半になると大型の木槨が出現する（高久 2004）。日本列島でも前後して木槨B類が出現し、楯築弥生墳丘墓中心主体のような大型で複雑な構造を有するもの

が存在する。3世紀に入ると、日本列島では木槨B類から発達した木槨C類が出現し、木槨構造の複雑化がさらに進行する。そうしたなかで、木槨C類と朝鮮半島嶺南地域の木槨との構造面での類似点として注目されるのは柱・まくら木の存在である。

柱（添え柱）はB類では雲山鳥打1号第3主体、楯築弥生墳丘墓の2例があるが、雲山鳥打例は配列が不規則であり、楯築例は柱というよりも縦桟的なものである。これに対し、C2類のホケノ山古墳中心埋葬施設は木槨の四隅内側と長辺中央を分断する位置に整然と添え柱を配している。ホケノ山古墳中心埋葬施設における添え柱の顕在化は、木槨が石槨内の空間にあって、裏込めをもたないことによる構造的不安を解決するとともに、4本の根固め柱とともに槨上部に積まれた被覆礫の負荷から蓋を支えるためであったと評価できる。

いっぽう、そうした構造面での評価とはべつに、李在賢が「中央二柱式」「四隅四柱式」「四隅中央六柱式」に類型化したような、嶺南地域木槨墓における柱の規則的配列との関連性も見のがすことはできない（李在 2003）。嶺南地域では槨外に柱を配するものが多く、その点での違いはあるものの、規則的な配列方式の類似性は注目に値する。

まくら木についてみると、C類では黒田古墳第1主体部、ホケノ山古墳中心埋葬施設、萩原1号墳の3例にみられる。まくら木は角材で、木棺の棺底が接する部分が露出するように礫床に埋め込まれ、黒田古墳2本、ホケノ山古墳3本、萩原1号墳2ないし4本を数える。

まくら木的な施設は古墳の埋葬施設に散見されるほか、たとえば5世紀末～6世紀前葉の群馬県多田山古墳群で一時的に木棺を安置していた喪屋的遺構と推定される69号竪穴の中央に「根太状木材」3本が約1m間隔で置かれていた事例などからも、棺を支える機能を果たす施設として普遍的にありうるものである。しかし、木槨C類で3例を数え、前後する時期の事例として京都府大宮3号墳の「石床状施設」（4本）、香川県樋端墳丘墓石槨（2本）があり、数は少ないながらもこの前後の時期に類例が集中している。

朝鮮半島南部での様相は判然としないが、床面にまくら木を埋め込んだと考えられる木槨の事例は存在するようである（李盛周 1997、金海市 1998）。

中国の木槨にも角材を用いた柱と梁を有するものがあるが、原則として柱は底板の上にのっている。こうした柱は、側板や仕切り板、蓋板を支える骨組みとしての役割を果たし、装飾的な意味合いも帯びる。また、中国の木槨におけるまくら木（墊木）は、あくまで底板を支えるものであって、木棺を直接支持する機能はない。ただ、木槨C類の柱とまくら木が、中国の木槨におけるそうした施設が本来の機能を失いつつ変容を遂げた姿であって、朝鮮半島南部経由で日本列島に伝わったものである可能性は否定できない。

なお、ホケノ山古墳中心埋葬施設の槨内からは多数の炭化材が出土しており、槨上における火を使用したなんらかの儀礼が想定されている。また、ホケノ山古墳中心埋葬施設・黒田古墳第1主体部・萩原1号墳では鏡を打ち割って副葬し、萩原1号墳では管玉を縦に割って副葬している。木槨墓におけるこうした火を使用した儀礼や副葬品の破砕行為の事例も、朝鮮半島南部に類例が存在する。金海良洞里墳墓群・蔚山下垈遺跡・浦項玉城里墳墓群などでは、炭化材の出土する木槨の事例が3世紀代を中心に複数確認され、木槨に火をかける北方的な儀礼の痕跡と考えられている（林孝 2000、申 2000）。また、木槨自体を燃焼するような大規模な火の使用とは別に、2世紀末～3世紀初頭の蔚山下垈가-43号墓で李在賢が想定した木槨蓋上における火の使用や副葬品の破砕行為は、

日本の木槨C類における状況により近いものと評価できる（李在賢 1997）。

　木槨B類からC類への変化は、槨規模の大型化、構造の整備、石材の多用化といった、基本的な部分で木槨B類において萌芽がみられた変化の方向性に沿ったもので、その点では木槨B類の自律的発展によってC類が成立したといって差し支えない。槨規模の大型化や棺床構造の整備は、組合式木棺主体から舟形木棺1類主体への変化とともに、木棺の長大化に対応したものでもある。C2類における側板の自立化に代表される構造の整備や石材の多用化は、槨構造の堅牢化が追求された結果と評価できる。

　いっぽう、上述の柱・まくら木といった特殊な構造は、その遡源が中国の木槨に求められる可能性があり、かつ朝鮮半島南部の同時期の木槨に類例があることから、新たに朝鮮半島南部経由で伝わった要素と評価できる。その際に伝播した技術的背景が、木槨の構造的完成すなわち木槨B類からC類への変化を促した可能性も考慮されてよい。

　この動きは、木槨分布の拡大とその分布の中心地の東への移動や、最初期の前方後円墳への木槨の採用といった、より大きな社会変動を示す考古学的事象と連動したものである。

註
（1）　主として北部九州地域の発掘調査報告書では、墓壙底面をさらに棺の大きさにあわせて浅く掘りくぼめたものを「棺壙」と呼ぶことが多い。あくまで墓壙底面の形状を示す概念であり、棺床とも異なるため、そのまま「棺壙」の語を用いることにする。
（2）　津幡町教育委員会戸谷邦隆氏の教示を得た。本例は木槨B類としては分布上孤立的であり、存在形態も墳丘墓の埋葬施設としての一般的なあり方とは異なる。木槨の規模は大きく、形態も整っていることから、時期的には木槨C類と併行し、その影響下に出現したものである可能性も考えられる。
（3）　棺床中央部の板石については、鉄製品がその上から出土し、また北側の長辺に沿って直列に4個並んだ塊石がその上で検出されていることから、落下してきたものではなく本来棺床の一部を構成するものであったとみられる。
（4）　この埋葬施設については、大久保徹也が「石積み木槨」の可能性を指摘しているほか（大久保 2006）、宇垣匡雅も木槨として評価している（宇垣 2009）。
（5）　木槨の復元案は筆者（岡林 2002・2004a）による。2006年に高野陽子が提示した復元案もほぼ同様の理解にもとづくものである（高野陽 2006）。
（6）　森下衛氏、辻健二郎氏の教示による。
（7）　菅原康夫は一回り小さな木槨を想定したため、長さ2m、幅80cm程度の箱形木棺を推定している。
（8）　弥生時代中期末の所産とされる香川県平尾3号墓第1主体の石槨については、有馬伸の指摘（有馬 2003）にしたがい、日本列島における石槨の出現時期を示すものとの評価を保留する。
（9）　朝鮮半島でも京畿道華城馬霞里墳墓群の4世紀中葉～後半に造営された石槨墓のすべてにまくら木2本の敷設が認められた事例がある。
（10）　大宮3号例は上部を完全に削平されているが、古墳時代前期初葉～前葉に位置づけられること、礫床構造の類似性から約4.5×1.8m程度の木槨C類であった可能性がある。

第7章　古墳時代棺槨の展開

第1節　竪穴式石室の設計思想と祖形をめぐる議論

(1) 竪穴式石室の基礎的研究

　前期古墳における代表的な埋葬施設として竪穴式石室がある。典型的には、長さ5～6mにも達する長大な木棺を内蔵する大型の石槨であり、壁面は扁平な板石を小口積みすること、厚い控え積みと裏込めを有すること、粘土棺床を設けること、基底部に排水に配慮したバラス敷を備えること、上部の構造は木棺安置後に構築されること、などの諸特徴を有する。その規模の大きさや構造の複雑さは、弥生墳丘墓にみられるような短小な石槨を単にスケールアップしたといったものではない。

　むろん、竪穴式石室の構造には相応の時期差や地域差があり、共通的特徴のいくつかが欠落する場合もある。しかしなお、そのありようは基本的な部分で定式的であり、古墳的に特殊化を遂げた埋葬施設を代表するものとして評価しうる。

　上に述べたような竪穴式石室の具体的な構造とその葬法の特徴、変遷の方向性などを初めて明らかにしたのは小林行雄である（小林行 1941）。

　小林はまず、扁平な割石を積み上げて四壁をつくり、上部を天井石で閉塞する構造の竪穴系埋葬施設を竪穴式石室と呼び、長さと幅の比率の違いから内法長1.5～3.5m、幅0.5～0.9m前後の短小なもの（A群）、内法長さ5～8m、幅1m前後の狭長なもの（B群）、内法長さ2.7～6m、幅1.5～2.5m前後の幅広のもの（C群）に大別した。

　このうち、狭長な一群であるB群の床面に設けられる横断面U字形の粘土棺床に着目し、それが割竹形木棺を安置するための施設であることを初めて論証した。これにより、割竹形木棺の存在とその具体的な姿が明らかにされ、粘土棺床に木棺を安置してから石室を構築するという独特な構築順序も解明された。

　竪穴式石室B群の狭長な形状がその内部におさめられた長大な木棺に規定されたものであり、長大な木棺と竪穴式石室とが密接な関係性を有するとの認識は、「B群の構造の意味は、おそらく割竹形と推定しうる長大な木棺の周囲に、これを蔽うにたる大きさの石室を築いたものであること」（同：p173）、「竪穴式石室の形状が木棺の大きさにもとづくものであった」「竪穴式石室そのものが、室を作って棺を運び容れるというよりも、棺の外囲として室を築いたものであった」（同：p174）といった記述によって繰り返し表明されている。この認識を前提として、B群からC群への変化が木棺から石棺への棺の材質転換にともなう棺の形状変化に対応したものであり、その

こと自体は発展であるとしても、最終的には竪穴式石室の消失にいたる石室構造の退化を招いたことが合理的に説明される。同時に、粘土槨が竪穴式石室から派生したものであることも整合的に説明された。

（2）基底部構造の分類と編年

1970年代にかけて、近畿地方では竪穴式石室を内蔵する前期古墳の発掘調査が活発におこなわれた。大阪府紫金山古墳（1947年調査）、同北玉山古墳（1951年調査）、京都府寺戸大塚古墳（1967年調査）といった学術調査のほか、高度経済成長にともなう開発の急速な進展に起因する緊急調査もあいついで実施された。とくに大阪近郊の丘陵上では大阪府池田茶臼山古墳（1958年調査）、同玉手山5号墳（1959年調査）、同駒ヶ谷宮山古墳（1962年調査）、同弁天山C1号墳（1963年調査）、同将軍山古墳（1964年調査）など解体的な発掘調査が集中した。

こうした発掘調査の成果としての知見の蓄積は、竪穴式石室の研究を大きく前進させることとなった。なかでも池田茶臼山古墳の竪穴式石室に対する堅田直の精緻な観察はその後の研究に多方面にわたる示唆を与えるものである（堅田 1964）。

堅田は多岐にわたる指摘をおこなっているが、重要なものの一つとして竪穴式石室の構造における雨水処理の具体的なメカニズムの指摘がある。たとえば、石室壁体に大量に用いられたバラスについて、浸透した雨水を速やかに墓壙底に導くとともに、石室内への雨水の流入を防ぐ機能を有していたとの見通しをいち早く示している。

粘土棺床が下半部の土台的部分とその肩部に積まれた上半部の断面三角形部分の上下二つの構造部分に分けられるという所見も重要である。池田茶臼山古墳の棺床に使用された粘土が下半部（青白色粘土）と上半部（黄褐色粘土）で異なることから区別されたものであるが、同様の状況はその後多くの調査事例で追認されている。また、下半部は割竹形木棺の安置前に施工され、上半部の木棺の安置後に両側から詰めたものであるという工程順序も言及されている。

堅田はこの棺床下半部の構造差に着目して粘土棺床の分類案も示している。第1類は「板石敷粘土棺床」、第2類は地山を掘り残して棺台とした「地山土粘土棺床」、第3類は粘土積み上げた「粘土棺床」とされ、副葬品や墳丘構築のあり方などを参考に、第1類がもっとも古く、第3類がもっとも新しいと考えた。

同年、北野耕平は、竪穴式石室の基底部構造に着目し、主として粘土棺床下の基台の有無やバラス・板石などの使用のあり方から分類をおこなった（北野 1964a）。その結果、竪穴式石室と粘土槨で共通した基底部構造を有するものがあることを明らかにし、粘土槨が竪穴式石室から派生、分化したものであることを構造面からさらに明確化した。基底部構造が複雑に発達した理由については「墳丘の内部施設に対する排湿を考慮してのことであろうと解する以外に方法がない」（同：p193）と述べている。

さらに北野は1974年の論文で、基底部構造の諸型式にそれぞれ「基台式」「礫敷式」「粘土棺床直接式」「礫・板石敷式」「周溝式」の名称を与え、あらためて整理をおこなっている（北野 1974）。これらの各型式の相互の関係としては、まず「基台式」「粘土棺床直接式」が一定の排他的な関係をもってそれぞれ分布圏を形成していることが指摘された。すなわち、「粘土棺床直接式」は大阪湾の北岸から淀川の北部にかけての地域、「基台式」は大阪湾の東岸地帯（淀川の南部地域）

を主とした分布圏を形成する。各型式の変遷については、「礫敷式」は「基台式」の後継型式である可能性が指摘され、「周溝式」は「粘土棺床直接式」の先行型式と考えられた。こうした様相の整理から、竪穴式石室の基底部構造にみられる諸型式は、地域的なまとまりごとに多元的に出現し、変遷したと理解された。

　田中勝弘は、竪穴式石室の基底部構造を①粘土棺床が平坦な墓壙底面直上に設けられ、壁体の基礎構築も墓壙底直上からはじまるもの、②平坦な墓壙底面全体に礫石を使った基礎が構築され、粘土棺床はそれを基礎として設けられ、壁体の基礎構築もそこからはじまるもの、③墓壙底の中央に「土壇ともいうべきもの」を掘り残し、その四周あるいはその上面をもおおって礫石を充填し、粘土棺床はこの土壇の直上または土壇との間に礫石をはさんで設けられ、壁体の基礎構築は②と同じであるもの、の3タイプに分類した（田中勝 1973）。

　田中は、これら3タイプの基底部構造を有する竪穴式石室を、特定もしくは不特定の壁体構造との組み合わせによって、それぞれ類型A～Cとし、それらを「類型的竪穴式石室」（同：p41）と呼ぶ。論理上、類型A～Cは基底部構造の類型①～③に対応しており、細部に異同があるものの、それぞれ実態としては、類型Aが北野のいう「粘土棺床直接式」、類型Bが「礫敷式」、類型Cが「基台式」に相当し、北野が注意したような地域性も指摘されている。ただし、時期的な変遷については、排水施設の発達の方向性を重視し、北野が相対的に古く位置づけた「基台式」に該当する類型Cを逆に新しいと考えた。

　この変遷観は、竪穴式石室の複雑な基底部構造が一義的に排水のためのものであり、その変化は排水機能の発達の方向性で整理しうる、という一貫した視点にたつものである。竪穴式石室以外の要素にもとづく古墳の編年的位置づけとの整合性の問題点も指摘されたが、埋葬施設の構造変化をそれ自体の発達の視点からとらえようとした試みであったと評価できる。

　山本三郎は、竪穴式石室の基底部構造をA～D型に4分類した（山本三 1980）。A型は「墓壙底板石式」、B型は「基台式」、C型は「礫敷式」、D型は「墓壙底直接式」で、A・B型がC・D型に先行するとした。さらにその後、A～D型に若干の補正を加えてA～D型式とし、つぎに述べる都出比呂志によるSC型式を基本としたE型式を加えた5分類とする改訂案を示している（山本三 1992）。

　山本は、都出の分類においてもっとも新しい型式と位置づけられた都出SC型式に対応する山本E型式の中に、岡山県七つ坑1号墳後方部第1石室のようにきわめて古く位置づけられる古墳が含まれる点を指摘する。そこでE型式を粘土棺床下に板石・礫石を敷くもの（E1型式）と墓壙のくぼみに直接粘土棺床を設置するもの（E2型式）に区分し、前者を前方後円墳成立期に吉備地域で出現した型式とし、後者を京都府平尾城山古墳の時期に畿内地域で出現した型式として評価した。

　なお、竪穴式石室の基底部がこうした複雑な構造を有することの意味について、山本は単に木棺や遺体を保護するためのものではなく、秘伝的要素のつよい「首長霊継承儀礼」の式場整備を目的としたものと理解している。

　都出比呂志は、竪穴式石室の粘土棺床の設置方法をSA1・SA2・SB・SCの4型式に分類した（都出 1981）。SA1型式は墓壙底の平坦面に粘土棺床を直接あるいは板石や礫を一重に敷いて設置するもの、SA2型式は墓壙底中央に「土壇」をつくり出し、その上に直接あるいは板石を敷いて粘土棺床を設置するもので、周囲に礫を詰めて壁体の基礎とする。SB型式は墓壙底に厚く礫を敷

き、その上に粘土棺床を設置するもの、SC型式は墓壙底の中央に横断面U字形のくぼみを掘り込み、そこに粘土を貼りつけて粘土棺床を形成するものである。

この分類のSA2式は北野耕平の「基台式」、SB式は「礫敷式」に対応する（都出1986a）。ただし、SB型式を、墓壙底に礫を敷くだけのSB型式－1と墓壙底四周に溝をめぐらすSB型式－2とに分離し、古墳の編年上相対的に新しく位置づけられる大阪府北玉山古墳をSB型式－2に対応させて、北野の「基台式」から分離する点は大きく異なる。

各型式の関係については、SA2型式をSA1型式の変異型と考え、ともに型式学的にはSB型式に先行すると理解し、SC型式をもっともおくれて成立するものと位置づける。この編年的先後関係の基本的な枠組みはその後の研究においても追認されており、現在もなお有効である。

なお、都出は、小林行雄が設定した竪穴式石室B群の定義をさらに明確化するために、石室平面形の長さと幅の比（長幅比）に注目して度数分布を検討した結果、長幅比4.5以上の竪穴式石室を長大型と規定し、短小型と分離している（都出1986a）。

（3）竪穴式石室の祖形と変遷過程をめぐる議論

竪穴式石室の祖形については、石材を積み上げて構築されるという共通点から、中部瀬戸内を中心とした地域の弥生墳丘墓に採用された小規模な石槨が早くから有力視されてきた。しかしなお、弥生墳丘墓の石槨と前期古墳の竪穴式石室との間には規模・構造の面で大きな懸隔があることから、そこに飛躍的継承による竪穴式石室の創出という大きな変化があったと理解され、その複雑かつ大がかりな構造がまず完成形として出現し、その後退化・簡略化に向かったという基本的な変遷観が支持された。

宇垣匡雅の整理によれば、前期古墳の竪穴式石室の創出に際して新たに付与された属性として、棺の長大化とそれにともなう石室の長大化（近藤1998）、埋葬頭位の北への指向（都出1989）のほか、石室壁面の内傾（棺の安置後に石室を築く構築法の確立）、板状石材の使用へのつよい指向などが挙げられている（宇垣1987）。

1991年、新納泉は、竪穴式石室の基底部構造を、基台をもたないグループ（A群）と基台をもつグループ（B群）に大別し、それらの共通の祖形を、京都府椿井大塚山古墳石室を代表例とする砂礫を積んだ上に粘土棺床を設けるものに求めた（新納1991）。そのうえで、A群はA1→A2→A3、B群はB1→B2→B3と別系列で変遷を遂げたとする。A群の変化の方向性としては、板石がしだいに用いられなくなるとともに、礫が多量に使用されるようになること、粘土棺床の幅や高さが徐々に発達することなどが指摘されている。B群の変化の方向性としては、板石使用の減少や礫の多用化といったA群と共通する傾向とともに、本来粘土棺床を直接的に支えていた基台の機能が、北玉山古墳石室を念頭にB3では形骸化することが指摘された。また、全体として壁面構築開始位置が高くなる方向に変化することも明らかにされている。

なお新納は、基台と粘土棺床を含めた棺床の機能を「墓壙底から棺を高くし、防湿・排水効果を高めることにあった」（同：p96）としており、少なくともA群における変遷は棺床の発達の方向性をもつものであったと理解している。

澤田秀実は、小林行雄のA群とB群あるいは都出比呂志の短小型と長大型を合わせて、「竪穴式石槨」の分類をおこなった（澤田1993）。ただし、澤田が検討に用いたA群あるいは短小型の事

例は大部分が弥生墳丘墓の石榔である。分類の視点は、壁体構造、天井構造などであり、長大型の竪穴式石室についてはd～g類の4類型が設定された。この4類型はd類→e類→f類→g類の順に変遷するとされ、構造物としての荷重分散の技術的進化とともに、e～g類では「大形で接合部を面取り加工した天井石」の使用、とくにg類では「控え積みにはバラス等装飾性の強い小石」（同：p12）の大量使用など、「装飾化の傾向が看取され」（同：p14）ると理解した。

澤田の作業は、弥生墳丘墓の石榔も含めて「竪穴式石榔」と呼称し、古墳の竪穴式石室と「共通に対比することが可能」（同：p4）との立場から、一体的に検討を加えようとしたものである。結論的には、弥生墳丘墓の石榔から前期古墳の竪穴式石室への変化は、飛躍的継承というよりも、漸移的かつ系列的な推移としてとらえられる、と評価された。

藤井康隆は、継起的に造営された有力古墳の内容がほぼ明らかにされている京都府向日丘陵の前期古墳群を資料として取り上げ、竪穴式石室の基底部構造を中心に検討を加えた（藤井康 2001）。藤井は、前期古墳の竪穴式石室の基底部構造は、基本的には構造上の退化、簡略化の方向に変遷したという前提にたつが、ここで取り扱われた向日丘陵古墳群の資料には竪穴式石室の最古の一群が含まれない点は注意を要するであろう。

鐘方正樹は、大阪府玉手山古墳群における竪穴式石室の基底部構造を検討し、北玉山古墳石室を念頭に「礫被覆基台」、駒ヶ谷宮山古墳後円部石室を念頭に「礫盛り上げ基台」の概念を提案した（鐘方 2003b）。「礫被覆基台」の概念は、都出がSB型式－2として「基台式」から分離し、新納がB3として「基台式」の退化形態として位置づけた北玉山古墳石室の再評価を迫るものである。また、「礫盛り上げ基台」は、厚い礫敷きの中に礫のみで構築した基台が隠れている可能性から導かれたものである。

そのうえで、墓壙底の形状をA～C型に、基台などの素材の差による基底部の構造をⅠ・Ⅱ類に分類し、両者の組み合わせによって竪穴式石室の基底部構造全体を類型化した。墓壙底の形状には、墓壙底面に上面が平坦な「土壇基礎」（いわゆる基台）を設けるA1型、「土壇基礎」の上面がゆるやかに盛り上がるA2型、「礫盛り上げ基台」を設けるB型、逆に中央部分を掘りくぼめるC型がある。鐘方の検討結果は、多くの代表的な竪穴式石室は「Ⅱ類の一部を除くほとんどが粘土棺床下に基台もしくはそれに類する施設を構築して」おり、「その中で主流を占めるのは、礫を多用するⅠ類の諸類型である」（同：p126）というものであった。また、その変遷は、基台の構築や礫の多用といった入念な構造の簡略化の方向に向かうことが示された。

鐘方はかねて、竪穴式石室は中国の磚室墓を参考にして新たに奈良盆地東南部で創出された埋葬施設であり、弥生墓制の系譜をひくものではない、との立場を明らかにしている（鐘方 2003a）。竪穴式石室の基底部における入念な排水構造は、被葬者の遺体の保護を重視した中国的な埋葬観念を背景としたものであり、古墳築造の盛大化にともない、人目につかない部分としてしだいに退化の方向に向かったと結論された。

高松雅文は、竪穴式石室を持ち送り系統と垂直系統の大きく2系統に分け、壁面構築技術の発達の視点から用材、持ち送り、高幅比（石室高／石室幅）の変化などを検討した（高松 2005）。その結果、集成1期（広瀬 1992）には高幅比が1.5前後ともっとも天井が高く、集成2期には1.3前後、集成3期には1.0前後としだいに天井高が低くなる傾向が両系統に共通してみられた。石室高の変化の要因については、持ち送り系統の技術的要請とともに、儀礼的側面からの要請に求めてい

る。高松は持ち送り系統・垂直系統ともにその初期的形態を弥生墳丘墓の小規模な石槨に求めており、両者が並行する単線的な発展過程を想定する。

　山田暁は、竪穴式石室の基底部構造を壁体下部の構築材によって、壁体下部が墓壙底面から直接構築されるもの（Ⅰ類）、壁体下部の構築材として粘土を使用するもの（Ⅱ類）、小礫を使用するもの（Ⅲ類）に分類した。各類型の差は、壁体の崩壊を防止するための構造的な工夫の程度の違いであり、Ⅰ類（Ⅰ類はさらに、壁体の構築材によってⅠa類とⅠb類に細分される）→Ⅱ類→Ⅲ類の順に変化したとする（山田暁 2013）。山田の論理は、竪穴式石室の天井石と粘土被覆の機能を外部からの人の侵入を防ぐものとし、基底部構造を石室構築のための基礎工事という側面から評価する前提にたっており、竪穴式石室が耐湿・排水性という機能面からの技術向上によって変化したという観点を否定する点に特色がある。

（4）竪穴式石室の設計思想への着目

　竪穴式石室は複雑な構造を有し、多様な要素から成り立っており、これまでも多くの分類、編年案が示されてきた。とくに基底部構造に着目した分類とその地域性や時期的な変遷をどのように理解するか、という観点からの研究が多く取り組まれ、成果が蓄積されてきた。つぎに、これまでの研究をふり返って、いくつかの課題を提示したい。

　まず、竪穴式石室が当初から構造的に完成したものとして出現したものであることを前提に、その構造的変遷を基本的に退化・簡略化の方向性のみから説明しようとする立場への疑問である。前期全体あるいは中期まで視野に入れて展望した場合、竪穴式石室の構造的変遷の方向性が基本的に退化・簡略化であることはまちがいない。しかし、近年の発掘調査成果は、本節の冒頭に述べたような典型的な竪穴式石室の姿が、当初から完成されたものとして突如出現したのではなく、一定のプロセスを経て完成し、定式化していった状況を明確化しつつある。未発達な基底部構造や壁体構造しかもたない奈良県中山大塚古墳石室のような事例が、奈良盆地東南部における最古段階の竪穴式石室に認められる事実は、積極的に評価されなければならないと考える。

　このことは、前期古墳における埋葬の基本理念や、それに根ざした竪穴式石室の設計思想にかかわる問題でもある。竪穴式石室の複雑な基底部構造からどのような設計思想の反映を見出すかについては、荷重分散や装飾性といった側面を重視する立場も示されているが、やはり多数を占めるのは防湿、排水を重視する設計思想を読み取る立場である。ただ、従来は基底部の排水構造のみが議論されることが多く、総体としての防排水機能という意味で竪穴式石室の構造全体を見渡す観点がやや欠如していたように思われる。このことにかかわる検討の視点は、つぎに竪穴式石室の実例を比較検討することで示したい。

　また、最古段階の竪穴式石室はすでに十分な長大化を達成しており、弥生墳丘墓の短小な石槨との懸隔はあまりに大きい。過渡的様相を示す資料に欠く状況で、その飛躍的継承あるいは単線的、漸移的な発展によって前期古墳の竪穴式石室が成立したという説明についても再検討の余地がある。

　竪穴式石室の長大化は内蔵される刳抜式木棺の長大さと不可分の関係にあるが、前章でも述べたとおり、弥生墳丘墓の棺槨から発達し、竪穴式石室の出現に先駆けて刳抜式木棺の長大化とともに大型化を遂げたのは石槨ではなく木槨C類である。その意味で、竪穴式石室の祖形としては弥生

墳丘墓の木槨にこそ系譜上の連続性を求めうると考えるが、竪穴式石室の出現から完成に向かう初期の様相の検討を通して、竪穴式石室に求められた思想的要請と、その実体化としての遺構との関係を整理することができれば、そうした変化の方向性のもとにある祖形の問題についても、より踏み込んだ理解が可能となろう。

　本章では上記の認識にたち、まず奈良盆地東南部における中山大塚、黒塚、下池山3古墳の石室の比較検討の視点を手がかりに、板石、塊石、バラス、粘土といった構築用材の観点を加味して、竪穴式石室の出現から完成までの各発達段階の整理をおこなう。その結果から、上記3古墳の石室と共通の発達段階にあると考えられる石室群を抽出し、出現当初の竪穴式石室の姿を明確化するとともに、その構造的変遷の過程をあとづけつつ、竪穴式石室の系譜とその成立のメカニズムについて筆者の理解を示すことにしたい。

　その背景には、中国的な遺体保護の思想からの影響を多分に受けた古墳時代棺槨における埋葬の基本理念に根ざした、防水性・密閉性・堅牢性を重視した埋葬施設の設計思想が存在すると考える。さらに、初期の粘土槨の様相を検討することで、粘土槨の出現や石棺の採用といった古墳時代棺槨のその後の展開も、この基本理念の発展、変容を背景として説明しうるものであることを見とおしたい。

第2節　竪穴式石室の成立過程

1　検討の視点と石室群の抽出

　奈良県天理市に所在する中山大塚古墳、黒塚古墳、下池山古墳の3古墳は、いずれも奈良盆地東南部の大和古墳群に属する、全長120〜130mクラスの前方後円墳である。これら3古墳の竪穴式石室は、比較検討を加えるうえで地域性や階層性に起因する偏差がほとんどない、まとまりのよい前期前半期の資料群といえる。しかも細部の構造にそれぞれの特徴を有しており、一定の時期的変遷をたどりうる公算が高い。そこでまず、これらの石室の構造的特徴を整理し、比較することから、竪穴式石室の出現から完成までの構造的変化を検討する糸口を探ることにする。

　中山大塚古墳石室　長さ7.51m、幅1.26〜1.42m、高さ2.05mの内法規模を有する。壁面は板石小口積みで、下位約0.4〜0.6mの間は垂直または外傾気味に積み上げ、中位で内湾気味に強く持ち送り、上位は持ち送りながらさらに高く積み上げる。四隅は中〜上位で隅三角持ち送りを多用する。天井石は差し渡し1m内外の小振りの板石を用いる。天井を架構して石室上部を閉塞した後、その上に大量の板石を甲高の亀甲状に積んだ石材被覆を設ける（図82−1）。石材被覆は長さ約11.3m、幅約5.1m、高さ0.90mで、その範囲は下部の石室全体を大きくカバーするものである。壁面は安山岩板石を主とし、背後に板石による控え積みをおこなう。裏込めは若干の板石を含みつつ、土のみを用いる（図82−2）。基底部構造は比較的単純で、壁体は墓壙底に若干の土や黒色粘土を置いた上に直接積み上げられる。墓壙底中央を周囲よりも15cm程度高く掘り残し、その上に置き土して棺床を設ける（図82−3）。棺床の粘土は黒色粘土と青灰色粘土を粗く混ぜた粗悪なもので、棺側部分のみ置かれ、下部の置き土面がそのまま棺底に接触する面となる。

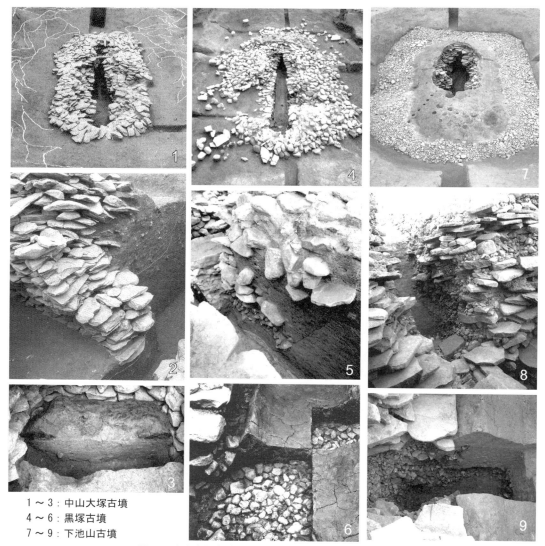

1〜3：中山大塚古墳
4〜6：黒塚古墳
7〜9：下池山古墳

図82　中山大塚古墳・黒塚古墳・下池山古墳石室の比較

　黒塚古墳石室　長さ8.3m、幅0.9〜1.3m、南端付近での高さ1.7mの内法規模を有する。壁面の下位約0.5mは花崗岩の塊石を垂直または外傾気味に積み上げ、それより上は安山岩・玄武岩の板石を持ち送りながら小口積みする。四隅は上位で隅三角持ち送りする。明確な天井石はなく、両側壁を相互に突き合わせにして石室上部を閉塞する。その上を板石で亀甲状に覆い、さらに周囲を塊石で根固めするように覆う石材被覆を設ける。石材被覆の上には加えて厚さ20cmほどの粘土被覆を施す（図82-4）。壁体下位では壁面と同様の塊石で若干の控え積みをとり、上位では塊石と板石を混用して控え積みする。その背後は塊石をまばらに含む土で裏込めしている（図82-5）。基底部構造は中山大塚古墳よりもやや複雑である。まず墓壙底中央に掘り残されたなだらかな高まりに薄く置き土をし、その上面にバラスで台をつくる。これに粘土を貼り付けて横断面逆台形の棺床下半部とし、さらに粘土を積んで棺床上半部を形つくる。粘土棺床周囲の壁体下部全面には薄い

バラス敷を施し、壁体はその上に積み上げられる（図 82 - 6）。墓壙の西辺中央付近で集水し、前方部側にのびる排水用の暗渠を備えている。

　下池山古墳石室　長さ 6.8 m、幅 0.9〜1.3 m、高さ 1.8 m 前後の内法規模を有する。壁面は安山岩板石を下位は徐々に持ち送りながら積み上げ、中位で内湾気味に強く持ち送り、上位は持ち送りながらさらに高く積み上げる。四隅は明確なコーナーを有する。石室上部は天井石の全体とその周囲を粘土被覆で甲高の亀甲状に覆い、石材被覆はない（図 82 - 7）。壁体は板石による控え積みを上半部ほど厚くとり、裏込めには少量の塊石を混ぜた大量のバラスを詰める。このバラス層には原則的に土を含まない（図 82 - 8）。基底部構造は複雑で、墓壙底中央にゆるやかな高まりを設け、その高まりを含めていったん墓壙底全面に厚さ 20 cm 程度までバラスを敷く。その上に高さ 30 cm の断面台形の基台を築き、さらに板石を敷いて赤色粘土で棺床を構築する（図 82 - 9）。黒塚古墳と同じく、前方部側にのびる排水用の暗渠を備えている。

　以上に述べた 3 古墳の竪穴式石室を比較してみると、中山大塚古墳石室は全体として比較的単純な構造で初現的な様相がつよいのに対し、下池山古墳石室は構造が複雑化し、本章の冒頭に述べたような典型的な竪穴式石室の姿が完成している。黒塚古墳石室はその中間に位置づけられる。

　三者の違いが顕在化しているのが、石室上部、壁体、基底部の構築用材とその構造である（表11）。すなわち石室上部は、中山大塚古墳には粘土被覆がなく、黒塚古墳・下池山古墳は粘土被覆を有する。壁体の裏込めに用いられた主な充塡材は、中山大塚古墳・黒塚古墳は土を用い、バラスを含まず、逆に下池山古墳はバラスを多量に用い、土を含まない。基底部についてみると、中山大塚古墳はバラス敷がなく、黒塚古墳は薄いバラス敷を有し、下池山古墳は厚いバラス敷を有する。したがって端的には、これら 3 石室は、石室上部の粘土被覆の有無、壁体裏込めにおけるバラスの

表11　奈良盆地東南部における前期前半期の竪穴式石室の比較

	石室上部構造	壁体構造	基底部構造	
	被覆材	裏込めの充塡材	棺床の下部	棺床の周囲
中山大塚古墳	石材被覆	土	粘土棺床 ＋ 置き土 ＋ 墓壙底の高まり	土・粘土
黒塚古墳	石材被覆 ＋ 粘土被覆	土	粘土棺床 ＋ バラス ＋ 置き土 ＋ 墓壙底の高まり	薄いバラス敷
下池山古墳	粘土被覆	バラス	粘土棺床 ＋ 板石敷 ＋ 砂質土で構築した基台 ＋ バラス ＋ 墓壙底の高まり	厚いバラス敷

多量使用の有無、基底部におけるバラス敷の有無の3項目の組み合わせによって、中山大塚古墳→黒塚古墳→下池山古墳の段階的な変遷をたどりうる。つまり、すべてが備わっていない段階→粘土被覆とバラス敷が備わるが、壁体におけるバラスの多量使用はみられない段階→すべてが完備された段階、としてとらえられるわけである。

ここで注目した3項目は、じつは有機的に関係しつつ共通の機能を果たしている。すでに指摘されているように、発達した基底部構造が主として排水機能と関連づけられることは多言を要しない。加えて、総体としての防排水機能の観点から構造全体を見渡すならば、粘土被覆が遮水性のある粘土によって石室上部を被覆する構造であり、壁体の裏込めに使用されるバラス層が透水性に優れている事実に十分注目したい。バラスは径10cm内外までの円礫が多く、しばしば「よく水洗いされた」「土砂を含まない」などと表現される。つまり、基底部の排水構造はそれのみによって完結するものではなく、石室上部の遮水構造や、それによってはじかれた水を石室内に流入させることなく速やかに基底部の排水設備に導く壁体の透水構造と一体的に機能する、防排水システムの一部としてとらえられるべきである。

したがって、3項目の有無の組み合わせによってたどられる中山大塚古墳→黒塚古墳→下池山古墳の構造的変化は、竪穴式石室における防排水機能整備のプロセスとしても評価できるわけである。この3段階の構造的変遷が、他の資料も含めた一定数の竪穴式石室に合理的に敷衍しうるならば、それはそのまま竪穴式石室自体の出現から完成までのプロセスと考えてよいであろう。

奈良盆地東南部における中山大塚・黒塚・下池山3古墳の石室の比較検討結果を踏まえ、石室上部、壁体、基底部の各部構造について、その組み合わせの違いに着目して共通の発達段階にある石室群を抽出し、一覧表にまとめた（表12）。なお、検討対象は畿内周辺から中部瀬戸内にかけての地域を中心とした前期古墳の竪穴式石室とし、平坦な床面を有する石室や石棺を内蔵する石室は除外している。

Ⅰ群は粘土被覆、壁体のバラス多用、基底部のバラス敷のすべてが未整備のもの、Ⅱ群は粘土被覆とバラス敷が備わるもの、Ⅲ群はすべてが完備されたもので、それぞれ中山大塚古墳、黒塚古墳、下池山古墳の各石室と同一の発達段階に対応する。このほか、たとえば粘土被覆を有するにもかかわらず、基底部のバラス敷を欠くといった、Ⅰ～Ⅲ群のいずれにも属さないものをⅣ群として一括した。

なお、ここで「石室群」としたのは、この作業によりグルーピングされた各群が、その他の要素に着目して抽出しうる複数の組列を横断するものであることが予想され、型式としての評価になじまないことによる。以下、Ⅰ～Ⅲ群について述べる。Ⅳ群については後で触れることにする。

（1）竪穴式石室Ⅰ群

もっとも初現的な様相のつよい一群である。石室上部の粘土被覆がまだ出現しておらず[1]、壁体裏込めには板石、塊石とともに土を多用し、基底部も含めて水抜き的な機能においてバラスを使用しない。

石室上部を石材被覆で覆うものがある。ここでいう石材被覆は、天井石どうしの継ぎ目に生じた隙間を小さな石材で目張り的に埋めるような被覆にとどまらず、中山大塚古墳のように石室上部を大きく覆う意図をもって広範囲かつ甲高に石材を積む状況を指す。使用石材は板石、塊石、両者の

表12 竪穴式石室の各部構造の組み合わせ

古墳（埋葬施設）名		石室上部 粘土被覆		壁体 バラスの多用		基底部 壁体下部バラス敷		墓壙外へのびる排水溝
		なし	あり	なし	あり	なし	あり	
Ⅰ群	中山大塚古墳	○石材		○板石・土		○〔主〕		×
	小泉大塚古墳	○石材		○塊石・土		○〔主〕		?
	権現山51号墳	○?		○塊石・土		○〔主〕		×?
	神原神社古墳	○石材		○板石・土		○〔主〕		○
	吉島古墳	○?		○板石・土		○		×
	西山谷2号墳	○石材		○板石・土		○		×
Ⅱ群	雪野山古墳	(石材)	○a	○塊石・土			○薄	×
	椿井大塚山古墳		○	○塊石・土			△板石	?
	黒塚古墳	石材	○a	○塊石・土			○薄	?
	浦間茶臼山古墳		?	○塊石・土			○+板石	△
	七つ坑1号墳（後方部第1）		?	○板石・土			△板石	?
	丸井古墳（第1石室）		?	○塊石・土			△散漫	?
	元稲荷古墳	○石材	○	塊石・板石・土	△部分		○	?
Ⅲ群	安土瓢箪山古墳（中央）		○(a)	板石	○		△板石	?
	寺戸大塚古墳（後円部）		○a		○		○	?
	寺戸大塚古墳（前方部）		○	土（部分）	○		○	?
	宇治一本松古墳		○b		○		○	?
	下池山古墳		○b		○		○	?
	メスリ山古墳（主室）		○b	板石	○		○	?
	茶臼塚古墳		?		○		○	?
	玉手山9号墳		○(b)		○		○	?
	玉手山5号墳		?		○		○	?
	北玉山古墳	(石材)	○a		○		○	?
	紫金山古墳		○b	板石	○		○	?
	将軍山古墳		○b		○		○	×
	池田茶臼山古墳		○b		○		○	?
	娥三堂古墳		○b		○		○	?
	会下山二本松古墳		○b		○		○	?
	南大塚古墳（前方部）		?		○		○	?
	高松茶臼山古墳（1号）		○b		△		△	×
	平尾城山古墳		?		○		○〔SC〕	?
	弁天山C1号墳（後円部）		?		○		○〔SC〕	?
Ⅳ群	奥3号墳		○a	○塊石・土		○		?
	妙見山1号墳（1号）		○a	○塊石・土		○		○
	安土瓢箪山古墳（西北）		○	○塊石・土		○〔SC〕		?
	カジヤ古墳（第1主体部）	○(石材)	○	○塊石		○〔SC〕		○
	伊和中山1号墳	(石材)	○	○塊石		○〔SC〕		×

粘土被覆、壁体におけるバラス多用については、「なし」の場合、それに代替する構築材を付記した。「あり」の場合でも、併用される顕著な構築材がみられる場合には「なし」の欄に記入した。粘土被覆は（a）おおむね天井石の全体とその周囲を亀甲状に被覆する場合、（b）天井石の全体とその周囲のみならず、裏込めの上面も含めて墓壙内の石室構造全体を大きく被覆する場合、に細分した。また、参考として墓壙外へのびる排水溝の有無を付け加えた。〔主〕：主グループ、〔SC〕：「SC型式」（都出 1981）

混用がある。板石を使用したものとしては、中山大塚古墳のほか、島根県神原神社古墳、徳島県西山谷2号墳を指摘できる。奈良県小泉大塚古墳の石材被覆は部分的に遺存するにとどまるが、壁体と同様の塊石で亀甲状に被覆する状況が復元されている。

Ⅰ群のなかでも、中山大塚古墳、小泉大塚古墳、神原神社古墳、兵庫県権現山51号墳などの一群の基底部構造は単純ながら相互の類縁性が強く、墓壙底に掘り残された高まりや置き土によって、最終的に棺床基部を壁体下部に相当する周囲の墓壙底よりも10～20cm程度高めることで共通する。この高まりは、棺床の土台としての役割を果たすと同時に、棺床を周囲よりも多少なりとも高い位置に置くことによって、実効性はともかく一定の水はけ的効果を期待したものとみられる。いっぽう、兵庫県吉島古墳、徳島県西山谷2号墳などの一群は、逆に墓壙底中央を断面U字

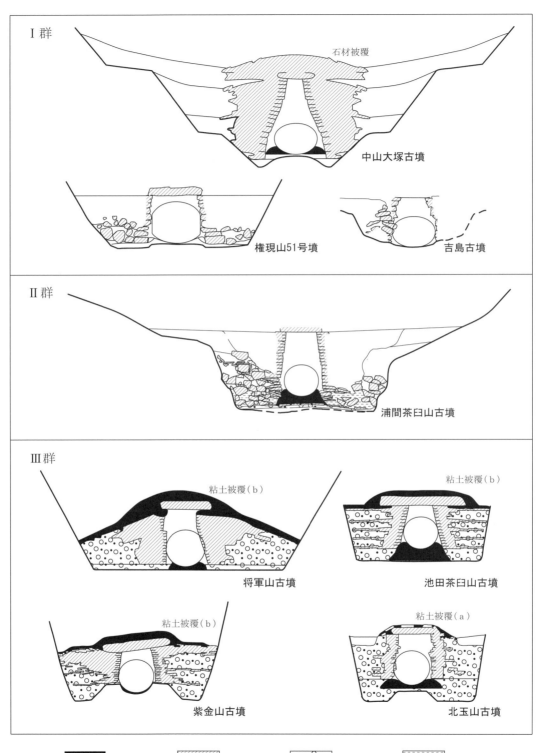

図83 Ⅰ～Ⅲ群断面模式図

形に掘り込んで棺床を設ける。記述の便宜上、前者をⅠ群のうちの主グループと呼ぶことにする。

このほか、香川県鶴尾神社4号墳石室は積石塚であることから構造的にやや特殊であるが、合掌式に近い天井部構造を有するとみられ、基底部のバラス敷がなく粘土を敷き詰めることや、粘土棺床の設置と壁体構築の関係が中山大塚・小泉大塚・神原神社などの諸古墳と共通することから、段階としてはⅠ群に属すると考えられる。なお、鶴尾神社4号墳石室の天井部については木蓋を想定する意見もある（大久保 2000）が、竪穴式石室における壁面の持ち送り手法はあくまで石材のみによる上部の閉塞を目指して採用されたものであると考えたい。

（2）竪穴式石室Ⅱ群

Ⅰ群よりも一段階発達した様相をもち、Ⅲ群との中間的段階に位置づけられる一群である。

石室上部の粘土被覆が出現するが、おおむね天井石の全体とその周囲を亀甲状に被覆する「粘土被覆a」にかぎられ、黒塚古墳のように石材被覆と併用される場合もある。壁体裏込めには板石・塊石とともに土を多用し、原則としてバラスは用いない。なお、黒塚古墳では壁面下部の塊石積み部分に粘土を充填し、岡山県浦間茶臼山古墳では壁体下部の石材相互の隙間に相当量の粘土を充填あるいは接着剤的に用いる。粘土の量はやや少ないが類似した状況は七つ坑1号墳後方部第1石室でもみられる。こうした壁体における粘土の使用は、Ⅲ群のバラスを多用する壁体構造にはみられない特徴である。

基底部の基本構造は、棺床下部を周囲の墓壙底よりも10〜20cm程度高くし、相対的に低くなった壁体下部の墓壙底全面にバラスを薄く敷くものである。浦間茶臼山古墳では厚さ5cmほどのバラス敷の上に板石を一重に敷き詰め、椿井大塚山古墳、七つ坑1号墳後方部第1石室ではバラスの代わりに板石を一重に敷き詰めているが、機能的にはバラス敷と同じく一定の集排水効果を期待したものと理解される。

棺床を高く設えるために、黒塚古墳では墓壙底に掘り残した高まりの上に土・バラスを加えているが、同様に浦間茶臼山古墳ではバラス・板石、椿井大塚山古墳では板石・バラス・砂、滋賀県雪野山古墳では墓壙底の高まりに土、京都府元稲荷古墳では墓壙底の基台に粘土と板石を加えており、用材にバリエーションがある。

元稲荷古墳石室はⅡ群に属するが、新古の様相が混在する。石室上部は天井石が横にずらされるなど改変を受けていたが、塊石による石材被覆が存在したとみられる。石材被覆の一部が粘土に覆われる状況がみられることから、粘土被覆が存在した可能性がある。裏込めは壁体中位に介在する薄いバラス層を境にして上下に大きく2層に分けられ、上層は塊石・板石・土・粘土の混合、下層はバラス・塊石・板石・土の混合である。基底部構造をみると、墓壙底中央に高さ20cmの基台をつくり出し、その上に粘土や板石を貼って棺床を設ける。棺床および基台の周囲には厚いバラス敷を設け、さらに墓壙底の四周には周溝を備えている。壁体裏込めにおける部分的なバラス使用、基底部における厚いバラス敷の存在からⅢ群的なバラス多用の萌芽的様相を示すものと評価される。

（3）竪穴式石室Ⅲ群

石室上部の粘土被覆、壁体裏込めにおけるバラスの多用、基底部の厚いバラス敷が揃い、典型的

な竪穴式石室の構造が完成した段階である。

　粘土被覆には粘土被覆aと、裏込めの上面も含めて墓壙内の石室構造全体を大きく被覆する「粘土被覆b」がある。粘土被覆aはⅡ群ですでに出現しており、傾向としてはbの方が後出的である。大阪府将軍山古墳、同池田茶臼山古墳の粘土被覆bは、あらかじめ壁体上端の全面を粘土で覆い、さらに天井石の架構後にその周囲も含めて大きく粘土で覆った入念な構造をとることが判明している。

　壁体は、壁面が板石小口積みで、板石による控え積みをとり、裏込めには大量のバラスを充填する。将軍山古墳石室の裏込めのように人頭大までの大きめの円礫が多数混用されている場合もあるが、墓壙内にぎっしりと詰められている場合は機能面からバラスの多用例として評価できる。

　基底部構造は、粘土棺床を周囲よりも高く設え、相対的に低くなった墓壙底にバラス敷を施すⅡ群の基本構造を継受しつつ、より発達させたものである。壁体下部のバラス敷は下池山古墳で厚さ50cm、京都府寺戸大塚古墳後円部石室で厚さ36cmあまりにおよぶ厚いもので、バラスの多用が際立っている。

　粘土棺床を周囲の墓壙底よりも高く整える手法はさまざまに多様化している。寺戸大塚古墳後円部石室、大阪府玉手山9号墳はバラスを敷くことで高さを増し、板石を並べて棺床の基礎とするタイプである。これは、ほぼ山本三郎によるC型（山本三 1980）、都出比呂志によるSB型式に相当する（都出 1981）。

　主として基台によって粘土棺床の高さを増しているものに、玉手山5号墳、北玉山古墳、大阪府紫金山古墳、奈良県メスリ山古墳主室[3]などがある。

　なお、北野耕平は玉手山5号墳、北玉山古墳を基台式とする（北野 1974）が、元稲荷古墳については墓壙底の周溝を重視して周溝式に含める。山本三郎は基台を有するタイプをB型として元稲荷古墳、玉手山5号墳、北玉山古墳を含め、メスリ山古墳主室についてはB型と棺床部分を横断面U字形に掘りくぼめる型式との複合とする（山本三 1980）。都出比呂志は基台を有するものをSA2型式として分類したが、北玉山古墳については基台ではなく周溝が広がったものとしてSB型式に含め、メスリ山古墳主室については棺床部分を横断面U字形に掘りくぼめることからSC型式に含めている（都出 1981）。

　将軍山古墳、池田茶臼山古墳、大阪府茶臼塚古墳、同娯三堂古墳、兵庫県会下山二本松古墳などは平坦な墓壙底に直接粘土棺床を置くが、粘土棺床自体の高さによって棺床周囲のバラス敷の厚さを20〜30cm確保している。とくに、棺床の土台部分となる下半部の高さが25cmに達する池田茶臼山古墳、20cmに達する茶臼塚古墳は高さが際立っている。池田茶臼山古墳の粘土棺床は高さ25cmの青白色粘土で断面台形の下半部をつくり、黄褐色粘土で上半部をつくるが、すでに指摘されているようにこのように高さのある粘土棺床下半部は機能的には基台と同じであり（田上 1992）、棺床を墓壙底よりも高く設けようとする明確な意識の存在がうかがわれる。これらは、北野耕平の粘土棺床直接式（北野 1974）、山本三郎のD型（山本三 1980）、都出比呂志のSA1型式-1（都出 1981）に該当する。

　基底部構造の多様化とともに、一定の地域性も生じている。たとえば、平坦な墓壙底に直接粘土棺床を置くタイプは摂津地域に特徴的な分布を示し、墓壙底面四周に排水溝をめぐらす構造は京都府乙訓地域の竪穴式石室に特徴的にみられることが指摘されている（北野 1974、山本三 1980、藤

井康 2001)。また、京都府平尾城山古墳、大阪府弁天山Ｃ１号墳の石室は都出比呂志が SC 型式とした基底部構造の初現と考えられる。SC 型式では墓壙底中央に断面Ｕ字形の掘り込みを設け、そこに粘土を貼って棺床を形成するため、これら２例では粘土棺床の底のレベルが周囲の墓壙底に前後する高さになっている。それでも平尾城山古墳では粘土棺床自体の高さによって棺床周囲のバラス敷の厚さを 20 cm 前後確保し、弁天山Ｃ１号墳では墓壙底四周にバラスを充填した排水溝をめぐらしており、基底部の集排水機能には支障がない。

このほか、奈良県桜井茶臼山古墳石室はきわめて規模の大きな石室であり、特殊な様相が目立つが、全体としてはⅢ群に該当すると評価できる。天井石の上面は厚い粘土被覆 b が施され、壁体裏込めにはバラスが充填される。棺床は粘土を用いず、粘性のある花崗岩バイラン土を用いたものである。棺床土の下部には、横断面が浅いＵ字形を呈する板石敷きがある。この板石敷きは、墓壙底の岩盤を削り残した基台の中央を凹ませ、その凹み前面に貼り付けられたものである。基台自体の高さは、約 18 cm まで確認されているが、それを上回ることは間違いない。また、基台の外斜面には、少なくとも５段分の板石が積まれていることが確認されている。

2　竪穴式石室の構造的変遷

Ⅰ～Ⅲ群は竪穴式石室の出現から完成までの各発達段階に対応しており、原則的には時間的な経過を示すと考えてよい。各古墳の様相から、Ⅰ・Ⅱ群を前期前葉、Ⅲ群を前期中葉～後葉を中心とした時期に対応させて大過ないであろう。

ただし、中小の古墳に採用された構造的に簡単な竪穴式石室や畿内周辺以外の地域では、とくにその下限時期の限定が困難な場合が想定されることは注意が必要である。たとえば、雪野山古墳石室はⅡ群であるが、副葬品に腕輪形石製品や大型仿製鏡を含むことから、時期的にはⅢ群の下池山古墳に近い。またⅢ群の滋賀県安土瓢箪山古墳中央石室が基底部構造の点でⅡ群の一部に近い様相を有することは、古い要素の残存としてとらえることが可能である。

同じことの別の側面として、竪穴式石室の完成段階として位置づけたⅢ群が、実態としてほぼ畿内地域の事例で占められることも注意できる。Ⅰ～Ⅲ群のいずれにも属さないⅣ群の存在は、その反面として考慮される。Ⅳ群の事例として香川県奥３号墳、愛媛県妙見山１号墳１号石室、滋賀県安土瓢箪山西北石室などが挙げられるが、これらはⅢ群よりも古い資料として位置づけられるのではなく、地域性や階層性によるいくつかの要素の欠落として評価しうる。Ⅱ群とした香川県丸井古墳第一石室のバラス敷がきわめて散漫で、事実上の排水機能はないとみられることや、Ⅲ群とした同じく香川県高松茶臼山古墳第１号石室がバラスではなく人頭大の角礫を充填していることなども、そのような地域的変異としてとらえられる。

また、同じくⅣ群である北近畿の京都府カジヤ古墳第１主体部、兵庫県伊和中山１号墳は SC 型式の基底部を有するが、墓壙底に掘り込んだ断面Ｕ字形の溝をそのまま棺床とし、粘土棺床自体を省略している。カジヤ古墳第１主体部の粘土被覆は、天井石の継ぎ目を板石や塊石で補い、その隙間を粘土で目張りする程度の簡略化したものである。これらは退化的様相が強く、時期的にも前期末葉以降に下る。

Ⅲ群の段階は竪穴式石室の盛行期であり、後半期には石棺を内蔵する小林分類の竪穴式石室Ｃ

群が出現する。初期の事例である京都府妙見山古墳後円部石室、大阪府貝吹山古墳石室などに典型的にみられるように、入念な粘土被覆を有し、壁体や基底部に大量のバラスを使用するあり方は、それがⅢ群の中から発展的に出現したものであることを示している。C群は石棺の採用による基底部や壁体の構造的変化をともないながら発展し、有力古墳における埋葬施設の首座を占めていったものと思量される。

また初期の粘土槨についてみると、奈良県東大寺山古墳の粘土槨は基底部に基台を有し、厚いバラス敷がある。かつ粘土の大まかな積み上げ単位ごとにあたかも裏込めのごとく背後にバラスを充填し、被覆粘土は最終的に竪穴式石室の粘土被覆bと同様に墓壙内全体を覆う。これはあたかも竪穴式石室Ⅲ群の石材部分をそっくり粘土に置き換えたような構造といえる。こうした竪穴式石室Ⅲ群との類似性は、東大寺山古墳例のような初期の粘土槨がⅢ群から派生したものであることを如実に示すものである。初期の粘土槨は墓壙内いっぱいにつくられるが、まもなく被覆粘土を高く盛り上げる手法によって構造そのものを縮小し、竪穴式石室に替わる古墳の埋葬施設として広く採用されるにいたったものと考えられる。

Ⅰ群からⅢ群にいたる竪穴式石室の出現から完成へのプロセスは、一つにはそのまま竪穴式石室における防排水機能整備のプロセスと評価できる。すなわち、竪穴式石室出現当初のⅠ群では防排水機能はほとんど未発達な状態であったが、Ⅱ群で石室上部の粘土被覆による遮水機能、基底部のバラス敷による集排水機能が備わり、Ⅲ群において壁体のバラスによる導水機能が加わることで、竪穴式石室における総体としての防排水機能が完成したと考えることができる。

未完成段階のⅠ・Ⅱ群の中にも神原神社古墳、七つ塚1号墳後方部第1石室、黒塚古墳のように墓壙外へ通じる排水溝を備えたものがみられることは、当初から排湿が重視されていたことを示している。また、Ⅰ群のうち主グループにみられる棺床下部のゆるやかな高まりは、棺床を設ける際の土台的な役割とともに、一定の水はけ的効果を果たすものである。バラス敷を備えたⅡ・Ⅲ群においても、粘土棺床を周囲の墓壙底よりも高くすることによって集排水効果の有効性を高めており、その基本的な基底部構造はⅠ群主グループのそれを継受しつつ発展させたものと評価しうる。[4] その背景に、埋葬の主体たる被葬者とその木棺を水気から保護する「防水性」重視の設計思想を看取することができる。

ところで、竪穴式石室基底部の排水構造のみを取り上げ、そこで執行された「首長霊継承儀礼」のための式場整備の一環とする意見がある（春成 1976）。しかしながら、竪穴式石室における防排水システムは、その整備過程からみてもあくまで全体の構造が一体的に機能することを目指したものととらえる必要がある。竪穴式石室は本来被葬者の遺体をおさめた木棺を内蔵し、保護するための施設であって、防排水機能の整備はそうした本質的な機能を高めるためのものであったと理解すべきである。

Ⅰ群からⅡ群の一部に受け継がれる石材被覆にも注目したい。石材被覆を有する中山大塚古墳・小泉大塚古墳・神原神社古墳・黒塚古墳・元稲荷古墳などの石室は、壁体上部を高く急に持ち送ることによって小さな天井石を用い、あるいは明確な天井石をもたない合掌式の形態をとる。こうした合掌式の形態は、石材のみによって大型化した石室の上部を閉塞するための一つの工夫と理解されるが、大きな天井石を用いるⅢ群と比べて上部が手薄な構造といわざるをえない。

壁体の高さを抑え、大きな天井石によって上部を閉塞する構造が確立したⅢ群に原則として石材

被覆がみられないのは、大きな天井石が石材被覆の主たる機能を代替しているからであろう。石材被覆をさらに覆って粘土被覆が施される事例の存在からも、石材被覆の機能は粘土被覆によって置き換えの可能な防水機能にとどまらず、むしろ主たる機能はほかにあったことが理解される。

したがって、Ⅰ・Ⅱ群における石材被覆の第一義的な機能は、多分に観念的な密閉性や堅牢性を実現するための、石室上部の石材による手厚い遮蔽であったと考えられる。Ⅲ群は防排水構造の完備とともに、大きな天井石によって上部を確実に閉塞し、厚い壁体をすべて石（板石、塊石、バラス）で構築している点で、石材の大量使用による密閉性と堅牢性を実現しているのである。

その意味で、Ⅰ群からⅢ群への発展は、竪穴式石室の防排水機能整備のプロセスであるとともに、石材の特性に依拠した「密閉性」「堅牢性」重視の設計思想にもとづき、石材構築物としての竪穴式石室の完成度を高めるプロセスでもあったと評価できる。

竪穴式石室の出現から完成までの構造的変遷の背景に、被葬者の遺体とその木棺の保護を基本とする理念に根ざした、防水性・密閉性・堅牢性を完備した大型石槨の構築を目指す設計思想が通底していた、と結論づけるならば、Ⅲ群の段階における石棺を内蔵した竪穴式石室C群と粘土槨の出現の意義についても、以下のように理解することができる。

木棺をより堅牢な石棺に置き換えることは、被葬者の遺体の保護という竪穴式石室の本来的な機能をいっそう充実させる方向性に合致するものである。いっぽう、大量の粘土を使用した粘土槨の出現は、防水性を強化する方向性を推し進めた結果として理解しうる。反面、粘土槨化は石材使用による堅牢性を放棄するものでもあり、竪穴式石室の構造的簡略化であると同時に、脱石材化ともいうべき大きな方向転換でもある。

竪穴式石室はいったん完成すると、その設計思想の多様化が始まり、石によるさらなる堅牢性を追求した石棺化の方向性と、構造全体の簡略化によって堅牢性を放棄しつつ、粘土による防水性を追求した粘土槨化の方向性での分化を惹起したわけである。

3　竪穴式石室の系譜

成立期の竪穴式石室であるⅠ群のうち、主グループは棺床を周囲よりもやや高い位置に設け、吉島古墳、西山谷2号墳など主グループ以外の一群は逆に墓壙底中央を断面U字形に掘り込んで棺床を設けている。

ともに木棺の安定装置として棺床を発達させつつ、前者では同時に排湿効果を追求しているのに対し、後者にはその観念が明確ではない。前者の方が竪穴式石室の設計思想の点からみてより正統的であることは明らかで、Ⅱ群を経てⅢ群へと発達を遂げる竪穴式石室の主流につながるものと評価しうる。棺床を周囲の墓壙底よりも高くする基本的な基底部構造自体が、Ⅰ群主グループからⅡ群、Ⅲ群へと受け継がれたことはすでに述べたとおりである。

奈良県ホケノ山古墳中心埋葬施設、京都府黒田古墳第1主体部、徳島県萩原1号墳など、庄内式期に大型化を遂げた木槨C類は、いずれも墓壙底中央を周囲よりも若干高いゆるやかな基台状に整え、かつそれを一種の土台としてその上に棺床を構築する。このような基底部構造は、竪穴式石室以前の木槨・石槨ではこれらの大型木槨に特有のもので、一般的に棺床を設けるもの自体が少ないなかで際だっている。この特徴的な基底部構造の共通性は、Ⅰ群主グループの系譜を考えるため

図84　ホケノ山古墳中心埋葬施設（1）・黒田古墳第1主体部（2）の礫床

の大きな手がかりとなる。

　ホケノ山古墳中心埋葬施設では、墓壙底中央がゆるやかに高くなるように整え、その上に礫床を設ける。礫床は下半部に拳大程度までの礫を敷き詰め、上半部に人頭大からそれをやや上回る大きさの礫を配して、中央が舟底状にくぼんだ形状とする。中央のくぼみの底は下部の小礫面がそのままみえる格好である（図84-1）。礫床には主軸に直交する方向の3本のまくら木が埋め込まれており、礫床とともに木棺を支えるようになっている。

　黒田古墳第1主体部も、まず墓壙底中央がゆるやかに高くなるように置き土がなされる。その後、南北約5m、東西約2mの範囲に拳大の礫を平面的に敷き詰めて礫床下半部が構築され、つぎにその東西両側縁に礫床上半部の人頭大の自然石を2～3段に積んで、中央が横断面U字形にくぼんだ南北約6.5m、東西約2.7mの礫床が形成される（図84-2）。主軸に直交して2カ所にまくら木が埋め込まれ、ホケノ山古墳例と同様、礫床とともに木棺を支えるようになっている。

　萩原1号墳の礫床についても、板石を使用する点にやや差異があるが、基本構造はホケノ山古墳、黒田古墳と同じであることはすでに指摘したとおりである。萩原1号墳の場合には、黄褐色粘土を厚さ約30cmの断面梯形に盛り上げた基台状の置き土がなされ、その上に礫床を設けている。

　これらの木槨の礫床は、大きく上下二つの構造部分に分けられる。すなわち、とくにホケノ山古墳例、黒田古墳例で明確なように、礫床は小さな礫を使用した下半部と、大きめの礫を使用した上半部とに分けて段階的に構築される。下半部は木棺の荷重を支える土台的役割を、上半部は底面が丸みを帯びた舟形木棺を安定させるために棺側を押さえる役割を果たしている。

すでに指摘されているとおり、竪穴式石室の粘土棺床も下半部の土台的部分と肩部に積まれた上半部の断面三角形部分の、大きく上下二つの構造部分に分けられる。池田茶臼山古墳、寺戸大塚古墳前方部石室のように上半部と下半部の粘土の質や色調が異なる場合は、上下二つの構造部分からなることは明確であり、黒塚古墳のように赤色顔料の塗布面が介在することで判明する場合もある。

竪穴式石室 I 群主グループでは、墓壙底に設けたゆるやかな基台状の高まりに若干の置き土をおこない、あるいは高まり自体をそのまま棺床の下半部とし、上半部に粘土を足して棺床を形成する点で、上下の構造がより明確である。かつ上半部に足される粘土の量はおおむね少なく、また粘土の質が粗悪あるいは粘質土の場合があって、未発達な様相がうかがわれる。竪穴式石室成立以前の木槨・石槨では典型的な粘土棺床は確認されておらず、竪穴式石室 I 群の成立とともに粘土棺床も出現したとみられることから、時期的にその直前に位置づけられるホケノ山古墳例などの礫床構造はその祖形を考えるうえで示唆的である。

ホケノ山古墳中心埋葬施設をはじめとする大型木槨にみられるゆるやかな基台状の高まりは、棺床の土台として機能すると同時に、一定の水はけ的機能を兼ね備えた、竪穴式石室 I 群主グループと共通する構造と考えてよい。その背景に、竪穴式石室につながる防水性重視の設計思想を看取することができる。また礫床の構造も、粘土棺床における下半部と上半部の関係に通じるものがあり、この礫を粘土に置き換えると、そのまま竪穴式石室 I 群主グループの粘土棺床につながる。そもそも長さが4~5mを超える長大な舟形木棺を導入し、いち早く棺床の発達を遂げたのはこれらの大型木槨であり、棺床の発達が刳抜式木棺の一般化とその長大化への対応であることを考えるならば、両者に系譜的関係が存在する可能性は高い。

さらに、ホケノ山古墳中心埋葬施設が木槨の外側に大規模な石槨を設けた重槨構造をとる点は、石材の多用による密閉性や堅牢性を重視した、やはり竪穴式石室につながる設計思想のもとに構築されたものであることを示している。ホケノ山古墳中心埋葬施設では槨内に大量に落ち込んだ礫の存在からその上部に大がかりな礫堆を有していたと考えられ、それが竪穴式石室 I・II 群にみられる石材被覆の祖形となる可能性もある。

いっぽう、I 群には、主グループとは別に、墓壙底中央を断面 U 字形に掘り込んで棺床を設ける西山谷2号墳、吉島古墳石室などの一群がある。これらは、構造上は都出比呂志の SC 型式、山本三郎の E 型式に該当する。

山本三郎は E 型式を棺床下に板石・礫石を敷く E 1 型式と墓壙底に直接棺床を設置する E 2 型式とに分け、前者を早い段階に吉備地域で出現した型式、後者を畿内地域で前期後葉に出現した型式とした（山本三 1992）。西山谷2号墳では横断面 U 字形の凹みに粘土を貼って棺床とし、吉島古墳では粘土を全く使用せずにそのまま棺床とするので、必ずしも E 1 型式の概念に合致しないが、山本はさらに西山谷2号墳を阿讃 E 型と仮称してより地域性のつよい基底部構造として位置づけている（山本三 2002）。墓壙底中央を断面 U 字形に掘り込んで棺床を設ける基底部構造に、相互の系譜的な関係は薄いと思われる2系統があるとの指摘は十分首肯されるものである。

墓壙底を断面 U 字形に掘りくぼめる手法は、すでに指摘されているように岡山県黒宮大塚弥生墳丘墓、同金敷寺裏山弥生墳丘墓のような、吉備地域の短小な刳抜式木棺を採用したとみられる弥生後期末の石槨に類例がある。竪穴式石室 I 群ないし II 群に併行する段階にも、西山谷2号墳、吉

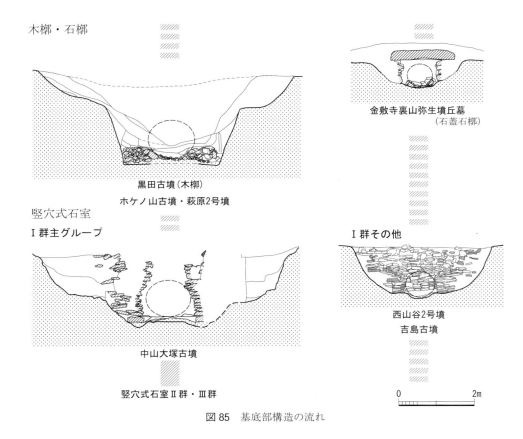

図85 基底部構造の流れ

島古墳のほか、折衷的な様相の七つ坑1号墳後方部第1石室があり、岡山県備前車塚古墳も同様の基底部構造を有するとされ（甲斐 1987）、小規模な石室では香川県奥14号墳2号石室、徳島県西山谷2号石室墓・3号石室墓、同安楽寺谷1号墳など、瀬戸内地方に事例が多い。これらは地域的特色を強く帯びたものと評価でき、Ⅱ群からⅢ群につながる竪穴式石室の主流に連なることはなかったと考えられる（図85）。

4 竪穴式石室の成立過程

　竪穴式石室の出現から完成までの構造的な発達段階を3段階に整理し、それぞれⅠ～Ⅲ群として検討を加えた。Ⅰ群の抽出により、出現期の竪穴式石室は粘土被覆をもたず、壁体や基底部の構造が単純で、充填材には主に土を使用してバラスを用いない、石材被覆を有するものがある、などの様相を明らかにした。また、Ⅰ・Ⅱ群はほぼ前期前葉のうちにおさまり、その構造的発達が速やかに達成されたことがうかがわれる。

　竪穴式石室の構造的変遷の背景には、被葬者の遺体とその木棺の保護を基本とする理念に根ざし、防水性・密閉性・堅牢性を完備した大型石槨の構築を目指した設計思想がある。弥生時代後期後半に中部瀬戸内およびその周辺地域で発達を遂げた弥生墳丘墓の棺槨が、槨をもたない弥生時代の一般的な埋葬施設との対比において、被葬者の遺体とその木棺の保護という点で手厚い埋葬施設であることは間違いない。竪穴式石室構築の基本理念がその流れを汲む蓋然性は高いであろう。

岡山県楯築弥生墳丘墓中心主体木槨の排水用暗渠や、岡山県都月坂2号墓中心主体石槨の排湿効果を期待したとみられる下部構造は、例外的な存在にとどまるものの弥生墳丘墓においても一定の排水機能が配慮される場合があったことを示す資料として評価できる。また、岡山県立坂弥生墳丘墓第2・3主体、同雲山鳥打1号墓第1主体のように裏込めに多量の礫を使用する木槨や、小規模ながら石材のみによって構築された岡山県鋳物師谷1号墓A主体、同金敷寺裏山弥生墳丘墓のような石蓋石槨が木蓋石槨とともに存在する事実もまた、総体としてはより堅牢な素材としての石材の多用化が指向されていたことを示していよう。これらの事例に、竪穴式石室につながる設計思想の萌芽を見出すことが可能である。
　こうした弥生墳丘墓の棺槨を基盤として、そこに木棺の長大化に対応した槨の大型化という重要な要素を加えることで、竪穴式石室にさらに一歩近づいたものが、ホケノ山古墳中心埋葬施設、黒田古墳第1主体部、萩原1号墳などの庄内式期の大型木槨であると考えることができる。とくにホケノ山古墳中心埋葬施設は基底部構造、上部構造の点でも出現期の竪穴式石室であるⅠ群主グループにつながる要素を備えており、竪穴式石室の直接的な祖形にふさわしい。これらが中部瀬戸内とその周辺地域の弥生墳丘墓の棺槨の系譜をひき、発展を遂げたものであることは、基本的な木槨構造の共通性からみても間違いない。また、礫床は黒宮大塚弥生墳丘墓、金敷寺裏山弥生墳丘墓などの石槨にみられ、槨上部の礫堆は立坂弥生墳丘墓第2主体にみられるような槨の上面を直接覆い、槨の構造と一体化している礫堆のようなものから発達した可能性もある。
　木槨から竪穴式石室への変化は、木材から石材への構築材の大きな転換をともなっており、一見想定しにくいかもれない。しかし、竪穴式石室Ⅰ群からⅡ群、Ⅲ群への発展自体が、構築材の転換をともなう工夫によって実現されたのであり、木槨から竪穴式石室への変化、礫床から粘土棺床への変化も、構築材の特性に注目し、それを置き換える基本的なメカニズムは同じである。その後の展開をみても、木棺から石棺へ、竪穴式石室から粘土槨へといった構築材の大きな転換をともなう棺槨の変化は起きている。
　槨の構築材を木材からより堅牢な石材に転換する方向性そのものは、すでに指摘されているように巨視的には東アジア的な動向と連動したものである可能性が高い（鐘方2003a）。竪穴式石室は、それ自体中国的な思想の影響を多分に受けた弥生時代後期以来の棺槨構築における基本理念を継受、発展させ、一つの定式として具現化したものにほかならない。またその動きの主要な部分は、政治的中枢としての纒向遺跡が成立し、最初期の前方後円墳群である纒向諸古墳の造営が進められていた古墳時代初頭の奈良盆地東南部を中心とした地域の主導のもとに達成された蓋然性が高い。

第3節　出現期の竪穴式石室

　竪穴式石室は前期古墳におけるもっとも完備した埋葬施設であり、定式的な「古墳的棺槨」として位置づけることが可能である。前節では、典型的な竪穴式石室が当初から完成された姿で突然出現したのではなく、初現的なものから一定のプロセスを経て完成されたものであることを明らかにした。その際、竪穴式石室の構造的変遷の背後に想定される思想的背景にも留意し、遺構の変遷と思想的背景を表裏の関係にあるものとして、整合的に考察を進めた。これは、埋葬という行為自体

が遺体処理の一形態である以上、埋葬施設の構築には遺体の処理方法あるいは遺体そのものに対する一定の思想が反映したはずで、その思想にもとづき、何が求められ、どのように達成されたか、という視点を重視する考えによる。

　竪穴式石室の構造的変遷の背景には、被葬者の遺体とその木棺の保護を重視する基本理念にもとづき、防水性・密閉性・堅牢性を追求した設計思想が通底している。その基本理念は、弥生時代後期後半に中部瀬戸内およびその周辺地域で発達を遂げた弥生墳丘墓の棺槨からの流れを汲み、その後は古墳時代前期後葉における石棺や粘土槨出現の思想的背景ともなっている。

　前節では竪穴式石室の上部構造、壁体構造、基底部構造を総体として捉え、それをもとに竪穴式石室の構造的変遷と思想的背景を検討した。本節ではそれらを踏まえ、とくに出現期の竪穴式石室（Ⅰ群の石室）を中心にいま少し細かな検討をおこない、あらためてその位置づけを明確化したい。

1　出現期の竪穴式石室の構造的特徴

（1）上部構造

　粘土を使用した槨の被覆は中国の木槨においても手厚くおこなわれており、防水・密封の作用を期待したものと考えられている。中国の木槨ではしばしば粘土として白膏泥（カオリン土）を使用し、防湿剤として木炭を併用する。

　竪穴式石室における粘土被覆も同様の発想にもとづき、粘土の遮水性、密封性を利用したものと考えてよく、石室上部の防水性を一段と進歩させるものである。同時に、下池山古墳石室のように黒・赤などに染め分けた麻布を縞状に粘土被覆に敷き込むことは、観念的な密封の強化をはかるための呪的行為の色彩がつよい。こうしたケースの存在は、粘土被覆の施工時に観念的な密封を強化するためのなんらかの儀礼が執行されたことをも示唆する。

　粘土被覆が出現するのは竪穴式石室自体の出現よりも若干遅れ、Ⅱ群の段階である。したがって出現期の竪穴式石室には粘土被覆はないが、それとは別に特徴的な上部構造として石材被覆がある。石材被覆は大量の塊石や板石を用いて石室上部を甲高の亀甲状に大きく覆うもので、Ⅰ群およびⅡ群の一部にみられるが、Ⅲ群には明確な事例はない。

　Ⅰ群の中山大塚古墳の石材被覆は、天井石を架構して石室上部を閉塞した後、その上に大量の板石を亀甲状に積み上げて覆ったものである（図86-2）。石材被覆の範囲は長さ約11.3m、幅約5.1m、高さ0.90mに達し、ほぼ下部の石室範囲全体をカバーする。小泉大塚古墳石室の石材被覆は塊石を使用し、復元的には中山大塚例と同じく亀甲状を呈するもので、隙間などにもまったく粘土は認められなかった（図86-1）。同様に、神原神社古墳石室の上部も板石によって幾重にも覆い、小山状に盛り上げられていて、粘土の使用はない（図86-3）。

　Ⅱ群では、元稲荷古墳石室の上部は天井石がすべて横に移動されるなど改変を受けているが、上面における塊石の分布状況は黒塚古墳の石材被覆と類似しており、塊石による石材被覆が存在したとみられる（図86-4）。また、石材被覆の一部が粘土に覆われる状況がみられ、粘土被覆が存在した可能性がある。黒塚古墳石室では壁面を高く持ち送って上端で突き合わせにし、その上に板石を積んで亀甲状に覆い、さらにその周囲を塊石で根固めするように覆った石材被覆を設けるが、加えてその上部を厚さ10〜20cmほどの粘土で被覆している（図86-5）。

1 小泉大塚古墳　2 中山大塚古墳　3 神原神社古墳（以上Ⅰ群）　4 元稲荷古墳　5 黒塚古墳（以上Ⅱ群）
6 下池山古墳（Ⅲ群）

図86　竪穴式石室の上部構造

石材被覆の機能については、とくにⅠ群においては粘土被覆を欠くことから、一定の遮水効果を期待した可能性も完全には否定できない。しかし、その防水性は粘土被覆に比べればきわめて不完全なものであり、石材被覆と粘土被覆が併用される黒塚古墳石室や岡山県日上天王山古墳中心石槨のような事例の存在からも、石材被覆の機能が単純に粘土被覆に代替するようなものではなかったことがうかがわれる。

石材被覆を有する中山大塚・小泉大塚・神原神社・黒塚・元稲荷各古墳の石室に共通するのは、壁体を高く持ち送ることによって比較的小さな天井石を用い、あるいは明確な天井石をもたない合掌式の形態をとる点である。このような形態は小さな石材のみを使用して大型化した石室の上部を閉塞するための工夫であるが、そのままでは大きな天井石を架構する場合に比べて石材による遮蔽が手厚いとはいいがたい。石材被覆の第一義的な機能は、石材の堅牢さや永続性に期待し、観念的な側面のつよい密閉性や堅牢性を実現するための、石室上部の石材による手厚い遮蔽を意図したものであったと考えられる。

Ⅱ群の段階になると、椿井大塚山古墳石室のように大きな天井石によって上部を確実に閉塞する手法が出現し、Ⅲ群にかけて壁体の高さを抑え、大きな天井石と粘土被覆の組み合わせによる上部構造が完成する。このような構造が確立したⅢ群には原則として石材被覆はみられない。すなわち、完成された竪穴式石室の上部構造は、相当の重量物である大きな天井石で上部を閉塞することによって密閉性、堅牢性を実現し、さらに粘土で厚く覆うことで防水性を加え、密閉性を強化したものととらえることができる（図86-6）。

出現期の竪穴式石室の上部構造は、防水性の点で依然として未熟な段階にある。いっぽう、構築技術上の問題から手薄となる上部の遮蔽を、石材被覆によってカバーする工夫がなされており、石室上部の密閉性、堅牢性を高めようとする意識が明確化している。

（2）壁体構造

竪穴式石室の壁体は、板石小口積みの壁面と、控え積み、裏込めで構成される。裏込めの機能は、控え積みを含めた壁面の背後を充填し、安定させることにあって、塊石や板石を混ぜながら、土またはバラスを用いる。

Ⅰ群の壁体構造に共通するのは、裏込めにほぼ土のみ、または塊石や板石を含む土を用い、バラスを使用しないことである。中山大塚古墳石室は安山岩板石を主とし、少量の花崗岩塊石を混用して最大高約2mの壁面を積み上げる。壁面背後に板石による厚い控え積みをおこない、裏込めはほぼ土のみを充填する（図87-1）。神原神社古墳石室は主として安山岩板石を用いて壁面を積み上げ、奥行60〜80cm、広いところで110cmほどの板石による控え積みをおこない、やはり土で裏込めする。小泉大塚古墳石室は長さ40〜60cmの花崗岩塊石を小口積みして壁面を積み上げ、背後を同様の塊石と土で裏込めする。

Ⅱ群の黒塚古墳（図87-3）、七つ坑1号墳後方部中央石室（図87-2）、浦間茶臼山古墳、雪野山古墳第1主体部なども基本構造は同じである。椿井大塚山古墳では壁面を構成する板石積みの背後約50cmの間に「三寸ないしは一尺大の栗石」を詰めて外固めとしていた、との聞き取り結果が報告されており、写真も参照すると塊石と土を混用した裏込めであったようである。なお、黒塚古墳の場合は壁面下半部の塊石積み部分に粘土を使用しており、浦間茶臼山古墳では壁体下部の石

第 7 章　古墳時代棺槨の展開　271

1　中山大塚古墳（Ⅰ群）　2　七つ坑1号墳（後方部中央）　3　黒塚古墳（以上Ⅱ群）
4　下池山古墳　5　池田茶臼山古墳　6　将軍山古墳（以上Ⅲ群）
図 87　竪穴式石室の壁体構造

どうしの隙間に相当量の粘土を充塡し、あるいは接着剤的に用いている。

元稲荷古墳石室は、板石小口積みにより高さ1.9mの壁面を積み上げる。裏込めは墓壙底から高さ1.3mの部位に介在する厚さ10cmのバラス層を境にして上下に大きく二層に分けられ、下層はバラス、塊石、板石、土の混合、上層は塊石、板石、土、粘土の混合である。部分的にバラスが多用されている点は、バラス多用の萌芽的状況と評価しうる。

バラスを充塡した裏込めが普遍化するのはⅢ群の段階である。バラス主体の裏込めは、壁体の安定という主機能のほかに、バラス層中に無数の空隙が介在して透水性に富み、上部から浸透した雨水をスムーズに基底部の排水施設に導く機能を発揮する（図87-4・5・6）。この点は、早くに堅田直が的確に指摘したとおりである。壁体におけるバラスの使用について装飾的な意味が強かったとする意見（澤田 1993）もあるが、より実体性の高い透水機能を重視する立場をとりたい。これにより、石室上部の粘土被覆による遮水機能と、石室基底部のバラス層による集水・排水機能とが有機的に結びついて十分に機能し、竪穴式石室における防排水体系が完成することになる。加えて、板石・塊石・バラスのみによる壁体の完全な石材化も同時に達成される。[6]

土を主体とした裏込めを有するⅠ・Ⅱ群と、バラス主体のⅢ群との間の壁体構造の差は、Ⅰ群の中山大塚古墳とⅢ群の下池山古墳を模式図（図90）上で比較すれば明らかなように、竪穴式石室構造上のひじょうに大きな違いである。これは石室完成時における「見た目」の大きな違いでもある。壁面を板石小口積みとする共通点の方が目立ちがちであるが、Ⅰ・Ⅱ群とⅢ群との間には壁体構造の大きな変化があることを強調しておきたい。

（3）棺床および基底部構造

竪穴式石室の棺床および基底部構造は、Ⅰ群からⅡ群、さらにⅢ群にかけて複雑化しながら発達し、Ⅲ群ではじつに多様化している。

Ⅰ群の基底部構造はもっとも単純であるが、Ⅰ群主グループの中山大塚・小泉大塚・神原神社・権現山51号の各古墳についてみると、その石室基底部構造は相互によく類似している。

中山大塚古墳石室では、墓壙底中央を周囲よりも15cm程度高く掘り残した後、土を入れて整える。その後黒色粘土を部分的に敷き、それを基礎として壁体を積み上げる（図88-1）。小泉大塚古墳・権現山51号墳石室もほぼ同様の構造で、墓壙底中央を周囲よりも10cm程度高く掘り残した後、全体に土を入れて整え、その上に壁体を積み上げる（図88-2）。神原神社古墳石室の場合も横断面で棺床下部になだらかな基台状を呈する黒色土層が認識されている。

これらの古墳では粘土棺床の構造も類似している。中山大塚古墳の棺床は上記の置き土上面に黄灰色粘土混じりのよく締まる砂質土を敷いて土台とし、黒色粘土と青灰色粘土を粗く混和した粘土で上半部をつくる。この場合、木棺底面の中央部は直接土台の砂質土に接する。小泉大塚古墳の棺床も上記の粘質土を土台として灰白色粘質土で上半部をつくる。灰白色粘質土は中央部ではひじょうに薄く、下の暗黄褐色土が露出する部分がある。権現山51号墳の棺床は墓壙底中央に掘り残されたなだらかな高まりをそのまま土台とし、黄白色土で上半部をつくる。

以上は構造的には堅田直が粘土棺床下半部の用材に注目して分類した第2類（堅田 1964）にはぼ該当しよう。特徴としては、粗悪な粘土あるいは粘質土を用いること、棺床がひじょうに低いものであることが指摘できる。

第 7 章　古墳時代棺槨の展開　273

　1　中山大塚古墳　2　権現山 51 号墳（以上 I 群）　3　黒塚古墳（II 群）
　4　下池山古墳　5　池田茶臼山古墳　6　寺戸大塚古墳（後円部）（以上 III 群）

図 88　竪穴式石室の粘土棺床と基底部構造

　鶴尾神社 4 号墳は、積石塚の墳丘を構成する 30 cm 大以上の大きさの塊石の上に、10 cm 大程度の塊石を厚さ 20 cm 程度に敷いて平坦面をつくり、その上に石室を構築する。これを一般の石室における墓壙底に対応させると、そこに粘土を 10～20 cm 程度の厚さで敷き、壁体の基礎とすると同時に粘土棺床の土台とし、それに粘土を足して上半部とする点で、棺床の形成方法は上記の諸例と基本的に同じである。

　I 群では、棺床直下の墓壙底を周囲よりも若干高く設え、その上に直接粘土棺床を設ける。粘土棺床の粘土は必ずしも良質のものではなく、量も少ない。石室壁体は墓壙底から直接あるいは若干の置き土を介して積み上げられる。集排水機能を果たすバラス敷は未発達であるが、棺床を周囲の墓壙底よりも高い位置に置くことは一定の水はけに配慮したものと考えられる。

Ⅱ群の基底部構造は、Ⅰ群のそれをベースに、墓壙底中央の粘土棺床を周囲の墓壙底よりも高く設え、相対的に低くなった周囲の墓壙底に排水のためのバラスを薄く敷いてその上に壁体を積み上げる（図88‐3）。Ⅲ群の基底部構造はそれをさらに発達させ、粘土棺床を一段と高く設え、厚いバラス敷を設けて集排水機能を高めている（図88‐4・5・6）。

　竪穴式石室の基底部構造は、Ⅰ群からⅢ群にかけてそれぞれ前段階の基本構造を受け継ぎ、発展させながら段階的に完成されたものといえる。Ⅰ群では棺床直下の墓壙底を周囲よりも高く設えるために、墓壙掘削時にあらかじめ墓壙底中央をやや高く掘り残す手法がしばしばみられるが、同様の手法はⅡ群やⅢ群の一部に受け継がれている。ただし、Ⅲ群の玉手山9号墳石室ではこの高まりは墓壙底に敷き詰めたバラス敷に完全に埋められ、下池山古墳石室では同じくバラス敷で埋めた上にさらに精選された土で基台が構築されていて、それ自体が粘土棺床を高く設える機能を失っている。こうしたルジメント的存在からも、上記の構造がⅠ群からⅡ群、Ⅲ群へと発展的に継受されたものであることを知ることができよう。

2　壁体構築と木棺搬入のタイミング

　つぎに壁体構築と木棺搬入のタイミングの問題を検討しておきたい。小林行雄は竪穴式石室では粘土棺床の設置、さらには木棺の安置が壁体の構築に先行すると理解した。一般に壁体が粘土棺床末端を敷き込んで構築されること、壁体構築終了後には壁面の持ち送りによって木棺の搬入が物理的に不可能になることがその理由である（小林行 1941）。

　その後、壁面にみられる目地の検討を通じて、多くの竪穴式石室で床面から30～50cm前後の高さに壁体構築の休止面が存在することが明らかになってきた。現段階では、粘土棺床の設置→（木棺の安置）→壁体の構築という先後関係と、休止面の存在という2つの事実は、休止面における「儀礼の執行」を想定することで説明される場合が多い。しかし、長大な木棺は相当の重量物であって、石室内に搬入する際には一定の作業面を確保する必要がある。休止面が存在する場合には、それが木棺搬入のための作業面であるケースも想定の余地があるであろう。

　たとえば、中山大塚古墳石室では基底石から約40～60cmの高さに壁面の目地が通り、これより下の下段壁面は垂直もしくはやや開き気味に立ち上がり、目地より上の上段壁面は大きく内湾した後持ち送りながら立ち上がる。下段壁面の南北両小口には6段分の柱状に積まれた部分があり、下段はこれを基準として一気に積み上げたと推定されている。また、目地の高さは墓壙第1段上面と呼んでいる平坦面とほぼ一致し、裏込め土の大単位とも対応することから、この面を石室構築の休止面と認めてよい（図89‐1の矢印部分）。

　中山大塚古墳の場合、粘土棺床は下段壁面構築後に石室内に敷かれた置き土の上に構築されており、粘土棺床の設置→壁体の構築という一般的な先後関係とは逆である。下段壁面が部位によってはかなり外傾していることからも、この休止面を木棺搬入のための作業面と考えることがもっとも合理的である。

　神原神社古墳石室では、粘土棺床底面から40～45cmの高さに壁面の目地がある。それより下の下段はわずかに内傾気味に、部位によっては垂直もしくは外傾気味に立ち上がるが、上段はつよく持ち送った後内傾しながら高く立ち上がる。また、粘土棺床の側縁部は下段の下部3～4段分を

第 7 章 古墳時代棺槨の展開 275

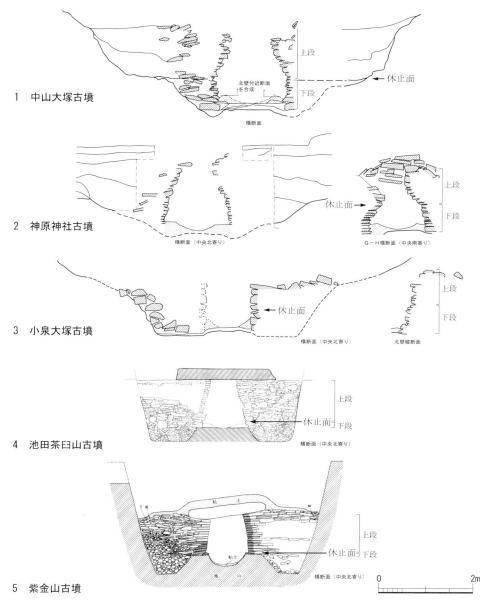

図 89 竪穴式石室の休止面の変化

内側から覆っており、少なくともその部分は壁体構築後に施工されたことが確実である。壁面の状況をみると、下段は長さ 20〜25 cm、厚さ 10 cm 以内の比較的揃った薄い石を水平に隙間なく丁寧に積んでいるのに対し、上段は石材の大きさが不統一で積み方も雑である。上段が木棺安置後に外側から積まれたことは明らかであるが、逆に下段は粘土棺床側縁に覆われる下部 3〜4 段分にかぎらず、その全体が木棺安置前に壁面を見ながら積まれた可能性が指摘できる（図 89-2 の矢印部分）。

小泉大塚古墳でも、壁面は垂直ないし外傾する下段と、内傾する上段とに分けられ（図 89-3 の

矢印部分)、北小口付近では棺床中央から下段上端までの高さは約30cmである。粘土棺床は下段構築後に設けられ、側縁は高さ約20cmが下段壁面を覆っている。下段と上段では隅角の構造にも差があり、上段では隅三角持ち送り状の積み方が顕著である。

このように、いずれもⅠ群に属する初期の竪穴式石室である中山大塚・神原神社・小泉大塚各古墳の石室の状況は基本的に同じであって、壁体下段→粘土棺床→木棺の安置→壁体上段の構築順序が想定できる。Ⅰ群に属する竪穴式石室の事例は多くはないが、検討に耐えうる3例までが同様の構築順序を示す事実は重要である。

粘土棺床と壁体下部の構築の先後関係から、壁体下部がある程度まで積み上がった時点で棺が搬入されるパターンは、たとえばⅢ群の大阪府玉手山9号墳などでも想定されてきた（安村2003）。玉手山9号墳では棺搬入に先行して積まれる壁体下部は板石4～5段分であるが、この高さは粘土棺床の側縁上端に一致するように復元されており、木棺を上から石室内に下ろすというイメージとは異なっている。

ところが、いま検討したⅠ群の3石室における休止面は、棺床底面からの比高差にして中山大塚古墳では30～50cm程度、神原神社古墳では40～45cm程度、小泉大塚古墳では30cm程度高い位置となる。すなわち、これらの古墳では、木棺の搬入は30～50cm程度まで積み上がった石室内に上から下ろすかたちでおこなわれていることになる。

弥生墳丘墓の木槨では、岡山県楯築弥生墳丘墓で木槨の側材を立ててから底面を整備し、その後上方から木棺を搬入してさいごに蓋材を架ける手順が明らかにされている。弥生墳丘墓の中心的な埋葬施設として木槨と並んで用いられていた石槨においても同様で、壁体立ち上がりの角度や、棺材を外部から固定する構造がみられない点などから、木槨と同様に「部材の結合度の高い」（宇垣1987）木棺が使用され、同じ手順で埋葬がおこなわれたことが指摘されている。このように、上から槨内に下ろすという木棺の搬入方式は弥生墳丘墓の棺槨以来の方式であって、Ⅰ群の竪穴式石室ではその意識が依然として残存していたことを示すものと考えてよいであろう。

新納泉は、粘土棺床が石室両側壁の間におさまる椿井大塚山古墳石室のようなあり方に対し、粘土棺床の端が壁面よりも外側までひろがり、かつ壁体を構築し始める高さが粘土棺床の下端よりもやや上にある浦間茶臼山古墳石室のようなあり方の方がより新しく位置づけられることを明らかにし、さらに時期が下がるほど粘土棺床の幅が大きく、石室壁体を構築し始める高さが高くなることを指摘した（新納1991）。実際、Ⅰ群に属する中山大塚・小泉大塚・鶴尾神社4号・神原神社・権現山51号各古墳の石室はいずれも粘土棺床が石室両側壁の間におさまり、石室壁体を構築し始める高さは粘土棺床の基底面よりも低い。[7]

いっぽう、Ⅱ・Ⅲ群の竪穴式石室では新納が指摘するように石室壁体を構築し始める高さが次第に高くなるが、それでもいま述べたような休止面が認められる場合がある。たとえば、Ⅲ群の桜井茶臼山古墳石室では床面から約40cmの高さに明瞭な目地が通り、目地より下は大きさの揃った板石を丁寧に積むのに対し、上は石材がやや不揃いで、面がやや雑である。このことは、下位部分が壁面を見ながら積まれたものである可能性を疑わせる事実といえる。

玉手山9号墳において想定されたようなあり方は、Ⅰ群における搬入方式のさらに形骸化した姿と考えてよい。池田茶臼山古墳で観察された休止面も、壁面下部の板石3～4段分で、ほとんど粘土棺床の側縁部上端に等しい高さと考えられる（図89-4の矢印部分）。Ⅲ群石室では紫金山古墳

石室のように、休止面が壁体基底とほぼ一致する場合の方が一般的であったと考えられ（図89-5の矢印部分）、いずれにせよ木棺を上から槨内に下ろすという行為の感覚は、桜井茶臼山古墳のような大型古墳では一定程度残存していた可能性があるものの、多くの場合は失われていたと考えられる。

　木槨・石槨では、槨がほぼ完成した段階で、木棺を上から槨内に下ろす方式で搬入していたが、竪穴式石室においてはこの手順が逆転し、棺を先に安置してから石室を構築する方式が採用された、というのが従来の一般的な説明であった。しかし、上記の検討結果は、この変化が手順の逆転というような単純な言葉で割り切れるものではないことを示している。つまり、槨の構築と棺搬入のタイミングがただちに逆転したのではなく、槨の構築における、棺安置以前の工程と、それ以後の工程の比率が、実際の時間としては短期間ではあっても一定のプロセスを経て変化したと考えるべきである。

　竪穴式石室の出現当初は、木棺を上から石室内に下ろすという意識が明確に残存していた。ただ、壁体の持ち送りによって石室上部の開口部を絞り、小さな天井石で閉塞する構築手法上の問題から、棺搬入時の石室壁体は低いものとならざるをえない。まもなく竪穴式石室の構築手法により適応した方式として、棺安置以前の工程が最大まで圧縮され、最終的には実態として槨構築と棺搬入のタイミングが逆転するにいたったと考えられるのである。

3　出現期竪穴式石室の位置づけ

　出現期の竪穴式石室の様相は、完成期まで一貫して不変の要素と、完成期の石室との比較のうえで初現的と考えられる要素とに分けて整理することができる。

　前者は、竪穴式石室の基本的要素といえる。長さ6～7mにも達する大規模な石槨であること、壁面は扁平な板石を小口積みし、控え積みを有すること、床面に粘土棺床を設けること、上部の構造は木棺の安置後に構築されること、などが挙げられる。

　後者は、出現期の竪穴式石室に特徴的な初現的要素である。粘土被覆をもたず、石材被覆を有するものがあること、壁体や基底部の構造が単純で、充塡材には主に土を使用してバラスを用いないこと、などが挙げられる。

（1）基本的要素からみた出現期の竪穴式石室

　基本的要素のうち、大規模な石槨である点は内部におさめられた木棺の長大さと不可分の関係にある。また、壁面の板石小口積みや控え積みといった壁体構築技術も、その長大な平面形と大いに関連するものである。

　すなわち、とくにⅠ・Ⅱ群石室では壁体を高く持ち送ることによって、比較的小さな石材のみで大型化した石槨の上部を閉塞している。たとえば、中山大塚古墳石室の最大高約2mの壁面は、下位約0.4～0.6mの間は垂直に積み上げ、中位でつよく持ち送って内湾気味に傾斜を変え、上位では徐々に高く持ち送って両長側壁間の間隔を極力狭めている。下位の壁面の垂直部分から中位のつよい持ち送り部分にかけては木棺をおさめる空間を構成し、上位の高い持ち送り部分は石室を閉塞するために開口部の幅を狭くするためのもので、木造建築物における「小屋組み」的な意味合い

をもつと理解できる。

　こうした持ち送り構造は、扁平な板石の使用と、控え積みの技術を前提として可能となるものであり、扁平な板石を大量かつ安定的に古墳造営地に供給しうる石材産出地の開発がさらにその前提となる。

　粘土棺床の発達も、大型の重量物であり、かつ形状的に安定の悪い木棺をどのように安置するか、という課題に対する一つの答えであり、木棺の刳抜式構造とその長大さに深く関係する。上部の構造が木棺の安置後に構築されることも、その木棺を収容するに足る規模の石室を構築するために上に述べたような壁体構造をとらざるをえない以上、必然的に採用された手順といえる。

　竪穴式石室におさめられた木棺は、長さ5〜6mにも達する長大な刳抜式木棺である。第3章で考察を加えたとおり、この木棺の刳抜式構造や長大さそれ自体が、被葬者の遺骸保護という棺槨構築の基本理念に沿ったものと理解される。竪穴式石室が、その出現当初から長大な木棺に規制されていたことも、竪穴式石室が同じ理念に根ざした構築物である以上、当然のことといえるであろう。

　竪穴式石室以前の棺槨から、これらの基本的要素を備えた出現期の竪穴式石室への構造的変化は、一見必ずしもスムーズなものではない。しかし、竪穴式石室の基本的要素が長大な刳抜式木棺との関係性に規定されていることを重視するならば、やはり同様に長大な刳抜式木棺を内蔵する京都府黒田古墳第1主体部、奈良県ホケノ山古墳中心埋葬施設、徳島県萩原1号墳などの大型木槨、なかでも木槨の外側に大規模な石槨を備えた二重槨（C2類）である後二者のようなものが、竪穴式石室のより直接的な祖形として候補に挙がるであろう。

（2）初現的要素からみた出現期の竪穴式石室

　また、I群からⅢ群にかけて完成されていく竪穴式石室の構造的変遷も、同じ理念にもとづく設計思想の具体化であることは、すでに述べてきたとおりである。

　出現期の竪穴式石室における初現的と考えられる要素は、それらがそうした構造的変遷の途上にあることによるもので、多くの場合完成期の石室に向けて発展的に変化していくが、いっぽうで消失していく要素として、石室上部の石材被覆がある。

　前述のとおり、石材被覆の主機能は石室上部の石材による手厚い遮蔽であり、石材の使用による観念的な密閉性や堅牢性を実現するためのものであったと考えられる。その系譜を考えるうえで参考とすべきは、竪穴式石室出現以前の段階における同様の施設の存在である。

　岡山県立坂弥生墳丘墓第2主体（木槨B類）では、木槨上部を直接覆っていた大量の礫（被覆礫）が木蓋の腐朽によって槨内に落ち込んだ状況で検出され、ホケノ山古墳中心埋葬施設（木槨C2類）でも木槨（内槨）および石槨（外槨）の上部を厚く覆っていた大量の礫の落ち込みによって槨内が埋め尽くされていた。ホケノ山古墳中心埋葬施設の槨上部を覆っていた被覆礫の総重量は少なくとも22t以上と推算され、中山大塚古墳石室の石材被覆に匹敵するような規模であったと考えられる。このほか、香川県石塚山2号墳第1主体部も木槨C2類であった可能性が高いが、やはり槨上部を厚く覆っていたと考えられる大量の板石・礫群が槨内に落ち込んでいた。

　埋葬施設上部における礫の集積といえば、楯築弥生墳丘墓中心主体の上部にみられる円礫堆のようなものが想起されるかもしれない。しかし、楯築弥生墳丘墓の円礫堆は墓壙埋め戻し後に設けら

れたもので、槨の上面を直接覆い、槨の構造と一体化している立坂弥生墳丘墓第2主体、ホケノ山古墳中心埋葬施設、石塚山2号墳第1主体部の被覆礫とは異なる。楯築弥生墳丘墓の円礫堆に代表される埋葬施設上の礫堆、礫群の性格については、埋葬後の墳頂部における祭祀に関係するものとして、大谷晃二による整理がおこなわれている（大谷 1997）。これらの礫堆、礫群と被覆礫が機能的に別のものであることは、石塚山2号墳第1主体部で槨上部を直接覆う被覆礫と、積み土層を介してさらに上部に白色円礫群が共存することからも知ることができよう。

立坂弥生墳丘墓第2主体は木槨の裏込めに礫を大量に用い、蓋上の被覆礫と合わせて石材の多用化傾向が著しい。また、ホケノ山古墳中心埋葬施設、石塚山2号墳第1主体部は木槨の外側に石槨を設けて重槨化することによって、石材量を大きく増すとともに構造的な堅牢性も高めている。したがって、被覆礫の主機能もまた槨上部の石材による手厚い遮蔽と考えてよいであろう。

その背景に、竪穴式石室につながる密閉性・堅牢性重視の設計思想を看取でき、これらの被覆礫の延長上に初期竪穴式石室の石材被覆を整合的に位置づけることが可能である。

初現的要素の一つである石材被覆と類似した構造を探索した場合にも、そのより直接的な祖形の候補はホケノ山古墳中心埋葬施設、石塚山2号墳第1主体部のような木槨C2類の被覆礫となる。これらが弥生時代後期後半以来の木槨B類の系譜をひくものであることはすでに明らかにしたとおりであり、被覆礫のさらなる祖形が立坂弥生墳丘墓第2主体のような石材多用の木槨B類に求められる可能性が示唆されることも看過すべきではない。

筆者は、竪穴式石室を弥生時代後期後半に中部瀬戸内およびその周辺地域で発達を遂げた弥生墳丘墓の棺槨の流れを汲むものとし、その祖形をより直接的には古墳時代最初頭に近畿地方を中心に大型化を遂げ、C2類のようなかたちで石槨化への傾斜を強めていた木槨に求める立場をとる。その最大の理由は、木槨が竪穴式石室成立以前の最上位の棺槨形態であったと推定され、竪穴式石室に先駆けて前方後円墳において採用されたこととともに、木槨の大型化自体が、本節であらためて検討した竪穴式石室と長大な刳抜式木棺との関係性を先取りしたものであったと考えるからである。いま指摘した被覆礫と石材被覆の関係も一つの傍証資料となりうるであろう。

竪穴式石室のⅠ群からⅢ群までの構造的変遷は、石から粘土へ、土からバラスへといった構築材の転換をともなう工夫によって段階的に実現されたものである。さらにⅢ群以降には、木棺から石棺へ、石室から粘土槨へといった構築材のより大きな転換をともなう変化が起きる。このような構築材の特性に注目し、それを置き換える棺槨の構造的発展のメカニズムを重視するならば、木槨から竪穴式石室への転換は、たとえば先に述べた扁平な板石を大量かつ安定的に供給する石材産出地の開発といった前提条件が整うことによって、現実的には意外にスムーズに起こりえたのではなかろうか。

さいごに、一つの試みとして、構築材の種類に注目した木槨から竪穴式石室Ⅰ～Ⅲ群への変化を、楯築墳丘墓の木槨（B類）、ホケノ山古墳の木槨（C2類）、中山大塚古墳と下池山古墳の竪穴式石室の横断面模式図（図90）で示し、出現期の竪穴式石室の位置づけを視覚化しておきたい。

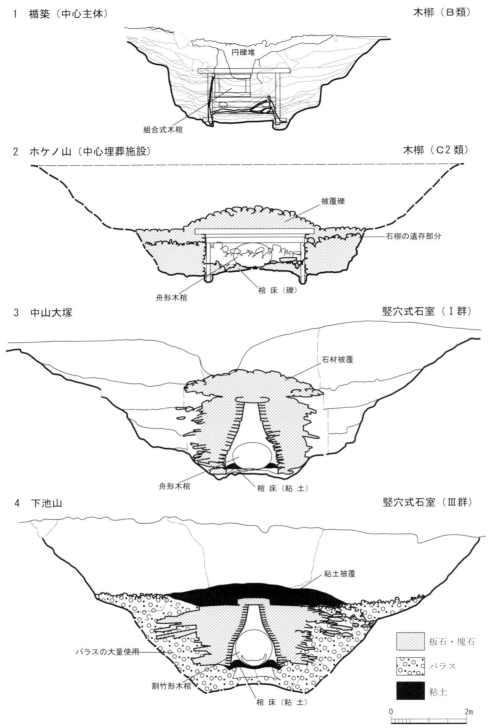

図90 木槨〜竪穴式石室における構築材の変化（模式図）

第4節　初期の粘土槨

　粘土槨が竪穴式石室の簡略化形態であることは、棺床構造の共通性などからこれまでも指摘されてきた。粘土で木棺を密封する粘土槨の構造は、石材で木棺を覆い包む竪穴式石室の構造をベースに、石材を粘土に置き換えることで成立したと考えられている。近年は、その具体的なメカニズムと成立時期をめぐる議論が活発におこなわれている。筆者も、竪穴式石室から粘土槨が派生した背景に、構造全体の簡略化を進め、石材使用による堅牢性を放棄するいっぽう、防水性を強化する方向性を推し進めた設計思想上の変化を見とおしたことがある（本章第2節）。本節では、出現期の粘土槨と考えられる奈良県東大寺山古墳と大阪府真名井古墳の粘土槨の構造を比較し、この見とおしを補強しておきたい。

1　竪穴式石室Ⅲ群起源の粘土槨

　奈良県東大寺山古墳の粘土槨は、大量の粘土を使用して上面を高く盛り上げた初期の粘土槨の典型例である（図91-2）。基底部構造は基台を有する竪穴式石室と共通し、墓壙底にバラスを充填した上に棺床粘土を設ける。棺床粘土の上には大量の粘土を使用して高く積み上げた棺側粘土がある。棺側粘土は大まかな積み上げ単位ごとに墓壙壁との隙間に裏込めのバラスを充填しながら積み上げる。その棺側粘土の裾部分上面は一定の平坦な面をなし、多量の棺外遺物を置くための遺物床の機能を果たす。被覆粘土はこれら下部の構造全体を覆って厚く高く盛り上げられ、竪穴式石室の粘土被覆bと同様に末端が墓壙壁に達している。

　東大寺山古墳の粘土槨が、粘土被覆や壁体背後のバラスによる裏込めが発達した竪穴式石室Ⅲ群の石材部分をそのまま粘土に置き換えたかのような構造であることは明らかであり、これが竪穴式石室Ⅲ群から派生したものであることを説明するに十分であろう。もっとも発達した前期後葉の竪穴式石室Ⅲ群には、大量の粘土を使用する粘土被覆b、壁体裏込めバラスの大量使用、大型の天井石の使用による内部空間の相対的縮小といった特徴がみられる。将軍山古墳、紫金山古墳、池田茶臼山古墳、会下山二本松古墳などの石室が挙げられる。東大寺山古墳の粘土槨に代表される初期の粘土槨の祖形は、このようなもっとも発達した竪穴式石室Ⅲ群に求められる可能性が高い[8]。

　東大寺山古墳の粘土槨は、裏込めのバラスを充填しながら棺側粘土を高く積み上げる点に大きな特徴がある。この棺側粘土の構築法は、裏込めに大量のバラスを充填しながら板石を積み上げる竪穴式石室Ⅲ群の壁体構築法に通じるものがある。これに対し、一般的な粘土槨では、粘土で構成される部分は棺床粘土と被覆粘土のみからなっており、高く積まれる棺側粘土はない。棺側粘土が省略される方向に変化した結果とみてよいであろう。つぎに、いくつかの事例を挙げてその変化の方向性を確認しておきたい。

　大阪府庭鳥塚古墳の粘土槨は、長さ2.7m以上、幅約0.7mの組合式木棺を内蔵したもので、粘土部分は棺床粘土・棺側粘土・被覆粘土からなる。基底部には粘土を混ぜた小礫で基台をつくり出し、周囲を砂礫で埋め、その上に棺床を構築する。棺床の周囲には拳大のバラスを集積し、さらに

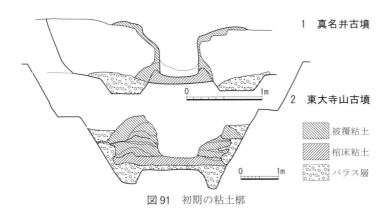

図91 初期の粘土槨

1 真名井古墳
2 東大寺山古墳

被覆粘土
棺床粘土
バラス層

その周囲を砂礫で充塡する。木棺の安置後、幅50〜70cm、高さ35cmの棺側粘土を積み、その上面が遺物床となる。棺側粘土の側面には小礫を貼り付け、周囲を砂礫で埋める。最後に被覆粘土を亀甲状に高く盛り上げている。

奈良県鴨都波1号墳の粘土槨は、長さ4.3m、幅43cmの割竹形木棺を内蔵したもので、やはり粘土部分は棺床粘土・棺側粘土・被覆粘土からなる。基底部には粗砂を6〜9cmの厚さで全面に敷き詰め、その上に棺床を構築する。棺床の周囲には粗砂を充塡する。木棺を安置後、その周囲に厚さ5〜10cmの棺側粘土を敷く。棺側粘土は墓壙内いっぱいに薄く敷かれ、その上面が遺物床となる。最後に被覆粘土を亀甲状に高く盛り上げる。

庭鳥塚古墳の粘土槨は一定の高さの棺側粘土があり、その周囲に砂礫・バラスを充塡する点で、構造的には東大寺山古墳の粘土槨に比較的近いものである。鴨都波1号墳の粘土槨は棺側の粘土が厚さ5〜10cmと薄く、棺側粘土のための裏込め自体も失われているなど、様相がかなり異なる。ただし、棺外副葬品が配列された遺物床の位置についてみると、東大寺山古墳では高く盛り上げられた棺側粘土の裾部分上面であり、庭鳥塚古墳は棺側粘土の上面、鴨都波1号墳も同様であって、鴨都波1号墳の薄い棺側粘土が、東大寺山古墳・庭鳥塚古墳の高く積まれた棺側粘土が形骸化したものであることが理解される。また、東大寺山古墳の棺側粘土はバラスを裏込めとしながら順次粘土を積み上げて構築され、竪穴式石室壁体の構築材を石材から粘土に置き換えた当初の姿をよくとどめているが、庭鳥塚古墳ではそうした形跡は認められていない。東大寺山古墳・庭鳥塚古墳・鴨都波1号墳ではバラスの使用量にも差がみられる。したがって、型式学的にはまず竪穴式石室Ⅲ群から東大寺山古墳の粘土槨が派生し、実際の組列はともかく東大寺山古墳→庭鳥塚古墳→鴨都波1号墳の順に構造が簡略化されたと認めてよいであろう。

鴨都波1号墳の粘土槨は、厚さ5〜10cmの棺側粘土が墓壙壁までひろがりをもち、その上面で多数の副葬品が検出された。逆にそうした条件がなければ、棺床粘土と被覆粘土の間に介在する薄い棺側粘土を見極めることは困難ではなかったかと思われる。その意味で、鴨都波1号墳の粘土槨と、粘土で構成される部分が棺床粘土と被覆粘土に分けられ、棺側粘土と呼ぶべき部分を欠く一般的な粘土槨との間には、さほどの大きな構造的差異はないともいえる。棺側に高く粘土を積み上げることは、最終的にそれらが被覆粘土で覆われることを考えれば、構造的にも防水性の観点からも必要性が低い。その意味で、棺側粘土の形骸化は短期間で進んだと考えられる。

竪穴式石室としては構造的にもっとも発達した段階の竪穴式石室Ⅲ群の事例である将軍山古墳、紫金山古墳、池田茶臼山古墳、会下山二本松古墳などの築造時期はいずれも前期後葉に位置づけられる。竪穴式石室Ⅲ群起源の粘土槨である東大寺山古墳、庭鳥塚古墳、鴨都波1号墳の築造時期もまた同じく前期後葉の幅の中におさまる。これら3基の古墳のみを取り上げた場合、粘土槨の型式学的な先後関係が副葬品や埴輪の検討から想定される相対的な先後関係によって必ずしも検証しう

るわけではない。このことは検討資料の少なさにも起因すると思われるが、同時にその構造変化の早さを物語るものと考えてよいであろう。

2 竪穴式石室Ⅳ群起源の粘土槨

　初期の粘土槨の中には、上述の竪穴式石室Ⅲ群起源の粘土槨とは異なった特徴を有する点で、それらと対比しうると考えられるいくつかの事例が存在する。

　大阪府真名井古墳の粘土槨（図91-1）は、長さ5.33 m、幅53〜65 cm の組合式木棺を内蔵したものと推定されている。棺床粘土は構築墓壙と推定される墓壙底につくり出された基台の上にのる。基台の周囲には径5 cm 内外のバラスを詰め、くびれ部に向かってのびる排水溝が接続していた。棺床に木棺を安置した後、木棺の棺側に貼り付けるようにして5 cm 程度の薄い棺側粘土を施す。棺側粘土の施工後、墓壙内は棺の上端の高さまで土で埋められる。この墓壙埋土は黄褐色の山土で、層序が認められず、概して軟質であったと報告されている。その後、それらの上面の長さ6.1 m、幅1.6 m の長方形の範囲に被覆粘土が貼り付けられる。被覆粘土はもっとも厚い部分で5 cm あまりと薄く、平らに広がる。粘土槨全体の高さは80 cm である。

　京都府西山1号墳の粘土槨は、長さ約5.46 m、径約1〜1.14 m の割竹形木棺を内蔵したものである。大規模な二段墓壙の底に砂混じりの土を敷いてそのまま棺床とし、木棺を安置後、棺側粘土の積み上げと土による裏込めを交互に繰り返し、最後に被覆粘土を盛り上げる。粘土槨は上縁の長さ約7.4 m、幅約4.1 m、深さ約2.2 m の下段墓壙部分いっぱいに設けられている。

　群馬県前橋天神山古墳の粘土槨は大規模なもので、長辺8.80 m、短辺3.30 m、内法高さ1 m を測る。基底部に砂を薄く敷き、その上に棺床になる粘土を薄く敷く。棺側粘土は長辺では厚さ90 cm、短辺では厚さ50 cm 前後で、長径20〜30 cm の粘土塊を1個ずつ押し付けるようにほぼ垂直に積み上げたものとされる。棺側粘土背面と墓壙壁との間には、粘土を積み上げながら裏込め土を入れ、裏込め土の間にのびる粘土の間層が認められる部分もあった。被覆粘土は厚さ15 cm 程度であったと推定されている。

　真名井古墳、西山1号墳、前橋天神山古墳の粘土槨は高さのある棺側粘土を有し、構造的に棺床粘土と被覆粘土のみで構成される一般的な粘土槨とは一線を画している。その点では東大寺山古墳の粘土槨などとも共通しており、いずれも竪穴式石室的な構築技術の特徴をとどめた初期の粘土槨と評価されてきた。たとえば、北野耕平は、真名井古墳粘土槨の特徴的な構造を「強いていえば粘土棺床・側壁・粘土被覆の三つの部分からなる丈の高い構造」（北野 1964b：p80）と表現し、「竪穴式石室を築いて棺体を被覆する代りに粘土を使ったという表現に一層適切なものを覚える」と指摘している（同：p81）。また、堅田直は、西山1号墳の粘土槨の特徴的な構築方法を「どこか竪穴式石室の築造技術と共通するところがあるように感じられる」（樋口・堅田ほか 1999：p23）とし、竪穴式石室から粘土槨への移行過程の所産と推定したうえで、「西山型粘土槨」と呼ぶことを提唱している。

　いっぽう、東大寺山古墳の粘土槨との差異に注目して比較してみると、真名井古墳、西山1号墳、前橋天神山古墳の粘土槨は構造的には裏込めにバラスではなく土を使用している点に顕著な違いが認められる。裏込めにバラスを多用せず、土を主体的に使用するとともに、粘土被覆を有する

ことは、地域性や階層性に起因するⅢ群の簡略的存在形態である竪穴式石室Ⅳ群の特徴と共通する。つまり、東大寺山古墳の粘土槨と真名井古墳、西山1号墳、前橋天神山古墳の粘土槨の違いは、竪穴式石室のⅢ群とⅣ群の違いに対比できると考えられる。

　竪穴式石室のⅢ群とⅣ群に対応する構造がそのまま初期の粘土槨に反映していることはきわめて興味深い現象であり、真名井古墳、西山1号墳、前橋天神山古墳の粘土槨がやはり竪穴式石室から派生したものであることを示していよう。むろん、このことは、これらの粘土槨がⅣ群の特徴を有する特定の竪穴式石室から生み出されたことをそのまま意味するものではない。実際、真名井古墳、西山1号墳、前橋天神山古墳の粘土槨は相互に似通っているとはいいがたく、むしろそれぞれ孤立的である。前橋天神山古墳を例にとっても、関東地方は前期の竪穴式石室の分布圏の外にあって、その成立のプロセスが単純なものではなかったことがうかがわれる。ここでは、竪穴式石室においてみられたⅢ群とⅣ群の関係と類似した関係が、初期の粘土槨においても存在したことを確認しておきたい。

3　粘土槨の展開

　第2節で述べたとおり、竪穴式石室の出現から完成までの構造的変遷の背景には、被葬者の遺体とその木棺の保護を重視する基本理念にもとづく防水性・密閉性・堅牢性を完備した大型石槨の構築を目指す設計思想が存在した。水を通さない粘土で木棺を直接包み込む粘土槨は、防水性の観点のみからいえば、竪穴式石室のような大がかりな構造を必要としない点でより合理的である。いっぽう、竪穴式石室の粘土槨化は、石材を粘土に置き換えて堅牢性を放棄することで達成されたのであり、その変化の方向性は明らかな簡略化である。その方向性が確立するや、初期の粘土槨にみられた棺側粘土やその裏込めの省略といったさらなる簡略化が急速に進んだものと考えられる。

　粘土槨は被覆粘土を亀甲状に高く盛り上げる手法によって棺側粘土を省略しつつ構造そのものを縮小し、竪穴式石室に比べより簡易な古墳の埋葬施設として広く採用されるようになる。その後に広く展開するこうした粘土槨の「主流」の出発点は、竪穴式石室の主系統であるⅢ群とのより直接的な関連でとらえられる東大寺山古墳のような粘土槨であったと考えることができる。ただしそれとともに、真名井古墳の粘土槨などのように、竪穴式石室Ⅳ群に対比されるようないわば傍系の粘土槨も存在したわけである。

　真名井古墳は前期中葉に遡る可能性が指摘され、粘土槨としては最古の事例である。この粘土槨に対しては、その後の粘土槨の展開とは分けて考えるべき孤立的な存在と評価する見解（安村2003）や、粘土槨の初現ではあるものの「不定型な」粘土槨であって「定型的な」粘土槨の先駆にはならないといった見方（北山 2009）があるいっぽう、その後に展開する粘土槨と同一の組列上に位置づける評価もある（高松 2009）。上述の検討結果からするならば、真名井古墳の粘土槨は、竪穴式石室を簡略化することで出現した点では初期の粘土槨として必ずしも孤立的なものではないが、竪穴式石室Ⅲ群を起源とする組列に連なる粘土槨の主流からは外れた存在として評価できるであろう[10]。

註

（1） 権現山 51 号墳、吉島古墳の石室は上部が遺存しないが、両石室には棺床を含め粘土が一切使用されておらず、粘土被覆が存在した可能性は低いと判断される。

（2） なお、七つ坑 1 号墳後方部第 1 石室は棺床下部を横断面 U 字形に掘りくぼめ、板石を敷いた上に粘土を貼って棺床を形成したと評価されている。しかし墓壙底面の全体的な形状をみると、棺床下部は逆に周囲よりも 10 cm 前後高く、棺床下部を横断面 U 字形に掘りくぼめるものとゆるやかな高まりを設けるものとの、いわば折衷的な様相である。

（3） メスリ山古墳主室は天井石架構後に構築墓壙上段を付加する構造をとり、粘土被覆がその範囲全体におよんでいることは粘土被覆（b）と同構造である。また、上面に棺床を設けるための断面 U 字形の掘り込みを有する大規模な基台を備える点は、紫金山古墳石室との類縁性が高い。

（4） 粘土棺床を周囲の墓壙底よりも高く設えるという本質的な部分とは別に、Ⅰ群主グループでしばしばみられる墓壙底中央をやや高く掘り残す手法も、Ⅱ群やⅢ群の一部に受け継がれている。ただし、Ⅲ群の玉手山 9 号墳石室や下池山古墳石室ではそうした高まりはバラス敷の中に完全に埋没しており、なかばルジメント的存在となっている。

（5） 鐘方正樹は竪穴式石室における「礫被覆」「礫盛り上げ基台」の概念を提案し、ホケノ山古墳、黒田古墳の棺床が礫床構造であることと結びつける考えを示している（鐘方 2003b）が、初現的な竪穴式石室であるⅠ群の棺床構造が礫を使用しない点との整合が必要であろう。

（6） 筆者が調査に関わった下池山古墳の竪穴式石室（Ⅲ群）では、雨水はもちろん、動力ポンプを用いて水を撒いても壁体上面に水が溜まることはなかったし、石室内に水が浸入することもなかった。ところが、黒塚古墳石室（Ⅱ群）では、雨のたびに壁体上面に雨水が溜まり、まれに石室内に浸水することもあった。裏込めのバラスの効果を物語る挿話として披露しておきたい。

（7） ただし、権現山 51 号墳については、報告書では自重によって壁体最下段が若干沈み込んだと解釈し、あえて木棺の安置が壁体の構築に先行する手順が推測されている。

（8） 高橋克壽は、東大寺山古墳の粘土槨について検討し、棺外副葬のあり方や基底部構造の比較から、より具体的に紫金山古墳の竪穴式石室との関連性を指摘している（高橋克 2010b）。

（9） 奈良県富雄丸山古墳の粘土槨は上部が大きく破壊されていたが、下部は東大寺山古墳粘土槨との類似性が指摘され、「東大寺山形式（仮称）」としてグルーピングすることも提唱されている（泉森 1973）。富雄丸山古墳の粘土槨では棺側粘土の積み上げと背後のバラスの充塡を交互におこなっており、構築方法の点でも東大寺山古墳にもっとも近いとみられるが、富雄丸山古墳自体は副葬品や埴輪の検討からむしろ相対的に新しく位置づけられることが多い。

（10） 上田直弥は真名井古墳の粘土槨を南河内地域において組合式木棺と深く関わりながら新たに成立した粘土槨の構造的初現例として評価する（上田直 2015）。長大な組合式木棺と初期の粘土槨との組み合わせに着目した指摘は重要であるが、長大な組合式木棺と初期の粘土槨はあくまで長大な割竹形木棺と竪穴式石室の派生形式であって、そこに棺制的秩序における格差の表現を見出す筆者の立場（第 1 章第 4 節）とは異なる。

第8章　東アジア世界における棺槨

第1節　中国的な墓制としての棺槨

　本章では、日本の棺槨を、東アジア世界における棺槨の視点から俯瞰する前提として、周辺地域への波及を含めた中国漢代における木槨墓の展開と、漢から魏晋・北朝期にいたる中国における木棺の変遷を概観する。

　中国における木槨墓は、紀元前三千年紀中頃には出現し、原始的なものの存在はさらに遡るとされる。その後、地域差や階層差による多様性を内包しつつも、木槨墓は中国的な墓制のいわばスタンダードとして長期にわたって盛行した（黄 2000、樊豊実 2006）。やがて、秦漢帝国の成立による領域の拡大と中国文化の周辺へのさらなる拡散にともない、中国周縁部の異民族地域においても、木槨墓あるいは木槨に類似した墓制が、個別に変容を遂げつつ、しかし相互に一定の類似性を有しながら、地域や民族の枠組みを超えて点々と広く分布するようになる。日本の弥生時代後期における木槨の受容も、そうした東アジア世界全体の動きと決して無関係ではない。

　周辺諸民族社会内部では、受容された木槨墓やそれに似た墓制が上位階層に独占され、そのことによって墓制における階層化が進む状況もみられることから、こうした動きの背景には、中国側からの一方的なインパクトだけではなく、周辺諸民族社会内部からの要請もあったことが考えられる。

　前漢代には諸侯王墓などで複雑な構造をもつ大型の木槨墓が発達したが、巨視的にみれば漢代は中国における木槨墓の終焉時期に相当する。関中盆地・中原などの漢中枢部では木槨墓は前漢中・後期には衰退し、磚室墓が主流を占めるようになる。後漢前期には一部の地方や辺疆地域を除き、漢の領域の大部分で木槨墓から磚室墓への転換が進んだ。漢の周辺地域における木槨墓の受容にはそれぞれ時期差があるが、このような漢の領域における木槨分布のいわばドーナツ化現象の進行と並行して、辺疆地域において地域性のつよい木槨文化が盛行し、さらにその周辺地域における木槨墓の受容が進んだのである。

　本章では、こうした東アジア世界全体における墓制の動向を踏まえ、日本と中国という二者間の直接的、間接的な交渉といった線的な視点で木槨墓の受容を考えるのではなく、中国から周辺地域への木槨墓の波及という面的な動きの中に、日本列島における木槨墓の受容という現象を位置づける視点にたちたい。

　また、中国的な墓制である木槨墓を受容することは、その背後にある中国的な死生観やそれにもとづいた葬送儀礼に直接的あるいは間接的に接することにほかならない。『儀礼』『礼記』などから

うかがわれる木槨墓における葬送儀礼においては、「殮（大殮）」（納棺）、「殯」（棺の仮安置期間）、「葬」（葬送）などの諸場面において木棺の果たす役割の重要度がきわめて高い。『史記』『漢書』『後漢書』などには「棺槨衣衾」「棺槨葬具」「東園梓棺」「東園畫棺」といった語が散見し、君主から臣下への木棺の下賜もおこなわれている。モンゴル中北部における前漢後期〜後漢前期の匈奴大型墓では、漢の領域で製作されたと考えられる木棺が使用されている（梅原 1960）。なお、日本列島においても、福岡県三雲南小路遺跡1号甕棺出土の金銅製柿蔕形飾金具の存在から、楽浪郡を通じた「伊都国王」への木棺の下賜が想定されている（町田 1988）。ただし、三雲南小路遺跡の被葬者はその下賜された木棺ではなく、在地産の甕棺に葬られており、金銅製柿蔕形飾金具は木棺から取り外されて副葬品とされていた。

中国の木槨については、新中国成立後の発掘調査の進展にともなって、文献史料にみられる埋葬制度と考古資料との対比などを中心に研究が進められ、墓群あるいは地域ごとの分類や編年、階層性などに関する研究も深められてきた。しかし、きわめて複雑な様相を示す中国の木槨全体を見渡した総合的な研究への取り組みは比較的近年まで必ずしも十分ではなかったように思われる。その意味で、近年の構造的検討を中心とした漢墓研究の進展はめざましいものであり、漢代における木槨全体の動向を体系的に理解する基盤となるものである。

そこでまず第2節では、近年の研究成果に導かれながら、漢代における木槨墓の形態的、構造的特徴のいくつかを検討することで大きく2系統の地域的な流れを抽出し、漢の領域における木槨分布の空洞化と、漢の領域の北方から東方にかけての周辺地域への波及も含めた木槨墓の展開のあり方について検討する。つづく第3節では、漢・魏晋から南北朝期にかけての中国における木棺の展開状況を概観し、木棺のありように凝縮された中国的な死生観について考察を加える。

第2節　漢代木槨の2系統と周辺地域への波及

1　木槨の定義

中国においても木槨は木製であるがゆえに完全に腐朽消滅している場合が多い。多種多様な中国の墳墓構造を可能な限り統一的な基準によって分類しようとした場合、遺構として確実に認識が可能な「壙」や「室」に相当する部分の構造にまず依拠することには一定の合理性がある。このため、早くに王仲殊が整理したように（王仲殊 1955）、漢墓を分類する際には、「壙」「室」の構造的特徴を分類指標の上位に置き、木槨については木棺とともに「葬具」としてその下位に置くのが一般的である。その意味で、中国考古学における漢墓の構造分類のうえでは「木槨墓」という括りは必ずしも明確なものではない。

こうしたなかで、黄暁芬が提唱した「密閉型原理」と「開通型原理」という新たな概念による「槨墓」と「室墓」の対置的定義（黄 2000）は、「壙」「室」のあり方に比重を置き、棺槨を単なる葬具とみなす従来の分類とは異なり、「槨」「室」のあり方により大きな比重を置く点で、漢墓の分類上大きな意味をもつものといえる。

また、日本においてはつねに対置的に使用され、その区分が重要視される「竪穴系」「横穴系」

の概念も、中国では墓壙に相当する部分の構造差としては区別されるが、それを槨・室の構造把握に応用した定義づけはほとんどなされてこなかった。その点、上記の「密閉型原理」「開通型原理」の概念による区分は、「竪穴系」「横穴系」とは別の視点からの区分ではあるものの、結果的には槨と室を対置的に捉えることに成功している。また近年、槨・室をともに棺と副葬品を収容する施設とし、かつ「室墓」を墓門・墓道などの横向きの出入口を設ける「横穴式墓葬」とする定義が示されるなど、日本の「竪穴系」「横穴系」概念により近い考え方もあらわれつつある（王培新 2007）。

　こうした近年の分類を参考にすれば、実用的な羨道や玄門に相当する施設をもたず、主要な構築材が木材である埋葬施設を木槨の概念で括り、そのような埋葬施設を有する墳墓を木槨墓と呼び、これに対して実用的な羨道や玄門を有したり、明らかに大型化した室空間を有する点で木槨とは区別される木造の埋葬施設を木室、そのような埋葬施設を有する墳墓を木室墓と呼ぶことが適当である。

　いっぽう、木室墓が木槨墓の発展の中から出現するメカニズムの一端はすでに黄暁芬によって想定されており、木室墓の木製構築物としての系譜は明らかに木槨墓に求められる。したがって、槨墓と室墓の対置という点では、木槨墓は空心磚墓や石槨墓などと同じグループに属し、木室墓は崖墓や磚室墓などとともにそれとは別のグループに属するのであるが、木材で構築された埋葬施設としての木槨墓の展開を考えるうえでは、木槨墓と木室墓を同じグループに属するものとして取り扱うことがより合理的である。そこで以下では、木室を天板式の木槨や側板式の木槨と並列的に取り扱い、記述の便宜上支障がない場合には総称的に木槨（墓）と呼ぶことにする。

　以下、木槨に関する訳語についてあらかじめ整理をしておきたい。

天板式と側板式　黄暁芬（黄 2000）にしたがい、主に竪穴墓壙内に構築され、上方から木棺を搬入する形式の木槨を「天板式」、主に洞室墓に採用され、横から木棺を搬入する形式の木槨を「側板式」と呼び分ける。また、洞室墓に採用される側板式の木槨では、墓道の短辺に洞室を掘る場合（正洞室墓）と、長辺に平行して洞室を設ける場合（偏洞室墓）とで棺の搬入方向に違いがある。前者では木槨の短辺側から縦に移動する形で棺が搬入され（縦入式）、後者では木槨の長辺側から横に移動する形で棺が搬入される（横入式）。

墓壙　中国の墳墓は「壙」に相当する部分の構造が複雑で、構造に応じて用語が使い分けられている。木槨墓の場合、総称的に「墓壙」と表記されることもあるが、ベースが土である場合には「土坑」、岩盤である場合には「石坑」と呼び分けるのが一般的である。「坑」には墓穴の意味がないので、土坑・石坑と呼び分ける場合には土壙・石壙と表記する方がより適切であり、実際にそのような表記も少ないながらみられる。ここでは露天掘りの竪穴式の墓壙を「竪穴墓壙」、横穴式の墓壙を一般的な呼称にしたがって「洞室」と呼ぶことにする。墓壙に取り付く墓道には、斜坡式墓道・階段式墓道・竪穴式墓道の大きく3種類がある。斜坡式墓道はスロープ状の切り通しで、階段式墓道はスロープに階段が設けられるものである。竪穴（竪井）式墓道は洞室墓の場合の深い竪坑を墓道として理解する呼び方である。

底板　木室の場合には「床」と呼ぶべきであるが、統一的に底板の語を用いる。まくら木は底板の下に入れられる角材（丸木材・竹の場合もある）で、2本を基本とし、木槨の規模によってその数を増やす。中国の報告文では「墊木」「枕木」と表記される。

側板　木室の場合には「側壁」の語の方が適切であるが、統一的に側板の語を用いる。底板の上

に角材や板材を横（水平）にして複数積み上げる場合と、縦（垂直）にして複数立て並べる場合とがある。天板式の木槨では横にして複数積み上げることが原則で、縦にして立て並べることはまれである。側板式の木槨は、木棺の搬入後に短辺または長辺の一方の側板を閉じて閉塞するため、その部分のみ縦にして立て並べ、残る3辺は横にして積み上げるというように、場所によって構造が異なる場合がある。中国の報告文では側板を総称的に「壁板」あるいは「墻板（しょう）」と呼び、長側板を「側板」「墻板」または「幫（ほう）（帮）」、短側板を「擋板（とう）」あるいは単に「擋」と呼び分けるなど、用語的に不統一である。主軸に平行する辺の側板を長側板、直交する辺の側板を短側板と呼んでおくのが適当であろう。

　蓋板　木室の場合には「天井」と呼ぶべきであるが、統一的に蓋板の語を用いる。木槨本来の蓋板とは別に、中蓋・外蓋ともいうべき構造が付加される場合がある。槨室内が分室される場合、各廂ごとに内蓋を架構することがあり、「頂板」「下蓋板」、装飾がある場合に「天花板」などと呼ばれる。また蓋板の上に半裁丸木材などを横架するものがあり、そうしたものを「蓋板」、本来の蓋板を「頂板」と呼び分ける場合もある。前者の場合は「中蓋板」と呼び、後者の場合は「外蓋板」と呼んで本来の蓋板とは区別しておくのが適当であろう。とくに天板式の木槨では、蓋板は木槨本体よりも一回り大きい場合が多く、いわゆる二層台が確認される場合には側板および二層台の上に架構される。また、蓋板の周囲に額縁のような木枠状の構造を有する場合があり、「木框（きょう）」「外框（きょう）」「収方」などと呼ばれる。

　分室　木槨内部の空間は「槨室」と呼ぶことが一般的である。槨室を梁や仕切板で区分し、木棺をおさめる空間、副葬品をおさめる空間などに分割する場合を「分室」と呼ぶ。分室されたそれぞれの空間は「廂」と呼ばれ、中国の報告文では「箱」と表記される場合が多い。木棺をおさめる空間を「棺廂」（棺箱）と呼ぶ。棺廂の前後（頭側または足側）に設けられる副葬品用の廂をそれぞれ「前廂」「後廂」、棺廂の左右に設けられる副葬品用の廂を「側廂」と呼ぶ。棺廂を「棺室」と呼ぶ場合も見受けられるが、棺室は木棺内の空間を指すべき語であり、明らかに不適切である。したがって木室の場合にも、木棺をおさめるための室は棺室ではなく「玄室」である。木棺をおさめるための木槨とは別に、副葬品用の木槨を設ける場合があり、主たる木槨との位置関係から辺箱・頭箱・足箱などと呼ばれたり、「正蔵」に対する「外蔵（槨）」と呼ばれたりする。このような副葬品用の槨については、訳語として「主槨」に対する「副槨」と呼ぶことが適当であろう。

2　平面プランからみた漢代木槨の地域差

（1）漢代木槨の長幅比較

　漢代の木槨墓を細かな地域性や階層差による変化を捨象して概観すると、都長安を含む西北部では細長い平面プランのものが卓越し、中部・南部から北東部にかけては幅広のタイプが卓越する傾向がある。

　図92-2に示した前漢前期の陝西省西安市未央区西安西北医療設備廠28号墓は、漢長安城南西の龍首原上に展開する墓群中の1基である。平面凸字形の竪穴墓壙の一方を竪穴式墓道とし、もう一方に縦入側板式の木槨を設ける。木槨は内外二重で、外槨は墓壙下部の黄土を掘削してつくり出した二層台壁面に密着するように構築され、長さ4.84m、幅1.96m、高さ2.12mに復元される。

外槨内には長さ 3.92 m、幅 1.58 m、高さ 1.2 m 以上の内槨を設置する。外槨の長幅比（長さ／幅、以下同じ）は 2.47 である。

同じく図 92-3 に示した荊州高台 33 号墓は、かつての戦国楚の中心部に含まれる湖北省荊州市荊州区で 1992 年に発掘調査された前漢前期の中型墓である。竪穴墓壙内に構築された天板式の木槨で、長さ 4.46 m、幅 2.74 m、高さ 1.9 m を測る。槨室は仕切板によって中央の棺廂と前廂・後廂、左右側廂に分室される。長幅比は 1.63 である。

両者はほぼ同時期の所産で、ともに一人用の単棺墓であるが、西安西北医療設備廠 28 号墓は細長い平面プランをもち、荊州高台 33 号墓は相対的に幅広である。前者を含めて 1989〜1992 年に龍首原上で発掘調査された前漢前期墓 20 基の長幅比の平均は 2.32 であるが、後者と同時に荊州高台秦漢墓群で発掘調査された前漢前期墓 8 基の長幅比の平均は 1.69 であるので、これはそれぞれの墓群、地域の全体的な傾向である可能性がある。

そこで試みに、漢の領域の主要部を便宜的に 2 つの地域に分け、漢代の木槨の長幅比に差があるかどうかを散布図で確認したものが図 93 である。縦軸に木槨の長さ、横軸に幅をとり、中小型墓を念頭に規模としては長さ 10 m までの事例を取り上げた。

青海省東部、甘粛省、陝西省、山西省、河南省北部、河北省北西部、内蒙古自治区東南部地域を一括りとし、かりに「西北部」地域と呼んでおく。これに対し、中部・南部から北東部にかけての河南省南部、湖北省、湖南省、江西省、安徽省、江蘇省、山東省、河北省南東部、北京市、遼寧省をやはり一括りとし、かりに「東南部」地域と呼んでおく。東南部地域には前漢中期以降の楽浪地域を含める。かつての巴蜀の地域であった四川省・重慶市、前漢前期の南越国の領域であった広東省・広西チワン族自治区などにもそれぞれに特色ある木槨墓が展開するが、今回は検討の対象外とした。

いま漠然と西北部・東南部とした地域割りは、木槨の長幅比にかかわる傾向をみるためのあくまで便宜的なものにすぎない。それでも、西北部地域には細長いプランのものが多く、東南部地域には幅広のプランのものが多いという傾向が読み取れる。このような傾向が生じている要因はいくつか考えられる。

まず一つは、木槨の基本的な構造差である側板式と天板式の占める割合の違いである。先秦以来の中国における木槨墓の基本形は上から棺を搬入する天板式であり、壙の形式としては竪穴墓壙である。いっぽう、戦国秦の領域であった関中盆地などでは戦国中期には他地域に先駆けて洞室墓形式の木槨墓が出現する。平面長方形の深い竪穴式墓道を掘り、底面付近で横方向に穿った洞室内部に横から棺を搬入する側板式の木槨を構築するものである。このような洞室墓の出現は、比較的容易に洞室を掘鑿できる黄土地帯の土質との関連が指摘され、竪穴墓壙の壁面に付設された副葬品用の壁龕から発展したともいわれる（甌燕 1989）。洞室墓は秦の東方進出とともに中原一帯にも波及し、戦国後期に広く盛行した（黄 1991）。

いま西北部とした地域は、おおむね漢代における洞室墓および側板式の木槨の主たる分布域である。洞室墓の洞室は幅 2 m を超えることは少なく、落盤の危険性を回避するために幅が一定程度制限されていたことがうかがわれる。また内部の木槨が洞室内いっぱいに構築されることが多く、木槨の幅がその洞室の幅に規制されていたことが明らかである。洞室墓とともに発達した側板式の木槨は、主としてこうした洞室墓構築上の技術的な要因によって結果的に細長いプランを指向した

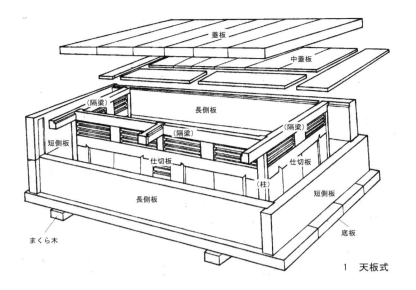

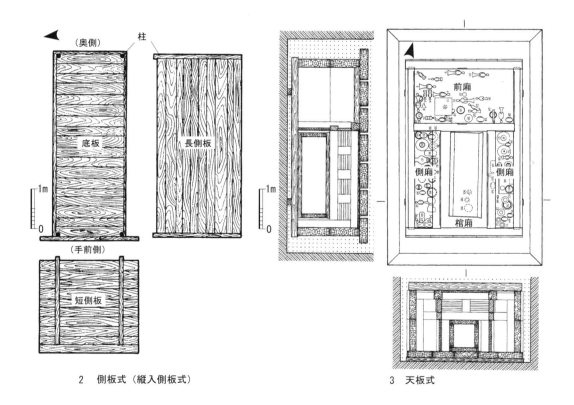

1 荊州高台2号墓木槨構造模式図、2 西安西北医療設備廠28号墓、3 荊州高台33号墓
図92　漢代木槨の基本的構造

と考えられる。

これに対して、東南部とした地域は伝統的な天板式の木槨が主体的に分布する地域である。天板式の木槨は竪穴墓壙内に構築されるため、洞室内におけるような幅の制限は基本的にない。このことが、側板式と天板式の占める割合の差によって、西北部地域には細長いプランのものが多く、東南部地域には幅広のプランのものが多いという傾向を生じさせている可能性がまず指摘できる。

いま一つの要因は、分室方式の違いである。ごく大雑把な傾向としては、西北部の木槨では分室はあまり発達せず、せいぜい棺廂の前方に副葬品用の前廂を設ける程度であるのに対し、東南部では棺廂の前方に前廂（または後方に後廂）を設けるものに加え、棺廂左右の一方または両方に側廂を設け、前（後）廂＋一側廂、前（後）廂＋左右側廂、前・後廂＋左右側廂といった複雑かつ多様な分室方式が発達している。分室のあり方は副葬品の配置と不可分のものであって、仕切板で区画せずに単に副葬品用のスペースを設ける場合も同様の傾向がある。

仕切板によって側廂を設け、あるいは側廂に相当する位置に副葬品用のスペースを

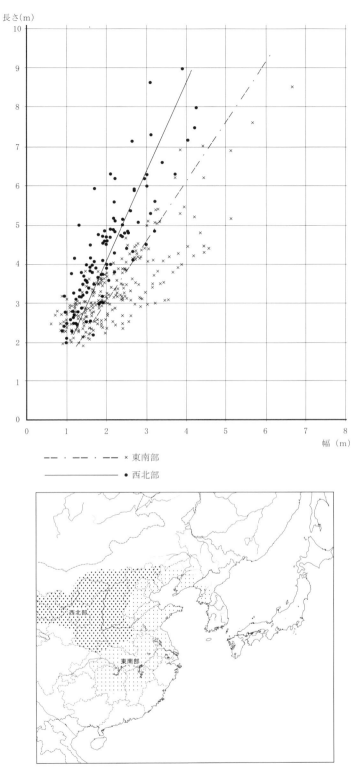

図93　漢代木槨の長幅比較

設けた場合には、木槨の平面形は必然的に左右に拡大する。すなわち、西北部地域には細長いプランのものが多く、東南部地域には幅広のプランのものが多いという傾向の要因の一つに、西北部地域には側廂を設けるものがほとんどみられず、東南部地域に側廂を設けるものが多いという分室方式の違いも想定できるわけである。

いま述べた二つの要因はそれ自体相互に関連をもちつつ、結果として木槨のプランに反映している可能性が高い。そこでいま少し検討を加え、地域的な「系統」の把握を試みたい。

（2）「西方系」の木槨

天板式（単棺）　西北部地域に分布する木槨のタイプとして、まず竪穴墓壙内に構築された天板式の小規模な単棺墓が抽出できる（図94-1～5）。

槨室内を棺廂と前廂（まれに後廂）とに仕切板で分室し、あるいは仕切板はないが同様の空間利用上の区分が明確なものである。規模的には長さ2.1～3.3m前後、幅1～1.5m前後で細長い平面プランが特徴である。

秦～前漢中期の西北部地域における天板式の木槨墓の主体はこの種の細長長方形の小型単棺墓である。秦～前漢初の山西省朔州市朔城区朔県平朔露天煤鉱八区19号墓（8M19、図94-3）・朔県鉄路取土場102号墓（QM102、図94-4）は、多数の漢墓が発掘調査された朔県漢墓のなかでも初期のもので、これらに後続する時期には側板式の木槨が主流となる。

このような細長長方形の小型単棺の木槨墓は、共通の空間利用・分室方式をとるものが先秦時代から広く存在し、後述するように秦～前漢中期の東南部地域にも広く分布する。木槨部材の使用のあり方などから西北部地域の系統と東南部地域の系統とを区分しうる可能性があるが、現象的には同様のものであって区別がむずかしい。内部に木棺1個をおさめ、最小限の副葬品を置く空間を加えたもので、単棺の小型木槨墓として「基本型」とでも呼ぶべきもっともシンプルな姿といえるであろう。

前漢前～中期には、やや大型化した長さ4～6m、幅1.2～2.7m程度の規模をもつ細長長方形の天板式木槨がみられる。前漢前期の陝西省西安市未央区西安北郊M13号墓（連志村）、河南省周口市淮陽県於荘1号墓、前漢中期の陝西省西安市未央区西安雅荷城市花園119号墓、山西省大同市渾源県華村2号墓、山西省朔州市朔城区朔県平朔露天煤鉱三区166号墓（3M166）などが事例として挙げられる。また、前漢前期の西安龍首村軍幹所15号墓（図104-3）は、平面凸字形の竪穴墓壙内いっぱいに長さ5.08m、幅2.8m、高さ1.24mの天板式の主槨と副葬品用の副槨2基を対称形に設けたものである。

側板式（単棺）　西北部地域においてもっとも特徴的なものは側板式の木槨である。横入側板式は少なく、縦入側板式が主体を占めることは、戦国後期の秦墓の傾向と一致する。本来側板式の木槨は洞室墓と一体的に発達したものであるが、竪穴墓壙内に構築されるものも多い。

側板式の木槨のうち細長長方形プランを有する単棺のものは、時期的には前漢前期を中心に盛行する（図95）。山西省朔県平朔露天煤鉱六区151号墓（6M151、図95-1）は、竪穴式墓道に取り付く偏洞室内に横入側板式の木槨を構築している。木槨は長さ2.44m、幅0.95mを測り、長幅比は2.57である。仕切板はないが前廂に相当する空間を有しており、「基本型」の小型木槨をそのまま洞室内に持ち込んだ格好である。陝西省西安市未央区北康村5号墓も同様の構造で、木槨は長

第 8 章　東アジア世界における棺槨　295

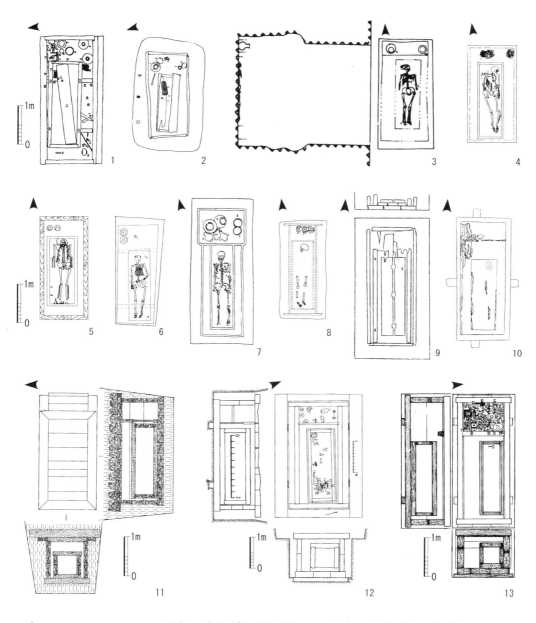

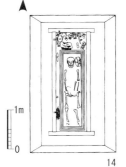

1　甘粛・天水放馬灘 1 号墓（秦）　　2　甘粛・天水放馬灘 4 号墓（秦）
3　山西・朔県平朔露天煤鉱八区 19 号墓（秦～前漢初）
4　山西・朔県鉄路取土場 102 号墓（秦～前漢初）
5　山西・広霊北関 72 号墓（前漢中～後期）
6　河北・燕下都 6 号遺跡 2 号墓（前漢前期）
7　北京・懐柔城北 63 号墓（前漢中期）
8　遼寧・朝陽袁台子東 52 号墓（前漢前期）
9　北朝鮮・土城洞 4 号墓（前漢中期）　　10　北朝鮮・雲城里 2 号墓（前漢中期）
11　湖北・雲夢睡虎地 44 号墓（秦）　　12　湖北・岳山 36 号墓（前漢中期）
13　湖北・江陵張家山 247 号墓（前漢前期）　14　湖北・荊州周家台 30 号墓（秦）

図 94　天板式の木槨（「基本型」）

さ 3.2 m、幅 0.94 m を測り、長幅比は 3.40 であった。甘粛省金昌市永昌県水泉子 11 号墓（図 95 - 5）は斜坡式墓道を有する竪穴墓壙内に構築された縦入側板式の小型木槨であるが、いわゆる過道状の羨道部を設けている。木槨は長さ 2.80 m、幅 1.30 m、高さ 0.7 m を測り、長幅比は 2.15 である。時期的には下がるが、やはり前廂に相当する空間を有し、朔県平朔露天煤鉱六区 151 号墓と同様の位置づけが可能である。

こうした小型木槨をスケールアップしたような細長長方形プランの縦入側板式の木槨が、前漢前期の陝西省西安市西安西北医療設備廠 28 号墓（図 92 - 2）をはじめ、同 42 号墓（図 95 - 2）、西安龍首村軍幹所 14 号墓（図 95 - 4）、前漢中期の西安繞城高速公路 14 号墓（繞 M14、図 106 - 3）、前漢後期の西安国棉五廠 16 号墓（五 M16、図 95 - 7）など長安城周辺で多数調査されている。龍首村軍幹所 14 号墓、繞城高速公路 14 号墓、国棉五廠 16 号墓は単槨、西北医療設備廠 28 号墓・42 号墓は重槨の外槨であるが、いずれも薄い木板を使用し、しばしば柱で支持・補強しながら洞室や竪穴墓壙の壁面に密着するように側板を構築するものである。

この種の側板式木槨の外槨に相当する構造の中には、柱のみで羽目板がなく、「木質框架（きょうか）」と呼ばれるものがある。このようなものは、戦国秦の中・小型墓にしばしばみられる二層台の壁面に細い板材や柱を沿わせて補強したり、二層台の「肩」に置いた長い板の上に蓋板を架構するような簡易な構造の木槨状施設と構造的に通じるものである（張海雲・孫鉄山 2006）。おそらく黄土地帯の土質に対応して、洞室や竪穴墓壙の壁面保護とくに二層台に蓋板を架構する際の「肩」の保護を主要な目的として発達した構造が、西北部地域における側板式の木槨に応用されているのであろう。

側板式（合葬）・木室　関中盆地では前漢中期、中原では前漢前期のうちに中小の木槨墓は衰退し、空心磚墓や石槨墓を経て前漢後期には磚室墓が普遍化するとともに、二棺を並列に合葬する方式が盛行する。これに歩調を合わせるように、河北省西部や山西省、内蒙古自治区東南部地域、甘粛省、青海省東部などの辺疆地域では、縦入側板式の木槨で同様の二棺合葬が盛行し、それとともに大型化が進んで漸移的に木室へ転換する（図 96・97）。

前漢後期の河北省張家口市陽原県三汾溝 5 号墓（85YSM 5、図 96 - 1）は竪穴式墓道を有する洞室内に縦入側板式の木槨を構築している。木槨は洞室壁面を削り込んだ垂直の溝にはめ込まれるように立てられた 10 本の柱と羽目板からなる木造の内壁内に設けられている。木槨は長さ 3.20 m、幅 1.92 m で、長幅比は 1.67 である。同 2 号墓（85YSM 2、図 96 - 2）も竪穴式墓道を有する洞室内に縦入側板式の木槨を構築したものである。同 9 号墓（85YSM 9、図 96 - 4）では斜坡式墓道が取り付く洞室（主室）内に木槨を設けるとともに、片側の墓道壁面に側室を設ける。主室両側の壁面には 5 号墓と同様に柱 14 本と羽目板からなる内壁が設けられ、また天井も有していたと推測されている。その主室内部いっぱいに、長さ 4.3 m、幅 2.2〜2.4 m、高さ 1.2 m の縦入側板式の木槨が構築される。木槨の手前側の短側板は、底板前端に合わせて洞室床面に溝を掘り、厚さ 10 cm の板を落とし込みながら立て並べて塞ぐ。さらに、その前面に杭を 1 列打ち込み、その杭列をサンドイッチする格好で日干しレンガを積み上げた壁をつくり、隙間はスサを混ぜた泥を塗って主室そのものを塞いでいる。したがってこの構造は、縦入側板式の木槨を内外二重に設けたものと理解できる。側室も同様の構造であるが、人体の埋葬はなく、副葬品のみがおさめられていた。

前漢中期に位置づけられる山西省大同市渾源県華村 1 号墓（図 97 - 2）は斜坡式墓道を有する竪穴墓壙内に長さ 8.65 m、幅 3.08 m の長大化した木室を構築した早い例である。前漢後期の山西省

第 8 章 東アジア世界における棺椁　297

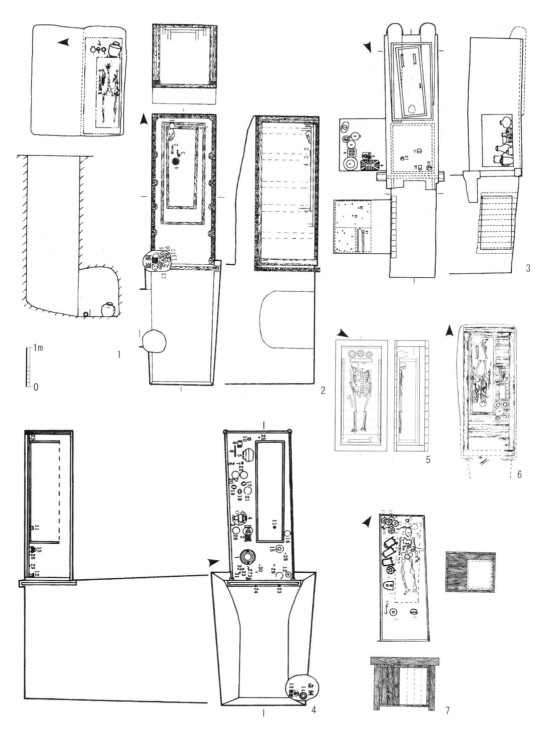

1　山西・朔県平朔露天煤鉱六区 151 号墓（前漢前期）　2　陝西・西安西北医療設備廠 42 号墓（前漢前期）
3　河南・桐花溝 63 号墓（前漢前期）　4　陝西・西安龍首村軍幹所 14 号墓（前漢前期）
5　甘粛・水泉子 11 号墓（前漢末～後漢前期）　6　青海・上孫家寨 151 号墓（前漢後期）
7　陝西・西安国棉五廠 16 号墓（前漢後期）

図 95　側板式の木椁（単棺）（西方系）

朔県煤炭部物資供応公司3号墓（GM3、図97-5）は竪穴式墓道につづくトンネル状の羨道があり、洞室手前には天井を備えている。木室は洞室内いっぱいに構築され、長さ4.32m、幅2.68m、高さは1.6m以上である。ただ、木室の閉塞は角材を積み上げて両端を丸木柱で押さえるもので、扉を備えた門の発達はみられない。

　前漢後期の内蒙古自治区バヤンノール市磴口県納林套海10号墓（92DNM10、図96-6）は斜坡式墓道を有する竪穴式墓壙内に木室を構築し、二棺を並列で安置する奥側を一段高くして前室的空間と区別している。木室の外側は磚で保護し、磚室墓の内部に木室が存在するような状況である。前漢末～後漢初の山西省大同市広霊県北関84号墓（M84、図96-3）、甘粛省金昌市永昌県水泉子2号墓（図96-7）はいずれも斜坡式墓道を備えた洞室内に構築された木室であるが、扉をもつ門は設置されない。

　新莽～後漢前期に位置づけられる山西省朔州市朔城区朔県平朔露天煤鉱五区1号墓（5M1、図97-1）は西北部地域では極大まで長大化した木室で、長さ13.12m、幅4.4m、高さ約1.8mに達する。それぞれ2区画を有する前室と後室があり、片開きの木製扉を介して羨道に接続している。

（3）西方系の木槨の平面プランの特徴

　このように西北部地域では、前漢前期には側板式の木槨が盛行し、前漢中・後期に合葬墓の流行とともに木室へと転換する。側板式の木槨はそれ自体が東南部地域では例外的な存在であり、西北部地域に主体的に存在した一つの木槨の流れとして位置づけることができる。後述するようにこの流れは西方の戦国時代秦の領域から広がったものと考えられるので、「西方系」と呼んでおきたい。

　西方系では縦入側板式の木槨から槨室空間の大型化によって漸移的に木室が出現したとみられ、羨道や玄門の発達はみられるものの扉を備えた門の発達は顕著ではない。この点は、扉を備えた門の発達が先行して天板式の木槨から木室への移行がダイレクトに進行する東南部地域との大きな違いであり、西方系の木室の特質ということができる。

　いま述べた西方系の天板式の木槨（単棺）、側板式の木槨（単棺）、側板式の木槨（合葬）および木室の長さと幅の関係を図98に散布図で示した。前漢前期を中心とする天板式の木槨（単棺）と側板式の木槨（単棺）は、長幅比の平均がともに約2.4で点の分布域はほぼ重なっている。単棺の木槨では天板式・側板式を問わず西方系の特質である細長長方形プランを維持していることがうかがわれる。側板式の木槨（合葬）および木室では長幅比の平均は2.0となり、二棺を並列に合葬する方式の導入とともにやや幅広のものに変化している。しかし、線形の比較でみると単棺の木槨とは幅の差50cmほどで平行する関係にあって、必ずしも全体の大型化に見合うほどの幅の増大が認められるわけではない。この点に細長長方形を基調とする西方系の木槨の特徴がよく表れているといえよう。

（4）「華中系」の木槨

　天板式（単棺）　東南部地域の木槨は原則的に天板式であり、側板式は例外的である。単棺の木槨としては、まず棺廂と前廂（または後廂）、棺廂と側廂、棺廂と側廂・前廂または後廂とに仕切板で分室し、あるいは小規模なものでは仕切板による分室に準じる空間利用上の区分がおこなわれるものがある（図94-6～14、図99・100）。これらはいずれも竪穴墓壙内に構築され、規模に応じて

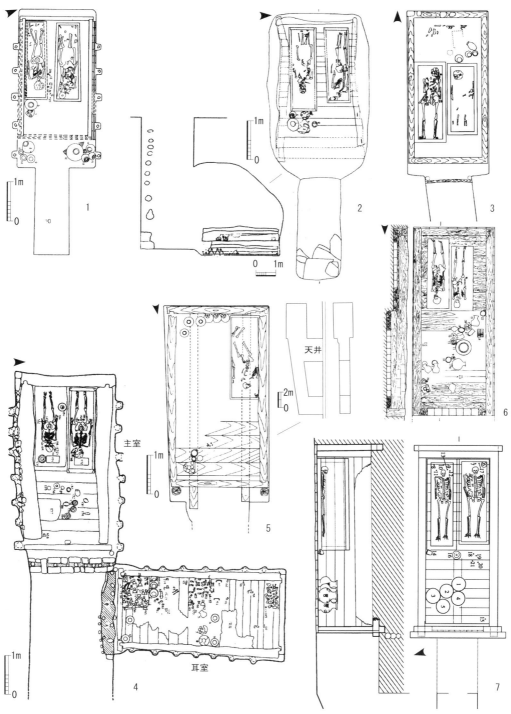

 1　河北・陽原三汾溝5号墓（前漢後期）　2　河北・陽原三汾溝2号墓（前漢後期）
 3　山西・広霊北関84号墓（前漢前期）　4　河北・陽原三汾溝9号墓（前漢後期）
 5　山西・朔県煤炭部物資供応公司3号墓（前漢後期）　6　内蒙古・磴口納林套海10号墓（前漢後期）
 7　甘粛・水泉子2号墓（前漢末～後漢前期）

図96　側板式の木槨（合葬）・木室（西方系）（1）

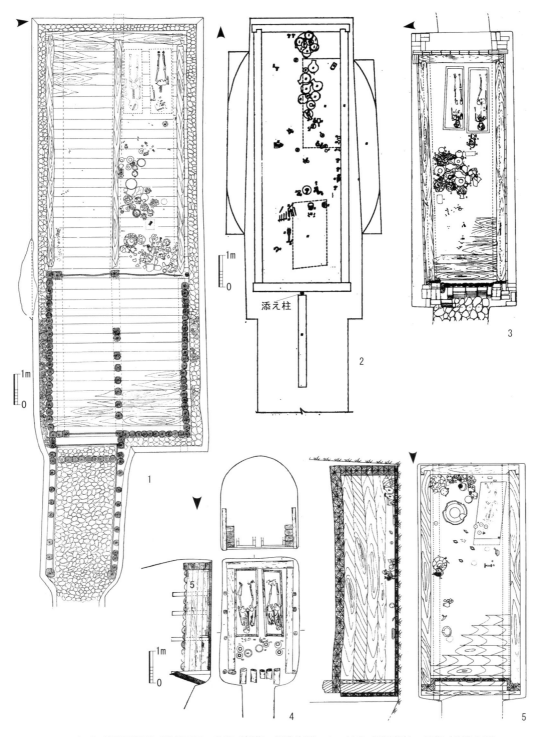

1 山西・朔県平朔露天煤鉱五区1号墓（新莽〜後漢前期）　2 山西・渾源華村1号墓（前漢中期）
3 山西・朔県煤炭部物資供応公司188号墓（新莽〜後漢前期）
4 青海・上孫家寨135号墓（前漢後期）　5 山西・朔県照什八荘区1号墓（前漢後期）
図97　側板式の木槨（合葬）・木室（西方系）（2）

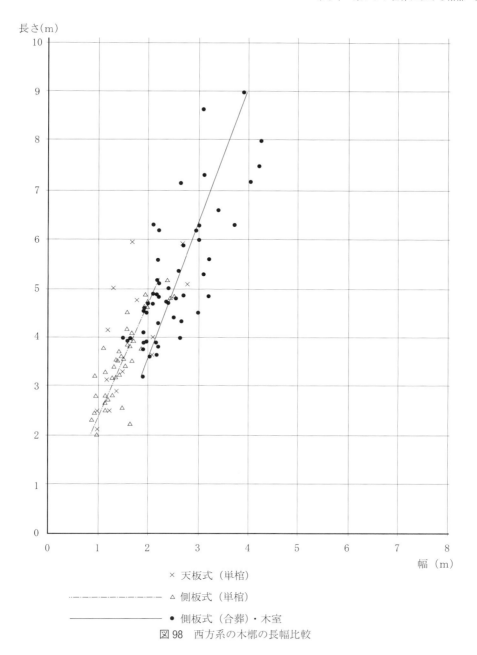
図98　西方系の木槨の長幅比較

斜坡式墓道が取り付く場合がある。

　棺廂と前廂（または後廂）に区分するものは、秦代の湖北省孝感市雲夢県睡虎地44号墓（図94 - 11）・荊州市荊州区岳山36号墓（図94 - 12）、秦二世元年（前209）の荊州市沙市区周家台30号墓（ZM30、図94 - 14）、前漢前期の荊州市荊州区張家山247号墓（図94 - 13）、前漢中期の同岳山11号墓（図106 - 18）など秦～前漢中期を中心とする時期の華中地域に多くみられる。長幅比の平均は2.2前後である。また、東北方の河北省・遼寧省周辺から朝鮮民主主義共和国の楽浪地域にかけての地域では、このタイプの木槨が秦～前漢中期を中心とする時期の小型単棺墓の主体を占めてい

る。前漢中期のピョンヤン市土城洞4号墓（図94‐9）・雲城里2号墓（図94‐10）は楽浪漢墓のなかでも初期に主体となる小型単棺墓の代表例とされているものである。

　棺廂と側廂、棺廂と側廂・前廂に区分するものは中小規模のものが多いが、中央に棺廂、四周に側廂・前後廂を設けた前漢前期の湖南省長沙市雨花区砂子塘1号墓（61長沙M01、図100‐2）は斜坡式墓道の付く大規模な墓壙を有し、諸侯王墓に次ぐクラスの墓である。安徽省巣湖市居巣区北山頭1号墓（図99‐5）、江蘇省揚州市儀徴市張集団山1号墓（89YTM1、図100‐1）などもそれに準じるものといえる。張集団山1号墓は2～4号墓とともに4基が1列に並び、被葬者がすべて女性であることから、前漢江都王の妻妾の墓である可能性が指摘されている。

　このような複雑な分室のあり方はそれ自体が西方系の木槨にはみられないものであり、天板式であることともに、別の地域的な木槨の流れに位置づけられる。後述のようにこの流れは華中地域を中心とする戦国時代楚の領域から東南部と呼んだ地域全体に広がったものと考えられることから、西方系との対比において「華中系」と呼んでおきたい。

　棺廂と前廂（または後廂）に区分するものを除く華中系の単棺の木槨は長幅比が算術平均・最頻値ともに約1.6であって、幅広長方形プランが一般的であることが首肯される。もっとも幅広のものとしては、秦始皇帝四年（前243）の湖南省長沙市雨花区左家塘秦墓（長幅比0.96）、前漢前期の安徽省安慶市潜山県彭嶺16号墓（長幅比1.09）、大安市霍山県霍山3号墓（長幅比1.04）などのように長幅比が1前後でほぼ正方形プランを呈するものがある。

天板式（合葬）　前漢中期から後期にかけて、東南部地域においても西北部地域と同様に二棺を並列に合葬する方式が定着し、一定の大型化が進んだ。いっぽう、大型墓においては横方向の出入りのための扉を備えた門がいち早く発達したが、その影響を受けた中型墓でも木室化が進む。これにより、前漢中期以降は単棺の天板式木槨墓とともに、合葬の天板式木槨墓、木室墓が併存する状況となる。

　天板式の合葬墓（図101）は、単棺の木槨と同様に棺廂と前廂（または後廂）、棺廂と側廂、棺廂と側廂・前廂または後廂とに仕切板で分室し、棺廂内に二棺を並列して安置するものである。棺廂を仕切板で二分する場合や、二分された二つの棺廂の間に側廂が介在する場合もある。

　棺廂と前廂（または後廂）に分室する事例として、前漢中・後期の江蘇省揚州市維揚区平山養殖場3号墓（図101‐1）、前漢後期の連雲港市新浦区花果山唐庄硯台池1号墓（LYM1、図101‐2）、同東海県尹湾6号墓（WYM6、図101‐7）、元始五年（5）の揚州市儀徴市胥浦101号墓（図101‐6）などがある。長幅比1.4～1.5前後で、単棺のものよりもやや幅広の傾向があるものの、大きく規模を拡大することはない。

　いっぽう、前漢中期の遼寧省朝陽市朝陽県袁台子西7号墓（図101‐3）、前漢後期の大連市普蘭店市新金花児山7号墓（図101‐8）、錦州市錦州18号墓（図106‐37）、朝鮮民主主義共和国ピョンヤン市石巌里219号墓（王根墓、図101‐4）などのように長幅比1前後の正方形プランを有するものが併存する。こうしたものは楽浪周辺では貞柏里2号墓（図101‐9）、石巌里6号墓（図101‐10）、貞柏里127号墓（王光墓、図101‐11）、梧野里19号墓（図101‐12）など後漢から三国にいたるまで連綿と造営されつづける。従来、楽浪地域の木槨墓については江南地域との関係（樋口1975）、あるいはさらに広く江蘇省・浙江省・広東省などの東南沿海地域との関係（鄭君雷・趙永軍2005）が注目されてきた。構造の細部における地域性や造営期間の長さなどに特色が

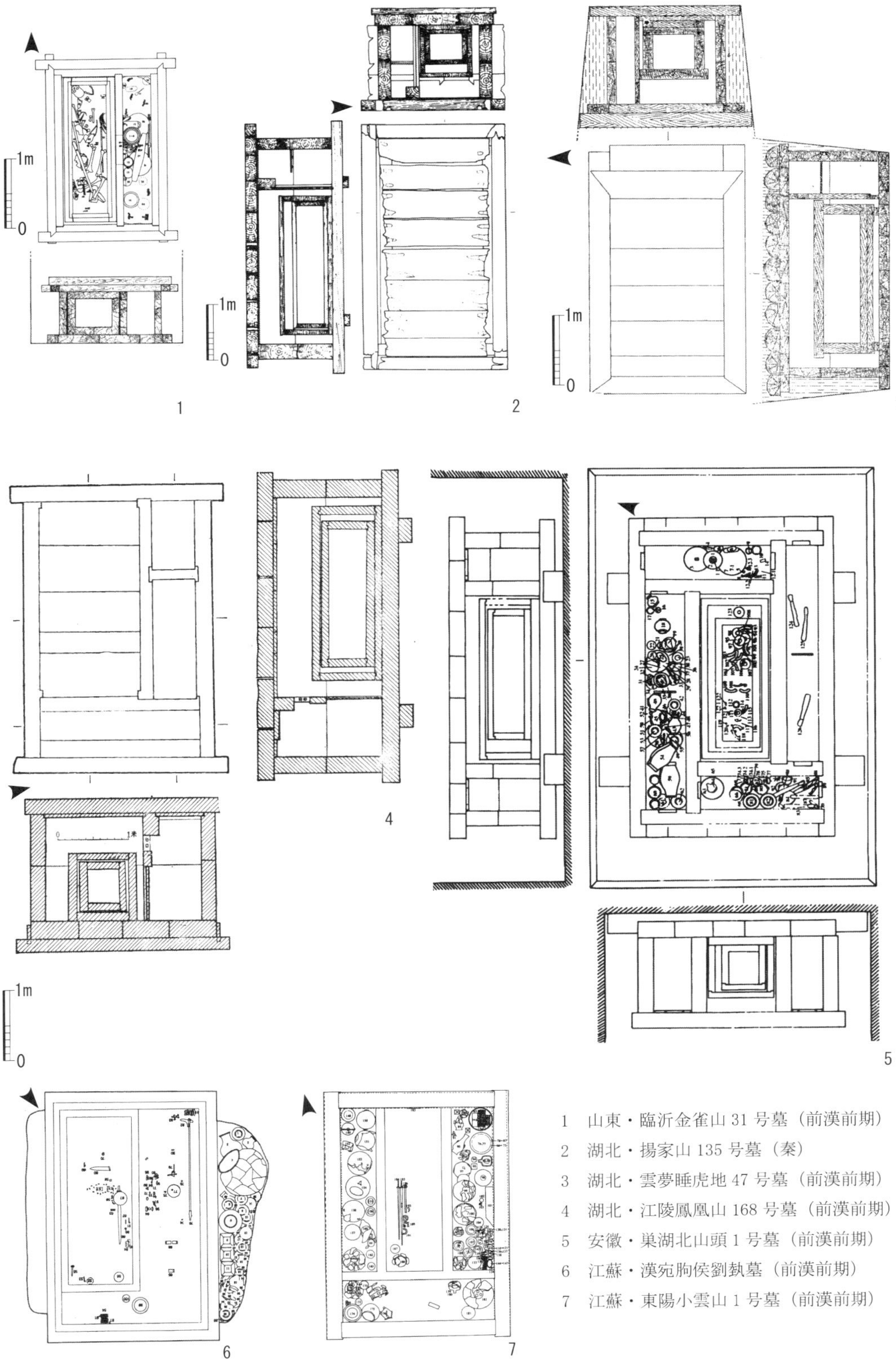

第 8 章　東アジア世界における棺槨　303

1　山東・臨沂金雀山 31 号墓（前漢前期）
2　湖北・揚家山 135 号墓（秦）
3　湖北・雲夢睡虎地 47 号墓（前漢前期）
4　湖北・江陵鳳凰山 168 号墓（前漢前期）
5　安徽・巣湖北山頭 1 号墓（前漢前期）
6　江蘇・漢宛朐侯劉埶墓（前漢前期）
7　江蘇・東陽小雲山 1 号墓（前漢前期）

図 99　天板式の木槨（単棺）（華中系）（1）

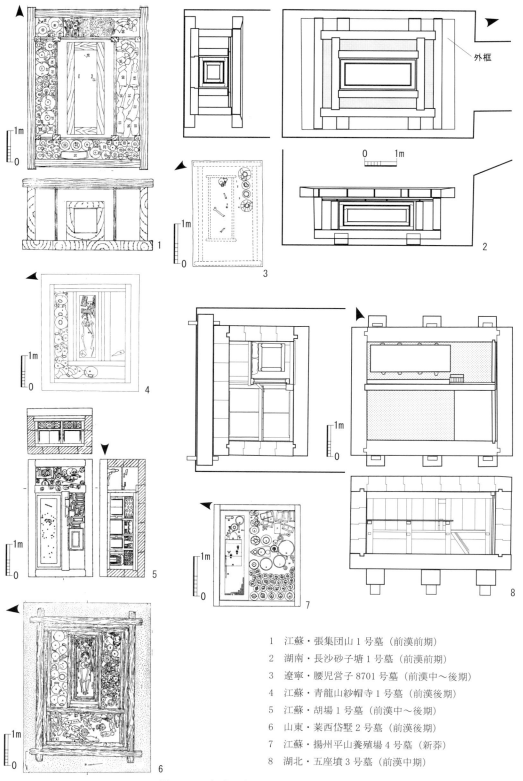

1　江蘇・張集団山1号墓（前漢前期）
2　湖南・長沙砂子塘1号墓（前漢前期）
3　遼寧・腰兒営子8701号墓（前漢中～後期）
4　江蘇・青龍山紗帽寺1号墓（前漢後期）
5　江蘇・胡場1号墓（前漢中～後期）
6　山東・莱西岱墅2号墓（前漢後期）
7　江蘇・揚州平山養殖場4号墓（新莽）
8　湖北・五座墳3号墓（前漢中期）

図100　天板式の木槨（単棺）（華中系）（2）

みられるものの、その平面プランや分室方式が華中系の木槨の系譜上に位置づけられることは明白である。

朝陽袁台子西7号墓・錦州18号墓・石巌里219号墓は木槨の周囲に石材による槨状の構造を加えたもので、新金花児山7号墓はいわゆる「貝墓」の事例である。墓壙底にカキ・ハマグリ・ホラガイなどの貝類を敷き、その上に木槨を構築し、周囲の間隙にも貝類を充填した貝墓は、遼東半島を中心に広く分布するほか、山東半島や江蘇省北部にもみられる。前漢後期の湖北省荊州市荊州区瓦墳園4号墓、山東省威海市文登市石羊村漢墓、山東省青島市莱西市岱墅1号墓などでは木槨の周囲に磚を積んでおり、貞柏里2号墓・127号墓、石巌里6号墓、梧野里19号墓などにおける磚槨状の外郭施設の発達に影響を与えたものと考えられる。

木室　華中地域の諸侯王墓クラスの大型墓では、前漢前期のうちに大型の槨護型木槨である長沙市岳麓区陡壁山1号墓（図106-44）を経て、湖南省長沙市岳麓区象鼻嘴1号墓（図106-45）、望城県古墳院1号墓などにおいて木室墓が成立している。長沙象鼻嘴1号墓は黄腸題湊に囲まれた木室の中央に玄室、その前方に前室を置き、玄室の左右・後方に合計12の小空間に分割された回廊状の空間を有する回廊型木室である。正方形に近い平面プランをもつ大型の外槨の中央に内槨を設け、内槨周囲の回廊状の空間を仕切板によって多数の小空間に分割する同様の分室方法は戦国楚の大型墓においてすでに出現しており、華中地域の大型墓における一つの伝統ととらえられる（高崇文 1988）。

大型の回廊型木室墓は、中軸線を基準として左右対称になるように空間が配置され、内槨または玄室に相当する空間の周囲に多数の小空間に区画された回廊状の空間を配する。諸侯王墓に準じるクラスの墳墓である前漢文帝十五年（前165）前後の安徽省阜陽市双古堆前漢汝陰侯墓（図102-1）および夫人墓（図102-2）、前漢中期の安徽省巣湖市居巣区放王崗1号墓（FM1、図102-4）、前漢後期の江蘇省揚州市邗江区「妾莫書」墓（図102-5）、前漢末の湖南省永州市零陵区永州鷂子嶺2号墓（95YM2、図102-6）などでも、中軸線を基準とした左右対称の空間配置にその影響がうかがわれる。たとえば「妾莫書」墓は、広陵国または江都国の王族との関係が指摘されている中型墓であるが、木室の中央部に玄室を設け、柱と梁によって玄室を除く木室の残りの空間を、前室と都合六つの小空間に区分された逆凹字形の回廊とに区画するあり方は、長沙象鼻嘴1号墓などでみた回廊の区分方法と基本的には同じであって、それが小型化、簡略化された形態とみることが可能である。

これに対し、前漢中期の江蘇省揚州市儀徴市煙袋山漢墓（YYM1）、前漢後期の同邗江区姚庄101号墓（85HYM101、図102-3）などの例は、左右非対称の分室方式による二棺合葬墓が木室化したものである。

（5）華中系の木槨の平面プランの特徴

華中系の木槨は相対的に幅広の平面プランと複雑な分室方式を特徴とする。前漢前期には天板式の単葬木槨墓が東南部地域に広く展開し、前漢中期にはこれをベースに二棺合葬墓が出現する。諸侯王墓クラスの大型墓の木槨は西北部・東南部の地域的枠組みを超えて展開したと考えられるが、現在までに知られている大型墓の木槨は天板式から木室化する華中系のものである（劉瑞・劉濤 2010）。大型墓では前漢前期のうちに木室化が進み、その影響を受けて中型墓でも左右対称の空間

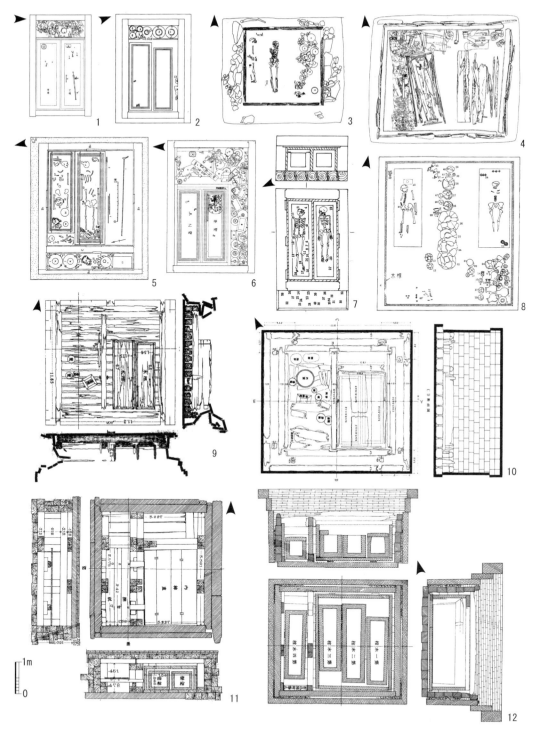

1 江蘇・揚州平山養殖場3号墓（前漢中～後期） 2 江蘇・花果山唐庄硯台池1号墓（前漢後期） 3 遼寧・朝陽袁台子西7号墓（前漢中期） 4 北朝鮮・石巌里219号墓（前漢後期） 5 江蘇・海州霍賀墓（前漢後期） 6 江蘇・儀徴胥浦101号墓（新莽） 7 江蘇・東海尹湾6号墓（前漢後期） 8 遼寧・新金花児山7号墓（前漢後期） 9 北朝鮮・貞柏里2号墓（後漢前期） 10 同・石巌里6号墓（同） 11 同・貞柏里127号墓（同） 12 同・梧野里19号墓（三国）

図101 天板式の木槨（合葬）（華中系）

第 8 章 東アジア世界における棺槨 307

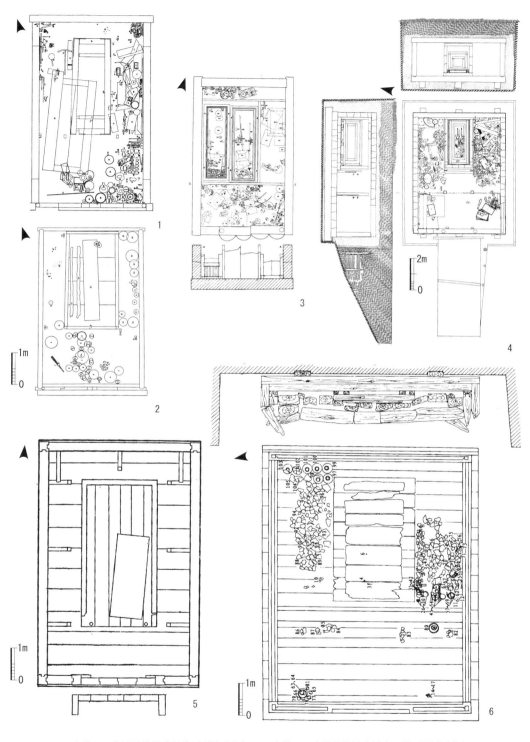

1 安徽・双古堆前漢汝陰侯墓（前漢前期）　2 安徽・双古堆前漢汝陰侯夫人墓（前漢前期）
3 江蘇・邗江姚庄 101 号墓（前漢後期）　4 安徽・巣湖放王崗 1 号墓（前漢中期）
5 江蘇・揚州「妾莫書」墓（前漢後期）　6 湖南・永州鷂子嶺 2 号墓（前漢末）

図 102　木室（華中系）

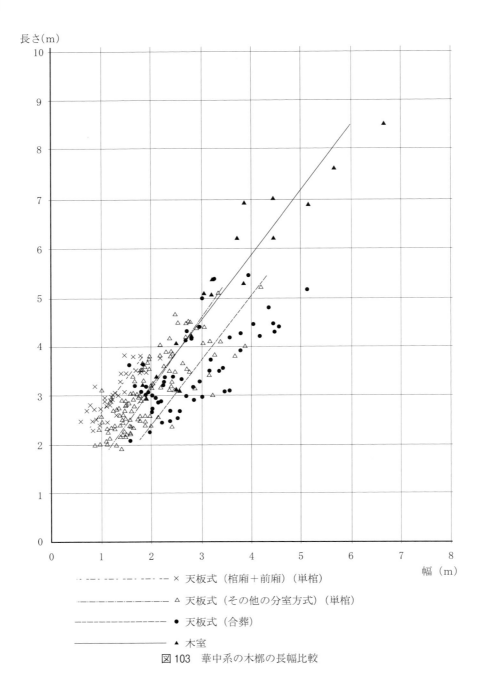

図103　華中系の木槨の長幅比較

配置をもつ単棺木室墓が出現するとともに、前漢中期にはその影響を受けた左右非対称の天板式二棺合葬墓が木室化したものもあらわれる。新莽期以降は磚室墓への転換にともない造営数は減少するが、江蘇省や山東半島部、遼東から朝鮮半島北部にかけての地域などでは後漢代になっても木槨墓の造営がつづき、とくに楽浪地域では遅くまで造営が継続する。

　いま述べた華中系の天板式の木槨（単棺）、同（合葬）および木室の長さと幅の関係を図103に散布図で示した。天板式の木槨（単棺）は棺廂と前廂（または後廂）に区分する細長長方形タイプ

とそれ以外とを分けて示している。後者のグループの天板式の木槨（単棺）の長幅比の平均は約1.6、同（合葬）は約1.3、木室は約1.5である。天板式の木槨における単棺のものと合葬のものは、長さの分布域がほぼ重複するにもかかわらず、後者の幅が大きく増大する傾向がある。これは、合葬の流行とともに幅を増やすことで大型化が達成されたことを示しており、木室が長さ・幅ともに増大することで大型化していることと対照的である。天板式の木槨が単葬・合葬にかかわらず前漢代を通じて伝統的な分室方式を維持したのに対し、木室は内部空間の区分方式に大きな変化をともなって大型化を遂げたことが注意される。

3　部材のあり方からみた漢代木槨の地域差

漢の領域の主要部における木槨には、西方系と華中系と呼ぶべき大きな二つの流れがあることを、平面プランの特徴に反映した細長・幅広の差、分室方式の違いから指摘した。つぎに、木槨を構成する部材のあり方にも西方系と華中系との間に差異がみられるかどうか、底板とまくら木、柱を取り上げて検討してみたい。

（1）底板とまくら木

中国の木槨は上下四周を木材で取り囲むことを基本とし、原則的に底板を有する。底板は槨の主軸方向（主棺の主軸方向）に対して平行に置かれる場合（縦方向）と、直交して置かれる場合（横方向）がある。底板全体が一枚板である場合は少ない。底板が上下で縦横の方向を違えた二重であったり、木室の場合に前室と玄室とで縦横の方向を変えることもあるが、大多数は一重であって、かつ縦方向と横方向が混在することは少ない。

複数の材で構成される木槨底板を効果的に支え、木槨自体を安定させるために、底板の下にまくら木が敷き込まれることが多い。まくら木の向きは原則的に底板の方向と直交する。棺槨の木部がまったく腐朽消滅し、まくら木痕跡のみが検出されるケースも多いが、そこから底板の配列方向や木槨規模の大略を知ることができる。

以下に、底板の縦方向と横方向、まくら木のあり方の観点から、西方系と華中系の木槨構造の差異について検討してみる。

西方系の木槨の底板　西方系の木槨では底板は横方向が圧倒的に多く、検討した範囲では91％を占める。縦方向の底板を有するものは前漢前期の西安西北医療設備廠170号墓、前漢中期の陝西省咸陽市咸陽二〇二所5号墓などまれで、比率的には9％にすぎない。

表13に示したとおり、底板を構成する材は幅20〜30cm、厚さ5〜10cm程度の板材が標準的で、重厚な材は用いられない。底板相互間を合欠きなどによって組み合わせる造作はあまりみられず、単に敷き並べたといった状況のものが多い。

木槨自体が細長い平面プランをとるにもかかわらず、横方向に板材を使い、かつ個々の板材の幅が狭いため、使用される枚数が相対的に多い。表に示したものでは前漢前期の西安西北医療設備廠42号墓（M42、長さ3.84m）の30枚、同龍首村軍幹所15号墓（長さ5.08m）の28枚、前漢後期の山西省朔県平朔露天煤鉱三区1号墓（3M1、長さ約6.3m）の24枚が枚数の多いものであるが、大型化した木室ではさらに枚数が増える。たとえば、山西省朔州地域最大の漢墓である朔県平

朔露天煤鉱五区1号墓（図97-1）の底板は実測図によると横方向の木板41枚を並べていた。

　西方系の木槨ではまくら木を敷く場合には縦方向2本が基本であるが、むしろ特別な造作を加えずに平坦に整えた墓壙底に直接底板を敷き、まくら木を欠く場合の方が多い。これはしばしば「光沢がある」と表現されるような安定した墓壙底面を仕上げることが可能な黄土地帯の土質に関係する可能性がある。同時に、西方系の木槨にはまれに底板の上に側板がのらず、側板の構築後に底板を敷いたり、底板そのものを欠く場合がある。

　たとえば、前漢前期の西安西北医療設備廠28号墓外槨（図92-2）は4本の丸木柱で支持された側板を構築した後、朱漆を塗った横方向の厚さ5cmの板18枚を敷き詰めて底板とする。同じく西安西北医療設備廠42号墓、西安龍首村軍幹所9号墓・14号墓（図95-4）・15号墓主槨（図104-3）も側板の構築後に底板を施工したものである。後漢前期の山西省孝義市張家荘15号墓（図104-10）も同様の事例で、木槨四側板は墓壙底に敷かれた礫・木炭層の上に直接構築され、底板の上にのってはいない。

　また、棺槨木部の腐朽消滅を考慮すると底板の欠如を判断することは必ずしも容易ではないが、報告者によって角材や板を敷き並べた底板がないと明記された事例として、代わりに床面を礫敷きとしていた広霊北関84号墓（図96-3）、前漢後期～新莽期の木室である内蒙古自治区バヤンノール市磴口県沙金套海12号墓（93DSM12）・20号墓（93DSM20）・6号墓（93DSM6）、磚敷きとしていた新莽期の木室である青海省西寧市大通回族トゥ族自治県上孫家寨122号墓（図106-8）等を挙げられる。

　華中系の木槨の底板　華中系の木槨では底板は縦方向が基本で、比率的には横方向が30％に対して縦方向は70％を占める。とくに前漢前・中期の天板式の単棺墓では縦方向が84％と大半を占めている。いっぽう、前漢中期以降の天板式の合葬墓や木室では縦方向55％、横方向45％でほぼ拮抗する。

　表13に示したとおり、材の大きさはばらつきがあるが、おおむね幅40～70cm、厚さ20cm前後が標準的で、厚みのある重厚な板材を使用する場合が多い。また、底板相互間は合欠きによって組み合わせ、上部にのせられる側板とは雇い柄などで結合する。

　底板の枚数は槨の規模に応じて多寡があるが、総じて西方系に比べて少ない。これは、底板の材を縦方向に使うことと、個々の材が大きいことに起因する。材の幅・厚さとともに、縦方向に使用するために長い材を用意している点も見逃せない。とくに大きな材を使用した例では、長沙馬王堆1号墓で下底板に長さ5.4m、幅1.18m、厚さ28cmの巨大な板3枚を使用し、3号墓では長さ4.89m、厚さ19cmの板3枚で幅3.37mの底板を構成していた。逆に、前漢中期以降の天板式の合葬墓や木室で横方向に使うものが増加するのは、大型化に見合うだけの長い材の供給がしだいに困難化したことへの対応の結果と思われる。

　表から明らかなように、華中系の木槨は原則的にまくら木を有する。まくら木は角材が多いが、まくら木上面を削り、一段低くなった中央の部分で底板を受けるように細工したいわゆる「側面凹字形」のまくら木が湖北省や湖南省北部などで先秦代から伝統的にみられる。角材のまくら木両端に穴を開けて木楔（木栓）を挿入する場合もあり、底板を安定させるための蟻桟的な機能にも重点があったと考えられる。

　華中系ではまくら木の敷設は構造的な効果とは別の次元でも根強く定式化していたようである。

表13 漢代木槨の底板方向と枚数

	墳墓名	所在地	時期	天板式・側板式・木室の別	底板 方向	底板 枚数	底板 一枚の幅	底板 厚さ	まくら木 方向	まくら木 種類	まくら木 本数	まくら木 太さ
西方系	陽原三汾溝9号墓(85YSM9)	河北張家口市陽原県	前漢後期	木室	横	15	30〜40	10〜15	−	−	−	−
	新地4号墓(89WXM4)	内蒙古烏海市海勃湾区	新莽〜後漢前期	側板式・合葬	横	14	20〜24	10	−	−	−	−
	新地5号墓(89WXM5)	内蒙古烏海市海勃湾区	前漢後期	側板式・単葬	−	−	−	−	横	丸木材	13	10〜14
	包頭召湾51号墓(BZM51)(乙室)	内蒙古包頭市九原区	前漢後期	木室	横	22	25	〜18	−	−	−	−
	朔県平朔露天煤鉱三区1号墓(3M1)	山西朔州市朔城区	前漢後期	木室	横	24	22〜28	4〜6	縦	丸木材	2	径14
	朔県平朔露天煤鉱三区2号墓(3M2)	山西朔州市朔城区	前漢後期	木室	横	18	34〜43	6	縦	丸木材	2	径12
	西安西北医療設備廠2号墓	陝西西安市未央区	前漢前期	側板式・単葬	横	18	14〜16	6	−	−	−	−
	西安西北医療設備廠28号墓	陝西西安市未央区	前漢前期	側板式・単葬	横	18	20〜30	5	−	−	−	−
	西安西北医療設備廠42号墓	陝西西安市未央区	前漢前期	側板式・単葬	横	30	10〜15	6	−	−	−	−
	西安西北医療設備廠92号墓	陝西西安市未央区	前漢前期	側板式・単葬	横	23	15〜25	7	−	−	−	−
	西安龍首村軍幹所14号墓	陝西西安市未央区	前漢前期	側板式・単葬	横	9	8〜20	5	−	−	−	−
	西安龍首村軍幹所15号墓	陝西西安市未央区	前漢前期	天板式・単葬	横	28	10〜26	6	−	−	−	−
	西安西北医療設備廠120号墓	陝西西安市未央区	前漢前期	天板式・合葬	縦	13	20〜32	10	−	−	−	−
	西安竇氏墓(M3)	陝西西安市新城区	前漢前期	天板式・合葬	横	21	18〜30	10	−	−	−	−
	西安国棉五廠16号墓	陝西西安市灞橋区	前漢後期	側板式・単葬	横	12	19〜28	5	−	−	−	−
	西安国棉五廠17号墓	陝西西安市灞橋区	前漢後期	側板式・単葬	横	15	15〜28	5	−	−	−	−
	西安国棉五廠95号墓	陝西西安市灞橋区	前漢前期	木室	横	14	13〜30	5	−	−	−	−
	西安繞城高速公路14号墓	陝西西安市灞橋区	前漢中期	側板式・単葬	横	13	14〜24	10	−	−	−	−
	水泉子11号墓	甘粛金昌市永昌県	前漢末〜後漢前期	側板式・合葬	横	14	20	1.5	−	−	−	−
	上孫家寨135号墓	青海西寧市大通回族トゥ族自治県	前漢後期	側板式・合葬	横	14	20〜30	7	−	−	−	−
	上孫家寨151号墓	青海西寧市大通回族トゥ族自治県	前漢後期	側板式・単葬	横	16	14〜20	4	−	−	−	−
華中系	東陽小雲山1号墓	江蘇淮安市盱眙県	前漢前期	天板式・単葬	縦	6	40〜45	23	横	竹竿	2	−
	塩城三羊墩1号墓	江蘇塩城市亭湖区	後漢前期	天板式・合葬	(下)横(上)縦	(下)3(上)3	68前後	19	縦	角材(凹字形)	2	−
	張集団山1号墓(89YTM1)	江蘇揚州市儀徴市	前漢前期	天板式・単葬	縦	4	76〜86	24	−	−	−	−
	張集団山2号墓(90YTM2)	江蘇揚州市儀徴市	前漢前期	天板式・単葬	縦	2	93	19	−	−	−	−
	張集団山3号墓(90YTM3)	江蘇揚州市儀徴市	前漢前期	天板式・単葬	縦	2	90〜96	24	−	−	−	−

	墳墓名	所在地	時期	天板式・側板式・木室の別	底板 方向	底板 枚数	底板 一枚の幅	底板 厚さ	まくら木 方向	まくら木 種類	まくら木 本数	まくら木 太さ
	張集団山4号墓（90YTM4）	江蘇揚州市儀徴市	前漢前期	天板式・単葬	縦	3	50～64	16	−	−	−	−
	邗江宝女墩104号墓（木室）	江蘇揚洲市邗江区	新莽	木室	縦	8	39～45	28	横	−	2	−
	儀徴煙袋山漢墓（YYM1）（木室）	江蘇揚州市儀徴市	前漢中期	木室	縦	5	64	24	横縦	角材	2 4	10×10
	巣湖北山頭1号墓	安徽巣湖市居巣区	前漢前期	天板式・単葬	縦	5	48～69	23	横	角材	2	46～48×30
	巣湖放王崗1号墓（FM1）（木室）	安徽巣湖市居巣区	前漢中期	木室	横	16	26～84	33	縦	角材（凹字形×2）	3	36～40×40
	南昌老福山漢墓	江西南昌市西湖区	前漢後期	木室	横	11	44～53	40～46	縦	角材	2	39×36
	老河口九里山142号墓	湖北襄陽市老河口市	秦	天板式・単葬	縦	5	18～31	6	横	−	2	−
	老河口九里山120号墓	湖北襄陽市老河口市	前漢前期	天板式・単葬	縦	6	23～30	8	横	−	2	−
	五座墳3号墓	湖北襄陽市老河口市	前漢中期	天板式・単葬	縦	7	60	50	横	角材	3	60×50
	荊州高台1号墓	湖北荊州市荊州区	秦	天板式・単葬	縦	4	38～44	10	横	角材	2	12×8
	荊州高台2号墓	湖北荊州市荊州区	前漢前期	天板式・単葬	縦	4	69～79	20	横	角材	2	20×16
	荊州高台5号墓	湖北荊州市荊州区	前漢前期	天板式・単葬	縦	5	78～92	20	横	角材	2	24×16
	荊州高台6号墓	湖北荊州市荊州区	前漢前期	天板式・単葬	縦	4	60～68	16	横	角材	2	18×12
華中系	荊州高台4号墓	湖北荊州市荊州区	前漢前期	天板式・単葬	縦	4	62～68	18	横	角材	2	18×10
	荊州高台18号墓	湖北荊州市荊州区	前漢前期	天板式・単葬	縦	3	46～50	12	横	角材	2	10×8
	荊州高台28号墓	湖北荊州市荊州区	前漢中期	天板式・合葬	縦	4	68～79	16	横	角材	2	14×10
	江陵鳳凰山8号墓	湖北荊州市荊州区	前漢前期	天板式・単葬	縦	3	74～77	17	横	角材	2	23-24×16-17
	江陵鳳凰山168号墓	湖北荊州市荊州区	前漢前期（前167年）	天板式・単葬	縦	4	67～69	24	横	角材	2	34×19
	紀南松柏1号墓	湖北荊州市荊州区	前漢前期	天板式・単葬	縦	3	60～74	20	横	角材	2	20×20
	荊州肖家山1号墓	湖北荊州市沙市区	秦	天板式・単葬	横	7	30～54	20	−	−	−	−
	荊州周家台30号墓	湖北荊州市沙市区	秦二世元年（前209年）	天板式・単葬	縦	3	30～39	8	−	−	−	−
	荊州謝家橋1号墓	湖北荊州市沙市区	呂后五年（前184）	天板式・単葬	縦	5	50～51 50～53	25～28 18	横	角材	2	20×20
	荊州蕭家草場26号墓（XM26）	湖北荊州市沙市区	前漢前期	天板式・単葬	縦	3	47～59	18	横	角材（凹字形）	2	20×18
	雲夢睡虎地44号墓	湖北孝感市雲夢県	秦	天板式・単葬	横	10	20～36	15	−	−	−	−
	雲夢木匠墳1号墓	湖北孝感市雲夢県	秦	天板式・単葬	横	11	22～36	10	−	−	−	−
	雲夢木匠墳2号墓	湖北孝感市雲夢県	秦	天板式・単葬	横	11	22～40	12	−	−	−	−
	雲夢睡虎地47号墓	湖北孝感市雲夢県	前漢前期	天板式・単葬	横	8	32～58	14	−	−	−	−

第8章　東アジア世界における棺槨　313

	墳墓名	所在地	時期	天板式・側板式・木室の別	底板 方向	底板 枚数	底板 一枚の幅	底板 厚さ	まくら木 方向	まくら木 種類	まくら木 本数	まくら木 太さ
華中系	雲夢大墳頭1号墓	湖北孝感市雲夢県	前漢前期	天板式・単葬	縦	7	—	20	横	角材	2	20×12
	蘄春陳家大地15号墓	湖北黄岡市蘄春県	前漢後期	木室	横	8	46	12	縦	角材（凹字形）	2	24〜26×31
	長沙陡壁山1号墓	湖南長沙市岳麓区	前漢前期	天板式・単葬	縦	14	41	44	横	角材（凹字形）	3	40×(25)
	象鼻嘴1号墓	湖南長沙市岳麓区	前漢前期	木室	横	35	25〜35	25	縦	角材	6	40×18
	長沙砂子塘1号墓	湖南長沙市雨花区	前漢前期	木室	縦	3	89〜94	24	横	角材（凹字形）	2	—
	長沙馬王堆1号墓	湖南長沙市芙蓉区	前漢前期	天板式・単葬	（下）縦	3	118	28	横	角材（凹字形）	3	44.5×42
	長沙馬王堆2号墓	湖南長沙市芙蓉区	呂后二年（前186）	天板式・単葬	縦	11	31〜41	20〜21	横	角材（凹字形）	3	35
	長沙馬王堆3号墓	湖南長沙市芙蓉区	文帝十二年（前168）	天板式・単葬	（下）縦	3	337／3	19	横	角材（凹字形）	3	45×66〜68
	土城洞4号墓	朝鮮ピョンヤン市	前漢中期	天板式・単葬	縦	3	40	10	—	—	—	—
	石巌里6号墓	朝鮮ピョンヤン市	後漢前期	天板式・合葬	横	15 17	不同	21	縦	角材	3	厚さ21
	貞柏里2号墓	朝鮮ピョンヤン市	後漢前期	天板式・合葬	横	16	21〜24	21〜24	縦	角材	3	21〜24角
	貞柏里127号墓（王光墓）	朝鮮ピョンヤン市	後漢前期	天板式・合葬	横	21	〜41	〜26	—	—	—	—
	梧野里19号墓	朝鮮ピョンヤン市	3世紀前半	天板式・合葬	横	12	27	18	—	—	—	—
	石巌里200号墓	朝鮮ピョンヤン市	新莽〜後漢前期	天板式・合葬	横	多数	18.2〜21.2	18.2〜21.2	縦	角材	2	—

　たとえば、前漢前期の江蘇省淮安市盱眙県東陽小雲山1号墓（図99-7）では、底板の下に角材ではなく2本の横方向の竹竿を敷き込んでまくら木に代えていた。墓壙底にはきめの細かい黄褐色土を約25cmの厚さで敷き詰め、竹竿を置いた上に幅40〜45cm、厚さ23cmの縦方向の角材6本を使用した底板を設置していた。この墓の竪穴墓壙は岩盤に到達しており、長さ3.65m、幅2.63m、高さ1.26mの木槨の安定のためにはこのような下部構造で十分であったと思われる。[(2)]

　東南部地域における秦〜前漢前期の木槨墓では縦方向の底板が8割を超えていたわけであるが、横方向の底板を使用する少数派として、湖北省孝感市雲夢県睡虎地36号墓・44号墓（図94-11）、同木匠墳1号墓・2号墓、荊州市沙市区肖家山1号墓など、いずれも秦代の小型単棺墓がある。これらは槨室を棺廂と前廂（または後廂）に区分し、長幅比が2〜2.3前後の細長長方形プランを有するものである。側廂を有する分室方式をとる単棺墓でも、雲夢睡虎地1号墓・39号墓・47号墓（図99-3）、湖北省随州市孔家坡8号墓など、やはり秦〜前漢前期の事例に横方向の底板を使用するものがある。

　湖北省雲夢県周辺では遺存状態の良好な先秦〜前漢の木槨墓が多数調査されているが、とくに秦・前漢前期には底板を10枚前後の横方向の板で構成する木槨が盛行している点が注意される。この地域の横方向の底板は、いずれも相互間に合欠き等の仕口を設けない。また、雲夢睡虎地47

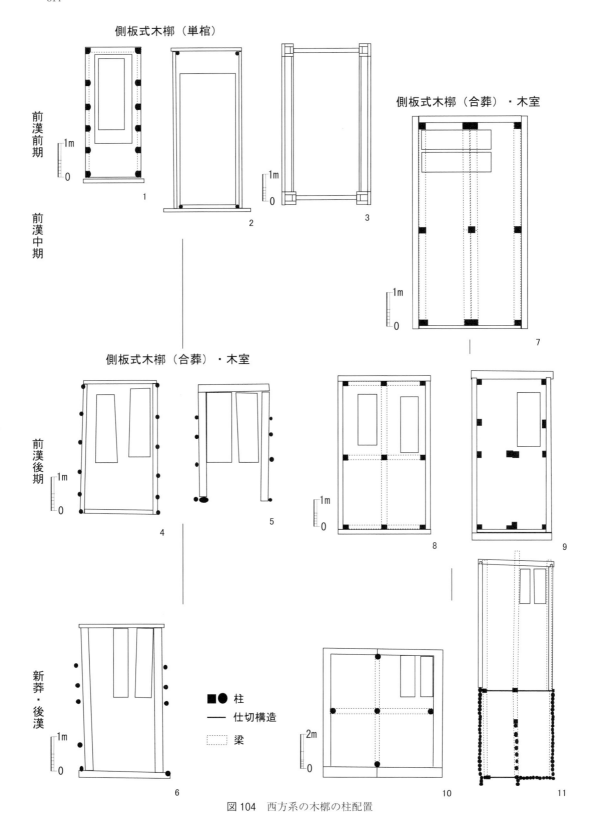

図104　西方系の木槨の柱配置

第 8 章　東アジア世界における棺槨　315

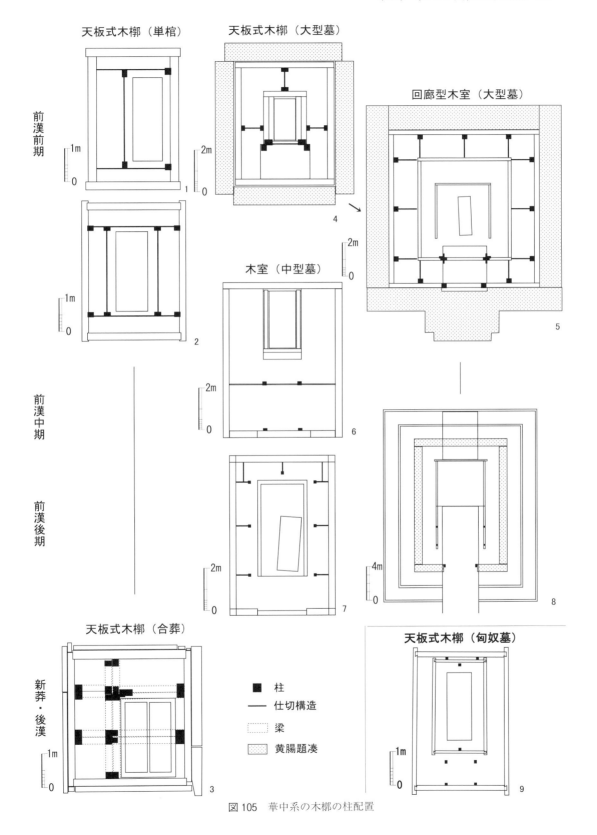

図 105　華中系の木槨の柱配置

号墓では整えた墓壙底に直接横方向の木板8枚を並べて底板とし、まくら木を使用しないなど、西方系の木槨と共通の特徴が目立つ。雲夢秦漢墓については、睡虎地11号墓出土の「編年記」木牘の記述などから、戦国末にこの地を領有した秦の植民による造墓が想定されており（『雲夢睡虎地秦墓』編写組 1981）、秦の勢力拡大とともに西方系の木槨墓の要素が東南部地域にダイレクトに波及した具体例として評価できるであろう。

前漢後期以降の楽浪地域の合葬も横方向の底板が目立つ一群である。使用された板の枚数も石巌里6号墓（図101‐10）で17枚、貞柏里2号墓（図101‐9）で16枚、貞柏里127号墓（図101‐11）で21枚、梧野里19号墓（図101‐12）で12枚と多い。これは使用された材が板というよりも角材に近い幅の狭いものであるためで、貞柏里2号墓は21〜24cm角、貞柏里127号墓は最大41cm×最大26cm、梧野里19号墓は27×18cm、石巌里200号墓は18.2〜21.2cm角の材を使用している。

また、貞柏里127号墓、梧野里19号墓はまくら木を使用しない。その断面をみると、底板の厚さが不揃いで、下面に凹凸が生じている。貞柏里127号墓では墓壙底を粘土で固め、細い松の幹や楔を適宜かませて、梧野里19号墓は「木屑」を敷いて下面の凹凸を吸収し、底板上面の高さが一定になるように調整している。同様の構造は湖北省荊州瓦墳園4号墓の天板式（合葬）の木槨でもみられ、厚さが不揃いな横方向の板材10枚で構成される底板中部東寄りに2個の木片を入れて調整していた。これらは、墓壙底を整える西方系の木槨やまくら木を使用する他の華中系の木槨とはまた別の原理による底板設置方法を採用したものといえる。

（2）柱

柱は中国の木槨構造において必ずしも不可欠の要素ではないが、西方系・華中系ともに柱を有するものが存在する。木槨における柱の機能には、支持・補強など主として構造面での機能と、槨室内を区画する施設の一部としての機能の大きく二種類が予想される。もちろん現実には、両者は截然と区別しうるわけではなく、槨室内を区画するとともに上部を支持し、かつ装飾的な意味合いも有するといったように、同じ柱が多面的な機能を担う場合の方が多いと考えられるが、その比重の観点から西方系と華中系の差異について検討してみたい。

西方系における柱構造　西方系の木槨における主要な柱配置を図104に示した。そのあり方は、側板に沿って槨内外に配することを基本とし、加えて槨室内の側板から離れた位置に配する場合も側板に沿って配された柱を含めて「十」「王」字形といった配置上の関係性を有する。

側板に沿って槨内外に柱を配するあり方には、木槨の四隅に各1本計4本の柱を配する場合と、主に長側辺に沿って4〜6対計8〜12本程度の柱を配する場合がある。前者を「四柱式」、後者を「多柱式」とかりに呼んでおく。

前漢前期の西安西北医療設備廠28号墓外槨（図104‐2）は四柱式の事例である。竪穴墓壙内に構築された縦入側板式の木槨で、両長側板は9枚、奥側の短側板は10枚の厚さ6cmの板を、墓壙下部の黄土を掘削してつくり出した二層台壁面に密着して積み上げる。この側板を、槨室四隅に立てた直径10cmの丸木柱4本で内側から固定している。両長側板・奥側短側板の下端および柱下端は墓壙底に20cmほど埋め込まれた状態である。手前側の短側板も同様の板を積んで槨室を封鎖し、その後外側に2本の丸木柱を立てて押さえる。すなわちこの木槨の両長側板・奥側短側板

は外側を墓壙壁面、内側を柱によって、また手前側短側板は内側を木槨本体、外側を柱によって補強することで、薄い板を積み上げる不安定さを解消しているわけである。

　前漢前期の西安龍首村軍幹所 14 号墓（図 95 - 4）の木槨は痕跡のみ遺存していたが、洞室の四隅に直径 8 cm の丸木柱を立て、柱の側面に掘り込んだ小溝に厚さ 5 cm の板材を落とし込んで側板を構築していた。北長側板は 8 枚、南長側板は 6 枚、奥側の西短側板は 7 枚の板を水平方向に使用する。柱・側板ともに洞室壁面に密着した状態である。この場合は、4 本の柱に溝を設け、羽目板のように側板を落とし込むことで、薄い側板の安定を図っている。

　同じく前漢前期の単棺墓である西安龍首村軍幹所 9 号墓、西安龍首村 2 号墓（91CTDXM 2）、新莽期の合葬墓である内蒙古自治区包頭市九原区召湾 95 号墓（BZM95）なども四柱式の事例である。

　西安龍首村軍幹所 15 号墓副槨は四隅に角柱を立て、その側面に穿った小溝に側板を落とし込んで構築したものであり、側板式木槨にみられる四柱式と共通の柱配置である。主槨（図 104 - 3）はそれを長さ 5.08 m、幅 2.8 m、高さ 1.24 m の箱形にスケールアップしたものであるが、その構造はきわめて興味深い。四隅に 40 × 42 cm 角の太い柱を立てているが、柱は一木ではなく、厚さ 10 cm の木板 4 枚を組み合わせてつくり、内部に木片を詰めたいわば集成材であった。短側板はそれぞれ厚さ 9 cm の水平方向の木板 6 枚を積み上げる。これに対し、長側板は、内側に厚さ 6 cm の水平方向の木板 7 枚を積み上げ、外側に厚さ 10 cm の垂直方向の木板 33 枚を立て並べた二重構造とし、やはり中空の内部には木炭を詰めていた。薄い板を使用しながら、槨規模にふさわしい一見重厚なつくりとする工夫であろう。薄い板で外側をつくり、内部に五花土を充塡した類似の側板構造は西安市宣帝杜陵 4 号陪葬坑（中国社会科学院考古研究所杜陵工作隊 1991）でもみられ、このような工法は前漢皇帝陵陪葬坑の構築技術の応用であった可能性もある。

　前漢前期の西安西北医療設備廠 42 号墓外槨（図 104 - 1）は、単棺の側板式木槨における多柱式の事例である。この木槨では、洞室長側辺の壁面に密着して径 14～16 cm ほどの柱 6 対計 12 本を立て、それらの間に厚さ 8 cm の板を長側板 19～20 枚、奥側の短側板 8 枚立て並べる。両長側板・奥側短側板の下端は洞室の内壁に沿って掘られた深さ 6 cm の溝状の掘り方に落とし込み、上端は柱の上部に架構された幅 16 cm、厚さ 8 cm の角材の梁で押さえられる。すなわち、側板は柱を介して、上部の梁、下部の溝状掘り方に羽目板状に固定される構造となる。同時に梁は蓋板の支えの機能も果たす。

　多柱式の構造は前漢中期以降の二棺合葬の側板式木槨や木室に継受されている。河北省張家口市陽原県三汾溝 4 号墓 A 墓室（図 104 - 4）は、竪穴式墓道を有する洞室内に構築された縦入側板式の木槨で、洞室両側の壁面に 6 対計 12 本の柱が立てられていた。柱は土の壁を削り込んだ垂直の溝にはめ込まれるように立てられ、壁面に密着する薄い板材の側板を支持していたと考えられる。前漢後期の上孫家寨 135 号墓（図 104 - 5）は洞室内に構築された縦入側板式の木槨で、長側板は幅 22 cm、厚さ 16～22 cm の角材 4 本を合欠き等の仕口なしに積み上げ、外側に 4 対計 8 本の丸木柱を立てていた。蓋板は半裁丸太材 14 本を長側板上端に横架したもので、柱上端よりも低い位置にあることから、柱と蓋板は直接的な構造上の関連性はない。この木槨と洞室壁面との隙間は 20 cm 前後と狭く、一連の丸木柱は外側から槨側板を補強し、裏込めと同様の機能を果たすものであったと考えられる。新莽時期の上孫家寨 122 号墓（図 104 - 6）は斜坡式墓道を有する竪穴墓壙

内に木材と磚を混用した特殊な槨を構築していた。槨は長さ4.4m、幅2.5m、高さ1mの箱形で、両長側板および奥側短側板、蓋板を木材、底板および封門磚は小磚を用いる。長側板の外側に東側5本、西側4本の丸木柱を立てる。蓋板は長側板上端に直接横架し、135号墓と同様に柱と蓋板は直接的な構造上の関連性はない。

　西方系の木槨におけるいま一つの柱のあり方として、槨室の中央と前後左右に1本ずつ「十」字形に、あるいはそこに槨室四隅の4本を加えて「王」字形に柱が配される場合がある。

　前漢後期の内蒙古自治区包頭市九原区下窩爾吐壕6号墓（94BXM6、図104-8）は長さ6.3m、幅3.7m、高さ1.1mの縦入側板式の木槨で、底板上に20×18cm角の角材を中央で十字形に交差させて水平に置き、さらに両短側板に接して各1本の角材を水平に置いて、全体で「王」字形に組む。これを根太として、「王」字形の各端部・交点に各1本、計9本の角柱を立てる。上部は破壊されていたため不明であるが、柱上部に梁を渡し、蓋板を受けていたと考えられる。孝義張家荘15号墓（図104-10）は、底面長8.4m、幅7.5m、深さ8.15mの墓壙内いっぱいに正方形に近いプランの木室を設けるやや特殊な構造である。墓壙底に礫を約25cmの厚さに敷き、その上に木炭を敷き詰め、さらにその上に木槨を構築する。木槨は墓壙底いっぱいに構築され、高さは1.3～1.5mである。四側板の各中点と槨室の中心付近に直径25cmの丸木柱を立て、4本の角材を用いてそれぞれを結ぶ十字形の梁を架構する。この梁と四側板を支えとして、横方向の角材34本を2列に並べて蓋板とする。朔県平朔露天煤鉱五区1号墓（図104-11）は、木室の中央と、同じ位置の左右側板内側に接して角柱各1本を立て、梁を十字形に架構して長大な木室の蓋板を支えていた。

　これらの槨室内はいずれも柱と梁で田の字形に4分割されることになり、柱と梁はある程度空間を区分する機能も果たしている。ただ、孝義張家荘15号墓の事例のように蓋板が2列になる場合には、蓋板の方向に直交するように配された柱と梁は蓋の架構のために不可欠の構造といわざるをえない。逆に、これに加えて蓋板の方向に平行するように柱と梁を配することは、蓋の架構の観点からは不要のものであり、梁を十字形に組むことで上部からの荷重を受ける機能を強化するとともに、側板を支持・補強する柱の機能を強化しているとみられる。

　梁が十字形または「王」字形ではなく、「川」字形に平行して架構されたと考えられるケースもある。前漢中期の沙金套海26号墓（93DSM26、図104-7）は長さ6.6m、幅3.4m、高さ2.2mの縦入側板式の木槨で、槨室の四隅と中央、両長側板中央に各1本の各柱を立て、両短側板中央には各2本の各柱が接して立てられる。柱の総数は12本である。これらの角柱上に縦方向の梁4列（中間の2列は接する）を渡し、それぞれの梁の間に横方向の板材を渡して蓋板とする。前漢後期の内蒙古自治区包頭市九原区召湾51号墓（BZM51）乙室（図104-9）は長さ6.2m、幅2.95m、高さ1.25mの槨室内の四隅と長側板中央、さらには奥側二隅と長側板中央との間のほぼ中間点にそれぞれ1本の角柱が立てられ、長側板中央の2本の柱どうしの中間点、前側二隅の2本の柱どうしの中間点には各2本の角柱が接して立てられていた。合計12本である。柱は17×14cm角、20×16cm角、20×25cm角の3種類があった。

　以上の西方系の木槨における柱は、まず第一に側板を支持・補強し、第二に梁を介して蓋板を支える機能を有するもので、仕切の機能や装飾の機能はあまり重要ではないと考えてよい。底板と同様に、西方系の木槨では側板や蓋板も比較的薄い板材を使うものが多く、その構造的な弱点を補う

ためにこうした柱構造が発達したものとみられる。

華中系における柱構造　華中系の木槨における柱は基本的に槨室内を区画する施設の一部として機能するとともに、梁などを介して上部からの荷重を支える機能を兼ねる。その比重は木槨の大小や時期によって変化するが、西方系のように側板を補強する柱の存在は基本的に認められない。

中小の天板式木槨では、柱は分室のための仕切板を構成する部材として存在し、装飾的な意味合いがよりつよい。前漢前期の単棺墓である荊州高台 2 号墓 (図 105 - 1) は長さ 4.30 m、幅 2.76 m、高さ 1.96 m の槨室内を棺廂・側廂・前後廂に 4 区画するが、柱は棺廂の 4 コーナーに立てられていた。張集団山 1 号墓 (図 105 - 2) は長さ 4.05 m、幅 3.05 m、高さ 1.8 m の槨室内を棺廂・左右側廂・前後廂に 5 区画し、柱は棺廂の 4 コーナーと仕切板の延長が側板と交わる位置に計 8 本立てられる。いずれも仕切板には門柱・扉・長押などの表現があって、これらの柱もそうした擬似的表現の一環をなす。後漢前期の貞柏里 127 号墓 (図 105 - 3) など楽浪郡の合葬墓にみられる柱も、構造的なものというよりはこうした仕切構造に包摂されるととらえることが可能であろう。

大型墓においては、発達した回廊状の空間を区画する施設の一部として柱が用いられるとともに、大型化した前室空間に象徴的に立ち、上部構造を支持する機能を兼ねた柱のあり方がみられる。

長沙陡壁山 1 号墓 (図 105 - 4) の木槨は、黄腸題湊に囲まれた面積 44 m^2 の外槨と、その中央に位置する内槨からなる。外槨内には合計 12 本の柱が立つが、このうち内槨とその前面の一段高くなった「前室」部分とを区画する門扉施設および門にともなう三対 6 本を除くと、残る三対 6 本はそれぞれ内槨・前室を除く逆凹字形の回廊状空間の内外両壁に接して立つ。これらは木槨の中軸およびそれに直交する逆 T 字形の線上に正しく位置し、門扉もしくは隔板と考えられる板材の出土から仕切施設の一部を構成していたことが判明する。外槨の蓋板は部分的に遺存するのみであったが、底板が 41 × 44 cm 角の重厚な角材で構成されていたことから、最大で約 5 m の距離を横架する蓋板も相応の太い材が予想される。

長沙象鼻嘴 1 号墓 (図 105 - 5) は、黄腸題湊に囲まれた長さ 11.1 m、幅 10.3 m、高さ 3.05 m の初現的な木室で、中央に玄室、その前方に前室を置く。長沙陡壁山 1 号墓と比べて規模が格段に大型化しているため、前室・玄室の門柱を除く柱数は大きく増え、合計 11 本を数える。逆凹字形の「外回廊」の南北東三辺に各 3 本、西辺に 2 本の配置である。それぞれ 30 cm 角程度の角柱で、下端に枘をつくり出して底板に設けられた枘穴に差し込んで立てられる。これらは回廊を合計 12 の小空間に分割する仕切り施設であり、玄室に接した細い隔板と対になって上端に梁を渡し、3 枚の板を接ぎ合わせた片開きの門扉が取り付けられていた。長沙象鼻嘴 1 号墓の木室蓋板は長さ 11.4 m、40 cm 角の巨大な角材 28 本で構成され、後方の回廊部分では最大で約 10 m に達する距離を横架する。

黄暁芬は長沙陡壁山 1 号墓を前漢前期でも前半に遡る大型の槨護型木槨とし、長沙象鼻嘴 1 号墓をそれに後続する初期の回廊型木室墓と位置づけている (黄 2000)。これらは望城古墳院 1 号墓とともに、半径 5 km ほどの範囲に集中して営まれた前漢前期の長沙国王・后墓と考えられている (何旭紅 2007)。柱の機能についてみると、長沙陡壁山 1 号墓・長沙象鼻嘴 1 号墓の柱は木槨全体の重厚なつくりからみて、構造的に必要であったというよりは回廊状の空間を区画する施設の部材としての機能に重点が置かれていたと考えられる。前漢前期の長沙国においてこれらに準じる墓と

しては、長沙市雨花区砂子塘1号墓（図100-2）、長沙市芙蓉区馬王堆1〜3号墓などがあるが、回廊状の空間はなく、それにともなう柱はもちろんない。回廊状の構造は黄腸題湊とともに最高クラスの木槨に特有の格式であって、それに付随する柱にも、一定の格式を示す装飾的意義が存在した可能性があるだろう。

前漢後期の中型墓である揚州「妾莫書」墓（図105-7）は長さ7m、幅4.5m、高さ1.95mの木室で、中央に設けられた長さ4m、幅2mの玄室周囲には、北辺中央付近に1本、東西両辺に各3本、計7本の角柱が立つ。東西の各3本の柱は東西南北にそれぞれ柱筋が通っており、しかもそれぞれの延長上の北・南側板内面と東・西側板内面には、底板から高さ1.3mの位置に25×10cmの方形孔が穿たれている。方形孔にかかる格好で南北方向の梁の一部が残存し、柱と東西・南北方向の梁はなんらかの形で組み合わさっていたと推定される。同様の方形孔は北側板中央にも1個の方形孔があけられている。また、北辺中央の柱と北側、東西各3本の柱とそれぞれ東西側板との間には、低い位置にも梁が架けられており、北東・北西の梁のなかほどと北側板との間にも同じ高さの梁があった。これらの柱と梁の上には、厚さ5cmほどの天井板が架けられており、さらに木室全体の蓋板が存在したと報告されている。構造が複雑でわかりにくいが、柱と梁の機能としては、蓋板を支えるとともに、玄室を除く木室の残りの空間を、玄室前面の前室と、都合六つの小空間に区分された逆凹字形の回廊とに区画するものであったと考えられる。このあり方は、長沙象鼻嘴1号墓などでみた回廊の区分方法と基本的には同じであって、それが小型化、簡略化された形態とみることが可能である。

いっぽう、前漢後期の北京市豊台区大葆台1号墓（図105-8）では柱の機能にやや差がみられる。周囲に二重の外回廊を廻らした黄腸題湊の中に内回廊と玄室・前室を設け、全体の規模が長さ23m、幅18.3mに達する巨大な回廊型木室で、初元四年（前45）に死亡した前漢広陽国の頃王劉建墓の可能性が考証されている。長さ7m、幅8.95mの横長長方形を呈する前室内の、左右の題湊内壁面から内側へそれぞれ1.64mの位置に、南北方向の長さ約4.20m、幅24cmの地覆木の圧痕が2列に並んでいた。地覆木は各3本の雇柄で底板に固定されている。地覆木圧痕の周辺で出土した幅25〜40cmの角材などの状況から、地覆木の上には各2本の角柱が立ち、玄室南辺と題湊内壁上端とに架け渡された南北方向の3本の梁のうち、両側の2本を中間で支える「三梁四柱」式の構造が復元された。したがって、この木室内に立てられていた2列4本の柱は、木室内でもっとも大きな面積の空間である前室内に整然と並び、一定の装飾的機能を果たすとともに、上部構造を支持していたと考えてよい。

北京大葆台1号墓の木室は著しい大型化を遂げているが、柱は最大の空間を有する前室に4本あるにすぎない。同じく黄腸題湊を有する前漢中・後期の大型木室である湖南省長沙市望城県風篷嶺1号墓でも、前室に相当する中列中室に30×20cmの角柱2本が2.66m間隔で立てられる。中列中室は一辺5.8mの正方形で、面積は約33.6m^{2}を測り、この木室中最大の空間である。あるいは、前漢中期の中型の木室墓である巣湖放王崗1号墓（図105-6）では、玄室の前方に18cmの角柱2本が1.50m間隔で立てられるが、この2本の柱は、柱間の両開きの門とその両側の仕切板を固定するためのもので、これより東側を前室、西側を後室に区画する機能を有するとともに、同時に上部からの荷重に配慮した構造的な意味をもつものである可能性が高い。

このように、前漢大型墓における柱は、大型化した内部空間の区画施設の構成要素から発達し、

前漢中・後期には大型化した前室空間に象徴的に立ち、重厚な上部構造を支える機能を兼ねるものへと機能の重点が移行したと考えられる。また、このような柱には一定の格式を示す意義が存在した可能性があり、一部の中型墓においても象徴的に使用されるにいたったと考えられる。

（3）部材のあり方と用材利用

　西方系と華中系とで底板・柱のあり方にみられる違いは、それぞれの地域的な伝統性に根ざすものと考えられるが、同時に考慮されるのは用材利用の観点からの対比である。

　西方系の底板の特徴は、1枚ごとの長さが短い、幅が狭い、厚さが薄いという点に尽きる。そうした板材を横方向に多数使用することで底板を構成しているわけである。これに対し、華中系の底板は、1枚ごとの長さが長い、幅が広い、厚さが厚いという特徴をもっており、それを縦方向に使用し、西方系よりも相対的に少ない枚数で底板を構成している。これは底板にかぎらず側板や蓋板にも一定程度指摘しうる傾向で、西方系の木槨でしばしば柱・梁を使用して側板や蓋板の支持・補強がおこなわれるのに対し、華中系の木槨における柱が主として大型化した槨室内部の区画施設や蓋板の支えとして機能し、側板を補強するものではない点もそうした傾向に起因するものと考えてよい。

　1枚ごとの材の長さの長短、幅の広狭は、使用された原木の直径に深く関係している。長さが短く幅も狭い西方系の材は、原材料の主体が直幹部分の少ない小径木であったことを示し、長さが長く幅の広い華中系の材は、直幹部分の大きい大径木を使用していることになる。1枚ごとの材の厚さの違いは消費可能な原木の本数と関係しており、厚さの薄い西方系の材は1本の原木からより多くの板材を取ることでより少ない本数を節約的に消費し、厚さの厚い華中系の材は1本の原木から取れる板材がより少なく、より多くの本数をいわば贅沢に消費していることになる。底板と柱のあり方の差は、西方系と華中系の間にみられる用材利用の違いが端的に表出したものと理解できるであろう。

4　漢代木槨の展開と周辺地域への波及

（1）漢代木槨墓の展開

　漢の主要部における木槨には大きく西方系と華中系の2系統の流れがあり、ある程度の地域的枠組みを保持しながら併存して展開した状況を、平面プランやいくつかの構造的特徴の検討から素描してきた。

　西方系は全体的に細長い平面プランを特徴とし、側板式の構造を主体として漢の領域の西北部地域を中心に展開した。洞室内に構築される側板式の木槨は戦国時代の秦の領域である陝西省や甘粛省において発達したもので、主として洞室墓構築上の技術的要因が結果的に細長いプランを決定づけたと考えられ、西方系の木槨は戦国秦の木槨をベースとして発達したものと結論づけられる。

　華中系の木槨は全体的に幅広の平面プランを特徴とし、天板式の構造を主体として漢の領域の中部・南部から朝鮮半島北部の楽浪地域までを含む北東部にかけての広い地域に展開した。棺廂と左右の側廂、前廂・後廂の組み合わせによる複雑な分室方式は、西方系の木槨にはほとんどみられないもので、相対的に幅の広い華中系の木槨の平面プランを決定づけている。このような複雑な分室

方式は戦国時代の楚の領域である華中地域おいて顕著に発達したものであって、その起源が華中地域にあることが了解される（彭浩 1980、郭徳維 1983、黄岡市博物館・黄州区博物館 2000）。縦方向の底板を横方向のまくら木で支持する下部構造も同様に楚の木槨に普遍的にみられるものである。戦国楚の最大領域は湖北省・湖南省北部・江西省・安徽省・江蘇省南部・河南省南部・陝西省南東部にわよび、長江の中下流域およびその支流の漢水中下流域、湘江流域、贛江流域に展開する約 20 万 km² におよぶ広大な低地帯を包摂する。その木槨文化のインパクトの大きさがうかがわれ、こうした点からも、華中系の木槨は主として戦国楚の木槨をベースに発達したものと判断してよかろう。

西方系と華中系の木槨では、底板の横方向と縦方向、柱のあり方に違いがあり、それらの検討を通じて西方系では原木の節約的な消費指向がつよいことが判明した。これは、西方系の主たる分布域が高燥な黄土地帯を主体とし、木材資源に恵まれた東南部地域とくに長江流域とは自然環境に差があることと大いに関係すると考えられる。

漢の中枢部であった関中盆地や中原では、戦国末には早くも磚を使用した洞室墓や空心磚墓が出現している。中原における漢代木槨墓の少なさは、木部の遺存状態の良否のみに起因するものではあるまい。長安周辺の事例に端的にみられるように、中・小型墓では直幹部分の短い小径材を使用しながら、黄土の壁面や柱・梁を利用して工夫を加えつつ木槨の造営が継続されたが、大型墓における黄腸題湊のような木材資源の蕩尽的使用とその反面としての木材の貴重化は、中・小型墓における木槨造営の放棄を促進する大きな要因となったと想像される。木槨墓から磚室墓への転換が漢中枢部でいち早く進行した背景には、この地域の先進性のみならず、木材資源をめぐる事情があった可能性を指摘しておきたい。

西方系と華中系の木槨は、全体としては単棺墓→合葬墓、木槨墓→木室墓という共通の変遷をたどる。大型墓では前漢前期後半には墓門の完成によって回廊型木室が成立し、この影響を受けて華中系の中型墓でも前漢前期のうちに木室化が達成される。一定の空間をもつ外槨内に内槨を置き、その周囲に前室や回廊状の空間を設けた左右対称の空間構成がその特徴であって、本来幅広の長方形プランを主体とし、複雑な分室の発達した華中系の木槨においていち早く木室化が進んだことはある意味で必然的であったといえる。

いっぽう、西方系の側板式の木槨は、本来的に横方向から棺の搬入をおこなう点で木室と共通の埋葬方式を採用していたが、前漢中期以降木室化が進む。西方系では門扉を有する玄門の発達が遅れ、むしろ槨室空間の大型化と羨道など木室前部の構造の発達によって木室が成立している。その意味で、西方系では一定の大型化を遂げた二棺合葬の側板式の木槨と木室との区分はいたって曖昧である。

槨墓から室墓への転換の動きは、前漢中・後期を通じて全土的に惹起されたのであるが、木造の埋葬施設である木槨から木室への転換の観点からは、西方系と華中系ではまったく異なる過程をたどったといわざるをえないであろう。西方系の木室墓は、華中系の木室墓よりも、むしろ同時期に盛行しつつあった磚室墓の影響を受けて出現したものと考えられる。その意味で、磚室墓の起源にかかわる「洞室墓」起源説に対する黄暁芬の批判は当を得たものといえよう。ただ、黄暁芬が想定した槨室内での開通から外部への開通を経て槨墓が室墓化する発展パターンは、華中系の木槨にはよくあてはまるが、本来分室がほとんど発達しない西方系の木槨には適用しにくいことも指摘して

おきたい。

　前漢前期に西方系の木槨が盛行した漢中枢部の長安周辺をはじめとする地域では、前漢中期以降木槨墓は急速に衰退する。そのいっぽうで、青海省東部、甘粛省東部、陝西省北部、内蒙古自治区東南部、山西省北部、河北省西北部地域などの辺疆地域では、二棺合葬の側板式木槨や木室墓が前漢後期から新莽期にいたるまでさかんに造営された。

　東南部地域でも、河南省南部、河北省南部、山東省西部などでは空心磚墓・石槨墓・崖墓などの発達により早くから木槨墓の造営が終息する。華中系の木槨の故地であった湖北省、湖南省、江西省などの平野部でも木槨墓が造営されるのは前漢後期までで、新莽期には磚室墓に転換する。いっぽう、江蘇省、山東半島、遼西・遼東、楽浪などでは後漢前期にかけて木槨墓の造営がつづき、とくに楽浪地域では3世紀代まで残存したことが知られている。これらの地域では木槨の外側に磚槨を設ける事例も散見され、磚室墓化が進行するなかでの木槨のつよい伝統性がうかがわれる。

　このように、木槨墓の造営は漢の中枢地域から順次終息するが、辺疆地域では比較的遅くまでさかんな造営がつづけられ、漢代を通じて木槨墓分布のドーナツ化が進行した。その最終局面では、一部の辺疆地域で地方色の濃い木槨文化の隆盛を迎えた。楽浪地域の木槨墓群はその典型的な事例といえるであろう。

（2）小型単棺墓の周辺地域への展開

　紀元前1世紀から2世紀頃までの漢の北東周縁部一帯を見渡してみると、北方草原地帯や東北平原、朝鮮半島から日本列島西部にかけて、木槨墓の影響を受けたと考えられる埋葬施設が点々と展開している。これらは匈奴、鮮卑、夫余、韓、倭などの周辺諸民族がそれぞれの墓制として木槨を受容したものであるが、受容の時期や受容のあり方はさまざまである。

　秦〜前漢中期の漢の領域の基層には、槨室内を棺廂と前廂（まれに後廂）とに仕切板で分室し、あるいは同様の空間利用上の区分が明確な天板式の小規模な単棺木槨墓が地域を超えて広く分布していた。規模的には長さ2〜3m前後、幅1〜1.5m前後で細長い平面プランが特徴である。木槨部材の使用のあり方などから西方系と華中系のものを現象的に区分しうる可能性があるが、同様のものは先秦時代から広く存在しており、「基本型」とでも仮称すべきもっともシンプルな木槨の姿である。

　楽浪地域における初期の木槨墓は、土城洞4号墓・雲城里2号墓などに代表されるこの種の小型単棺墓で、従来「長方形木槨単葬墓」（田村 1979）、「細長方形木槨単葬墓（A類木槨墓）」（高久健二 1995）、「A型I式単葬木槨墓」（王培新 2007）などとして抽出されているものに該当する。同様の小型木槨墓は朝鮮半島北西部が漢の辺郡に取り込まれる以前の衛満朝鮮時期から存在したとみられるとともに（田村 1979、高久 2004）、1958年に「夫租薉君」銀印を出土したピョンヤン市貞柏洞1号墓のような土着部族の長的な人物の墓も含まれていて、楽浪木槨墓の基層をなしたものと評価できる。

　遼寧省北部から吉林省を中心とする東北平原の大部分は漢の郡県が置かれた領域の外縁地域で、漢代には簡素な構造の木棺墓や石棺墓が主に分布するが、やはり同様の小型木槨墓の展開も確認されつつある。この地域における前漢中期以降の中心的な存在は夫余である（李殿福 1985、馬徳謙 1991、邵蔚風 2008）。1980年に3基の木槨墓が発掘調査された吉林省帽児山遺跡では、竪穴墓壙

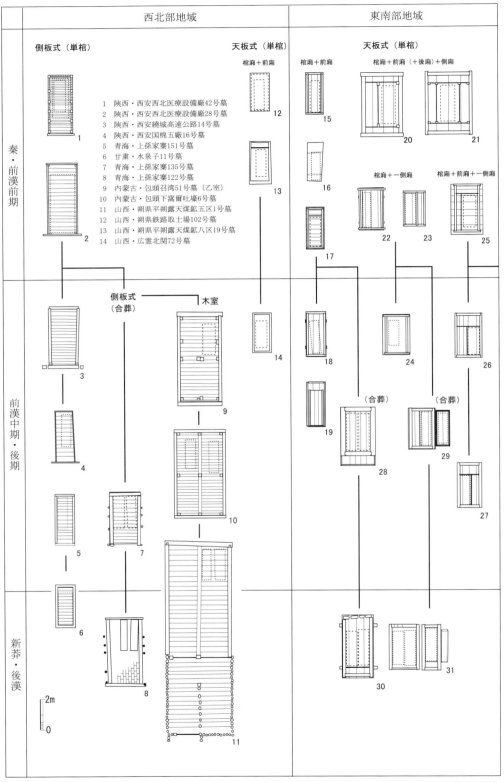

図106 漢代

第8章 東アジア世界における棺椁　325

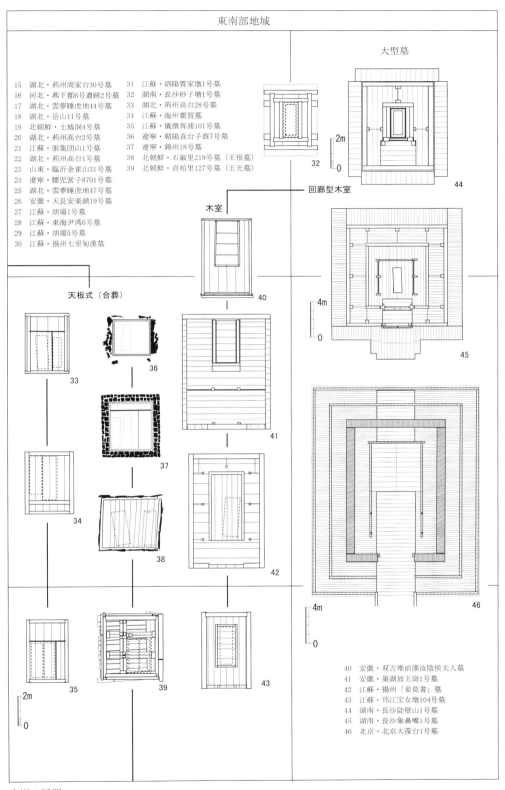

木椁の展開

内に構築された細長長方形プランの木槨の周囲を青膏泥で充塡し、前廂（後廂）を有するものがある（図107-3・4）。木槨底板は縦方向の板材3〜8枚を使用し、まくら木2本を敷設する。副葬品には白樺樹皮製容器、鉄矛、瑪瑙製玉類などがある。これらは、前漢中後期の夫余の諸「加」など有力者の墓と推定されている。また帽児山遺跡では木棺が存在しないとされているが、これに関連して後漢前期の夫余最盛期の集団墓と考えられる吉林省楡樹老河深遺跡中層墓群でも長さ2.4m、幅1.2m（25号墓）といった木棺としては規模の大きいものがあって、前廂を付設するものも存在しており、類似した状況と評価できるであろう。

さらに北方に目を向けると、内蒙古地域では内蒙古自治区ジャライノール古墓群（図107-1・2）のほか、同鹽池1号墓（EYM1）などで簡単な構造の小型木槨が確認されている。ジャライノール古墓群をはじめとする内蒙古東北部フルンボイル草原一帯の一連の墓群は、紀元前後から1世紀にかけての初期の拓跋鮮卑墓とされ（孫危・魏堅 2004）、木棺墓を基本としつつ、図示したように木棺の周囲を細長長方形プランの底板のない簡単な木槨状施設で取り囲んだものがみられる。内蒙古中部の鹽池1号墓は2世紀代まで下がるものと考えられ、前廂を有する大型の木棺の周囲に槨状の施設を設けたものである。白樺樹皮製品の副葬とともに、棺槨自体にもしばしば白樺樹皮を利用する。牛や馬の頭骨や四肢骨を供えることは匈奴墓の影響とみられ、その後の拓跋鮮卑墓にも継受される民族的特色である。

朝鮮半島南部嶺南地域では、2世紀に入ると木棺墓に混じって細長長方形プランの小型木槨墓がみられるようになり、2世紀後半には慶尚南道良洞里162号墓のような大型木槨墓が出現する。これらの大型木槨墓では一般に棺の使用がみられず、底板も存在しなかったと考えられている（李在賢 1994）。

漢代以降の北東周辺地域における細長長方形プランの小型木槨墓は、秦〜前漢中期における中国の「基本型」ともいうべき小型木槨が周辺諸民族の支配者層に受容されたものと考えてよいであろう。衛満朝鮮時期の朝鮮半島北西部における受容は秦による統一といった動向と関連するであろうし、夫余前期における受容は前漢武帝の拡大政策と無関係ではあるまい。そうした中国からのインパクトを契機に受容された小型木槨が、夫余や楽浪を経由して、さらに北方の鮮卑、あるいは楽浪地域以南の朝鮮半島中西部（車勇杰・趙詳紀 1995、韓永熙・咸舜燮 1993、徐五善・李浩炯 1995、吉井 2001、高久 2001）、南部（李在賢 1994、李熙 2001、洪 2001）、さらには日本列島へも順次伝播したものと考えられる。これらの地域では伝統的な主墓制はおおむね木棺墓であるが、支配者層が木槨墓を採用することで、木槨墓と木棺墓が一定の階層的関係をもって存在する状況が共通してみられる。

（3）北方草原地域への展開

北方草原地域は漢代匈奴の活動拠点であり、モンゴル北部からロシアのブリヤーチヤ地方にかけては多数の匈奴墓が残されている。匈奴墓は基本的に大型の方形墓と小規模な円形墓に分けられるが、前者の典型的なものは斜坡式墓道を有する長方形プランの墓壙内に二重の木槨を構築するものである。これらは円形墓に比べて規模が大きく、豊富な副葬品を有することなどから、前1世紀〜紀元後1世紀頃の単于を含む匈奴貴族階層の墳墓と考えられている（ドルジスレン 1961、馬利清 2005、エレグゼン 2011）。この時期の匈奴墓には単棺重槨、単棺単槨、単棺といった階層性があ

第 8 章　東アジア世界における棺槨　327

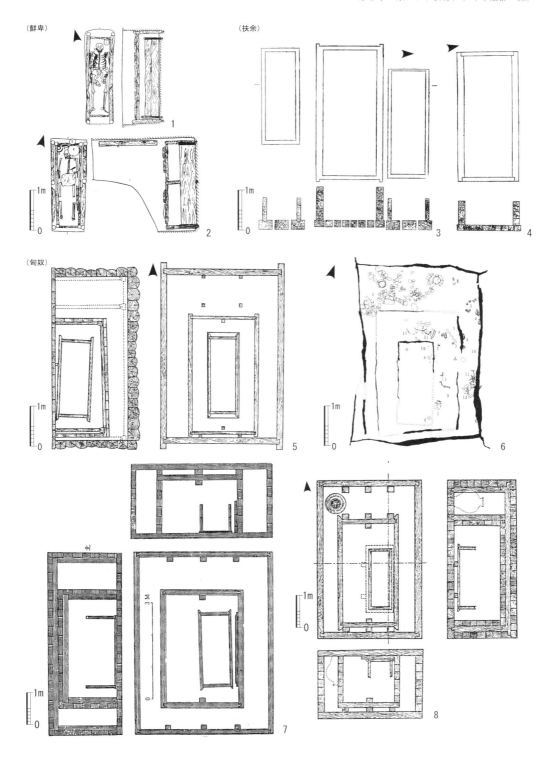

1　内蒙古・ジャライノール3002号墓　2　同3014号墓　3　吉林・帽児山1号墓　4　同3号墓
5　モンゴル・ノヨン・オール24号墓　6　同・ゴルモド20号墓　7　同・ノヨン・オール6号墓
8　同1号墓（「モクルイ」）

図107　紀元前後頃の周辺民族の木槨

り、すでに存在した単葬の小型木槨墓より上位の埋葬形態として二重の木槨が受容されたとみられる。

　大型方形墓の墓壙は深く、ゴルモド20号墓やノヨン・オール20号墓のように深さ約18mに達するものがある。墓壙斜面の傾斜が比較的ゆるやかで、通常南側に長い斜坡式墓道を付設する。墓道の取り付き位置は木槨上端よりも若干高く、いわゆる「口大底小」の形状を有する戦国時代の竪穴墓壙に類似している。

　木槨は内外二重で、梅原末治によって紹介されたトゥブ県ノヨン・オール24号墓（梅原 1960、ドルジスレン 1961、図107-5）の外槨は、まくら木・底板・側板・蓋板で構成される。墓壙底に縦方向の角材2本を敷いてまくら木とし、その上に横方向の板15枚を並べて底板とする。底板の上に、丸木材の三面を削った半角材を積み上げて側板とし、側板どうしは長側板内側の小溝に短側板両端の実をはめ込んで組み合わせる。蓋板は横方向の半角材を並べる。外槨の規模は長さ約4.6m、幅約3m、高さ約1.8mである。外槨中央南寄りに長さ3m、幅1.7m、高さ1.2mの内槨を設けるが、内槨には蓋板はあるが底板はない。外槨両短側板の内側、内槨の前面にそれぞれ2列計6本の角柱が立つ。これらの柱は下端面につくり出した柄を底板に穿った柄穴に差し込んで立てられる。角柱上部には角材の梁が架け渡されており、外槨蓋板を支える。梁は柱上端に斗を取り付けて受ける構造である。内槨内部にも同様の柱2本と梁からなる蓋板の支持構造がある。木棺は長さ2.16m、幅77cm、高さ85cmの組合式木棺で、衽や柄差しを利用して製作された精巧なものである。

　木槨の構造は、ノヨン・オール6号墓（ドルジスレン 1961、図107-7）、1号墓（「モクルイ」、梅原 1960、図107-8）、31号墓（エレグゼン 2011）などいずれもほぼ同じである。31号墓の外槨は墓壙底に縦方向の角材のまくら木2本の上に横方向の板19枚を並べて底板とし、外槨両短側板の内側と、中央の内槨の前面にそれぞれ3本計9本の角柱が立つ。

　アルハンガイ県ゴルモド20号墓（安緯・奚芷芳 2009、図107-6）の外槨は、南北長4.2m、東西幅2.9mである。底板は横方向の板を並べ、その上に角材を組み上げて側板とし、さらに横方向の角材を架構して蓋板とする。蓋板の上は一層の粘土で覆われる。内槨は外槨とは異なり、薄い木板を使用する。木棺は長さ2.1m、幅0.8mであった。地下18mの木槨への埋葬終了後、墓壙は砂と石を互層にして埋め戻され、その途中の地下10mほどの深さでは車の金属部品、殉葬馬・牛16頭などを置いて祭祀がおこなわれている。また、石垣による区画構造や厚さ1mの楕円形の積石層などがみつかっており、ある種の盗掘防止施設と推測されている。

　匈奴の木槨は構造的に中国のそれとほぼ共通しており、漢の領域で製作されたと考えられる木棺を使用する点、副葬品に絹織物や漆器、銅鏡など漢の製品が多く含まれる点などから、漢代木槨墓の形式が直接的に移入された可能性が早くから指摘されている（梅原 1960）。反面、墓壙および墓道の縁辺に石材を並べ、その内部を大量の石を含む土砂で埋め戻し、最終的に墓壙・墓道の平面形と一致するいわば前方後方形の低平な積石塚状とする点は、土で墓壙を埋め戻し、上部に盛土で高い墳丘を築造する漢墓のあり方とは異なる。また、装飾的なフェルトの絨毯や独特の刺繍を加えた絹織物で木槨内を覆うことは、むしろアルタイ地方のパジリク古墓群（ルデンコ 1970）などと共通し、漢墓にはみられない遊牧民的な民族的独自性がつよく発揮されたものといえる。

　こうした中国との異質性を重視し、かつ木槨自体は世界的には広くみられる埋葬構造であり、棺

槨の部材結合のための衽の使用も必ずしも中国にかぎられないことから、木槨の構造も含めて匈奴の大型墓が中国からの影響を受けて成立したとはいいきれない、という立場もある（林俊 2007）。しかし、匈奴大型墓の木槨は、角材2本を敷いてまくら木とし、その上に板を並べて底板としたり、柱下端に柄を設けて底板に差し込んで立てるといった構造の細部も漢代木槨と共通する。また、外槨の中央南寄りに一回り小さな内槨を置き、周囲に凹字形の空間を設けた左右対称の空間配置を有する点は、華中系の前漢中・後期の大中型墓にみられるあり方と共通し、柱の配置方法も類似している。試みに、図105-9にノヨン・オール24号墓の柱配置を模式化してつけ加えてみた。

柱については、上部に斗を用いるなど装飾的・象徴的な一面があるとともに、匈奴墓においては墓壙の埋め戻しに大量の石材が使用されることから、梁を介して蓋板にかかる荷重を支える現実的な機能を果たしていたと考えられる。このほか、緻密な粘土を用いた被覆や木棺の構造の共通性からも、これらの匈奴大型墓の木槨が漢の木槨、とくに華中系の大・中型墓を一定のモデルとしていた可能性は否定できない。匈奴の最盛期にあたる前漢前・中期の支配者層墓の状況は十分明らかではないが、紀元前後を中心とするこれらの匈奴大型墓が、地理的により近い内蒙古中南部・山西北部などに展開していた西方系の木槨墓ではなく、同時期の諸侯王墓に採用された回廊型木室およびその簡略形式をモデルとしていることは、周辺諸民族のなかでもとくに匈奴が漢と関係において特別な位置を占めていたことと関係するであろう。

（4）波及のあり方の二者

今回の検討では、漢の領域の主要部に展開した木槨を、西方系と華中系の大きく二つの流れに分けて理解した。西方系と華中系の相対的な把握を重視したため、きわめて広域に分布し、かつ多様な内容を含む資料群をあえて漠然と一括したが、大まかな流れとして二つの系統を抽出したことで明らかにできたことがいくつかはあるように思われる。

一つは、戦国時代の秦と楚の枠組みが、漢代の木槨墓の2系統を分ける地域的枠組みの原型となっており、漢代を通じて大きく変化することはなかった点である。

いま一つは、中枢地域では木槨墓は急速に衰退するのに対し、漢の領域内部でも辺疆地域においては後漢代になっても木槨墓が造営され、漢代を通じて木槨墓分布のドーナツ化が進行したことである。

そうした漢内部の木槨墓の展開を踏まえて、北東アジアにおける周辺地域への木槨墓の波及を考えると、大きくは二つのあり方に整理が可能である。

第一は、とくに秦〜前漢中期における、両系統の分布圏を超えて基層に広く展開していた細長長方形プランの小型木槨墓の展開である。これらは秦漢帝国による中国統一のインパクトに対応して周辺諸地域に波及し、それがさらに遠方の地域に波及するという、段階的な伝播を想定できる。具体的には、前漢中期までの扶余、衛満朝鮮への伝播、楽浪地域での盛行と、さらに内蒙古東北部、朝鮮半島中西部への展開が認められた。第二は、北方草原地域の匈奴貴族墓の木槨が、漢の中型墓に採用されていた回廊型木室の簡略形式を直接的に移入したものである可能性である。

両者の違いは、漢帝国と受容の主体となった民族との関係性の差を反映したものと考えられる。その場合、朝鮮半島南部や日本列島における木槨墓の受容のあり方は前者のケースであって、しかもさらに間接的な伝播として位置づけられるであろう。いずれの場合でも、木槨という埋葬施設の

形式が受容されても、それぞれの地域における埋葬習俗や伝統的な墳墓構築技術の影響を受けた一定の変容が認められるのであるが、朝鮮半島南部や日本列島において変容の度合いが大きいことはある意味必然的である。そのことが、これらの木槨の直接的なルーツを考えるうえでの課題であるともいえよう。

　さらに重要な点として、以上にみた中国の北東周辺地域では、木槨の受容は墓制の単なる漢化を意味するのではなく、墓制総体としてはそれぞれに民族的独自性を保持している点である。基本的に木槨墓を採用するのは支配者層で、木槨墓と木棺墓などの在来的墓制が一定の階層的関係をもって存在する状況が共通してみられる。この現象は、中国的な墓制である木槨墓を上位墓制として受容することによる、墓制における階層化の進行としてもとらえられる。

　周辺諸民族の支配者層が木槨を受容した背景には、中国からのインパクトとともに、周辺諸民族社会内部からの要請があったことは想像に難くない。匈奴の場合は、紀元前1世紀半ばから紀元前後頃までつづいた漢と匈奴の和平政策を契機とした受容と推定される。匈奴は漢との和平を通じて東西分裂や五単于分立といった内部の危機を克服しており、漢の墓制を直接移入して採用することはその和平を象徴するものであったと思われる。夫余における受容は前漢武帝の領土拡大政策と無関係ではあるまい。『後漢書』東夷伝は夫余王の埋葬に際して玄菟郡を通じて漢から下賜された玉匣を使用したことを記しており、夫余の王権が郡治に依存する脆弱なものであったとの指摘がある（濱田 2006）。夫余の社会内部では、支配者が木槨を採用することで、漢の権威を利用した統治上の効果が期待されたと推察される。

　漢との地理的な遠近や政治的、経済的つながりの濃淡からいえば、弥生時代後期後半の中国地方における弥生墳丘墓に木槨が受容された背景には、この地域の社会内部からのよりつよい要請があったと考えるべきであろう。弥生墳丘墓の発達は、支配者層の墓づくりや葬送儀礼の挙行を通じて集団内の秩序や集団間の連帯を確認する社会システムの構築を目指した社会変動の所産であり、そのために必要な墳墓の構成要素として漢の権威を帯びた木槨が積極的に受容されたものと考えられる。いっぽうで、日本列島においては、構造物としての漢の木槨を忠実に再現するような直接的移入ではなく、中国的な埋葬のあり方としての棺槨の理念に比重を置いた間接的移入であったために、木槨は比較的短期間で変容し、発展的に姿を消す結果になったと考えられる。

第3節　中国における木棺の変遷

　本節では、時代的には漢〜北朝を中心に、地域的には主に中国北部の資料を取り上げ、中国における木棺形態の変遷を概観する。なお、ここでいう中国北部とは、おおむね南北朝時代の北朝支配地域を指す。

　まず、検討に耐えうると考えられる木棺資料を提示しつつ、時代的特徴の概略を抽出する。とくに、釘付式木棺の出現時期や、その基本的な構造・形態に注意したい。また、中国北部の木棺形態の変遷上、大きな変化は「片流れ形式」の木棺の出現であり、その出現の時期や経緯を明らかにする。そのうえで、そうした木棺形態の系譜について族属の視点から検討を試みる。

　まず、若干の用語について整理をしておきたい。木棺は身と蓋からなるが、中国の報告文では通

常棺身の方を単に「棺」と称し、たとえば棺身材を「棺板」、棺蓋材を「蓋板」などと表現する。身を棺の本体、蓋をその付属物とみなす発想に根ざした呼称法であろう。

　中国北部の木棺は基本的に組合式木棺または釘付式木棺で、刳抜式木棺の例は少ない。棺身の側面を構成する部材は、中国の報告文では「墻板」あるいは「壁板」と呼ばれることが多く、棺身の短側面を構成する部材は一般に「擋板（とう）」と呼ばれる。それぞれ側板、小口板と呼ぶ。擋板は棺の頭（前）側と足（後）側とで高さや幅に差があったり、棺体装飾の状況などから前後が判別される場合、「前擋」・「後擋」あるいは「頭擋」・「足擋」などと呼び分けられる。本文中では前小口板・後小口板と呼ぶことにする。

1　漢・魏晋墓の木棺

（1）事例の検討

　中原および周辺地域、なかでも長安・洛陽とその周辺一帯は、漢・魏晋墓がもっとも稠密に分布する地域であり、調査事例も多い。にもかかわらず、主に気候的、土壌的諸条件から槨室内におさめられた木棺は絶対的多数が腐朽消滅し、資料的には必ずしも恵まれた状況にない。[3]

　このような資料的制約を踏まえたうえで、陝西省西安龍首原漢墓における前漢代を中心とした木棺の様相、河南省洛陽焼溝漢墓における後漢代を中心とした木棺の様相を検討し、形態および各種の特徴を抽出することから始めることにする。

（2）西安龍首原漢墓における前漢の木棺

　陝西省西安市北郊経済開発区の建設整備にともない、1988年以降、西安旧市街地北方の龍首原上で漢墓約500基が発掘調査された（西安市文物保護考古所 1999）。この一帯は漢長安城の南東に近接し、前漢を中心に戦国時代から後漢代におよぶ時期の一大墓群を形成している。

　范南村の西北医療設備廠地区、方家村の龍首村軍幹所地区で発掘調査された一群の前漢前期墓は、深さ約3〜6m程度の竪坑の底付近に横方向の洞室を穿ったものが主体を占め、内部に木槨を設けた木槨墓と、木棺をそのままおさめた洞室墓とがある。このほか、斜道をともなう洞室内に木槨を設けた木槨墓、竪穴土壙内に木槨を設けた木槨墓など多様な構造がみられる。規模の大きなものでは、西北医療設備廠58号墓は深さ約9mの平面凸字形の竪穴墓壙の底部に二重の木槨を設け、さらに横方向の洞室1室を穿って側室とする。西北医療設備廠120号墓は深さ約6.8mの平面長方形をなす竪穴墓壙底に木槨を設け、槨内に木棺2個を並置するとともに、加えて側室2室を有する。龍首村軍幹所15号墓は深さ約6.2mの平面凸字形竪坑内に木槨と2辺箱を設けたものである。

　木棺の遺存状態は全体に不良で、全容を知りうる事例が少ない。木質の遺存が認められた西北医療設備廠58号墓木棺（図108-1）は、底板・側板・小口板・蓋板のすべてを、細長い木板を接ぎ合わせて1枚の大きな板にしたものである。底板・蓋板・後小口板は細長い木板3枚からなり、用いられた木板の幅はそれぞれ底板・蓋板で幅28〜30cm、両側板で幅22〜30cm、後小口板で幅20〜28cmほどである。前小口板は幅20〜24cmの細長い木板4枚を接ぎ合わせる。長さ2.80m、前端幅0.96m、後端幅0.90m、高さ0.90mを測る。木棺表面の装飾として半球形の銅製飾釘をと

もなう銅製柿蔕形飾金具8点が出土した。龍首村軍幹所15号墓木棺（図108-2）は長さ2.60m、前端幅0.92m、後端幅0.74mを測り、底板の上に側板・小口板をのせ、側板が小口板をはさみ込む構造で、底板・蓋板は一枚板であったことが判明している。

その他の木棺も基本的に底板の上に側板・小口板をのせ、側板が小口板をはさみ込む構造である。西北医療設備廠5号墓木棺のみは、他の多くの木棺とは逆に小口板が側板をはさみ込み、小口板の両側縁が若干外にはみ出す構造であった。

棺体の緊結には基本的に釘を使用しない。わずかに、西北医療設備廠84号墓からは木棺の残材とともに鉄釘が出土し、釘付式木棺であった可能性がある。西北医療設備廠28号墓からも鉄釘3点が出土している。

木棺表面の装飾としては、黒色および赤色の漆膜が普遍的に出土することが注意される。また、西北医療設備廠58号墓と同様の半球形の飾釘をともなう銅製柿蔕形飾金具は、西北医療設備廠49号墓で6点、西北医療設備廠97号墓で3点、西北医療設備廠99号墓で8点、西北医療設備廠170・174号墓で各6点、西北医療設備廠179号墓2点、西北医療設備廠92号墓23点、西北医療設備廠120号墓で柿蔕形飾金具のみ10点、西北医療設備廠89号墓からも破片が出土している。西北医療設備廠92号墓出土の23点は金銅製である。また、龍首村軍幹所9号墓の側板に沿って直径1.4cmほどの半球形銅製飾釘14点が出土しており、同様のものは西北医療設備廠42号墓内棺・132号墓から各2点、龍首村軍幹所14号墓からも1点が出土した（図109）。銅製柿蔕形飾金具・銅製飾釘による棺体表面の装飾が一般にひろくおこなわれていたことが知られる。

棺底に草木灰を敷き詰めていた事例として、西北医療設備廠39号墓・48号墓木棺、同51号墓北棺・南棺がある。こうした草木灰は後述の洛陽焼溝漢墓における石灰と同じく、防潮のための配慮と考えられている。西北医療設備廠39号墓木棺では敷き詰められた草木灰の厚さは1cmほどであった。また、西北医療設備廠48号墓木棺では草木灰中に焼けた犬の骨が混じっていた。

以上に挙げた西安龍首原漢墓の事例は、いずれも前漢前期を中心とする時期の所産と推定されており、前漢長安城の中・下層居民が用いた木棺の様相を示す標準的資料である。棺体構造は底板の上に側板・小口板をのせ、側板が小口板をはさみ込む形式が基本である。緊結には小穴入れ、柄差し、衽留めなどが用いられ、原則的に釘を使用しない。全体の形状は単純な箱形で、わずかに前端幅の方を広くつくるか、前端幅と後端幅はほぼ等しい。幅指数（後端幅を1とした場合の前端幅の値）の算術平均値は1.09、最大値は1.25であった。棺の表裏には髹漆が施される場合が多く、銅製柿蔕形飾金具・銅製飾釘を取り付けて装飾することが流行していた。

（3）洛陽焼溝漢墓における前漢中期～後漢の木棺

洛陽焼溝漢墓は河南省洛陽市北郊、邙山南麓に分布する大規模な古墓群で、1952～1953年に漢墓225基が発掘調査された。時期的には前漢中期～後漢末および、各時期の墓葬資料が充実している（洛陽区考古発掘隊 1959）。

前漢末の洛陽焼溝403号墓（図110-1）は小型磚室墓で、墓室内に木棺1個を安置する。木棺は材が腐朽して痕跡のみをとどめ、数層の漆膜が検出された。痕跡から長さ約2.09m、幅0.52mで、前後で幅に差がない平面形状が復元される。棺痕跡に沿って鉄釘が散乱しており、漆塗りの釘付式木棺であったと考えられる。

第8章　東アジア世界における棺槨　333

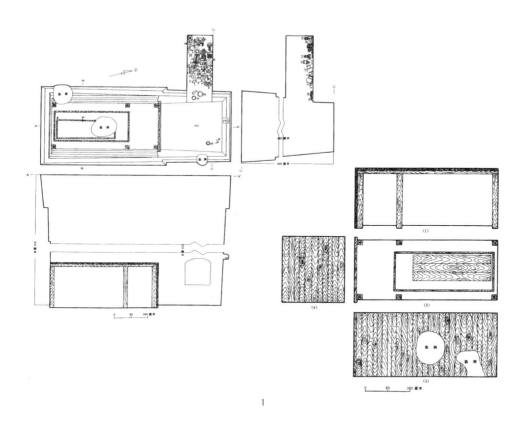

1

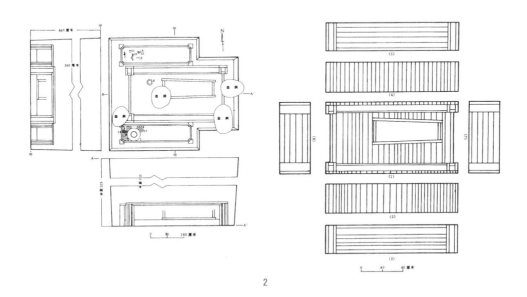

2

図108　西安龍首原漢墓の木棺

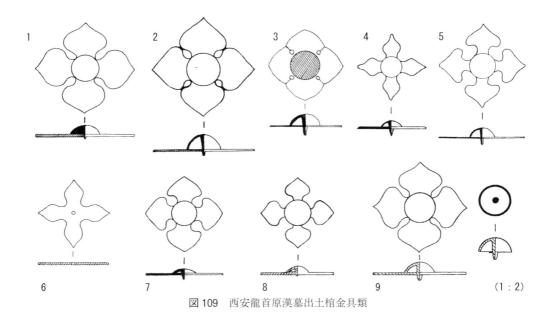

図109　西安龍首原漢墓出土棺金具類

　後漢中期の洛陽焼溝1029号墓（図110-2）は耳室2室を設けた小型磚室墓である。後室に安置された木棺は木部が腐朽消滅していたが、棺内に敷き詰められた石灰が水分によって堅く凝固しており、その範囲から長さ1.92m、前端幅0.49m、後端幅0.46mの内法規模が復元される。石灰の縁辺部に沿って鉄釘16本が出土し、釘付式木棺であったことが判明する。石灰の上には草筵の痕跡が認められることから、棺内に石灰を敷き詰め、さらに上に草筵を敷いて遺体を安置したと推定されている。

　後漢中・後期の洛陽焼溝1026号墓（図110-3）は小型の磚室墓で、墓室内に木棺2個を並列に安置していた。墓室内は未攪乱と判断されている。2棺とも腐朽していたが、木質痕跡と釘の出土状態から、左棺が長さ1.94m、前端幅0.64m、後端幅0.58m、右棺が長さ1.90m、前端幅0.46m、後端幅0.40mに復元され、ともに前端幅が後端幅よりもわずかに大きい。左棺には漆膜がともなう。左棺被葬者の骨格配置には乱れがみられることから、改葬と考えられている。

　後漢後期の洛陽焼溝1027号墓（図111-1）は長い斜道を有する中規模の磚室墓で、墓室内に木棺1個を安置していた。墓室内は未攪乱と判断されている。材は腐朽していたが、棺底に敷かれた石灰と鉄釘の出土状態から、木棺は内法の長さ2.18m、幅0.48mで、前後で幅にほとんど差がないすっきりとした箱形に復元される。

　後漢末の洛陽焼溝147号墓（図111-2）は小型の磚室墓で、墓室内に木棺1個を安置していた。棺は腐朽していたが、棺内に敷き詰められた石灰の範囲から、前後で幅にほとんど差がないすっきりとした箱形で、長さ1.88m、幅0.44〜0.46mの内法規模が復元される。厚さ6〜8cm前後に堅く凝固した石灰層の側面には、木棺四側板の木理のスタンプが鮮明にみられた。後漢初平元年（190）の紀年をもつ鎮墓文を朱書した陶罐が出土している。

　洛陽焼溝漢墓における棺体構造上の問題として注意されるのは鉄釘の使用である。報告書の分類にしたがうと、空心磚墓を主体とする第一型墓葬では、確認された木棺28個中、鉄釘を使用した

第 8 章　東アジア世界における棺槨　335

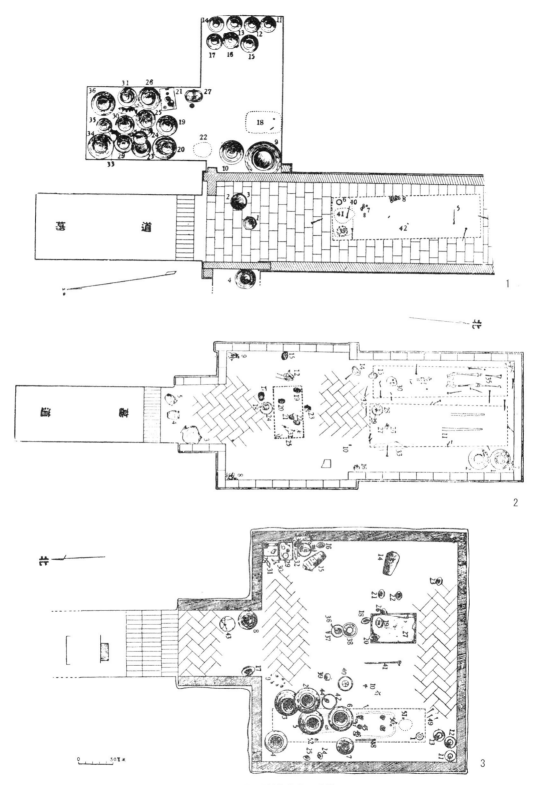

図 110　洛陽焼溝漢墓の木棺

釘付式木棺は98号墓右棺・1016号墓木棺の2個のみで、第一型墓葬全体の7％にすぎない。これに対し、アーチ形天井をもつ磚室墓を主体とする第二型墓葬では、確認された木棺36個中、鉄釘を使用した釘付式木棺は10個あり、28％に増加している。ドーム状天井を有する洞室墓・磚室墓を主体とする第三～五型墓葬ではほぼすべての木棺が鉄釘を使用した釘付式木棺となる。第一型墓葬は前漢中・後期～前漢末、第二型墓葬は前漢末～後漢前期、第三～五型墓葬は後漢代に編年され、後漢代に入って釘付式木棺が急速に普遍化した状況が看取される。

木棺表面の装飾としては、漆膜の出土はむしろ少ない。また、銅製柿蔕形飾金具・銅製飾釘もみられるが、比率的には西安龍首原漢墓に遠くおよばない。このほか、小型の金銅製鋪首が若干出土しているが、未攪乱の墓における出土地点はいずれも耳室内であって、木棺に関わるものではなく、副葬された漆器などに付属するものと考えられている。

棺底に石灰を敷き詰める事例が多いことは一つの特徴である。第一型墓葬では確認された木棺28個中、98号墓右棺の1個のみ、第二型墓葬では確認された木棺36個中2個であるが、第三～五型墓葬では普遍化し、石灰層の厚さは19号墓木棺で約4cm、146号墓木棺で約6cmに達する。洛陽焼溝漢墓では、棺底に石灰を敷き詰める習俗は、釘付式木棺の普及とともに後漢代に一般化したようである。

洛陽焼溝漢墓における木棺の平面形状は、前後で幅にほとんど差がないすっきりとした箱形が基本で、前後の幅に極端な差のある形状はみられない。ちなみに、洛陽焼溝漢墓木棺における幅指数の算術平均値は1.08、最大値は1.21である。このほか、木棺の製作方法の観点からみた大きな変化として、前漢末から鉄釘の使用が次第に普及し始め、後漢代には釘付式木棺が一般化したことが挙げられる。

釘付式木棺における鉄釘の使用部位が具体的に判明する事例として、1974年、現在の洛陽市街南郊、洛陽市李屯郷で発掘調査された李屯1号墓（図111-3）を挙げておきたい。磚室墓で、墓室内に木棺2個を並列に安置する。ともに棺材は腐朽消滅していたが、棺底に厚さ5cmで敷かれた石灰の範囲と釘の出土位置から、東棺は長さ1.95m、幅0.4m、西棺は長さ2m、幅0.65mであることが判明した。平面図によると東棺は前後で幅にほとんど差がないすっきりとした箱形で、四隅角のうち3カ所で鉄釘2本がほぼ直交して折り重なって出土している点が注目される。同様の状況は西棺の前端両隅角でもみられ、とくに北西角では2本ずつ計4本が直交して折り重なる。側板と小口板の結合は四枚組み以上の柄組みにより、それぞれを釘付けしたものであったと考えて差し支えない。李屯1号墓からは後漢元嘉二年（152）の紀年をもつ鎮墓文を朱書した陶器神瓶が出土している。

（4）魏・西晋代の木棺

1953～1955年に54基が発掘調査され、一括で報告された洛陽晋墓は磚室墓・洞室墓、竪穴土壙墓からなる。木棺はいずれも木質痕跡から前端幅がやや広く後端幅がやや狭い。4号墓木棺が図示されており、長さ約2.1m、前端幅約0.68m、後端幅0.61mで、幅指数は1.1である。51号墓ではおそらく小児用と思われる小型陶棺が採用されている。図示されたところでは、側板が小口板をはさみ込み、前後短側面が棺端からわずかに内側に入る木棺の形態を忠実に模した平面形で、幅指数は1.28内外である。一連の晋墓には西晋太康八年（287）、元康九年（299）、永寧二年（302）の

第8章　東アジア世界における棺槨　337

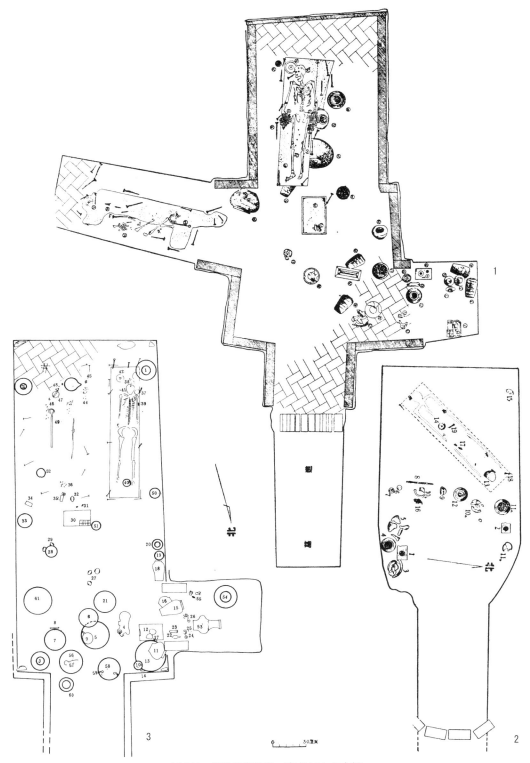

図111　洛陽焼溝漢墓・李屯M１の木棺

紀年をもつものがある（河南省文化局文物工作隊第二隊 1975）。

　西晋泰始七年（271）紀年磚の出土から3世紀後半の西晋墓と推定されている北京市北西の順義県大営村晋墓のうち、2号墓・4号墓は複室磚室墓で、後室に木棺2個が置かれていた。木質痕跡から復元された棺規模は2号墓木棺が長さ2.12 m、幅0.54〜0.64 m、4号墓木棺が長さ2.1 m、幅0.53〜0.60 m および長さ1.95 m、幅0.50〜0.60 m を測り、幅指数の算術平均値は1.14、最大値1.20である。いずれも棺痕跡の輪郭に沿って鉄釘が出土し、釘付式木棺である。

（5）漢・魏晋代木棺の諸特徴

棺体の基本形制　漢・魏晋代の木棺の形態的特徴として、前後で幅にほとんど差がないか、前端幅の方が後端幅よりもわずかに広い平面形が基本であることが指摘できる。検討を加えた西安龍首原漢墓における前漢代木棺の幅指数平均値は1.09（表14）、洛陽焼溝漢墓木棺における後漢の木棺では1.08（表15）であった。立面形が判明する事例は多くはないが、蓋上面が平坦で、やはり前後で高さにほとんど差はない。全体としてすっきりとした箱形を呈することが大きな特徴といえよう。

　このような形態的特徴は、河西地方から楽浪にいたるまで、広域にわたって共通しており、いたって斉一的である。漢は積極的に支配領域の拡大に努め、新たに獲得した領域に郡県を設置して直接支配をおこなうとともに、周辺諸民族を帰服させてその影響下に置いた。その結果、漢文化は多方面にわたって辺境地域に浸透したが、木棺の形制もそれにともなって拡散したものと考えられる。

　漢の特徴を有する木棺が辺境地域まで波及した顕著な事例として、モンゴル国ウランバートルの北方約120 kmに所在するトゥブ県バトスムベル郡ノヨン・オール墳墓群の大型木槨墓が挙げられる。1924〜1925年にソ連のコズロフ探検隊が発掘した大型木槨墓は地下水の影響で木質遺物の遺存状態がよく、多数の漢式遺物を出土したことから、1927〜1930年には梅原末治による遺物調査も実施されている（梅原 1960）。

　ノヨン・オール24号墓木棺（図112-1）は長さ2.26 m、幅0.77 m、高さ0.85 mの箱形を呈する。蓋板・両側板・両小口板・底板の計6枚からなり、底板の上面に小溝を彫り、側板・小口板をはめ込む。側板は小口板をはさみ込み、緊結には小穴入れと柄差しが併用される。各部材はすべて2枚の細長い板材を雇柄と衽留めで接ぎ合わせたものである。棺蓋の下面四周にも小溝がめぐり、棺身とは小穴入れで固定される。側板の両端面は内側に向けて斜めに面取りし、底板は四周を上側に向けて、蓋板もそれとは逆向きに面取りする。また、6号墓木棺は長さ2.29 m、幅0.98 m、高さ0.9 mの箱形を呈する。蓋板は3枚の板材を接ぎ合わせたものである。底板と側板を一体で割りだした横断面L字形の2材を棺底の中央で接合し、小口板をはめ込む。緊結にはやはり衽留めを用いる。6号墓の二重木槨はノヨン・オール墳墓群中もっとも大規模で、「建平五年」銘をもつ漆耳杯を含む豊富な副葬品が出土した。

　ノヨン・オール墳墓群は前1世紀〜紀元後1世紀頃の単于を含む匈奴貴族階層の墳墓と考えられている。匈奴墓は竪穴墓壙内におさめられた木棺または木槨が主体で、大型の木槨には重槨構造もみられる。木棺は現地で簡単に木板を組み合わせたシスト的なものが多い（臼杵 1995）。そうしたなかで、ノヨン・オール墳墓群大型墓の木棺はいずれも漆塗りで、雲文や飛禽を描いた漆画断片や

表14　西安龍首原漢墓における前漢前期木棺の計測値と幅指数

	名　称	時期	槨室構造	木棺構造	長さ(m)	前端幅(m)	後端幅(m)	幅指数
1	龍首原医 M 2	前漢	洞室墓木槨	組合式木棺	2.45	0.80	0.70	1.14
2	龍首原医 M 3	前漢	洞室墓木槨	組合式木棺	2.40	0.90	0.81	1.11
3	龍首原医 M 5	前漢	洞室墓木槨	組合式木棺	2.38	0.98	0.85	1.15
4	龍首原医 M12	前漢	洞室墓木槨	組合式木棺	2.52	0.72	0.65	1.11
5	龍首原医 M39	前漢	洞室墓	組合式木棺	2.00	0.66	0.60	1.10
6	龍首原医 M42	前漢	洞室墓木槨	組合式木棺	2.10	0.82	0.74	1.11
7	龍首原医 M48	前漢	洞室墓木槨	組合式木棺	2.00	0.56	0.55	1.02
8	龍首原医 M49	前漢	洞室墓	組合式木棺	1.67	0.74	0.68	1.09
9	龍首原医 M51 北棺	前漢	洞室墓	組合式木棺	1.80	0.64	0.58	1.10
10	龍首原医 M51 南棺	前漢	洞室墓	組合式木棺	1.90	0.70	0.64	1.09
11	龍首原医 M58	前漢	竪穴土壙木槨	組合式木棺	2.80	0.96	0.90	1.07
12	龍首原医 M68	前漢	洞室墓木槨	組合式木棺	2.62	0.64	0.63	1.02
13	龍首原医 M77	前漢	洞室墓	組合式木棺	1.80	0.50	0.48	1.04
14	龍首原医 M99	前漢	洞室墓木槨	組合式木棺	2.40	0.67	0.64	1.05
15	龍首原医 M120 東棺	前漢	竪穴土壙木槨	組合式木棺	2.76	0.9	0.90	1.00
16	龍首原医 M120 西棺	前漢	竪穴土壙木槨	組合式木棺	2.72	0.92	0.92	1.00
17	龍首原医 M132	前漢	洞室墓木槨	組合式木棺	2.12	0.80	0.80	1.00
18	龍首原医 M152	前漢	洞室墓	組合式木棺	1.92	0.70	0.56	1.25
19	龍首原医 M164	前漢	洞室墓木槨	組合式木棺	2.10	0.84	0.84	1.00
20	龍首原医 M170	前漢	洞室墓木槨	組合式木棺	2.30	0.70	0.65	1.08
21	龍首原医 M174	前漢	洞室墓	組合式木棺	2.84	0.80	0.80	1.00
22	龍首原軍 M 9	前漢	洞室墓木槨	組合式木棺	2.26	0.72	0.60	1.20
23	龍首原軍 M14	前漢	洞室墓木槨	組合式木棺	2.58	0.76	0.70	1.09
24	龍首原軍 M15	前漢	竪穴土壙木槨	組合式木棺	2.60	0.92	0.74	1.24
25	龍首原・西安市未央区房地産開発公司3号漢墓	前漢	洞室墓	組合式木棺	2.50	0.80	0.70	1.14
				算術平均	2.30	0.77	0.71	1.09

【略称】龍首原医：西安西北医療設備廠、龍首原軍：西安龍首村軍幹所

表15　洛陽焼溝漢墓・李屯1号墓における前漢末〜後漢木棺の計測値と幅指数

	名　称	時　期	槨室構造	木棺構造	長さ(m)	前端幅(m)	後端幅(m)	幅指数
1	洛陽焼溝 410 号墓左棺	前漢　末	空心磚墓	組合式木棺	2.10	0.60	0.60	1.00
2	洛陽焼溝 410 号墓右棺	前漢　末	空心磚墓	組合式木棺	2.00	0.58	0.58	1.00
3	洛陽焼溝 403 号墓	前漢　末	磚室墓	組合式木棺	2.09	0.52	0.52	1.00
4	洛陽焼溝 102 号墓左棺	前漢　末	磚室墓	組合式木棺	2.20	0.80	0.70	1.14
5	洛陽焼溝 1035 号墓後三西棺	後漢　中・後期	磚室墓	釘付式木棺	2.24	0.65	0.55	1.18
6	洛陽焼溝 1035 号墓後三中棺	後漢　中・後期	磚室墓	釘付式木棺	2.10	0.69	0.57	1.21
7	洛陽焼溝 1030 号墓	後漢　中・後期	磚室墓	釘付式木棺	1.90	0.66	0.64	1.03
8	洛陽焼溝 1026 号墓右棺	後漢　中・後期	磚室墓	釘付式木棺	1.94	0.64	0.58	1.10
9	洛陽焼溝 1026 号墓左棺	後漢　中・後期	磚室墓	釘付式木棺	1.90	0.46	0.40	1.15
10	洛陽焼溝 1029 号墓	後漢　後期	磚室墓	釘付式木棺	1.92	0.49	0.46	1.07
11	洛陽焼溝 1027 号墓	後漢　後期	磚室墓	釘付式木棺	2.18	0.48	0.48	1.00
12	洛陽焼溝 147 号墓	後漢　初平元 (190)	洞室墓	釘付式木棺	1.88	0.46	0.44	1.05
				算術平均	2.04	0.59	0.54	1.08
13	李屯1号墓（東棺）	後漢　元嘉二 (152)	磚室墓	釘付式木棺	1.95	0.40	0.40	1.00
14	李屯1号墓（西棺）	後漢　元嘉二 (152)	磚室墓	釘付式木棺	2.00	0.65	0.65	1.00
				算術平均	1.98	0.53	0.53	1.00
			洛陽焼溝漢墓・李屯1号墓の算術平均		2.03	0.58	0.54	1.07

金製の柿蔕形飾金具なども出土しており（エレグゼン 2011）、形態・構造ともに中原周辺や両湖地方の高級な木棺となんら変わるところはない。木槨構造や副葬品にも漢文化の色彩が濃厚で、前漢建平五年（前2）銘耳杯や銅鏡などの出土遺物から紀元前後を中心とした年代が与えられる。すでに指摘されていることであるが、これらの木棺は漢の領域内で製作され、搬入されたものである蓋然性が高い。ノヨン・オール墳墓群大型墓の木棺と楽浪漢墓木棺との共通点についても、早く原田淑人が整理を加えたところである（原田淑 1929）。

　また、青海省西寧市北方の上孫家寨53号墓は後漢末の複室磚室墓で、後室の木棺2個が良好に遺存していた。東棺は長さ2.30m、幅0.65m、高さ0.80m前後で、前後で幅にほとんど差がないすっきりとした箱形を呈する（図112-2）。底板の上に側板・小口板がのり、側板が小口板をはさみ込む構造である。底板と側板は各4カ所に衽留めし、底板と小口板とはとくに緊結されない。小口板両側辺の上部寄りには柄がつくり出され、側板の対応する位置に穿たれた柄穴に通し柄で差し込まれる。側板両端内面には小口板を受ける浅い仕口が設けられている。さらに、側板と小口板とは棺身の各隅角上下2カ所で衽留めされる。棺身上端面の対向する2カ所には蓋板を固定するための小さな雇柄が設けられ、さらに蓋板と両側板は各3カ所で衽留めによって緊結される。底板・四側板のいずれもが松材の細板各3枚を接ぎ合わせたもので、接ぎ合わせにあたっては底板・側板で3～4カ所、小口板で2カ所を衽留めしている。釘はまったく使用されていない。西棺は長さ2.20m、幅0.60m、高さ0.80mで、構造は東棺と同様である。任暁燕は後漢末～魏晋初頃の上孫家寨古墓群の被葬者像について、「漢匈奴帰義親漢長」銅印の存在などから、漢化した匈奴系北方民族または在地化した漢人を想定している（青海省文物考古研究所 1993）。

　漢代木棺の構造に関して注意すべき点として、小林行雄は「身の長辺の側板には木棺の全長と同じ長さの板材を用い、短辺の側板は木棺の幅よりも短いものを、長辺の側板のあいだにはめこむという結合法がおこなわれている」（小林行 1964：p54）こと、つまり孫機の表現を借りれば、「凹凸の少ない単純な箱形にすっきりと仕上げること（訳：岡林）」（孫機 1991：pp.409-412）に意が用いられたことを指摘している。棺の製作にあたって材の継ぎ目がみえないほど平滑に入念な仕上げがおこなわれたことは、『潜夫論』浮侈篇にある「後世…、各取方土所出、膠漆所致、釘細腰、削除鏟靡、不見際會」の記述からも知ることができる。

　漢の重棺制度では、皇帝の五重棺を頂点とし、重ねられる棺の数のほか、材質、彩色、棺束など細部にいたるまで地位による差別化が図られた。皇帝の棺すなわち梓宮の大きさは、1尺23cmとした場合、長さ約3.00m、幅および高さ約0.92mと推定できる[5]（由魯琪 1989）[6]。梓宮の実物資料はないが、重棺の実態は前漢広陽頃王劉建墓に比定されている北京大葆台1号墓の三重棺、前漢長沙国軑侯夫人墓である湖南省長沙馬王堆1号墓の四重棺などから知ることができる。

　馬王堆1号墓の重棺はわずかずつ大きさの異なる計4個を入れ子式に四重にしたものである。個々の棺の長さは外側から2.95m、2.56m、2.3m、2.02m、幅は1.5m、1.18m、0.92m、0.69m、蓋も含めた通高は1.44m、1.14m、0.89m、0.63mを測る。各棺は厚さ11～15cmほどの板材を用いた重厚なつくりで、棺どうしの隙間はほとんどない。漢代の木棺が、表面に突起物などがなく平滑で、単純な箱形を呈しているのは、このような重棺構造との関係においても合理的であるといえよう。

　棺体構造　棺体は、底板の上に四側板をのせ、側板が小口板をはさみ込む構造が一般的で、その

第8章　東アジア世界における棺槨　341

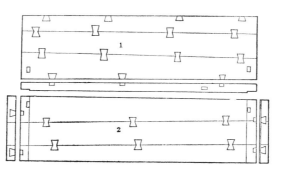

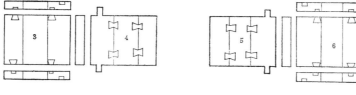

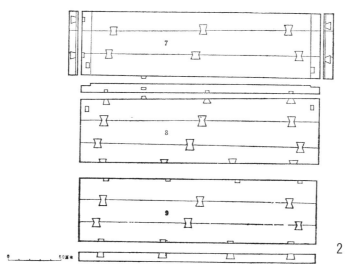

図112　ノヨン・オール24号墓および上孫家寨53号墓木棺

場合に両者の接合に普遍的に用いられる緊結方法は小穴入れである。「『小穴入れ』というのは、板材の面に彫り込んだ細い溝、すなわち『小穴』を用いて組みあわせること」であって、はめ込もうとする板材の端面に、小穴に応じた「細長い突起、すなわち『実』」（小林行 1964：p53）をつくり出してはめ合わせる。構造の詳細が判明する実際の資料では、小口板両端面に設けた実に加えて柄をつくり出し、それを側板内面の小溝内に穿った柄孔に差し込む通し柄との併用、すなわち「半肩明榫」[7][8]（湖南省博物館・中国社会科学院考古研究所 1973：pp. 6 -34）が多い。一種の重柄といえるこの仕組みによって、いっそうの結合強度が得られたと考えられる。[9]柄は 2 段の場合もあるが、通常は 1 段で、著しく上方に偏った位置に設けられる場合が散見される。

側板と底板を接合する際によく用いられるのは、側板の下端面、底板の縁辺に対応する小孔を穿ち、底板側から木釘を打ち込む方法である。あるいは、接合しようとする 2 材双方の面にそれぞれ小孔を穿ち、別の木片すなわち「雇柄」を介して緊結する方法も多用される。このようなものを和名では一般に「駄柄」あるいは「太柄」の漢字をあてて「だぼ」、「だぼそ」と読ませる。いずれにしても、柄差しの一種で、かつ第三の材を柄として準備する点は共通する。中国の報告文ではその第三の材、あるいはこの仕組み自体を「栓釘」、「夾縫釘」あるいは「梢」「鉚銷」「梢榫」などと呼称している。

一枚板に代えて幅の狭い板を接ぎ合わせた板を多用する傾向がみられるが、その原因は材そのものが貴重で、相応の大木からしか得られない一枚板がよほど高価であったからであろう。後漢の王符『潜夫論』浮侈篇には、漢代の有力者がこぞって棺の良材を江南に求め、その入手と運搬に多大の労力を費やした事情が述べられている。[10]王符の文章はいささか誇張に過ぎるきらいがないでもないが、遠方から運搬された良材が相当貴重なものであったことは十分に察せられる。

幅の狭い複数の板材を接ぎ合わせて、大きな 1 枚の板を製作する場合に、普遍的に用いられた緊結方法は衽留めである。2 材の接合部表面にそれぞれ平面台形の剥り込みを設け、そこに木製の鎹すなわち「衽」を埋め込む。衽の形状には一定の変化があるが、基本的な平面形は二つの細長い台形を向かい合わせにした、両端がひろがり中央がくびれる形で、「亜腰形」などとも表現される。「ちきり」は和名で千切、衽、楔などの文字をあてる。古文献には「衽」「袵」「小要」「細腰」などとみえ、報告文では「細腰・燕尾榫・銀錠榫・胡蝶榫・元宝榫」など多様な呼称がある。[11]実際の接ぎ合わせでは、衽留めのほかに小穴入れ、雇柄などが併用される場合も多い。

側板と小口板の組み合わせ方法としては、小穴入れまたはそれと柄差しの併用が圧倒的に多いが、柄組み（組手接ぎ）の手法も少なからずみられる。2 枚の板を直角に交わるように接合する際、双方の接合部に複数の柄（組み手）を交互につくり出し、それを組み合わせる緊結方法である。柄の出（長さ）をそれぞれ組み合う相手の板の厚さと等しくすることで、直角に交わる隅角を凹凸なくすっきりと仕上げるのに最適な手法であり、蟻仕掛けや釘付けとの組み合わせによってより効力を発揮する。

釘付けは先端の尖った細長い金属棒すなわち釘を槌で打ち込んで材どうしを接合する、簡易で効果的な緊結方法である。木棺の製作に鉄釘を使用することは前漢代には散見される程度であるが、後漢代には急速に普及しており、柄組みもそれとともに一般的に採用されていた可能性がある。

『後漢書』礼儀志の皇帝の大斂について述べた部分に「東園匠武士下釘衽截去牙」とあり、これを引用して孫機は「棺釘と細腰が併せて挙げられ、両者が同時に兼用されたもののようである

（訳：岡林）」（孫機 1991：pp.409-412）と述べる。ただ、『後漢書』礼儀志のこの記述は、梓宮を閉じる際の手順を述べたもので、少なくとも漢皇帝の梓宮に金属製の釘を使用するとの含意はないように思われる。漢代においては、釘付けを用いることは高級な棺に相応しくないと考えられていたようである。

木棺の表面装飾　西安龍首原漢墓の前漢代木棺では普遍的に黒・赤色漆膜の出土がみられ、洛陽焼溝漢墓の前漢末〜後漢代木棺でもやや減少傾向にあるものの同様の漆膜の出土が認められた。多数の戦国楚・秦漢墓の木棺が良好な状態で遺存する湖北省荊州市の紀南城周辺では、前漢墓木棺の髹漆は外面黒塗り、内面赤漆塗りが基本で、内外とも黒漆塗りの場合もある（湖北省荊州博物館 2000）。男性被葬者の遺体がほぼ完全に保存されていたことで著名な鳳凰山168号墓の二重棺は内棺・外棺ともに内外に黒漆を塗っていた。鳳凰山168号墓の被葬者名は遂少言で、五大夫の爵位を有し、前漢文帝初元十三年（前167）に下葬されたことが竹牘・印章から判明している。

『後漢書』礼儀志下には、「表裏洞赤、虞文畫日月鳥龜龍虎連璧偃月牙檜梓宮如故事」とあって、梓宮の表面には多種多様な図文が描かれることになっている。実際、長沙砂子塘１号墓外棺は黒漆地の上に、長沙馬王堆１号墓の二重目・三重目の内棺はそれぞれ赤漆地・黒漆地の上に複雑な図文が描かれていた。高級な木棺ではさまざまな漆画が表面に描かれたものと考えられる。こうした装飾のありようも、木棺を凹凸の少ない単純な箱形にすっきりと仕上げることに意を用いたことと関連するであろう。

長沙馬王堆１号墓の内棺は外面黒漆塗り、内面赤漆塗りで、表面に菱花勾文の貼毛錦と刺繍を施した絹製のビロードを貼り付ける。蓋上面は菱花勾文を地文とし、ビロードの帯で「日」形に区画される。菱花勾文は複雑な構成をとるが、その割付の骨格となる２単位の対角線の交点には柿蔕形飾り各１個を配する。こうした周囲の縁取りと対角線を骨格とした文様構成は漢〜晋代の彩画木棺などに多く取り入れられている。西安龍首原漢墓の陝西省水産公司冷庫５号墓から出土した前漢前期の陶棺は、身側面に２単位、身短側面に１単位の対角線を引き、それぞれの交点に璧を描く。1998年に新疆ウイグル自治区チェルキリク県ローラン故城北方の竪穴土壙墓から出土した後漢〜西晋の彩画木棺は、蓋上面・身側面は２単位、身短側面は１単位の対角線を引き、それぞれの交点に黄色の円を描く。短側面の中心に相当する黄色円内には、頭側に鳥、足側に蟾蜍をそれぞれ黒と灰色で描いている（新疆維吾爾自治区文物事業管理局・新疆維吾爾自治区文物考古研究所・新疆維吾爾自治区博物館・新疆新天国際経済技術合作（集団）有限公司編 1999）。

木棺に取り付けられる金具類として、代表的なものは柿蔕形飾金具・半球形飾釘である。柿蔕形飾金具は前述の対角線の交点などに取り付けられることが多かったと推定される。半球形飾釘は釘隠として装飾的に使用されたものと考えられ、釘そのものの頭部を半球形に大きくつくる場合もある。

柿蔕形飾金具・半球形飾釘以外に、鋪首がある。戦国楚墓の例であるが、1957年に調査された河南省信陽２号楚墓の二重棺内棺は鋪首の取り付け位置が判明する好例である。この内棺は黒漆地に連続変形饕餮文を描いた華麗なもので、四側板上端付近には、側板４個、小口板２個の計12個の銅製鋪首を取り付けた痕跡が残っていた。ただし、盗掘のために実際に出土した鋪首は２点であった。前漢中山王劉勝墓である河北省満城１号墓の木棺は、復元案によれば小口面に２個、側面に３個の計10個の銅製鐶金具を、頭位側の短側面中央に金銅製鋪首を２個並べて取り付ける。さ

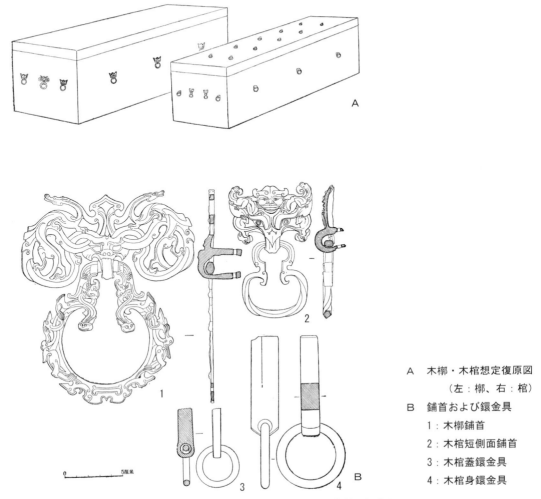

図113 満城1号漢墓木槨・木棺および鋪首・鐶金具

らに蓋上面には四側面のものよりも小振りの銅製鐶金具計10個を取り付ける（図113）。ただ、西安龍首原漢墓や洛陽焼溝漢墓の状況からみて、鋪首を取り付けることは漢代においては高級な木棺にかぎられており、普遍的なものではなかったと考えられる。

2　十六国・北朝墓の木棺

（1）事例の検討

　十六国・北朝期は北方民族の流入によって漢民族王朝が南遷し、一貫して鮮卑を主体とする北方民族が華北を支配した時期である。五胡諸国の乱立、北魏による華北の再統一と分裂に加え、南朝との抗争が繰り返され、政治的には不安定な状態が長くつづいた反面、文化的には多様な要素が融合した。資料として、十六国時代の遼西地方三燕墓、盛楽・平城期を含む内蒙古中南部から山西省、中原一帯の北魏墓、中原およびその周辺一帯の東魏・北斉墓、西魏・北周墓の事例を個々に取

り上げ、木棺の様相についてやや詳しく検討することにする。

（２）遼西地方三燕墓の木棺

田草溝２号晋墓　1989年、遼寧省朝陽市朝陽県西営子仇家店村で調査された。土壙石槨墓で、石槨は東西長3.76～3.95 m、西端幅1.2 m、東端幅0.95 mで、木棺の外形に合わせて前側が広く後側が狭い。未盗掘で、釘付式木棺の痕跡が良好に遺存していた。木棺は前側の幅・高さが後側に比べて極端に大きい片流れ形式で、長さ2.20 m、前端幅0.58 m、同高さ0.72 m、後端幅0.40 m、同高さ0.44 mを測る。棺蓋は棺身よりも一回り大きく、長さ2.38 m、幅0.52～0.74 mである。木棺痕跡の輪郭に沿って鉄釘が遺存しており、側板・小口板と底板を緊結したものであろう。鉄釘は円頭で、長さ18 cmに達するものがある。このほか脚を割りピン状にした鉄製鐶金具が出土している。鉄製鐶金具から復元される側板材の厚さは約8.5 cmである。棺の前面には痕跡化した漆器があり、牛骨数点が置かれていた。被葬者は女性と推定されている。年代については房身村西晋墓との比較や土器の様相などから慕容廆が前燕を建国する以前の所産とされ、西晋末、3世紀末～4世紀前葉の慕容鮮卑墓と判断されている。

　遼寧省西部の朝陽・錦州一帯は前燕・後燕・北燕の本拠地が所在した地域である。龍城は鄴都遷都以前の前燕および北燕の都城であり、多数の三燕墓が存在する。

十二台郷磚廠88M１墓（図114-1）　1988年に調査された遼寧省朝陽市朝陽県十二台営子の十二台郷磚廠88M１墓の釘付式木棺は、両側板と前小口板の一部が遺存していた。長さ2.15 m、前端幅0.8 m、後端幅0.48 mで、前側が幅、高さともに後側よりも極端に大きい片流れ形式である。また、前小口板は大きく外傾し、両側板もわずかに外傾する。棺蓋は遺存しないが、前小口板上縁の形状から横断面が円弧を描いてせり上がる蒲鉾形のものであったことが判明する。両側板・前小口板ともに上下4枚の板を小穴入れと枘・雇枘の併用によって接ぎ合わせて製作し、側板と小口板の組み合わせには小穴入れの手法を用いる。伴出した鉄釘による釘付けの箇所は報文に明らかでないが、小穴入れなどの仕口と組み合わせて用いられたものと考えられる。木棺は外面全体に漆画を描き、前小口板の中央下部に1個、両側板の両端付近やや下方に各1個の鐶座金具を取り付けていた。甲冑、馬冑、金銅透彫鞍金具や鐙などの馬具をはじめとする豊富な副葬品が出土しているほか、牛腿骨の副葬習俗もみられる。被葬者は前燕の政権中枢にいた慕容鮮卑の有力者と推定され、墓の造営時期は4世紀第2四半期頃と考えられる。

前燕李廆墓　1992年に調査された遼寧省錦州市凌河区の前燕李廆墓は、「永昌三年」銘磚墓表から、東晋太寧二年（324）の紀年が知られる。木棺は腐朽消滅していたが、長さ11.2 cmの鉄釘が数本出土した。墓室は磚室であるが、前後で極端な幅の広狭があり、朝陽田草溝２号晋墓における石室と木棺の平面プランの関係を参考にすると、木棺も片流れの形態であったと推定される。

後燕崔遹墓（図114-5）　後燕崔遹墓は遼寧省朝陽市朝陽県姚金溝村に所在する。1979年に偶然「燕建興十年昌黎太守清河武城崔遹」銘の墓表が出土し、1980年に正式調査された。土壙石槨墓で、石槨は南北長4 m、南端幅1.46 m、同高さ1.52 m、北端幅1.55 m、同高さ1.44 mを測る。木棺は棺材が腐朽して痕跡が遺存しており、図によれば長さ2.1 m、前端幅0.95 m、後端幅0.5 mほどの前後で極端な幅の広狭がある片流れ形式である。棺北端つまり後小口板の残高は約40 cmであった。棺身両側板にそれぞれ2個の鉄製鐶金具が付く。鐶径は12.4 cmを測る。これにともなう

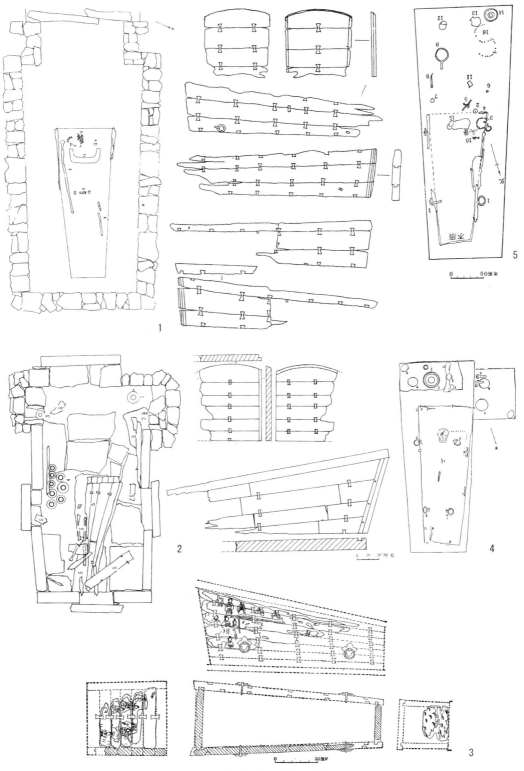

図 114　遼西地方三燕墓の木棺

座金具は、10 × 9.7 cm の正方形鉄板の四辺中間と中心を円形に切り抜いた、硬直化した形態の柿蔕形鉄板である。鉄釘は大小 2 種類があり、棺の両長側に沿って 30 数本が散布していた。被葬者の頭部には石灰枕が置かれていた。陶器には肩部を 2 条の沈線で画し、内部を 2 条一対の波状文で飾る泥質灰陶罐、ほぼ同形同大で無文の泥質灰陶罐各 1 点、泥質灰陶鉢 1 点がある。墓表によれば、被葬者の後燕昌黎太守崔遹は慕容垂の建興十年（395）に没した。崔氏は後燕政権の中枢にいた一族で、崔遹は『北史』『魏書』にもみえ、清河郡武城（山東武城）の出身である。『魏書』崔逞伝には「逞兄适（遹）、…慕容垂尚書左丞、范陽、昌黎二郡太守」とある。

北燕馮素弗墓（図 114 - 3） 1965 年に調査された遼寧省朝陽市北票市西官営子の北燕馮素弗墓は土壙石槨墓で、石槨は木棺の外形に合わせて前後幅・高さが異なり、東西長 4.25 m、幅 1.34〜1.53 m、高さ 1.7〜1.75 m を測る。木棺は部材が散乱した状態であったが、復元されたところによると前後で極端な幅・高さの差がある片流れ式の形態で、長さ約 2.10 m、前端幅 0.90 m、同高さ 1.10 m、後端幅 0.60 m、同高さ 0.65 m である。蓋の状況は明らかではない。棺身四側板はいずれも細長い板材 7 枚を、側板では各段 5 個、小口板では各段 1 個の衽で接ぎ合わせたものである。表面には赤漆が塗られ、彩画を施す。大半が剥落していたが、羽人、建築物、人物、雲気文などのモチーフが部分的に残る。棺の両側面にそれぞれ 2 個の鉄製鐶座金具を取り付ける。方形に硬直化した形態の金貼りの鉄製柿蔕形金具を座金具とする。土壙の西壁には龕を設け、牛の腿の骨を置いていた。出土した「范陽公章」「遼西公章」「車騎大将軍章」「大司馬章」と『晋書』馮跋載記所載の馮素弗の官職名が一致することから、墓主は北燕太平七年（415）に没した北燕天王馮跋の弟馮素弗であることが確実である[12]。信都馮氏は漢人であるが、獣骨の副葬などの葬俗は慕容鮮卑に同化したものと考えてよい。

八宝村 1 号墓（図 114 - 4） 1978 年、遼寧省朝陽市双塔区八宝営子で工事中に発見され、緊急調査された。朝陽市街から大凌河をはさんだ東側の鳳凰山西麓に位置する。大型板石を使用した土壙石槨墓である。石槨は木棺の外形に合わせて前後幅・高さが異なり、長さ 2.92 m、幅 0.84〜1.14 m、高さ 1.10〜1.42 cm を測る。釘付式木棺は材の腐朽が著しいが、痕跡が遺存していた。前後で極端な幅の広狭がある形態で、長さ 2.14 m、前端幅 0.85 m、後端幅 0.53 m を測り、幅指数は 1.60 である。棺身の両側面にそれぞれ 2 個の鉄製環金具が付く。これにともなう座金具は方形に硬直化した形態の柿蔕形鉄板である。鐶金具の脚は棺側板に打ち込んで先端を折り曲げる構造であるが、それから知られる側板材の厚さは 8.6 cm である。鉄釘は円頭で、長さ 16 cm 前後のものが棺痕跡に沿って 20 本出土している。被葬者の頭部には長円形の石灰枕が置かれていた。鍛造の鉄製竿頭 5 点も出土している。石槨頭側短辺に沿って石板を敷いた祭台があり、陶器・漆器とともに牛の腿の骨を置いていた。

袁台子北燕墓（図 114 - 2） 1980 年に遼寧省朝陽市朝陽県十二台営子郷袁台子村で調査された袁台子北燕墓は、大型板石を使用した土壙石槨墓である。墓室内には木棺の残材が散乱して遺存していた。木棺は前後で極端な幅の広狭がある形態で、前端側板は前方に向かって大きく傾斜をもつ。残存長 1.45 m、前端高 0.60 m を測る。側板が小口板をはさみ込み、小穴入れによって結合し、さらに 3 カ所を鉄釘で釘付けして固定する。また、棺蓋も鉄釘で側板上端面に釘付けされていたと報告されている。前端側板は 6 枚の細長い板を接ぎ合わせたもので、外面を各段 2 個、内面を各段 1 個の衽で留める。側板は短い板を同じく衽留めで 4 段接ぎ合わせる。前端側板上辺が円弧を描くこと

から、蓋は中央がせり上がる形状であったことが知られる。

安陽孝民屯晋墓　1973～1974年、河南省安陽市孝民屯村で安陽鋼鉄廠の工事中に殷墓・隋墓とともに5基の竪穴土壙墓が発見、調査された。いずれも墓壙内に木棺を直葬する。遺体は南頭位で、墓壙南壁に設けた壁龕に陶器類と牛腿骨を安置する。すべて未盗掘であった。154号墓（孝民屯晋墓）木棺は、木質痕跡から長さ2m、南端幅0.56m、北端幅0.5mを測り、幅指数は1.12である。底板は幅13～15cmの細長い板材4枚を接ぎ合わせていた。鉄釘3本が出土しており、四側板と底板を釘付けしたものであろう。金銅製の華麗な馬具一式を副葬し、遺体はその上に横たえられていた。また、154号墓には馬の頭骨、犬の頭骨・爪の副葬もみられた。このほか孝民屯165号墓木棺は長さ1.95m、前端幅0.59m、後端幅0.4m、幅指数1.48、孝民屯196号墓木棺は長さ1.9m、前端幅0.6m、後端幅0.46m、幅指数1.30で、いずれも鉄釘を使用した釘付式木棺である。牛あるいは犬の部分的殉葬、単鐙の副葬などから一連の墓は鮮卑墓と判断されている。河北省南部磁県周辺から河南省北東部の安陽市周辺にかけては鄴城の周辺地域ということもあり、十六国時代には多数の鮮卑が居住していた考えられている。

（3）北魏墓の木棺

ホリンゴル西溝子1号北魏墓　1986年、内蒙古自治区フフホト市南方のホリンゴル県西溝子村で緊急調査された竪穴式洞室墓で、墓室内には木棺材の一部が残存していた。木棺は長さ1.85m、前端幅0.95m、後端幅0.8mで、木板の厚さは6cm前後である。鉄釘が使用され、両側板には鉄製鐶金具が取り付けられていた。木棺前端の前方に石敷きがあり、羊の腿骨が置かれていた。

拓跋鮮卑は後漢末までには内蒙古中南部の陰山山脈南方一帯に定着していたとされる。内蒙古中南部に南遷した拓跋鮮卑の拠点は、現在の内蒙古自治区ホリンゴル県周辺にあったと考えられている。代国、北魏初には国都盛楽が置かれ、北魏皇始三年（398）の拓跋珪による平城遷都までの間、拓跋鮮卑の政治的中心であった。ホリンゴル西溝子1号北魏墓は平城遷都以前の拓跋鮮卑墓と推定されている。

巴図湾12号墓　1973年、内蒙古自治区オルドス市ウーシン旗でダム建設にともなって調査された。河套東部の黄河支流である無定河の上流域にあたり、内蒙古南部と陝西省の区省境に近い。巴図湾11～13号墓は1グループをなす磚室墓で、12号墓ではとくに木棺の残存状態が良好であった。木棺は単室磚室墓の西半部に安置され、棺内に男女2体の遺骸がおさめられていた。遺骸の下には小枝を敷き、棺との隙間にも小枝を詰め込んでいた。棺全体の形状は前側が幅、高さともに後側よりも極端に大きい片流れの形式である。蓋は横断面が弧を描いて中央がせり上がり、後端辺は棺身後端面にほぼ一致するが、前端は平面剣菱形をなして大きくせり出す。蓋板・側板とも細長い板を接ぎ合わせたものである。棺身下に棺台があるが、これが棺身と一体のものか別個のものかは報文では不明である。この棺台には木製車輪が四輪取り付けられている。年代については出土陶器などから北魏の平城遷都前後の所産と推定されている。

美岱村北魏墓　1961年、内蒙古自治区フフホト市美岱村で洪水のため露出し、緊急調査された竪穴式磚室墓である。フフホト市街の東南約40kmの大山南斜面に位置する。墓室は東西長3m、西端幅1.48m、東端幅1.13mで、木棺の外形にあわせて前後幅が異なる。墓道はなく、頂部は合掌式の天井を形成する。木棺は棺身下部が遺存しており、長さ2.4m、東端幅1.04m、西端幅0.76

mを測る。幅指数は1.37である。棺材は厚さ約4cmで、用材は「松木」と報告されている。衽留めによる接ぎ合わせ、鉄釘・鉄製鐶金具の使用が認められる。鉄釘は長さ17cmのものが12点、鉄製鐶金具は5点出土した。出土陶器の様相や1955年に同一の墓群に属するとみられる墓から「河内太守」銅虎符が出土していることから、5世紀前半の造営と推定されている。遼寧省北燕馮素弗墓の出土品と酷似した金銅製螭首竿頭が出土していることからも、この年代観に大過はないであろう。

大同市電銲器材廠北魏墓群 1988年、山西省大同市南郊紅旗村・七里村の大同市電銲器材廠拡張工事にともなって発見された墓群で、167基が発掘調査された。竪穴土壙墓、竪穴式洞室墓、斜道式洞室墓、磚室墓がある。木棺痕跡から判明する平面プランはいずれも前端幅が広く後端幅が狭い。竪穴式洞室墓、斜道式洞室墓では鉄釘の使用が普遍的で、後者では柿蔕形座金具をともなう鐶金具や銅製釘隠金具などの使用もみられた。たとえばM109木棺は側板に計4点の鉄製鐶金具を、前小口板に鉛製飾金具を取り付ける。とくに比較的保存状態のよい棺材では衽留めによる材の接ぎ合わせが認められ、また4個の木棺で表面に彩画が施されていた。多くの墓で獣骨の副葬がみられることから、いずれも北魏平城期の拓跋鮮卑墓と考えられている。

北魏封和突墓 1981年、山西省大同市小站村で調査された小規模な磚室墓で、すでに盗掘を受けていたが、玄室中央部に棺材の一部が残存するとともに鉄釘・鉄製環金具・鉄製花形飾金具などがほぼ原位置をとどめて出土した。簡報に掲載された平面図等から木棺の概略を復元すると、木棺は長さ16～21cmの鉄釘11本を使用し、棺体の四隅角付近に鉄製鐶金具各1点を取り付ける。棺の南小口板に鉄製花形飾金具4点を取り付けたようである。墓誌によると被葬者の封和突は平城の出身で、洛陽遷都後の北魏景明二年（501）に洛陽で没し、正始元年（504）に葬られた。

北魏元淑墓 1984年、山西省大同市小南頭郷東王荘村で発掘調査された北魏元淑墓は単室の磚室墓で、玄室の西半部に磚積みの棺台を設け、木槨内に2棺を並列で安置するが、木槨・木棺ともに底付近のみが遺存する状態であった。木槨は長さ2.7m、幅0.3mの細長い板を接ぎ合わせて底板とする。木棺はともに厚さ8cmの木板を衽留めして用い、ほぼ同形同大である。東棺は長さ2.1m、南端幅70cm以上、北端幅56cmで、極端に南が広く北が狭い。中国の報告文では底板の上に四側板がのる場合を「平底」、底板の上に側板がのらず、側板の内面に小溝を設けて底板をはめ込む一種の上げ底のような場合を「懸底」と呼称する。元淑墓木棺は懸底構造になっており、底板の下部に2本の丸木材を加えて支える。この丸木材の両端には円形の枘がつくり出され、両側板の内面に設けられた円形の枘穴に差し込み、さらに外面側から鉄釘で釘付けされる。底板下部の隙間には木炭が詰められていた。鉄釘20本前後とともに、鉄棒を折り曲げて輪をつくり、端部を割りピン状にした鐶金具5点などが出土している。墓誌によれば被葬者の元淑は北魏皇族で、使持節平北将軍肆朔燕三州刺史平城鎮将に任ぜられた人物である。北魏正始四年（507）に没し、翌永平元年11月に夫人呂氏とともに合葬された。

北魏元睿墓 河南省偃師市杏園村に所在し、洛陽首陽山電廠の建設にともなって発掘調査された。大型の磚室墓で、墓室内に木棺2個をおさめていた。ともに材は腐朽していたが、西棺は長さ2.1m、前端幅0.58m、後端幅0.48m、東棺は長さ2.1m、前端幅0.66m、後端幅0.5mを測り、長さ10cm前後の鉄釘多数が散乱していたほか、少なくとも東棺には鐶金具がともなうことが平面図から読みとれる。墓主の洛州刺史元睿は北魏皇族の出身で、北魏延昌三年（514）に洛陽で没した人

物である。

長安県北朝墓 1986年に陝西省西安市長安区韋曲鎮で調査された2基の北朝洞室墓である。1号墓は後室内に木棺痕跡があり、長さ2.04 m、前端幅0.84 m、後端幅0.74 mを測る。一部遺存していた残材の厚さは15 cmであった。2号墓から「韋咸妻苟夫人之」墓誌磚が出土したことから、北朝期の韋氏一族の墓域であったことが判明した。韋氏は漢代から唐代にかけて杜陵すなわち韋曲を本拠地として勢威を振るった名族である。

固原北魏墓漆画木棺 1981年、寧夏回族自治区固原市雷祖廟村付近で出土した固原北魏墓漆画木棺は木胎が腐朽、消滅し、断片化した漆膜の状態で検出された。その後、復元作業がおこなわれた結果、後小口板以外の部材については概略の形状、規模が判明した。全体の形状は前側が幅、高さともに後側よりも大きい片流れの形式である。側板長1.95 m以上、前小口板幅0.67 m以上を測る。棺蓋は前端が剣菱形に突出し、中軸がゆるやかな稜線をもってせり上がる。棺蓋は唐草文と鳥文を主題とする地文の上に、人物を配した建物、日月、渦文表現の天の川などを描く。左側の建物には「東王父」の傍題がある。前小口板上部には被葬者の生前の生活を描き、その下部中央には假門があったものと推定されている。側板には孝子故事図、狩猟図などを描き、連子窓の表現がある。金銅製鐶座金具5点、銅製釘隠金具20点などがあり、鐶座金具は側板に取り付けられていたと推定されている。羅豊は描かれた人物の服飾の特徴と北魏太和十年（486）の改制を関連づけ、墓の造営年代もそれに近いものと断定している（羅豊1988）。

（4）東魏・北斉墓の木棺

東魏李希宗墓 1976年、河北省石家荘市賛皇県邢郭村で発掘調査された東魏李希宗墓は、李希宗と夫人崔氏を合葬した複室磚室墓である。後室に釘付式木棺2個が置かれていた。ともに木質は腐朽消滅していたが、釘の出土位置と木炭灰の痕跡から、長さ2 m強、前端幅0.8 m、後端幅0.64 mの規模が復元される。幅指数は1.25である。棺内には石灰と木炭灰を重ねて敷き詰める。それぞれ厚さ4 cmほどである。長さ9 cmと18 cmの2種類の鉄釘13本が出土している。墓主の李希宗は漢人で、妻崔氏とともに北朝期の高門望族の出身である。墓誌の記述から、李希宗の次女は北斉建国前に斉王高洋に嫁し、李希宗は東魏興和二年（540）、妻崔氏は北斉武平七年（576）頃に没したことが知られる。

磁県湾漳北朝墓 1987年、河北省邯鄲市磁県湾漳村で発掘調査された大型墓である。単室の磚室墓で、墓室西壁に沿って須弥座形の精巧な石製棺床が置かれていた。平面形は南北および東辺は直線をなすが、西辺は墓室西壁のカーブに沿って曲線を描く。長さ5.82 m、幅3～3.8 m、高さ61.5 cmを測る。縁辺部に板状の青石を、上面に白色または灰白色の板石を使用する。縁辺の青石の継ぎ目には白色石材の枉がはめ込まれている。中央に朱彩で蓮華を、側面に白・赤・緑で忍冬文・連環文などを描く。棺床上には一槨一棺が安置されていたが、その部材は墓室が浸水していたため浮遊散逸していた。

河北省臨漳県に所在する鄴城遺跡は、後漢建安九年（204）、曹操によって造営が開始され、北周が北斉を滅ぼした後、北周大象二年（580）に廃されるまで、魏の副都、十六国の後趙・冉魏・前燕、東魏・北斉の国都であった。鄴都の北西、河北省磁県周辺には東魏・北斉の皇帝陵・皇族墓・有力貴族墓を含む磁県北朝墓群が存在する。磁県湾漳北朝墓については、北斉天保十年（559）に

没した文宣帝高洋の武寧陵に比定する意見がある（馬忠理 1994）。

　北斉崔芬墓　1986年、山東省濰坊市臨朐県冶源鎮で発見された北斉崔芬墓では、木棺は断片のみが遺存していた。この断片には表面に黒漆を塗り、朱漆で流雲文を描いていた。崔芬は北魏、東魏の地方官吏で、東魏武定八年（550）には威烈将軍、南討大行台都郡軍長史に任ぜられ、同年（北斉天保元年（550））10月に没している。

　北斉庫狄迴洛墓　1973年、山西省晋中市寿陽県賈家荘で発掘された北斉庫狄迴洛墓では、単室磚室墓の玄室内に家屋形木槨を設け、内部に遺体3体をおさめた大型の木棺を安置していた。木棺は長さ2.30m、幅1.28m、高さ0.73mを測り、長方形の木箱状をなす特殊なものであるが、各部材を枘差しと衽留めによる細長い板の接ぎ合わせにより、また衽を多数用いてその位置を意識的に配列している点に他の木棺例との共通点がみられる。被葬者の定州刺史太尉公順陽王庫狄迴洛は鮮卑貴族で、北斉大寧二年（562）2月鄴都で没し、同河清元年12月に葬られた。

　北斉婁叡墓（図115-1）　1979～1981年に山西省太原市王郭村で発掘調査された婁叡墓は磚室墓内における一槨二棺の木槨の状況が判明した事例である。単室の磚室墓で、玄室の西半部に長さ2.9m、幅4.25mの磚積みの棺床があり、その上に置かれた木槨・木棺ともに分解して潰れていた。木槨は片流れの木棺を大きくしたような形態で、長さ3.6m、前側の幅2.4m、高さ2.35m、後側の幅1.9m、高さ2.2mを測る。蓋は横断面が円弧を描いてせり上がる蒲鉾形で、前端は円弧を描いて大きく突出し、後端は直線的である。それぞれ長さ4.1～4.65m、厚さ10cmの細長い板材6枚を多数の衽で接ぎ合わせた左右の材を中軸で合わせる構造である。各6枚計12枚の細長い板材自体も継ぎ目を斜めに切り落とした長短2枚の板材を雇枘で接いでいる。蓋側縁内面と側板上端面の対応する部分にはそれぞれ2カ所に仕口があって、長方形の雇枘で結合する。両側板は蓋と同様に長短2枚の板を接いでつくった細長い板を各3段雇枘によって接ぎ合わせ、さらに内面に多数の衽留めを施す。板の接ぎ合わせは左右対称になる。両側板の前端は内面を斜めに切り落とす。内面両端付近に断面三角形の小溝を切り、小口板を落とし込む蟻仕掛けの小穴入れ構造である。両小口板は数枚の横長の板を側板と同様の方法で接ぎ合わせる。釘はまったく使用されていない。木槨表面にはわずかに朱漆が残存していた。木棺については残念ながら復元が困難な状態であったと報告されている。被葬者の婁叡は鮮卑人で、本姓は匹婁氏、北斉の外戚として権勢を振るい、南青州東安郡王に封ぜられている。北斉武平元年（570）に没した。

　北斉願氏墓　1971年、河南省安陽市で発掘された洞室墓である。木棺は大部分が腐朽し、板材2枚のみが遺存した。棺材は衽留めによって複数枚の細長い材を接ぎ合わせたものである。釘は使用されていない。磚墓誌から、被葬者は北斉武平七年（576）、鄴城で没した文宣帝高洋の妃願氏であることが判明している。

（5）西魏・北周墓の木棺

　北周若干雲墓　1988年に陝西省咸陽市渭城区の咸陽原上で咸陽空港建設整備にともなって発掘された。3カ所の天井を有する洞室墓である。木棺は腐朽していたが、明瞭な痕跡を残しており、長さ1.9m、前端幅0.95m、後端幅0.78mを測る。幅指数は1.22である。厚さ6cm前後の木板を用いる。棺底には厚さ約5cmで木炭を詰め、その上にさらに厚さ約5cmの石灰が詰められていた。棺の両側および棺上にも石灰が敷かれており、徹底した防潮対策が施されている。被葬者の若干雲

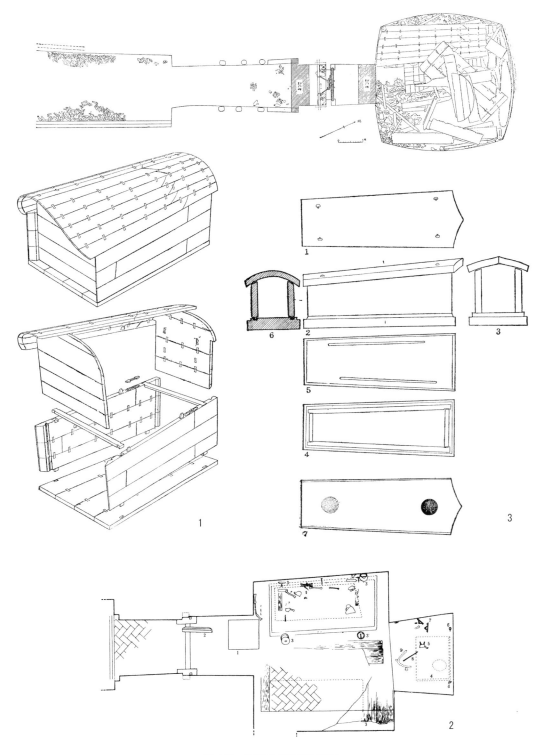

図115 北朝期の棺槨と石棺

は北周政権の中枢にいた有力貴族で、北周宣政元年（578）に没した人物である。

北周独弧蔵墓　若干雲墓と同じく1988年に咸陽空港建設整備にともなって発掘された、3カ所の天井を有する洞室墓である。独弧蔵の斂具は痕跡から一槨一棺で、木槨は長さ2.2m、前端幅0.9m、後端幅0.72m、木棺は長さ1.9m、前端幅0.82m、後端幅0.64mを測る。木棺の幅指数は1.28である。木棺、木槨とも厚さ6cm前後の木板を用いる。長さ23cmの鉄釘5点とともに鉄製半球形飾釘24点が出土しており、飾釘で装飾した釘付式木棺であったと推定される。耳室にも女性をおさめた小型の木棺1個があり、長さ1.56m、前端幅0.52m、後端幅0.4mを測る。被葬者の独弧蔵は北周宣政元年（578）に没した人物であるが、独弧氏は北周・隋・唐三代の皇室と姻戚関係を結んでいる。

北周王士良墓　1988年に陝西省咸陽市渭城区の咸陽原上で咸陽空港建設整備にともなって発掘された深さ11mにおよぶ竪穴墓道を有する洞室墓である。墓室は前室と後室に分かれ、前室に木棺2個、後室に1個が置かれていた。木棺はいずれも腐朽崩壊していたが、このうち後室の木棺は痕跡から長さ2.5m、前端幅1m、後端幅0.76mで、木板の厚さは約8cmであった。側板に各2個の鉄製鐶金具を取り付ける。前室中央の木棺は長さ2.1m、前端幅0.9m、後端幅0.75mで、木板の厚さは約8.2cmであった。同様に側板に各2個の鉄製鐶金具を取り付けるが、前方の鐶金具の鐶径は13cm、後方は8cmを測り、棺の前後で大小の差がある。墓主の王士良は東魏・北斉の高官で、北周に投降し、隋開皇三年（583）に没した人物である。夫人董氏はこれに先立つ北周保定五年（565）に没したことが墓誌から知られる。

北周李賢墓　1983年に寧夏回族自治区固原市深溝村で発掘された北周李賢墓は洞室墓で、玄室内に李賢夫妻が合葬されていた。李賢の斂具は一槨一棺で、木槨は長さ2.9m、南端幅1.5m、北端幅1.2mで四角に鉄製鐶金具を取り付ける。木棺は厚さ12cm前後の木板を用い、赤・緑などの漆膜残片の存在から漆画木棺であったと推定される。底板は懸底構造で、6本の丸木材で支えていたと推定される。丸木材の直径が南側ほど大きくなることから、棺自体の高さも南側ほど高かったものと推測されている。棺底下部の空隙には木炭が詰められていた。呉輝夫人の木棺は無槨で、長さ2.3m、南端幅0.7m、北端幅0.54m、木板の厚さ10cmを測る。棺の四角には銅製鋪首が取り付けられていた。隴西の李氏は西魏・北周政権の中枢にいた有力貴族で、被葬者の北周使持節柱国大将軍大都督河西桓公李賢は北周天和四年（569）に没した人物である。李賢について『北史』李賢伝、墓誌ともに匈奴征討の漢将李陵の後裔とするが、報文は誌文に対する踏み込んだ検討からその族属を拓跋鮮卑と断定している。

北周武帝孝陵（図115-2）　北朝の皇帝陵として、陝西省咸陽市渭城区底張鎮陳馬村の咸陽原上に所在する北周武帝孝陵の木棺の状況が明らかにされている。1993年、村民の盗掘によって「周武徳皇后」墓誌が回収されたことから、翌年咸陽市考古研究所によるボーリング調査が実施された。その後、再度盗掘の災に遭ったことから、1994〜1995年、陝西省考古研究所と咸陽市考古研究所による緊急の発掘調査がおこなわれた。5個の天井、耳室4室を備えた大規模な洞室墓で、墓室は奥壁に竈が取り付き、凸字形の平面形をなす。墓室内にはそれぞれ木槨におさめられた木棺2個を並列で安置するが、ともに腐朽して痕跡を残す状態であった。比較的痕跡が明瞭な西側の木槨は、長さ3.0m、幅1.54m、両側板の厚さ約11cmを測る。側板の両端に近い位置に各1個計4個の鉄製鐶金具が落下していた。木棺痕跡は長さ2.24m、幅0.95mを測り、痕跡の輪郭に沿って釘が散

らばっていた。発掘によって「大周高祖武皇帝孝陵」墓誌蓋が出土し、武帝と皇后阿史那氏を合葬した孝陵であることが確定した。北周武帝宇文邕は北周の第3代皇帝で、北斉を滅ぼして北朝の再統一を成し遂げた人物である。北周宣政元年（578）に崩じ、孝陵に埋葬された。皇后阿史那氏は隋開皇二年（582）に没し、孝陵に附葬された。

（6）十六国・北朝木棺の諸特徴

棺体の基本形制　十六国・北朝期の木棺は前後で極端な幅の広狭がある平面形が特徴的である。検討を加えた三燕墓木棺の幅指数平均値は1.62、北魏墓木棺では1.28、東魏・北斉、西魏・北周墓では1.27であった（表16）。漢代木棺の幅指数平均値が1.1を超えないことを考えると、著しい形態的変化が生じている。立面形が判明する事例は多くはないが、西晋末の田草溝2号晋墓木棺、北燕太平七年（415）の北燕馮素弗墓木棺、北魏平城遷都前後と推定される巴図湾12号墓木棺、固原北魏墓漆画木棺は前後で極端な高さの差があり、かつ前端面が前方に向かって傾斜をもつ片流れ形式の形態である。

巴図湾12号墓木棺、固原北魏墓漆画木棺の蓋は横断面が弧を描いて中央がせり上がり、後端辺は棺身後端面にほぼ一致するが、前端は平面剣菱形をなして前方に大きくせり出す独特の形態である。田草溝2号晋墓木棺、袁台子北燕墓も小口板上端が円弧を描くことから、同様の形状の蓋であったと推定される。1985年に調査された青海省西寧市の青海省磚瓦廠北朝墓木棺は、木棺部分が墓室内埋土の空洞として遺存しており、長さ2.30m、前端幅0.62m、後端幅0.40m、前端高0.70m、後端高0.40mの数値が得られた。幅指数1.55、高さ指数1.75である。また、蓋は長さ2.53mで、前端側が20cmほど前方にせり出す。

北朝期には一部に石棺がみられ、全容を知りうる実例に乏しい木棺の実態を検討するうえで参考となる。河南省洛陽市北郊金家溝村から出土した北魏元暐墓石棺は、蓋板・側板・小口板・底板の計6枚の石板からなる。表面に装飾はない。長さ2.3m、前端幅0.86m、後端幅0.66m、前端通高1m、後端通高0.85mを測る。蓋板は横断面が弧を描いて中央がせり上がり、前端部が大きく前方にせり出す。前端部は平面剣菱形をなし、後端部は直線的におさめる。元暐は、墓誌によれば「太祖道武皇帝六世孫」で、孝昌三年（527）に殺害されるまで要職を歴任した人物である（黄明蘭・蘇健 1987）。

1977年、洛陽市北郊から出土した洛陽北魏画像石棺（昇仙石棺）は、やはり蓋板・側板・小口板・底板の計6枚の石板からなり、長さ2.33m、前端幅0.90m、後端幅0.72m、前端通高1.02m、後端通高0.86mを測る。蓋板の形状は北魏元暐墓石棺と同様である。蓋板長2.46m、前端最大幅0.88m、後端幅0.74mを測る。表面には細密な線刻画があり、前小口板に假門と門吏、両側板に昇仙図、底板前後面に青龍・白虎、両側面に多種多様な怪獣異禽を描く。蓋板表面は無文で、内面に日月を描く。蓋の四隅付近に孔を穿ち、鐶座金具を取り付けるようになっている（図115-3）。これらの石棺の全体の形状、とくに蓋の形態は一部の遺存例にみられる木棺のそれと共通しており、当時の一般的な棺形態であったと判断される。

棺体構造　後漢代に一般化した鉄釘の使用は、十六国・北朝墓においても普遍的におこなわれている。後漢・魏晋期までは高級な棺においては鉄釘の使用はみられなかったが、北朝期になると皇帝陵である北周武帝孝陵でも釘付式木棺を採用していることは注目に値する。木棺の製作に際して

表16 早期鮮卑墓および十六国・北朝墓木棺の計測値と幅指数

	名称	時期	槨室構造	木棺構造	長さ(m)	前端幅(m)	後端幅(m)	幅指数	動物骨の副葬
1	扎賚諾爾古墓群 M3002	後漢～魏晋	竪穴土壙墓	組合式木棺	2.00	0.48	0.43	1.12	○
2	扎賚諾爾古墓群 M3014	後漢～魏晋	竪穴土壙墓	組合式木棺	2.09	0.69	0.56	1.23	○
3	扎賚諾爾古墓群 M3013	後漢～魏晋	竪穴土壙墓	組合式木棺	1.94	0.60	0.52	1.15	○
4	扎賚諾爾古墓群 M3008 下層	後漢～魏晋	竪穴土壙墓	組合式木棺	2.20	0.62	0.58	1.07	○
5	扎賚諾爾古墓群 M3010	後漢～魏晋	竪穴土壙墓	組合式木棺	1.95	0.55	0.43	1.28	○
6	扎賚諾爾古墓群 M 5	後漢～魏晋	竪穴土壙墓	組合式木棺	1.94	0.62	0.48	1.29	
7	拉布達林古墓群 M 6	後漢～魏晋	竪穴土壙墓	組合式木棺	1.92	0.46	0.32	1.44	
8	三道湾古墓群 M124	後漢～魏晋	竪穴土壙墓	組合式木棺	1.4 +	0.53	0.43	1.23	
				算術平均	2.01	0.57	0.47	1.23	
9	田草溝晋墓 M 2	西晋 末	石槨墓	釘付式木棺	2.20	0.58	0.40	1.45	○
10	十二台郷磚厰 88M 1 墓	前燕 前期	石槨墓	釘付式木棺	2.15	0.80	0.48	1.67	○
11	後燕崔遹墓	後燕 建興十 (395)	石槨墓	釘付式木棺	2.10	0.95	0.50	1.90	
12	八宝村 1 号墓	北燕	石槨墓	釘付式木棺	2.14	0.85	0.53	1.60	
13	北燕馮素弗墓	北燕 太平七 (415)	石槨墓	釘付式木棺	2.10	0.90	0.60	1.50	○
				算術平均	2.14	0.82	0.50	1.62	
14	ホリンゴル西溝子村 1 号墓	北魏	竪穴洞室墓	釘付式木棺	1.85	0.95	0.80	1.19	○
15	美岱村北魏墓	北魏	磚室墓	釘付式木棺	2.40	1.04	0.76	1.37	
16	大同市電鋸器材厰 M235	北魏	竪穴土壙墓	組合式木棺	1.70	0.50	0.40	1.25	○
17	董富妻郭氏墓	北魏 太和十二 (477)	洞室墓	組合式木棺	1.70	0.90	0.70	1.29	
18	北魏元淑墓	北魏 正始四 (507)	磚室墓	釘付式木棺	2.10	0.70	0.56	1.25	
19	偃師杏園 YMD4031	北魏 正始五 (508)	洞室墓	釘付式木棺	1.95	0.60	0.45	1.33	
20	北魏元容墓西棺	北魏 延昌三 (514)	磚室墓	釘付式木棺	2.10	0.58	0.48	1.21	
21	北魏元容墓東棺	北魏 延昌三 (514)	磚室墓	釘付式木棺	2.10	0.66	0.50	1.32	
22	北魏元暐墓	北魏 孝昌三 (527)	−	組合式石棺	2.30	0.86	0.66	1.30	
23	北魏画像石棺	北魏	−	組合式石棺	2.33	0.90	0.72	1.25	
24	東魏李希宗墓	東魏 興和二 (540)	磚室墓	釘付式木棺	2 +	0.80	0.64	1.25	
25	北周李賢墓	北周 天和四 (569)	洞室墓	釘付式木棺	2.30	0.70	0.54	1.30	
26	北周若干雲墓	北周 宣政元 (578)	洞室墓	釘付式木棺	1.90	0.95	0.78	1.22	
27	北周独弧蔵墓	北周 宣政元 (578)	洞室墓	釘付式木棺	1.90	0.82	0.64	1.28	
28	北周王士良墓後室棺	北周 保定五 (565)	洞室墓	釘付式木棺	2.50	1.00	0.76	1.32	
29	北周王士良墓前室中棺	隋 開皇三 (583)	洞室墓	釘付式木棺	2.10	0.90	0.75	1.20	
				算術平均	2.08	0.80	0.63	1.27	
				十六国・北朝墓木棺の算術平均	2.10	0.81	0.60	1.36	

は、それぞれの板の接ぎ合わせを枘留めにより、板を組み合わせる際の接合を釘付けによるという使い分けがみられる。

　釘には鉄製と銅製の2種類があるが、来村多加史は劉宋永初二年(421)の銅釘禁止令などを引き、こうした禁令の背景には必ず流行があり、鉄釘よりも銅釘の方が尊ばれ、かつ銅釘の使用が普遍化していたとする理解を示した(来村 2001)。棺釘にかぎらず、南北朝期には銅の使用を奢侈として制限する禁令がしばしば出されている。当時の中国が慢性的な銅原料不足に陥っていたことは、徐苹芳が魏晋南北朝期の鏡生産の動向を論じたなかで指摘したとおりであろう(徐苹芳 1984)。梁普通四年(523)に、銅銭を廃して鉄銭に改めるよう命じていることも、その深刻さをよく物語るものである。江南の木棺では銅釘の使用が一般的にみられるが、華北の木棺に使用される釘は漢代以来原則的に鉄釘で、銅釘はきわめて少ない。

　北燕馮素弗墓木棺の四側板は細長い板材7枚を、側板では各段5個、小口板では各段1個の枘で

接ぎ合わせたものである。田草溝2号晋墓木棺の両側板は細長い板材4枚を内外面各段6個の枉で、前小口板は同じく板材4枚を各段外面2個、内面1個の枉で接ぎ合わせる。これらは不必要に思えるほど板の接ぎ合わせを多用し、その際枉留めによって接ぎ合わせる材の枚数や枉の数をそろえて整然と配置しており、一種の装飾的効果を期待したものとも考えられる。

実際、明らかに装飾的な意図をもって枉を使用した事例として、甘粛省敦煌佛爺廟湾37号西晋墓の木棺が挙げられる。この木棺は、側板の表面に厚さ1.5〜2cmの薄い板を貼り付けて化粧としていたが、これらの化粧材も枉留めによって複数の板を接ぎ合わせたものであった。とくに小口板に貼り付けた化粧材は、薄い一枚板の両端と下端に細長い板を枉留めし、その接合部や枉の配置が表面全体に描かれた幾何学文の一部を構成するようになっていた。

木棺の表面装飾　固原北魏墓漆画木棺に代表されるように、十六国・北朝期の木棺には漆画の描かれるものが多い。西晋末の田草溝2号晋墓木棺、北燕太平七年（415）の北燕馮素弗墓、北斉天保元年（550）の北斉崔芬墓、北周天和四年（569）の北周李賢墓木棺も漆画木棺であった。1960年に調査された遼寧省本渓晋墓木棺は、朱色で図文が描かれた褐色漆膜片から、漆画で飾られた釘付式木棺であったことが知られる。このほか、漆膜が出土した事例として、1975年に調査された内蒙古自治区フフホト北魏墓木棺、1977〜1978年に発掘調査された後秦代の陝西省華陰県晋墓2号墓木棺など、枚挙にいとまがない。

漢代に流行した柿蔕形飾金具はほとんどみられなくなり、代わって棺身両側板にそれぞれ2個の鉄製鐶金具を取り付けることが普遍的におこなわれている。後燕建興十年（395）の崔遹墓では、径12.4cmの鉄鐶を割りピン状に曲げた鉄棒で巻き、遊鐶とする。鉄棒の脚は座金具中央の孔に通した上、側板に打ち込んで折り曲げ、棺体に取り付ける。座金具は正方形鉄板の四辺中間と中心を切り抜いた、硬直化した形態の柿蔕形鉄板である（図116-1）。同様の鉄製鐶座金具は北燕馮素弗墓（図114-3）、北燕八宝村1号墓（図116-2）にもみられる。北燕馮素弗墓の鉄製柿蔕形座金具は金貼りであった。

豪華なものでは、固原北魏墓漆画木棺の金銅製鐶座金具がある。座金具は八弁の花形をなし、8個の円孔を穿つ（図116-3）。いっぽう、簡単なものでは、西晋末の田草溝2号晋墓木棺（図116-4）、ホリンゴル西溝子1号北魏墓、北魏正始元年（504）の北魏封和突墓木棺の鉄製鐶金具は座金具をともなわない。北魏正始四年（507）の北魏元淑墓木棺のように、鐶と脚が1本の鉄棒を曲げて一体的につくり出される場合もある（図116-5）。北周武帝孝陵では、木槨の両長側板にそれぞれ2個の鉄製鐶座金具が取り付けられ、木棺自体には取り付けられていない。

このほか、北魏封和突墓木棺の前端側面ないしは蓋前端面には鉄製花形飾金具4個が取り付けられる。また、大同市電銲器材廠109号墓では前端側面に鉛製飾金具を取り付けていた。固原北魏墓漆画木棺には花形と双龍の2種類の文様をあしらった銅製釘隠金具計20点がともなっており、金銅製鐶座金具、全面に描かれた華麗な漆画とあいまって、きわめて装飾的な木棺であったと想像される。

ところで、北朝期には、1987年山西省太原市で発見された金勝村北斉壁画墓のように、墓室内に屍床を設け、木棺を用いずに直接遺体を安置する場合も散見される。2000年に山西省大同市水泊寺郷で発掘された北魏太和元年（477）の宋紹祖墓では、磚室墓の内部に前廊を備えた殿堂建築を精密に模した青石製の大がかりな石槨を構築し、内部にはコの字形の屍床を設けていた。同年、

第8章　東アジア世界における棺槨　357

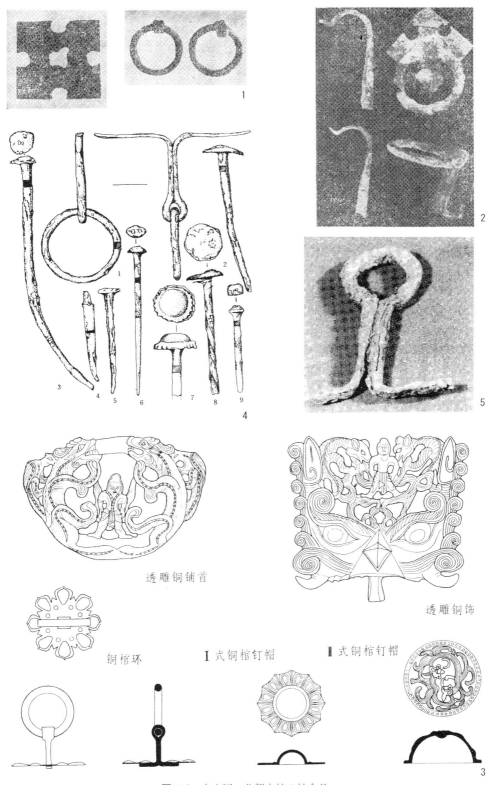

図116　十六国・北朝木棺の棺金具

陝西省西安市未央区大明宮郷で発掘された北周大象元年（579）の同州薩保・大都督安伽墓の石製屍床は、ソグド貴族の生活を主題としたレリーフに金箔を貼り、彩色を施した華麗なものである。

山西省太原市晋源区王郭村の隋虞弘墓でも磚室墓の内部に殿堂建築を模した白玉製の華麗な石槨を設けていた。石槨には西域貴族の生活を主題とした精密なレリーフが施され、拝火教の儀式の状況も表現されている。被葬者の隋儀同三司虞弘は出土した墓誌によれば「魚国」の出身で、北斉・北周・隋の各朝で官職を得た人物である。埋葬年は隋開皇十二年（592）で、夫人は開皇十八年（598）もしくは大業八年（612）に合葬されたことが知られる。これと類似したものとして、1982年、甘粛省天水市秦城区天水隋唐屏風石棺床墓出土の石製棺床がある。天水のものは仏教的意匠が目立ち、西安のものが拝火教と深く関連する点と異なる。

北周安伽墓・天水隋唐石棺床墓の石製屍床は、基本的に隋虞弘墓の家形石槨から屋根と前面の壁体を取り去った形態と考えられる。その淵源は北魏宋紹祖墓のような精密な殿堂模倣の石槨であったと推定できよう。

3　中国における木棺形態の変化

（1）「片流れ形式」木棺の出現

漢代の木棺は、基本的に全体として単純な箱形を呈する。平面形は前後で幅にほとんど差がなく、蓋上面が平坦で、立面形も前後で高さにほとんど差はない。このような形態的特徴をもつ木棺は、漢文化を特徴づける要素の一つとして評価されるべきものである。

こうしたなかで、前後で極端な幅の差がある長台形の平面を有する木棺が、漢の領域の中枢部にも存在する。後漢中後期の西安北郊一号工程Ⅲ区13号墓は、当時にあっては異質な存在ともいうべきその事例である。陝西省西安市未央区崗寨村に所在し、北郊一号廠ビルの建設にともなって陝西省考古研究所による発掘調査が実施された。竪穴墓道を有する小規模な洞室墓で、内部は未盗掘であった。墓室内には青年女性を安置した木棺1個があり、痕跡を明瞭に残していた。木棺は長さ約2.0m、前端幅0.96m、後端幅0.55mを測り、幅指数1.75と、前後で極端な幅の差がある。墓室自体の平面形もこの木棺の外形に合わせて奥が狭くなっていた。頭辺棺外には双耳銅釜・陶器類とともに、犠牲獣の鹿頭骨、羊の頭骨・四肢骨が置かれていた。獣骨の副葬や双耳銅釜・陶器類などの特徴、金製・銀製腕輪の出土などから、報告者の孫秉君らは被葬者の族属を匈奴と判断している。被葬者が漢人でないことは墓の内容から明らかであり、総合的見地からその族属を北方民族とした判断は妥当であろう。

単純な箱形を呈する木棺は漢の支配領域の拡大とともに広域に拡散し、魏・西晋代にもそのまま継受されるが、十六国期にはその状況が大きく変化する。すなわち、前後で極端な幅・高さの差がある片流れ形式の木棺の顕在化である。

片流れ形式の木棺は前後で極端な幅・高さの差があり、かつ前端側板が前方に傾斜する。蓋は横断面弧形をなし、前方に向かって大きく突出する。このほか、側板の前後に2個ずつ計4個の鉄製鐶金具を取り付けるなど、定式化した独特の特徴を有している。資料的に早い事例が前燕代の遼西地方、代～北魏盛楽期の内蒙古中南部地方などにみられることから、その出現の背景に当時華北に侵入し、漢人の支配者を駆逐した北方民族、とくに鮮卑との関わりがあろうことは容易に連想され

る（田立坤 1993、羅豊 1988、江 2002）。

（2）国家形成以前の鮮卑墓木棺

　鮮卑は興安嶺以東に原住していた東胡系の遊牧民族で、後漢に帰服して南遷した同じく東胡系の烏桓や、南匈奴あるいは北匈奴としばしば抗争しつつ、あるいは後漢の北辺に侵攻し、1世紀中頃までには興安嶺から甘粛省西部におよぶ広大な地域に点々と勢力を拡大した。85年、鮮卑は他の北方諸民族、西域諸国と呼応して北匈奴を攻撃し、数年で蒙古高原をほぼ占領した。残留した北匈奴遺民十余万落が鮮卑の支配下に入ったという。[16] 2世紀中頃の鮮卑は最盛期の匈奴に匹敵する広大な地域にまたがる大勢力となった。大君長檀石槐は広大な支配地域を大きく東部・中部・西部に分割して統治したが、その死後、鮮卑は急速に求心力を失って分裂した。その後、いわゆる小種鮮卑の君長軻比能が漠南一帯を一時的に統一したことがあるが、短期間で瓦解した。

　南下した東部の鮮卑は3世紀初頭には結束して魏を脅かし、蜀漢に呼応して魏を攻撃したこともあったが、魏の優勢が確定していくなかで分裂を繰り返した。そうした状況下で、魏晋王朝と関係を取り結びながら国家形成に向けて成長を遂げたのが、遼西地方の慕容部と、内蒙古中南部の陰山山脈以南にいた拓跋部である。

　大興安嶺山脈に沿った内蒙古自治区北東部一帯には、黒龍江最上流、ロシアおよびモンゴルとの国境に近いフルン・ノール湖畔のフルンボイル市陳バルグ旗完工古墓群・ジャライノール区ジャライノール古墓群、大興安嶺南縁の遼河上・中流に沿った赤峰市南楊家営子古墓群、通遼市ホルチン左翼後旗舎根古墓群・ホルチン左翼中旗六家子古墓群など、後漢～魏晋代の北方民族の所産と考えられる墓地群が存在する。上に挙げた墓群には出土陶器の様相や葬俗につよい共通性が認められ、本格的な国家形成を開始する以前の鮮卑墓と考えて差し支えない（田立坤 1993、鄭君雷 1998）。大興安嶺山脈北部のオロチョン自治旗では、1980年に嘎仙洞すなわち北魏太平真君四年（443）銘石刻祝文のある「拓跋鮮卑旧墟石室」が発見されており、少なくとも北魏時代にはこの場所が拓跋氏の故地として認識されていたことが知られる（米文平 1981）。

　内蒙古自治区中南部のフフホト周辺からオルドス地方東部にかけても、ウランチャブ市チャハル右翼後旗二蘭虎溝古墓群・三道湾古墓群、フフホト市トクト県皮条溝古墓群など、後漢～魏晋の東部鮮卑墓とされる古墓群がある（喬梁 1998）。1～2世紀の鮮卑墓と推定される遺跡は吉林省西部にも点在するが、族属を確定する基準は必ずしも確立していない。

　ジャライノール古墓群における木棺の形制について、郭治中は「棺の形制はおおむね長梯形で、頭端が幅広で、足端が狭い。長さは2mを超えない。幅は人体を収容するにわずかに足る程度で、高さは20～40cmの間である（訳：岡林）」（内蒙古文物考古研究所 1994：p371）と述べている。木棺には底板のあるものとないものがあり、側板や小口板は細長い板材を接ぎ合わせて使用することも多い（内蒙古自治区文物工作隊 1961）。また、後漢の木棺と同様に、棺底に石灰を敷き詰める事例も知られている（鄭隆 1961、図117）。

　内蒙古北東部から中南部にかけて分布する早期鮮卑墓の木棺は、いずれも前後に幅の広狭がある平面形を呈するが、多くが簡単なシスト的構造をとることから、幅指数に大きなばらつきがある。それでも報文に数値が明記されている事例について幅指数の算術平均を求めると、1.23という数字が得られた（表16）。これは、同時期の漢人墓木棺の幅指数平均値が1.1前後であることと比較し

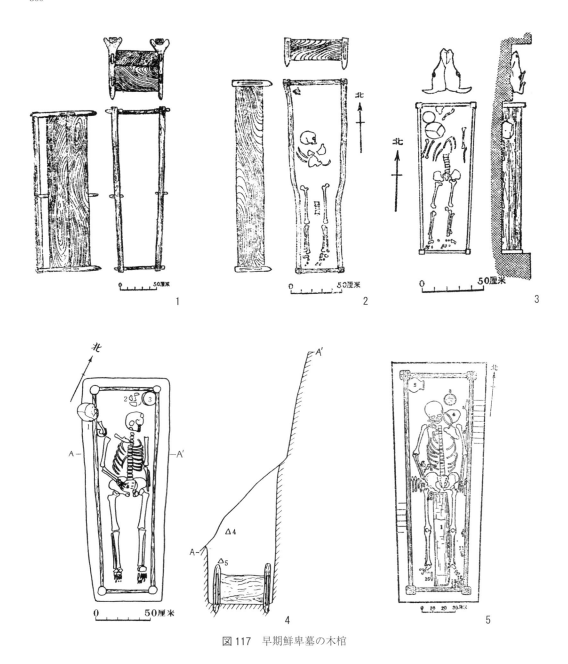

図117　早期鮮卑墓の木棺

て、明らかに大きな数字と評価してよい。また、牛・馬・羊の部分的殉葬が普遍的にみられることが大きな特徴である。

　これらの特徴は、三燕期慕容鮮卑墓や平城期以前の拓跋鮮卑墓に、確実に、かつ多分に強調されつつ継受されている。三燕期慕容鮮卑墓木棺における幅指数平均値1.62という数字は、木棺に表現された民族的独自性がより強調される形で表出したものとみることができよう。ただし、早期鮮卑墓木棺の立面形は必ずしも前後で極端な高さの差があるわけではないので、その意味では「片流れ形式」木棺の成立過程にはなお一定の経緯があったことが想像される。

(3)「片流れ形式」木棺の普遍化とその背景

　東晋・南北朝期は、北方に割拠した五胡諸国、さらには拓跋鮮卑が建国した北朝と、長江下流の建康に南遷した漢民族王朝の東晋・南朝とが、南北に対峙する構図が約 2 世紀半にわたって継続した。この間、中原地方は征服民族である北方民族の支配下に置かれたのであるが、中原地方に根づいていた秦漢以来の伝統的な漢民族の葬送礼俗を基盤として、外来の支配者である北方民族独自の葬俗が導入され、墓制のうえでも融合が進んだと想像される。

　慕容鮮卑墓は独自の墓制である石槨墓と動物の部分的殉葬につよい拘りをみせるが、拓跋鮮卑墓は早くから磚室墓や洞室墓を採用し、北朝期には墓室の構造形式、副葬品の内容などに明確な漢化指向が認められる。拓跋鮮卑墓で動物の部分的殉葬がみられるのは現状では平城期以前の中・下層民墓に限定される。

　拓跋鮮卑支配下の北朝期における片流れ形式の木棺も、平面形における幅指数平均値が 1.27 におさまる。この数値を隋唐墓の幅指数と比較しながら、片流れ形式木棺の普遍化の状況を簡単にたどっておきたい。

　1966～1975 年に河南省安陽殷墟で発掘調査された 29 基の隋墓（安陽隋墓）は大半が未盗掘で、まとまった報告がなされており、隋代の一般的墓制を知るうえで重要な資料である。確認された木棺 24 個はすべて腐朽していたが、木質痕跡と鉄釘の出土位置などから前後で幅に大きな差のある長台形の平面プランが復元される。大多数は釘付式木棺で、釘を使用しない組合式木棺もわずかに存在する。棺底に石灰・草木灰を敷き詰める事例が少数ながら認められる。

　計測値が明らかな 11 個の木棺について検討すると、長さは 1.68～2.06 m で、平均 1.91 m、前端幅は 0.44～0.90 m で、平均 0.71 m、後端幅は 0.38～0.70 m で、平均 0.51 m である。このうち隋開皇十一年（591）墓誌を出土した 402 号墓木棺は長さ 1.90 m、前端幅 0.82 m、後端幅 0.70 m、幅指数 1.17、隋仁寿三年（603）墓誌を出土した 103 号墓木棺は長さ 1.98 m、前端幅 0.86 m、後端幅 0.60 m、幅指数 1.43 である。幅指数の算術平均は 1.43 であった（表 17）。

　隋唐洛陽城東方約 25 km の河南省偃師杏園唐墓は全体に遺存状態が良好で、2001 年に 69 基についてまとまった報告書（中国社会科学院考古研究所 2001）が刊行されたほか、個別の簡報も逐次公表されており、唐代東都洛陽の中・下級官吏墓として標式的な資料である。盛唐期の木棺は一般に前後端で幅に大きな差がある平面形をなす。大半は鉄釘を使用し、唐景龍三年（709）の李延禎墓は長さ 2.1 m、前端幅 1.06 m、後端幅 0.64 m で、棺材の厚さは約 6 cm、釘の長さは 14 cm に達する。同じく景龍三年の李嗣本墓は長さ 2.03 m、前端幅 0.7 m、後端幅 0.46 m で、若干の漆膜が検出された。YDM1902 の木棺は浸水によって移動していたが、木質痕跡から長さ 2.2 m、前端幅 0.85 m、後端幅 0.62 m に復元される（中国社会科学院考古研究所河南二隊 1996）。中唐期の木棺も盛唐期のものと様相に大差はない。一般に長さ 2 m 前後、前端幅 0.60～0.74 m、後端幅 0.5 m 内外で、普遍的に長さ 7～9 cm 程度の鉄釘を使用する。唐開元五年（717）の李景由墓は墓室内に木棺 2 個を安置し、東棺は長さ 1.95 m、前端幅 0.6 m、後端幅 0.4 m、西棺は長さ 1.95 m、前端幅 0.6 m、後端幅 0.5 m を測る（中国社会科学院考古研究所河南第二工作隊 1986）。幅指数の算術平均は 1.37 であった（表 17）。

　隋唐代には、片流れ形式の木棺はほぼ完全に普遍化していたといってよい。幅指数の平均値からみると、安陽隋墓、偃師杏園唐墓では 1.41 で、北朝期よりも前後の幅の差が拡大しており、形態

表17　安陽隋墓・偃師唐墓における隋唐代木棺の計測値と幅指数

	名称	時期	槨室構造	木棺構造	長さ(m)	前端幅(m)	後端幅(m)	幅指数
1	安陽隋墓103号墓	隋 仁寿三（603）	洞室墓	釘付式木棺	1.98	0.86	0.60	1.43
2	安陽隋墓106号墓	隋	洞室墓	釘付式木棺	1.94	0.72	0.30	2.40
3	安陽隋墓303号墓	隋	洞室墓	釘付式木棺	2.06	0.70	0.62	1.13
4	安陽隋墓306号墓	隋	洞室墓	釘付式木棺	1.94	0.90	0.70	1.29
5	安陽隋墓108号墓	隋	洞室墓	釘付式木棺	1.80	0.52	0.44	1.18
6	安陽隋墓402号墓	隋 開皇十一（591）	洞室墓	釘付式木棺	1.90	0.82	0.70	1.17
7	安陽隋墓102号墓	隋	洞室墓	釘付式木棺	1.90	0.44	0.38	1.16
8	安陽隋墓105号墓	隋	洞室墓	釘付式木棺	2.00	0.70	0.48	1.46
9	安陽隋墓107号墓	隋	洞室墓	釘付式木棺	1.68	0.74	0.50	1.48
10	安陽隋墓110号墓	隋	洞室墓	釘付式木棺	1.84	0.66	0.44	1.50
11	安陽隋墓502号墓	隋	洞室墓	釘付式木棺	1.96	0.78	0.50	1.56
				算術平均	1.91	0.71	0.51	1.43
12	李嗣本墓	唐 景龍三（709）	洞室墓	釘付式木棺	2.03	0.70	0.46	1.52
13	李延禎墓	唐 景龍三（709）	洞室墓	釘付式木棺	2.10	1.06	0.64	1.66
14	YDM1902	唐	洞室墓	釘付式木棺	2.20	0.85	0.62	1.37
15	李景由墓東棺	唐 開元五（717）	洞室墓	釘付式木棺	1.95	0.60	0.40	1.50
16	李景由墓東棺	唐 開元二十六（738）	洞室墓	釘付式木棺	1.95	0.60	0.50	1.20
17	柳凱墓東棺	唐 武徳九（626）	洞室墓	釘付式木棺	2.53	0.64	0.54	1.19
18	柳凱墓西棺	唐 貞観二十三（649）	洞室墓	釘付式木棺	2.64	0.76	0.64	1.19
				算術平均	2.20	0.74	0.54	1.37
				隋唐代木棺の算術平均	2.03	0.73	0.53	1.41

的特徴をより強調する傾向が認められる。棺蓋前端部に眉庇様の飾りを付加したりするのは、そうした傾向の延長上にある現象といえよう。北魏太和十年（486）の服制改制、太和十七年（493）の洛陽遷都、太和二十年（496）の族姓制定などに代表される拓跋鮮卑の徹底した漢化政策が、北方民族と漢民族との文化的融合をいっそう促進し、片流れ形式の木棺も華北地方における木棺形態の主流を占めるにいたったものとみられる。このことが、やがて隋唐統一国家のもとにおける木棺の標準として継受され、定着した最大の要因と考えられる。

第4節　棺槨に反映した古代中国人の死生観

　前節まで、漢代以前の中国における木槨墓の基本的な構造と系統、周辺地域への波及の状況について述べ、また漢代から十六国・北朝期までの中国における木棺の構造や形態の変化を検討してきた。ここでは、諸先学による既往の研究成果に導かれながら、文献史料の記述も適宜参照しつつ、古代中国人の死生観とその伝統性について概観し、その反映としての古代中国の棺槨の構造と、棺槨における葬送儀礼の手順について考察する。

1　古代中国人の死生観とその伝統性

　『儀礼』『礼記』等にみえる「復」から「襲」、「小斂」等を経て「大斂」までの一連の儀礼は、招

魂の儀式とその無効性の確認に始まり、遺体を清め、衣服を着せ、衾で包み、納棺するまでの、いわば入斂儀礼と考えてよい。その手順は、葬送儀礼を執りおこなう周囲の人びとが遺体をどのように取り扱い、またどのように行動すべきかを具体的に示すものである。そこには当時の人びとの死者とくに遺体に対する考え方が色濃く反映されており、そのまま古代中国人の死生観と深く結びついている。

　先秦・漢代の喪葬制度と考古資料との比較検討は早くから試みられ（陳公柔 1956、沈文倬 1958）、一定の成果を得るにいたっている。その知見の概略は『漢代物質文化資料図説』のなかで孫機が「斂具」の一節を設けて解説した内容から知ることができよう（孫機 1991：pp.409-412）。

　長沙馬王堆1号墓では、被葬者である前漢長沙国軚侯夫人の遺体は合計二十重の布で包まれ、四重の木棺におさめられていた。遺体を合計二十重の布で包むことは、小斂には衣服計19枚、衾1枚および遺骸を結束するための絹布計4枚が用いられるという『礼記』喪大記の記事に対比される[17]。また、『礼記』檀弓上、喪大記およびそれぞれの鄭玄注には重棺の制に関する記述があるが[18]、兪偉超の解説によるとその述べるところの意味は、天子は五重の棺、諸公は四重の棺、侯・伯・子・男爵は三重の棺、大夫は二重の棺、士は一重の棺を使用する、ということになる[19]（兪偉超 1982）。

　小斂に用いる衣服の具体的な枚数を規定したり、天子の五重棺を頂点として、身分によって重ねる棺の数を順次降殺したりするのは、いかにも秩序を重んじた「礼」にもとづく決まりごとらしい。しかしその背後に、遺骸を幾重にも包み隠し、密封することを良しとした古代中国人の思念が存在することは明らかである。

　『儀礼』士喪礼には死者の口中に米、貝を含ませる「琀（かん）」の礼についてその手順が詳しく記されている[20]。また、『礼記』檀弓下は、米や貝を口に含ませることの意味について、死者の口中をむなしく空にしておくに忍びないからであると解説している[21]。もともとは遺族の死者に対する素朴な哀惜の情から生じた習俗が、礼として定制化したというわけである。

　ただ、琀に関係する考古資料をひろく集成した間瀬収芳によれば、漢代には貝を口に含ませたと考えられる事例はなく、ほとんどが玉・石琀であるという（間瀬 1995）。玉琀には蝉をかたどった玉蝉が多い。玉を口に含ませる行為の意味については、『漢書』楊王孫伝に「口に玉石を含むは、化の得ざるを欲せばなり」とあって[22]、玉の効果によって遺骸をそのままの状態で長く保存しようとしたことがわかる。

　『儀礼』士喪礼によると、死者の両手に握らせる「握」は「組繋」すなわち組みひもであり、両耳を塞ぐ「瑱（てん）」は「白纊」すなわち新しい真綿であって、ともに繊維製品である。馬王堆1号墓の被葬者が両手に布製の香袋を握らされていたのは、士喪礼にいう握のあり方に通じるものがある[23]。しかし、実際に漢墓から出土する資料をみると、握に相当するものとしては玉で豚を象った玉豚、瑱に相当するものとしてはガラス製や玉製の耳栓が一般的である。ガラスは玉の代替品として使用されることがある。

　漢代皇帝や王侯が用いた玉衣（玉柙、玉匣）は、多数の玉片を金属の細い糸で綴じ合わせて人体の形にしたものである。莫大な量の玉で全身を隙間なく覆い尽くす点で、葬玉の使用が極限に達したものといえる（町田 2002）。河北省満城1号墓の金縷玉衣で使用された玉片の数はじつに2498枚、同じく2号漢墓の金縷玉衣では2160枚に達する。さらに、木棺に玉を隙間なく貼り付けた

「鑲玉漆棺」の存在も知られている。満城2号墓の木棺は、内側全面に玉片192枚を隙間なく貼り付け、外面にも玉璧26枚を貼り付けていた。江蘇省徐州獅子山漢墓の木棺では、1800枚以上の玉片を蓋・棺身四周の外面、底板の内面に貼り詰めた状況が復元されている（李春富 1999）。

　このように、衣服や衾、棺による密封と関連して、葬玉の使用も観念的な密封の意味合いがつよく、多分に呪的なものであったことが知られる。晋の葛洪『抱朴子』にみえる「金玉、九竅に在れば、則ち死人これ不朽と為る」の記述は、その道教的な理論化を示す。遺体を布で丁重に包んで幾重もの頑丈な木の棺におさめ、また玉の呪力に期待してその腐敗をくい止めようとした漢代の斂のありようから、遺体の損傷を徹底して嫌った当時の中国支配者層の意識がうかがわれる。あるいは、報復性の盗掘が頻繁におこなわれたのも、そうした意識の裏返しと解してよい。

　こうした強固な遺体保護の思想の背景には、「魂気は天に帰し、形魄は地に帰す」という霊魂観がある。人の死後、霊魂は魂と魄の二つの部分に分離し、「気」である魂は天に帰り、形体を支配する魄は地に帰る、というものである。形体を支配する魄の幸福を図り、また周囲の人びとが魄の悪い影響を受けないために、遺体は幾重にも包み隠され、重厚な棺槨に保護されて地中深く葬られる必要があると考えられたのである。

　魂魄の思想や昇仙のための道教的理論にもとづく遺体保護の意識は、古代中国人の死生観に根ざしたものであり、つよい伝統性をもっている。『魏書』文帝紀にみえる黄初三年（222）の「終制」は、衣衾・棺槨は必要最小限にとどめればよいと説き、棺に塗る漆は継ぎ目に三回でよい、飯含で口に含ませるのに珠玉を用いてはならない、玉衣を用いてはならない、などと命じている。この文言は、魏文帝が目指した薄葬の対極にある厚葬の実例として「金縷玉柙如故事」「飯玲珠玉如禮」「小斂如禮」といった漢制を念頭に置いたものであることが明らかである。しかし、長文の終制に述べられた薄葬の理念の原点は、「禍由乎厚葬封樹」すなわち厚葬の風が誘発する盗掘による遺体損壊の禍を恐れる一文に凝縮されていると考えてよい。この点は、『日本書紀』にみえるいわゆる大化薄葬令が、厚葬の弊害を多方面にわたって指摘し、薄葬を奨励した趣旨とはかなり意味合いを異にするように思われる。

　『通典』巻第八十四所収の『大唐元陵儀注』には、唐代皇帝の葬送儀礼における含玉の礼が記されていて、貝が「玉若貝」、米が「粱飯」に変わるなどしているが、その手順は『儀礼』士喪礼にみえる飯玲とほぼ同様である。また、つづけて充耳すなわち瑱、握手すなわち握などについても触れられている。小斂についても「衣十九稱」、「結絞而衾」とあるのは周制と同じである。

　仏教が盛行した魏晋南北朝から隋唐にかけては、石窟寺の中に窟龕を開鑿し、遺体・火葬骨を安置する葬法が出現した（張迺翥 1991）。西魏文帝皇后乙弗氏墓に比定される甘粛省天水麦積山石窟第43窟（天水麦積山石窟芸術研究所 1998）をはじめ、寧夏回族自治区固原須弥山石窟（寧夏回族自治区文物管理委員会・北京大学考古系 1997、寧夏回族自治区文物管理委員会・中央美術学院美術史系 1988）、甘粛省敦煌莫高窟北区（彭金章・王建軍 2000）、甘粛省永靖炳霊寺石窟（甘粛省文物工作隊・炳霊寺文物保護所 1998）、河南省洛陽龍門石窟（李文生・楊超傑 1995）、河南省安陽宝山石窟（河南省古代建築保護研究所 1991）などで北朝末〜唐代の事例が注意されている。これら一連の「石窟寺仏教瘞葬」は、僧侶をはじめ仏教に深く帰依した信徒が営んだ墓制の一形態と位置づけられるが、なお窟の入口に帯剣の門吏像を配したり、内部に屍床や棺床を設けるものも多く、依然として伝統的な墓室安葬の色彩が濃い。なによりも火葬の不徹底は、昇遷長生、不朽の追求な

どの伝統的喪葬観念が十分に払拭されていないことを物語るもので、遺体の損壊を恐れる伝統的喪葬観念はその後も明清代まで連綿と受け継がれたことが指摘されている（ワトソン 1988）。

　唐の道宣『四分律刪繁補闕行事鈔』によれば、唐代の僧の遺体処理方式には火葬、土葬、労林葬の3種類がある。労林葬は遺体を山野に放置し、禽獣に施す葬法である。「石窟寺仏教瘞葬」の状況からは道宣の所説をあとづけることができないが、少なくとも石窟寺院に葬所を設けることに重きが置かれ、遺体を火化することにはつよい拘りを感じられない。

　さらに興味深い事例として、河北省張河口市宣化遼墓の状況がある。宣化遼墓は厚く仏教を信奉した漢人貴族張氏の墓地で、前後して9基が発掘され、徹底して破壊されていた1基以外はすべて火葬墓であった。そのうち6基では磚積棺台を有し、3基は木製棺床である。木棺は蓋上面四辺を面取りした木箱状を呈し、表面に陀羅尼経咒文を墨書する。張世卿墓誌には、遺志により「西天荼毘礼」すなわち遺体を火化し、火葬灰中から「頭骨と舌」を得たことが記されている。埋葬に際しては、柏木で頭骨・躯幹・四肢・手足まで張世卿本人の姿を模した「真容偶像」を製作し、骨灰を木製の頭部と躯幹内に分けておさめた。真容偶像は身長90cm前後、頭部、躯幹および四肢は可動式で、着衣で棺内に納置され、若干の小物、身の回りの衣服、装身具が副葬された。張文藻墓の真容偶像は稲藁を縛ってその人の姿をかたどった「草人」であり、頭骨・躯幹・四肢からなり、やはり体内に火化後の火葬骨をおさめて衣服を着せている。真容偶像の出土例としては宣化遼墓の3例のほかに北京大興の遼天慶五年（1115）馬直温夫婦墓がある。このような真容偶像あるいは草人の製作は、遺体を火化してなお埋葬にあたって仮の肉体を必要とする意識を物語るものである。

　遺体の損壊を恐れ、遺体の保全に多大の労力を費やす古代中国支配者層の意識はきわめて根強いものがあり、火葬が広範に受容されなかった最大の原因と考えられる。これは、釈迦の遺体が荼毘に付されたという故事にもとづいて、飛鳥時代末には仏僧のみならず天皇までもが火葬を採用した日本の状況とは大きく異なる。このあたりにも旧制を尊重し、墨守する古代中国人との態度の違いがよく表れていよう。

2　棺槨の構造と葬送儀礼の手順

　『礼記』檀弓上には、斉の国子高の言葉として「葬也者蔵也（葬は蔵なり）」で始まる一文があって、そのなかに「衣は以て身を飾るに足り、棺は衣を周らし、槨は棺を周らし、土は槨を周らす」（竹内 1977：p126）とある。衣衾に包まれた遺体をおさめるものが木棺、その木棺をおさめるものが木槨であり、竪穴墓壙内に設けられた木槨は土中深く埋め戻される、という木槨墓の多重構造を端的に示したものといえる。

　また、「有虞氏は瓦棺、夏后氏は塈周、殷人は棺槨、周人は牆して翣を置く」（竹内 1977：p84）という。帝舜の時代には埋葬にあたって瓦棺を用い、夏王朝は二重の瓦棺を用い、殷王朝は棺槨を用い、そして周の時代には加えてさまざまな装飾をおこなうようになった、というのである。木棺と木槨の組み合わせからなる棺槨を完成された埋葬制度と考えていた戦国〜漢代の認識がうかがわれる。

　同じく『礼記』檀弓上には、孔子の弟子たちによる、孔子自らの埋葬に対する考え方についての議論があり、有子の言葉として「夫子中都に制し、四寸の棺、五寸の槨なり。斯れを以て速かに朽

つるを欲せざるを知るなり」（竹内 1977：p118）と伝えている。すなわち、厚い材を使用した重厚な木棺、木槨を用いる最大の理由は、遺体を可能な限りゆっくりと土に帰すためであり、まさにそのことによって形体を支配する魄が幸福のうちに穏やかに地に帰ることが望まれたのである。

　中国の木槨墓は複雑に発達を遂げたが、発掘調査によって明らかにされた戦国〜前漢期の木槨墓の基本的特徴も、深い堅穴墓壙、各種の仕口によって強固に結合された重厚な組合式木棺、太い角材と厚い板材を用いた堅牢な木槨、粘土や木炭による厚い被覆など、「葬也者蔵也」の理念そのままに「隔絶・密閉のための深い埋蔵という観念」（黄 1994：p37）に根ざしたものであったと評価できよう。

　そうした木槨墓における葬送儀礼の手順を、『儀礼』士喪礼・既夕礼の記述からあらためて要点のみ拾い出すと次のようになる。

　呼吸の停止によって死が確認されると、その直後に蘇生を願う招魂儀礼である「復」がおこなわれる。復の儀礼は、死者の衣服をもって屋根に登り、死者の名を呼びながらその衣服で死者の魂魄を招き寄せようとするものである。蘇生の叶わぬことの確認後、沐浴や飯含といった儀礼があり、2日目には遺体は衣衾に包まれ（「小斂」）、3日目には木棺におさめられる（「大斂」）。納棺後は遺体が人の目に触れることは二度とない。「斂」とは、覆い隠すことであるという。

　この納棺の儀礼（斂）が終わると、ただちに長い仮安置期間である「殯」が始まる。「殯」の間、木棺は居宅内の所定の場所に仮安置される。万一の火災によって遺体が失われることのないように、木棺は泥で塗り込められる。長期にわたる殯の期間中には各種の儀礼が繰り返しおこなわれるとともに、墓所が選ばれ、墓が準備される。殯が蘇生を期するための仮安置期間でないことは、蘇生を願う招魂儀礼である「復」が納棺に先だって終了していることから明白である。

　亀卜によって決定された埋葬の吉日に、殯が解かれる（「啓殯」）。木棺は柩車にのせられて墓に運ばれ、あらかじめ壙の中に構築された木槨に埋葬される（葬）。

　時間の流れのうえでは、納棺（斂）と埋葬（葬）が分離され、その間に仮安置期間（殯）が設けられる。場所の点でも、納棺・仮安置の場所と埋葬の場所は別であり、仮安置期間中に埋葬の場所を準備する。すなわち、納棺から埋葬までの長期にわたる遺体の維持にたえる完成された容器としての木棺があり、その棺をおさめるための墓を棺の仮安置と並行して準備することで、礼にもとづく繁雑かつ長期の葬送儀礼を可能としているのである。ごく簡単に述べたが、これは中国的な遺体保護の思想にきわめてかなった葬送儀礼の手順であり、棺槨の構造はそれによく適合したものであったということができるであろう。

　漢代の中国では漢中枢部からしだいに木槨墓の造営は衰退し、とくに後漢以降は一部の辺疆地域を除いてほぼ磚室墓が主流となる。黄暁芬は、槨墓から室墓への転換は「隔絶・密閉のための深い埋蔵という観念」の変質をともなうものと評価したが、磚室墓においても墓門の閉塞や墓道の埋め戻しは厳重におこなわれており、地下深くに墓室を設けることも大きくは変化しない。また、納棺（斂）、仮安置期間（殯）、埋葬（葬）からなる葬送儀礼の手順も、その後も大きく変化することはなく、強固に伝統化している。これもまた、遺体の保護に多大の労力を費やす古代中国人の根強い意識によるものと評価しうる。

註

（1） 中南部地域には、本始三年（前71年）の江蘇省揚州市邗江区胡場5号墓西槨（王奉世夫人墓）、前漢中・後期の江蘇省連雲港市海州区侍其繇墓などのように木槨と木棺との間にほとんど空間がない単棺墓があり、長幅比が2.7〜3.0とひじょうに細長いが、これは夫婦合葬墓において夫人用の槨を小さくつくったものであって、いま問題としている小型単棺の木槨とは分けて考えるべきものである。

（2） 『儀礼』士喪礼は、下葬前の儀式の一つとして「視槨視器」を挙げている。仕上がった木槨の部材を殯の場所の外でかりに組み上げ、喪主が哭拝する儀式であるが、前漢代までこのような儀式が比較的広くおこなわれていたとすれば、まくら木は仮の組み上げに際しても重要な役割を果たしたことになろう。

（3） 磚室墓・洞室墓における木棺の遺存状態が木槨墓に比べて全般的に劣るのは、主に密閉度の差による槨室内の環境条件に起因すると推定される。加えて、一定の広さをもつ堅牢な室空間を有するがゆえに、かえって徹底した盗掘が比較的容易であるという構造的弱点も、磚室墓・洞室墓における木棺の遺存をさらに困難なものにしている。木槨墓が主流を占める前漢中期以前と、磚室墓・洞室墓が主流を占めるそれ以後とで、木棺の遺存率に差が生じているのはそのためであろう。

（4） ドルジスレン（1961）『北匈奴』にしたがい、梅原末治が12号墓のものとして記述したこの木棺を24号墓のものとして記述する。

（5） 「梓宮」（『漢書』霍光伝）のほかに、「梓棺」（『後漢書』蔡茂伝）、「梓器」（『後漢書』胡広伝）などの呼称があった。「梓宮」と「梓棺」の用法については単先進の研究がある（単先進 1981）。

（6） 『後漢書』礼儀志下・劉注による数値であるが、この場合は「大棺」すなわちもっとも外側の棺の規模を示すものである。

（7） 中国の報告文では、柄を「柄・榫頭・笋頭」、柄孔を「卯・榫眼・笋眼・卯眼」といい、両者を合わせて「榫卯・卯榫」という。柄の挿入深度によって「明榫」、「暗榫」の2種類に分けられる。明榫（透榫）は「通し柄」つまり対象材を貫通する柄のことで、柄端が外面に露出するものである。暗榫は貫通しない柄で、外からはみえない。

（8） これに対して「通槽榫」は単体で用いられる小穴入れを指す（湖北省文物考古研究所 1995）。

（9） 湖北省随州曾侯乙墓の内棺では、この方法による結合に加え、さらに棺身上面四隅の側板・小口板接合部に鎹を打ち込んでいることが判明している。

（10） 『潜夫論』浮侈篇「其後京師貴戚、必欲江南檽梓豫章梗柟、邊遠下土亦競相倣傚。夫檽梓豫章所出殊遠、又乃生於深山窮谷、經歷山岑、立千歩之高、百丈之谿、傾倚險阻、崎嶇不便。求之連日然後見之、伐研連月然後訖、會衆然後能動擔、牛列然後能致水。油潰入海、連淮逆河、行數千里、然後到雒。工匠雕治、積累日月、計一棺之成、功將千萬。夫既其終用、重且萬斤、非大衆不能舉、非大車不能輓。東至樂浪、西至敦煌、萬里之中、相競用之。此之費功傷農、可爲痛心。」

（11） 『釈名』釈喪制「古者棺不釘也。旁際曰小要、其要約小也。又謂之衽。衽、任也。任制際会使不解也。」

『礼記』喪大記「君蓋用漆、二衽三束。大夫蓋用漆、二衽二束。士蓋不用漆、二衽二束。」

『礼記』檀弓上「棺束縮二衡三。衽毎束一。」

『礼記』喪大記・鄭注「用漆者、塗合牝牡之中也。衽小要也。」

『潜夫論』浮侈篇「各取方土所出、膠漆所致、釘細要、削除鏟靡、不見際会。其堅足持、其用足任。」

（12） 馮素弗の没年について、『晋書』馮跋載記は「跋之七年」すなわち太平七年とし、『資治通鑑』は太平六年とする。

（13） 『南史』宋本紀上「（永初二年春正月）己卯、禁喪事用銅釘。」

（14） 『南史』宋本紀中「（孝建三年）夏四月甲子、初禁人車及酒肆器用銅。」

（15） 『南史』梁本紀中「（普通四年）十二月戊午、用給事中王子雲議、始鑄鐵銭。」

（16） 『後漢書』鮮卑伝「轉移据其地、匈奴余種留者尚有十餘萬落、皆自號鮮卑、鮮卑由此漸盛。」

（17） 『礼記』喪大記「小斂布絞、縮者一、横者三。君錦衾、大夫縞衾、士緇衾、皆一。衣十有九稱。」

（18） 『礼記』檀弓上「天子之棺四重。」同・鄭注「深邃也。諸公三重、諸侯再重、大夫一重、士不重。」

(19) 『礼記』喪大記「君大棺八寸、屬六寸、椑四寸。上大夫大棺八寸、屬六寸。下大夫大棺六寸、屬四寸。士棺六寸。」同・鄭注「大棺棺之在表者也。檀弓曰、天子之棺四重。水兕革棺、被之其厚三寸。杝棺一。梓棺二。四者皆周。此以内説而出也。然則大棺及屬用梓。椑用杝。以是差之。上公革棺不被、三重也。諸侯無革棺、再重也。大夫無椑、一重也。士無屬、不重也。庶人之棺四寸。」
(19) この場合、軑侯夫人の四重の木棺は公爵の四重に準じ、僭越となる。
(20) 『儀礼』士喪礼「貝三實于笲、稻米一豆實於筐。……商祝襲祭服褖衣次。主人出南面左袒、扱諸面之右、盥于盆上洗貝、執以入。宰洗柶、建于米、執以從。商祝執巾從入、當牖北面徹枕設巾、徹楔受貝、奠于尸西。主人由足西牀上坐東面。祝又受米奠于貝北。宰從立于牀西在右。主人左扱米、實于右三、實一貝。左中亦如之。又實米、唯盈。主人襲反位。」
(21) 『礼記』檀弓下「飯用米貝、弗忍虛也。不以食道、用美焉爾。」
(22) 『漢書』楊王孫伝「口含玉石、欲化不得。」
(23) 『儀礼』士喪礼「瑱用白纊。……握手用玄纁裏長尺二寸、廣五寸、牢中旁寸、著組繫。」
(24) 『抱朴子』対俗篇「金玉在九竅、則死人爲之不朽。」
(25) 『礼記』郊特牲「魂氣歸于天、形魄歸于地。故祭、求諸陰陽之義也。殷人先求諸陽、周人先求諸陰。」
(26) 『魏書』文帝紀「(黄初三年) 冬十月甲子、表首陽山東爲壽陵、作終制曰、……爲棺槨足以朽骨、衣衾足以朽肉而已。……棺但漆際會三過、飯含無以珠玉、無施珠襦玉匣、諸愚俗所爲也。……自古及今、未有不亡之國、亦無不掘之墓也。喪亂以來、漢氏諸陵無不發掘、至乃燒取玉匣金縷、骸骨并盡、是焚如之刑、豈不重痛哉。禍由乎厚葬封樹。……」
(27) 『後漢書』礼儀志下。
(28) 唐代宗の葬送儀礼にまつわる手順を記した『大唐元陵儀注』は、『通典』巻八十・八十一・八十三〜八十七に項目別に分割されて収録されている。来村多加史はこれを『大唐開元礼』凶礼に記載のない唐皇帝の送終儀礼を知るうえで重要な文献と位置づけ、復元的に整理して書き下し、詳細な注釈を加えている（来村 2001：pp.245-439）。
(29) 『通典』巻第八十四「内有司奉盤水升堂、嗣皇帝出、盥手於帷外、洗玉若貝、實笲、執以入、西面坐、發巾徹枕、奠玉貝於口之右。大臣一人親納粱飯、次含玉。旣含訖、嗣皇帝復位。……去巾加面衣訖、設充耳、著握手及手衣、納舄、乃襲。……」
(30) 中国における火葬のすべてが仏教的な葬制とは必ずしもいえないことは指摘されているとおりであるが、少なくとも石窟寺院などとの関係でおこなわれた火葬が仏教的なものであることは認めてよいであろう（北京大学中文系楊存田・陳勁松 1983）。
(31) 『四分律刪繁補闕行事鈔』「火葬焚之以火、土葬埋之岸、勞林葬棄之中野、爲雕虎所食。律中明火林二葬、亦有埋者葬。」
(32) 『礼記』檀弓上「國子高曰、葬也者蔵也。蔵也者欲人之弗得見也。是故衣足以飾身、棺周於衣、槨周於棺、土周於槨。」
(33) 『礼記』檀弓上「有虞氏瓦棺、夏后氏堲周、殷人棺槨、周人牆置翣。周人以殷人之棺槨葬長殤、以夏后氏之堲周葬中殤下殤、以有虞氏瓦棺葬無服之殤。」
(34) 『礼記』檀弓上「有子曰、夫子制於中都、四寸之棺、五寸之槨。以斯知不欲速朽也。」

終　章　古墳時代棺槨の系譜と展開

　本書では、古墳において被葬者の遺体を直接収容した棺と、その棺を埋置するために墳丘内に構築された竪穴系埋葬施設を一体的に「棺槨」としてとらえ、その構造と系譜、その後の展開について論じてきた。さいごに、その論点を歴史的な時間の流れに沿って再構成し、古墳時代棺槨の系譜と完成にいたる過程、その後の展開と変容の過程の歴史的な流れをトレースすることで、古墳時代棺槨の歴史的意義を展望し、今後研究を深めていくうえでの若干の課題を提起したい。

1　古墳時代棺槨の系譜

　弥生時代墳墓における変革　日本において本格的な棺槨と呼びうるものが出現したのは弥生時代後期後半のことである。

　それ以外の弥生時代墳墓の一般的な埋葬形態は木棺墓、箱式石棺墓、甕棺墓、土壙墓などであり、槨をもたず、棺のみからなり、あるいは棺すらもたない。棺が使用される場合でも、棺自体の構造的完成度が低く、現地で組み立てられた各部材が墓壙埋土によって外側から支持されるような、いわば棺が墓壙あるいは墓壙埋土と構造的に一体化したあり方を示している。こうした一般的な弥生墳墓では、墓において棺を準備し、その場に遺体を運び込んで埋葬する比較的単純な葬送の方式が想定される。

　北部九州～中国地方西部では弥生時代中期前半を中心として、集団墓地や墳丘墓の中心的な埋葬施設などで木棺を二重化したような木槨状施設（A類）が採用されるようになる。これらは一般的には長さ約2.0～3.6m、幅約0.6～1.1mと小規模であるが、福岡県鎌田原遺跡6号木槨墓のように長さ3.59m、幅0.88mと一定の大型化を遂げたものもみられる。畿内地域でも中期後半には、大阪府加美遺跡Y1号墓のように、大型方形周溝墓の中心的な埋葬施設に二重構造の木棺の採用がみられる。

　弥生時代中期の北部九州や畿内地域におけるこうした埋葬施設の多重化指向は、農耕社会の発展によって一定の階層化が進行し、それが墓制の面にも相応に顕在化した結果と評価できる。いっぽう、木槨状施設（A類）は槨状の部分と内部の木棺とが部材を共有する場合があるなど構造的に完全には分離しておらず、依然として墓においてそれらを組み立て、その場で埋葬する葬送の方式が想定される点に変化はない。畿内地域の二重木棺も、墓において棺材を加工し、その場で組み立てたことが想定されている。

　弥生時代後期後半になると、吉備地方を中心に中部瀬戸内から山陰にかけての地域で発達した弥生墳丘墓の中心的な埋葬施設に、木材や石材で槨をつくり、その内部に木棺をおさめる多重構造の

埋葬施設が採用されるようになる。

　このうち木槨（B類）は、中期の木槨状施設（A類）でみられたような木槨と棺との構造面での一体性はうかがえず、A類との比較において木槨としての構造面での完成度が高い。規模の面でも、長さ約2.5～3.6m、幅約0.9～1.6mと相対的にA類よりも大きく、楯築弥生墳丘墓中心主体・雲山鳥打1号墓第3主体のように床面積4～5m^{2}に達するものがある。また石槨は、木槨の側板を石積みに変えたもので、蓋は木材・石材の両方の場合がある。木槨と石槨を比較すると、槨規模の面では木槨において大型化傾向がより顕著であり、最大クラスの墳丘墓の中心的埋葬施設に採用されていることからも、相対的に木槨の方が優位を占めていたと評価できる。

　これらの木槨・石槨におさめられた木棺にも構造面での変化がみられる。多くの場合、床面が平らであることから組合式木棺が想定できるが、木槨や石槨内部の空間に安置される点で、周囲を墓壙埋土で固定される一般的な弥生木棺墓の木棺と比べて構造的により完成したものであったと考えられる。また、木槨・石槨では構築がある程度まで進んだ段階で上から木棺をおさめる方式をとっており、運搬によっても容易には分解しない一定の強度を有していたと考えられる。

　こうした木棺と木槨あるいは石槨との組み合わせからなる埋葬施設は、その多重性、棺・槨の構造的完成度の点で、槨をもたない弥生時代の在来的な埋葬施設とは一線を画するものであり、本格的な棺槨の出現として評価できる。弥生墳丘墓における棺槨は、その後の古墳へとつながっていく諸要素のなかでも重要なものの一つであり、その出現は弥生墳墓における一つの変革であったということができる。

　日本列島における棺槨の系譜　弥生時代中期の北部九州や畿内地域における木槨状施設（A類）や二重木棺の発達は、弥生社会の自律的発展にともなう階層分化の結果、墓制においても一定の階層化が進んだことを示すものである。木槨状施設（A類）の一部は弥生時代前期末には出現しており、年代的に漢四郡設置を大きく遡る。構造面での懸隔も考えると、中国の木槨との直接的な系譜関係は想定しにくい。また、弥生時代中期の北部九州は墓制の上では甕棺墓の最盛期であり、とくに中期後葉以降に多数の漢式遺物を副葬する最上位の厚葬墓は甕棺墓であって、A類は北部九州における上位墓制としてその後に継承されない。畿内地域においても加美遺跡の二重木棺に後続するような資料は未発見で、こうした弥生時代中期の二重木棺的な施設の発達はあくまで一時的な現象にとどまる。年代的、地域的な隔たりからみても、そうしたものが弥生時代後期後半の木槨B類につながることはないと考えられる。

　これに対し、日本列島における最初の本格的な棺槨として評価しうる木槨B類は、前時期からの継続性が希薄で、一定の構造的完成を遂げていることなどからみて、弥生時代の在来的な埋葬施設の純粋な内的発展の結果として出現したものではなく、外的な影響、とくに伝統的に木槨を主墓制としていた中国からの影響を多分に受けて成立したものと理解される。

　漢の周辺地域における木槨の受容　木槨は、東アジアにおいては中国で発達した墓制であり、いわば中国的な墓制を代表するものとして長期間にわたって盛行した。漢代以降、中国の外縁部にいた周辺諸民族にも木槨墓あるいは木槨に類似した墓制が受容され、木槨は東アジアの広域にわたって展開するようになる。

　漢の周辺地域に伝播した木槨墓は、多くの場合地方的変異が著しく、また地域や民族によって受容の時期やあり方に違いがある。それでもなお、中国の周辺にいた諸民族が中国起源の墓制である

木槨墓を広範に受容し、あるいはその影響を受けた墓制をさまざまな形で発達させた現象の背景には、漢帝国の領域拡大や間接支配の伸張といった中国側からのインパクトとともに、そうした刺激を受けて国家形成や権力の再編といった社会変動に直面した各民族の社会内部からの要請があったことが予想される。

　中国側からのインパクトとしては、たとえば漢四郡設置による朝鮮半島北部の内地化、前漢後期の漢の匈奴に対する和親政策といった例が挙げられる。前者は前漢中後期の夫余支配者層による木槨墓の受容をうながし、後者は紀元前後頃の匈奴大型墓における回廊型木室およびその簡略形式をモデルとした大規模な二重木槨の構築につながったと考えられる。

　受け手側の周辺諸民族の地域では、木槨墓の受容は墓制総体の漢化を意味するのではなく、木槨墓を採用するのは基本的に支配者層にかぎられる。すなわち、簡素な構造の在来的墓制の上に、木槨墓が上位墓制として重層的に受容されることで、結果的に墓制における階層化が一段と進行している。周辺諸民族の社会内部においては、支配者層が中国的な墓制である木槨墓を採用することで、漢の権威を利用した統治上の一定の効果が期待されたと推察することができる。

　弥生墳丘墓における木槨の受容　日本列島における木槨の出現も、こうした漢代以降の中国的な墓制の周辺地域への拡散という、東アジア世界全体の大きな動きのなかに位置づけることが可能である。弥生時代後期後半の中部瀬戸内を中心とした地域の弥生墳丘墓における木槨の受容は、他の東アジアの諸地域と同じく、中国側からのインパクトによる文化伝播であると同時に、この地域の社会内部からの要請に見合った文化の受容でもあったと考えるべきであろう。

　中国側からのインパクトとしては、後漢建武十二年（36）の光武帝による全土統一と、その後に相次いだ烏桓・南匈奴・鮮卑などの内属、北匈奴・諸東夷などの朝貢の動きから知られる後漢王朝の影響力の大幅な伸張が指摘できる。『後漢書』東夷伝等にみえる建武中元二年（57）の倭奴国王の朝貢、永初元年（107）の倭国王帥升等の朝貢は、この文脈のなかに位置づけられるものである。

　いっぽう、弥生墳丘墓の発達は、支配者層の墓づくりを通じて集団内の秩序や集団間の連帯を確認する社会システムの構築を目指した社会変動の所産であり、古墳時代へとつながる方向性が明確である。そのために必要な墳墓の構成要素として木槨を受容することが、弥生時代後期後半の吉備を中心とする地域的な政治的結合の内部からつよく要請されたものと推測される。

　有力な弥生墳丘墓においては、木槨B類に木棺をおさめる棺槨の形式が最上位の埋葬形態として採用された。岡山県楯築弥生墳丘墓中心主体はその代表例であり、かつ最初期のものである可能性がある。さらに次位の埋葬形態として、槨の用材を木材から石材に置き換えた石槨が加えられることで、弥生墳丘墓の被葬者間においても、木棺・木槨−木棺・石槨−木棺・無槨という格差が明確化され、墓制における階層化が格段に進行したと評価できる。

　棺槨の思想的側面　中国における木棺と木槨の組み合わせによる埋葬形態は、遺体をおさめた重厚な組合式木棺を、深い竪穴墓壙内に構築した堅牢な木槨の中に安置し、入念に密閉するものであり、中国的な、強固な遺体保護の思想に根ざしたものと評価できる。また葬送儀礼においては、死後ただちに遺体を密封して納棺し（斂）、繁雑な儀礼をともなう長期間にわたる仮安置期間（殯）を経た後に、棺を墓に運び、下葬する（葬）というプロセスが実践された。この過程においては、遺体を直接保護する葬具としての木棺が重要な役割を果たしており、簡単な招魂儀礼の後ただちに納棺するために生前から木棺を準備し、主君からの賜与がおこなわれることもある。この葬送儀礼

のプロセス自体は、主墓制が木槨墓から磚室墓へと転換した後も基本的な部分では変化がない。

いっぽうで、弥生墳丘墓の木槨の実態からして、それは構造物としての漢の木槨を忠実に再現するような直接的移入ではなく、中国的な埋葬のあり方としての棺槨の理念に比重を置いた間接的移入であったと考えることが妥当である。その理念とは、強固な遺体保護の思想であり、それに根ざした中国的な墳墓構築の思想や葬送儀礼の手順をも内包する。

木槨B類では、木槨を墓壙内に構築してから、木棺を運び込んで安置する埋葬の方式をとる。これは中国的な棺槨における埋葬の手順と共通であって、一般的な弥生墳墓における埋葬場所に棺を直接設置する方式とは異なる。その意味で、日本における木槨の出現は、従来の木棺墓に木槨が加わることで埋葬施設が多重化した、といったような表面的な変化として評価すべきではなく、そこでは中国的な墳墓構築の思想が具体化され、葬送儀礼の手順が実践されたと評価すべきであろう。

すなわち、先に述べたように納棺と埋葬が時間・場所双方において分離される棺槨の特性上、そこに生じた仮安置期間である「殯」に相当する期間は、支配者層の葬送儀礼に相応しい儀礼の繁雑化をもたらし、墳墓造営期間の長期化への途を開いたと考えられる。弥生墳丘墓の墳丘の大型化、外表施設の発達、大量の特殊土器の準備と使用といった現象は、棺槨の採用と不可分の関係にあったと評価できる。

また、棺の仮安置・棺の運搬・埋葬の諸段階がすべて納棺後におこなわれる葬送儀礼においては、人びとの被葬者へのさまざまな働きかけは棺を介しておこなわれることになる。葬送儀礼が盛大化し、長期間にわたるほど、結果的に葬送儀礼における木棺の重要度は増大する。その意味では、より立派な棺は人びとの視覚に訴える示威的効果を生んだであろうし、より堅牢であることは被葬者の遺体に対する呪的配慮に寄与したはずである。必然的に、木棺は大型化、堅牢化の方向へ発達したと推察され、そのことが葬送儀礼のさらなる盛大化、長期化につながったと考えられる。棺槨の採用は、支配者層の葬送儀礼を、一般民衆のそれとは差別化されたより特殊なものへと転化させたのである。

弥生墳丘墓における木棺と木槨（または石槨）の組み合わせからなる埋葬施設は、それ以前の、あるいは同時期の弥生時代墳墓における槨をもたない埋葬施設のあり方とは一線を画するものであると同時に、基本的な部分で古墳の埋葬施設につながる要素を備えている。古墳における長大な木棺や竪穴式石室の設計思想は、上述のような棺槨の設計思想を継承し、さらに古墳的に発展させたものと考えてよいだろう。

2　古墳時代棺槨の成立

前方後円墳の出現と木槨の発達　庄内式期になると、奈良盆地東南部で最初期の前方後円墳群である纒向諸古墳の造営が始まる。このうち、唯一中心埋葬施設の状況が明らかにされているホケノ山古墳は、コウヤマキ製の長大な舟形木棺を内蔵した大型の木槨C類を採用している。

木槨C類は、時期的には庄内式期を中心とし、その分布は西部瀬戸内から近畿まで拡がりをみせる。平面規模は長さ約2.6～6.5 m、幅約1～3 m前後で、木槨B類よりもさらに大型化している。ホケノ山古墳中心埋葬施設（6.5 × 2.6 m）、京都府黒田古墳第1主体部（6.5 × 2.5～2.7 m）は

日本列島における最大規模の木槨である。また、木槨C類の槨内には多くの場合舟形木棺1類がおさめられ、きわめて長大なものがみられる。ホケノ山古墳中心埋葬施設の舟形木棺は長さ約5.3m、最大幅約1.3m、黒田古墳第1主体部の舟形木棺は長さ約4m以上、幅約1.2〜0.7mで、ともにコウヤマキ材を使用する。

　C類は墓壙や槨の形状が整い、棺が槨中央に整然と安置されるシンメトリーなプランが特徴である。中央が舟底状にくぼむ棺床を備え、組合式木棺から刳抜式木棺へと棺構造が変化したことに対応している。木槨C類のなかでもホケノ山古墳中心埋葬施設をはじめとする大型の事例は、長大化により重量を増した刳抜式木棺に対応して礫を使用した棺床を発達させるとともに、それを収容するに足る大型化を遂げたものと理解できる。なお、槨構造について詳細な調査がおこなわれたホケノ山古墳中心埋葬施設では、木槨・石槨壁体および礫床・根固め柱の施工後に上から木棺を吊り下ろしたことが判明しており、木槨B類で想定された槨構築と木棺搬入の手順が踏襲されている。

　ホケノ山古墳（全長80m）は庄内式期における最大クラスの前方後円墳の一つであり、黒田古墳（全長52m）はそれに準じる規模を有する。こうした畿内を中心とした地域の最大級ないし大型の前方後円墳の中心埋葬に、長大な舟形木棺1類と大型化した木槨C類の組み合わせが採用されていることから、それが当時最上位の埋葬形態であったと評価できる。

　木槨C類は、吉備地域を中心として成立した木槨B類から発展したものであるが、分布範囲を主として東へ広げ、その最大のものが奈良盆地東南部における最初期の前方後円墳の埋葬施設として存在する。木槨B類からC類への変化とともに、墓制の面で最上位の埋葬形態を採用する地域としての畿内地域、なかでも奈良盆地東南部の優位性が顕在化したといえるであろう。

　長大な刳抜式木棺の出現　弥生時代後期後半の弥生墳丘墓には、刳抜式・組合式の両方の構造をもつ木棺がすでに存在しており、古墳時代における刳抜式木棺と組合式木棺の2系統の祖形は、構造面からはそうした弥生墳丘墓の木棺に求めることが妥当である。

　弥生墳丘墓の木槨B類・石槨におさめられた木棺は、弥生時代の一般的な木棺との比較において一定の発達を遂げたものと評価できるが、構造的には組合式が主流であり、棺規模は成人一人をおさめるに足る程度の大きさを著しく上回るものではない。これに対し、出現期の前方後円墳に採用された木棺は舟形木棺1類が主体で、堅牢な刳抜式A類の構造をとるとともに、著しく長大である。

　古墳時代木棺の大きな特徴である長大さは、刳抜式構造を採用したこととあわせて、物理的・観念的な堅牢性を追求した結果と考えられる。長大な木棺の棺内は仕切り構造によって前後方向に結界されており、その中央の深い部分に被葬者の遺体をおさめることが定式化している。畿内地域においては弥生時代以来の木棺の良材であり、湿気につよく腐りにくいコウヤマキ材が選択的に使用されたことも、堅牢性を追求する方向性に合致するものである。

　その背景には、弥生墳丘墓の棺槨から継承された、中国的な思想にもとづく遺体の保護をいっそう具体化する設計思想があったと考えられる。組合式構造の重棺化の方向性ではなく、刳抜式構造の長大化の方向性がとられた背景には、木材として有用性の高いコウヤマキの巨樹を独占的に棺材として利用することの蕩尽的意味もあったと考えられる。それと同時に、盛大化・長期化する葬送儀礼のなかで、より長大かつ堅牢な木棺によってその遺体を保護されるべき古墳被葬者の地位の特殊性が視覚化されるという効果も見逃すことはできない。

また現象的には、長大な刳抜式木棺は徐々に長大化するのではなく、長大化を遂げたものとして唐突に出現する。その意味で、長大な刳抜式木棺の成立は、これまで述べてきた弥生時代における木棺の状況を踏まえるならば、既存の木棺構造をベースにしながらも、前方後円墳の被葬者にふさわしい堅牢な木棺をいわば「創出」したとも表現しうる変化であったと評価できる。

木槨の発達における外来的要素　中国の木槨は、まくら木（塾木）の上に底板を並べ、その上に側板を組み上げる基本構造をとる。いっぽう、日本列島の木槨B・C類および並行する時期の朝鮮半島南部における木槨の基本構造は、原則的に底板をもたず、側板は墓壙底面に直接立てられるか、布掘り状の掘り方などを設けて側板下端を落とし込んで固定されるものである。この点は、中国の木槨と朝鮮半島南部・日本列島の木槨との構造面での基本的な違いであり、地方的変容の実態を示すとともに、朝鮮半島南部と日本列島とで基本的な構造を共有する点が注意される。

木棺の長大化に対応して大型化し、構造を複雑化させた大型の木槨C類についてみると、ホケノ山古墳中心埋葬施設木槨にみられる添え柱、同じくホケノ山古墳中心埋葬施設・黒田古墳第1主体部・萩原1号墳木槨にみられるまくら木などの細部の構造に類似したものが、朝鮮半島南部の木槨にもみられる。とくにまくら木は、中国の木槨のまくら木（塾木）が形骸化しながら朝鮮半島南部の木槨を経由して伝播した可能性がある。

こうしたことから、木槨C類の大型化を可能にした技術的背景に、朝鮮半島南部の木槨の影響があった可能性を指摘することができる。ただ、2～3世紀の朝鮮半島南部の木槨が木棺を使用していたかどうかは議論があり、その影響のあり方についてはなお検討を要する。

竪穴式石室の出現　古墳時代前期前葉になると、長大な舟形木棺1類を内蔵する新たな形式の槨として竪穴式石室が出現する。奈良盆地東南部における出現期の竪穴式石室を代表する奈良県中山大塚古墳石室は、長さ7.51m、幅1.26～1.42m、高さ2.05mの内法規模を有するきわめて大規模なものである。

竪穴式石室は、木材よりもはるかに堅牢な構築材である石材を莫大な量で使用し、長大な木棺をその内部に封じ込める槨構造をとる点で、木槨以上に遺体の保護に万全を期すものと評価できる。成立時の竪穴式石室（Ⅰ群）はさらに短期間で構造の複雑化を遂げ、「被葬者の遺体とその木棺の保護を基本とする理念に根ざした、防水性・密閉性・堅牢性を完備した大型石槨」として完成される（Ⅲ群）。本書において、前期古墳における長大な刳抜式木棺と竪穴式石室の組み合わせを、いわば「古墳的」に特殊化した古墳時代棺槨の完成形と評価した理由はそこにある。

竪穴式石室成立の過程について、壁体や蓋に石材を使用した弥生墳丘墓の短小な石槨からの単線的な発展を想定する意見がある。しかし、中山大塚古墳石室に代表される最初期の竪穴式石室（Ⅰ群）は、すでに扁平な板石を使用した独特な壁体構築技術を確立し、その技術的前提のもとに十分な内部空間の長大化を達成しており、弥生墳丘墓の短小な石槨との懸隔はあまりに大きいといわざるをえない。

竪穴式石室の内部空間の長大さは、内蔵される木棺の長大さによって規定されており、両者は不可分の関係にある。同様の関係において、竪穴式石室の出現に先駆けて木棺の長大化とともに大型化を遂げたのは石槨ではなく木槨C類である。また、弥生墳丘墓における最上位の埋葬形態は組合式木棺と木槨B類の組み合わせであり、出現期の前方後円墳における最上位の埋葬形態である長大な刳抜式木棺と木槨C類の組み合わせを介して、同じく前期古墳における最上位の埋葬形態

である長大な刳抜式木棺と竪穴式石室の組み合わせにつながる流れが想定しやすい。こうした理由から、竪穴式石室の祖形をあえて求めるとすれば、弥生墳丘墓の木槨にこそ系譜上の連続性を認めうると考える。

弥生墳丘墓の木槨B類の一部には、木槨周囲の裏込めなどに石材の多用化指向がみられ、竪穴式石室につながる堅牢性を重視した設計思想の萌芽を見出すことが可能である。木棺を内棺とし、その外側に外槨として石槨を設けるC2類の出現は、木槨における石材の多用化指向がさらに発展し、より堅牢な素材である石材のみで槨を構築する方向性に道を開くものであった。この方向性に立って、木槨C2類をベースに、独特な壁体構築技術の確立や大量の板石を古墳造営地に供給しうる石材産出地の開発といった前提条件の整備も含めて「創出」されたものが竪穴式石室であったと理解できる。

古墳時代棺槨成立の二つの画期　従来は、長大な割竹形木棺と竪穴式石室が前方後円墳の成立とともに出現したとの見方が主流であった。しかし実際には、長大な刳抜式木棺の出現は竪穴式石室に先行し、ホケノ山古墳中心埋葬施設に代表される庄内式期の大型木槨との組み合わせとして出現する。また、最初期の長大な刳抜式木棺は割竹形木棺ではなく、舟形木棺1類が主体である。その意味で、長大な割竹形木棺と竪穴式石室が前方後円墳の成立とともに出現したという認識は必ずしも正確ではない。

古墳時代棺槨の祖形である弥生墳丘墓における組合式木棺と木槨B類の組み合わせから、前期古墳における棺槨の完成形である長大な刳抜式木棺と竪穴式石室の組み合わせが発展的に生み出されるプロセスは、つぎの大きく二つの画期に整理できる。

まず、第一の画期では、長大な刳抜式木棺すなわち舟形木棺1類の出現、木槨B類からC類への変化、木槨C類における槨規模の大型化や棺床構造の整備などにより、長大な刳抜式木棺と大型木槨の組み合わせからなる初期的な古墳時代棺槨が成立する。これは、遺体保護を基本とする理念にもとづく棺槨の設計思想と、新来の技術的背景を基盤としたものであり、木槨分布の拡大とその分布の中心地の畿内地域への移動や、最初期の前方後円墳における木槨の採用といった動きとも連動している。

つぎに、第二の画期では、竪穴式石室が出現し、長大な刳抜式木棺と竪穴式石室の組み合わせからなる完成された古墳時代棺槨が成立する。これは、遺体保護の基本理念のさらなる追求の結果として、木槨の発展的消滅と完全な石槨化という棺槨の設計思想の大きな転換を背景にした、本格的な意味での古墳時代棺槨の成立と評価できる。この動きは、いわゆる定型的な前方後円墳の成立の一環として達成されたものである。

二つの画期をさらに巨視的な視点でみると、第一の画期は纒向諸古墳を中心とする初期的な前方後円墳の出現とその造営の広がり、第二の画期は巨大前方後円墳（箸墓古墳）の出現を含むいわゆる定型的な前方後円墳の成立とその造営のさらなる広がり、といったより大きな考古学的事象と連動している。この二つの事象は、前方後円墳の造営を通じてさまざまなレベルでの集団内部および集団相互間の秩序や連帯を確認する古墳時代的な社会システムが、汎日本的に拡大し、確立していく大きな社会変動のプロセスにほかならない。一連の社会変動を主導したのは一貫して畿内を中心とした地域の勢力であったと考えられ、古墳時代棺槨成立の動きもまたその枠組みのなかでとらえられる。

東アジア世界における古墳時代棺槨の成立　古墳時代棺槨の成立にかかわる二つの画期は、年代的にはおおむね3世紀前半代を中心とする庄内式期のほぼ始期と終期に重なる。

第一の画期では、朝鮮半島南部から伝わった新たな技術要素が、とくに木棺の長大化に対応した木槨の大型化の実現に一定の役割を果たしている。その背景には、後漢初平元年（190）から魏景初二年（238）まで遼東および朝鮮半島北部を支配した公孫氏政権の成立を契機とした地域間交流の活発化があったとみてよいであろう。この間、公孫氏政権および経由地である朝鮮半島南部を含む諸東夷との活発な交渉によって中国や朝鮮半島起源の各種の文物や技術的情報が畿内を中心とした地域に活発にもたらされていたことは、漢鏡7期鏡群の九州よりも東の地域への大量流入（岡村秀 1999）の実態からも想定できる。

第二の画期は、槨の構築材を木材からより堅牢な石材に転換するという大きな変化によって実現したものである。漢の領域においては、まず関中盆地や中原で前漢中・後期には木槨墓は衰退し、後漢前期には一部の地方や辺疆地域を除いて木槨墓から磚室墓への転換が進む。磚室墓化の動きのなかでは、地方色の濃い木槨文化が隆盛した楽浪地域などで、木槨の外側に磚槨を設ける折衷的な構造の木槨墓も造営されている。木槨の石槨化という方向性そのものは、巨視的にはこのような木槨墓から磚室墓への転換という東アジア的な動向と連動したものである可能性が高い。『魏志』倭人伝にみえる魏景初三年（239）の倭女王卑弥呼の冊封に始まる、魏王朝との一連の政治的交渉による中国文化の新たな流入が、その変化をうながす背景となった蓋然性は高いであろう。

『魏志』倭人伝・『晋書』倭人伝は、卑弥呼の共立による倭国大乱の収拾、魏景初三年（239）の卑弥呼の冊封から正始八年（247）までの活発な魏への朝貢、卑弥呼と狗奴国王との戦争、卑弥呼の死と壮大な墳墓の造営、西晋泰始初（265）の倭王の西晋への朝貢などの経緯を記す。この一連の経緯は総体として、2世紀末頃から3世紀後半頃にかけての、古墳時代開始期の考古学的事象と重なり、東アジア世界において、中国王朝との深い関わりのなかで日本の初期国家形成が進んだことを示している。こうした背景のもとで、古墳時代棺槨の成立にあたり、遺体保護・密封・北頭位といった中国的な埋葬制度や葬送儀礼に関わる理念・知識が改めて繰り返し流入し、さまざまな影響を与えたと考えられる。

3　古墳時代棺槨の展開

竪穴式石室の構造的完成　出現期の竪穴式石室Ⅰ群は、長さ6～7mにも達する大規模な石槨であること、壁面は扁平な板石を小口積みし、控え積みを有すること、床面に粘土棺床を設けること、上部の構造は木棺の安置後に構築されること、といった竪穴式石室の基本的要素をすでに備えたものとして出現する。いっぽう、粘土被覆、バラスの多量使用、複雑な基底部構造など、総体としての防水性・密閉性・堅牢性を実現する諸要素は、前期中葉のⅢ群までに段階的に整備される。このような竪穴式石室の構造的変遷は、被葬者の遺体保護を基本とする強固な理念を原動力とし、その完全を目指す一貫した設計思想を背景としたものにほかならない。

竪穴式石室Ⅲ群は、古墳時代前期中葉から後葉を中心に、畿内を中心として中部瀬戸内から伊勢湾岸にかけての地域で盛行する。とくに前期後葉は、長大な割竹形木棺と竪穴式石室Ⅲ群の組み合わせからなる完成された古墳時代棺槨の最盛期であったと評価できる。

上に述べた、上部の構造が木棺の安置後に構築されるという構築手順は、石材のみで上部を閉塞するための技術的要因による竪穴式石室独自のものである。ただし、弥生時代後期後半に中国的な墳墓構築の思想や葬送儀礼の手順とともに受容された考えられる木槨B類ひいてはC類における構築手順、すなわち、槨の構築後に棺を搬入するという手順が、竪穴式石室の成立によってただちに逆転したわけではない。竪穴式石室Ⅰ群では石室壁体を一定の高さまで構築してから木棺を上から搬入する方式をとる例が確認でき、Ⅱ・Ⅲ群の一部でも木棺安置以前の壁体構築工程が形骸化しつつ残存している。

　このことは、墓以外の場所で被葬者を納棺し、一定の仮安置期間後に墓に埋葬するという、木槨B・C類で想定された葬送儀礼の手順が、竪穴式石室でも踏襲されていた可能性を示唆するものである。死の確認後ただちに遺体を密封して納棺するというこの葬送儀礼の手順は、中国的な遺体保護の理念の実践であり、物理的・観念的な堅牢性・密閉性を追求した長大な刳抜式木棺にふさわしいものである。長大な刳抜式木棺が相当の重量物であり、運搬に労力を要することは事実であるが、近年検出例の増加している墓壙通路の機能なども考慮しつつ、積極的に評価する必要があろう。

　割竹形木棺の盛行　長大な舟形木棺1類は、古墳時代前期初葉の木槨C類に採用されるかたちで出現し、前期前葉の中部瀬戸内から畿内周辺地域の有力古墳において独占的に採用された。いっぽう、長大な割竹形木棺は前期前葉から舟形木棺1類の分布と重複する地域で採用され始め、まもなく舟形木棺1類と入れ替わるように盛行する。前期後葉には、割竹形木棺が日本列島の広い範囲で有力古墳の棺形式として定式化する。

　前期中葉の段階で舟形木棺1類が衰退し、有力古墳の棺形式が割竹形木棺（とくにB類）に収斂していく理由の一つとして、京都府南部・大阪府・奈良県・兵庫県南部の畿内地域を中心に愛知・岐阜・三重・滋賀・和歌山・岡山の周辺各県にひろがる、木棺にコウヤマキ材を選択的に使用する地域（コウヤマキ地域圏）内におけるコウヤマキ材の供給事情が考慮される。割竹形木棺B類は利用可能な材の選択範囲が刳抜式A類よりも広く、材の需給バランスが不安定化しがちであったコウヤマキ地域圏において、合理的な棺構造として優位性を獲得したものと思量される。このようなコウヤマキ地域圏における割竹形木棺B類の優位性が、圏外にもその分布範囲を広げ、広域におよぶ有力古墳の棺形式として定式的に採用された大きな要因であったと考えられる。

　古墳時代前期後葉における割竹形木棺の分布は、畿内地域をその分布の核としつつ、東北南部から九州南部にまでおよぶ。この割竹形木棺の分布圏は、コウヤマキ地域圏よりもはるかに大きい。また、Ⅳ群を含む前期の竪穴式石室の分布圏は長野県善光寺平・山梨県甲府盆地・静岡県田方平野を東限とするが、割竹形木棺の分布圏の東限はそれを大きく越える。

　畿内を中心とした地域では、長大な割竹形木棺、その用材としてのコウヤマキ利用、竪穴式石室Ⅲ群といった要素が重複していわば中央的な棺槨の様相を示す。これに対し、地方ではそうした要素が一つ二つと欠落し、同じく長大な割竹形木棺を採用しながらも、棺槨総体として明確な地域性が示される。同時に、地域内部においては、長大な割竹形木棺を採用した有力古墳を頂点として、短小な組合式木棺や箱式石棺などを採用した中小古墳が展開し、古墳被葬者層の階層的な構造が棺形式差によって表現された。

　地域を超えて広域の有力古墳の被葬者層が長大な割竹形木棺を採用し、地域内では長大な割竹形

木棺を頂点とする棺形式の秩序がある。また、その分布の中心である畿内地域では、棺槨の諸要素が整うことで中央的な様相を示す。長大な割竹形木棺を媒介としたこうした社会的、政治的諸関係の表現は、まさに「棺制」と呼ぶべきものと評価できよう。

粘土槨の出現 粘土槨は、一部に前期中葉に遡る可能性が指摘されている事例があるが、主流を占めるのは前期後葉に竪穴式石室Ⅲ群から派生して成立したものである。

遮水性のある粘土で木棺を直接密封する粘土槨の構造は、防水性を追求した設計思想の所産ともいえ、その点では竪穴式石室よりも優れている。いっぽうで、竪穴式石室の堅牢性を担保していた石材を粘土に置き換えたことは、堅牢性の放棄といえる。初期の粘土槨は竪穴式石室の壁体に相当する部位を有するが、これは粘土槨の構造上必要性がないためにまもなく省略され、その後は急速に構造の簡略化に向かう。

畿内地域の初期の粘土槨では、割竹形木棺ではなく長大な組合式木棺を採用する傾向がある。これらは第1章で述べたとおり長持形木棺A類を主体としていたと考えられる。長大な長持形木棺A類は、一木から割り抜き技術によって製作した割竹形木棺B類の棺身を、より径の小さな材から製作した横断面L字形の底側板2個を組み合わせた棺身に置き換えたもので、用材利用の観点からは割竹形木棺B類の簡略化形式と評価しうる。

したがって、粘土槨の出現は、前期後葉の畿内を中心とした地域において上位を占めた棺槨のなかで、長大な割竹形木棺と竪穴式石室の組み合わせと、長大な組合式木棺と粘土槨の組み合わせが、有意な格差をもって共存する関係の成立でもある。

竪穴式石室から粘土槨が派生したことは、竪穴式石室の設計思想である遺体および木棺の保護のための防水性を強化する一面をもちつつ、石材の使用による堅牢性を放棄した点で、古墳時代棺槨の設計思想そのもののある種の転換を意味するものであった。このことは、前期末葉以降における粘土槨の急速な普及と竪穴式石室の減少につながる、古墳時代棺槨の変容への出発点の一つであったと評価できよう。

石棺の出現 古墳時代前期後葉は、有力古墳における石棺の出現時期でもある。唐津湾沿岸、有明海沿岸、讃岐平野、丹後半島、福井平野などの主としてコウヤマキ地域圏外の地域で刳抜式石棺の製作が開始され、畿内とその周辺の地域でも一部に木棺を石棺に置き換える動きがみられるようになる。

畿内地域においては、京都府妙見山古墳後円部石室、大阪府松岳山古墳の組合式石棺や、大阪府貝吹山古墳の舟形石棺などがこの時期に遡る初期の石棺であるが、これらは石棺を内蔵するために一定の構造的変化をともないつつ竪穴式石室Ⅲ群から分化した竪穴式石室C群（小林行 1941）に内蔵される。この地域における前期後葉段階の石棺は点的な分布にとどまるが、初期の石棺が竪穴式石室との組み合わせにおいて出現する点は重要であり、主として粘土槨と組み合わさる組合式木棺とは一定の格差を有し、割竹形木棺と同格の棺形態として位置づけられていた可能性がある。

石棺は木棺よりもはるかに堅牢性に優れており、遺体保護の目的に合致したものであるが、同時にそれを保護するための槨の防水性や密閉性を必ずしも必要としない。石棺の出現は、遺体および棺を保護するための竪穴式石室そのものを無用化していく一面をもつといえるであろう。

4　古墳時代棺槨の変容

長大な木棺の機能の多様化　前期後葉までの長大な木棺では、棺内が仕切り構造によって前後方向に３分割され、その中央の空間に被葬者の遺体１体を安置する中央型の空間利用法が定式化していた。棺内の３分割構造はいわば前後方向への仕切りの多重化であり、遺体安置空間の堅牢性や密閉性を高めるとともに、遺体を棺の中心に置くことは、遺体をいわば棺のもっとも深い内側の部分におさめることで厳重に保護する意識にもとづくものといえる。中央型の空間利用法は東北南部から九州までの長大な木棺に共有されており、その著しい画一性から、長大な木棺の機能と不可分の関係を有するいわば前期的な規範であったと評価しうる。

これに対し、前期末葉になると、中央型に加えて新たに偏在型・複数型の棺内利用法が出現し、長大な木棺の機能をめぐる状況が複雑化する。偏在型・複数型は多量の副葬品や複数の遺体を１個の棺に収容するための棺内利用法であり、それに対応した棺内分割構造の変化もともなっている。中央型の空間利用法はその後も存続するが、偏在型・複数型の出現は、棺内空間の利用法を中央型に限定していた前期的な規範が弛緩し、多様なあり方が加わった状況と理解できる。前期末葉に顕在化するこうした長大な木棺の機能の多様化は、それまで重視されてきた遺体保護の観念の相対的な希薄化を示すものである。

長大な木棺自体は前期末葉以降も存在し、長大であることのみを取り上げれば、そのピークは中期初葉に求められる。これは、棺内副葬品の増加や同棺複数埋葬といった新たな埋葬習俗の出現にともなう要請とともに、竪穴式石室が衰退し、粘土槨が盛行するなかで、棺の長さの制限要因が変化したことによると考えられる。しかし、このことによって木棺が長大であることの本来の意味がさらに希薄化し、とくにコウヤマキ地域圏内ではコウヤマキ材の不足も大きな要因となり、結果的に中期半ばを境にして長大な木棺は急速に減少する。

古墳時代棺槨の変容　古墳時代前期末葉には、長大な木棺の棺内利用における前期的規範の弛緩とともに、さまざまな面での大きな変化がみられる。

まず、前期後葉に盛行のピークを迎えていた竪穴式石室が減少し、それに代わるように急速に構造の簡略化を進めた粘土槨が盛行するようになる。古墳の棺槨における畿内地域の中央的様相を体現していた、長大な割竹形木棺、その用材としてのコウヤマキ利用、竪穴式石室Ⅲ群の各要素から、竪穴式石室が欠落し始めることは、古墳時代棺槨そのものの大きな変質を意味するものである。

それとともに、前期末葉になると、奈良盆地北部の佐紀古墳群の巨大前方後円墳で石棺が採用されるようになる。これらの実態は必ずしも明確ではないが、古記録の記述などから中期的な長持形石棺と同様の蓋形態をもつ可能性もあり、すでに長持形石棺が成立している可能性がある。奈良盆地北部の巨大前方後円墳における石棺の採用は、畿内中枢部においてコウヤマキ製の長大な木棺を最上位に位置づけてきた古墳時代開始期以来の棺制的秩序の大きな変容を意味する。

前期末葉におけるこれらの変化は相互に連動した動きとみられ、この時期が古墳時代棺槨の展開過程のなかで大きな転換点であったことはまちがいない。その思想的背景として、前期後葉までの古墳で重視されてきた中国的な遺体保護の理念の、葬送イデオロギーとしての重要度の低下が指摘

できる。

　福永伸哉は、古墳における前期的な葬送儀礼の体系として、北頭位原則、朱の多量使用、多量の三角縁神獣鏡や中国系甲冑の副葬や副葬品の共通的な副葬配置などを挙げ、そうした中国志向の前期的な原則が前期末葉以降急速に崩れていく現象を指摘している（福永 2001）。上に指摘した長大な木棺の機能における遺体保護の観念の相対的な希薄化、竪穴式石室の衰退と粘土槨の盛行、最上位の埋葬形態としての長持形石棺の成立といった棺槨における前期的なあり方の崩壊も、そうした現象の一環をなす動きと評価してよい。

　古墳時代棺槨の変容の要因　古墳時代最初頭の前方後円墳群である纒向諸古墳の出現から、古墳時代前期後葉まで、同時期における最大の前方後円墳は一貫して奈良盆地東南部に存在した。前期初葉には纒向石塚古墳・勝山古墳・矢塚古墳などの全長 100 m 前後の前方後円墳が造営され、前期前葉から後葉にかけては箸墓古墳・西殿塚古墳・桜井茶臼山古墳・メスリ山古墳・行燈山古墳・渋谷向山古墳の 6 基の巨大前方後円墳が継起的に順次造営された。

　長大な刳抜式木棺の出現、木槨 C 類から竪穴式石室への発展的転換、長大な割竹形木棺と竪穴式石室Ⅲ群の組み合わせからなる古墳時代棺槨の完成といった、中国的なイデオロギーを背景とした古墳時代棺槨の成立と展開を主導していたのは、まさにこの奈良盆地東南部勢力を頂点とする畿内地域の勢力であったということができる。

　いっぽう、前期末葉になると、巨大前方後円墳の造営地は奈良盆地北部の佐紀古墳群に移動し、奈良盆地東南部での巨大前方後円墳の造営は途絶する。さらに中期には巨大前方後円墳の主たる造営地は大阪平野の百舌鳥・古市古墳群に移動する。

　こうした状況から、前期末葉における長大な木棺の機能の多様化、竪穴式石室の衰退と粘土槨の盛行、最上位の埋葬形態としての長持形石棺の成立といった古墳時代棺槨の変容は、畿内地域の勢力内部における中枢勢力の交替を要因としたものであった可能性が高い。それは、前期的な旧勢力の棺制的秩序を否定し、中期的な長持形石棺を頂点とする棺制的秩序を再構成する新勢力主導の動きであったと評価しうる。

　また、奈良盆地東南部勢力によって主導されてきた古墳時代棺槨の成立から展開の動きは、中国王朝との深い関わりのなかで中国的な墓制の理念や思想を逐次導入し、それを基盤として古墳的に複雑に発達した独自の棺槨を創出するものであった。いっぽう、3 世紀末に始まる中国王朝の混乱と、周辺異民族の侵入ひいては征服国家の樹立、さらには東晋建武元年（317）の晋王朝の東遷は、東アジア世界における中国の政治的・文化的な求心力の低下をもたらした。中国的なイデオロギーにもとづく前期的な棺槨のあり方を変容させる動きの背景に、そうした東アジア世界の動向があったことも十分に考慮されよう。

　古墳時代棺槨のその後　中期的な古墳の埋葬施設のあり方は、畿内を中心とした地域では有力古墳に採用された長持形石棺を頂点として多様な棺形態がゆるやかに序列づけられるが、前期における長大な割竹形木棺のように広域で統一的な棺形態が共有されるものではない。

　割竹形石棺や舟形石棺がコウヤマキ地域圏外で成立した地域性のつよい石棺群であるのに対し、長持形石棺はコウヤマキ地域圏内において、コウヤマキ製木棺よりも上位の棺形態として成立する。現時点では長持形石棺の直接の祖形は不明であるが、類似した部材の構成や蓋形態などを有する長持形木棺をベースとして考案された可能性は考慮してよいであろう。長持形石棺の祖形を漠然

と中国の木棺に求める考え方もあるが、第8章で概観したように、十六国・北朝期の木棺は片流れ形式の独特な形態が特徴的であり、この棺形態は南朝にも影響を与えていることから、長持形石棺との形態的な差異は大きいといわざるをえない。

　長持形石棺の構造面での大きな特徴は、組合式構造をとり、各部材を組み合わせる仕口が浅いために厳密な意味では自立しないことである。石棺を内蔵する竪穴式石室C類は当初から壁体の退化傾向がみられるが、たとえば中期初葉の長持形石棺を内蔵する奈良県室宮山古墳後円部南石室では、石棺下半部には板石積みの壁体がなく、小さな割石を充塡して石棺を埋めている。このような構造は、石棺化によって棺を保護する槨としての竪穴式石室の機能が早くも失われつつあることとともに、石棺下半部を礫で埋めて長持形石棺の構造上の不安定さを解消しようとしたことを示している。

　長持形石棺の出現は、最上位の棺形態にともなう竪穴式石室をやがて否定し、有力古墳における中国的な棺槨の系譜をひく葬送儀礼の手順にも大きな変更を迫るものであったと評価できる。

　古墳時代前期に重視された中国的な遺体保護の理念そのものは、古墳時代中・後期にいたっても消滅するわけではないが、有力古墳における埋葬理念として画一的に重要視されるようなことは中・後期にはなかった。古墳時代中期に新たに伝来した鋲の使用や、横穴式石室とそれに付随する釘付式木棺の受容などは、主として朝鮮半島からの直接的な移入であり、前期後葉以前にみられたような中国的な色合いの希薄化は明瞭である。

　その意味で、古墳時代前期末葉における棺槨の変容は、その後中・後期を通じてさらに変容を遂げ、消滅していく古墳時代棺槨の終焉の始まりであったともいえる。

5　展望と課題

　連帯・秩序の表示としての棺槨　古墳時代前期の有力古墳においては、被葬者の遺体を直接収容する葬具として長大な刳抜式木棺が共有された。前期後葉までには東北南部から九州までの広域において、長大な割竹形木棺が棺内空間の3分割構造、遺体の中央型配置といった儀礼的、宗教的色彩がとくにつよい規範もともないつつ、有力古墳の棺形式として定式化した。

　その分布範囲はまさに前期前方後円墳の広がりと重なっており、前方後円墳の造営によってその連帯、秩序が表現される広域の政治的結合において、長大な割竹形木棺がとくに儀礼的、宗教的側面で重要な役割を果たしたことがうかがわれる。

　この政治的結合における畿内地域の中心性は棺槨のさまざまな要素によって表現されているが、長大な刳抜式木棺に加えて、竪穴式石室、木棺におけるコウヤマキ材の使用はとくに重要な要素である。畿内地域を中心として広がるこれらの分布圏は、竪穴式石室は九州から中部高地・東海まで、コウヤマキ地域圏はさらに狭く瀬戸内から東海西部までに限定される。逆にいえば、同じ長大な刳抜式木棺を共有しつつも、関東以北の広い地域は長大な刳抜式木棺と竪穴式石室の組み合わせの分布域の埒外にあり、さらに九州までを含む広い地域においては木棺材にコウヤマキが使用されない。重層する棺槨の諸要素が、畿内を中心とした地域から周辺にいくにしたがって順次欠落し、畿内を核とする中心－周辺関係を表現していたと評価できる。

　とくにコウヤマキ地域圏の主要部である畿内から中部瀬戸内にかけての地域は、弥生時代から古

墳時代への移行期における古墳時代棺槨の成立過程において中心的な役割を果たした地域であり、その後の棺槨の展開過程においてもつねに主要な舞台であった。さらに中期における鋲使用古墳の分布や後期の釘付式木棺の展開もこの地域とオーバーラップする部分が大きいことは注目すべきである。

また、コウヤマキ地域圏の地域的枠組みは古墳時代を通じて大きく変化せず、畿内をはじめとする一部地域では弥生時代以来の継続的な消費によるコウヤマキ材の貴重化が早くから進んだと考えられる。長大なコウヤマキ製木棺が最上位の棺形態とされ、コウヤマキの巨材が古墳の造営に不可欠であった古墳時代前期には、継続的な古墳の造営を可能にするために、すでに統一的な木棺材の供給システムが成立していた可能性が高い。

少なくとも古墳時代後期には、百済王陵の木棺用材としてコウヤマキ材が海を越えて移出されており、王権がその資源管理や材移送システムに関与していたことが想定される。そこから遡って、古墳時代前期における長大な割竹形木棺の画一的な様相も踏まえるならば、古墳被葬者間の政治的な連帯・秩序を前方後円墳の造営やその造営行為自体を含む大規模な葬送儀礼の挙行によって確認する古墳時代の社会システムの中で、より象徴的な行為として、木棺材ひいては木棺そのものの配布・賜与といったことがおこなわれていた可能性もある。今後の検討課題の一つであろう。

中国的イデオロギーの表現としての棺槨　前期古墳の棺槨は、その淵源が中国起源の埋葬制度である木棺と木槨からなる棺槨に求められ、中国的な遺体保護の理念にもとづく墳墓構築や葬送儀礼の思想的影響をつよく受けた弥生時代後期後半の弥生墳丘墓の棺槨をベースに、中国王朝との深い関わりのなかでその墓制の理念や思想を逐次導入し、発展的に創出されたものと結論づけられた。

古墳時代棺槨の完成形である長大な刳抜式木棺と竪穴式石室の組み合わせは、外形的には中国の木槨墓や磚室墓の姿からはかけ離れたものである。しかし、これまで述べてきたように、その系譜や成立の過程には中国的な遺体保護の理念が通底しており、あくまでその理念の実現のために防水性・密閉性・堅牢性を追求した設計思想にもとづいて完成されたものであって、その姿は中国的な葬送イデオロギーの古墳的な表現と評価しうる。

遺体の保護を重視する中国的な思想そのものはその後も古墳時代を通じて残存し、飛鳥時代に遺体の徹底した破壊をともなう仏教的な火葬が受容されるまでは、さまざまな形で葬送儀礼・墓制に影響を与えつづけたと考えられる。

しかし、遺体保護を重視する中国的な葬送イデオロギーが古墳の埋葬理念として画一的に重要視された古墳時代前期の状況は、なお異彩を放つものといわざるをえない。三角縁神獣鏡をはじめとする銅鏡の多量副葬や水銀朱の大量使用といったあり方も含め、古墳の各種事象に中国志向が際立つ古墳時代前期の状況は、中国王朝との深い関わりのなかで初期国家の形成・発展が進められた当時の社会において、中国的な葬送イデオロギーを古墳に表現することがつよく要請された結果であるともいえる。そのもっとも凝縮された表現が、「古墳的」棺槨であり、その棺槨の構造と不可分に結びついたパフォーマンスとしての古墳被葬者の葬送儀礼であったと考えたい。その儀礼の具体的中身がどのようなものであったか、さらに検討を深めていく必要がある。

図出典・文献一覧

　本文・註において引用を明記した文献については〔参考・引用文献〕一覧に記載し、取り扱った遺跡に関わる報告等の文献については遺跡ごとに〔遺跡文献〕一覧に記載した。なお、一遺跡について複数の引用文献が存在し、記述上出典を明らかにする必要がある場合のみ、本文・註において引用を明記した。

図出典

【図1】羽柴 1901；挿図。【図2】高橋健 1915；第13図を再トレース。【図3】茂木雅博氏撮影。【図4】長谷部 1924；写真チ（K.V.d. Steinen, Ein marqursanischer Sarg. Ethnologisches Notizblatt, Bd. II, 1899 からの引用）。【図5】小林行 1941（小林編 1976『古墳文化論考』所収）；p170「8　竪穴式石室の構造と木棺の形状想定図　滋賀県安土瓢箪山古墳中央石室」。【図6】吉留 1989；第1図。【図7】（左）都出・福永ほか 1996；Fig.45 に一部加筆。（右）木下・小田 1967；第5図。【図8】近藤ほか 1991；第23図。【図9】磯部 1989；第2図。【図10】小林隆 1989；図80。【図11】赤澤 2002；図70。【図12】福島雅 1981；Fig.37・38。【図14〜24】以下の各図により、必要に応じてレイアウトの変更等一部改変を加え、一部については再トレースした。1：大和久編 1974；第5図。6：中屋ほか 2005；第61図。7：沢田 1983；p.18「妙法寺古墳群出土木棺実測図」。8：西村・南條ほか 2003；第67図・第68図・第96図を合成。10：柳本 2005；第374図。11：鎌木ほか 1965；挿図4。12：岸 1934；挿図第12。13：中村ほか 1961；図版第9。15：河野 2000；図86。16：原口 1977；図145。17：森田・北原ほか 1993；図212・図216 を合成。18：渡辺昌ほか 1985；第275図（スケール不同）。19：伊賀 1987；第57図。20：寺川ほか 1980；第292図。21〜25：岸 1934；挿図第4・8・12。26：鈴木元ほか 1997；第19図。27：大和久編 1974；第8図。28：櫃本ほか 1972；第54図。29：栗田・加島ほか 2003；図75。30：静岡市立登呂博物館 1990；p.48「木棺（伊庄谷横穴群南谷支群17号墓・後期後半）推定復元概念図。31：小島・辰巳ほか 2011；第305図。32：原田昌ほか 2006；第120図・第123図・第124図。【図26】以下の各図により、必要に応じてレイアウトの変更等一部改変を加え、再トレースした。1：都出・福永ほか 1996；Fig.45・48。2：近藤ほか 1991；第19・25図。3：蓮岡・勝部ほか 2002；第19図。4：木下修ほか 1978；第13図。5：宮本・田島ほか 2009；Fig.54。6：水澤ほか 2016；第55〜58図。7：久保ほか 1990；第32・33図。8：黒崎 2007；第20図。9：大場ほか 1980；第23図。10：岸本道ほか 1996；第26図。11：土井・吉田ほか 1999；第37・38図。【図27・28】以下の各図により、必要に応じてレイアウトの変更等一部改変を加え、再トレースした。1：卜部・岡林ほか 2008；図57・59・68。2：梅原 1938；第6図・図版第13。3：中村大ほか 2008；第8・9図。4：藤・井上・北野 1964；第53図。5：山田良 2005；図201。6：末永ほか 1954；図版第5。7：辻 2008；第98・112図。8：山崎 1976；第23・24図。9：山ノ井 1984；第23図。10：伊藤玄ほか 1985；第11図。11：林・原田 2001；第101・102図。12：嶋田光 1989；第5図。13：近藤・岡本ほか 1960；第50図。14：寺田・甘粕ほか 1999；第40・41・42図。15：増田・岩崎ほか 1981；第7図。16：杉本宏・荒川ほか 1991；第20・21図。17：近藤・岡本ほか 1960；第52図。18：小栗ほか 1999；図13・14。19：小郷・豊島ほか 1998；第26図。20：桑原ほか 1983；第4図。21：三田ほか 2001；第23・25図（小口板位置は第29図）。【図29】以下の各図により、必要に応じてレイアウトの変更等一部改変を加え、再トレースした。1：樋口・堅田ほか 1999；図52。2：北野・藤・井上 1964；図版12・第26図。3：甘粕・荒木・小林ほか 1989；図44・45。4：鈴木文・吉田 2001；第21・22図。5：辰巳ほか 1983；第9図。6：伊藤勇 1982；図7。7：末永ほか 1954；図版第21。8：上田紺・藤原ほか 1960；第44図。【図32】福永 1985；図1を改変。【図37・38】以下の各図により、必要に応じてレイアウトの変更等一

部改変を加え、一部加筆した。1：堅田・原口・西谷ほか1967；第14図・図版C22を合成。2：柳本ほか1987；第52図。3：堅田・原口・西谷ほか1967；第3図。4：杉原和ほか1970；第34図。5：藤・井上・北野1964；第53図。6：小栗ほか1999；図13・14を合成。7：天野ほか1989；第30図。8：末永ほか1954；図版第5。9：近藤・岡本ほか1960；第50図・第51図。10：樋口・堅田ほか1999；図13。11：堅田・原口・西谷ほか1967；図版C19。【図39】1：都出・福永ほか1996；Fig.48をトリミングの上加筆。2：中屋ほか2005；第61・68図を合成、一部加筆。【図40】1：田代弘1994；第162図。2：岡田・肥後ほか1985；1985。3：三浦・加藤ほか1993；第30図（いずれも一部改変）。【図41】1：西村・南條ほか2003；第69図。2：伊賀1987；第57図。3：大和久編1974；第7図（いずれも一部改変）。【図42・43】以下の各図等を参考に作図。1：宮原・卜部・岡林ほか1999；図4・6。2：蓮岡・勝部ほか2002；第19図。3：近藤・松本ほか1991；第25図。5：梅原1938；図版第13。6：都出・福永ほか1996；fig.48。7：梅本・森下ほか2001；第1・33図。12：前橋市教育委員会編1970；（巻末図）。15：森・大野ほか1990；図15。16：堅田・原口ほか1967；図版C13。18：中村・志賀ほか2008；第8図。20：櫃本ほか1972；第21図。23：古瀬2013；第70図。24：下條・宮本ほか2008；第104図。27：鈴木・吉田2001；図21。31：水澤2014；図6。32：黒崎2007；第23図。33：中屋・安井ほか2005；第59・61図。34・35：小野山・菱田ほか；137-1・2。37：石井・有井ほか1997；第16図。39：岡田・肥後ほか1985；第13図。40：末永ほか1954；図版第5。43：林・原田ほか2001；第101図。47：山崎1976；第23図。51：増田・岩崎ほか1981；第7図。52：大場・佐野1955；第4図。53・54：斎木・種田・菊池1974；第Ⅰ-10図。55：寺田・甘粕ほか1999；第47図。56：小野・横山ほか1953；図版10。58：末永ほか1954；図版第21。60：末永・勝部ほか1991；第17図。61：奥野・小川・井上2000；第20図。66：近藤・岡本ほか1960；第50図。68：柳田・小池ほか1984；第9図。70：中村・沼沢ほか1977；第18図。71：坂本・荒井1995；図版6。72：石崎・引原1999；第69図。74：虎間1995；第19図。76：末永・勝部ほか1991；第83図。77：村川1980；第78図。78：岸本一・岩本・加藤ほか2010；第68図。87：松永1990；図23。92：伊達・網干ほか1981；第281図。96：大場・小出ほか1980；第23図。100：清水1996；図23。【図45】鎌木・間壁ほか1965；挿図16。【図46】森田・吉澤ほか1985；図91。【図47】金斗喆2010；図9に加筆。【図48】岡林2013；図1。【図49】以下の各図により、必要に応じてレイアウトの変更等一部改変を加え、再トレースした。1：豊中市教育委員会1990；p.5。2：松本・加藤1973；第27図。木棺位置は筆者加筆。3：江見・小延ほか1997；第48図。木棺位置は筆者加筆。4：佐伯ほか1998；第21図・第83図。5：柏原市教育委員会1998；図21・図23。【図51】奈良県文化財保存事務所当麻寺奥院本堂修理現場にて筆者撮影。【図52】2：松本・和田ほか2014；図56を一部改変。3：鎌木・間壁ほか1965；挿図16を一部改変。5・6：右島1989；第6図をもとに観察結果を重ねて作成。7：伊達・網干ほか1981；第370図を一部改変。8：置田1996；図145を一部改変。9：千賀ほか1988；図214。10：北野1992；図－8。【図54】実測図：右島1989；第6図を改変。側面模式図：左図に観察結果を重ねて作成。【図55】2012年9月28日豊中市中央公民館にて筆者撮影。【図56】出土状態図：松本・加藤1973；第27図を改変。実測図：松本・加藤1973；第48図に観察結果を重ねて作成。【図57】2014年9月6日加古川市文化財調査研究センターにて筆者撮影。【図58】岡林2014；図3に観察結果を重ねて作成。【図59】松木・和田ほか2014；図56に観察結果を重ねて作成。【図60】出土状態図：江見・小延ほか1997；第48図を改変。実測図：江見・小延ほか1997；第126図に観察結果を重ねて作成。【図61】出土状態図：則武・國安1989；第11・12・13図を合成、改変。実測図：則武・國安1989；第22図を改変。【図62】池の内1号墳出土状態図：中村・若島1985；第5図を改変。池の内1号墳実測図：中村・若島1985；第32図に観察結果を重ねて作成。空長1号墳実測図：石田・有谿・柳川1978；第9図に観察結果を重ねて作成。【図63】出土状態図：高下・村田1997；第47図を改変。実測図：高下・村田1997；第75・76図に観察結果を重ねて作成。【図64】出土状態図：佐伯ほか1998；第83図を改変。実測図：佐伯ほか1998；第61図を改変。側面模式図：左図に観察結果を重ねて作成。【図65】佐伯ほか1998；第61図を参考に作図。【図66】実測図：佐伯ほか1998；第61図を改変。側面模式図：左図に観察結果を重ねて作成。【図67】出土状態図：島田・上田ほか1965；図版－5。実測図：置田1996；図145に観察結果を重ねて作成。写真：2014年9月6日加古川市文化

財調査研究センターにて筆者撮影。【図 68】実測図：神原 1976；第 126 図を改変。側面模式図：左図に観察結果を重ねて作成。【図 69】実測図：岡村・重藤ほか 1993；図 107・108 を改変。側面模式図：岡村・重藤ほか 1993；図 107 に観察結果を重ねて作成。【図 70】出土状態：瀬戸谷ほか 1987；第 41 図を改変。実測図：瀬戸谷ほか 1987；第 56 図を改変。側面模式図：左図に観察結果を重ねて作成。【図 73】以下の各図により、必要に応じてレイアウトの変更等一部改変を加え、再トレースした。1：横幕 2000；第 26 図。2：岡林・前沢ほか 1997；図 103。3：神原 1976；第 53 図。4：近藤・北條ほか 1987；図 18・19。5：佐伯ほか 1998；第 83 図。6：森田・吉澤ほか 1985；図 91。7：柏原市教育委員会 1998；図 21・23。8：福辻ほか 2012；図 11。【図 74〜77】以下の各図により、必要に応じてレイアウトの変更等一部改変を加え、再トレースした。1：（財）広島県埋蔵文化財調査センター 1990；第 140・152 図。2：（財）鳥取県教育文化財団 1992；挿図 75。3：渡辺貞ほか 1992；第 16 図。4：近藤ほか 1992；図 124。5：近藤ほか 1992；図 61・77 を合成。推定復元図は同図 64・77 を合成。6：田村・荒川ほか 2001；第 12 図。7：阿部ほか 1983；第 10 図。8：國木 1993；第 26・27 図を合成。9：岡林・水野ほか 2008；図 18・19 を合成。【図 78】岡林・水野ほか 2008；図 127 を一部改変。【図 79】1：岡林・水野ほか 2008；図 18・19 を合成。2：森下・辻ほか 1991；第 6・11 図を合成・加筆。【図 80】森下・辻ほか 1991；第 6 図を改変、加筆。【図 81】菅原 2000；図 1 を改変、加筆。【図 82】1〜9：奈良県立橿原考古学研究所提供（4：阿南辰秀氏撮影）。【図 83】岡林 2008d；図 2 を一部改変。【図 84】1：奈良県立橿原考古学研究所提供（阿南辰秀氏撮影）。2：森下・辻ほか 1991；巻頭図版 4。【図 85】岡林 2008d；図 4 を一部改変。【図 86】1・2・5・6：奈良県立橿原考古学研究所提供（5：阿南辰秀氏撮影）。3：蓮岡・勝部ほか 2002；図版 8。4：西谷 1985；図版第 4。【図 87】1・3・4：奈良県立橿原考古学研究所提供。2：近藤・高井ほか 1987；図版 10 上。5：堅田 1964；図版第 10（1）。6：堅田 1968；「東からみた石室の西側控積の横断面」。【図 88】1・3・4：奈良県立橿原考古学研究所提供。2：近藤・松本ほか 1991；第 14 図版下。5：堅田 1964；図版第 10（2）。6：近藤喬・都出 2004；p13.15-1。【図 89】岡林 2012；図 3 を一部改変。【図 90】岡林 2009b；図 4 を一部改変。【図 91】岡林 2012；図 4 を一部改変。【図 92】1：湖北省荊州博物館 2000；図 3。2：西安市文物保護考古所 1999；図 32。3：湖北省荊州博物館 2000；図 38・42 を合成。【図 93】岡林 2011b；図 2。【図 94】以下の各図により、必要に応じて一部改変・加筆。1：甘粛省文物考古研究所・天水市北道区文化館 1989；図 6。2：甘粛省文物考古研究所・天水市北道区文化館 1989；図 9。3：平朔考古隊 1987；図 4。4：平朔考古隊 1987；図 3。5：大同市考古研究所 2001；図 3。6：河北省文物研究所 1990；図 1。7：北京市文物工作隊 1962；図 10。8：遼寧省博物館文物隊 1990；図 5。9：キム・チョンヒク 1974；ユ림 101。10：リ・スンジン 1974a；ユ림 105。11：湖北省博物館 1986；図 6。12：湖北省江陵県文物局・荊州地区博物館 2000；図 5・6 を合成。13：荊州地区博物館 1985；図 5。14：湖北省荊州市周梁玉橋遺址博物館 1999；図 4。【図 95】以下の各図により、必要に応じて一部改変・加筆。1：平朔露天煤鉱六区 151 号墓　平朔考古隊 1987；図 26。2：西安市文物保護考古所 1999；図 39。3：河南省文物考古研究所 1999；図 3。4：西安市文物保護考古所 1999；図 130。5：甘粛省文物考古研究所 2009；図 5。6：青海省文物考古研究所 1993；図 20。7：陝西省考古研究所 2003a；図 19。【図 96】以下の各図により、必要に応じて一部改変・加筆。1：河北省文物研究所・張家口地区文化局 1990；図 3。2：河北省文物研究所・張家口地区文化局 1990；図 4・6 を合成。3：大同市考古研究所 2001；図 5。4：河北省文物研究所・張家口地区文化局 1990；図 10。5：平朔考古隊 1987；図 52。6：内蒙古文物考古研究所・魏堅 1998；p13 図 3。7：甘粛省文物考古研究所 2009；図 4。【図 97】以下の各図により、必要に応じて一部改変・加筆。1：平朔考古隊 1987；図 69。2：山西省文物工作委員会・雁北行政公署文化局・大同市博物館 1980；図 2。3：平朔考古隊 1987；図 70。4：青海省文物考古研究所 1993；図 18。5：朔県煤炭部物資供応公司 3 号墓　平朔考古隊 1987；図 51。【図 99】以下の各図により、必要に応じて一部改変・加筆。1：臨沂市博物館 1989；図 4・6 を合成。2：湖北省荊州地区博物館 1993；図 2。3：湖北省博物館 1986；図 3。4：湖北省文物考古研究所 1993；図 4・5 を合成。5：安徽省文物考古研究所・巣湖市文物管理所 2007；図 66。6：徐州博物館 1997；図 6。7：盱眙県博物館 2004；図 2。【図 100】以下の各図により、必要に応じて一部改変・加筆をおこない、一部再トレースした。1：南京博物院・儀徴博物館籌備辨公室 1992；図 4 之 1・

3を合成。2：湖南省博物館1963；図1～3を合成。3：遼寧省文物考古研究所・朝陽市博物館1997；図6。4：連雲港市博物館1990；図1。5：揚州博物館・邗江県文化館1980；図1。6：烟台地区文物管理組・莱西県文化館1980；図12。7：揚州博物館1987a；図5。8：湖北省博物館1976；図4。【図101】以下の各図により、必要に応じて一部改変・加筆。1：揚州博物館1987a；図4。2：連雲港市博物館1990；図7。3：遼寧省博物館文物隊1990；図21。4：樋本・中村1975；PL.42。5：南京博物院・連雲港市博物館1974；図3。6：揚州博物館1987b；図5。7：連雲港市博物館1996；図2。8：旅順博物館・新金県文化館1981；図2。9：関野・谷井ほか1925；図版510。10：関野・谷井ほか1925；図版623・624。11：小場・樋本1935；図版第29。12：野守・樋本・神田1935；図版第6。【図102】以下の各図により、必要に応じて一部改変・加筆。1：安徽省文物工作隊・阜陽地区博物館・阜陽県文化局1978；図1。2：安徽省文物工作隊・阜陽地区博物館・阜陽県文化局1978；図3。3：揚州博物館1988；図4。4：安徽省文物考古研究所・巣湖市文物管理所2007；図4。5：揚州市博物館1980；図2。6：湖南省文物考古研究所・永州市芝山区文物管理所2001；図3・5。【図104】以下の各図により、必要に応じて一部改変・加筆をおこない再トレースした。**1．陝西・西安西北医療設備廠42号墓外槨**：西安市文物保護考古所1999；図39。**2．陝西・西北医療設備廠28号墓外槨**：西安市文物保護考古所1999；図31。**3．陝西・西安龍首村軍幹所15号墓主槨**：西安市文物保護考古所1999；図134。**4．山西・陽原三汾溝4号墓Ａ墓室**：河北省文物研究所・張家口地区文化局1990；図7。**5．青海・上孫家寨135号墓**：青海省文物考古研究所1993；図18。**6．青海・上孫家寨122号墓**：青海省文物考古研究所1993；図24。**7．内蒙古・沙金套海26号墓**：内蒙古文物考古研究所・魏堅1998；p74図2。**8．内蒙古・包頭下窩爾吐壕6号墓**：内蒙古文物考古研究所・魏堅1998；p291図1。**9．内蒙古・包頭召湾51号墓（乙室）**：内蒙古文物考古研究所・魏堅1998；p204図1。**10．孝義張家荘15号墓**：山西省文物管理委員会・山西省考古研究所1960；図9。**11．朔県平朔露天煤鉱五区1号墓**：平朔考古隊1987；図69。【図105】以下の各図により、必要に応じて一部改変・加筆をおこない再トレースした。**1．湖北・荊州高台2号墓**：湖北荊州博物館2000；図6。**2．江蘇・儀徴張集団山1号墓**：南京博物院・儀徴博物館籌備辦公室1992；図4之3。**3．北朝鮮・貞柏里127号墓（王光墓）**：小場・樋本1935；図版第29。**4．湖南・陡壁山1号墓**：長沙市文化局文物組1979；図2・4を合成。**5．湖南・象鼻嘴1号墓**：湖南省博物館1981；図3。**6．安徽・巣湖放王崗1号墓**：安徽省文物考古研究所・巣湖市文物管理所2007；図4。**7．江蘇・揚州「妾莫書」墓**：揚州市博物館1980；図2。**8．北京・大葆台1号墓**：大葆台漢墓発掘組1989；図9。**9．ノヨン・オール24号墓**：梅原1960；第7図。【図106】以下の各図により、必要に応じて一部改変・加筆をおこない再トレースした。1：西安市文物保護考古所1999；図39。2：西安市文物保護考古所1999；図31。3：陝西省考古研究所2003a；図22。4：陝西省考古研究所2003a；図19。5：青海省文物考古研究所1993；図20。6：甘粛省文物考古研究所2009；図5。7：青海省文物考古研究所1993；図18。8：青海省文物考古研究所1993；図24。9：内蒙古文物考古研究所・魏堅1998；p204図1。10：内蒙古文物考古研究所・魏堅1998；p291図1。11：平朔考古隊1987；図69。12：平朔考古隊1987；図3。13：平朔考古隊1987；図4。14：大同市考古研究所2001；図3。15：湖北省荊州市周梁玉橋遺址博物館1999；図4。16：河北省文物研究所1990；図1。17：湖北省博物館1986；図6。18：湖北省江陵県文物局・荊州地区博物館2000；図12・13を合成。19：キム・チョンヒク1974；ユリム101。20：湖北省荊州博物館2000；図6・7を合成。21：南京博物院・儀徴博物館籌備辦公室1992；図4之1・2を合成。22：湖北省荊州博物館2000；図48。23：臨沂市博物館1989；図4・6。24：遼寧省文物考古研究所・朝陽市博物館1997；図6。25：湖北省博物館1986；図3。26：天長市文物管理所・天長市博物館；2006；図2。27：揚州博物館・邗江県文化館1980；図1。28：連雲港市博物館1996；図2。29：揚州博物館・邗江県文化館1981；図3。30：南京博物院・揚州市博物館1962；図1。31：淮陰市博物館1988；図2。32：湖南省博物館1963；図1～3。33：湖北省荊州博物館2000；図21・22を合成。34：南京博物院・連雲港市博物館1974；図2・3。35：揚州博物館1987b；図3・5。36：遼寧省博物館文物隊1990；図21。37：劉謙1990；図5。38：樋本・中村1975；PL.42。39：小場・樋本1935；図版第29。40：安徽省文物工作隊・阜陽地区博物館・阜陽県文化局1978；図3。41：安徽省文物考古研究所・巣湖市文物管理所2007；図4。42：揚州市博物館1980；図2。43：揚州博物館・邗江県図書館1991；図2。

44：長沙市文化局文物組 1979；図 2・4 を合成。45：湖南省博物館 1981；図 3。46：大葆台漢墓発掘組 1989；図 9。【図 107】以下の各図により、必要に応じて一部改変・加筆。1：内蒙古文物考古研究所 1994；図 2。2：内蒙古文物考古研究所 1994；図 3。3：吉林市博物館 1988；図 2。4：吉林市博物館 1988；図 3。5：梅原 1960；第 7 図。6：安緯・奚芷芳 2009；図 6。7：志賀 1988；第 3 図。8：梅原 1960；第 9 図。【図 108】1：西北医療設備廠 58 号墓木棺：西安市文物保護考古所 1999；図 59・60。2：龍首村軍幹所 15 号墓木棺：同；図 133・134。【図 109】1：西北医療設備廠 49 号墓木棺銅製柿蔕形飾金具：西安市文物保護考古所 1999；図 48。2：西北医療設備廠 58 号墓木棺銅製柿蔕形飾金具：同；図 62。3：西北医療設備廠 92 号墓木棺金銅製柿蔕形飾金具：同；図 80。4：西北医療設備廠 97 号墓木棺銅製柿蔕形飾金具：同；図 84。5：西北医療設備廠 99 号墓木棺銅製柿蔕形飾金具：同；図 87。6：西北医療設備廠 120 号墓木棺銅製柿蔕形飾金具：同；図 95。7：西北医療設備廠 170 号墓木棺銅製柿蔕形飾金具：同；図 115。8：西北医療設備廠 174 号墓木棺銅製柿蔕形飾金具：同；図 119。9：西北医療設備廠 179 号墓木棺銅製柿蔕形飾金具・銅製飾釘：同；図 121。【図 110】1：洛陽焼溝 403 号墓木棺：洛陽区考古発掘隊 1959；図十甲。2：洛陽焼溝 1029 号墓木棺：同；図三三甲。3：洛陽焼溝 1026 号墓木棺：同；図二五甲。【図 111】1：洛陽焼溝 1027 号墓木棺：洛陽区考古発掘隊 1959；図三八甲。2：洛陽焼溝 147 号墓木棺：同；図二五甲。3：李屯 1 号墓木棺：洛陽市文物工作隊 1997；図 1。【図 112】1：ノヨン・オール墳墓群 24 号墓木棺：梅原 1960；第 10 図。2：上孫家寨 53 号墓東棺：青海省文物考古研究所 1993；図 36。【図 113】中国社会科学院考古研究所・河北省文物管理処 1980；図 18・20。【図 114】1：十二台郷磚廠 88M1 墓木棺：遼寧省文物考古研究所・朝陽市博物館 1997；図 5。2：袁台子北燕墓木棺：璞石 1994；図 6・8。3：北燕馮素弗墓木棺：黎瑶渤 1973；図 4。4：北燕八宝村 1 号墓木棺：朝陽地区博物館・朝陽県文化館 1985；図 3。5：後燕崔遹墓木棺：陳大為・李宇峰 1982；図 4。【図 115】1：北斉婁叡墓木槨：山西省考古研究所・太原市文物管理委員会 1983；図 3・5・6。2：北周武帝孝陵木槨：陝西省考古研究所・咸陽市考古研究所 1997；図 2。3：洛陽北魏画像石棺（昇仙石棺）：洛陽博物館 1980；図 1。【図 116】1：後燕崔遹墓木棺鉄製鐶座金具：陳大為・李宇峰 1982；図 6。2：北燕八宝村 1 号墓木棺鉄製鐶座金具：朝陽地区博物館・朝陽県文化館 1985；図 5。3：固原北魏墓漆画木棺金銅製鐶座金具・銅製釘隠：羅豊 1988；p.5。4：田草溝 2 号晋墓木棺鉄製鐶金具・鉄釘：遼寧省文物考古研究所・朝陽市博物館・朝陽県文管理所 1997；図 13。5：北魏元淑墓木棺鐶金具：大同市博物館 1989；図 23。【図 117】1：ジャライノール古墓群 M3013 木棺：内蒙古文物考古研究所 1994；図 4。2〜4：ジャライノール古墓群 M27・M24・M19 木棺：内蒙古自治区文物工作隊 1961；図 2。5：ジャライノール古墓群 M25 木棺：内蒙古自治区文物工作隊 1961；図 3。

参考・引用文献

　日文・英文・モンゴル語文・韓国語文・中文の順にまとめ、欧文はアルファベット順、中文は音読み・五十音順、韓国語文は漢字の場合は音読み、ハングル文字の場合はカタカナ表記でいずれも五十音順に配列した。欧文・モンゴル語は本文中では編著者名のカタカナ表記とし、文献リストでは（　）内に対応を示した。また、日文は本文中では姓または姓＋名の第一文字の組み合わせで表記し、中文・韓国語文は本文中では編著者名のフルネームで表記して区別した。

【日文】（五十音順）
〔あ行〕
赤澤秀則 2002「小結」『奥才古墳群第 8 支群』島根県松江土木事務所・鹿島町教育委員会、pp.53-60
赤塚次郎・石黒立人ほか 1984『勝川』（財）愛知県教育サービスセンター
赤星直忠 1970『穴の考古学』学生社
浅野猪久男編 1982『木材の事典』朝倉書店

雨森智美 1998「棺構造の復元」『和田古墳群』栗東町教育委員会、pp.116-117
有馬　伸 2003「3世紀以前の木槨・石槨」『古代日韓交流の考古学的研究—葬制の比較研究—』平成11年度～平成13年度科学研究費補助金（基盤研究（B）(1)）研究成果報告書、和田晴吾（研究代表者）、pp.139-153
石崎善久 1997「京都府下における礫床をもつ木棺について」『太迩波考古学論集』両丹考古学研究会、pp.127-137
石崎善久 2000「弥生墳墓の構造と変遷—舟底状木棺を中心として—」『丹後の弥生王墓と巨大古墳』雄山閣、pp.65-72
石崎善久 2001「舟底状木棺考—丹後の刳抜式木棺—」『京都府埋蔵文化財論集　第4集』（財）京都府埋蔵文化財調査研究センター、pp.67-78
石野博信 1983「地域性の強い埋葬施設」『季刊考古学』4（石野博信 1991『古墳時代史』雄山閣、pp.86-110所収）
石野博信 1995「前期古墳の新事実」『季刊考古学』53、雄山閣、pp.14-16
石橋　宏 2013『古墳時代石棺秩序の復元的研究』六一書房
泉森　皎 1973「富雄丸山古墳の粘土槨について」『富雄丸山古墳』奈良県教育委員会、pp.35-38
磯部武男 1983「古代日本の舟葬について（上）」『信濃』35-12、信濃史学会、pp.29-45
磯部武男 1989「舟葬考」『藤枝市郷土博物館紀要』1、藤枝市郷土博物館、pp.51-70
一瀬和夫ほか 1989『大水川改修にともなう発掘調査概要・Ⅵ（応神陵古墳外堤・Ⅱ　古室遺跡・Ⅳ）』大阪府教育委員会
伊東隆夫 1990「日本の遺跡から出土した木材の樹種とその用途Ⅱ」『木材研究・資料』26、京都大学木材研究所、pp.91-189
伊東隆夫・山口和穂・林　昭三・布谷知夫・島地　謙 1987「日本の遺跡から出土した木材の樹種とその用途」『木材研究・資料』23、京都大学木材研究所、pp.42-230
伊東隆夫・山田昌久編 2012『木の考古学　出土木製品用材データベース』海青社
伊東信雄 1935「日本上代舟葬説への疑問」『考古学雑誌』25-12、考古学会、pp.67-72
猪熊兼勝 1967「夾紵棺」『関西大学考古学研究年報』1、関西大学考古学研究会（森浩一編 1973『論集終末期古墳』塙書房、pp.211-240所収）
猪熊兼勝・大脇　潔・津村広志 1979『飛鳥時代の古墳』飛鳥資料館
今尾文昭 1984「古墳祭祀の画一性と非画一性—前期古墳の副葬品配列から考える—」『橿原考古学研究所論集　第六』吉川弘文館（今尾文昭 2009『古墳文化の成立と社会』青木書店、pp.183-239所収）
今尾文昭 1989「鏡—副葬品の配列から—」『季刊考古学』28、雄山閣、pp.43-48
今尾文昭 1995「木棺—棺形態の二、三—」『季刊考古学』52、雄山閣、pp.43-47
岩崎卓也 1976「舟形石棺をめぐる二、三の問題」『史潮』新1（岩崎卓也 2000『古墳時代史論（下巻）』雄山閣、pp.166-210所収）
岩崎卓也 1984『古墳時代の知識』東京美術
岩崎卓也 1987「埋葬施設からみた古墳時代の東日本」『考古学叢考（中）』吉川弘文館（岩崎卓也 2000『古墳時代史論（下巻）』雄山閣、pp.244-270所収）
岩崎卓也 1989「古墳分布の拡大」『古代を考える　古墳』吉川弘文館、pp.36-72
岩崎卓也 1992「総論」『古墳時代の研究7古墳Ⅰ墳丘と内部構造』雄山閣、pp.5-14
岩本　崇 2003「棺内礫敷をもつ組合式箱形木棺」『大手前大学史学研究所紀要』3、大手前大学史学研究所、pp.1-20
岩本　崇 2010「棺内礫敷をもつ組合式箱形木棺補論」『史跡　茶すり山古墳』兵庫県教育委員会、pp.507-518
上田三平 1941「組合せ石棺の特種構造に就て」『考古学雑誌』31-11、日本考古学会、pp.1-11

上田直弥　2015「粘土槨の展開過程とその画期」『考古学研究』62-3、考古学研究会、pp.85-104
植田弥生（パレオ・ラボ）2000「願成寺西墳之越 51 号墳出土木棺樹種同定」『願成寺西墳之越古墳群 51・52 号墳発掘調査報告書』池田町教育委員会、pp.71-73
植田弥生（パレオ・ラボ）2004「木質遺物樹種同定」『多田山古墳群』群馬県企業局・（財）群馬県埋蔵文化財調査事業団、pp.576-577
上西美佐子　1984「山賀遺跡出土の木棺について」『山賀（その 3）』（財）大阪文化財センター、pp.297-301
上野祥史　2014「日本列島における中国鏡の分配システムの変革と画期」『国立歴史民俗博物館研究報告』185、国立歴史民俗博物館、pp.349-367
宇垣匡雅　1987「堅穴式石室の研究―使用石材の分析を中心に―」『考古学研究』34-1・2、考古学研究会、pp.29-35・66-92
宇垣匡雅　2009「墓と階層②中国・四国」『弥生時代の考古学 6　弥生社会のハードウェア』同成社、pp.141-154
臼杵　勲　1995「モンゴルの匈奴墓」『文化財論叢Ⅱ』同朋舎出版、pp.773-794
梅原末治　1916「河内枚方町字万年山の遺跡と発見の遺物に就きて」『考古学雑誌』7-2、考古学会、pp.50-53
梅原末治　1918「丹波国南桑田郡篠村の古墳」『考古学雑誌』9-1、考古学会、pp.11-34
梅原末治　1925「上代墳墓の営造に関する一考察」『芸文』16-4（梅原末治 1940『日本考古学論攷』弘文堂、pp.465-485 所収）
梅原末治　1933「桑飼村蛭子山、作り山両古墳の調査（下）」『京都府史蹟名勝天然紀念物調査報告　第十四冊』京都府、pp.9-31
梅原末治　1937「河内磯長御嶺山古墳」『近畿地方古墳墓の調査二・上野国総社二子山古墳の調査』日本古文化研究所、pp.12-20
梅原末治　1938「扶余陵山里東古墳群の調査」『昭和十二年度古蹟調査報告』朝鮮古蹟研究会、pp.124-142
梅原末治　1940「本邦上代高塚の内部構造に就いて」『史林』25-3、史学研究会（梅原末治 1940『日本考古学論攷』弘文堂、pp.705-733 所収）
梅原末治　1960『蒙古ノイン・ウラ発見の遺物』（財）東洋文庫
梅原末治　1965「椿井大塚山古墳」『京都府埋蔵文化財調査報告　第 23 冊』京都府教育委員会
梅原末治・武藤　誠　1935「奥山古墳」『兵庫県史蹟名勝天然紀念物調査報告　第十一輯』兵庫県、pp.25-38
梅原末治・森本六爾　1923「大和磯城郡柳本大塚古墳調査報告」『考古学雑誌』13-8、考古学会、pp.1-10
梅本康広・森下章司ほか　2001『寺戸大塚古墳の研究Ⅰ』（財）向日市埋蔵文化財センター
瓜生堂遺跡調査会　1981『瓜生堂遺跡Ⅲ（本文編）』
会下和宏　2011「墓域構成の変化、区画墓の展開」『弥生時代の考古学 4　古墳時代への胎動』同成社、pp.191-210
江本義数　1975「奈良県高松塚古墳出土木棺の材種」『保存科学』14、東京国立文化財研究所保存科学部、pp.51-53
大久保徹也　2000「四国北東部地域における首長層の政治的結集―鶴尾神社 4 号墳の評価を巡って―」『古代学協会四国支部第 14 回大会　前方後円墳を考える―研究発表要旨集―』古代学協会四国支部、pp.43-66
大久保徹也　2006「備讃地域における前方後円墳出現期の様相」『日本考古学協会 2006 年度愛媛大会研究発表資料集』日本考古学協会 2006 年度愛媛大会実行委員会、pp.293-332
大谷晃二　1997「弥生墳丘墓における主体部上の祭祀の一形態」『矢藤治山弥生墳丘墓』矢藤治山弥生墳丘墓発掘調査団、pp.73-79
大塚初重　2003「ガウランド・コレクション」『ガウランド　日本考古学の父』朝日新聞社、pp.92-93
大場磐雄・佐野大和　1955『常陸鏡塚』綜芸舎

大庭重信 1999「方形周溝墓制からみた畿内弥生時代中期の階層構造」『国家形成期の考古学』大阪大学考古学研究室、pp.169-183

大林太良 1961『葬制の起源』角川書店

大道弘雄 1912「大仙陵畔の大発見（上・下）」『考古学雑誌』2-12・3-1、考古学会、pp.13-24・18-33

大和久震平編 1974『七廻り鏡塚古墳』大平町教育委員会　ぎょうせい

岡田文男 1989「広峯15号墳出土の木質遺物と漆膜の調査」『駅南地区発掘調査報告書』福知山市教育委員会、pp.52-53

岡田文男 2005「紫金山古墳出土有機質遺物の材質調査」『紫金山古墳の研究』京都大学大学院文学研究科、pp.243-246

岡林孝作 1994「木棺系統論―釘を使用した木棺の復元的検討と位置づけ―」『橿原考古学研究所論集第十一』吉川弘文館、pp.405-445

岡林孝作 1995「石室・棺」『前期前方後円墳の再検討』埋蔵文化財研究会、pp.31-36

岡林孝作 1999「大和天神山古墳出土木棺材の再検討」『青陵』102、奈良県立橿原考古学研究所、pp.3-7

岡林孝作 2002「近畿における前期古墳の諸要素の成立―木槨・竪穴式石室」『日本考古学協会2002年度大会研究発表資料集』日本考古学協会2002年度橿原大会実行委員会、pp.253-262

岡林孝作 2003「木槨墓の構造―出雲・吉備・大和―」『邪馬台国時代の出雲と大和』香芝市教育委員会・香芝市二上山博物館、pp.53-64

岡林孝作 2004a「木槨の棺床構造―庄内期の事例検討から―」『考古学ジャーナル』517、ニューサイエンス社、pp.19-23

岡林孝作 2004b「中国における木棺と棺形舎利容器―いわゆる「片流れ式」の木棺形式をめぐって―」『シルクロード学研究』21、（財）なら・シルクロード博記念国際交流財団・シルクロード学研究センター、pp.73-111

岡林孝作 2005「古墳時代「棺制」の成立」『季刊考古学』90、雄山閣、pp.29-32

岡林孝作 2006a「古墳時代木棺の用材選択」『古墳時代木棺における用材選択に関する研究』奈良県立橿原考古学研究所、pp.1-24

岡林孝作 2006b「真崎5号墳埋葬施設の復原的研究」『常陸真崎古墳群』東海村遺跡調査会・東海村教育委員会、pp.73-82

岡林孝作 2008a「割竹形木棺の小口部構造をめぐる問題点」『王権と武器と信仰』同成社、pp.335-345

岡林孝作 2008b「下池山古墳木棺の復元的検討」『下池山古墳の研究』奈良県立橿原考古学研究所、pp.194-198

岡林孝作 2008c「日本列島における木槨の分類と系譜―ホケノ山古墳中心埋葬施設の成立背景をめぐって―」『ホケノ山古墳の研究』奈良県立橿原考古学研究所、pp.213-226

岡林孝作 2008d「竪穴式石室の成立過程」『橿原考古学研究所論集第十五』八木書店、pp.143-171

岡林孝作 2009a「遺存木棺資料による古墳時代木棺の分類」『古墳時代におけるコウヤマキ材の利用実態に関する総合的研究』平成18年度～平成20年度科学研究費補助金（基盤研究（B））研究成果報告書、奈良県立橿原考古学研究所、pp.1-44

岡林孝作 2009b「出現期の竪穴式石室」『財団法人大阪府文化財センター・日本民家集落博物館・大阪府弥生博物館・大阪府近つ飛鳥博物館2007年度共同研究成果報告書』（財）大阪府文化財センター・日本民家集落博物館・大阪府弥生博物館・大阪府近つ飛鳥博物館、pp.175-190

岡林孝作 2009c「栃木県下都賀郡藤岡町太田出土舟形木棺の調査」『古墳時代におけるコウヤマキ材の利用実態に関する総合的研究』平成18年度～平成20年度科学研究費補助金（基盤研究（B））研究成果報告書、奈良県立橿原考古学研究所、pp.73-80

岡林孝作 2009d「茨城県結城市結城作出土舟形木棺の調査」『古墳時代におけるコウヤマキ材の利用実態に関する総合的研究』平成18年度～平成20年度科学研究費補助金（基盤研究（B））研究成果報

告書、奈良県立橿原考古学研究所、pp.81-87
岡林孝作 2011a「高松塚古墳木棺および棺台の復元的検討」『高松塚古墳　奈良県立橿原考古学研究所附属博物館保管資料の再整理報告』奈良県立橿原考古学研究所、pp.46-52
岡林孝作 2011b「木棺の諸形態」『古墳時代の考古学3　墳墓構造と葬送祭祀』同成社、pp.106-117
岡林孝作 2012「竪穴系埋葬施設（含棺）」『古墳時代研究の現状と課題（上）古墳研究と地域史研究』、同成社、pp.277-296
岡林孝作 2013「古墳出土鎹の使用法」『橿原考古学研究所論集第十六』八木書店、pp.111-122
岡林孝作 2014「勝負砂古墳出土鎹の観察—木棺構造の復元に向けて—」『平成22年度〜平成25年度科学研究費補助金　基盤研究（B）「副葬品の構造・材質・色彩からみた古墳葬送空間の再現的研究」研究成果報告書』岡山大学、pp.10-21
岡林孝作 2015『古墳時代木棺の展開過程における鎹の基礎的研究』平成24年度〜平成26年度科学研究費助成事業（基盤研究（C））研究成果報告書、奈良県立橿原考古学研究所
岡林孝作・日高　慎・奥山誠義・鈴木裕明 2008a「静岡市杉ノ畷古墳出土木棺の研究」『MUSEUM』614、東京国立博物館、pp.5-25
岡林孝作・日高　慎・奥山誠義・鈴木裕明 2008b「山形市衛守塚2号墳の研究」『MUSEUM』616、東京国立博物館、pp.7-35
岡林孝作・福田さよ子 2005「綾部山39号墳出土木質遺物の樹種と木棺構造の復元」『綾部山39号墓』御津町教育委員会、pp.101-106
岡林孝作・福田さよ子 2006a「静岡市伊庄谷横穴群南谷支群17号墓出土木棺材および弓材の樹種同定」『青陵』118、奈良県立橿原考古学研究所、pp.5-9
岡林孝作・福田さよ子 2006b「茨城県結城市公民館所蔵木棺の観察と樹種同定」『青陵』118、奈良県立橿原考古学研究所、pp.9-12
岡林孝作・福田さよ子 2006c「奈良県下明寺市辺古墳出土木棺材の樹種同定」『橿原市埋蔵文化財発掘調査報告書　平成17年度』橿原市教育委員会、p.13
岡林孝作・福田さよ子 2006d「栃木県立栃木高等学校所蔵木棺の観察と樹種同定」『古墳時代木棺の用材選択に関する研究』平成15年度〜平成17年度科学研究費補助金（基盤研究（C））研究成果報告書、奈良県立橿原考古学研究所、pp.20-22
岡林孝作・福田さよ子 2009「奈良県天理市柳本大塚古墳出土割竹形木棺の調査」『古墳時代におけるコウヤマキ材の利用実態に関する総合的研究』平成18年度〜平成20年度科学研究費補助金（基盤研究（B））研究成果報告書、奈良県立橿原考古学研究所、pp.88-94
岡林孝作・福田さよ子・奥山雅義 2006「静岡市午王堂山1号墳出土木棺材の樹種同定および付着赤色顔料の分析」『青陵』118、奈良県立橿原考古学研究所、pp.1-4
岡村秀典 1999『三角縁神獣鏡の時代』吉川弘文館
岡村　渉 1997『有東遺跡第16次発掘調査報告書』静岡市教育委員会
岡本東三 2000「舟葬説再論」『大塚初重先生頌寿記念考古学論集』東京堂出版、pp.427-464
岡本東三ほか 1997『大寺山洞穴第5次発掘調査概報』千葉大学文学部考古学研究室
置田雅昭 1996「池尻2号墳」『加古川市史第4巻　史料編Ⅰ』加古川市、pp.306-311
尾崎喜左雄 1971「後閑天神山古墳」『前橋市史第1巻』前橋市、pp.332-345
押金健吾 1999「銅鏡発掘に伴い出土した木片の樹種同定」『森北古墳群』創価大学・会津坂下町教育委員会、pp.175-178
小田富士雄 1980「横穴式石室の導入とその源流」『東アジア世界における日本古代史講座　第4巻』学生社、pp.242-295
尾中文彦 1936「古墳其他古代の遺構より出土せる材片に就て」『日本林学会誌』18-8、日本林学会、pp.588-602

尾中文彦 1939「古墳其の他古代の遺蹟より発掘されたる木材」『木材保存』7-4、木材保存会、pp.115-123
〔か行〕
甲斐昭光 1987「七つ坑1号墳の竪穴式石室について」『七つ坑古墳群』七つ坑古墳群発掘調査団、pp.115-120
鍵谷純子 2003「風巻神山4号墳出土青銅鏡の保存処理」『風巻神山古墳群』清水町教育委員会、pp.128-132
柏倉亮吉 1953『山形県文化財調査報告第4輯 山形県の古墳』山形県文化財保護協会
堅田 直 1964『池田市茶臼山古墳の研究』大阪古文化研究会
片山健太郎・岡田文男・松木武彦・西原和代 2016「岡山県勝負砂古墳の石室・棺に用いられた木材樹種同定」『日本文化財科学会第33回大会研究発表要旨集』日本文化財科学会、pp.86-87
勝部明生 1967「前期古墳における木棺の観察」『関西大学考古学研究年報』1、関西大学考古学研究会、pp.17-36
金関 恕ほか 2010『東大寺山古墳の研究』東大寺山古墳研究会・天理大学・天理大学附属天理参考館
金田善敬 1996「古墳時代後期における鍛冶集団の動向—大和地域を中心に—」『考古学研究』43-2、考古学研究会、pp.109-117
金田善敬 1999「古墳時代後期の棺釘にみられる地域間交流」『国家形成期の考古学』大阪大学考古学研究室、pp.337-348
鐘方正樹 2003a「竪穴式石槨成立の意義」『関西大学考古学研究室開設50周年記念考古学論集』関西大学考古学研究室、pp.261-284
鐘方正樹 2003b「竪穴式石槨基底部構造の再検討」『玉手山古墳群の研究Ⅲ—埋葬施設編—』柏原市教育委員会、pp.117-131
金原 明 2006「高尾横穴墓群出土鉄製釘付着材の樹種同定」『高尾横穴墓群・矢ノ津坂遺跡 横浜横須賀道路（馬堀海岸〜佐原）建設事業に伴う発掘調査』（財）かながわ考古学財団、pp.187-188
金原正明 1993a「長塚古墳保存木棺材の樹種同定」『長塚古墳』大垣市教育委員会、pp.93-96
金原正明 1993b「北原西古墳出土材の樹種」『大和宇陀地域における古墳の研究』宇陀古墳文化研究会、p.128
金原正明 1995「近畿地方における弥生〜古墳時代の木材利用と画期」『古墳文化とその伝統』勉誠社、pp.553-562
金原正明 2007「カヅマヤマ古墳出土鉄釘付着木片と漆喰の観察」『カヅマヤマ古墳発掘調査報告書—飛鳥の磚積石室墳の調査—』明日香村教育委員会、pp.68-74
金原正明 2013「越塚御門古墳出土錆化木質物の樹種同定」『牽牛子塚古墳発掘調査報告書—飛鳥の刳り貫き式横口式石槨墳の調査—』明日香村教育委員会、pp.215-217
金原正明・古環境研究所・湯ノ口利恵 2010「東大寺山古墳の木質遺物の同定」『東大寺山古墳の研究』東大寺山古墳研究会・天理大学・天理大学附属天理参考館、pp.257-262
金原正明・福田さよ子 1999「木棺材」『黒塚古墳調査概報』学生社、pp.75-76
亀田修一 2004「日本の初期の釘・鎹が語るもの」『文化の多様性と比較考古学 2004』考古学研究会、pp.29-38
環境考古研究会 2001「西岡本遺跡出土鉄製品付着木質の同定」『神戸市東灘区西岡本遺跡』六甲山麓遺跡調査会、p.304
環境考古研究会 2002「三ツ塚古墳群における環境考古学的分析」『三ツ塚古墳群』奈良県立橿原考古学研究所、pp.263-286
（財）元興寺文化財研究所（井上美知子・菅井祐子）2001「八尾心合寺山古墳青銅鏡に伴う遺物の分析」『史跡心合寺山古墳発掘調査概要報告書—史跡整備に伴う発掘調査の概要—』八尾市教育委員会、pp.126-137
甘粛省文物工作隊・炳霊寺文物保護所 1998『中国石窟・永靖炳霊寺』文物出版社・平凡社

岸　熊吉 1934「木棺出土の三倉堂遺跡及遺物調査報告」『奈良県史蹟名勝天然紀念物調査報告　第十二輯』奈良県
岸本一宏 2010「第1主体部副葬品配置の検討」『史跡　茶すり山古墳』兵庫県教育委員会、pp.519-530
岸本直文 2014「倭における国家形成と古墳時代開始のプロセス」『国立歴史民俗博物館研究報告』185、国立歴史民俗博物館、pp.369-403
岸本直文 2015「炭素14年代の検証と倭国形成の歴史像」『考古学研究』62-3、考古学研究会、pp.59-74
喜田貞吉 1915「古墳墓年代の研究（下の四）」『歴史地理』25-5、日本歴史地理学会、pp.1-14
喜田貞吉 1916「高橋・関野両君の槨と壙との説に就て」『考古学雑誌』6-12、考古学会、pp.1-21
北野耕平 1957「塚山古墳石室構造に関する考察」『奈良県埋蔵文化財調査報告書　第1集』奈良県教育委員会、pp.40-47
北野耕平 1964a「前期古墳における内部構造の問題」『河内における古墳の調査』大阪大学文学部国史学研究室、pp.186-200
北野耕平 1964b「富田林市真名井古墳」『河内における古墳の調査』大阪大学文学部国史研究室、pp.51-83
北野耕平 1974「摂津会下山二本松古墳における内部構造の考察」『兵庫史学』65、兵庫史学会、pp.12-23
北野　重・津田美智子 1990『平尾山古墳群─太平寺山手線建設に伴う　その3─』柏原市教育委員会
来村多加史 2001『唐代皇帝陵の研究』学生社
北山峰生 2009「前期古墳の埋葬施設」『関西例会160回シンポジウム『前期古墳の変化と画期』発表要旨集』考古学研究会関西例会
貴島恒夫・嶋倉巳三郎・林　昭三 1981「正倉院宝物の木材材質調査報告」『正倉院年報』3、宮内庁正倉院事務所、pp.1-17
木下之治・小田富士雄 1967「熊本山船型石棺墓」『帯隈山神籠石とその周辺』佐賀県教育委員会、pp.27-47
木村法光 1988「正倉院の木工品に見る接合技法について」『正倉院の木工』宮内庁正倉院事務所、pp.159-189
京都大学文学部 1968『京都大学文学部博物館考古学資料目録（第2部）』
栗野克巳ほか 1992『瀬名遺跡Ⅰ（遺構編Ⅰ）本文編』（財）静岡県埋蔵文化財調査研究所
畔柳　鎮 1954「四つ塚第13号墳B主体内発見植物質について」『蒜山原』岡山大学医学部解剖学教室考古学研究室、pp.152-157
畔柳　鎮 1960「木質および植物質」『月の輪古墳』月の輪古墳刊行会、pp221-225
小泉顕夫・沢　俊一 1934『古蹟調査報告第一　楽浪彩篋塚』朝鮮古蹟研究会
黄　暁芬 1991「秦の墓制とその起源」『史林』74-6、史学研究会、pp.109-144
黄　暁芬 1994「漢墓の変容─槨から室へ─」『史林』77-5、史学研究会、pp.1-39
黄　暁芬 2000『中国古代葬制の伝統と変革』勉誠出版
洪　潽植 2001「加耶の墳墓」『東アジアと日本の考古学Ⅰ』同成社、pp.193-218
江　介也 2002「西寧市青海省磚瓦廠墓の基礎的考察─東晋十六国期における広域文化動態─」『シルクロード学研究』14、（財）なら・シルクロード博記念国際交流財団・シルクロード学研究センター、pp.254-283
広陵町教育委員会 2006『巣山古墳（第5次調査）出土木製品』（公開資料）
古環境研究所 1998「大池東1号墳2号石室から出土した炭化材の樹種同定」『大峰ヶ台遺跡Ⅱ─9次調査─』松山市教育委員会、p162
小清水卓二 1972「高松塚古墳木棺の木質」『壁画古墳高松塚』奈良県教育委員会・明日香村、pp.201-202
後藤守一 1924「漆山古墳実査報告」『考古学雑誌』14-13、考古学会、pp.7-26
後藤守一 1927『日本考古学』四海書房
後藤守一 1932『上野国佐波郡赤堀村今井茶臼山古墳』帝室博物館
後藤守一 1935「西都原発掘の埴輪舟（其一・二）」『考古学雑誌』25-8・9、考古学会、pp.17-38・11-22

後藤守一 1958「古墳の編年研究」『古墳とその時代（一）』朝倉書店、pp.1-220
後藤守一・大塚初重 1957『常陸丸山古墳』丸山古墳顕彰会
小林隆幸 1989「11号墳の棺構造」『保内三王山古墳群』三条市教育委員会、pp.123-125
小林行雄 1937「大阪府豊中南天平塚の発掘」『考古学』8-9、東京考古学会、pp.422-423
小林行雄 1941「竪穴式石室構造考」『紀元二千六百年記念史学論文集』京都帝国大学文学部編（小林行雄編 1976『古墳文化論考』平凡社、pp.157-178所収）
小林行雄 1944「日本古墳の舟葬説について」『西宮』3（小林編 1976『古墳文化論考』、平凡社、pp.179-201所収）
小林行雄 1949「黄泉戸喫」『考古学集刊』第2冊（小林編 1976『古墳文化論考』、平凡社、pp.263-281所収）
小林行雄 1955「古墳の発生の歴史的意義」『史林』38-1、史学研究会（小林編 1961『古墳時代の研究』青木書店、pp.135-159所収）
小林行雄 1957『河内松岳山古墳の調査』大阪府教育委員会
小林行雄 1962「狐塚・南天平塚古墳の調査」『大阪府の文化財』大阪府教育委員会、pp.54-56
小林行雄 1964『続古代の技術』塙書房
小林行雄・近藤義郎 1959「古墳の変遷」『世界考古学大系3 日本Ⅲ 古墳時代』平凡社、pp.11-50
小原二郎 1954「黄金塚古墳より出土した木材について」『和泉黄金塚古墳』綜芸社、pp.131-136
小原二郎 1960「富木車塚古墳出土材の識別」『富木車塚古墳』大阪市立美術館、pp.111-112
小原二郎 1972『木の文化』鹿島研究所出版会
小室 勉 1979『常陸の古墳時代』
小山田宏一 1995「副葬品」『季刊考古学』52、雄山閣、pp.48-51
ゴーランド．W. 1897「日本のドルメンと埋葬墳」（上田宏範監修 1981『日本古墳文化論』創元社、pp.3-111所収）
近藤義郎 1952『佐良山古墳群の研究』津山市教育委員会
近藤義郎 1977a「古墳以前の墳丘墓」『岡山大学法文学部学術紀要』37（近藤義郎 1985『日本考古学研究序説』岩波書店、pp.375-399所収）
近藤義郎 1977b「前方後円墳の成立」『慶祝松崎寿和先生六十三歳論文集 考古論集』（近藤義郎 1985『日本考古学研究序説』岩波書店、pp.400-412所収）
近藤義郎 1983『前方後円墳の時代』岩波書店
近藤義郎 1998『前方後円墳の成立』岩波書店
近藤義郎・春成秀爾 1967「埴輪の起源」『考古学研究』13-3、考古学研究会、pp.13-35
近藤義郎ほか 1991『権現山51号墳』権現山51号墳発掘調査団編 『権現山51号墳』刊行会
近藤義郎ほか 1992『楯築弥生墳丘墓の研究』楯築刊行会
〔さ行〕
西藤清秀 1992「木製樹物」『古墳時代の研究9古墳Ⅲ埴輪』雄山閣、pp.151-164
酒井温子 2008「下池山古墳出土木棺の劣化状態―「木棺はなぜ残ったのか」についての若干の考察―」『下池山古墳の研究』奈良県立橿原考古学研究所、pp.118-120
坂本太郎・家永三郎ほか校注 1967『日本古典文学大系 第67巻 日本書紀 上』岩波書店
櫻井久之・宮本康治 1997「加美遺跡の直弧文板」『葦火』66、（財）大阪市文化財協会、pp.2-3
佐藤小吉 1919「磯城郡柳本村大字柳本大塚所在大塚発掘古鏡」『奈良県史蹟勝地調査会報告書 第六回』奈良県、pp.17-21
佐野大和 1955「粘土槨考」『常陸鏡塚』綜芸舎、pp.80-104
澤田秀実 1993「前方後円墳の成立過程」『研究論集ⅩⅡ』東京都埋蔵文化財センター、pp.3-40
沢田康夫 1983「妙法寺古墳群発見の割竹形木棺について」『井河古墳群』那珂川町教育委員会、pp.17-18
汐見 真・白崎泰子（㈱吉田生物研究所）2016「城の山古墳出土木製品の樹種同定」『城の山古墳発掘調査報

告書（4 次～ 9 次調査）』胎内市教育委員会、pp.199-203
静岡市立登呂博物館 1990『静岡・清水平野の古墳時代』特別展図録
渋谷　格 2003『柚比遺跡群 3　第 3 分冊　柚比本村遺跡（1・2 区）』佐賀県教育委員会
嶋倉巳三郎 1967「大和古代木材考（第 1 報）」『奈良教育大学紀要（自然科学）』15、奈良教育大学、pp.55-60
嶋倉巳三郎 1973「桜井市池ノ内古墳群の木片と花粉」『磐余・池ノ内古墳群』奈良県教育委員会、pp.108-109
嶋倉巳三郎 1974「谷畑古墳木質出土品の調査」『谷畑古墳』榛原町教育委員会、pp.32-34
嶋倉巳三郎 1976a「石光山古墳群出土鉄錆状木質調査報告」『葛城・石光山古墳群』奈良県立橿原考古学研究所、pp.468-469
嶋倉巳三郎 1976b「西宮市具足塚出土鉄釘付着木材の調査報告」『具足塚発掘調査報告』西宮市教育委員会、pp.66-67
嶋倉巳三郎 1977a「わが国の古代遺跡から出土した木質遺物の樹種について」『暁学園短期大学紀要』11、暁学園短期大学、pp.105-112
嶋倉巳三郎 1977b「新沢 126 号墳出土棺材・直刀付着材（鞘・柄木）の同定」『新沢千塚 126 号墳』奈良県教育委員会、p.91
嶋倉巳三郎 1978「わが国の遺跡から出土した木質遺物について」『暁学園短期大学紀要』12、暁学園短期大学、pp.81-91
嶋倉巳三郎 1980「18 号墳棺材の樹種」『北浦古墳群』豊岡市教育委員会、pp.85-87
嶋倉巳三郎 1982「福岡市藤崎遺跡出土棺材の樹種」『藤崎遺跡』福岡市教育委員会、pp.143-144
嶋倉巳三郎 1983「木棺材の樹種同定」『引佐町の古墳文化Ⅲ―馬場平古墳発掘調査報告書』引佐町教育委員会、pp.47-48
嶋倉巳三郎 1985「釘に付着した木質からみた木棺材」『下司古墳群』同志社大学校地学術調査委員会、pp.68-71
嶋倉巳三郎 1990「垣内古墳の棺材について」『園部垣内古墳』同志社大学文学部文化学科、pp.133-134
島地　謙・伊東隆夫 1982『図説　木材組織』地球社
島地　謙・伊東隆夫編 1988『日本の遺跡出土木製品総覧』雄山閣
清水潤三 1968「古代の船―日本の丸木舟を中心に―」『ものと人間の文化史 1 船』法政大学出版局、pp.31-55
下津谷達男 1960「舟形の埋葬施設をめぐる諸問題」『考古学研究』7-1、考古学研究会、pp.17-18
下出源七編 1976『建築大辞典』彰国社
白井久美子 1992「畿内政権の伸張―倭の五王の時代」『房総考古学ライブラリー 6　古墳時代（2）』（財）千葉県文化財センター、pp.3-132
白石太一郎 1975「ことどわたし考―横穴式石室墳の埋葬儀礼をめぐって―」『橿原考古学研究所論集創立三十五周年記念』吉川弘文館、pp.347-371
白石太一郎 1985『古墳の知識Ⅰ墳丘と内部構造』東京美術
申　敬澈 2000「調査所見」『金海大成洞古墳群Ⅰ』慶星大學校博物館（日本語版　2001　大阪朝鮮考古学研究会訳）
末永雅雄 1934『日本上代の甲冑』岡書院
菅原康夫 2000「萩原墳丘墓をめぐる諸問題」『古代学協会四国支部第 14 回大会　前方後円墳を考える―研究発表要旨集―』古代学協会四国支部、pp.103-122
菅原康夫 2010「萩原 1 号墓・2 号墓の主体部構造と諸問題」『萩原 2 号墓発掘調査報告書―指定史跡等保存活用事業埋蔵文化財調査報告書Ⅱ―』徳島県教育委員会・財団法人　徳島県埋蔵文化財センター、pp.51-61

菅原康夫ほか 1983『萩原墳墓群』徳島県教育委員会
鈴木裕明 2000『権威の象徴―古墳時代の威儀具―』奈良県立橿原考古学研究所附属博物館
鈴木裕明・高橋　敦 2009「石見遺跡出土木製樹物の観察と樹種同定」『古墳時代におけるコウヤマキ材の利用実態に関する総合的研究』平成18年度～平成20年度科学研究費補助金（基盤研究（B））研究成果報告書、奈良県立橿原考古学研究所、pp.45-72
鈴木三男 1987「宿東山1号墳出土木棺の樹種」『宿東山遺跡』石川県立埋蔵文化財センター、p.117
鈴木三男 1993「七尾市藤橋ゼニガミネ古墳出土の刀子付着木片の樹種について」『藤橋ゼニガミネ古墳』七尾市教育委員会、p.70
鈴木三男 1996「駄ノ塚古墳出土刀装具木質部と木棺の樹種」『国立歴史民俗博物館研究報告第65集』国立歴史民俗博物館、pp.269-270
鈴木三男 1998「舟棺および盾の材質同定」『大寺山洞穴第6次発掘調査概報』千葉大学文学部考古学研究室、pp.23-26
鈴木三男・田口正美 1988「北山茶臼山西古墳出土木質片の樹種同定」『大島上城遺跡・北山茶臼山西古墳』群馬県教育委員会・（財）群馬県埋蔵文化財調査事業団・日本道路公団、pp.170-171
鈴木三男・能城修一 1994「千葉県上総地方出土木質遺物の樹種」『土筆』3、土筆舎、pp.39-42
瀬川貴文 2005「釘結合式木棺の受容と展開」『待兼山考古学論集―都出比呂志先生退任記念―』、大阪大学考古学友の会、pp.583-594
妹尾周三 1990「広島県太田川下流域の竪穴式石室」『古文化談叢』23、九州古文化研究会、pp.35-66

〔た行〕

高久健二 2001「三韓の墳墓」『東アジアと日本の考古学Ⅰ』同成社、pp.33-62
高久健二 2004「楽浪の木槨墓」『考古学ジャーナル』517、ニューサイエンス社、pp.10-14
高田貫太 1999「瀬戸内における渡来文化の受容と展開―5世紀代の墓制を中心として―」『渡来文化の受容と展開―5世紀における政治的・社会的変化の具体相（2）―』第46回埋蔵文化財研究集会発表要旨集、pp.167-202
高田貫太 2004「5、6世紀日本列島と洛東江以東地域の地域間交渉」『文化の多様性と比較考古学2004』考古学研究会、pp.39-48
高野　学 1987「古墳をめぐる木製樹物」『季刊考古学』20、雄山閣、pp.49-53
高野陽子 2006「出現期前方後円墳をめぐる二、三の問題―京都府黒田古墳の再評価―」『京都府埋蔵文化財論集　第5集―創立二十五周年記念誌―』（財）京都府埋蔵文化財調査研究センター、pp.347-362
高橋　敦 1995「弥生時代終末～古墳時代初頭の木材利用」『豊島馬場遺跡』北区教育委員会、pp.312-314
高橋克壽 2010a「粘土槨の出現」『坪井清足先生卒寿記念論文集』坪井清足先生の卒寿をお祝いする会、pp.825-834
高橋克壽 2010b「東大寺山古墳の粘土槨」『東大寺山古墳の研究』東大寺山古墳研究会・天理大学・天理大学附属天理参考館、pp.309-314
高橋健自 1915「石棺石槨及び壙を論ず（一）」『考古学雑誌』5-10、考古学会、pp.11-37
高橋健自 1916「石棺石槨及び壙を論ず（二）」『考古学雑誌』6-8、考古学会、pp.1-17
高橋健自 1924『古墳と上代文化』雄山閣
高松雅文 2005「竪穴式石室の編年的研究―畿内地域を対象として―」『待兼山考古学論集―都出比呂志先生退任記念―』大阪大学考古学友の会、pp.451-468
高松雅文 2009「埋葬施設の型式学的研究―粘土槨の編年的研究を中心に―」『財団法人大阪府文化財センター・日本民家集落博物館・大阪府弥生博物館・大阪府近つ飛鳥博物館2007年度共同研究成果報告書』（財）大阪府文化財センター・日本民家集落博物館・大阪府弥生博物館・大阪府近つ飛鳥博物館、pp.87-114

田上雅則 1992「総括と若干の検討」『娯三堂古墳』池田市教育委員会、pp.49-62
竹内照夫 1977『新釈漢文大系27 礼記（上）』明治書院
竹原弘展・島津 功 2004「細川谷古墳群出土金属製遺物の保存処理」『明日香村遺跡調査概報 平成14年度』明日香村教育委員会、pp.88-96
田代克巳 1970「昭和44年度発掘調査」『高槻市安満弥生遺跡発掘調査概報』大阪府教育委員会、pp.1-11
辰巳和弘 1990『高殿の古代学』白水社
辰巳和弘 1992『埴輪と絵画の古代学』白水社
辰巳和弘 2011『他界へ翔る船 「黄泉の国」の考古学』新泉社
伊達宗泰 1972「漆塗木棺について」『壁画古墳高松塚』奈良県教育委員会・明日香村、pp.82-89
伊達宗泰・小島俊次・森 浩一 1963『大和天神山古墳』奈良県教育委員会
田中勝弘 1973「前期古墳の竪穴式石室構造について」『史想』16、京都教育大学考古学研究会、pp.23-62
田中清美 1994「河内地域における弥生時代の木棺の型式と階層」『文化財学論集』文化財学論集刊行会、pp.505-514
田中清美 1997「弥生時代の木槨と系譜」『堅田直先生古希記念論文集』堅田直先生古希記念論文集刊行会、pp.109-127
田中清美 2004「日本の木槨墓―弥生時代を中心に―」『考古学ジャーナル』517、ニューサイエンス社、pp.15-18
田中清美・髙橋 工ほか 1991『長原遺跡発掘調査報告Ⅳ』（財）大阪市文化財協会
田中彩太 1978「古墳時代木棺に用いられた緊結金具」『考古学研究』25-2、考古学研究会、pp.47-62
田中晋作 2013「古墳時代中期の鋌出土古墳について」『日本考古学協会第79回総会研究発表要旨』日本考古学協会、pp.50-51
田中新史 1994「樹種同定木質遺物の考古学的背景」『土筆』3、土筆舎、pp.51-71
田村晃一 1979「楽浪郡地域の木槨墓―漢墓綜考二―」『三上次男博士頌寿記念東洋史・考古学論集』朋友書店、pp.605-629
千賀 久 1976「遺構及び遺物のまとめ 木棺直葬墓」『葛城・石光山古墳群』奈良県立橿原考古学研究所 pp.413-417
千賀 久 1988「木棺と石棺」『寺口忍海古墳群』新庄町教育委員会・奈良県立橿原考古学研究所、pp.403-404
都出比呂志 1981「埴輪編年と前期古墳の新古」『王陵の比較研究』昭和54年度科学研究費補助金（総合A）研究成果報告書、京都大学考古学研究室、pp.35-48
都出比呂志 1986a『竪穴式石室の地域性の研究』昭和60年度科学研究費補助金（一般C）研究成果報告書、大阪大学文学部国史学研究室
都出比呂志 1986b「墳墓」『岩波講座日本考古学 4 集落と祭祀』岩波書店、pp.217-267
都出比呂志 1989「前方後円墳の誕生」『古代を考える 古墳』吉川弘文館、pp.1-35
都出比呂志 2005『前方後円墳と社会』塙書房
常松幹雄 2011「甕棺と副葬品の変貌」『弥生時代の考古学3 多様化する弥生文化』同成社、pp.216-237
坪井正五郎 1888「足利古墳発掘報告」『東京人類学会雑誌』3-30、東京人類学会、pp.330-380
坪井正五郎 1889「石棺の蓋に在る奇妙な突起の意味」『東洋学芸雑誌』89、城重源次郎、pp.87-91
出口晶子 2001『ものと人間の文化史98 丸木舟』法政大学出版局
寺沢 薫 2005「古墳時代開始期の暦年代と伝世鏡論（上・下）」『古代学研究』169・170、古代学研究会、pp.1-20・21-42
寺沢知子 1979「鉄製農工具副葬の意義」『橿原考古学研究所論集第四』吉川弘文館、pp.347-373
天水麦積山石窟芸術研究所 1998『中国石窟・天水麦積山』文物出版社・平凡社
東京国立博物館 1988『東京国立博物館図版目録 古墳遺物篇（近畿Ⅰ）』

豊岡卓之・岡林孝作・東影　悠ほか 2011「桜井茶臼山古墳第7・8次調査概要報告」『東アジアにおける初期都宮および王墓の考古学的研究』奈良県立橿原考古学研究所、pp.61-101
ドルジスレン 1961『北匈奴』（志賀和子訳 1988～1990「Ⅱ.ドルジスレン著『北匈奴』（1）～（5）」『古代学研究』117～121 所収）

〔な行〕

中村大介 2008a「有機質遺物についての検討」『塩田北山東古墳発掘調査報告書』神戸市教育委員会、pp.38-44
中村大介 2008b「有機質遺物についての検討」『白水瓢塚古墳発掘調査報告書』神戸市教育委員会、pp.120-128
中村達太郎 1931『改訂増補　日本建築辞彙』丸善株式会社
中村春寿・小島俊次ほか 1961『桜井茶臼山古墳』奈良県教育委員会
中村　浩 1978「和泉陶邑窯出土遺物の時期編年」『陶邑Ⅲ』大阪府教育委員会、pp.168-241
新納　泉 1991「石榔構造とその編年的位置」『浦間茶臼山古墳』浦間茶臼山古墳発掘調査団、pp.93-102
（財）日本林業技術協会編 1964～1976『原色日本林業樹木図鑑』1～5巻、地球出版・地球社

〔は行〕

橋口達也ほか 1976『スダレ遺跡』穂波町教育委員会
羽柴雄輔 1901「羽前国東村山郡衛守塚の古墳」『東京人類学会雑誌』180、東京人類学会、pp.213-216
長谷川益夫 1998「象鼻山1号古墳から出土した木片の樹種識別」『象鼻山1号古墳—第2次発掘調査の成果—』養老町教育委員会・富山大学人文学部考古学研究室、p.101
長谷部言人 1924「石棺の封鎖装置」『人類学雑誌』39-7・8・9、東京人類学会、pp.249-258
服部伊久男 1988「終末期群集墳の諸相」『橿原考古学研究所論集第九』吉川弘文館、pp.241-281
服部聡志 1984「木棺直葬を主たる埋葬施設とする群集墳」『関西大学考古学研究紀要4』関西大学考古学研究室、pp.23-41
花田勝弘 1987『田辺古墳群・墳墓群発掘調査概要』柏原市教育委員会
濱田耕策 2006「「東夷」諸民族の王権形成—夫餘族系諸族と郡県統治との関係性の諸相—」『東アジア古代国家論—プロセス・モデル・アイデンティティー—』すいれん舎、pp.141-155
濱田耕作・梅原末治 1922『大正七年度古蹟調査報告　第一冊』朝鮮総督府
林　昭三 1993「新池遺跡等出土の木質遺物の樹種について」『新池』高槻市教育委員会・高槻市立埋蔵文化財調査センター、pp.333-334
林　昭三・島地　謙 1987「大塚古墳出土木質遺物の樹種」『摂津豊中大塚古墳』豊中市教育委員会、pp.130-132
林　俊雄 2007『スキタイと匈奴　遊牧の文明』講談社
林　弘也 1993「番塚古墳出土品の植物組織」『番塚古墳』九州大学文学部考古学研究室、pp.205-209
林　弘也・松本　昴 1983「妙法寺2号墳から出土した"鏡下"資料の樹種について」『井河古墳群』那珂川町教育委員会、pp.15-16
林　弘也・松本　昴 1984「萱葉1号墳から出土した木製遺物の樹種について」『萱葉古墳群』志免町教育委員会、pp.53-54
林　弥永 1969『有用樹木図説（材木編）』誠文堂新光社
原口正三 1977「考古学からみた原始・古代の高槻」『高槻市史　第一巻本編Ⅰ』高槻市史編さん委員会、pp.113-332
原口正三ほか 1973『高槻市史　第六巻考古編』高槻市史編さん委員会
原田雅弘・濱田竜彦ほか 1996『宮内第一遺跡・宮内第二遺跡・宮内第四遺跡・宮内2、63、64、65号墳』（財）鳥取県教育文化財団
原田淑人 1929「漢代の木棺に就いて」『考古学雑誌』19-7、考古学会、pp.1-10

パリノ・サーヴェイ株式会社 1996「高井田山古墳から出土した木材と赤色物質の材質」『高井田山古墳』柏原市教育委員会、pp.197-201
パリノ・サーヴェイ株式会社 1998「久地西前田横穴墓群（第2次）における自然科学分析」『久地西前田横穴墓群—第2次調査—』久地西前田横穴墓群発掘調査団、pp.84-96
パリノ・サーヴェイ株式会社 2002a「木質・須恵器内容物と赤色物質の分析」『長岡京市における後期古墳の調査』長岡京市教育委員会、pp.191-192
パリノ・サーヴェイ株式会社 2002b「梅田古墳群の自然科学的分析」『梅田古墳群Ⅰ』兵庫県教育委員会、pp.29-38
パリノ・サーヴェイ株式会社 2004「久宝寺遺跡第37次調査出土土器棺・木棺の自然科学分析」『財団法人八尾市文化財調査研究会報告77』（財）八尾市文化財調査研究会、pp.152-153
パリノ・サーヴェイ株式会社 2005「北島遺跡第19地点出土木製品の樹種同定」『北島遺跡ⅩⅢ』（財）埼玉県埋蔵文化財調査事業団、pp.222-230
パリノ・サーヴェイ株式会社 2006「久宝寺遺跡第23次調査出土木材の樹種」『久宝寺遺跡　財団法人　八尾市文化財調査研究会報告89』（財）八尾市文化財調査研究会、pp.261-263
パリノ・サーヴェイ株式会社 2010「茶すり山古墳出土棺材および長柄の樹種同定」『史跡　茶すり山古墳』保存・自然科学編　兵庫県教育委員会、pp.61-64
春成秀爾 1976「古墳祭式の系譜」『歴史手帖』4-7、名著出版、pp.82-90
春成秀爾 1984「前方後円墳論」『東アジア世界における日本古代史講座　第2巻』学生社、pp.205-243
桧垣栄次 1977「諸木古墳」『高陽新住宅市街地開発事業地内埋蔵文化財発掘調査報告』広島県教育委員会、pp.189-193
樋口隆康 1975「楽浪文化の源流」『歴史と人物』9、中央公論社、pp.28-42
樋口隆康・堅田　直ほか 1999『城陽市史　第三巻』城陽市役所
菱田哲郎 1993「副葬品から見た古墳時代の前期と中期」『紫金山古墳と石山古墳』京都大学文学部博物館 pp.114-115
櫃本誠一ほか 1972『城の山・池田古墳』和田山町教育委員会
平田善文 1973「古材の樹種とこれ等の樹種の地理的分布について（針葉樹）」『古文化財教育研究報告』2、奈良教育大学古文化財教育研究室、pp.21-26
広瀬和雄 1992「前方後円墳の畿内編年」『前方後円墳集成　近畿編』山川出版社、pp.24-26
福岡澄男 1969「鉄釘接合木棺の復原と鉄釘について」『滋賀県文化財調査報告書　第4冊』滋賀県教育委員会、pp.69-76
福島孝行 2003「弥生終末期の墓制と古墳の出現」『季刊考古学』84、雄山閣、pp.66-70
福島雅儀 1981「木棺の復元」『旭山古墳群発掘調査報告』京都市埋蔵文化財研究所、pp.46-49
福島里浦・村上年生・若林邦彦 1999「木製品」『河内平野遺跡群の動態Ⅶ』大阪府教育委員会・（財）大阪府文化財調査研究センター、pp.69-136
福田さよ子 1997「石榴垣内遺跡出土木質遺物の樹種」『石榴垣内遺跡』奈良県立橿原考古学研究所、pp.139-146
福田さよ子 1999a「大和天神山古墳出土木棺材の樹種」『青陵』102、奈良県立橿原考古学研究所、pp.7-8
福田さよ子 1999b「束明神古墳石室内出土の木質の樹種」『束明神古墳の研究』奈良県立橿原考古学研究所、pp.117-120
福田さよ子 2001「羽根戸南古墳群G—3号墳出土木片の樹種」『羽根戸南古墳群　第3次調査』福岡市教育委員会、pp.257-260
福田さよ子 2002「小羽山12号墳出土木棺の樹種」『小羽山古墳群』清水町教育委員会、pp.123-126
福田さよ子 2003「上5号墳出土鉄釘付着材の樹種」『上5号墳』奈良県立橿原考古学研究所、pp.85-87
福田さよ子 2006「奈良県かん山古墳出土木棺材の樹種」『古墳時代木棺の用材選択に関する研究』平成15年

度～平成 17 年度科学研究費補助金（基盤研究（C））研究成果報告書、奈良県立橿原考古学研究所、p30

福田さよ子 2008a「下池山古墳出土木棺材の樹種」『下池山古墳の研究』奈良県立橿原考古学研究所、pp.178-179

福田さよ子 2008b「ホケノ山古墳出土木材の樹種」『ホケノ山古墳の研究』奈良県立橿原考古学研究所、pp.195-200

福田さよ子 2008c「赤尾熊ヶ谷古墳群出土木質遺物の樹種」『赤尾熊ヶ谷古墳群』（財）桜井市文化財協会、pp.131-133

福田さよ子・岡林孝作 2005「SX015 出土木棺の樹種」『長原遺跡発掘調査報告書 XII』（財）大阪市文化財協会、p.260

福田さよ子・前沢郁浩 1998「三倉堂遺跡出土木棺の樹種」『青陵』100、奈良県立橿原考古学研究所、pp.775-779

福永伸哉 1985「弥生時代の木棺墓と社会」『考古学研究』32-1、考古学研究会、pp.81-106

福永伸哉 1987「木棺墓」『弥生文化の研究 8 祭と墓と装い』雄山閣、pp.117-126

福永伸哉 1989「古墳時代の共同墓地―密集型土壙群の評価について―」『待兼山論叢』23、大阪大学文学部、pp.83-103

福永伸哉 1990「原始古代埋葬姿勢の研究―近畿地方を中心に―」『日本古代葬制の考古学的研究　とくに埋葬姿勢と葬送儀礼との関わり』大阪大学文学部考古学研究室、pp.5-58

福永伸哉 1995「三角縁神獣鏡の副葬配置とその意義」『日本古代の葬制と社会関係の基礎的研究』大阪大学文学部、pp.25-43

福永伸哉 1998「埋葬施設構築材の象徴性―木石併用棺の存在意義について―」『大阪大学文学部日本史研究室創立 50 周年記念論文集　古代中世の社会と国家』清文堂出版、pp.3-9

福永伸哉 1999「古墳の出現と中央政権の儀礼管理」『考古学研究』46-2、考古学研究会、pp.53-72

福永伸哉 2000「古墳における副葬品配置の変化とその意味―鏡と剣を中心にして―」『待兼山論叢』34、大阪大学大学院文学研究科、pp.1-24

福永伸哉 2001『邪馬台国から大和政権へ』大阪大学出版会

福永伸哉 2004「交易社会の発展と赤坂今井墳丘墓」『赤坂今井墳丘墓発掘調査報告書』峰山町教育委員会、pp.132-142

福永伸哉 2005『三角縁神獣鏡の研究』大阪大学出版会

藤井和夫 1992「東アジアの横穴式墓室」『新版古代の日本　第二巻』角川書店、pp.141-168

藤井治左衛門 1929a「岐阜県不破郡青墓村大字矢道長塚古墳」『考古学雑誌』19-6、考古学会、pp.15-23

藤井康隆 2001「向日丘陵前期古墳群の竪穴式石槨について」『寺戸大塚古墳の研究 1』（財）向日市埋蔵文化財センター、pp141-157

藤井康隆・梅本康広 2001「竪穴式石室と竪穴式石槨」『寺戸大塚古墳の研究 1』（財）向日市埋蔵文化財センター、p243

藤沢一夫 1961「古墳文化とその遺跡」『豊中市史　本編二』豊中市役所、pp.36-126

藤原光輝 1963「組合式木棺について」『近畿古文化論攷』吉川弘文館、pp.219-240

北條芳隆 1987「緑山 6 号墳（4）釘」『緑山古墳群』総社市文化振興財団、pp.67-70

北條芳隆 1990「古墳成立期における地域間の相互作用―北部九州の評価をめぐって」『考古学研究』37-2、考古学研究会、pp.49-69

北條芳隆 2004「墳墓研究の現在」『文化の多様性と比較考古学 2004』考古学研究会、pp.131-140

穂積裕昌 2012『古墳時代の喪葬と祭祀』雄山閣

〔ま行〕

間壁忠彦 1992「木棺・石棺」『古墳時代の研究 7』雄山閣　pp.79-95

間壁忠彦・間壁葭子 1974「石棺研究ノート（一） 石棺石材の同定と岡山県の石棺をめぐる問題」『倉敷考古館研究集報』9、（財）倉敷考古館、pp.1-23
間瀬収芳 1995「琀について」『中國古代禮制研究』小南一郎編、京都大學人文科學研究所、pp.11-46
町田 章 1988「三雲遺跡の金銅四葉座金具について」『古文化談叢』20、九州古文化研究会、pp.7-14
町田 章 2002『中国古代の葬玉』奈良文化財研究所
松木武彦・和田 剛・寺村裕史ほか 2014『天狗山古墳』天狗山古墳発掘調査団
松田隆嗣 1983「妙法寺古墳群より出土した割竹型木棺の用材について」『井河古墳群』那珂川町教育委員会、pp.19-20
松本 晁・林 弘也 1978「7号土壙墓出土木棺材の樹種名について」『山陽新幹線関係埋蔵文化財調査報告第5集』福岡県教育委員会、p.215
松本 晁・堤 壽一ほか 1980「北部九州の遺跡から出土した木材及び木製品」『自然科学の手法による遺跡・古文化財等の研究―総括報告書―』文部省科学研究費特定研究「古文化財」総括班、pp.241-247
三木 弘 1995「竪穴式石室についての基礎分析―東日本の古墳時代墓制の検討前提として―」『大阪府埋蔵文化財協会研究紀要』3、（財）大阪府埋蔵文化財協会、pp.95-122
三木 弘 2007「墓壙石壁小考」『大阪文化財研究』31、（財）大阪府文化財センター、pp.23-34
水野清一・小林行雄編 1959『図解考古学辞典』東京創元社
水野正好 1974「埴輪体系の把握」『古代史発掘7』講談社、pp.136-153
御嶽貞義 2010「北陸地方の弥生墳丘墓における木槨について―小羽山26号墓第1埋葬の構造から―」『小羽山墳墓群の研究―研究編―』福井市立郷土歴史博物館・小羽山墳墓群研究会、pp.33-53
光谷拓実 1995「古墳の年代を年輪から計る」『科学が解き明かす古墳の時代』日本文化財科学会、pp.9-18
光谷拓実 1996「雪野山古墳出土木製品の樹種同定」『雪野山古墳の研究』雪野山古墳発掘調査団、pp.461-464
光谷拓実 1997「年輪年代法による出土木棺（底板）の年輪年代」『曽根八千町遺跡』大垣市教育委員会、pp.82-83
光谷拓実 2001「勝山古墳出土木材の年輪年代」『勝山古墳第4次発掘調査概報』奈良県立橿原考古学研究所、pp.28-30（『奈良県遺跡調査概報2000年度（第二分冊）』所収）
光谷拓実 2003「木棺の樹種と年輪年代学的検討」『葉佐池古墳』松山市教育委員会、pp.178-179
光谷拓実 2006「401号墳北周構検出の木棺墓401底板の年輪年代について」『久宝寺遺跡 財団法人 八尾市文化財調査研究会報告89』（財）八尾市文化財調査研究会、pp.265-267
光谷拓実 2008「年輪年代法による木棺の年代測定」『下池山古墳の研究』奈良県立橿原考古学研究所、pp.116-117
光谷拓実ほか 1990『年輪に歴史を読む』奈良国立文化財研究所
光本 順 2001「古墳の副葬品配置における物と身体の分類及びその論理」『考古学研究』39-4、考古学研究会、pp.96-116
三矢重松 1912「宛字」『國學院雑誌』18-5・6・7、國學院、pp.7-19・pp.53-61・pp.40-54
村井嵓雄 1966「岡山県天狗山古墳出土の遺物」『MUSEUM』250、東京国立博物館、pp.4-17
森 浩一 1976「和泉黄金塚古墳についての補遺」『橿原考古学研究所論集創立三十五周年記念』吉川弘文館、pp.139-160
森 浩一 1977「遺物の出土状況」『新沢千塚126号墳』奈良県立橿原考古学研究所編、奈良県教育委員会、pp.29-37
森 浩一 1978「古墳文化と古代国家の誕生」『大阪府史第1巻・古代編Ⅰ』大阪府、pp.551-976
森 毅 1985「棺の構造」『古墳の起源と天皇陵』帝塚山大学考古学研究所、pp.14-24
森岡秀人 2011「列島内各地における中期と後期の断絶」『弥生時代の考古学3 多様化する弥生文化』同成

社、pp.176-193
森下　衛・辻　健二郎ほか 1991『船坂・黒田工業団地予定地内遺跡群発掘調査概報』園部町教育委員会

〔や行〕

安村俊史 2003「埋葬施設からみた玉手山古墳群」『玉手山古墳群の研究Ⅲ―埋葬施設編―』柏原市教育委員会、pp.51-75
柳沢一男 2004「日本の木槨墓研究の現状」『考古学ジャーナル』517、ニューサイエンス社、pp.2-4
柳沢一男 2005「前方後円墳と木槨」『季刊考古学』90、雄山閣、pp.33-36
柳田康雄 2003「弥生木棺墓」『伯玄社遺跡』春日市教育委員会、pp.126-174
柳田康雄ほか 1971「若八幡宮古墳」『今宿バイパス関係埋蔵文化財調査報告第3集』福岡県教育委員会、pp.7-44
柳本照男 2005「古墳」『新修豊中市史　第4巻考古』豊中市、pp.282-367
山内　文 1970「七廻り鏡塚古墳の木棺」『自然科学と博物館』37-3～4、国立科学博物館、pp.40-47
山内　文 1973「植物遺存体の研究法」『考古学ジャーナル』80、ニューサイエンス社、pp.20-25
山内　文 1974「Ⅱ植物性遺物の研究」『七廻り鏡塚古墳』大平町教育委員会、pp.123-133
山内　文 1976「岩内山遺跡出土木材の解剖学的所見」『北陸自動車道関係遺跡調査報告書第9集　岩内山遺跡』福井県教育委員会、pp.109-110
山内　文 1980「木質遺物について」『上総山王山古墳』山王山古墳発掘調査団、p.232
山内　文 1981「材の解剖学的識別法及び発掘された丸木舟・弓・木棺の用材について」『古文化財の科学』26、古文化財科学研究会、pp.43-59
山内　文 1993「吾妻坂古墳の植物性出土品の材質」『吾妻坂古墳』厚木市教育委員会、p.127
山口誠治 2002「出土木製品の樹種鑑定の報告」『史跡古市古墳群峯ヶ塚古墳後円部発掘調査報告書』羽曳野市教育委員会、pp.215-217
山田　暁 2013「竪穴式石槨の構築原理の変化」『ヒストリア』241、大阪歴史学会、pp.1-23
山田昌久編 2003『考古資料大観第8巻　弥生・古墳時代　木・繊維製品』小学館
山本三郎 1980「畿内における古墳時代前期の政治動向についての一視点―埋葬施設の構造を中心として―」『ヒストリア』87、大阪歴史学会、pp.1-32
山本三郎 1992「竪穴系の埋葬施設」『古墳時代の研究　第7巻』雄山閣、pp.96-110
山本三郎 2002「阿讃地域の長大型竪穴式石室の出現について」『論集徳島の考古学』徳島考古学論集刊行会、pp.471-487
山本義孝編 2005『遺跡でたどる袋井のあゆみ　第1弾』袋井市教育委員会・袋井市立浅羽郷土資料館
雪野山古墳発掘調査団 1990『雪野山古墳―第1次発掘調査概報―』
用田政晴 1980「前期古墳の副葬品配置」『考古学研究』27-3、考古学研究会、pp.37-54
横幕大祐 2000『願成寺西墳之越古墳群51・52号墳発掘調査報告書』池田町教育委員会
吉井秀夫 1995「百済の木棺―横穴式石室墳出土例を中心として―」『立命館文学』542、立命館大学人文学会、pp.1-21
吉井秀夫 2001「百済の墳墓」『東アジアと日本の考古学Ⅰ』同成社、pp.137-164
吉井秀夫 2002「朝鮮三国時代における墓制の地域性と被葬者集団」『考古学研究』49-3、考古学研究会、pp.37-51
吉井秀夫 2010「大加耶系竪穴式石槨墳の「木棺」構造とその変遷―釘・鎹の分析を中心として―」『朝鮮三国時代の墳墓における棺・槨・室構造の特質とその変遷』平成18年度～平成21年度科学研究費補助金（基盤研究（C））研究成果報告書、京都大学大学院文学研究科
吉留秀敏 1989「九州の割竹形木棺」『古文化談叢』20（中）、九州古文化研究会、pp.1-41
米田該典 1976「野中古墳出土三尾鉄付着木質遺物および大阪南部における前期古墳出土棺材の材質」『河内野中古墳の研究』臨川書店、付編pp.12-15

米田庄太郎　1917「天鳥船」『芸文』8-2・3（松本信広編　1971『論集日本文化の起源　第3巻民族学Ⅰ』平凡社、pp.459-478 所収）

〔ら行〕

李　熙濬　2001「新羅の墳墓」『東アジアと日本の考古学Ⅰ』同成社、pp.165-191

李　在賢　2003「韓国嶺南地域木槨墓の構造と葬習」『古代日韓交流の考古学的研究-葬制の比較研究-』平成11年度～平成13年度科学研究費補助金（基盤研究（B）（1））研究成果報告書、和田晴吾（研究代表者）、pp.85-110

林　孝澤　2000「金海良洞里古墳群の調査とその成果」『金海良洞里古墳文化』東義大學校博物館（日本語版　2001　大阪朝鮮考古学研究会訳）

〔わ行〕

和田晴吾　1976「畿内の家形石棺」『史林』59-3、史学研究会、pp.1-59
和田晴吾　1987「古墳時代の時期区分をめぐって」『考古学研究』34-2、考古学研究会、pp.44-55
和田晴吾　1989「葬制の変遷」『古代史復元6 古墳時代の王と民衆』講談社、pp.103-119
和田晴吾　1995「棺と古墳祭祀」『立命館文学』542、立命館大学人文学会、pp.22-49
和田晴吾　2009「古墳の他界観」『国立歴史民俗博物館研究報告』152、国立歴史民俗博物館、pp.247-270
和田晴吾　2014『古墳時代の葬制と他界観』吉川弘文館
和田千吉　1919「備中国都窪郡新庄下古墳」『考古学雑誌』9-11、考古学会、pp.33-45
渡辺貞幸　2004「弥生首長墓の槨構造と祭儀」『島根考古学会誌』20・21合併、島根考古学会、pp.273-290
渡辺正気・古賀精里　1954「筑前国朝倉郡狐塚古墳」『福岡県文化財調査報告書第17輯』（2分冊の1）
亘理俊次　1951「植物質遺存の二、三の条件について」『上代文化』20、国学院大学考古学会、pp.13-16
ワトソン，J.L.　1988「中国の葬儀の構造―基本の型・儀式の手順・実施の優位―」（西脇常記・神田一世・長尾佳代子訳　1994『中国の死の儀礼』平凡社、pp.17-32 所収）

【英文】

Rudenko, S.I.（ルデンコ）：1970, Frozen Tombs of Siberia, University of California Press.

【モンゴル語文】

Г. ЭРЭГЗЭН（エレグゼン）：2011, "ХҮННҮГИЙН ӨВ", ШУА- ийн Археологийн хүрээлэн, Монголын Үндэсний музей（モンゴル科学アカデミー考古研究所・モンゴル国立博物館）

【韓国語文】（音読み・五十音順）

安在晧　1990「棺・槨에 대하여」『東萊福泉洞古墳群Ⅱ　本文』釜山大学校博物館、pp.55-66
韓永熙・咸舜燮　1993『天安清堂洞第4次発掘調査報告』國立中央博物館
金海市　1998『金海의古墳文化』
金斗喆　2010「棺床과 前期加耶의 墓制」『韓國考古學報』75、韓國考古學會、pp.127-168（（岡林孝作訳）2014「棺床と前期加耶の墓制」『古文化談叢』71、九州古文化研究会、pp.239-269）
車勇杰・趙詳紀　1995『清州松節洞古墳群発掘調査報告書―1993年度　発掘調査―』財団法人百済文化開発研究院・忠北大学校博物館
徐五善・李浩炯　1995『下鳳里Ⅰ』国立公州博物館
高久健二　1995『楽浪古墳文化研究』学研文化社
釜山廣域市立博物館福泉分館　1997『東萊福泉洞93・95號墳』
朴相珍・姜愛慶　1991「百済武寧王陵出土棺材의樹種」『松菊里Ⅳ』國立中央博物館、pp.241-247
李盛周　1997「木棺墓에서 木槨墓로―蔚山 中山里遺蹟과 茶雲洞遺蹟에 대한 検討」『新羅文化』14、新羅文化研究所、pp.19-53

李在賢 1994「영남지역 목곽묘의 구조」『嶺南考古學』15、嶺南考古學會、pp.53-88
李在賢 1997「43 號木槨墓」『蔚山下垈遺蹟―古墳 I』釜山大學校博物館、pp.55-66
李在賢 2004「古代 南東海岸地域의 墓制樣相」、『고대의 남동해안 국가형성』、복천박물관
李賢珠 2006「꺾쇠의 사용례로 본 4 세기대 영남지역 목곽묘의 구조복원」、『石軒鄭澄元敎授停年退任記念論叢』、釜山考古學研究會、pp.563-573

【中文】(日本漢字表記・音読み・五十音順)
安　緯・奚芷芳 2009「蒙古匈奴貴族墓地初步研究」『考古学報』2009 年 1 期、pp.69-88
『雲夢睡虎地秦墓』編写組 1981『雲夢睡虎地秦墓』文物出版社
甌　燕 1989「戦国時期的墓葬」『北方文物』1989 年 3 期、pp.29-35・8
王仲殊 1955「墓葬略説」『考古』1955 年 1 期、pp.56-70
王培新 2007『楽浪文化―以墓葬為中心的考古学研究』科学出版社
何旭紅 2007「湖南望城風篷嶺漢墓年代及墓主考」『文物』2007 年 12 期、pp.56-65
郭德維 1983「楚墓分類問題探討」『考古』1983 年 3 期、pp.249-259
河南省古代建築保護研究所 1991『宝山霊泉寺』河南人民出版社
河南省文化局文物工作隊第二隊 1957「洛陽晋墓的発掘」『考古学報』1957 年第 1 期、pp.169-185
喬　梁 1998「内蒙古中部的早期鮮卑遺存」『青果集　吉林大学考古系建系十周年記念文集』知識出版社、pp.301-308
黄岡市博物館・黄州区博物館 2000「湖北黄岡両座中型楚墓」『考古学報』2000 年 2 期、pp.257-284
高崇文 1988「西漢長沙王墓和南越王墓葬制初探」『考古』1988 年 4 期、pp.342-347
黄明蘭・蘇　健 1987『洛陽古墓博物館』朝華出版社
湖南省博物館・中国社会科学院考古研究所 1973『長沙馬王堆一号漢墓』文物出版社
湖北省荊州博物館 2000『荊州高台秦漢墓』科学出版社
湖北省文物考古研究所 1993「江陵鳳凰山一六八号漢墓」『考古学報』1993 年 4 期、pp.455-513
湖北省文物考古研究所 1995『江陵九店東周墓』科学出版社
邵蔚風 2008「吉林地区夫余及相関墓葬型制研究」『博物館研究』2008 年 1 期、博物館研究編輯部、pp.55-58
徐苹芳 1984「三国両晋南北朝的銅鏡」『考古』1984 年第 6 期、pp.556-563
新疆維吾爾自治区文物事業管理局・新疆維吾爾自治区文物考古研究所・新疆維吾爾自治区博物館・新疆新天国際経済技術合作（集団）有限公司（編）1999『新疆文物古迹大観』新疆美術撮影出版社
西安市文物保護考古所 1999『西安龍首原漢墓』西北大学出版社
青海省文物考古研究所 1993『上孫家寨漢晋墓』文物出版社
孫　機 1991『漢代物質文化資料図説』文物出版社
孫危・魏堅 2004「内蒙古地区鮮卑墓葬的初歩研究」『内蒙古地区鮮卑墓葬的発現与研究』科学出版社、pp.211-272
大葆台漢墓発掘組・中国社会科学院考古研究所 1989『北京大葆台漢墓』文物出版社
単先進 1981「西漢"黄腸題湊"葬制初探」『中国考古学会第三次年会論文集』文物出版社、pp.238-249
中国社会科学院考古研究所安陽工作隊 1981「安陽隋墓発掘報告」『考古学報』1981 年第 3 期、pp.369-405
中国社会科学院考古研究所杜陵工作隊 1991「1984―1985 年西漢宣帝杜陵的考古工作収穫」『考古』1991 年 12 期、pp.1071-1083
張海雲・孫鉄山 2006「秦人木槨墓浅論」『考古与文物』2006 年 3 期、pp.74-76
張廼翥 1991「龍門石窟唐代瘞窟的新発現及其文化意義的探討」『考古』1991 年第 2 期、pp.160-167
陳公柔 1956「士喪礼、既夕礼中所記載的喪葬制度」『考古学報』1956 年第 4 期、pp.67-84
沈文倬 1958「対「士喪礼、既夕礼中所記載的喪葬制度」幾点意見」『考古学報』1958 年第 2 期、pp.29-38
陳明芳 1992『中国懸棺葬』重慶出版社

鄭君雷 1998「早期東部鮮卑与早期拓跋鮮卑族源関係概論」『青果集　吉林大学考古系建系十周年記念文集』、知識出版社、pp.309-318
鄭君雷・趙永軍 2005「従漢墓材料透視漢代楽浪郡的居民構成」『北方文物』2005 年 2 期、pp.22-28
鄭　隆 1961「内蒙古扎賚諾爾古墓群調査記」『文物』1961 年第 9 期、pp.16-19
田立坤 1993「鮮卑文化源流的考古学的考察」『青果集』知識出版社、pp.361-367
内蒙古自治区文物工作隊 1961「内蒙古扎賚諾爾古墓群発掘簡報」『考古』1961 年第 12 期、pp.673-680
内蒙古文物考古研究所・魏　堅 2004『内蒙古地区鮮卑墓葬的発現与研究』科学出版社
寧夏回族自治区文物管理委員会・中央美術学院美術史系 1988『須弥山石窟』文物出版社
寧夏回族自治区文物管理委員会・北京大学考古系 1997『須弥山石窟内容総録』文物出版社
馬忠理 1994「磁県北朝墓群―東魏北斉陵墓兆域考」『文物』1994 年第 11 期、pp.56-67
馬徳謙 1991「夫余文化的幾個問題」『北方文物』1991 年 2 期、pp.18-24
馬利清 2005『原匈奴、匈奴』内蒙古大学出版社
米文平 1981「鮮卑石室的発現与初歩研究」『文物』1981 年第 2 期、pp.1-7
北京市文物工作隊 1983「北京市順義県大営村西晋墓葬発掘簡報」『文物』1983 年第 10 期、pp.61-69
北京大学中文系楊存田・陳勁松 1983「我国古代的火葬制度」『考古与文物』1983 年第 3 期、pp.88-95
彭金章・王建軍 2000『敦煌莫高窟北区石窟　第一巻』文物出版社
彭　浩 1980「楚墓葬制初論」『中国考古学会第二次年会論文集』文物出版社、pp.33-40
兪偉超 1980「漢代諸侯王与列侯墓葬的形制分析―兼論"周制"、"漢制"与"晋制"的三階段性」『中国考古学会第一次年会論文集』文物出版社（兪偉超 1985『先秦両漢考古学論集』文物出版社、pp.117-124 所収）
兪偉超 1982「馬王堆一号漢墓棺制的推定」『湖南考古集刊』第 1 集、岳麓書社（兪偉超 1985『先秦両漢考古学論集』文物出版社、pp.125-131 所収）
由魯琪 1989「結語」『北京大葆台漢墓』大葆台漢墓発掘組・中国社会科学院考古研究所、文物出版社、pp.93-103
欒豊実 2006「史前棺椁的産生、発展和棺椁制度的形成」『文物』2006 年 6 期、pp.49-55
洛陽区考古発掘隊 1959『洛陽焼溝漢墓』中国科学院考古研究所（編）、科学出版社
羅　豊 1988『固原北魏墓漆棺画』寧夏固原博物館・寧夏人民出版社
李春富 1999「江蘇徐州獅子山楚王陵出土鑲玉漆棺的推理復原研究」『考古与文物』1999 年第 1 期、pp.55-71
李殿福 1985「漢代夫余文化芻議」『北方文物』1985 年 3 期、pp.9-15
李文生・楊超傑 1995「龍門石窟仏教瘞葬形式的新発現―析龍門石窟的瘞穴」『文物』1995 年第 9 期、pp.71-77
劉　瑞・劉　濤 2010『西漢諸侯王陵墓制度研究』中国社会科学出版社

遺跡文献

【日本】
〔宮城県〕
【仙台市若林区】遠見塚古墳：伊東信雄 1950「仙台市内の古代遺跡」『仙台市史　第 3 巻別篇 1』仙台市、pp.3-108　／【加美郡加美町】大塚森古墳：辻秀人 2008「大塚森古墳の研究」『東北学院大学論集　歴史と文化』第 43 号、pp.1-208
〔山形県〕
【山形市】衛守塚 2 号墳：犬塚又兵 1890「岩代安積郡発見ノ古代鏃及鋤」『東京人類学会雑誌』49、東京人類学会、pp.198-200；羽柴雄輔 1890「山形県漆山村発見の古棺」『東京人類学会雑誌』51、東京人類学会、

pp.270-271；羽柴雄輔 1901「羽前国東村山郡漆山村衛守塚の古墳」『東京人類学会雑誌』180、東京人類学会、pp.213-216；後藤守一 1924「漆山古墳実査報告」『考古学雑誌』14-13、考古学会、pp.7-26；柏倉亮吉 1953『山形県文化財調査報告書第 4 輯　山形県の古墳』山形県文化財保護協会；東京国立博物館 1968『東京国立博物館図版目録　古墳遺物篇（北海道・東北）』；岡林孝作・日高慎・奥山誠義・鈴木裕明 2008b「山形市衛守塚 2 号墳の研究」『MUSEUM』616、東京国立博物館、pp.7-35 ／【東置賜郡川西町】下小松古墳群小森山 98 号墳：大塚初重・小林三郎編 1995『山形県川西町下小松古墳群（1）』東京堂出版

〔福島県〕
【会津若松市】会津大塚山古墳：伊東信雄・伊藤玄三 1964『会津大塚山古墳』会津若松史出版委員会／【南相馬市】桜井古墳群上渋佐支群 7 号墳：鈴木文雄・吉田陽一 2001『桜井古墳群上渋佐支群 7 号墳発掘調査報告書』原町市教育委員会／【河沼郡会津坂下町】森北 1 号墳：土井健司・吉田博行ほか 1999『森北古墳群』創価大学・会津坂下町教育委員会／【双葉郡浪江町】本屋敷 1 号墳：伊藤玄三ほか 1985『本屋敷古墳群の研究』法政大学文学部考古学研究室

〔茨城県〕
【石岡市】丸山 1 号墳：後藤守一・大塚初重 1957『常陸丸山古墳』丸山古墳顕彰会／【結城市】結城作出土木棺：小室勉 1979『常陸の古墳時代』；岡林孝作・福田さよ子 2006b「茨城県結城市公民館所蔵木棺の観察と樹種同定」『青陵』118、奈良県立橿原考古学研究所、pp.9-12；岡林孝作 2009d「茨城県結城市結城作出土舟形木棺の調査」『古墳時代におけるコウヤマキ材の利用実態に関する総合的研究』平成 18 年度〜平成 20 年度科学研究費補助金（基盤研究（B））研究成果報告書、奈良県立橿原考古学研究所、pp.81-87 ／【つくば市】桜塚古墳：増田精一・岩崎卓也・蒲原宏行ほか 1981『筑波古代地域史の研究』筑波大学／【東茨城郡大洗町】鏡塚古墳：大場磐雄・佐野大和 1955『常陸鏡塚』綜芸舎

〔栃木県〕
【宇都宮市】茂原愛宕塚古墳：久保哲三・小森紀男ほか 1990『茂原古墳群』宇都宮市教育委員会／雀宮牛塚古墳：大和久震平 1969『雀宮牛塚古墳』宇都宮市教育委員会；東京国立博物館 1980『東京国立博物館図版目録　古墳遺物篇（関東Ⅰ）』／【栃木市】七廻り鏡塚古墳：大和久震平編 1974『七廻り鏡塚古墳』大平町教育委員会　ぎょうせい；三輪嘉六ほか 1992『重要文化財下野七廻り鏡塚古墳出土品』大平町教育委員会／山王寺大桝塚古墳：前沢輝政 1977『山王寺大桝塚古墳』早稲田大学出版部／藤岡町太田出土木棺：大和久震平編 1974『七廻り鏡塚古墳』大平町教育委員会　ぎょうせい；岡林孝作 2009c「栃木県下都賀郡藤岡町太田出土舟形木棺の調査」『古墳時代におけるコウヤマキ材の利用実態に関する総合的研究』平成 18 年度〜平成 20 年度科学研究費補助金（基盤研究（B））研究成果報告書、奈良県立橿原考古学研究所、pp.73-80 ／【足利市】足利公園古墳群：坪井正五郎 1888「足利古墳発掘報告」『東京人類学会雑誌』3-30、東京人類学会、pp.330-380 ／【真岡市】山崎 1 号墳：山ノ井清人 1984「山崎 1 号墳」『真岡市史　第 1 巻　考古資料編』真岡市、pp.263-281；橋本澄朗 1987「真岡市山崎 1 号墳の検討」『研究紀要』4、栃木県立博物館、pp.81-104 ／【那須郡那珂川町】那須八幡塚古墳：三木文雄・村井嵓雄 1957『那須八幡塚』吉川弘文館

〔群馬県〕
【前橋市】前橋天神山古墳：前橋市教育委員会編 1970『前橋天神山古墳図録』／尾崎喜左雄 1971「後閑天神山古墳」『前橋市史第 1 巻』前橋市、pp.332-345 ／宝塔山古墳：岡林孝作 1990「宝塔山古墳の測量・実測調査　横穴式石室」『平成元年度科学研究費補助金（一般研究 B）研究成果報告書　関東地方における終末期古墳の研究』、pp.13-23 ／【高崎市】観音塚古墳：尾崎喜左雄・保坂三郎 1963『上野国八幡観音塚古墳調査報告書』群馬県埋蔵文化財文化財調査報告書第一集』群馬県教育委員会；高崎市観音塚考古資料館 2015『改訂版　観音塚古墳の世界―きらめく大刀、馬具、装身具―』／【伊勢崎市】赤堀茶臼山古墳：後藤守一 1932『上野国佐波郡赤堀村今井茶臼山古墳』帝室博物館／多田山古墳群・中里塚古墳：深沢敦仁ほか 2004『多田山古墳群』群馬県企業局・（財）群馬県埋蔵文化財調査事業団／【太田市】鶴山古墳：右島和夫 1989「鶴山古墳出土遺物の基礎調査Ⅴ」『群馬県立歴史博物館調査報告書』6、群馬県立歴史博物館、pp.13-23；岡林孝作 2013「古墳出土鎹の使用法」『橿原考古学研究所論集第十六』八木書店、pp.111-122 ／【富岡市】北山茶臼山

西古墳：田口正美ほか 1988『大島上城遺跡・北山茶臼山西古墳』群馬県教育委員会・(財) 群馬県埋蔵文化財調査事業団・日本道路公団

〔埼玉県〕

【熊谷市】北島遺跡（第 19 地点 1 号木棺墓）：山本靖 2005『北島遺跡Ⅹ』(財) 埼玉県埋蔵文化財調査事業団／【行田市】埼玉稲荷山古墳：柳田敏司ほか 1980『埼玉稲荷山古墳』埼玉県教育委員会／【深谷市】安光寺 2 号墳：増田逸朗 1981「安光寺古墳の発掘調査」『関越自動車道関係埋蔵文化財発掘調査報告ⅩⅠ』(財) 埼玉県埋蔵文化財調査事業団、pp.79-95

〔千葉県〕

【千葉市中央区】上赤塚 1 号墳：栗田則久・田坂浩 1982『千葉東南部ニュータウン 13』住宅・都市整備公団・財団法人千葉県文化財センター／【千葉市若葉区】石神 2 号墳：中村恵次・沼沢豊ほか 1977『東寺山石神遺跡』日本道路公団東京第一建設部・建設省関東地方建設局・財団法人千葉県文化財センター／【館山市】大寺山洞穴：白井久美子 1992「畿内政権の伸張—倭の五王の時代」『房総考古学ライブラリー 6　古墳時代（2）』(財) 千葉県文化財センター、pp.3-132；岡本東三ほか 1996『大寺山洞穴第 3・4 次発掘調査概報』千葉大学文学部考古学研究室；岡本東三ほか 1997『大寺山洞穴第 5 次発掘調査概報』千葉大学文学部考古学研究室／鉈切洞穴：田原久 1958「船越鉈切神社の独木舟」『館山鉈切洞穴』千葉県教育委員会、pp.202-204／【木更津市】金鈴塚古墳：滝口宏・玉口時雄ほか 1951『上総金鈴塚古墳』千葉県教育委員会；酒巻忠史 2000「金鈴塚古墳」『木更津市文化財調査集報 4』木更津市教育委員会／【成田市】猫作・栗山 16 号墳：坂本行広・荒井世志紀 1995『猫作・栗山 16 号墳』財団法人香取郡市文化財センター／【市原市】新皇塚古墳：斎木勝・種田斉吾・菊池真太郎 1974『市原市菊間遺跡』千葉県都市部・財団法人千葉県都市公社／草刈 1 号墳：田井知二 1997『千原台ニュータウン 7—草刈 1 号墳—』住宅・都市整備公団・財団法人千葉県文化財センター／山王山古墳：大場磐雄・小出義治ほか 1980『上総山王山古墳』山王山古墳発掘調査団／【山武市】駄ノ塚古墳：白石太一郎ほか 1996『国立歴史民俗博物館研究報告第 65 集』国立歴史民俗博物館

〔東京都〕

【北区】豊島馬場遺跡：小林三郎・中島広顕ほか 1995『豊島馬場遺跡』北区教育委員会／【世田谷区】野毛大塚古墳：寺田良喜・甘粕健ほか 1999『野毛大塚古墳』世田谷区教育委員会・野毛大塚古墳調査会

〔神奈川県〕

【横浜市港北区】日吉矢上古墳：柴田常恵・森貞成 1963『日吉矢上古墳』／日吉観音松古墳：赤星直忠・岡本勇 1979『神奈川県史　資料編 20　考古資料』神奈川県県民部県史編集室／【川崎市高津区】久地西前田 2 号横穴：竹石健二・野中和夫ほか 1998『久地西前田横穴墓群—第 2 次調査—』久地西前田横穴墓群発掘調査団／【横須賀市】高尾横穴墓群 7 号墓：吉田政行・新開基史ほか 2006『高尾横穴墓群・矢ノ津坂遺跡　横浜横須賀道路（馬堀海岸～佐原）建設事業に伴う発掘調査』(財) かながわ考古学財団／【三浦市】雨崎洞穴：赤星直忠・岡本勇 1979『神奈川県史　資料編 20　考古資料』神奈川県県民部県史編集室／【厚木市】吾妻坂古墳：北川吉明・日野一郎ほか 1993『吾妻坂古墳』厚木市教育委員会

〔新潟県〕

【三条市】保内三王山 11 号墳：甘粕健・荒木勇次・小林隆幸ほか 1989『保内三王山古墳群』三条市教育委員会／【胎内市】胎内城の山古墳：水澤幸一ほか 2016『城の山古墳発掘調査報告書（4 次～9 次調査）』胎内市教育委員会；水澤幸一 2014「城の山古墳の発掘調査—日本海沿岸最北の前期古墳の調査—」『日本考古学』37、日本考古学協会、pp.79-92

〔富山県〕

【氷見市】阿尾島田 A 1 号墳：黒崎直 2007『阿尾島田古墳群の研究』富山大学考古学研究室

〔石川県〕

【七尾市】国分尼塚 1 号墳：和田晴吾 1984「石川県国分尼塚 1・2 号墳」『月刊文化財』第 254 号、第一法規、pp.11-17；宇野隆夫 1989「中部地方」『季刊考古学』第 28 号、雄山閣、pp.65-70／藤橋ゼニガミネ古墳：網谷行洋・土肥富士夫ほか 1993『藤橋ゼニガミネ古墳』七尾市教育委員会／【羽咋郡宝達志水町】宿東山 1 号

墳：北野博司ほか 1987『宿東山遺跡』石川県立埋蔵文化財センター／【鹿島郡中能登町】雨の宮1号墳：中屋克彦・安井重幸ほか 2005『史跡雨の宮古墳群』鹿西町教育委員会

〔福井県〕

【福井市】小羽山12号墳：古川登・堀大介ほか 2002『小羽山古墳群』清水町教育委員会／風巻神山4号墳：古川登・堀大介ほか 2003『風巻神山古墳群』清水町教育委員会／片山鳥越5号墓：清水町教育委員会 2004『片山鳥越墳墓群・方山真光寺跡塔址』／龍ヶ岡古墳・足羽山山頂古墳：斎藤優 1960『足羽山の古墳』福井県郷土誌懇談会／花野谷1号墳：福井市教育委員会 2012『福井市古墳発掘調査報告書Ⅰ』／天神山7号墳：福井市 1990『福井市史　資料編1考古』／【越前市】岩内山遺跡（D区1号土壙）：本村豪章ほか 1976『北陸自動車道関係遺跡調査報告書第9集　岩内山遺跡』福井県教育委員会／【吉田郡永平寺町】乃木山古墳：松井政信 1997「乃木山古墳」『発掘された北陸の古墳報告会資料集』松岡古代フェスティバル実行委員会、pp.74-77

〔長野県〕

【松本市】弘法山古墳：斎藤忠編 1978『弘法山古墳』松本市教育委員会／【中野市】厚貝山の神古墳：小野勝年・横山浩一ほか 1953『下高井』長野県教育委員会／七瀬3号墳：岩崎卓也・滝沢誠ほか 1989『七瀬古墳群・田麦中畝古墳群』中野市教育委員会

〔岐阜県〕

【岐阜市】舟木山24号墳：楢崎彰一 1979「古墳時代」『岐阜市史　史料編　考古・文化財』岐阜市、pp.138-296／【大垣市】長塚古墳：藤井治左衛門 1929a「岐阜県不破郡青墓村大字矢道長塚古墳」『考古学雑誌』19-6、考古学会、pp.15-23；藤井治左衛門 1929b「岐阜県長塚古墳第二回発掘品報告」『考古学雑誌』19-7、考古学会、pp.20-25；藤井治左衛門 1929c「岐阜県長塚古墳第三回発掘品報告」『考古学雑誌』19-9、考古学会、pp.28-31；中井正幸ほか 1993『長塚古墳』大垣市教育委員会／曽根八千町遺跡：鈴木元ほか 1997『曽根八千町遺跡』大垣市教育委員会／【海津市】円満寺山古墳：網干善教 1968「円満寺山古墳調査報告」『関西大学考古学研究年報』2、pp.1-26／【養老郡養老町】象鼻山1号墳：宇野隆夫ほか 1998『象鼻山1号古墳—第2次発掘調査の成果—』養老町教育委員会・富山大学人文学部考古学研究室／【揖斐郡池田町】願成寺西墳之越51号墳：横幕大祐 2000『願成寺西墳之越古墳群51・52号墳発掘調査報告書』池田町教育委員会

〔静岡県〕

【静岡市駿河区】杉ノ畷古墳：静岡市 1931『静岡市史』第一巻；岡林孝作・日高慎・奥山誠義・鈴木裕明 2008「静岡市杉ノ畷古墳出土木棺の研究」『MUSEUM』614、東京国立博物館、pp.5-25／伊庄谷横穴群：望月薫弘・手島四郎 1963『駿河伊庄谷横穴墳』静岡市教育委員会；伊藤寿夫・中野宥・鈴木光代 1984『駿河・伊庄谷横穴墳—南谷支群第4次発掘調査—』；岡林孝作・福田さよ子 2006「静岡市伊庄谷横穴群南谷支群17号墓出土木棺材および弓材の樹種同定」『青陵』118、奈良県立橿原考古学研究所、pp.5-9／【静岡市清水区】午王堂山1号墳：内藤晃・市原寿文 1968「清水市午王堂山遺跡及び午王堂山第1号墳・第2号墳」『東名高速道路（静岡県内工事）関係埋蔵文化財発掘調査報告書』静岡県文化財保存協会；大塚初重 1990「午王堂山古墳群」『静岡県史』資料編2　考古2、静岡県、pp.514-517／【浜松市浜北区】赤門上古墳：下津谷達男ほか 1966『遠江赤門上古墳』静岡県立浜名高等学校・浜北市教育委員会／権現平山7号墳：下津谷達男・大谷純一ほか 1968「静岡県浜北市内野権現平山第7号墳」『上代文化』33、国学院大学考古学会、pp.59-67／【浜松市北区】馬場平古墳：辰巳和弘ほか 1983『引佐町の古墳文化Ⅲ—馬場平古墳発掘調査報告書』引佐町教育委員会／【磐田市】松林山古墳：後藤守一・内藤正光ほか 1939『静岡県磐田郡松林山古墳発掘調査報告』御厨村郷土教育研究会／元島遺跡2号墳：加藤理文・川本忍 1998『元島遺跡Ⅰ（遺構編本文）』（財）静岡県埋蔵文化財調査研究所／安久路2号墳：磐田市教育委員会 1990『安久路2・3号墳の写真集』／【掛川市】五塚山古墳：鬼澤勝人 2001『五塚山古墳』大東町教育委員会／【藤枝市】若王子古墳群：八木勝行・磯部武男 1983『若王子・釣瓶落古墳群』藤枝市教育委員会

〔愛知県〕

【名古屋市北区】白山薮古墳：伊藤秋男・高橋信明 1977『白山薮古墳発掘調査報告』人類学研究所紀要6　南山大学人類学研究室／【犬山市】東之宮古墳：東之宮古墳：白石太一郎・森下章司・赤塚次郎 2005『史跡東之宮古墳調査報告書』犬山市教育委員会；渡邉樹・鈴木康高・森下章司ほか 2014『史跡東之宮古墳』犬山市教育委員会／【豊田市】三味線塚古墳：三田敦司ほか 2001『三味線塚古墳』豊田市教育委員会

〔三重県〕

【伊賀市】石山古墳：小野山節・菱田哲郎ほか 1993『紫金山古墳と石山古墳』京都大学文学部博物館

〔滋賀県〕

【大津市】野添2号墳・飼込5号墳：丸山竜平・福岡澄男ほか 1969『滋賀県文化財調査報告書　第4冊』滋賀県教育委員会／【近江八幡市】安土瓢箪山古墳：梅原末治 1938「安土村瓢箪山古墳」『滋賀県史蹟調査報告　第七冊』滋賀県／【栗東市】安養寺大塚越古墳：柏倉亮吉ほか 1936『滋賀県史蹟名勝天然紀念物概要』滋賀県史蹟名勝天然紀念物調査；京都大学文学部 1968『京都大学文学部博物館考古学資料目録（第2部）』／和田5号墳・8号墳：佐伯英樹ほか 1998『和田古墳群』栗東町教育委員会／【東近江市】神郷亀塚古墳：能登川町教育委員会 2004『神郷亀塚古墳』／雪野山古墳：都出比呂志・福永伸哉ほか 1996『雪野山古墳の研究』雪野山古墳発掘調査団

〔京都府〕

【京都市右京区】御堂ヶ池15号墳：京都大学考古学研究会 1971『嵯峨野の古墳時代』／【京都市山科区】旭山E―9号墳：木下保明・福島雅儀ほか 1981『旭山古墳群発掘調査報告』京都市埋蔵文化財研究所／【京都市西京区】百々ヶ池古墳：梅原末治 1920「川岡村岡ノ古墳」『京都府史蹟勝地調査会報告　第2冊』京都府、pp.53-59；東京国立博物館 1988『東京国立博物館図版目録　古墳遺物篇（近畿I）』／鏡山古墳：下村三四吉 1897「山城国大原野村鏡山古墳の発見品」『考古学会雑誌』1-4、考古学会、pp.182-185；東京国立博物館 1988『東京国立博物館図版目録　古墳遺物篇（近畿I）』／【福知山市】広峯15号墳：崎山正人ほか 1989『駅南地区発掘調査報告書』福知山市教育委員会／ヌクモ2号墳：竹原一彦 1990「ヌクモ古墳群」『京都府遺跡調査概報　第37冊』財団法人京都府埋蔵文化財調査研究センター、pp.110-123／【綾部市】大宮3号墳：綾部市教育委員会 1996『綾部市文化財調査報告　第24集』／私市円山古墳：鍋田勇・石崎善久ほか 1989「私市丸山古墳」『京都府遺跡調査概報　第36冊』（財）京都府埋蔵文化財調査研究センター、pp.3-79／【宇治市】一本松古墳：山田良三 1966「山城宇治一本松古墳調査報告」『古代学研究』42・43、古代学研究会、pp.14-22；山田良三 2005『尼塚古墳　付宇治一本松古墳』尼塚古墳刊行会／庵寺山古墳：荒川史・魚津知克・内田真雄 1998「京都府宇治市庵寺山古墳の発掘調査」『古代』105、早稲田大学考古学会、pp.183-197／坊主山1号墳・2号墳：堤圭三郎 1965「坊主山古墳発掘調査概要」『埋蔵文化財発掘調査概報（1965）』京都府教育委員会、pp.58-65／宇治二子山北墳：杉本宏・荒川史ほか 1991『宇治二子山古墳』宇治市教育委員会／【亀岡市】浄法寺1号墳：梅原末治 1918「丹波国南桑田郡篠村の古墳」『考古学雑誌』9-1、考古学会、pp.11-34；梅原末治 1920「篠村古墳」『京都府史蹟勝地調査会報告』第2冊、京都府、pp.96-105；京都大学文学部 1968『京都大学文学部博物館考古学資料目録（第2部）』；河野一隆 2000「浄法寺古墳群」『新修亀岡市史　資料編　第1巻』亀岡市、pp.90-93／【城陽市】西山1号墳：樋口隆康・堅田直ほか 1999『城陽市史　第三巻』城陽市役所／芝ヶ原11号墳：近藤義行ほか 1986『城陽市埋蔵文化財調査報告書第15集』城陽市教育委員会／尼塚4号墳：山田良三・中谷雅治・杉原和雄ほか 1969「尼塚古墳群発掘調査概要」『埋蔵文化財発掘調査概報（1969）』京都府教育委員会、pp.66-100／上大谷6号墳：樋口隆康・堅田直ほか 1999『城陽市史　第三巻』城陽市役所／【向日市】元稲荷古墳：西谷真治 1985『元稲荷古墳』西谷真治先生還暦祝賀会；梅本康広・石岡智武ほか 2014『元稲荷古墳』向日市教育委員会・（公財）向日市埋蔵文化財センター／寺戸大塚古墳：近藤喬一・都出比呂志 2004『向日丘陵の前期古墳』向日市文化資料館；（後円部）：京都大学文学部考古学研究室向日丘陵古墳群調査団 1971「京都向日丘陵の前期古墳群の調査」『史林』54-6、史学研究会、pp.116-139；（前方部）：京都大学文学部 1968『京都大学文学部博物館考古学資料目録（第2部）』；梅本康広・森下章司ほか 2001『寺戸大塚古墳の研究I』（財）向日市埋蔵文化財センター／妙見山古墳：梅原末治

1955『京都府文化財調査報告第 21 冊』京都府教育委員会／【長岡京市】**長法寺南原古墳**：梅原末治 1937「乙訓村長法寺南原古墳の調査」『京都府史蹟名勝天然紀念物調査報告　第十七冊』京都府、pp.1-22；大阪大学南原古墳調査団 1992『長法寺南原古墳の研究』／**井ノ内稲荷塚古墳**：福永伸哉・杉井健ほか 2002『長岡京市における後期古墳の調査』長岡京市教育委員会／【八幡市】**ヒル塚古墳**：久保哲正・桝井豊成ほか 1990『ヒル塚古墳発掘調査概報』八幡市教育委員会／**女谷・荒坂横穴群**：岩松保ほか 2004『京都府遺跡調査報告書第 34 冊』(財) 京都府埋蔵文化財調査研究センター【京田辺市】／**八幡茶臼山古墳**：梅原末治 1916「山城綴喜郡茶臼山古墳と其発掘物」『考古学雑誌』6－9、考古学会、pp.517-525／**下司古墳群**：辰巳和弘ほか 1985『下司古墳群』同志社大学校地学術調査委員会／【京丹後市】**赤坂今井墳丘墓**：石崎善久・岡林峰夫ほか 2004『赤坂今井墳丘墓発掘調査報告書』峰山町教育委員会／**大田南 6 号墳**：横島勝則・丸山次郎ほか 1998『大田南古墳群／大田南遺跡／矢田城跡第 2 次～第 5 次発掘調査報告書』弥栄町教育委員会／**カジヤ古墳**：杉原和雄ほか 1972『カジヤ古墳発掘調査報告書』峰山町教育委員会／**離湖古墳**：三浦到・加藤晴彦ほか 1993『離山古墳・離湖古墳発掘調査概要』網野町教育委員会／**溝谷 2 号墳**：田代弘 1994「溝谷古墳群」『京都府遺跡調査概報　第 60 冊』財団法人京都府埋蔵文化財調査研究センター、pp.205-220／**左坂 C21 号墳**：石崎善久・引原茂治 1999「左坂古墳群」『京都府遺跡調査概報　第 89 冊』財団法人京都府埋蔵文化財調査研究センター、pp.47-71／【南丹市】**黒田古墳**：森下衛・辻健二郎ほか 1991『船阪・黒田工業団地予定地内遺跡群発掘調査概報』園部町教育委員会／**垣内古墳**：森浩一・大野左千夫ほか 1990『園部垣内古墳』同志社大学文学部文化学科／**岸ヶ前 2 号墳**：門田誠一・内田真雄ほか 2001『園部岸ヶ前古墳群発掘調査報告書』佛教大学校地調査委員会／**町田東 3 号墳**：森下衛・辻健二郎ほか 1991『船坂・黒田工業団地予定地内遺跡群発掘調査概報』園部町教育委員会／【木津川市】**椿井大塚山古墳**：梅原末治 1965『京都府埋蔵文化財調査報告第 23 冊』京都府教育委員会；樋口隆康 1998『昭和 28 年椿井大塚山古墳発掘調査報告』京都府山城町／**平尾城山古墳**：近藤喬一ほか 1990『平尾城山古墳』(財) 古代学協会／**瓦谷 1 号墳**：石井清司・有井広幸ほか 1997『京都府遺跡調査報告書第 23 冊 (瓦谷古墳群)』(財) 京都府埋蔵文化財調査研究センター／**瓦谷遺跡（48bt 試掘坑溝 SD4805）**：伊賀高弘 1987「木津地区所在遺跡昭和 61 年度発掘調査概報　瓦谷遺跡」『京都府遺跡調査概報第 26 冊』(財) 京都府埋蔵文化財調査研究センター、pp.47-83／**西山古墓**：(財) 京都府埋蔵文化財調査研究センター 1992『京都府遺跡調査概報第 51 冊』／**吐師七ツ塚 2 号墳**：梅原末治・赤松俊秀 1933「吐師七ツ塚古墳発見品」『京都府史蹟名勝天然紀念物調査報告　第十四冊』京都府、pp.43-50／**西山塚古墳**：伊賀高弘 1994「西山塚古墳」『京都府遺跡調査概報　第 56 冊』財団法人京都府埋蔵文化財調査研究センター、pp.171-187／【乙訓郡大山崎町】**鳥居前古墳**：杉原和雄ほか 1970『埋蔵文化財発掘調査概報』京都府教育委員会／【与謝郡与謝野町】**大風呂南 1 号墓**：白数真也ほか 2000『大風呂南墳墓群』岩滝町教育委員会／**日ノ内古墳**：岡田晃治・肥後弘幸ほか 1985『岩滝町文化財調査報告　第 7 集　弓木城跡・千原遺跡』岩滝町教育委員会

〔大阪府〕

【大阪市平野区】**加美遺跡（Y 1 号墓）**：永島暉臣愼・田中清美 1985「大阪市加美遺跡の弥生時代中期墳丘墓」『月刊文化財』266、文化庁文化財保護部、pp.19-26；田中清美 1994「河内地域における弥生時代の木棺の型式と階層」『文化財学論集』文化財学論集刊行会、pp.505-514／**長原遺跡（木棺墓 SX015）**：大庭重信・平田洋司ほか 2005『長原遺跡発掘調査報告 XII』(財) 大阪市文化財協会【堺市堺区】**塚廻古墳**：大道弘雄 1912「大仙陵畔の大発見（上・下）」『考古学雑誌』2-12・3-1、考古学会、pp.13-24・18-33／【堺市西区】**経塚古墳**：小野山節 1971「古墳の世紀と陶邑」『堺市史　続編第一巻』堺市役所、pp.45-103／**百舌鳥大塚山古墳**：森浩一 1954「和泉国百舌鳥大塚山古墳調査の概要」『日本考古学協会彙報　別篇 2』、pp.13-14；森浩一 1978／**塔塚古墳**：森浩一・田中英夫 1960「大阪府堺市塔塚調査報告―畿内の古式横穴式石室に関連して―」『日本考古学協会第 25 回総会研究発表要旨』日本考古学協会、pp.9-10／【岸和田市】**貝吹山古墳**：吉井秀夫 1999『久米田貝吹山古墳』岸和田市教育委員会／**風吹山古墳**：虎間英喜 1995『久米田古墳群発掘調査概要Ⅱ』岸和田市教育委員会／【池田市】**池田茶臼山古墳**：堅田直 1964『池田市茶臼山古墳の研究』大阪古文化研究会／**娯三堂古墳**：田上雅則・清喜裕二ほか 1992『娯三堂古墳』池田市教育委員会／【豊中市】**御獅子塚古

墳：豊中市教育委員会 1990『御獅子塚古墳』；柳本照男 2005「古墳」『新修豊中市史　第 4 巻考古』豊中市、pp.282-367 ／豊中大塚古墳：柳本照男・服部聡志ほか 1987『摂津豊中大塚古墳』豊中市教育委員会／南天平塚古墳：小林行雄 1937「大阪府豊中南天平塚の発掘」『考古学』 8 - 9、東京考古学会、pp.422-423；小林行雄 1962「狐塚・南天平塚古墳の調査」『大阪府の文化財』大阪府教育委員会、pp.54-56；藤沢一夫 1961「古墳文化とその遺跡」『豊中市史　本編二』豊中市役所、pp.36-126；柳本照男 2005「古墳」『新修豊中市史　第 4 巻考古』豊中市、pp.282-367 ／**北天平塚古墳**：藤沢一夫 1961「古墳文化とその遺跡」『豊中市史　本編二』豊中市役所、pp.36-126；柳本照男 2005「古墳」『新修豊中市史　第 4 巻考古』豊中市、pp.282-367 ／**【高槻市】安満宮山古墳**：鐘ケ江一朗ほか 2000『安満宮山古墳』高槻市教育委員会／**弁天山 B 2 号墳・B 3 号墳・C 1 号墳**：堅田直・原口正三・西谷正ほか 1967『弁天山古墳群の調査』大阪府教育委員会／**闘鶏山古墳**：鐘ヶ江一朗・高橋公一ほか 2007『闘鶏山古墳石槨画像・環境調査報告書』高槻市教育委員会；森田克行・鐘ヶ江一朗・高橋公一ほか 2009『史跡闘鶏山古墳確認調査報告書』高槻市教育委員会／**土保山古墳**：陳顕明 1960『土保山古墳発掘調査概報』高槻市教育委員会；原口正三ほか 1973『高槻市史　第六巻考古編』高槻市史編さん委員会；原口正三 1977「考古学からみた原始・古代の高槻」『高槻市史　第一巻本編Ⅰ』高槻市史編さん委員会、pp.113-332 ／**新池遺跡**：森田克行・北原治ほか 1993『新池』高槻市教育委員会・高槻市立埋蔵文化財調査センター／**石川年足墓**：原口正三ほか 1973『高槻市史　第六巻考古編』高槻市史編さん委員会／**【枚方市】万年山古墳**：梅原末治 1916「河内枚方町字万年山の遺跡と発見の遺物に就きて」『考古学雑誌』 7 - 2、考古学会、pp.50-53 ／**【茨木市】紫金山古墳**：小野山節・菱田哲郎ほか 1993『紫金山古墳と石山古墳』京都大学文学部博物館；上原真人・阪口英毅・吉井秀夫ほか 2007『紫金山古墳の研究』京都大学大学院文学研究科考古学研究室／**将軍山古墳**：堅田直 1968『茨木市将軍山古墳石室移築報告』帝塚山大学考古学研究室／**【八尾市】亀井古墳**：寺川史郎・尾谷雅彦ほか 1980『亀井・城山』（財）大阪文化財センター／**久宝寺遺跡（久宝寺遺跡（その 2 ）F 2 グリッド第 4 遺構面ａ第 4 号墓）**：赤木克視・一瀬和夫ほか 1987『久宝寺南（その 2 ）』大阪府教育委員会・（財）大阪文化財センター；福島里浦・村上年生・若林邦彦 1999「木製品」『河内平野遺跡群の動態Ⅶ』大阪府教育委員会・（財）大阪府文化財調査研究センター、pp.69-136 ／**（久宝寺 1 号墳）**：西村歩・南條直子ほか 2003『久宝寺遺跡・竜華地区発掘調査報告書Ⅴ』（財）大阪府文化財センター／**（久宝寺 6 号墳・13 号墳・29 号墳・43 号墳・05346 木棺墓・05345 木棺墓）**：森屋美佐子・亀井聡ほか 2007『久宝寺遺跡・竜華地区発掘調査報告書Ⅶ』（財）大阪府文化財センター／**（久宝寺 401 号墳（木棺墓 401）・404 号墳・405 号墳）**：原田昌則ほか 2006『久宝寺遺跡　財団法人　八尾市文化財調査研究会報告 89』（財）八尾市文化財調査研究会／**（久宝寺 402 号墳）**：原田昌則ほか 2004『財団法人　八尾市文化財調査研究会報告 77』（財）八尾市文化財調査研究会／**心合寺山古墳**：八尾市教育委員会 2001『史跡心合寺山古墳発掘調査概要報告書—史跡整備に伴う発掘調査の概要—』／**美園遺跡（D 地区）**：渡辺昌宏ほか 1985『美園』（財）大阪文化財センター／**宝蔵寺境内 15 号墳**：米田敏幸 1984『八尾市内遺跡昭和 58 年度発掘調査報告書』八尾市教育委員会／**垣内 3 号墳**：米田敏幸・嶋村友子 1986『八尾市内遺跡昭和 60 年度発掘調査報告書』八尾市教育委員会／**【富田林市】真名井古墳**：北野耕平・藤直幹・井上薫 1964『河内における古墳の調査』大阪大学文学部国史学研究室／**【和泉市】和泉黄金塚古墳**：末永雅雄ほか 1954『和泉黄金塚古墳』綜芸社／**【柏原市】玉手山 9 号墳**：安村俊史・松田光代 1983『玉手山 9 号墳』柏原市教育委員会／**玉手山 5 号墳**：北野耕平 1959「玉手山における 2 古墳の調査」『青陵』 8、奈良県立橿原考古学研究所、p34；北野耕平 1964a「前期古墳における内部構造の問題」『河内における古墳の調査』大阪大学文学部国史学研究室、pp.186-200 ／**北玉山古墳**：末永雅雄・富田好久 1964『北玉山古墳』関西大学考古学研究室／**安福寺所在石棺**：柏原市教育委員会 1997『重要文化財安福寺石棺保存整備事業報告』／**ヌク谷北塚古墳**：藤直幹・井上薫・北野耕平 1964『河内における古墳の調査』大阪大学文学部国史研究室／**茶臼塚古墳**：竹下賢ほか 1986『柏原市埋蔵文化財発掘調査概報 1985 年度』柏原市教育委員会／**松岳山古墳**：小林行雄 1957『河内松岳山古墳の調査』大阪府教育委員会／**高井田山古墳**：安村俊史・桑野一幸ほか 1996『高井田山古墳』柏原市教育委員会／**平尾山古墳群（平野・大県 15 支群 10 号墳・11 号墳）**：北野重 1992『平尾山古墳群平野・大県支群—ミニゴルフ場建設に伴う—1991 年度』柏原市教育委員会／**（平野・大県 17 支群 1 号墳）**：柏原市教育委員会 1998『平野・大県古墳

群―高尾山創造の森に伴う調査　その２―』／（平野・大県27支群2号墳）：北野重 1992『平尾山古墳群平野・大県支群―ミニゴルフ場建設に伴う―1991年度』柏原市教育委員会／（太平寺3支群8号墳）：北野重・津田美智子 1990『平尾山古墳群―太平寺山手線建設に伴う　その3―』柏原市教育委員会／（雁多尾畑49支群7号墳）：田中久雄ほか 1989『平尾山古墳群―雁多尾畑49支群発掘調査概要報告書―』柏原市教育委員会／田辺古墳群：花田勝弘 1987『田辺古墳群・墳墓群発掘調査概要』柏原市教育委員会【羽曳野市】駒ヶ谷北古墳：北野耕平 1994「駒ヶ谷北古墳」『羽曳野市史第3巻　史料編1』羽曳野市、pp.276-279 ／駒ヶ谷宮山古墳：藤直幹・井上薫・北野耕平 1964『河内における古墳の調査』大阪大学文学部国史研究室／庭鳥塚古墳：河内一浩 2010『庭鳥塚古墳発掘調査報告書』羽曳野市教育委員会／峯ヶ塚古墳：下山恵子・吉澤則男ほか 2002『史跡古市古墳群峯ヶ塚古墳後円部発掘調査報告書』羽曳野市教育委員会／切戸1号墳・2号墳：森田和伸・吉澤則男ほか 1985「切戸1・2号墳」『古市遺跡群Ⅵ』羽曳野市教育委員会、pp.113-200 ／【高石市】富木車塚古墳：上田舒・藤原光輝ほか 1960『富木車塚古墳』大阪市立美術館／【藤井寺市】岡古墳：天野末喜ほか 1989『岡古墳』藤井寺市教育委員会／津堂城山古墳：藤井利章 1982「津堂城山古墳の研究」『藤井寺市史紀要』3、藤井寺市、pp.1-64 ／藤の森古墳／西谷正 1965『藤の森・蕃上山二古墳の調査』大阪府水道部／盾塚古墳：末永雅雄・勝部明生ほか 1991『盾塚・鞍塚・珠金塚古墳』由良大和古代文化研究会／【東大阪市】瓜生堂遺跡（23号方形周溝墓）：堀江門也・赤木克視ほか 1980『瓜生堂』（財）大阪文化財センター／巨摩廃寺遺跡（2号木棺墓）：堀江門也・玉井功ほか 1982『巨摩・瓜生堂』（財）大阪文化財センター／芝山古墳：W．ゴーランド 1897「日本のドルメンと埋葬field」（上田宏範監修 1981『日本古墳文化論』創元社、pp.3-111所収）／大塚初重 2003「ガウランド・コレクション」『ガウランド　日本考古学の父』朝日新聞社、pp.92-93【四條畷市】忍岡古墳：四條畷市教育委員会 1974『忍ヶ岡古墳』／【交野市】東車塚古墳：奥野和夫・小川暢子・井上主税 2000『交野東車塚古墳（調査編）』交野市教育委員会／【南河内郡太子町】御嶺山古墓：梅原末治 1937「河内磯長御嶺山古墳」『近畿地方古墳墓の調査二・上野国総社二子山古墳の調査』日本古文化研究所、pp.12-20 ／伽山古墓：山本彰ほか 1982『伽山遺跡発掘調査概要・Ⅱ』大阪府教育委員会

〔兵庫県〕

【神戸市東灘区】野嵜古墳群：六甲山麓遺跡調査会 2001『神戸市東灘区西岡本遺跡』／東求女塚古墳：梅原末治 1925「武庫郡住吉町呉田の求女塚」『兵庫県史蹟名勝天然紀念物調査報告書　第二輯』兵庫県、pp.50-51 ／【神戸市兵庫区】会下山二本松古墳：北野耕平 1974「摂津会下山二本松古墳における内部構造の考察」『兵庫史学』65、兵庫史学会、pp.12-23 【神戸市西区】白水瓢塚古墳：安田滋・山本雅和ほか 2008『白水瓢塚古墳発掘調査報告書』神戸市教育委員会／西神ニュータウン30-1号墳：神戸市教育委員会 1994『昭和五六年度神戸市埋蔵文化財年報』；新修神戸市史編集委員会編 1989『新修神戸市史　歴史編Ⅰ自然・考古』／【神戸市北区】塩田北山東古墳：中村大介・志賀智史ほか 2008『塩田北山東古墳発掘調査報告書』神戸市教育委員会／【姫路市】宮山古墳（第2主体）：松本正信・加藤史郎ほか 1970『宮山古墳発掘調査概報』姫路市教育委員会／（第3主体）：松本正信・加藤史郎 1973『宮山古墳第2次発掘調査概報』姫路市教育委員会／奥山大塚古墳：梅原末治・武藤誠 1935「奥山古墳」『兵庫県史蹟名勝天然紀念物調査報告　第十一輯』兵庫県、pp.25-38 【尼崎市】園田大塚山古墳：梅原末治・小林行雄 1941「園田大塚山古墳とその遺物」『兵庫県史蹟名勝天然紀念物調査報告　第十五輯』兵庫県、pp.19-41 ／水堂古墳：村川行弘 1980『尼崎市史　第十一巻』尼崎市役所／【明石市】明石城武家屋敷跡東仲ノ町地区：大久保浩二ほか 1999『明石市文化財年報　平成9年度』明石市教育委員会；明石市立文化博物館 2001『明石市立文化博物館ニュース』№29 ／【西宮市】具足塚古墳：武藤誠ほか 1976『具足塚発掘調査報告』西宮市教育委員会／【豊岡市】北浦18号墳：瀬戸谷晧ほか 1980『北浦古墳群』豊岡市教育委員会／立石103号地点C群第18主体・立石107号墳：瀬戸谷晧ほか 1987『北浦古墳群・立石古墳群』豊岡市教育委員会／寺谷4号墳：潮崎誠 1993「福田寺谷古墳群」『豊岡市史資料編下巻』豊岡市、pp.167-170 ／【加古川市】南大塚古墳：北山惇 1989「加古川市、南大塚古墳の前方部竪穴式石室と出土の三角縁神獣鏡について」『神戸古代史』8、神戸古代史研究会、pp.1-21 ／池尻2号墳：島田清・上田哲也ほか 1965『印南野―その考古学的研究―』加古川市教育委員会；置田雅昭 1996「池尻2号

墳」『加古川市史第 4 巻　史料編Ⅰ』、pp.306-311 ／カンス塚古墳：加古川市教育委員会 1985『カンス塚古墳』／【小野市】王塚古墳：岸本直文 1992「小野王塚古墳」『兵庫県史　考古資料編』兵庫県、pp.440-442 ／岸本直文 2001「小野のあけぼの」『小野市史　第 1 巻　本編Ⅰ』小野市、pp.83-189　焼山古墳群：武藤誠 1958「焼山古墳　その後」『私たちの考古学』5-1、考古学研究会、pp.40-41 ／【加西市】亀山古墳：梅原末治 1939「在田村亀山古墳と其の遺物」『兵庫県史蹟名勝天然紀念物調査報告　第十四輯』兵庫県、pp.16-37；菱田哲郎・丸吉繁一ほか 2005『玉丘古墳群Ⅰ』加西市教育委員会；菱田哲郎・丸吉繁一ほか 2006『玉丘古墳群Ⅱ』加西市教育委員会／【篠山市】上板井 2 号墳：市橋重喜・岸本一宏ほか 1986『上板井古墳群』兵庫県教育委員会／【丹波市】丸山 1 号墳：山本三郎・井守徳男 1977『兵庫県氷上郡山南町丸山古墳群―調査の概要―』山南町／【朝来市】梅田 1 号墳・3 号墳：菱田淳子ほか 2002『梅田古墳群Ⅰ』兵庫県教育委員会／城の山古墳・池田古墳：櫃本誠一ほか 1972『城の山・池田古墳』和田山町教育委員会／茶すり山古墳：岸本一宏・岩本崇・加藤一郎ほか 2010『史跡　茶すり山古墳』兵庫県教育委員会／筒江中山 23 号墳：小川良太 1992「筒江中山古墳群」『兵庫県史　考古資料編』兵庫県、pp.604-605 ／【宍粟市】伊和中山 1 号墳：山本三郎 1986『伊和中山古墳群Ⅰ』一宮町教育委員会／【たつの市】綾部山 39 号墳：芝香寿人ほか 2005『綾部山 39 号墓』御津町教育委員会／権現山 51 号墳：近藤義郎・松本正信ほか 1991『権現山 51 号墳』『権現山 51 号墳』刊行会／新宮東山 2 号墳：岸本道昭ほか 1996『新宮東山古墳群』龍野市教育委員会／吉島古墳：近藤義郎ほか 1983『吉島古墳』新宮町教育委員会

〔奈良県〕

【奈良市】マエ塚古墳：小島俊次ほか 1969『マエ塚古墳』奈良県教育委員会／富雄丸山古墳：泉森皎・久野邦雄 1973『富雄丸山古墳』奈良県教育委員会／三陵墓西古墳：末永雅雄ほか 1952『奈良県綜合文化調査報告書　都介野地区』奈良県教育委員会；小栗明彦・植松宏益ほか 1999『三陵墓西古墳』都祁村教育委員会／【大和高田市】かん山古墳：福田さよ子 2006「奈良県かん山古墳出土木棺材の樹種」『古墳時代木棺の用材選択に関する研究』平成 15 年度～平成 17 年度科学研究費補助金（基盤研究（C））研究成果報告書、奈良県立橿原考古学研究所、p30 ／三倉堂遺跡：岸熊吉 1934「木棺出土の三倉堂遺跡及遺物調査報告」『奈良県史蹟名勝天然紀念物調査報告　第十二輯』奈良県／福田さよ子・前沢郁浩 1998「三倉堂遺跡出土木棺の樹種」『青陵』100、奈良県立橿原考古学研究所、pp.775-779 ／【大和郡山市】小泉大塚古墳：入倉徳裕・小山浩和ほか 1997「小泉大塚古墳」『島の山古墳調査概報』学生社、pp.51-69 ／額田部狐塚古墳：泉森皎 1966「額田部狐塚古墳」『奈良県史跡名勝天然記念物調査抄報　第 18 輯』奈良県教育委員会、pp.7-10 ／【天理市】上殿古墳：伊達宗泰 1969「和爾上殿古墳」『奈良県史跡名勝天然記念物調査報告　第 23 冊』奈良県教育委員会、pp.33-59 ／黒塚古墳：宮原晋一・卜部行弘・岡林孝作ほか 1999『黒塚古墳調査概報』学生社／下池山古墳：卜部行弘・岡林孝作・清水康二ほか 2008『下池山古墳の研究』奈良県立橿原考古学研究所／中山大塚古墳：豊岡卓之・卜部行弘・坂靖ほか 1996『中山大塚古墳』奈良県立橿原考古学研究所／柳本大塚古墳：佐藤小吉 1919「磯城郡柳本村大字柳本大塚所在大塚発掘古鏡」『奈良県史蹟勝地調査会報告書　第六回』奈良県、pp.17-21；梅原末治・森本六爾 1923「大和磯城郡柳本大塚古墳調査報告」『考古学雑誌』13-8、考古学会、pp.1-10；岡林孝作・福田さよ子 2009「奈良県天理市柳本大塚古墳出土割竹形木棺の調査」『古墳時代におけるコウヤマキ材の利用実態に関する総合的研究』平成 18 年度～平成 20 年度科学研究費補助金（基盤研究（B））研究成果報告書、奈良県立橿原考古学研究所、pp.88-94 ／大和天神山古墳：伊達宗泰・小島俊次・森浩一 1963『大和天神山古墳』奈良県教育委員会；岡林孝作 1999「大和天神山古墳出土木棺材の再検討」『青陵』102、奈良県立橿原考古学研究所、pp.3-7 ／東大寺山古墳：金関恕ほか 2010『東大寺山古墳の研究』東大寺山古墳研究会・天理大学・天理大学附属天理参考館／アミダヒラ 6 号墳：伊達宗泰・小島俊次・泉森皎ほか 1966『奈良県文化財調査報告書　第 9 集』奈良県教育委員会／【橿原市】下明寺市辺古墳：橿原市教育委員会 2006『橿原市埋蔵文化財発掘調査報告書　平成 17 年度』／新沢千塚古墳群（新沢千塚 126 号墳）：森浩一・網干善教・伊達宗泰 1977『新沢千塚 126 号墳』奈良県教育委員会／（新沢千塚 28 号墳・48 号墳・115 号墳・272 号墳・274 号墳・326 号墳・454 号墳）：伊達宗泰・網干善教・森浩一・山田良三・河上邦彦・櫃本誠一ほか 1981『新沢千塚古墳群』奈良県教育委員会／【桜井市】大福遺跡（ヨノモト地区）：桜井市立埋蔵文化財センター 1993

『木棺』〜弥生から古墳へ〜」／ホケノ山古墳：岡林孝作・水野敏典・北山峰生ほか 2008『ホケノ山古墳の研究』奈良県立橿原考古学研究所／桜井茶臼山古墳：中村春寿・小島俊次ほか 1961『桜井茶臼山古墳』奈良県教育委員会；豊岡卓之・岡林孝作・東影悠ほか 2011「桜井茶臼山古墳第7・8次調査概要報告」『東アジアにおける初期都宮および王墓の考古学的研究』奈良県立橿原考古学研究所、pp.61-101／メスリ山古墳：小島俊次・伊達宗泰ほか 1977『メスリ山古墳』奈良県立橿原考古学研究所／池ノ内1号墳・5号墳：泉森皎・菅谷文則ほか 1973『磐余・池ノ内古墳群』奈良県教育委員会／赤尾熊ヶ谷2号墳：橋本輝彦ほか 2008『赤尾熊ヶ谷古墳群』（財）桜井市文化財協会／風呂坊5号墳：福辻淳ほか 2012『風呂坊古墳群第4次発掘調査報告書』（財）桜井市文化財協会／双築古墳群：福辻淳ほか 2007『桜井公園遺跡群』（財）桜井市文化財協会／【御所市】鴨都波1号墳：藤田和尊・木許守ほか 2001『鴨都波1号墳』学生社／室宮山古墳：秋山日出雄・網干善教 1959『室大墓』奈良県教育委員会／石光山古墳群：白石太一郎・河上邦彦・亀田博ほか 1976『葛城・石光山古墳群』奈良県立橿原考古学研究所／【香芝市】下田東2号墳：小島靖彦・辰巳陽一ほか 2011『下田東遺跡』香芝市教育委員会／【葛城市】寺口忍海古墳群（寺口忍海D27号墳・E21号墳・H27号墳・H39号墳）：千賀久・吉村幾温・林部均ほか 1988『寺口忍海古墳群』新庄町教育委員会・奈良県立橿原考古学研究所／寺口千塚3号墳：坂靖ほか 1991『寺口千塚古墳群』奈良県立橿原考古学研究所／寺口和田13号墳：伊藤勇輔 1982「寺口和田古墳群第二次発掘調査概報」『奈良県遺跡調査概報1980年度（第一分冊）』奈良県立橿原考古学研究所、pp.71-78／三ツ塚古墳群：宮原晋一・神庭滋ほか 2002『三ツ塚古墳群』奈良県立橿原考古学研究所／【宇陀市】北原西古墳：楠元哲夫・朴美子ほか 1993『大和宇陀地域における古墳の研究』宇陀古墳文化研究会／北原古墳：楠元哲夫ほか 1986『宇陀北原古墳』大宇陀町／谷畑古墳：網干善教・友成誠司 1974『谷畑古墳』榛原町教育委員会／後出古墳群（後出1号墳・2号墳・3号墳）：西藤清秀・吉村和昭・佐々木好直ほか 2003『後出古墳群』奈良県立橿原考古学研究所／（後出18号墳）：岡林孝作 1993『後出古墳群—18号墳—』奈良県立橿原考古学研究所／出口2号墳：清水昭博 1996「藤井遺跡」『奈良県遺跡調査概報1995年度（第二分冊）』奈良県立橿原考古学研究所、pp.21-34／高山1号墳：松永博明 1990「宇陀地方の遺跡調査—昭和63年度（高山古墳群）」『奈良県遺跡調査概報1989年度（第二分冊）』奈良県立橿原考古学研究所、pp.31-35／不動堂2号墳：伊達宗泰 1960「宇陀郡榛原町桧牧不動堂古墳」『奈良県文化財調査報告（埋蔵文化財文化財編）第3集』奈良県教育委員会、pp.59-67／丹切古墳群：菅谷文則ほか 1975『宇陀・丹切古墳群』奈良県教育委員会／石榴垣内1号墳：岡林孝作・前沢郁浩ほか 1997『石榴垣内遺跡』奈良県立橿原考古学研究所／【磯城郡田原本町】団栗山古墳：末永雅雄 1931「磯城郡多村大字矢部団栗山古墳」『奈良県史蹟名勝天然紀念物調査会抄報 第二輯』、pp.57-62／【磯城郡川西町】島の山古墳：西藤清秀ほか 1997「島の山古墳」『島の山古墳調査概報』学生社、pp.33-49／【高市郡高取町】／与楽古墳群（与楽ナシタニ1号墳）：関川尚功・卜部行弘ほか 1987『与楽古墳群（本文編）』奈良県立橿原考古学研究所／束明神古墳：河上邦彦編 1999『束明神古墳の研究』奈良県立橿原考古学研究所／【高市郡明日香村】カヅマヤマ古墳：明日香村教育委員会 2007『カヅマヤマ古墳発掘調査報告書—飛鳥の磚積石室墳の調査—』／上5号墳：清水康二・西村匡広 2003『上5号墳』奈良県立橿原考古学研究所／キトラ古墳：文化庁・奈良文化財研究所・奈良県立橿原考古学研究所・明日香村教育委員会 2008『特別史跡キトラ古墳発掘調査報告』／越塚御門古墳：明日香村教育委員会 2013『牽牛子塚古墳発掘調査報告書—飛鳥の割り貫き式横口式石槨墳の調査—』／高松塚古墳：末永雅雄編 1972『壁画古墳高松塚』奈良県教育委員会・明日香村；松田真一・岡林孝作ほか 2011『高松塚古墳 奈良県立橿原考古学研究所附属博物館保管資料の再整理報告』奈良県立橿原考古学研究所；文化庁・奈良文化財研究所・奈良県立橿原考古学研究所・明日香村教育委員会 2017『特別史跡高松塚古墳発掘調査報告』／馬場頭2号墳：相原嘉之 2004「2002-14次細川谷古墳群の調査」『明日香村遺跡調査概報 平成14年度』明日香村教育委員会、pp.36-45／マルコ山古墳：猪熊兼勝・大脇潔・津村広志 1979『飛鳥時代の古墳』飛鳥資料館

〔和歌山県〕

【和歌山市】大谷古墳：樋口隆康・西谷真治・小野山節 1959『大谷古墳』和歌山市教育委員会

〔鳥取県〕

【鳥取市】布勢鶴指奥1号墓：（財）鳥取県教育文化財団 1992『東桂見遺跡・布勢鶴指奥墳墓群』／桂見墳墓

群（桂見2号墳）：鳥取市教育委員会・鳥取市遺跡調査団 1984『桂見墳墓群』／**【米子市】大垪山C―1号横穴**：近藤哲雄ほか 1987『大垪山横穴墓群』（財）鳥取県教育文化財団・建設省倉吉工事事務所／**【東伯郡湯梨浜町】宮内墳墓群（宮内1号墓・3号墓）**：原田雅弘・濵田竜彦ほか 1996『宮内第一遺跡・宮内第二遺跡・宮内第四遺跡・宮内2、63、64、65号墳』（財）鳥取県教育文化財団／**馬山4号墳**：佐々木謙・大村雅夫 1962『馬山古墳群』

〔島根県〕

【松江市】社日1号墳：建設省松江国道工事事務所・島根県教育委員会 2000『社日古墳』／**上野1号墳**：林健亮・原田敏照 2001『上野遺跡・竹ノ崎遺跡』日本道路公団中国支社・島根県教育委員会／**奥才古墳群（奥才11号墳・33号墳）**：三宅博士・広江耕史・赤澤秀則ほか 1985『奥才古墳群』鹿島町教育委員会／**【出雲市】猪目洞穴**：大谷従二・大国一雄・池田次郎 1959「出雲国猪目洞穴遺跡概報」『人類学雑誌』61-1、日本人類学会、pp.1-6；松井哲洋 2014「島根県出雲市猪目洞窟遺跡出土の準構造船部材」『土筆』11、土筆舎、pp.949-953／**西谷3号墓**：渡辺貞幸ほか 1992『山陰地方における弥生墳丘墓の研究』；渡辺貞幸 1993「弥生墳丘墓における墓上の祭儀―西谷3号墓の調査から―」『島根考古学会誌』10、島根考古学会、pp.153-160／渡辺貞幸 2004「弥生首長墓の槨構造と祭儀」『島根考古学会誌』20・21合併、島根考古学会、pp.273-290；渡邊貞幸ほか 2015『西谷3号墓発掘調査報告書』島根大学考古学研究室・出雲弥生の森博物館／**【安来市】安養寺1号墓**：出雲考古学研究会 1985『荒島墳墓群』／**【雲南市】神原神社古墳**：蓮岡法暲・勝部昭・松本岩雄ほか 2002『神原神社古墳』加茂町教育委員会／**斐伊中山2号墳**：杉原清一・新一幸ほか 1993『斐伊中山古墳群―西支群』木次町教育委員会／**【邑智郡邑南町】江迫横穴第1号墓**：今岡稔・吉川正ほか 1974「瑞穂・江迫横穴群」『島根県埋蔵文化財調査報告書　第Ⅴ集』島根県教育委員会、pp.31-40

〔岡山県〕

【岡山市北区】雲山鳥打1号墓：近藤義郎 1986「雲山鳥打弥生墳丘墓群」『岡山県史　第18巻　考古資料』岡山県史編纂委員会、pp.182-183；近藤義郎ほか 1992『楯築弥生墳丘墓の研究』楯築刊行会／**都月坂2号墓**：近藤義郎 1986「都月坂2号弥生墳丘墓」『岡山県史　第18巻　考古資料』岡山県史編纂委員会、p120；近藤義郎・大橋雅也・扇崎由 1992「集成1　弥生墳丘墓」『吉備の考古学的研究（上）』山陽新聞社、pp.483-491／**七つ坑1号墳**：近藤義郎・高井健司ほか 1987『七つ坑古墳群』七つ坑古墳群発掘調査団／**榊山古墳**：和田千吉 1919「備中国都窪郡新庄下古墳」『考古学雑誌』9-11、考古学会、pp.33-45；西川宏 1986「榊山古墳」『岡山県史　第18巻　考古資料』岡山県史編纂委員会、p344**【岡山市中区】備前車塚古墳**：近藤義郎・鎌木義昌 1986「備前車塚古墳」『岡山県史　第18巻　考古資料』岡山県史編纂委員会、pp.228-230／鎌木義昌 1962「備前車塚古墳」『岡山市史』古代編、pp.134-148／**金蔵山古墳**：西谷眞治・鎌木義昌 1959『金蔵山古墳』倉敷考古館／**【岡山市東区】浦間茶臼山古墳**：近藤義郎・新納泉ほか 1991『浦間茶臼山古墳』浦間茶臼山古墳発掘調査団／**【倉敷市】女男岩遺跡**：間壁忠彦・間壁葭子 1974「女男岩遺跡」『倉敷考古館研究集報』10、（財）倉敷考古館、pp.13-49／**楯築弥生墳丘墓**：近藤義郎ほか 1992『楯築弥生墳丘墓の研究』楯築刊行会／**鋳物師谷1号墓**：春成秀爾・葛原克人・小野一臣ほか 1969「備中清音村鋳物師谷1号墳墓調査報告」『古代吉備』6、古代吉備研究会、pp.263-281／**黒宮大塚弥生墳丘墓**：間壁忠彦・間壁葭子・藤田憲司 1977「岡山県黒宮大塚古墳」『倉敷考古館研究集報』13、（財）倉敷考古館、pp.1-55／**勝負砂古墳**：松木武彦・片山健太郎・水野蛍ほか 2009『勝負砂古墳調査概報』学生社；岡林孝作 2014「勝負砂古墳出土鋲の観察―木棺構造の復元に向けて―」『平成22年度～平成25年度科学研究費補助金　基盤研究（B）「副葬品の構造・材質・色彩からみた古墳葬送空間の再現的研究」研究成果報告書』岡山大学、pp.10-21／**天狗山古墳**：末永雅雄 1934『日本上代の甲冑』岡書院；村井嵩雄 1966「岡山県天狗山古墳出土の遺物」『MUSEUM』250、東京国立博物館、pp.4-17；松木武彦・和田剛・寺村裕史ほか 2014『天狗山古墳』天狗山古墳発掘調査団／**二子14号墳**：中野雅美・亀山行雄・井上弘ほか 1993『山陽自動車道建設に伴う発掘調査5』日本道路公団広島建設局岡山工事事務所・岡山県教育委員会／**【津山市】日上天王山古墳**：津山市教育委員会・日上天王山古墳発掘調査委員会 1997『日上天王山古墳』／**日上畝山14号墳**：小郷利幸・豊島雪絵・行田裕美・白石純 1998『日上畝山古墳群』津山市教育委員会／**中宮1号墳**：近藤義郎 1952『佐良山古墳群の研究』津山市教育委員会／

【笠岡市】東塚古墳：鎌木義昌・間壁忠彦・間壁葭子 1965『長福寺裏山古墳群　附・関戸廃寺跡』長福寺裏山古墳群・関戸廃寺址調査推進委員会／【井原市】金敷寺裏山弥生墳丘墓：間壁忠彦・間壁葭子 1968「岡山県井原市金敷寺裏山古墳」『倉敷考古館研究集報』5、（財）倉敷考古館、pp.29-40／【総社市】立坂弥生墳丘墓：近藤義郎 1996『新本立坂』総社市文化振興財団／随庵古墳：鎌木義昌・間壁忠彦・間壁葭子 1965『総社市随庵古墳』総社市教育委員会／中山6号墳：江見正己・小延祥夫ほか 1997『藪田古墳群・金黒池東遺跡・奥ヶ谷窯跡・中山遺跡・中山古墳群・西山遺跡・西山墳丘群・服部遺跡・北溝手遺跡・窪木遺跡・高松田中遺跡』日本道路公団中国支社岡山工事事務所・岡山県教育委員会／緑山6号墳：近藤義郎・北條芳隆ほか 1987『緑山古墳群』総社市文化振興財団／【赤磐市】用木3号墳：神原英朗 1975『用木古墳群』山陽町教育委員会／正崎2号墳：則武忠直・國安敏樹 1989『正崎2・4号墳』山陽町教育委員会／岩田古墳群（岩田8号墳・14号墳）：神原英朗 1976『岩田古墳群』山陽町教育委員会／【真庭市】四つ塚13号墳：近藤義郎ほか 1954「四つ塚第13号墳の発掘」『蒜山原』岡山大学医学部解剖学教室考古学研究室、pp.69-136／【久米郡美咲町】月の輪古墳：近藤義郎・岡本明郎ほか 1960『月の輪古墳』月の輪古墳刊行会

〔広島県〕

【広島市安佐北区】弘住3号墳：阿部滋ほか 1983『弘住遺跡発掘調査報告』広島市教育委員会／諸木古墳：桧垣栄次 1977「諸木古墳」『高陽新住宅市街地開発事業地内埋蔵文化財発掘調査報告』広島県教育委員会、pp.189-193／【広島市安佐南区】池の内1号墳：中村眞哉・若島一則 1985『池の内遺跡発掘調査報告』広島市教育委員会／空長1号墳：石田彰紀・有谿盈雄・柳川康彦 1978『空長古墳群発掘調査報告書』広島市教育委員会／寺山3号墳：高下洋一・村田亜紀夫 1997『寺山遺跡発掘調査報告』（財）広島市歴史科学教育事業団／【広島市安芸区】成岡3号墳：田村規充・荒川正己ほか 2001『成岡A地点遺跡』（財）広島市文化財団／【広島市佐伯区】城ノ下A地点遺跡6号墳：若島一則・多森正晴ほか 1991『城ノ下A地点遺跡発掘調査報告』（財）広島市歴史科学教育事業団／【福山市】亀山1号墳：桑原隆博ほか 1983『亀山遺跡―第2次発掘調査概報―』広島県教育委員会／【三次市】三玉大塚古墳：桑原隆博・嶋田滋ほか 1983『三玉大塚―調査と整備』吉舎町教育委員会／【庄原市】佐田谷1号墓：（財）広島県埋蔵文化財調査センター 1987『佐田谷墳墓群』／大迫山1号墳：川越哲志編 1989『大迫山第1号古墳発掘調査概報』広島県東城町教育委員会・広島大学文学部考古学研究室／【東広島市】浄福寺1号遺跡：（財）広島県埋蔵文化財調査センター 1993『東広島ニュータウン遺跡群Ⅲ』／槙ヶ坪2号遺跡：（財）広島県埋蔵文化財調査センター 1990『東広島ニュータウン遺跡群Ⅰ』／【神石郡神石高原町】辰の口古墳：神石町教育委員会・広島大学文学部考古学研究室 1995『辰の口古墳』

〔山口県〕

【熊毛郡田布施町】国森古墳：乗安和二三・大村秀典 1988『国森古墳』田布施町教育委員会／木ノ井山古墳：岩崎仁志 1994『木ノ井山古墳』山口県教育委員会

〔徳島県〕

【鳴門市】萩原1号墳：菅原康夫ほか 1983『萩原墳墓群』徳島県教育委員会；菅原康夫 2000「萩原墳丘墓をめぐる諸問題」『古代学協会四国支部第14回大会　前方後円墳を考える―研究発表要旨集―』古代学協会四国支部、pp.103-122／西山谷2号墳・2号石室墓・3号石室墓：原芳伸・栗林誠二・田川憲ほか 2005『四国横断自動車道建設に伴う埋蔵文化財発掘調査報告書』徳島県教育委員会・（財）徳島県埋蔵文化財センター・日本道路公団／天河別神社1号墳：森清治ほか 2011『天河別古墳群発掘調査報告書』鳴門市教育委員会／【小松島市】前山古墳：末永雅雄・森浩一 1963『前山古墳』徳島県教育委員会／【板野郡上板町】安楽寺谷1号墳：辻佳伸 1995「安楽寺谷墳墓群」『四国縦貫自動車道建設に伴う埋蔵文化財発掘調査報告13』徳島県教育委員会・（財）徳島県埋蔵文化財センター・日本道路公団、pp.323-364

〔香川県〕

【高松市】鶴尾神社4号墳：渡部明夫・藤井雄三 1983『鶴尾神社4号墳調査報告書』高松市教育委員会／高松茶臼山古墳：松本豊胤・秋山忠・藤好郎（編）1983『香川県の前期古墳』日本考古学協会昭和58年度大会香川県実行委員会／【丸亀市】平尾3号墓：亀田修一・白石純ほか 1993『平尾墳墓群』綾歌町教育委員会・

岡山理科大学人類学研究室／**石塚山2号墳**：國木健司 1993『石塚山古墳群』綾歌町教育委員会／【さぬき市】**陵遺跡**：長尾町教育委員会 1999『陵遺跡』／**奥10号墓・奥3号墳**：古瀬清秀 1985『原始.古代の寒川町』（『寒川町史』抜刷）／**奥14号墳**：丹羽佑一 1992『雨滝山奥14号墳』寒川町教育委員会・雨滝山奥14号古墳発掘調査団／**丸井古墳**：大山真充・亀井芳文ほか 1991『川上・丸井古墳発掘調査報告書』長尾町教育委員会／**古枝古墳**：古瀬清秀 2013「古枝古墳」『津田古墳群調査報告書 第1分冊』さぬき市教育委員会、pp.110-121／【東かがわ市】**樋端墳丘墓**：阿河鋭二ほか 2002『白鳥町町内所在遺跡発掘調査報告書 高松廃寺・成重遺跡・樋端墳丘墓』白鳥町教育委員会／**原間6号墳**：片桐孝浩 2002『四国横断自動車道建設に伴う埋蔵文化財発掘調査報告 第42冊 原間遺跡Ⅱ』香川県教育委員会・（財）香川県埋蔵文化財調査センター・日本道路公団・香川県土木部

〔愛媛県〕

【松山市】**朝日谷2号墳**：梅木謙一ほか 1998『朝日谷2号墳』松山市教育委員会・（財）松山市生涯学習振興財団埋蔵文化財センター／**葉佐池古墳**：栗田茂敏・加島次郎ほか 2003『葉佐池古墳』松山市教育委員会／**大池東1号墳**：高尾和長ほか 1998『大峰ヶ台遺跡Ⅱ—9次調査—』松山市教育委員会・（財）松山市生涯学習振興財団埋蔵文化財センター／【今治市】**妙見山1号墳**：下條信行・宮本一夫ほか 2008『妙見山1号墳 西部瀬戸内における初期前方後円墳の研究』今治市教育委員会・愛媛大学考古学研究室

〔福岡県〕

【福岡市博多区】**比恵遺跡**：福岡市教育委員会 1983『比恵遺跡—第6次調査・遺構編』／吉留秀敏 1989「比恵遺跡群の弥生時代墳丘墓—北部九州における弥生時代区画墓の一例—」『九州考古学』63、九州考古学会、pp.1-22／【福岡市南区】**老司古墳**：山口譲治・吉留秀敏・渡辺芳郎ほか 1989『老司古墳』福岡市教育委員会／【福岡市西区】**吉武遺跡群樋渡墳丘墓・吉武高木遺跡（2号木棺墓）**：力武卓治・横山邦継ほか 1996『吉武遺跡群Ⅷ』福岡市教育委員会；力武卓治・横山邦継ほか 1998『吉武遺跡群Ⅹ』福岡市教育委員会；力武卓治・横山邦継ほか 1999『吉武遺跡群ⅩⅠ』福岡市教育委員会；力武卓治・横山邦継ほか 2000『吉武遺跡群ⅩⅡ』福岡市教育委員会／**藤崎遺跡（6号方形周溝墓・10号方形周溝墓）**：浜石哲也・池崎譲二 1982『藤崎遺跡』福岡市教育委員会／**若八幡宮古墳**：柳田康雄ほか 1971「若八幡宮古墳」『今宿バイパス関係埋蔵文化財調査報告第3集』福岡県教育委員会、pp.7-44／**京ノ隈古墳**：山崎純男 1976『京ノ隈遺跡—福岡市西区田島所在の古墳と経塚の調査—』段谷地所開発株式会社／**鋤崎古墳**：柳沢一男・杉山富雄 1984『鋤崎古墳』福岡市教育委員会／**羽根戸南G—3号墳**：米倉秀紀・星野惠美ほか 2001『羽根戸南古墳群 第3次調査』福岡市教育委員会／【飯塚市】**スダレ遺跡**：橋口達也ほか 1976『スダレ遺跡』穂波町教育委員会／**辻古墳**：嶋田光一 1989『辻古墳』飯塚市教育委員会／**赤坂1号墳**：嶋田光一 1984『赤坂遺跡』飯塚市教育委員会／【筑紫野市】**柚ノ木遺跡**：筑紫野市教育委員会 2001『柚ノ木遺跡』／【福津市】**手光波切不動古墳**：福津市教育委員会 2013『手光波切不動古墳の調査・手光湯ノ浦古墳群の調査』／【嘉麻市】**鎌田原遺跡**：福島日出海 1997『原田・鎌田原遺跡』嘉穂町教育委員会／【朝倉市】**神蔵古墳**：木下修ほか 1978『神蔵古墳』甘木市教育委員会／**狐塚古墳**：渡辺正気・古賀精里 1954「筑前国朝倉郡狐塚古墳」『福岡県文化財調査報告書 第17輯』（2分冊の1）／【糸島市】**三雲南小路遺跡**：柳田康雄ほか 1985『三雲遺跡 南小路地区編』福岡県教育委員会／**平原1号墓**：柳田康雄ほか 2000『平原遺跡』前原市教育委員会／【筑紫郡那珂川町】**妙法寺古墳群（妙法寺2号墳）**：沢田康夫 1981『妙法寺古墳群』那珂川町教育委員会／**（妙法寺古墳群木棺）**：沢田康夫 1983「妙法寺古墳群発見の割竹形木棺について」『井河古墳群』那珂川町教育委員会、pp.17-18／**観音山7号木棺墓**：柳田康雄・池辺元明ほか 1978『山陽新幹線関係埋蔵文化財調査報告 第5集』福岡県教育委員会／**油田1号墳**：渡辺正気・柳田康雄ほか 1969『油田古墳群』那珂川町教育委員会／【粕屋郡志免町】**萱葉1号墳**：柳田康雄・小池史哲ほか 1984『萱葉古墳群』志免町教育委員会／【京都郡苅田町】**豊前石塚山古墳**：長嶺正秀ほか 1996『豊前石塚山古墳』苅田町・かんだ郷土史研究会／**番塚古墳**：岡村秀典・重藤輝行ほか 1993『番塚古墳』九州大学文学部考古学研究室

〔佐賀県〕

【佐賀市】**熊本山古墳**：木下之治・小田富士雄 1967「熊本山船型石棺墓」『帯隈山神籠石とその周辺』佐賀県

教育委員会、pp.27-47／増田遺跡：佐賀市教育委員会 2000『増田遺跡群Ⅳ』／【唐津市】久里双水古墳：宮本一夫・田島龍太ほか 2009『久里双水古墳』唐津市教育委員会／【鳥栖市】柚比本村遺跡：佐賀県教育委員会 2003『柚比遺跡群3　第3分冊　柚比本村遺跡（1・2区）』／【神埼郡吉野ヶ里町・神埼市】吉野ヶ里遺跡：佐賀県教育委員会 1992『吉野ヶ里』

〔熊本県〕
【宇土市】向野田古墳：富樫卯三郎ほか 1978『向野田古墳』宇土市教育委員会

〔宮崎県〕
【宮崎市】檍1号墳：柳沢一男 2003「宮崎市檍1号墳の調査と木槨の概要」『日本考古学協会第69回総会研究発表要旨』日本考古学協会；柳沢一男 2004「宮崎市檍1号墳の調査と木槨の概要—その2—」『日本考古学協会第70回総会研究発表要旨』日本考古学協会／【西都市】西都原72号墳：宮崎県編 1915『宮崎県児湯郡西都原古墳調査報告』／【児湯郡高鍋町】亀塚古墳（持田61号墳）：梅原末治 1969『持田古墳群』宮崎県教育委員会；石川恒太郎 1968『宮崎県の考古学』吉川弘文館

【韓国】
〔釜山広域市〕
福泉洞21・22号墓：釜山大學校博物館 1990『東萊福泉洞古墳群Ⅱ』／福泉洞93・95号墓：釜山廣域市立博物館福泉分館 1997『東萊福泉洞93・95號墳』

〔蔚山広域市〕
蔚山下岱遺跡（蔚山下岱가—43号墓）：釜山大學校博物館 1997『蔚山下岱遺蹟—古墳Ⅰ』

〔京畿道〕
華城馬霞里墳墓群：湖巖美術館 1998『華城馬霞里古墳群』

〔忠清南道〕
武寧王陵：大韓民国文化財管理局編 1974『武寧王陵』（日本語版）金元龍・有光教一監修、永島暉臣慎訳；朴相珍・姜愛慶 1991「百済武寧王陵出土棺材의樹種」『松菊里Ⅳ』國立中央博物館、pp.241-247／公州宋山里墳墓群：東潮・田中俊明 1989『韓国の古代遺跡2 百済・伽耶編』中央公論社／公州宋山里8号墓：軽部慈恩 1934「公州に於ける百済古墳（六）」『考古学雑誌』24-9、考古学会、pp.563-578／扶余陵山里墳墓群：有光教一 1979「扶余陵山里伝百済王陵・益山双陵」『橿原考古学研究所論集第四』吉川弘文館、pp.479-498／東潮・田中俊明 1989『韓国の古代遺跡2 百済・伽耶編』中央公論社／扶余陵山里東墳墓群（扶余陵山里東1号墓）：梅原末治 1938「扶餘陵山里東古墳群の調査」『昭和十二年度古蹟調査報告』朝鮮古蹟研究会、pp.124-142

〔全羅北道〕
益山大王陵：梅原末治 1947『朝鮮古代の墓制』；有光教一 1979「扶余陵山里伝百済王陵・益山双陵」『橿原考古学研究所論集第四』吉川弘文館、pp.479-498

〔慶尚北道〕
浦項玉城里墳墓群：嶺南埋蔵文化財研究院・浦項市 1998『浦項玉城里古墳群Ⅱ　—나地區—』／金鈴塚：梅原末治 1932「慶州金鈴塚飾履塚発掘調査報告」『大正十三年度古蹟調査報告　第1冊』朝鮮総督府／池山洞墳墓群：濱田耕作・梅原末治 1922『大正七年度古蹟調査報告　第一冊』朝鮮総督府

〔慶尚南道〕
金海良洞里墳墓群（良洞里162号墓）：東義大學校博物館 2000『金海良洞里古墳文化』（日本語版 2001　大阪朝鮮考古学研究会訳）／金海大成洞墳墓群：慶星大學校博物館 2000『金海大成洞古墳群Ⅰ』（日本語版 2001　大阪朝鮮考古学研究会訳）／昌寧松峴洞7号墓：國立昌原文化財研究所 2005『—창녕 송현동고분군 6・7호분 발굴조사』

【北朝鮮】
〔平壌直轄市〕

土城洞 4 号墓：김종혁（キム・チョンヒク）1974「토성동 제 4 호무덤발굴보고」『고고학자료집』 제 4 집、사회과학출판사、pp.192-199 ／雲城里 2 号墓：리・스운진 1974「부조예군무덤 발굴보고」『고고학자료집』 제 4 집、사회과학출판사、pp.200-227 ／石巌里 6 号墓：関野貞・谷井済一ほか 1927『古蹟調査特別報告第四冊　楽浪郡時代の遺跡（本文）』・1925『同（図版上・下冊）』朝鮮総督府／石巌里 200 号墓：小場恒吉・小泉顕夫 1974『楽浪漢墓　第一冊　大正十三年度発掘調査報告』楽浪漢墓刊行会／石巌里 219 号墓（王根墓）：榧本杜人・中村春寿 1975『楽浪漢墓　第二冊　石巌里第二一九号墓発掘調査報告』楽浪漢墓刊行会／貞柏洞 1 号墓：린순길（リ・スンジン）1974「부조예군무덤 발굴보고」『고고학자료집』 제 4 집、사회과학출판사、pp.183-191 ／貞柏里 2 号墓：関野貞・谷井済一ほか 1927『古蹟調査特別報告第四冊　楽浪郡時代の遺跡（本文）』・1925『同（図版上・下冊）』朝鮮総督府／貞柏里 127 号墓（王光墓）：小場恒吉・榧本亀次郎 1935『古蹟調査報告第二　楽浪王光墓』朝鮮古蹟研究会／梧野里 19 号墓：野守健・榧本亀次郎・神田惣蔵 1935『昭和五年度古蹟調査報告第一冊　平安南道大同郡大同江面梧野里古墳調査報告』朝鮮総督府／平壌駅構内磚室墓（佟利墓）：榧本亀次郎 1933『昭和七年度古蹟調査報告第一冊』朝鮮総督府／南井里 119 号墳：榧本亀次郎 1935「南井里第百十九号墳」『楽浪王光墓』朝鮮古蹟研究会

【中国】
〔北京市〕

北京大葆台 1 号墓：大葆台漢墓発掘組・中国社会科学院考古研究所 1989『北京大葆台漢墓』文物出版社／北京懐柔城北 63 号墓：北京市文物工作隊 1962「北京懐柔城北東周両漢墓葬」『考古』1962 年 5 期、pp.219-239 ／順義大営村晋墓：北京市文物工作隊 1983「北京市順義県大営村西晋墓葬発掘簡報」『文物』1983 年第 10 期、pp.61-69 ／馬直温夫婦墓：北京市文物工作隊・張先得 1980「北京市大興県遼代馬直温夫妻合葬墓」『文物』1980 年第 12 期、pp.30-37

〔河北省〕

燕下都 6 号遺跡 2 号墓：河北省文物研究所 1990「燕下都「6」号遺址漢墓発掘簡報」『文物春秋』1990 年 3 期、pp.14-20 ／三汾溝 2 号墓・4 号墓・5 号墓・9 号墓：河北省文物研究所・張家口地区文化局 1990「河北陽原三汾溝漢墓群発掘報告」『文物』1990 年 1 期、pp.1-18 ／満城 1 号墓・2 号墓：中国社会科学院考古研究所・河北省文物管理処 1980『満城漢墓発掘報告』文物出版社／東魏李希宗墓：石家荘地区革委会文化局文物発掘隊 1977「河北賛皇県東魏李希宗墓」『考古』1977 年 6 期、pp.382-390・372 ／磁県湾漳北朝墓：中国社会科学院考古研究所・河北省文物研究所 2003『磁県湾漳北朝壁画墓』科学出版社／宣化遼墓：河北省文物研究所 2001『宣化遼墓　1974〜1993 年考古発掘報告』文物出版社

〔山西省〕

朔県煤炭部物資供応公司 3 号墓・平朔露天煤鉱五区 1 号墓・平朔露天煤鉱六区 151 号墓・平朔露天煤鉱八区 19 号墓・平朔露天煤鉱三区 166 号墓・朔県鉄路取土場 102 号墓：平朔考古隊 1987「山西朔県秦漢墓発掘簡報」『文物』1987 年 6 期、pp.1-52 ／朔県平朔露天煤鉱三区 1 号墓・2 号墓：屈盛瑞 1987「山西朔県西漢併穴木槨墓」『文物』1987 年 6 期、pp.53-56 ／華村 1 号墓・2 号墓：山西省文物工作委員会・雁北行政公署文化局・大同市博物館 1980「山西渾源華村西漢木槨墓」『文物』1980 年 6 期：pp.42-51 ／広霊北関 72 号墓・84 号墓：大同市考古研究所 2001「山西広霊北関漢墓発掘簡報」『文物』2001 年 7 期、pp.4-18 ／孝義張家荘 15 号墓：山西省文物管理委員会・山西省考古研究所 1960「山西孝義張家荘漢墓発掘記」『考古』1960 年 7 期、pp.40-52 ／大同市電鋸器材廠北魏墓群：山西省考古研究所・大同市博物館 1992「大同南郊北魏墓群発掘簡報」『文物』1992 年第 8 期、pp.1-11 ／北魏封和突墓：大同市博物館・馬玉基 1983「大同市小站村花圪塔台北魏墓清理簡報」『文物』1983 年第 8 期、pp.1-4 ／北魏元淑墓：大同市博物館 1989「大同東郊北魏元淑墓」『文物』1989 年第 8 期、pp.57-65 ／北魏宋紹祖墓：山西省考古研究所・大同市考古研究所 2001「大同市北魏宋紹祖墓発掘簡報」『文物』2001 年第 7 期、pp.19-39 ／北斉庫狄迴洛墓：王克林 1979「北斉庫狄迴洛墓」

『考古学報』1979 年第 3 期、pp.377-402 ／北斉婁叡墓：山西省考古研究所・太原市文物管理委員会 1983「太原市北斉婁叡墓発掘簡報」『文物』1983 年第 10 期、pp.1-23；山西省考古研究所・太原市文物考古研究所 2006『北斉東安王婁叡墓』文物出版社／金勝村北斉壁画墓：山西省考古研究所・太原市文物管理委員会 1990「太原南郊北斉壁画墓」『文物』1990 年第 12 期、pp.1-10 ／隋虞弘墓：山西省考古研究所 2005『太原隋虞弘墓』、文物出版社

〔内蒙古自治区〕

下窩爾吐壕 6 号墓・召湾 51 号墓・95 号墓・納林套海 10 号墓・沙金套海 6 号墓・12 号墓・20 号墓・26 号墓・新地 4 号墓・5 号墓：内蒙古文物考古研究所・魏堅 1998『内蒙古中南部地域漢代墓葬』中国大百科全書出版社／完工古墓群：内蒙古自治区文物工作隊 1965「内蒙古陳巴爾虎完工古墓清理簡報」『考古』1965 年第 6 期、pp.273-283 ／ジャライノール古墓群：鄭隆 1961「内蒙古扎賚諾爾古墓群調査記」『文物』1961 年第 9 期、pp.16-19 ／内蒙古自治区文物工作隊 1961「内蒙古扎賚諾爾古墓群発掘簡報」『考古』1961 年第 12 期、pp.673-680 ／宿白 1977「東北、内蒙古地区鮮卑遺跡之一」『文物』1977 年第 5 期、pp.42-54 ／内蒙古文物考古研究所 1994「扎賚諾爾古墓群 1986 年清理発掘報告」『内蒙古文物考古文集第一輯』中国大百科全書出版社；pp.369-383 ／鹽池 1 号墓：内蒙古文物考古研究所・魏堅 2004『内蒙古地区鮮卑墓葬的発現与研究』科学出版社／南楊家営子古墓群：中科院内蒙古隊 1964「内蒙古巴林左旗南楊家営子的遺址和墓葬」『考古』1964 年第 1 期、pp.36-43・53 ／舍根古墓群：張柏忠 1981「哲里木盟発現的鮮卑遺存」『文物』1981 年第 2 期、pp.9-15 ／六家子古墓群：張柏忠 1989「内蒙古科左中旗六家子鮮卑墓群」『考古』1989 年第 5 期、pp.430-438・443 ／二蘭虎溝古墓群：鄭隆ほか 1964「察右後旗二蘭虎溝的古墓群」『内蒙古文物資料選輯』内蒙古人民出版社／三道湾古墓群：烏蘭察布博物館 1994「察右後旗三道湾墓地」『内蒙古文物考古文集第一輯』中国大百科全書出版社、pp.407-433 ／皮条溝古墓群：金学山 1991「内蒙古托克托県皮条溝発現三座鮮卑墓」『考古』1991 年第 5 期、pp.426-428 ／ホリンゴル西溝子 1 号北魏墓：烏蘭察布盟文物工作站・和林格爾県文物管理所 1992「内蒙古和林格爾西溝子村北魏墓」『文物』1992 年第 8 期、pp.12-14 ／巴図湾 12 号墓：陸思賢 1981「巴図湾水庫区的古墓」『内蒙古文物考古』創刊号、pp.60-66 ／美岱村北魏墓：内蒙古文物工作隊 1962「内蒙古呼和浩特美岱村北魏墓」『考古』1962 年第 2 期、pp.86-87・91 ／フフホト北魏墓：内蒙古博物館・郭素新 1977「内蒙古呼和浩特北魏墓」『文物』1977 年第 5 期、pp.38-41・77

〔遼寧省〕

朝陽袁台子西 7 号墓・朝陽袁台子東 52 号墓：遼寧省博物館文物隊 1990「遼寧朝陽袁台子西漢墓 1979 年発掘簡報」『文物』1990 年 2 期、pp.48-60 ／腰児営子 8701 号墓：遼寧省文物考古研究所・朝陽市博物館 1997「朝陽王子墳山墓群 1987、1990 年度考古発掘的主要収穫」『文物』1997 年 11 期、pp.1-18 ／新金花児山 7 号墓：旅順博物館・新金県文化館 1981「遼寧新金県花児山漢代貝墓第一次発掘」『文物資料叢刊』1981 年 4 期；pp.75-85 ／錦州 18 号墓：劉謙 1990「遼寧錦州漢代貝殻墓」『考古』1990 年 8 期；pp.703-711 ／田草溝 2 号晋墓：遼寧省文物考古研究所・朝陽市博物館・朝陽県文管所 1997「遼寧朝陽田草溝晋墓」『文物』1997 年第 11 期、pp.33-41 ／本渓晋墓：遼寧省博物館 1984「遼寧本渓晋墓」『考古』1984 年第 8 期、pp.715-720 ／十二台郷磚廠 88M 1 墓：遼寧省文物考古研究所・朝陽市博物館 1997「朝陽十二台郷磚廠 88M1 発掘簡報」『文物』1997 年第 11 期、pp.19-32 ／前燕李廆墓：辛発・魯宝林・呉鵬 1995「錦州前燕李廆墓整理簡報」『文物』1995 年第 6 期、pp.42-46 ／後燕崔遹墓：陳大為・李宇峰 1982「遼寧朝陽後燕崔遹墓的発現」『考古』1982 年第 3 期、pp.270-274 ／北燕馮素弗墓：黎瑶渤 1973、「遼寧北票県西官営子北燕馮素弗墓」『文物』1973 年第 3 期、pp.2-19；遼寧省博物館 2015『北燕馮素弗墓』文物出版社／八宝村 1 号墓：朝陽地区博物館・朝陽県文化館 1985「遼寧朝陽発現北燕、北魏墓」『考古』1985 年第 10 期、pp.915-929 ／袁台子北燕墓：璞石 1994「遼寧朝陽袁台子北燕墓」『文物』1994 年第 11 期、pp.43-47

〔吉林省〕

帽児山遺跡：吉林市博物館 1988「吉林帽児山漢代木槨墓」『遼海文物学刊』1988 年 2 期、pp.24-28 ／楡樹老河深遺跡：吉林省文物考古研究所 1987『楡樹老河深』文物出版社

図出典・文献一覧　421

〔江蘇省〕
胡場 1 号墓：揚州博物館・邗江県文化館 1980「揚州邗江県胡場漢墓」『文物』1980 年 3 期、pp.1-10 ／胡場 5 号墓：揚州博物館・邗江県文化館 1981「江蘇邗江胡場五号漢墓」『文物』1981 年 11 期、pp.12-23 ／江宝女墩 104 号墓：揚州博物館・邗江県図書館 1991「江蘇邗江県揚寿郷宝女墩新莽墓」『文物』1991 年 10 期、pp.39-61 ／揚州「妾莫書」墓：揚州市博物館 1980「揚州西漢"妾莫書"木槨墓」『文物』1980 年 12 期、pp.1-6 ／揚州七里甸漢墓：南京博物院・揚州市博物館 1962「江蘇揚州七里甸漢代木槨墓」『考古』1962 年 8 期、pp.400-403 ／揚州平山養殖場 3 号墓・揚州平山養殖場 4 号墓：揚州博物館 1987a「揚州平山養殖場漢墓清理簡報」『文物』1987 年 1 期、pp.26-36 ／揚州姚庄 101 号墓：揚州博物館 1988「江蘇邗江姚庄 101 号西漢墓」『文物』1988 年 2 期、pp.19-43 ／泗陽賈家墩 1 号墓：淮陰市博物館 1988「泗陽賈家墩一号墓清理報告」『東南文化』1988 年 1 期、pp.59-67 ／儀徴胥浦 101 号墓：揚州博物館 1987b「江蘇儀徴胥浦 101 号西漢墓」『文物』1987 年 1 期、pp.1-19 ／儀徴張集団山 1 号墓・2 号墓・3 号墓・4 号墓：南京博物院・儀徴博物館籌備辧公室 1992「儀徴張集団山西漢墓」『考古学報』1992 年 4 期、pp.477-509 ／儀徴煙袋山漢墓：南京博物院 1987「江蘇儀徴煙袋山漢墓」『考古学報』1987 年 4 期、pp.471-502 ／東陽小雲山 1 号墓：盱眙県博物館 2004「江蘇東陽小雲山一号漢墓」『文物』2004 年 5 期、pp.3-49 ／連雲港花果山唐庄硯台池 1 号墓・青龍山紗帽寺 1 号墓：連雲港市博物館 1990「連雲港地区的幾座漢墓及零星出土的漢代木俑」『文物』1990 年 4 期、pp.58-93 ／東海尹湾 6 号墓：連雲港市博物館 1996「江蘇東海県尹湾漢墓群発掘簡報」『文物』1996 年 8 期、pp.1-25 ／海州霍賀墓：南京博物院・連雲港市博物館 1974「海州西漢霍賀墓清理簡報簡報」『考古』1974 年 3 期、pp.178-186 ／海州侍其繇墓：南波 1975「江蘇連雲港市海州西漢侍其繇墓」『考古』1975 年 3 期、pp.169-177 ／塩城三羊墩 1 号墓：江蘇省文物管理委員会・南京博物院 1964「江蘇塩城三羊墩漢墓清理報告」『考古』1964 年 8 期、pp.393-402 ／漢宛朐侯劉埶墓：徐州博物館 1997「徐州西漢宛朐侯劉埶墓」『文物』1997 年 2 期、pp.1-21

〔安徽省〕
巣湖北山頭 1 号墓・巣湖放王崗 1 号墓：安徽省文物考古研究所・巣湖市文物管理所 2007『巣湖漢墓』文物出版社／阜陽双古堆前漢汝陰侯墓：安徽省文物工作隊・阜陽地区博物館・阜陽県文化局 1978「阜陽双古堆西漢汝陰侯墓発掘簡報」『文物』1978 年 8 期、pp.12-31 ／潜山彭嶺 16 号墓：安徽省文物考古研究所・潜山県文物管理所 2006「安徽潜山彭嶺戦国西漢墓」『考古学報』2006 年 2 期、pp.231-280 ／霍山 3 号墓：安徽省文物考古研究所・霍山県文物管理所 1991「安徽霍山県西漢木槨墓」『文物』1991 年 9 期、pp.40-60・14 ／天長安楽鎮 19 号墓：天長市文物管理所・天長市博物館 2006「安徽天長西漢墓発掘簡報」『文物』2006 年 11 期、pp.4-21

〔江西省〕
南昌老福山漢墓：江西省文物管理委員会 1965「江西省南昌老福山西漢木槨墓」『考古』1965 年 6 期、pp.268-272・300

〔山東省〕
莱西岱墅 1 号墓・2 号墓：烟台地区文物管理組・莱西県文化館 1980「山東莱西県岱墅西漢木槨墓」『文物』1980 年 12 期、pp.7-16 ／文登石羊村漢墓：山東省文物管理處 1957「山東文登的漢木槨墓和漆器」『考古学報』1957 年 1 期、pp.127-131 ／臨沂金雀山 31 号墓：臨沂市博物館 1989「山東臨沂金雀山九座漢代墓葬」『文物』1989 年 1 期、pp.21-47 ／北斉崔芬墓：山東省文物考古研究所・臨朐県博物館 2002「山東臨朐北斉崔芬壁画墓」『文物』2002 年第 4 期、pp.4-26

〔河南省〕
信陽 2 号楚墓：河南省文物研究所 1986『信陽楚墓』文物出版社／於荘 1 号墓：周口地区文化局文物科・淮陽太昊陵文物保管所 1983「淮陽於荘漢墓発掘簡報」『中原文物』1983 年 1 期、pp.1-3 ／洛陽焼溝漢墓（洛陽焼溝 19 号墓・98 号墓・147 号墓・403 号墓・1016 号墓・1026 号墓・1027 号墓・1029 号墓）：洛陽区考古発掘隊 1959『洛陽焼溝漢墓』中国科学院考古研究所（編）、科学出版社／李屯 1 号墓：洛陽市文物工作隊 1997「洛陽李屯東漢元嘉二年墓発掘簡報」『考古与文物』1997 年第 2 期、pp.1-7 ／桐花溝 63 号墓：河南省文物考古研究

所 1999「河南省済源市桐花溝発掘簡報」『文物』1999 年 12 期、pp.1-24 ／**洛陽晋墓**：河南省文化局文物工作隊第二隊 1957「洛陽晋墓的発掘」『考古学報』1957 年第 1 期、pp.169-185 ／**安陽孝民屯晋墓**：中国社会科学院考古研究所安陽工作隊 1983「安陽孝民屯晋墓発掘報告」『考古』1983 年第 6 期、pp.501-511 ／**洛陽北魏画像石棺（昇仙石棺）**：洛陽博物館 1980「洛陽北魏画像石棺」『考古』1980 年 3 期、pp.229-241；黄明蘭 1987『洛陽北魏世俗石刻線画集』人民美術出版社／**北魏元暐墓石棺**：黄明蘭・蘇健 1987『洛陽古墓博物館』朝華出版社／**北魏元睿墓**：中国社会科学院考古研究所河南二隊 1991「河南偃師県杏園村的四座北魏墓」『考古』1991 年第 9 期、pp.818-831 ／**北斉顔氏墓**：安陽県文教局 1973「河南安陽県清理一座北斉墓」『考古』1973 年第 2 期、pp.90-81 ／**安陽隋墓**：中国社会科学院考古研究所安陽工作隊 1981「安陽隋墓発掘報告」『考古学報』1981 年第 3 期、pp.369-406 ／**偃師杏園唐墓**：中国社会科学院考古研究所河南第二工作隊 1986「河南偃師杏園村的六座紀年唐墓」『考古』1986 年第 5 期、pp.429-457 ／中国社会科学院考古研究所河南二隊 1996「河南偃師市杏園村唐墓的発掘」『考古』1996 年第 12 期、pp.1-23 ／中国社会科学院考古研究所 2001『偃師杏園唐墓』科学出版社

〔湖北省〕
曾侯乙墓：湖北省博物館 1989『曾侯乙墓』文物出版社／**江陵雨台山楚墓**：湖北省荊州地区博物館 1984『江陵雨台山楚墓』文物出版社／**江陵馬山一号楚墓**：湖北省荊州地区博物館 1985『江陵馬山一号楚墓』文物出版社／**江陵九店東周墓**：湖北省文物考古研究所 1995『江陵九店東周墓』科学出版社／**江陵望山沙冢楚墓**：湖北省文物考古研究所 1996『江陵望山沙冢楚墓』文物出版社／**包山楚墓**：湖北省荊沙鉄路考古隊 1991『包山楚墓』文物出版社／**荊州肖家山 1 号墓**：荊州博物館 2005「湖北荊州市沙市区肖家山一号秦墓」『考古』2005 年 9 期、pp.16-19 ／**荊州秦家山 2 号墓**：湖北省荊州博物館 1999「湖北荊州秦家山 2 号墓整理簡報」『文物』1999 年第 4 期、pp.18-28 ／**揚家山 135 号墓**：湖北省荊州地区博物館 1993「江陵揚家山 135 号秦墓発掘簡報」『文物』1993 年 8 期、pp.1-25 ／**荊州高台秦漢墓群（荊州高台 1 号墓・2 号墓・5 号墓・6 号墓・4 号墓・18 号墓・28 号墓・33 号墓）**：湖北省荊州博物館 2000『荊州高台秦漢墓』科学出版社／**荊州岳山 11 号墓・36 号墓**：湖北省江陵県文物局・荊州地区博物館 2000「江陵岳山秦漢墓」『考古学報』2000 年 4 期、pp.537-563 ／**荊州周家台 30 号墓・荊州蕭家草場 26 号墓（XM26）**：湖北省荊州市周梁玉橋遺址博物館 1999「関沮秦漢墓清理簡報」『文物』1999 年 6 期、pp.1-47 ／**荊州張家山 247 号墓**：荊州地区博物館 1985「江陵張家山三座漢墓出土大批竹簡」『文物』1985 年 1 期、pp.1-8 ／**荊州瓦墳園 4 号墓**：荊州博物館 1995「湖北荊沙市区瓦墳園西漢墓発掘簡報」『考古』1995 年 11 期、pp.985-996 ／**荊州謝家橋 1 号墓**：荊州博物館 2009「湖北荊州謝家橋一号漢墓発掘簡報」『文物』2009 年 4 期、pp.26-42 ／**鳳凰山 168 号墓**：湖北省文物考古研究所 1993「江陵鳳凰山一六八号漢墓」『考古学報』1993 年 4 期、pp.455-513 ／**雲夢睡虎地 1 号墓**：『雲夢睡虎地秦墓』編写組 1981『雲夢睡虎地秦墓』文物出版社／**雲夢睡虎地 36 号墓・39 号墓**：雲夢県文物工作組 1981「湖北雲夢睡虎地秦漢墓発掘簡報」『考古』1981 年 1 期、pp.27-47 ／**雲夢睡虎地 44 号墓・47 号墓**：湖北省博物館 1986「1978 年雲夢秦漢墓発掘報告」『考古学報』1986 年 4 期、pp.479-525 ／**雲夢木匠墳 1 号墓・2 号墓**：雲夢県博物館 1992「湖北雲夢木匠墳秦墓」『文物』1992 年 1 期、pp.76-82 ／**雲夢大墳頭 1 号墓**：湖北省博物館 1981「雲夢大墳頭一号漢墓」『文物資料叢刊』1981 年 4 期、pp.1-28 ／**随州孔家坡 8 号墓**：湖北省文物考古研究所・随州市文物局 2001「随州市孔家坡墓地 M 8 発掘簡報」『文物』2001 年 9 期、pp.22-31 ／**鳳凰山 8 号墓**：長江流域第二期文物考古工作人員訓練班 1974「湖北江陵鳳凰山西漢墓発掘簡報」『文物』1974 年 6 期、pp.41-61 ／**鳳凰山 168 号墓**：紀南城鳳凰山一六八号漢墓発掘整理組 1975「湖北江陵鳳凰山一六八号漢墓発掘簡報」『文物』1975 年第 9 期、pp.1-8・22 ／**紀南松柏 1 号墓**：荊州博物館 2008「湖北荊州紀南松柏漢墓発掘簡報」『文物』2008 年 4 期、pp.24-32 ／湖北省西漢古屍研究小組・武忠弼 1982『江陵鳳凰山一六八号墓西漢古屍研究』文物出版社／**蘄春陳家大地 15 号墓**：黄岡市博物館 1999「湖北蘄春陳家大地西漢墓」『鄂東考古発現与研究』湖北科学技術出版社、pp.323-332 ／**五座墳 3 号墓**：湖北省博物館 1976「光化五座墳西漢墓」『考古学報』1976 年 2 期、pp.149-170 ／**老河口九里山 120 号墓・142 号墓**：襄樊市文物考古研究所・武安鉄路複線九里山考古隊 2009『老河口九里山秦漢墓』文物出版社

〔湖南省〕

長沙左家塘秦墓：湖南省文物管理委員会 1959「長沙左家塘秦代木槨墓清理簡報」『考古』1959 年 9 期、pp.456-458／長沙馬王堆 1 号墓：湖南省博物館・中国社会科学院考古研究所 1973『長沙馬王堆一号漢墓』文物出版社／長沙馬王堆 2・3 号墓：湖南省博物館・湖南省文物考古研究所 2004『長沙馬王堆二、三号漢墓』文物出版社／長沙砂子塘 1 号墓：湖南省博物館 1963「長沙砂子塘西漢墓発掘簡報」『文物』1963 年第 2 期、pp.13-24／長沙陡壁山 1 号墓：長沙市文化局文物組 1979「長沙咸家湖西漢曹㛘墓」『文物』1979 年 3 期、pp.1-16／長沙象鼻嘴 1 号墓：湖南省博物館 1981「長沙象鼻嘴一号西漢墓」『考古学報』1981 年 1 期、pp.111-130／望城古墳院 1 号墓：宋少華・李鄂権 1994「西漢長沙王室墓」『中国考古学年鑑 1994』文物出版社／望城風篷嶺 1 号墓：長沙市文物考古研究所・望城県文物管理局 2007「湖南望城風篷嶺漢墓発掘簡報」『文物』2007 年 12 期、pp.21-41／永州鷂子嶺 2 号墓：湖南省文物考古研究所・永州市芝山区文物管理所 2001「湖南永州市鷂子嶺二号西漢墓」『考古』2001 年 4 期、pp.45-62

〔陝西省〕

西安龍首原漢墓（西安西北医療設備廠 2 号墓・5 号墓・28 号墓・42 号墓・39 号墓・48 号墓・49 号墓・51 号墓・58 号墓・84 号墓・92 号墓・97 号墓・99 号墓・120 号墓・170 号墓・174 号墓・179 号墓・西安龍首村軍幹所 9 号墓・14 号墓・15 号墓・陝西省水産公司冷庫 5 号墓）：西安市文物保護考古所 1999『西安龍首原漢墓』西北大学出版社／西安龍首村 2 号墓：中国社会科学院考古研究所西安唐城工作隊 2002「西安北郊龍首村西漢墓発掘簡報」『考古』2002 年 5 期、pp.31-46／西安北郊 M13 号墓（連志村）：中国社会科学院考古所唐城隊 1991「西安北郊漢墓発掘報告」『考古学報』1991 年 2 期、pp.239-264／西安雅荷城市花園 119 号墓：西安市文物保護考古所・鄭州大学考古専業 2004『長安漢墓』陝西人民出版社／西安国棉五廠 16 号墓・17 号墓・95 号墓・西安繞城高速公路 14 号墓：陝西省考古研究所 2003a『白鹿原漢墓』三秦出版社／北康村 5 号墓：陝西省考古研究所 2003b「西安北郊北康村漢墓清理簡報」『考古与文物』2003 年 4 期／西安竇氏墓：西安市文物保護研究所 2004「西安東郊西漢竇氏墓（M 3）発掘報告」『文物』2004 年 6 期、pp.4-21／咸陽二〇二所 5 号墓：咸陽市文物考古研究所 2006「陝西咸陽二〇二所西漢墓葬発掘簡報」『考古与文物』2006 年 1 期、pp.3-11／西安北郊一号工程Ⅲ区 13 号墓：陝西省考古研究所 2002「西安北郊一号工程Ⅲ区 13 号墓発掘簡報」『考古与文物』2002 年第 1 期、pp.13-15／華陰県晋墓 2 号墓：夏振英 1984「陝西華陰県晋墓清理簡報」『考古与文物』1984 年第 3 期、pp.36-42・48／長安県北朝墓：陝西省考古研究所 1990「長安県北朝墓葬清理簡報」『考古与文物』1990 年第 5 期、pp.57-62／北周若干雲墓・北周独弧蔵墓・北周王士良墓：貟安志 1993『中国北周珍貴文物』陝西人民美術出版社／北周武帝孝陵：陝西省考古研究所・咸陽市考古研究所 1997「北周武帝孝陵発掘簡報」『考古与文物』1997 年第 2 期、pp.8-28／北周安伽墓：陝西省考古研究所 2003c『西安北周安伽墓』文物出版社

〔甘粛省〕

水泉子 2 号墓・11 号墓：甘粛省文物考古研究所 2009「甘粛永昌水泉子漢墓発掘簡報」『文物』2009 年 10 期、pp.52-61／敦煌佛爺廟湾 37 号西晋墓：甘粛省文物考古研究所 1998『敦煌佛爺廟湾』文物出版社／天水隋唐屏風石棺床墓：天水市博物館 1992「天水市発現隋唐屏風石棺床墓」『考古』1992 年第 1 期、pp.46-54／天水放馬灘 1 号墓・4 号墓：甘粛省文物考古研究所・天水市北道区文化館 1989「甘粛天水放馬灘戦国秦漢墓群的発掘」『文物』1989 年 2 期、pp.1-11・31

〔青海省〕

上孫家寨 53 号墓・122 号墓・135 号墓・151 号墓：青海省文物考古研究所 1993『上孫家寨漢晋墓』文物出版社／青海省磚瓦廠北朝墓：廬耀光・尚傑民ほか 1989「青海西寧市発現一座北朝墓」『考古』1989 年第 6 期、pp.570-573

〔寧夏回族自治区〕

固原北魏墓漆画木棺：固原県文物工作站 1984「寧夏固原北魏墓清理簡報」『文物』1984 年第 6 期、pp.46-50；羅豊 1988『固原北魏墓漆棺画』寧夏固原博物館・寧夏人民出版社／北周李賢墓：寧夏回族自治区博物館・寧夏固原博物館 1985「寧夏固原北周李賢夫婦墓発掘簡報」『文物』1985 年第 11 期、pp.1-20

あ と が き

　本書は、筆者が 2017 年に大阪大学文学研究科に提出した博士論文「古墳時代棺榔の系譜と展開」に若干の改訂を加えたものである。本書を構成する各章節は、筆者が過去に発表した論文を基本としつつ、その後の研究成果も取り入れながら全体的な統一を図るために一定の加筆修正を加えており、旧稿の論旨を活かしながらも全面的というべき改稿をおこなった部分もある。以下に、旧稿との対応関係を記す。

　序　章　新稿
　第 1 章　「遺存木棺資料による古墳時代木棺の分類」（『平成 18 年度〜平成 20 年度科学研究費補助金　基盤研究（B）（1）「古墳時代におけるコウヤマキ材の利用実態に関する総合的研究」研究成果報告書』奈良県立橿原考古学研究所、2009 年）を大幅に改稿
　第 2 章　「古墳時代木棺の用材選択」（『平成 15 年度〜平成 17 年度科学研究費補助金　基盤研究（C）（2）「古墳時代木棺の用材選択に関する研究」研究成果報告書』奈良県立橿原考古学研究所、2006 年）を改稿
　第 3 章第 1・3・4 節　「古墳時代木棺の棺内空間利用と機能」（『日本考古学』第 42 号、日本考古学協会、2016 年）を大幅に改稿
　第 3 章第 2 節　「割竹形木棺の小口部構造をめぐる問題点」（『王権と武器と信仰』同成社、2008 年）を大幅に改稿
　第 4 章　『平成 24 年度〜平成 26 年度科学研究費助成事業　基盤研究（C）「古墳時代木棺の展開過程における鎹の基礎的研究」研究成果報告書』（奈良県立橿原考古学研究所、2015 年）を改稿
　第 5 章　「木棺系統論—釘を使用した木棺の復元的検討と位置づけ—」『橿原考古学研究所論集　第十一』（吉川弘文館、1994 年）を大幅に改稿
　第 6 章第 1・2・4 節　「日本列島における木榔の分類と系譜—ホケノ山古墳中心埋葬施設の成立背景をめぐって—」（『ホケノ山古墳の研究』奈良県立橿原考古学研究所、2008 年）を大幅に改稿
　第 6 章第 3 節　「木榔の棺床構造—庄内期の事例検討から—」（『月刊考古学ジャーナル』514 号、ニューサイエンス社、2004 年）を大幅に改稿
　第 7 章第 1・2 節　「竪穴式石室の成立過程」（『橿原考古学研究所論集　第十五』八木書店、2008 年）を大幅に改稿
　第 7 章第 3 節　「出現期の竪穴式石室」（『財団法人大阪府文化財センター・日本民家集落博物館・大阪府弥生博物館・大阪府近つ飛鳥博物館 2007 年度共同研究成果報告書』財団法人大阪府文化財センター、2009 年）を大幅に改稿
　第 7 章第 4 節　「竪穴系埋葬施設（含棺）」（『古墳時代研究の現状と課題（上）』同成社、2012 年）の一部を改稿

第 8 章第 1・2 節　「槨構造からみた漢代木槨の系統差」（『平成 21 年度～平成 23 年度科学研究費補助金　基盤研究（B）「北東アジアにおける木槨墓の展開に関する総合的研究」研究成果報告書』奈良県立橿原考古学研究所、2012 年）を改稿

第 8 章第 3・4 節　「中国における木棺と棺形舎利容器―いわゆる「片流れ式」の木棺形式をめぐって―」（『シルクロード学研究』Vol.21、シルクロード学研究センター、2004 年）を大幅に改稿

終　章　新稿

　本書のもととなった学位論文の作成および審査に際しては、主査の大阪大学文学研究科福永伸哉先生、副査の荒川正晴先生、高橋照彦先生から懇切なご指導をいただいた。あらためて衷心よりお礼を申し上げる。その過程で多くのご指摘やご示唆をいただいたが、本書の内容に十分反映しきれなかった点も多数残されている。今後の課題として取り組んでいくことで学恩に報いてまいりたい。

　本書の内容は、筆者が 1990 年代半ば頃から一つのテーマとして取り組んできた古墳の棺や埋葬施設に関する研究を、現時点で整理、総括したものである。その基礎となる考古学研究の方法や考え方を教えていただいた恩師故・岩崎卓也先生をはじめ、敬愛する母校筑波大学・同大学院の先生方、諸先輩の学恩に深く感謝申し上げる。また、1989 年に奉職して以来、多くの古墳の発掘調査でともに汗を流し、日頃議論を交わす中で常に刺激をいただいている奈良県立橿原考古学研究所の諸兄姉をはじめ、さまざまな場でご厚誼を頂戴している皆さんから多くを学ばせていただいてきた。この場を借りて心より感謝を申し上げる。

　資料の収集や調査にあたっては、多くの考古学・文化財関係者および関係機関に多大のご協力をいただいた。本来ならばここであらためてご芳名を記して感謝を申し上げるべきところであるが、あまりに多数にのぼるため本書のもととなった旧稿に譲ることとした。失礼をお許しいただきたい。

　なお、本書の作成にあたっては、同成社・佐藤涼子氏、工藤龍平氏にひとかたならぬご尽力をいただいた。製図・校正等では土居紀子氏の協力を得た。記して感謝する。

　さいごに、四人の子供を育て、家庭を守りながら日々筆者を支えてくれてきた妻・敦子に感謝の言葉を伝えたい。

　本書の第 1・2・4・8 章の内容は JSPS 科研費 15520489・18320132・21320153・24520879 の成果の一部を含んでいる。また、本書の出版にあたっては JSPS 科研費 18HP5108 の助成を受けた。

　　　2018 年 11 月

岡林　孝作

古墳時代棺槨の構造と系譜
こ ふん じ だい かん かく　こう ぞう　けい ふ

■著者略歴■

岡林孝作（おかばやし・こうさく）
1962 年、大阪府生まれ。
筑波大学大学院博士課程歴史・人類学研究科中退。
博士（文学）。
現在、奈良県立橿原考古学研究所調査部長。
〔主要著作論文〕
『古墳出土の釘に付着した材組織の観察からみた木棺の用材利用法と棺構造の復元的研究』奈良県立橿原考古学研究所、2018年。「古墳時代木棺の棺内空間利用と機能」『日本考古学』第42号、日本考古学協会、2016年。『古墳時代木棺の展開過程における鎹の基礎的研究』奈良県立橿原考古学研究所、2015年。「古墳出土鎹の使用法」『橿原考古学研究所論集第十六』八木書店、2013年。「竪穴系埋葬施設（含棺）」『古墳時代研究の現状と課題（上）』同成社、2012年。「木棺の諸形態」『古墳時代の考古学3　墳墓構造と葬送祭祀』同成社、2011年。

―――――――――――――――――――――

2018 年 12 月 20 日発行

著　者　岡　林　孝　作
発行者　山　脇　由紀子
印　刷　亜細亜印刷㈱
製　本　協栄製本㈱

発行所　東京都千代田区飯田橋 4-4-8　㈱同成社
　　　　（〒102-0072）東京中央ビル
　　　　TEL 03-3239-1467　振替 00140-0-20618

―――――――――――――――――――――

ⒸOkabayashi Kousaku 2018. Printed in Japan
ISBN978-4-88621-809-4 C3021